BRAUNE/EBBINGHAUS

ALTHOCHDEUTSCHES LESEBUCH

ALTHOCHDEUTSCHES LESEBUCH

ZUSAMMENGESTELLT
UND MIT WÖRTERBUCH VERSEHEN

VON

WILHELM BRAUNE

FORTGEFÜHRT VON KARL HELM

17. AUFLAGE

BEARBEITET VON ERNST A. EBBINGHAUS

MAX NIEMEYER VERLAG TÜBINGEN
1994

1. Auflage		1875	
2.	”	1881	
3.	”	1888	
4.	”	1897	
5.	”	1902	
6.	”	1906	
7.	”	1911	
8.	”	1920	
9.	”	1928	bearbeitet
10.	”	1942	von
11.	”	1949	Karl Helm
12.	”	1952	
13.	”	1958	
14.	”	1962	
	2. Druck	1965	bearbeitet von
15.	”	1969	E. A. Ebbinghaus
16.	”	1979	

Die Deutsche Bibliothek – CIP-Einheitsaufnahme

Althocheutsches Lesebuch / zsgest. und mit Wörterbuch vers. von Wilhelm Braune. Fortgef. von Karl Helm. – 17. Aufl. / bearb. von Ernst A. Ebbinghaus. – Tübingen : Niemeyer, 1994.
NE: Braune, Wilhelm [Hrsg.]; Ebbinghaus, Ernst A. [Bearb.]

ISBN 3-484-10707-3   kart.
ISBN 3-484-10708-1   Ln.
5 4 3 2 1
© Max Niemeyer Verlag GmbH & Co. KG, Tübingen 1994
Printed in Germany
Einband: Gulde-Druck GmbH, Tübingen
Druck: Heinr. Koch, Tübingen

VORWORT

Über Zweck und Geschichte von Braunes Althochdeutschem Lesebuch habe ich im Vorwort zur 14. Auflage (1962) kurz berichtet. In der vorliegenden 17. Auflage habe ich gewisse Änderungen einführen müssen, die wohl einer Erklärung bedürfen.

Außer den Texten und dem Glossar hatte Braune einen Abschnitt mit bibliographischen Nachweisungen eingeschlossen, um den Studenten den Weg zur Sekundärliteratur zu erleichtern. Über die Jahre ist dieser Abschnitt durch beständiges Zufügen neuerer Literatur sehr stark angeschwollen, wodurch das Buch länger und natürlich auch teurer geworden ist. Schon in den ersten Nachkriegsjahren kamen Helm und ich zu der Ansicht, daß eine radikale Kürzung der bibliographischen Hinweise notwendig sei, sobald ein den eingegangenen Jahresbericht über die Erscheinungen auf dem Gebiete der Germanischen Philologie ersetzendes Organ vorliege. Mit dem regelmäßigen Erscheinen der 'Germanistik' ist diese Voraussetzung erfüllt.

Nach Beratungen mit einer großen Anzahl am Althochdeutschen interessierten Kollegen, besonders mit dem verstorbenen K. Matzel, denen ich meinen herzlichen Dank schulde, habe ich nun beschlossen, die einzelnen Bibliographien nicht weiter zu vervollständigen. Bleiben sollen die Angaben über die Handschrift(en), Faskimila, erste und wesentliche Ausgaben, und Hinweise auf die größeren, selbstständigen Literaturgeschichten. Für neuere Literatur sei auf die betreffenden Abschnitte der Germanistik (V, VIII, X, XXII) verwiesen. Die bereits in den vorangehenden Auflagen gesammelte Literatur habe ich zum größten Teil stehen gelassen, um einen gewissen Übergang zu schaffen.

Ich bin sicher, daß Manchen diese Neuerung nicht gefallen wird, gebe aber zweierlei zu bedenken. Da das Buch ja nicht in jedem Jahr neu gedruckt werden kann, sind die bibliographischen Hinweise, die über das oben genannte hinausgehen, jeweils schnell veraltet. Zweitens würde das Aufarbeiten der seit der letzten Auflage erschienenen Literatur das Buch um etwa zwei Bogen verlängert haben. Das Wesentliche in dem für den Studenten bestimmten Buch sind Texte und Glossar. Diese werden, abgesehen von notwendigen Verbesserungen (vgl. die St. Pauler Glossen), weiterhin unangetastet bleiben.

Bellefonte, Pa.　　　　　　　　　　　　　　　　　　*E. A. Ebbinghaus*
Im Mai 1993

INHALT

Erste Abteilung: Prosa

ERSTE ABTEILUNG
PROSA

———

I. GLOSSEN.

1. Aus dem Abrogans.

A (Gl. I, 30,39–33,30).

Aegomet ihha a, ihcha b, *ego ipse* ih selbo a. b. *ego inquid* ih hquad a, ih qhuad
    b. *ego dixi* ih quidu a.
Arcessire soahhen a, suahchan b, sohan c. *accire* halon a. c, holon b. *evocare*
    ladon (*dh* b) a. b.
5 *Aditus* zoacanc a, zo^a cant b, zoganc c. *introitus* incant a, ingant (*c* c) b. c.
    accessus zoa calidan a, zocalidhant b, zo galidant c.
Aculeus ortuuuasse a, ortuuassa (*th* c) b. c. *stimulus* stechunga a, stehchunga
    b, gart c.
Argues thrauuis a. b, drauuis c. *increpas* sahis a, sahchis b. *doces* laeris a,
10   leris b.
Attritus farthrosgan a, farthrosch an, b fardroskan c. *diminutus* farmulit a. b.
Abstrusum ungamah a. b, ungimah c. *clandestinum* ungalimhfliih a, ungalī-
    falih b, uuidarzomi c. *latens* tarni a. b, kiborgan c. *occultum* tuncal (*ch* b)
    a. b, tunclo c. *sive remotum* so sama (*o* b) aruuagit a. b, sama ki^h rorit c.
15 *Abstractum* farzocan (*g* c) b. c. *subductum* farlaitit b. urleitit c.
Avidus kiri a. b. c. *avarus* arc (*g* b) a. b. c. *insaciabilis* unfollih a, unuollanlih b.
    aliter inprobis sevus andaruuis (andhruuis b) aboh slizzandi a. b.
Ad culmina za haohidu a, za hohi*dh*u (*d* c) b. c. *sublimia* uflihhero a, edho
    uflihcheru b.

R: *Egomet, ego ipse.* – *Arcessire* ladon, *arcire* halon, *evocare, invitare.* – *Accessus,*
aditus. – *Aculeus* ango. – *Attritus* fardroscan *vel* phinot. – *Remotum* arhrorit *vel*
secretum. – *Abstractum* arzogan. – *Avidus, cupidus. avarus* nefkerer *vel* arc. *inprobus*
fraueli, ungauuarer.

B (Gl. I, 116,7–119,31).

20 *Elegans* cachoran a, kikhoran b, kichoran c. *grata* tunclih a, thanglih b. *vel*
    pulchra edo (edho b) fagari a. b.
    Elegantia urmari a. b. c. *pulchritudo* liuplih a. b.
    Editio cascaf a, kiscaf b. c. *expositio* casacida a, kisezzitha b, kisezida c.
    prolatio frampringunga a, edho frampringunga b.
25 *Edidit* scaffota a. b. c. *exposuit* casazta a, kisazta b. c. *protulit* fram prahta
    a. b. *fecit* teta a.
    Expromimus foactum a, kifoactom b, kifuactum c. *exponimus* casaztum a,
    kisaztom (*u* c) b. c.
    Edito loco cascafanero steteo a, kiscaffanero (*u* c) b. c. *excelso loco* haohero
30   steteo a, stati hoheru b.
    Evitare pipergari a, piperkan (*g* c) b. c. *cavi* piporgen (*k* b) a. b. *refugire* pifle-
    han a, pifleohan b.
    Enitet scinit a. b. c. *fulget* plechet a, plechere b, piplickit c.
    Enituit pisceinit a, piscein b. *claruit* piplichta (*c* b) a. b. *eluxit* piliuhta a. b.
35 *Enitiscere* piluchen a, piliuhten b. c. *clariscere* pisuuuichen a, pisuuihhen b.
    splendiscere piplicchen a, piplickhen b.
    Eminet mihhilet a, mihilet b. c. *extat* maeret anti pratet a, meret endi p̄teo b.
    Eminens praitenti a, preitendi b, preitænti c. *excellens* dihanti a, thihendi b.
    altu⸳ haoh a. *vel magnus* edo mihili a.
40 *Emicat* pisuuepet a, piˢuuebet b, pisuebit c. *efulget* piplichit a, piplickit b. c.
    resplendit piskinit (*c* b) a. b. *exilit* arsliuphit a, irsliufpit b, arsliufit c.
    apparit caaugit a, kiaukit b. *vel clarit* edo haitrit a, edho heidirit b.
    Emanat rinnit (*d* b) a. b, hrinnit c. *fluit* fliuzit a, fliuzzit b. *exit* uz cat (*k* b)
    a. b. *erumpit* arprihhit a, uz irprihit b.
45 *Eminus* mittilodi a. c, mittilothi b. *non longe* nalles rumo a. b. *vel prope* edo
    nah a. b.
    Elimentis camahhida a, kimahchitha b, kimahida c. *creaturis* a. c, *creatura* b,
    cascaft a, kiscaft b. [*Elimentum* cascaft a]. *cęlum* himil a. b. *terra* erda a,
    ertha b. *aer* suep a, luft. suuep b. *sol* sunna (*a* b) a. b. *ignis* fuir a. [*Elimen-*
50   *tum* cascaft a], *natura* kikunt a. b. *genus* chunni a. *initium* anagin a.
    Egentes uuadale a, uuathale b. *penuriam patientes* armóti (*o* b) tholenti (*d* b)
    a. b.

2. Aus dem Vocabularius Scti Galli.

    Gl. III, 3,22–39. *sapiens* uuizzo. *scitus* uuiser. *prudens* froter. *fidelis* holder.
firmus fasti. *audax* gaturstic. *ropustus* snel. *fortis* starc. *uirtus* craft. *potestas*
maht. *pulcher* sconi. *albus* huuiz. *niger* suuarz. *fustus* erpfer. *ruffus* rooter,
ballidus ualauuer. *hamanus* milter. *mansuetus* mitiuuari.

R: *Elegans* smechar. – *Elegantia* smechri. – *Editio* cauuerch. *expositio* karechida.
prolatio frampringunga. – *Edidit* capar *vel narravit vel conposuit. exposuit* carachota.
protulit fram praahta. – *Expromimus* cafuuhtum. – *Edito* cauuorahtemo. – *Evitare*
piuuarten. *cavi* ih piuuarteta. – *Enituit, fulsit.* – *Enitet, fulget.* – *Enitescere, fulgere.* –
Eminet uuz loket. – *preminet* fora hlinet. – *Eminens* fora hlinenti, *excellens* upari
hlinenti. – *Emicat* scᵏinit. *exilit* scrichit. – *Emanat* fliuzit *vel* uuz rinnit. *exiet* uuz
kaat. *erumpit* arplestit. – *Eminus* naah. – *Elimentis, creaturis. aer* luft. – *Egentes*
uúatle *vel* zaadlonte. *penuria* zadal *vel* armida.

Gl. III, 4,18–58. *stomahus* mago. *umpiculo* nabulo. *tronus* stool. *celus* 5
himil. *sol* sunna. *luna* mano. *stellas* sterron. *archus* pogo. *gugernabes* uuolcan.
uulgor uunst. *uentus* uuint. *pluuia* regan. *imber* regan. *pluit* reganot. *nix*
sneo. *pruina* hrifo. *ros* tau. *ęra* luft. *gutta* tropfo. *tellax* triufit. *glaties* iis.
gelus frost. *nebola* nebul. *turpines* zui. *tenebre* dinstri. *obscuris* dinstar. *lux*
leoht. *serenus* haitar. *radia* scimo. *clurus* hlutar. *turbuli* trobi. *fugit* scinit. 10
ascendit stigit. *terra* erda. *humos* molta. *puluis* stuppi. *arcilla* laimo. *uirescit*
groit. *arescit* dorret. *erba* gras. *arbores* pauma.

3. Aus den Kasseler Glossen (Gl. III, 10,4–39).

lumbulum lenti prato. *figido* lepara. *pulmone* lungunne. *intrange* innida.
stomachus mago. *latera* sitte. *costis* rippi. *unctura* smero. *cinge* curti. *lumbus*
napulo. *umbilico* napulo. *pecunia* fihu. *cavallus* hros. *equm* hengist. *iumenta*
marhe. *ęqua* marhe. *puledro* folo. *puledra* fulihha. *animalia* hrindir. *boves*
ohsun. *vaccas* choi. *armentas* hrindir. *pecora* skaaf. *pirpici* uuidari. *fidelli* 5
chalpir. *oviclas* auui. *agnelli* lempir. *porciu* suuinir. *ferrat* paerfarh. *troia* suu.
scruva suu. *purcelli* farhir. *aucas* cansi. *auciun* cænsincli. *pulli* honir. *pulcins*
honchli.

4. Walahfrids Körperteilglossen (Gl. III, 432,5–433,70).

uertex sceitila. nuila (scetila *b*). – *occipitium* hahil ancha (hail ancha *b*).
– *capilli* locha fahs (lochafahs *d*). – *cesaries* gescoranfahs (giscorinisuahs *b*). –
comę ungescoran fahs (ungiscorinis *b*). – *tempora* dun uuenge (tuniuuenga *b*,
thunuuengiu *c*, thuuuengui *d*). – *frons* endi. – *pupılla* seha. – *palpebre sunt*
sinus oculorum a palpitatione dictę ougbraa (augbrauua *c*, oucpra *b*). – *supercilia* 5
uuintbrauua. – *genę inferiores partes oculorum* hiufilon (huifilon *b*). *male* brac-
chon *c* (braccon *b*, braon *a*). – *nares* nasa. – *os* mund. – *dentes* zeni. – *molares*
chinnizeni. – *gingiuę* bilorna (bilarna *b*). – *palatus* giumo *sive* huriuua (gi vmo
sive huruua *c*, guomo *b*). – *arterie* uueisunt (uuei sunt *c*, uueisont *b*). – *gurgulio*
quuerechela (querca chela *c*, chela *vel* querca *b*). – *sublinguum* racho (hracho *c*, 10
brachio *b*). – *mentum* chinni. – *collum* hals, *cuius anterior pars* chela (*gula* a)
dicitur. – *humeri* sculterra (scultirun *b*). – *cubitum* helina. – *brachium* arm. –
lacerti musi. – *ascella* ochasa (oah chasa *c*, uohsina *b*). – *ir* tenar *nur b*. – *ungula*
nagal. – *mamille* prusti. – *costę* rippi (ribbi *c*). *latus* sita. – *scapula* hassala
(ahsala *b*. achsala *c*.). – *Uiscera* innouili (hīnuo vili *c*, inuueli *b*). – *pulmon* 15
lungun (lungina *b*). – *iecor* lebera. – *splen* milzi. – *fel* galla. – *stomachus* mago. –
intestina tharama (tharma *c*, darma *b*). – *Uuenter* uuamba (huuamba *c*). –
Uesica blatra. – *renes* lentibratun (lendibraton *c*, lentipratun *b*). – *lumbi* lendin
(lenti *b*). – *umbilicus* nabulo (nabola *b*). – *ilia* lancha (lanchi *b*). – *clunes vel*
coxe huffi (huphi *c*, dîhc *b*). – *anus* arsloch. – *nates* arsbelli (arspelli *b*). – *extales* 20
grozdaram (crozdarm *c*, grozdarmi *b*). – *testiculi* hodun (hodon *c*). – *foemora*
theoch (deoh *c*, dih *b*). – *genua* chniu (chuni *c*). – *crura* bein. – *surę* uuadun
(uuadon *c*, uuadin *b*). – *medulla* marg. – *tali* anchala (anachla *b*, ancli *c*). – *pes*
fuoz (phuoz *c*).

---

5. Aus den St. Pauler Glossen (Luc. II, 1–II, 10)

II, 1 Factum est autem in d[ie]| bus illis exiit edictum| a caesare agusto ut
    uzkeanc kechuuit| *f* $\overset{h}{k}$*eisure eruuirdikemu discrib*|

pr[o]¹ |fiterentur censum om|nes per urbē terrae|
    deze discriptio.   *kescrip erist* |*a. fona demu forakesa*

II,2   haec professio prim[a]| facta est praeside syri [ae]|
    uuortanaz   *dra siri*

II, 3   cyrino ṅȯmiṇe et iba[nt]|omnes ut profeteren[tur] |uṇ̣ụṣquiṣquẹ in suam [ci]²|
    keangu   *le*   *daz. sie fuarin*|*in iro. r*|

II, 4   uitatem ascendit iose[ph]| a galilaea de ciuitate| nazareth in iudaeam in |
    ufsteic   *autem* | *diu ist*

[c]iuitatē dauid que uoca|[t]ur bethlem eo quod essit|[d]e domo et patria dauid |
    ruc. dauides | *pidiu daz*   *uuas* | *huse familia, huuiske*

II, 5   [u]t profeteretur cum maria [s]punsa sua pringnata |
    er fuari   *t*   *un*| *onsata kemahaltera sibi imu uxore. chuuenun*³

II, 6   [f]actum est autem dum ibi | *suuangrera*   [e]ssent impleti sunt dies|
    tan   *keuuisso denne. dar.*| *suua[n]grera*   *a run*   *eruulte. run*   *ga* |

II, 7   [u]t pareret et peperit filiū suū. ira | [p]rimogenitum et pannis |
    pari   *par*   *chindh* | *ristporanaz*   *lachanum*

[e]um conuoluit et posuit | [e]um in praesepium   quia
    nan   *.in piuuant reclinauit kesazta* | *inan*   *.in parnin. in parnin in chripiun* |

[n]on erat locus in eo diuer |
    uuas ei imu stat   *in. in casthuse* |

II, 8   [s]urio et pastores autem |[er]ant in illa regione   uigi |
    te | *run*   *in lantscafi eadē dera selbun*

[l]antes et custodientes | [u]igilias noct*is*⁴ suae su| [p]ra gregem suum |
    itente   *haltente* | *ahta dra baht*| *b*   *chortar iro*

II, 9   [et] ecce angelus dn̄i stetit|[ci]rca illos et claritas cir |[c]umfulsit illos et timue|
    inu   *gil*   *nes stuant*| *xta. pi. im. perhti perehti dī cotes kein .sie.*   *forah*|

[r]unt timorere magno |
    ton forahtun michille ru |

II, 10 [et] dixit illis angelus noli | [t]e timere ecce enim |[n]untio uobis gaudium |
    dh. im.   *gil nichurit* | *furahtan*   *inu* | *li zo. cuotspellon. i.u. mendi* |

[m]agnū quod erit omni |[p]opulo |
    michila daz ist eocouuelichemu |*che*

6. Aus den Glossen Rb (Gl. I, 410,₆₀–412,₁₆).

consulit saul kiriat saul. – *da indicium* kip anauualtida. – *haec faciat mihi dominus et haec addat* deiso tuẹ mir truhtin inti deiso zua ouho. – *fornicem triumphalem* pogun sicnumphlihhan. – *ariolandi est* za anapetonne ist. – *speculatores contrahe* spiohara zisamane ziuh. – *oblatus est ei* prunganer uuard imu. – 5 *sicine separat* horsco sceide. – *et directus spiritus domini in dauid* inti kirihter uuard atum truhtines in dauid. – *et refocilabatur* inti archuicta. – *spurius*

Zu I, 5: Alles von der Hand des Glossators in cursiv; die hochgestellten Ziffern im Text beziehen sich auf die Fußnoten. 1) am Rand vor caesare, *uniuersus orbis alliu. umbiuurft.* 2) vor unusquisque am Rande *singuli ainluze* 3) am Rande, untereinander *pregnante*| *suuangrera*| *suua[n]grera* 4) noctis < noctes, Glossator.

unchunnes edo huarchunnes. – *et lurica amata* inti brunna tiuffa. – *liciatorium*
mittulli. – *falangas* managi. – *oephi polenta* semalun. – *formellas casei* pilidi
chases. – *numquid non uerbum est non concidat cor* ist uuan nist uuort ni kifalle
herza. – *limpidissimas lapides* luttristun steina. – *in peram pastoralem* in 10
chiullun hirtlihha. – *uiuit anima tua rex si noui* lebeet sẹla diniu chuninc ni
uueiz. – *tenuis* dhunnem. – *sponsalia* pruutliho keba. – *lecebre factum est* muaz-
zicliho kitan ist. – *cassa uulnere perlata est in parietem* italer in uuntun prun-
gan uuard in uuant. – *apparitores* frummante. – *quin immo uiuit dominus et
uiuit anima tua* ibu daz andar lebet truhtin lebet sẹla diniu. – *contribulibus* 15
kipuroom. – *uel perendiœ* edo demo ẹ̆ririn take. – *pepigit ergo* kisazta auur edo
kiuuaarta. – *et iaciam quasi exercens me ad signum* intuuirafu samaso frum-
manti mih za zeichane. – *uirum ultro rapientis* pi selbuuillin nemanti. – *igno-
miniose matris tue* scanta dera dinera muater. – *qui uergebat ad austrum* daz
uuas kichẹrit za sundari. – *nam et pueris condixi* kiuuisso ioh chehtum kisazta. 20
– *in illum et illum locum* in dia intin dia stat. – *et fuerunt uasa puerorum sancta*
inti uuarun faz chehto uuihiu. – *potentissimus urguebat* der mahtigosto peitta.
– *an desunt nobis furiosi* edo uuan sint uns uuuatente. – *aut desidero ephilempti-
cos* edo ih lustidom uuinnante. – *dauid in presidio* dauid in uest. – *in nemorẹ*
in uualde. – *filii iemini centuriones* chind unchunnes des zehanzoherostin. – 25
quoniam coniurastis danta kisuuarut ẹdo kihantreihtot. – *inierit* inkinnit. –
cybaria dedit ei nest kap imu. – *num hodie cepi consulere* ist uuan hiut pikan
antfragon. – *adplica ephod* zua kitua ẹuuarttuamlihhaz kiuuati. – *uagabantur
incerit* caugarotu unkiuuisse. – *in monte oppago* in perake dichemo. – *porro
dauid latitat* kiuuisso dauid midit. – *quod calide insidier ei* daz listigo si kilagot 30
imu. – *latibula* in kaperagum. – *in campestribus* in frauildim. – *in modum corone*
in mez dera unbipifangani. – *super abruptissimas petras* ubiri fona stechalem
steinum. – *que solis iuicibus peruiœ sunt* dhie einem steinkeizzim duruhuuega
sint. – *oram clamidis* saum des lachanes. – *animaduertite* farnemat. – *uindicasti
hodie que feceris mihi bona* kirachi hiutǒ dei cuatiu dhei du mir tati. 35

II. URKUNDEN.

1. Aus der Schenkung des Adalbert und der Irminswind
vom 24. Januar 751 (Stengel Nr. 11; Auszug).

In nomine sanctae trinitatis. Ego Adalberctus et coniux mea Ermensina
caso fragilitatis vel divina clementia donamus... ad illud monasterium, quod
domnus Bonifatius... iussit fieri... in loco... iuxta fluvio, quod dicitur Uulta,
in silva Bochonia...

Actum Mogontiae civitatis publice; facta karta VIIII. kal. februarias anno 5
VIII domni nostri Hilderichi et Pippino duce.

Ego Erlefridus acsi indignus peccator presbiter rogatus ab Adalberto et
coniuge sua Irminsuuindae scripsi. Signum Adalberti. Irminsuuindae. Rathato
clerico. Adalperdi. Tindoni. Gipioni. Hartgero. Ualthario. Theotmaro. Adal-
perdo. s. Uualane. 1

2. Aus der Schenkung des Odagrus
vom 24. Februar 772 (Stengel Nr. 59, Auszug, und 60).

[59.] ... Odagrus sana mente sanoque consilio... dono ad monasterium
sancti Bonifatii, quod est constructum in loco, qui dicitur Bochonia, super
ripam fluminis Fulda...

Actum Mogontia civitate publice sub die VII. kal. martias anno IIII regni
5 domni nostri Caroli gloriosissimi regis Francorum.

Ego Uuolframnus emanuensis rogatus scripsi et notavi diem et tempus
quo supra.

Signum Odacri, qui hanc kartulam donationis fieri rogavit. Signum Lant-
suuinde filia sua. Signum Hattoni comitis... Adalbercti... Hruduuini... Sind-
10 olti... Grimberti... Hluduuini... Herimoti... Flambercti... Meginhohi...
Vodilbercti... Uualtbercti... Uuelarammi.

[*Dazu Zusatz, Stengel Nr. 60*]. Hec sunt mancipiorum nomina in traditione
Otacres: Ismunt, Truogo, Ermberct, Beldrih, Theotuuar, Gerbald, Hruoduuin,
Hruodlind, Hiltimunt, Uuarburg, Uuentil, Lantsuuint, Uuigthrud, Gundflat,
15 Hrihuuin, Gozdrud, Gundrat, Giso, Uuigbrun, Ratolf, Brunger, Otuuar,
Uuerdolf, Libolf, Reginolf, Gisa, Theotleih, Hiltolf, Uuanhilt, Sara, Hilo,
Hruodin, Hrihsuuind, Elbrih, Hruotthrud, Tagasuuind, Anduuart, Folcgard,
Suuidburg, Betta, Stadolf.

3. Hamelburger Markbeschreibung.

Anno tertio regni piissimi regis Caroli mense Octobris VIII idus Octobris
reddita est vestitura traditionis prædicti regis in Hamalunburg Sturmioni
abbati per Nidhardum et Heimonem comites et Finnoldum at que Gunthram-
num vasallos dominicos coram his testibus: Hruodmunt Fastolf Uuesant
5 Uuigant Sigibot Suuidberaht Sigo Hasmar Suuidger Elting Egihelm Geruuig
Attumar Bruning Engilberath Leidrat Siginand Adalman Amalberaht Lant-
frid Eggiolt. Et descriptus est atque consignatus idem locus undique his ter-
minis, postquam iuraverunt nobiliores terrae illius, ut edicerent veritatem de
ipsius fisci quantitate: primum de Salu iuxta Teitenbah in caput suum, de
10 capite Teitenbah in Scaranvirst, de Scaranvirste in caput Staranbah, de capite
Staranbah in Scuntra, de Scuntra in Nendichenveld, deinde in thie teofûn
gruoba, inde in Ennesfirst then uuestaron, inde in Perenfirst, inde in orientale
caput Lûtibah, inde in Lutibrunnon, inde in obanentîg Uuînessol, inde in
obanentîg Uuînestal, inde in then burguueg, inde in Otitales houbit, deinde
15 in thie michilun buochun, inde in Blenchibrunnon, inde ubar Sala in thaz
marchóug, inde in then Matten uueg, inde in thie teofun clingun, inde in
Hunzesbah, *inde* in Eltingesbrunnon, inde in mittan Eichînaberg, inde in
Hiltifridesburg, inde in thaz steinina houg, inde in then lintinon seo, inde in
theo teofun clingun unzi themo brunnen, inde in ein sol, inde in ein steininaz
20 hog, inde in Steinfirst, inde in Sala in then elm.

4. Würzburger Markbeschreibungen.

A. In nomine domini nostri Ihesu Christi. Notum sit omnibus sanctae dei
ecclesiæ fidelibus, qualiter Eburhardus missus domni nostri Karoli excellen-
tissimi regis cum omnibus obtimatibus et sensibus istius provinciae in occiden-
tali parte fluvii nomine Moin marcham Uuirziburgarensium, iuste discernendo
5 et ius iurantibus illis subter scriptis optimatibus et senibus circumduxit.

Incipientes igitur in loco qui dicitur Otuuinesbrunno, danân in daz haga-
nîna sol, danân in Herostat in den uuîdînen sêo, danân in mittan Nottenlôh,
danân in Scelenhouc. Isti sunt qui in his locis suprascriptis circumduxerunt

---

Zu II, 3], 13 *Akzente der Hs. Zu* II, 4 *Akzente vom Hrsg.*; 4 vuirziburga-
nensium *Hs*.

et iuramento firmaverunt: Zótan Ephfo Lantolt Sigiuuin Runzolf Diotmâr
Artumâr Eburraat Hiltuuin Eburkar Gêrmunt Árberaht Folcgêr Theotgêr 10
Theodolt.

Incipiebant vero in eodem loco alii testes preire et circumducere. Id est
fon demo Scelenhouge in Heidiscesbiunta, danân in daz Ruotgîses houc, danân
anan Amarlant, danân in Môruhhesstein, danân after dero clingûn unzan
Chistesbrunnon. Hucusque preibant et circumducebant et iuramento firmabant 15
qui subter nominati sunt, hoc est Batolf Gêrfrid Hadugêr Lanto Marcuuart
Uodalmaar Adalbraht Utto Hatto Saraman Hûngêr Uuîgbald Aato Eggihart
Strangolf Haamo Francho Einstriit Gêrhart Gatto Hiltiberaht Ruotberaht
Hanno Nantgêr Hûnbald Rîhholf Ramftgêr.

Incoati sunt vero teritii testes ducere et girum pergere peracto iuramento. 20
Ducebant ergo de loco qui dicitur Chistesbrunno anan den rôrînon sêo, danân
in daz altuuiggi, danân in Brezzulûnsêo, danân in dê sundorûn erdburg mitta,
danân in Môruhhesstein, danân in Drûhireod, danân in Brunniberg, danân
in mittan Moin. Haec loca suprascripta circumducebant et preibant iuramento
asstricti, ut iustitiam non occultarent sed proderent, hi qui subter positi sunt: 25
Fredthant Adalhart Gêrhart Manuuin Uualtgêr Rooholf Nordberath Zutto
Bernhere Uualtheri Ruotgêr Uuârmunt Meginberath.

Iterum alii testes qui simul cum Fredthanto ducebant sociisque eius de
loco qui dicitur Brezzulûnsêo, qui et ipsi fuerunt de pago qui dicitur Padanah-
geuue, eodem ritu quo superius dictum est usque ad fluvium Moines. Et haec 30
nomina eorum: Adalberaht Batto Ortuuin Uualtberaht Liutberaht Berehtolf
Albuuin Ruotgêr Reginberaht Cnûz Iûto Marcolt Gundeloh Lello Folcgêr
Hûnrîh Ermanrîh Ôtfrit Drahholf Diedolt Rahhant Fridurîh Gîsalmâr Dancrât
Lantberaht Unuuân Liutfrit.

Actum publice in pago Uualtsâzzi vocato et in finibus Badanahgouuôno 35
coram omnibus his quorum nomina haec notitia in se continet scripta. sub die
.II. idus Octobris facta fuit, Anno XII⁰ regni domni nostri Karoli gloriosissimi
regis.

Ego Berngêr indignus presbiter hanc notitiam scripsi, diem et tempus
notavi.   40

B. Marchia ad Uuirziburg. In Rabanesbrunnon nidarûn halba Uuirziburg ôstarûn halba Moines, danân in Anutsêo, danân in Blîdheresbrunnon,
danân in Habuchotal, danân in daz steinîna houc, danân in den diotuueg,
in die huruuînûn struot diu dâr heizzit Giggimada, danân in Pleihaha in den
steinînon furt, danân ûffan Grîmberg in daz Grîmen sol, danân in Quirnaha 45
ze demo Gêruuines rode, danân ûffan Quirnberg ze dero haganînûn huliu, danân
in den ôstaron egalsêo dâr der spîrboum stuont, danân in Stacchenhoug, danân
in Uuolfgruoba, danân duruh den Fredthantes uuîngarton mittan in die egga,
sôsa diu Rabanes buohha stuont, oba Heitingesveld in mittan Moin in die
niderôstûn urslaht furtes, in mitten Moin unzen den brunnon, sô dâr uuesterûn 50
halba Moines, ûf in Brunniberg, in Drûhiriod, in Drûhiclingon, in Môruhhes-
stafful, danân in Brezelûnsêo, danân in den diotuueg, danân in Eburesberg,
danân in Tiufingestal ze demo sêuuiu, danân in Huohhobûra, danân in Ez-
zilenbuohhûn, dâr in daz houc in dero heride, in Gôzolvesbah, danân in mitten
Moin, avur in Rabanesbrunnon. Sô sagant daz sô sî Uuirziburgo marcha unte 55

Heitingsveldôno unte quedent daz in dero marchu sî ieguuedar, ióh chirih-
sahha sancti Kiliânes ióh frôno ióh frîero Franchôno erbi.

   Diz sagêta Marcuuart Nanduuin Helitberaht Fredthant Heio Unuuân
Fridurîh Reginberaht Ortuuin Gôzuuin Iûto Liutberaht Bazo BerahtolfRuot-
60 beraht Sigifrid Reginuuart Folcberaht.

III. AUS EINHARDS VITA KAROLI MAGNI, cap. 29.

   Item barbara et antiquissima carmina, quibus veterum regum actus et
bella canebantur, scripsit memoriaeque mandavit. Inchoavit et grammaticam
patrii sermonis. Mensibus etiam iuxta propriam linguam vocabula imposuit,
cum ante id temporis apud Francos partim Latinis partim barbaris nominibus
5 pronunciarentur. Item ventos duodecim propriis appellationibus insignivit,
cum prius non amplius quam vix quatuor ventorum vocabula possent inveniri.
Et de mensibus quidem ianuarium *uuintarmānōth*, februarium *hornung*, mar-
tium *lentzinmānōth*, aprilem *ōstarmānōth*, maium *uuinnemānōth*, iunium *brāch-
mānōth*, iulium *heuuimānōth*, augustum *aranmānōth*, septembrem *uuitumānōth*,
10 octobrem *uuindumemānōth*, novembrem *herbistmānōth*, decembrem *heilag-
mānōth* appellavit. Ventis vero hoc modo nomina imposuit, ut subsolanum
vocaret *ōstrōniuuint*, eurum *ōstsundrōni*, euroaustrum *sundōstrōni*, austrum
sundrōni, austroafricum *sunduuestrōni*, africum *uuestsundrōni*, zephyrum
uuestrōni, chorum *uuestnordrōni*, circium *norduuestrōni*, septemtrionem *nord-
15 rōni*, aquilonem *nordōstrōni*, vulturnum *ōstnordrōni*.

IV. INSCHRIFTEN.

1. Inschrift aus Köln.

Hir maht thu lernan
Guld bewervan
Welog inde wisduom
Sigi*lof inde ruom.*

2. Grabinschrift aus Bingen

† DIE.DE.RIH
GEHVGI DIEDERIHES.GO⟨*DEFRIDES*⟩
INDE DRVLINDA.SON⟨*ES*⟩

V. GESPRÄCHE.

1. Aus den Kasseler Glossen.

   Gl. III, 9,17–19: skir min fahs. skir minan hals. skir minan part. – 12,24–66.
Sage mir uueo namun habēt desēr man. uuanna pist dū? uuer pist dū? uuanna
quimis? fona uuelīheru lantskeffi sindōs? foor, fōrun, farant. quāmut? quāmum.

   Zu III] 7 *hornungmanoth* A 5.   8 *lentinmanoth* A 2. 5, *lenzinmanoth* A 3.
9 *uuidumanoth* A 5.   10 *uuindumanoth* B 1.   10 *heribistm.* B 1. 2; *hervistm.*
A 5.   10 f. *heilmanoth* A 5.   12 *ostronouuind* A 5.   12 *ostsuthronouuind* A 5.
12 *suthostronouuind* A 5.   13 *suthronouuind* A 5.   13 *suthuuestonouuind*
A 5, *sundiuuestroni* A 2. 2 a.   13 *uuestsuthronouuind* A 5.   14 *uuestronouuind*
A 5.   14 *uuestnorthronouuind* A 5.   14 *northuuestronouuind* A 5, *norduuest-*
troni C 1, *nordiuuestroni* A 2.   14 f. *northronouuind* A 5.   15 *norðostroni* C 1,
northostronouuind A 5.   15 *ostnorðroni* C 1, *ostnorthronouuind* A 5.

uuār uuārut? uuaz sōhtut? sōhtum daz uns durft uuas. uuaz uuārun durfti? manago. durft ist uns dīna huldī za hapēnne. firnimis? ni ih firnimu. ih firnimu. 5 firnămut? firnemamēs. caputī? capaot. ih auar capiutu. dū capiut anti ih tōm. uuanta ni tōis? sō mac uuesan.

12,67–13,11: *sapiens homo* spāher man. *stultus* toler. *Stulti sunt Romani, sapienti sunt Paioari, modica est sapientia in Romana, plus habent stultitia quam sapientia* Tole sint Uualhā, spāhe sint Peigira; luzīc ist spāhi in Uualhum, 10 mēra hapēnt tolaheitī denne spāhī. –

13,15–19: *cogita* hogazi *de temet ipsum* pī dih selpan. *Ego cogitavi* ih hogazta *semper* simplun *de me ipsum* fona mir selpemo.

2. Aus Paris (bzw. Rom) (Gl. V, 517–524).

[Rom] 1. Obethe (caput.) 2. Fassen (capilli). 3. Auren (auris). 4. Ogen (oculi). 5. Munda (bucca). 6. Zunguen (– –). 6a. – – (dentes). 7. Bart (barba). 8. An (manus). 9. Ansco (Guanti). 10. Brust (pectus). 11. Guanbe (uenter). 12. Follo guanbe (plenus uenter). 13. Elpe (adiuva). 14. fro min (domnus).

15. Guare uenge *inats* selida, gueselle *vel* guenoz? (par. ubi abuisti mansionem ac nocte, conpagn?)

16. Ze garaben us selida. (ad mansionem comitis.)

17. Guane cumet ger, brothro? (unde uenis, frater?)

18. E *cum* mino dodon us. (de domo domni mei.)

19. *vel* e *cum* mer min erre us. (de domo senioris mei.)

20. Gueliche lande cumen ger? (de qua patria?)

21. E guas mer in gene francia. (in francia fui).

22. Guæz ge dar daden? (Quid fecisti ibi?)

23. Enbez mer dar. (disnaui me ibi.)

24. Guaren ger ina*ts* ze metina? 25. Terue *geu*.

26. E ne quesa ti tar. (ego non te ibi uidi).

27. *vel* e ne quasa u thar. (uos non uidi ibi.)

28. Quesasti min erre ze metina? (uidisti seniorem meum ad matutinas?)

29. Terue nain i. (non.)

36. Ubele canet minen teruæ. (malus uassallus.)

34. Esconæ chanet. (bellus uasallus.)

35. Isnel canet. (uelox uasallus.)

30. Guaz guildo? (quid uis tu?)

31. Guer is tin erro? (ubi est senior tuus?)

32. Ne guez. (nescio.)

33. *vel* Er is zi sine erro. (ad seniorem suum.)

37. Cver ist? (ubi est?)

38. *scla en* sin als. (da illi in collo.)

Zu V, 1] 9 est sapienti *Hs.* 10 spahe in *Hs.* *Zu* V, 2] 6. 6a. *In der Hs. keine Lücke.* 15 linaz *Hs.*, hinaht *W(einhold)*, *M(artin)*, *St(einmeyer)*; nats = nahtes? 16 selida *Subst. St., nicht Verbum.* 18 cum *M.*] cunt. *Hs.* mino dodon us] si *(Schreibfehler)* mino dodon' *(Abkürzung = dodon us) Hs.; vgl. St. zur Stelle.* 19 cum *M.*] cunt *Hs.* 23 Enbez *durch überschriebenes z aus* Enbet *korrigiert Hs.* 24 inats] inaz *Hs.*, hinaht *M.*, inat *St.* 25 geu *unerklärt*; = jâ ih? *M.*: eh was 36 *Über die Umstellung s. St. zur Stelle.* 33 is zi sine] z sine isizin *Hs.* 38 Scla en *St.*] sclaphen *Hs.* 38 *unerklärt; vgl. St.*

39. *habeo d̄m̄.*
40. Ghanc hutz. (i fors.)
41. *sairu... ofto.*
42. Vndes ars in tine naso. (canis culum in tuo naso.)
[Paris Bl. Iᵃ] 80. Quesan ger iuda min erra? (uidisti hodie seniorem?)
81. Be gotta gistra ne casa i or erra. (nec heri nec hodie uidi.)
82. En gualiche steta colernen ger? (in quo loco hoc didicisti?)
83. Guanna sarden ger? (quot uices fotisti?)
84. Terue *naste.*
43. Min erro guillo tin esprachen. (senior meus uult loqui tecum.)
44. Erro, su guillo. (et ego sic uolo.)
45. Guesattilæ min ros. (mitte sellam.)
46. E guille thar uthz rite. (fors uolo ire.)
47. E minen terua ne roche be taz. (in fide non curo quod dicis.)
48. Semergot elfe ne habe*n* ne trophen. (si me deus adiuuet, non abeo nihil.)
49. Erro, ian sclaphen. (dormire.)
50. cit est. (tempus.)
51. Gimer min ros. (da mihi meum equum.)
52. Gimer min schelt. (scutum.)
53. Gimer min spera, spata.
54. Gimer min suarda.
55. Gimer min ansco. (guantos.)
56. Gimer min stap. (fust*i*m.)
57. Gimer min matzer. (cultellum.)
58. Gimer cherize. (candela.)
59. Guar es taz uip? (ubi est tua femina?)
60. Quandi næ guarin ger za metina? (quare non fuisti ad matutinas?)
61. En ualde. (ego nolui).
62. Ger ensclephen bit te *u*ip in ore bette. (tu iacuisti ad feminam in tuo lecto.)
63. Guez or erre az *pe de semauda* ger enscelphen pe dez uip *so es terue u rebolgan.* (si sciuerit hoc senior tuus iratus erit tibi per meum caput.)
64. Guaz queten ger, erra? (quid dicitis uos?)
65. Coorestu, narra. (ausculta fol.)
66. Gualdestu abe de tinen rose ter uht ze tine ruge? (uelles corium de tuo equo habere in collo tuo?)
67. Narra *er* sarda gerra. (stultus uoluntarie fŏttit.)
68. Got man. (bonus homo.)
69. Haben e gonego. (habeo satis ego.)
70. luzzil. (parum.)
71. Erro, e guille trenchen. (ego uolo bibere.)
72. Habes corne min rossa? (abes annonam ad equos?)

Zu V, 2] 41 *unerklärt vgl. St.*   82 loqo *Hs.*   84 naste *unerklärt.*   44 Erro] Ero *Hs.*; *vgl. St.*   48 haben] habent *Hs.* si *romanisch* (= sic)   49 ian = gan *oder* can: *ite? Vgl. St. zur Stelle.*   56 fustum *Hs.*   62 uip] ip *Hs.*   63 az = daz *St.* pe de semauda *Hs.*; pi dia smāhida *W. Gr.*; pe desem auda *M. vgl. St. zur Stelle.* so es terue u rebolgan *St.*] sesterai *Hs.*; *vgl. St. zur Stelle.*   66 uht *Hs.* = (hut).   67 er *Hs. unklar;* io *M*

73. So thon ich, herro, (sic habeo.)
74. Ne haben ne trophen (non abeo quid), gonoi (satis), luzec (parvm.)
75. Erro, guillis trenchen guali got guin? (si uis bibere bonum uinum?)
76. Su ille mine terue. (sic uolo in fide.)
77. Gued est taz? (quid est hoc?)
78. *Eg* ne guez. (nescio.)
79. Buozze mine sco. (emenda meam cabattam.)
[Paris, Bl. 2ᵇ] 85. *Abeet* hu got *fraume.* (deus uos *saltom.*)
86. Guolo *geb u* got. (bene te donet deus.)
87. Guane guestu?
88. *untuens derre* $\overset{in}{o}$ *ua.*
89. Guare guan cher? (ubi?)
90. Begott eh ne uitst nen hurt. (nullum uerbum scio de hoc.)
91. Cat henens cindes (uade uiam) *vel* cad henens huegues.
92. Guar is tin quenna? (ubi est tua femina?)
93. Guer es tin man? (ubi est tuus homo?)
94. Guiltu *dere* ouetzes? (de pomis.)
95. Terua taz guilli. (si uolo.)
96. Adst cher heuto? (disnasti te hodie?)
97. Hiih atz heuto brot.
98. Hiih atst heutu fles.
99. Hi trench huin.
100. Inbizt *mer diere?*
101. Gauathere, latz mer serte.
102. *in methi thi.*
[Paris, Bl. 3ᵈ] 103. *Ad͗sien* andrer durf. (ad alteram uillam.)
104. Guats tata cher dare? (quid fecisti ibi?)
105. Guas tare guesenda. (missus fui.)
106. Trenchet cher guole in gotes mine, in aller got*es* he*l*egen (107) mine sancte Maria frau vn deri huer mine. (bibite in dei amore... sancte Mariẹ mee... et in ea uestra.)

Ferner aus den Tatianfragmenten der Pariser Handschrift (ZDA. 17, 74f.).
Z. 20f. trench tu brother.
21f. (nolo intrare in domum tuam) Ne guille ingangan in tinen usa
71ff. (nolo rogare meum fratrem suum gladium) Ne guil bittan minan brother sin suert.

VI. ST. GALLER PATERNOSTER UND CREDO.

1. Paternoster.

Fa*ter* unseer, thu pist in himile, uuihi namun dinan, qhueme rihhi din, uuerde uuillo di¹n, so in himile sosa in erdu. prooth unseer emezzihic kip uns hiutu, oblaz uns sculdi unseero, so uuir oblazem uns sculdikem, enti ni unsih firleiti in khorunka, uzzer losi unsih fona ubile.

Zu V, 2] 74 luzer *Hs.*   78 Eg ne] Gne *Hs.*   85 *Abeet, fraume, saltom*] *unklar.*   86 geb u *St.*] gobᶜˡ *Hs.*   88 *Unerklärt.*   90 uitst] = uist? wet *M.* 91 *Vgl. St. zur Stelle.*   94 dere] *unklar; vgl. St.*   95 si] *romanisch St.*   100 *mer diere*] *unklar; vgl. St. zur Stelle.*   102 *unklar; über Deutungsversuche vgl. St. zur Stelle.*   103 Adsien *Hs.; unklar. Vgl. St. zur Stelle.*   106 gotes] goten *M.; Hs. hat got mit schlecht lesbaren Buchstabenresten St.* helegen] helen *Hs.*   *Zu* VI] 1 Fat' *Hs.* 2 emezzihic, zi *ausgewischt aber deutlich lesbar Hs.*

2. Credo in deo.

5   Kilaubu in kot fater almahticun, kiscaft himiles enti erda enti in Ihesum
christ sun sinan ainacun, unseran truhtin, der inphangan ist fona uuihemu
keiste, kiporan fona mariun macadi euuikeru, kimartrot in kiuualtiu pilates,
in cruce pislacan, tot enti picrapan, stehic in uuizzi, in drittin take erstoont
fona totem, stehic in himil, sizit az zesuun cotes fateres almahtikin, dhana
10 chuumftic ist sonen qhuekhe enti tote. kilaubu in uuihan keist, in uuiha khi-
rihhun catholica, uuihero kemeinitha, urlaz suntikero, fleiskes urstodali, in liip
euuikan, amen.

VII. AUS DER INTERLINEARVERSION DER
BENEDIKTINERREGEL.

Caput II. Qualis debeat esse abbas.

Abba, qui preesse dignus est monasterio, semper meminere debet,
quod dicitur, et nomen maioris factis implere;

Christi enim agere vices in monasterio creditur, quando ipsius vocatur pronomine, dicente apostulo:
accepistis spiritum adoptionis filiorum, in quo clamamus abba pater.

Ideoque abbas nihil extra pre-
ceptum domini, quod absit, debet
aut docere aut constituere vel iubere.

Sed iussio eius vel doctrina fer-
mentum divinę iustitiae in discipulorum mentibus conspargatur.

Memor sit semper abbas, quia doctrinae sue, vel discipulorum oboedi-
enciae utrarumque rerum in tremen-
do iudicio dei facienda erit discussio.

Sciatque abbas culpę pastoris incumbere, quicquid in ovibus pater
familias utilitatis eius minus poterit
invenire.

Tantum iterum erit, ut, si inquieto
vel inoboedienti gregi pastoris fuerit
omnis diligentia adtributa et mor-
bidis earum actibus universa fuerit
cura exhibita, pastor earum in iudicio domini absolutus dicat cum propheta domino:

Iusticiam tuam non abscondi in

... der fora uuesan uuirdīgēr ist
munistres, simblum kehuckan scal,
daz ist keqhuetan, indi nemin mē-
ririn tātim erfullan;

5   Cristes keuuisso tuan uuehsal in
munistre ist kelaubit, denne er selbo
ist kenemmit pīnemin, qhuedentemu
potin: entfiangut ātum ze uunske
chindo, in demu harēmees faterlīh
10 fater.

enti pidiu ... neouueht ūzzana pi-
bote truhtīnes, daz fer sii, sculi edo
lērran edo kesezzan edo kepeotan.

ūzzan kipot sīnaz edo lēra deismin
15 des cotchundin rehtes in discōno
muatum si kesprengit.

kehuctīc sii simblum..., daz dera
sīnera lēra edo discōno hōrsamii indi
peidero rachōno in dera forahtlihhūn
20 suanu cotes ze tūenne ist kesuahhida.

indi uuizzi... sunta hirtes ana-
hlinēnti, sō huuaz sō in scāffum fater
hīuuiskes piderbii sīnera min megi
findan.

25 sō avur ist, daz, ibu unstillemu
edo unhōrsamōnti chortar hirtes ist
eocouuelīh kernii zua kitāniu indi
suhtīgeem iro tātim alliu ist ruahcha
zua kitān, hirti iro in suanu truhtīnes
30 inpuntaneer qhuede mit uuīzzagin
truhtīne:

reht dīnaz ni kiparac in herzin

Zu VI] 5 fat' *Hs.* almahticum kiscat *Hs.* I̅h̅m *Hs.*   9 totē *Hs.*   10 chuūftie,
das 2. u *in das* f *hineingeschrieben, Hs.*   12 a̅m̅ *Hs.*   *Zu* VII] 2 kehunkan *Hs.*

corde meo, veritatem tuam et salutare tuum dixi, ipsi autem contem-
nentes spreverunt me.

Et tunc demum inoboedientibus
curẹ suẹ ovibus poena sit eis preva-
lens ipsa mors.

Ergo cum aliquis suscepit nomen
abbatis, duplici debet doctrina suis
preesse discipulis; id est, omnia bona
et sancta factis amplius quam verbis
ostendat, et capacibus discipulis
mandata domini verbis proponere,
duris corde vero et simplicioribus
factis suis divina precepta demonstrare.

Omnia vero quae discipulis docuerit esse contraria, in suis factis
indicet non agenda, ne aliis predi-
cans, ipse reprobus inveniatur; ne
quando illi dicat deus peccanti:

Quare tu enarras iusticias meas et
adsumis testamentum meum per os
tuum, tu vero odisti disciplinam
meam et proiecisti sermones meos
post te? et qui in fratris tui oculo
festucam videbas, in tuo trabem non
vidisti.

Non ab eo persona in monasterio
discernatur; non unus plus ametur
quam alius, nisi quem in bonis actibus aut oboedientia invenerit me-
liorem; non proponatur ingenuus ex
servitio convertenti, nisi alia ratio-
nabilis causa existat.

Quod si ita iustitia dictante abbati visum fuerit, et de cuiuslibet
ordine, id facere potest; alii vero
propria teneant loca;

Quia sive servus, sive liber, omnes
in Christo unum sumus et sub uno
domino aequalem servitutis militiam
baiolamus, quia non est apud deum
personarum acceptio.

Solummodo in hac parte apud
ipsum discernimur, si meliores ab

mīnemu, uuārhaftī dīna indi hei-
lantii diin qhuad, sie *keuuisso* far-
manēnti farhoctōn mih.

indi denne az iungist unhōrsamēn
dera ruahcha sīnera scāffum uuīzzi
sī im furimakanti selbo tōd.

keuuisso denne eddesuuelīhēr int-
fāhit namun..., zuuifalda scal lēra
sīnēm fora uuesan discōm; daz ist,
alliu cuatiu indi uuīhiu tātim meer
denne uuortum keaucke, indi far-
stantanteem discoom pibot truhtīnes uuortum furikisezzan, herteem
herzin *keuuisso* indi einfaltlīhhero
tātim sīnēm cotchundiu pibot ke-
auckan.

alliu *keuuisso* dei discoom lērit
uuesan uuidaruuartiu, in sīneem tātim chundit nalles ze tūenne, ni
andreem forasagēnti, er farchoraneer
sī fundan; min huuenne imu qhuede
cot suntōntemu:

huuanta dū errahhōs reht mīniu
indi zuanimis ēuua mīna duruh
mund dīnan, dū *keuuisso* fīetōs egii
mīna indi faruurfi uuort mīniu after
dih? indi dū in pruader dīnes augin
halm kesāhi, in dīnemu kepret ni
kisāhi.

nalles fona imu heit in munistre
sī kiskeidan; nalles einēr meer sī
keminoot denne andrēr, ūzzan den
in cuateem tātim edo hōrsamii finde
pezzirun; nalles furi sī kesezzit frīgēr
er deonōsti kehuuarbantemu, ūzzan
andriu redihaftiu rahha sī.

daz ibu sō reht dictōntemu...
kedūht ist, indi fona sōuuelīhhes
kesezzidu, daz tuan mac; andre
keuuisso eigono eigīn steti;

danta edo scalch, edo frīēr, alle
in uuīhemu ein pirumēs indi untar
einemu truhtīne ebanlīhho des deo-
nōstes chamfheit tragamēs, danta
nist mit cotan heiteo antfangida.

einu mezzu in desemu teile mit
imu pirumēs kiskeidan, ibu pezzirun

Zu VII] 38 vvizi *Hs. nach Steinmeyer.*
(1912), 178. 71 mac] man *Hs.*

46 einfaltlīhherōm *Fr. Wood*, MLN *27*

aliis in operibus bonis et humiles   80   fona andreem in uuerchum cuateem
inveniamur.   indi diomuate pirum funtan.

Ergo ęqualis sit ab eo omnibus   *keuuisso* eban sii fona imu alleem
caritas, una prebeatur in omnibus   minna, einiu sī kekeban in alleem
secundum merita disciplinę.   after keuurahti dera ekii.

In doctrina sua namque abbas   85   in lēru sīneru keuuisso... poto-
apostolicam debet semper illam for-   līha scal simblum daz pilidi haltan,
mam servare, in qua dicit: in demu qhuidit:

Argue, obsecra, increpa: id est   dreuui, pisuueri, refsi; daz ist
miscens temporibus tempora. terro-   miskenti cītum cīti, ekisōm slehtiu;
ribus blandimenta: dirum magistri,   90   crimmii des meistres, ērhaftii fateres
pium patris ostendat affectum; id   keaucke minna; daz ist unekihaf-
est indisciplinatos et inquietos debet   teem indi unstilleem scal hartōr
durius arguere, oboedientes autem   drauuen, hōrsamēm *keuuisso* indi
et mites et pacientes, ut melius pro-   mitiuuāreem ... dultīgeem, daz in
ficiant, obsecrare; neglegentes et   95   pezzira framkangeen, pisuuerran;
contempnentes ut increpet et cor-   ruahchalōse indi farmanēnte sō refse
ripiat admonemus.   indi keduuinge zuamanōmees.

Neque dissimulet peccata deli-   indi ni altinōe suntā missituan-
quentium, sed mox ut ceperint oriri,   tero, ūzzan saar sō pikinneen ūf
radicitus ea ut prevalet amputet,   100   qhueman, uurzhaftōr daz sō furist
memor periculi Hely sacerdotis de   megi abasnīde, kehucke dera zaala
Silo.   ... des ēuuartin fona Silo.

Et honestiores quidem atque in-   indi eeruuirdīgōron *keuuisso* indi
telligibiles animos, prima vel se-   farstantantlīhhe muatu ēristūn edo
cunda admonitione verbis corripiat;   105 andrera zuamanungu uuortum ke-
inprobos autem et duros ac superbos   duuinge; unkiuuareem *keuuisso* indi
vel inoboedientes verberum vel cor-   herteem indi ubarmuate edo unhōr-
poris castigatione in ipso initio pec-   same filloom edo des līhhamin raf-
cati coerceat.   sungu in demu selbin anakin dera
                                      110   sunta keduuinge.

Sciens scriptum: stultus verbis   uuizzanti kescriban: unfruatēr
non corregitur; et iterum: percute   uuortum nist kerihtit: indi avur:
filium tuum virga et liberabis ani-   slah chind dīnaz kertu indi erloosis
mam eius a morte.   sēla sīna fona tōde.

Meminere debet semper abbas   115   kehuckan scal simblum ... daz ist,
quod est, meminere quod dicitur: kehuckenti daz ist keqhuuetan: indi
et scire, quia cui plus committitur,   uuizzan, daz demu meer ist pifolahan,
plus ab eo exigitur.   meer fona imu uuirdit ersuahhit.

                                           indi uuizzi huueo unsemfta indi
Sciatque quam dificilem et ar-   120   uuidarpirkīga racha intfianc, ze ke-
duam rem suscepit, regere animas   rihtanne sēlā indi manakero deonoon
et multorum servire moribus.   sitim.

Et alium quidem blandimentis,   indi einlīhhan *keuuisso* slehti-
alium vero increpationibus, alium   doom, einlīhhan *keuuisso* rafsun-
suasionibus; et secundum unius-   125   goom, einl*īhhan* kespenstim, indi

---

cuiusque qualitatem vel intellegentiam ita se omnibus conformet et aptet.

Et non solum detrimentum gregis sibi commissi non patiatur, verum etiam in augmentatione boni gregis gaudeat.

Ante omnia ne dissimulans aut parvi pendens salutem animarum sibi commissarum; non plus gerat sollicitudinem de rebus transitoriis et terrenis atque caducis, sed semper cogitet, quia animas suscepit regendas, de quibus rationem redditurus est.

Et ne causetur de minore forte substantia; meminerit scriptum: primum querite regnum dei et iusticiam eius, et haec omnia adicientur vobis; et iterum: nihil deest timentibus eum.

Sciatque, quia qui suscepit animas regendas, parit se ad rationem reddendam in die iudicii.

Et quantum sub cura sua fratrum se scierit habere numerum, agnoscat pro certo, quia in die iudicii ipsarum omnium animarum erit redditurus rationem, sine dubio addita et sue anime.

Et ita semper timens futuram discussionem pastoris de creditis ovibus cum de alienis ratiociniis cavet redditus de suis sollicitus.

Et cum de monitionibus suis emendacionem aliis subministrat, ipse efficitur a vitiis emendatus.

130 after eocouuelīhhes huuialīhhii edo farstantida, sō sih alleem kepilide indi kemahhōe.

indi nalles einin unfroma des chortres imu pifolahanes ni sī kedoleet, uuār *keuuisso* in auhhungu des cuatin chortres mende.

135 fora allu min altinōnti edo luzzil mezzinti heilii sēlōno imu pifolahanero; nalles meer tūe soragūn fona rahhoom zefaṙantlīhheem indi erdlīhheem indi zerīsenteem, ūzzan simblum denche, daz sēlo intfianc ze rihtenne, fona diem rediūn erkeban-

140 tēr ist.

indi min chlagōe fona minnirūn ōdhuuīla ēhti; kehucke kescriban: az ērist suahhat rīhhi cotes... reht sīnaz, ... desiu alliu sint keauhhōt

145 iu; indi avur: neouueht uuan ist furahtanteem inan.

indi uizzi, danta der intfianc sēol ze rihtanne, karauue sih ze rediūn ze arkebanne in taga dera suana.

150 indi sō filu sō untar ruahha pruadro sīnero sih uuizzi habeen ruava, erchenne āno zuuīval, daz in tage dera suana dero selbōno allero sēlōno ist erkebanteer rediūn, āno zuīfal

155 keauhhōti indi dera sīnera sēla.

indi sō simblum forahtanti zuauuarta kesuahhida des hirtes fona pifolahaneem scāffum denne fona fremideem redinoom porakee erkibit

160 fona sīneem pihuctīgeer.

... denne fona manungoom sīneem puazza andres untarambahte, er ist ketaan fona āchustim kepuazteer.

VIII. AUS ISIDORS SCHRIFT CONTRA JUDEOS.
(IV–XXI Hench.)

Cap. III.

Hear quhidit umbi dhazs Christus got endi druhtin ist.

1. Aefter dhiu dhazs almahtiga gotes chiruni dhera gotliihhun Christes chiburdi chimarit uuard, hear saar after nu mit gareuuem bilidum dhes heilegin chiscribes eu izs archundemes, dhazs ir selbo Christ ist chiuuisso got ioh druhtin. Ibu Christus auur got ni uuari, dhemu in psalmom chiquhedan uuard: 'dhiin

5 sedhal, got, ist fona euuin in euuin, rehtnissa garda ist garde dhines riihhes.
Dhu minnodos reht endi hazssedos unreht, bidhiu auur chisalboda dhih got
dhiin got mit freuuuidha olee fora dhinem chilothzssom'.

2. Huuer ist dhanne dhese chisalbodo got fona gote? antuurdeen nu uns
dhea unchilaubendun. See hear nu ist fona gode chiquhedan got chisalbot,
10 endi chiuuisso ist Christus in dheru selbun salbidhu chimeinit, dhar chiquhedan
uuard got chisalbot. Dhar dhu chihoris umbi dhen chisalbodon got meinan,
ziuuare firnim dhanne dhazs dhar ist Christ chizeihnit, so auh fona dhes
chrismen salbe ist chiuuisso Christ chinemnit.

Umbi dhesan selbun Christ chundida
almahtic fater dhurah Isaian, dhoh
ir in Cyres nemin quhadi, dhazs ir
ist got ioh druhtin: 'dhiz quhad
druhtin minemu christe Cyre, dhes
zesuun ih chifenc, dhazs ih fora si-
nemu anthluttę hneige imu dheodun
endi ih uuendu imu chuningo hrucca
endi ih antluuhhu duri fora imu
endi dor ni uuerdant bilohhan. Ih
faru dhir fora endi chidhuuingu dhir
aerdhriihhes hruomege, erinꝺ portun
ih firchnussu, iisnine grindila fir-
brihhu, endi dhiu chiborgonun hort
dhir ghibu, endi ih uuillu dhazs dhu
firstandes heilac chiruni, huuanda ih
bim druhtin dher dhih nemniu
Israelo got'.

3. In dhemu nemin Cyres ist
Christ chiuuisso chiforabodot, fora
dhemu sindun dheodun ioh riihhi
chihneigidiu in ghilaubin. In andra
uuiis ni uuardh eo einic in Israhelo
rihhe Cyrus chinemnit. Ibu dhanne
einic chilaubit, dhazs dhiz fona

(M. XXXIV.)

15 ... san chr .... ita ....
a .... urh isa ...., . h......
aer in cyr... nemi... ati, daz er ist got
ioh truhtin: ... ... d truhtin minemo
christe....., des zesuun ih kafenc,
20 .... ra sinemo antlutte hn.....
imo deotun enti ih uuen...... chuningo hrucka en ...... ntluhhu turi
fora imo, ... r ni uuerdant biloh
.... Ih faru dir fora enti ..... ingu
25 dir ęrdrihhes ...... mege, Aerino
portun ih .... nussu, isnine grintila
.... rihhu, enti diu gaborganun
...... ir kibu Enti ih uuill. .... du
forstantes heilac .... i, huuanta
30 ih bim tru ...... der dih nemniu
israhelo got.

3. .... o nemin cyres ist
christ ...... uisso kaforabotot, fora
...... sintun deotun ioh rihh ......
35 ...... hneigitiu in galaubin ...... a
uuis ni uuard eo eini .... rahelo
rihhe cyrus ...... nit. Ibu danne
einic .... aubit, daz fona

III. Quia Christus deus et dominus est. 1. Post declaratum Christi divinae
nativitatis mysterium, deinde quia idem deus et dominus est, exemplis sanctarum
scripturarum adhibitis demonstremus. Si Christus deus non est, cui dicitur in psalmis (44, 7. 8): 'Sedes tua deus in saeculum saeculi, virga aequitatis virga regni tui.
Dilexisti iustitiam et odisti iniquitatem, propterea unxit te deus deus tuus oleo
laetitiae prae consortibus tuis.'
2. Quis est igitur iste deus unctus a deo? respondeant nobis. Ecce deus unctus
a deo dicitur, et utique Christus ipsa unctione monstratur, cum deus unctus in-
sinuatur. Dum enim audis deum unctum, intellege Christum; Christus enim a
chrismate, id est ab unctione vocatur. Hunc Christum sub persona Cyri per Isaiam
(45, 1–3) pater deum et dominum ita esse testatur dicens: 'Haec dicit dominus
christo meo Cyro, cuius adprehendi dextram, ut subiciam ante faciem eius gentes
et dorsa regum vertam et aperiam ante eum ianuas, et portae non claudentur.
Ego ante te ibo et gloriosos terrae humiliabo, portas aereas conteram et vectes
ferreos confringam et dabo tibi thesauros absconditos et arcana secretorum, ut
scias quia ego dominus, qui voco nomen tuum deus Israhel.
3. In persona enim Cyri Christus est prophetatus, ubi ei subiugatae sunt gentes
in fide et regna. Praeterea quia nullus in regno Israhel Cyrus est dictus. Quod
si de Cyro Persarum rege quis hoc crediderit prophetatum, absurdum et profanum

Cyre Persero chuninge sii chiforabodot, bichnaa sih dher dhazs izs 40
uuidharzuomi endi heidhanliih ist
eomanne zi chilaubanne, dhazs dher
aerloso man endi dher heidheno ab-
gudim gheldendo Christ got endi
druhtin uurdi chinemnit. Umbi dhiz 45
nist auh so chiscriban in dhero sii-
bunzo tradungum: 'minemu Christe
Cyre', oh sie scribun: 'dhiz quhad
druhtin minemu Christe druhtine'.
Endi ioh dhazs ist nu unzuuiflo so 50
leohtsamo zi firstandanne, dhazs
dhiz ist chiquhedan in unseres druhtines nemin.
    4. Ibu Christ got nist, sagheen nu
dhea unchilaubun uns, zi huuemu 55
got uuari sprehhendi in Genesi, dhar
ir quhad: 'duoemes mannan uns
anachiliihhan endi in unseru chiliihnissu'. So dhar auh after ist chiquhedan: 'endi got chiscuof mannan 60
anachiliihhan endi chiliihhan gote
chifrumida dhen'. Suohhen dhea nu
auur, huuelih got chiscuofi, odho in
huuelihhes gotnissu anachiliihhan
mannan chifrumidi, dhen ir chiscuof. 65
    5. Ibu sie antuurdant endi quhe-
dant: 'in angilo': Inu ni angil nist
anaebanchiliih gote?

cyre ..... ro chuninge sii kafora ...
..... tot, bichnae sih der .... z
uuidarzuomi anti .... anlih ist
eomanne za ga .... enne, daz der
aerlo ...... an enti der heidano ab.
.... keltanteo christ go ...... ti
truhtin uurti ginemnit .... iz
nist auh so gascriba ...... n dero sibunzo tradungum: .... o christe
cyre, oh się sc .... n: Diz quad
truhtin mine .... truhtine,
enti ioh .... st nu unzuiflo
leohtsamo .... stantanne, daz
diz is ...... quetan in unseres truhtines nemin.
    4. .... got nist, sagen nu
...... ungalaubun uns, za huuemo
.... ari sprehhanti in gene .... r
er quad: Tuomes man ....
.... agalihhan enti in unse .... kalih-
nissiu. So dar auh .... st ka-
quetan: Enti got .... uof man
anagalihhan .... galihhan gote
kafr .... a den. Suohhen dea nu
auuar, ... ih got giscuofi, odo in
.... elihhes gotnissiu anakalihan
...... n kafrumiti, den er kiscu ....
    5. ... bu siae antuurtent enti ......
.... nt: in angilo: Inu ni engil ......
anaebangalih gote?

Dhanne so dhrato mihhil undàrscheit ist undar dhera chiscafti chiliihnissu
endi dhes izs al chiscuof. Odho mahti angil so sama so got mannan chifrumman? 70
dhazs so zi chilaubanne mihhil uuootnissa ist. Huuemu ist dhiz nu zi quhedanne
odho zi huues chiliihnissu uuardh man chiscaffan, nibu zi dhes dher anaeban-
liih ist gote endi chinamno ist mit godu?
    6. Endi auh ibu Christus druhtin nist, huuelih druhtin regonoda fyur in

---

esse cognoscat, ut homo impius et idolatriae deditus Christus et deus et dominus
nuncupetur. Unde et in translatione lxx non habet: 'Christo meo Cyro', sed habet:
'Haec dicit dominus Christo meo domino', quod in persona specialiter Christi
domini nostri accipitur.
    4. Si Christus deus non est, dicant *Iudaei* nobis, quem sit affatus deus in
Genesi (1, 26) cum diceret: 'Faciamus hominem ad imaginem et similitudinem
nostram.' Sic enim subiungitur: 'Et creavit deus hominem ad imaginem et similitudinem dei creavit illum'. Quaerant ergo quis deus creavit, aut ad cuius dei
imaginem condidit hominem quem creavit.
    5. Quod si respondeant: 'ad angelorum', num angelus aequalem cum deo habet
imaginem, dum multum distet imago creaturae ab eo qui creavit. Aut numquid
angelus cum deo potuit facere hominem? quod ita existimare magnae dementiae
est. Cui ergo dicitur, aut ad cuius imaginem conditus homo creditur, nisi ad eius,
cuius una imago cum deo est et unicum nomen divinitatis est?
    6. Item si Christus dominus non est, quis dominus pluit *ignem* in Sodomis

---

70 ch|scuof *Hs.*

75 Sodoma fona druhtine? So chiuuisso chiscriban ist in Genesi: 'endi regonoda
druhtin fona druhtine ubar Sodomam endi Gomorram suuebul endi fyur'.
In dhesemu quhide ni bluchisoe eoman, ni dhiz sii chiuuisso dher ander heit
godes selbo druhtin Christ. Endi huuer ist dhanne dher druhtin, nibu ist zi
ẹrnusti sunu fona fater, dher simbles fona dhemu fater chisendit chiuuon ist
80 fona himile nidharquheman endi uphstigan? Mit dheseru urchundin dh*iu* ein*a*
gotnissa endi u*n*darscheit dhero zuueiio heido, fater endi sunes, hluttror leohte
ist araugit.

     7. Inu ibu Christus druhtin nist, umbi dhen Dauid in psalmom quhad:
'quhad druhtin druhtine minemu, sitzi azs zesuun halp miin'; dhoh Christus
85 in dhes fleisches liihhamin sii Davides sunu, oh ir ist chiuuisso in dhemu
heilegin gheiste got ioh druhtin. Nibu Christ druhtin sii, umbi huuenan quhad
Dauid in chuningo boohhum: 'sus quhad dher gomo, dhemu izs firgheban
uuard, adhalsangheri Israhelo, umbi Christan Iacobes got: druhtines gheist
ist sprehhendi dhurah mih endi siin uuor*t* dhurah mine zungun'.

90   8. Ibu nu Christ druhtin nist, huuer ist dher uuerodheoda druhtin, dher
fona uuerodheoda druhtine uuard chisendit? So ir selbo quhad dhurah Zachariam: 'sus quhad druhtin uuerodheoda got, sendida mih after guotliihhin
zi dheodom dhem euuuih biraubodon; dher euuuih hrinit, hrinit sines augin
sehun. See bidhiu ih hepfu mina hant   *(M.* XXXV*.)*

ubar sie endi sie uuerdant zi scaah-	95 .. par siẹ enti si .. erdant za scahh ....
che dhem im aer dheonodon, endi	...... dem im ...... deonotun, enti ir
er sculut bichennen, dhazs uuero-	scu ..... ut bichennen daz uuera-
dheoda druhtin mih sendida'.	deo . a ... uhtin mih sentita.
9. Uuala nu auh huues mac dhesiu	9. Uuela . u auh huues mac di ..
stimna uuesan, nibu dhes nerrendin	100 stimna . esan, nibu des nerre .... n
druhtines? ir almahtic got sih chun-	truhtines? aer almahtic got . ih chun-
dida uuesan chisendidan fona dhemu	dita uuesan, ... santan fona de ...
almahtigin fater. So chisendit uuard	almahtigin ... ter. So gasentit uuar..
chiuuisso zi dheodum after dheru	kauuisso za deotom after deru si-
sineru gotnissa guotliihhin, dhea ir	105 neru guotnissa g ... lihhin, dea aer

a domino? Sic enim ait in Genesi (19, 24): 'Et pluit dominus super Sodomam et
Gom*a*rram sulphur et ignem a domino'. In qua sententia nemo dubitat secundam
esse personam. Nam quis est ille dominus, nisi procul dubio filius a patre, qui
semper ab eodem patre missus descendere solitus est et ascendere? Quo testimonio
et deitas et distinctio personarum patris filiique luce clarius demonstratur.
     7. Item si Christus dominus non est, de quo dicit David in psalmo (109, 1):
'Dixit dominus domino meo, sede a dextris meis.' Qui dum idem Christus secundum
carnem sit filius David, in spiritu tamen dominus eius et deus est. Si Christus
dominus non est, de quo ait David in libro regum (2. Reg. 23, 1. 2): 'Dixit vir,
cui constitutum est, de christo dei Iacob, egregius psalta Isr*a*hel: spiritus domini
locutus est per me et sermo eius per linguam meam?'
     8. Item si Christus dominus non est, quis est ille dominus exercituum, qui
a domino exercituum mittitur? Ipso dicente in Zacharia (2, 8. 9): 'Haec dicit dominus deus exercituum: post gloriam misit me ad gentes, quae exspoliaverunt vos;
qui enim tetigerit vos, tangit pupillam oculi eius; quia ecce levabo manum meam
super eos et erunt praeda his qui serviebant sibi, et cognoscetis quia dominus
exercituum misit me?'
     9. Age nunc cuius sit haec vox nisi salvatoris, qui omnipotens deus a patre
omnipotente missum se esse testatur? Missus est autem ad gentes post gloriam
deitatis, quam habuit apud patrem, quando exinanivit se ipsum et formam servi

---

     80 dhea einun *Hs.*   81 urdarscheit *Hs.*   89 uuort] uuor *Hs.*   105 *(Is.)*
gȯtnissa *Hs.*

samant hapta mit fater; dhuo ir sih selban aridalida endi scalches farauua infenc, uuordan uuardh chihoric untasz zi dode. Dher selbo auh hear after folghendo quhad: 'Lobo endi freuuui dhih, Siones dohter, bidhiu huuanda see ih quhimu endi in dhir mitteru ardon, quhad druhtin. Endi in dhemu daghe uuerdhant manego dheodun chisamnoda zi druhtine endi uuerdhant mine liudi endi ih ardon in dhir mitteru; endi dhu uueist dhazs uuerodheoda druhtin sendida mih zi dhir'.

10. Huuelih ist auur nu dhese druhtin fona uuerodheoda druhtine chisendit, nibu auur dher selbo druhtin nerrendeo Christ? Ubar dhazs ist auh hear bifora fona dhemu heilegin gheiste, fona dhes gotnissu ioh dhazs ir gotes gheist ist sus quhad Iob: 'Druhtines gheist chideda mih endi adum dhes almahtighin chiquihhida mih. See endi mih deda got so selp so dhih'. Umbi dhen selbun dhen ir aer chiuuisso quhad: 'druhtines gheist chiuuorahta mih'. Dhazs heftida auur zi gote dhar ir after dhiu quhad: 'endi mih chideda got so selp so dhih'; dhaz ir chichundida dhazs dher selbo gheist ist got.

samant hapta mit fater; Do er sih selban a .... farauua infenc, uuortan uuard kahoric untaz za tode... er selbo auh hear after folgento quad: Lobo enti frauuui dih, siones tohter, bidiu huuanta see ih quimu enti in dir mitteru arton, quad truhtin. E . ti in demo tage uuerdant manago deotun kasamnato za truhtine enti uuerdant mine liuti, . nti ih arton in dir mitteru. Enti du uueist daz uueradeota truhtin sentita mih za dir.

10. Huuelist auuar nu des .... deota truhtine..... kasentit, nibu auuar de. .... genteo christ? Ubar..... ist auh her bifora fona demo heilagin geiste, fona des gotnissu ioh daz er gotes geist ist sos quad iob: 'Truhtines keist kateta mih enti atum des almahtigin kaquihta mih. See enti mih teta got selbo so dih'. Umbi den selbun den er aer kauuisso quad: 'truhtines keist kauuorhta mih'. Daz heftita auar za gote dar er after diu quad: 'See enti mih teta got so selb so dih'; Daz er gachuntita daz der selbo keist ist got.

Randziffern: 110, 115, 120, 125, 130, 135

Cap. IV.

Hear quhidit umbi dhea bauhnunga dhero dhrio heideo gotes.

1. Araugit ist in dhes aldin uuizssodes boohhum, dhazs fater endi sunu endi heilac gheist got sii. Oh

Her quidit umbi dea bau .... eido gotes.

1. Araugit ist in des altin uu...... buohhum, daz fater enti sun enti heilac kei .. got sii. Oh des sintun

accipiens, effectus est oboediens usque ad mortem. Quique etiam in sequentibus loquitur dicens (Zach. 2, 10. 11): 'Lauda et laetare, filia Sion, quia ecce ego venio et habitabo in medio tui, dicit dominus. Et adplicabuntur gentes multae ad dominum in die illa et erunt mihi in populum, et habitabo in medio tui, et scies quia dominus exercituum misit me ad te.'

10. Quis est igitur iste dominus a domino exercituum missus, nisi idem dominus Iesus Christus? Superest de spiritu sancto de cuius deitate sic ait Iob (33, 4. 6) et quia spiritus dei est: 'Spiritus domini fecit me, et spiraculum omnipotentis vivificavit me. Ecce et me sicut et te fecit deus.' De quo enim dixerat: 'Spiritus domini fecit me.' Deo (*richtig* De eo) rursus adiecit: 'Ecce et me sicut et te fecit deus'; ut eundem spiritum ostenderet esse deum.

dhes sindun unchilaubun Iudeo liudi,   ungalaubun iudeo liuti daz ..n. ....
5 dhazs sunu endi heilac gheist got sii,   heilac keist got sii
bidhiu huuanda sie chihordon gotes stimna hluda in Sinaberge quhedhenda:
chihori dhu Israhel, druhtin got dhin ist eino got'. Unbiuuizssende sindun
huueo in dheru dhrinissu sii ein got, fater endi sunu endi heilac gheist; nalles
sie dhrie goda, oh ist in dhesem dhrim heidem ein namo dhes unchideiliden
10 meghines.
     2. Suohhemes nu auur in dhemu aldin heileghin chiscribe dhesa selbun
dhrinissa. In dhemu eristin deile chuningo boohho sus ist chiuuisso chiscriban:
'quhad Dauid Isais sunu, quhad gomman dhemu izs chibodan uuard umbi
Christan Iacobes gotes, dher erchno sangheri Israhelo: gotes gheist ist spreh-
15 hendi dhurah mih endi siin uuort ferit dhurah mina zungun'. Endi saar dhar
after offono araughida, huuer dher gheist sii, dhuo ir quhad: 'Israhelo got uuas
mir zuo sprehhendi, dher rehtuuisigo manno uualdendeo, strango Israhelo'.
     3. Dhar ir quhad 'Christ Iacobes gotes', chiuuisso meinida ir dhar sunu
endi fater. Dhar ir auh quhad: 'gotes gheist ist sprehhendi dhurah mih', dhar
20 meinida leohtsamo zi archennenne dhen heilegan gheist. Auur auh umbi dhazs
selba quhad Dauid in psalmom: 'druhtines uuordu sindun himila chifestinode
endi sines mundes gheistu standit al iro meghin'. In dhemu druhtines nemin
archennemes chiuuisso fater, in dhemu uuorde chilaubemes sunu, in sines
mundes gheiste instandemes chiuuisso heilegan gheist. In dheseru urchundin
25 ist ziuuare araughit dhera dhrinissa zala endi chimeinidh iro einuuerches.
     4. So hear after dher selbo forasago quhad: 'ir sendit siin uuort endi
chiuueihhit dhea, adhmuot siin gheist endi rinnant uuazssar'. See hear meinit
nu dhri: fater ist dher sendida, endi uuort ist dhazs chisendida, endi siin gheist
ist dher adhmot. Endi auh in Genesi quhidhit: 'in dhemu eristin chiteda got
30 himil endi aerdha endi gotes gheist suueiboda oba uuazsserum'. Dhar ist auh
in dhemu gotes nemin fater zi firstandanne; in dhemu eristin ist sunu zi
archennanne, huuanda ir selbo quhad: 'in haubide dhes libelles azs erist ist

---

     IV. De trinitatis significantia. 1. Patet veteris testamenti apicibus, patrem
et filium et spiritum sanctum esse deum. Sed hinc isti filium et spiritum sanctum
non putant esse deum, eo quod in monte Sina vocem dei intonantis audierint: 'Audi
Israhel, dominus deus tuus deus unus est' (Deut. 6, 4), ignorantes in trinitate unum
esse deum patrem et filium et spiritum sanctum, nec tres deos, sed in tribus personis
unum nomen individuae maiestatis.
     2. Quaeramus ergo in scripturis veteris testamenti eandem trinitatem. In libro
quippe primo regum (2, 23, 1–2) ita scriptum est: 'Dixit Dauid filius Isai, dixit vir
cui constitutum est de christo dei Iacob, egregius psalta Israhel: Spiritus domini
locutus est per me, et sermo eius per linguam meam'. Quis autem esset adiecit:
'Deus Israhel mihi locutus est, dominator fortis Israhel hominum iustus'.
     3. Dicendo enim Christum dei Iacob et filium et patrem ostendit. Item dicendo:
'Spiritus domini locutus est per me' sanctum spiritum evidenter aperuit. Idem
quoque in psalmis (32, 6): 'Verbo, inquit, domini celi firmati sunt, et spiritu oris
eius omnis virtus eorum'. In persona enim domini patrem accipimus, in verbo
filium credimus, in spiritu oris eius spiritum sanctum intellegimus. Quo testimonio
et trinitatis numerus et communio cooperationis ostenditur.
     4. Sic in consequentibus idem propheta ait (ps. 147, 18): 'Mittit verbum suum
et liquefaciet ea, flabit spiritus eius et fluent aquae'. Ecce tria, pater qui mittit, et
verbum quod mittitur, et spiritus eius qui flat. Nam et cum dicitur in Genesi (1, 1.2):
'In principio fecit deus celum et terram, et spiritus dei ferebatur super aquas', ibi
in dei vocabulo pater intellegitur, in principio filius agnoscitur qui dicit (ps. 39, 8.9):
'In capite libri scriptum est de me, ut faciam voluntatem tuam': qui dixit deus et
fecit deus; in eo vero qui superferebatur aquis, spiritus sanctus significatur.

chiscriban umbi mih, dhasz ih dhinan uuillun duoe'. Got ist dher quhad endi, got dher deta. In dhiu auh dhanne dhazs ir oba dhem uuazsserum suueiboda dhen heilegun gheist dhar bauhnida.   35

5. Inu so auh chiuuisso dhar quhad got: 'duoemes mannan anachiliihhan endi uns chiliihhan', dhurah dhero heideo maneghin ist dhar chioffonot dhera dhrinissa bauhnunc. Endi dhoh dhiu huuedheru nu, dhazs ir dhea einnissa gotes araughida, hear saar after quhad: 'got chiuuorahta mannan imu anachiliihhan'. Endi auh so dhar after got quhad 'see Adam ist dhiu chiliihho uuordan 40 so einhuuelih unser', dhiu selba maneghiu chinomidiu araughit dhazs meghiniga chiruni dhera dhrinissa.

6. Dhera selbun dhrinissa heilac chiruni Aggeus dher forasago sus araughida in druhtines nemin quhedhendi: 'miin gheist scal uuesan undar eu mittem'. Seegi got dhar sprah, seegi siin gheist ist auh after dhiu saar chimeinit. Umbi 45 dhen dhrittun heit, dher fona suni ist, sus quhad dher selbo forasago: 'huuanda see ih chihruoru himil endi ẹrdha, endi quhimit dher uuilligo allem dheodom'.

7. So sama so auh araughit ist in Isaies buohhum eochihuueliihhes dhero heideo sundric undarscheit, selbemu dhemu gotes sune quhedhendemu: 'ih eristo endi ih aftristo, mino hendi chifrumidon auh ẹrdha endi miin zesuua uuas 50 mezssendi himila, ioh fona eristin uuas ih chiholono sprehhendi fona ziidi, endi aer huuil uurdi, ih uuas dhar'. Dhar after saar auh quhad: 'endi nu sendida mih druhtin got endi siin gheist'. See hear zuuene dhero heido, got endi siin gheist dhea sendidon endi dher dhritto heit ist selbes druhtines Christes dhes chisendidin.   55

8. So auh in andreru stedi dhurah dhen selbun heilegun forasagun uuard dhera dhrinissa bauhnunc sus araughit: 'quhad got, see miin chneht, ih inan infahu, chiminni mir, chiliihheda iru in imu mineru seulu, ih gab ubar inan minan gheist'. Fater meinida dhar sinan sun, dhuo ir chiminnan chneht nemnida, ubar dhen ir sinan gheist gab. Umbi dhen druhtin nerrendo Christ sineru 60 selbes stimnu urchundida, dhuo ir quhad: 'druhtines gheist ist ubar mir'.

---

5. Nam et cum ibi (Gen. 1, 26) dicit deus: 'Faciamus hominem ad imaginem et similitudinem nostram', per pluralitatem personarum patens significatio trinitatis est. Ubi tamen ut unitatem deitatis ostenderet, confestim admonet dicens (Gen. 1, 27): 'Fecit deus hominem ad imaginem suam'. Et cum dicit idem deus (Gen. 3, 22): 'Ecce Adam factus est quasi unus ex nobis', ipsa pluralitas personarum trinitatis demonstrat mysterium.

6. Cuius trinitatis sacramentum et Aggeus propheta (2, 6–8) ita aperuit, ex persona domini dicens: 'Spiritus meus erit in medio vestri'. Ecco deus qui loquitur, ecce spiritus eius. Post haec de tertia persona id est de filio ita subiecit: 'Quia ecce ego commovebo celum et terram, et veniet desideratus cunctis gentibus'.

7. In Esaia quoque (48, 12.–13. 16) sub propria cuique persona distinctio trinitatis dicente eodem filio ita ostenditur: 'Ego primus et ego novissimus; manus quoque mea fundavit terram, et dextera mea mensa est celos. Nam principio in abscondito locutus sum; ex tempore, antequam fieret, ibi eram'. Et consequenter adiecit: 'et nunc dominus deus misit me et spiritus eius'. Ecce duae personae, dominus et spiritus eius qui mittunt, et tertia persona eiusdem domini qui mittitur.

8. Item alibi per eundem prophetam (42, 1) trinitatis sic demonstratur significantia: 'Ecce, inquit, puer meus, suscipiam eum, dilectus meus: conplacuit sibi in illo anima mea, dedi spiritum meum super eum'. Pater filium dilectum puerum vocat, super quem dedit spiritum suum. De quo Dominus Iesus Christus propria voce testatur (Luc. 4, 18): 'Spiritus domini super me'.

---

41 *g. pl. für* chinomideo, *vgl. Hench s. 95; Jahresber. 1901, 72; Ahd. Gr. § 198, A 7.*

9. Endi auh ir selbo Isaias in andreru stedi alle dhea dhrinissa in fingro
zalu bifenc, dhuo ir sus prędicando quhad: 'huuer uues mezssendi in einemu
hantgriffa uuazssar, endi huuer uuac himila sineru folmu? huuer uuac dhrim
65 fingrum allan aerdhuuasun?' In dhrim fingrum chiuuisso dher heilego forasago
dhea dhrifaldun ebanchiliihnissa dhera almahtigun gotliihhin mit sumes chiru-
nes uuagu uuac, endi auh mit dhes meghines chiliihnissu chraft dhes ebanuuer-
ches endi einnissa dhera almahtigun spuodi, dhiu ein ioh samalih in dheru
dhrinissu ist, in dhrim fingrum dhurahchundida.
70   10. Dher selbo forasago auh in andreru stedi chundida, dhazs ir dhera
dhrinissa chiruni bichnadi, dhuo ir sus quhad: 'ih chisah druhtin sitzendan
oba dhrato hohemu hohsetle, endi Seraphin dhea angila stuondun dhemu oba,
sehs fethdhahha uuarun eines, sehse andres, mit zuuem dhehhidon siin antlutti
endi mit zuuem dhecchidon sine fuozssi endi mit zuuem flugun'. Dhazs dher
75 forasago auh dhen selbun druhtin dhrifaldan in sinem heidim araughida endi
einan in sineru gotnissu chichundida, dhar after quhad fona dhem angilum:
'endi hreofun ein zi andremu quhedhande: heilac, heilac, heilac druhtin
uuerodheoda got, folliu ist al ęrdha dhinera guotliihhin'.
11. See hear nu dhea dhrifaldiu heilacnissa undar eineru biiihti dhazs
80 himilisca folc so mendit: endi dhoh eina guotliihhin dhera dhrinissa Syrafin
mit dhemu dhrifaldin quhide meinidon. Inu huuazs andres zeihnit dhar dhea
dhri sanctus chiquhedan, nibu dhera selbun almahtigun dhrinissa guotliihhin
ist araughit? Endi dhoh dhiu huuedheru in dhemu bauhnunge dhero dhrio
heido gotes ni sindun zi chilaubanne, dhasz sii dhrii goda siin, so sama so dhea
85 dhrii heida sindun, oh in dhem dhrim heidim scal man ziuuaare eina gotnissa
beodan, after Moyses quhidim dhar ir quhad: 'chihori dhu Israhel, druhtin
got dhiin ist eino got'. Endi auur ist auh chiscriban: 'ih bim eino got endi
ano mih nist ander'.

---

9. Alio quoque in loco idem Isais (40, 12) totam trinitatem in digitorum numero
conprehendens sic praedicat dicens: 'Quis mensus est pugillo aquas, et celos palmo
quis ponderavit? quis appendit tribus digitis molem terrae?' In tribus quippe digitis
propheta trinam divinae omnipotentiae aequalitatem sub quadam mysterii
lance libravit, et parilitate virtutis cooperationem potentiae et unitatem substantiae,
quae una eademque in trinitate est, in tribus digitis declaravit.
10. Cuius trinitatis mysterium alias se cognovisse testatur idem propheta
(6, 1. 2) dicendo: 'Vidi dominum sedentem super solium excelsum. Seraphin stabant
super illud, sex alae uni et sex alae alteri. duabus velabant faciem eius, et duabus
velabant pedes eius, et duabus volabant'. Quem ut trinum in personis ostenderet,
et unum in divinitate monstraret, sequenter (6, 3) ait: 'Et clamabant alter ad
alterum, et dicebant: Sanctus, sanctus, sanctus dominus deus exercituum, plena est
omnis terra gloria eius'.
11. Ecce trinam sanctificationem sub una confessione celestis persultat exercitus: unam gloriam trinitatis Seraphin trina repetitione proclamant. Nam quid
ter sanctus indicat, nisi eiusdem trinae omnipotentiae gloria demonstrata est? In
deitatem trium personarum significatio non autem sicut tres personae ita et tres
dii credendi sunt, sed in eis personis una divinitas praedicanda est, secundum Moysi
sententiam dicentis (Deut. 6, 4): 'Audi Israhel, dominus deus tuus deus unus est',
et iterum (Deut. 4, 35. Isai. 45, 21): 'Ego sum deus, et practer me non est alius'.

---

79 dhrifaldun *Hench, s. Kögel Lit. 2, 491.*
80 ein *über die Zeile geschrieben Hs.*

IX. AUS DEN MONSEE-WIENER FRAGMENTEN.

Aus der Übersetzung des Evangeliums Matthaei.

1. Hench IV. V. a) 1. Hannoversches Blatt. b) Fragm. theot. III. Matth. XII, 1–25.

a) 1. In deru zīti fuor Iesus in restitag*e* after sātim, sīne iungirun auh uuārun *h*ungrage, bigunnun raufen diu ahar enti ezan. 2. Pharisera dhuo daz gasehante quuātun imo: 'See dīne gungirun tuoant daz sie ni mōzun tuoan in fēratagum'. 3. Enti aer quuat im: 'Inu ni lārut ir huuaz Dauid teta, duo inan hungarta enti dea mit imo uuārun? 4. Hueo aer genc in daz gotes hūs 5 enti āz uuizōdbrōth daz aer ezan ni m*u*osa noh dea mit imo uuārun nibu dea einun ēuuartā. 5. Odho ni lārut *e*r in ēuu daz dēm uuehhatagum dea ēuuartā in demo temple bismīzant restitac enti sint doh ānu lastar? 6. Ih sagēm iu auh daz mēro ist hear danne tempel. 7. Ibu ir auh uuistīt huaz ist „armhaerzīn uuillu enti nalles gelstar", neo ni gaschadōt ir dēm unscolōm. 8. Truhtīn ist 10 gauuisso mannes sunu ioh restitagā'. Enti sō aer danān fuor, quuam in iro dhinchūs. 10. Enti see dār saar man der hapēta ardorrēta hant enti fragētun inan quuedante: 'Muoz man in virratagu*m* heilan'? daz inan leidōtīn. 11. *A*er auh quuat im: 'huuelīh iuuuēr ist d*e*r man d*e*r ein scāf habēt enti ibu daz in grōpa fallit in restitagu*m*, inu nimit iz d*e*r enti hevit iz ūz? 12. Huuē mihhiles 15 ist bezira man danne scāf? Bidiu danne muoz man firatagum uuela tuoan'. 13. Duo quat Iesus demo manne: 'strechi dīna hant', enti aer strechita enti uuart saar sō sama heil sō diu ander. 14. Argengun duo ūz Pharisarā, uuorahtun garāti. – b) uuid*a*r *I*esuse huueo sie inan forleosan mahtīn. 15. Iesus auh *uui*sta iz, fuor dan enti folgētun imo mana*g*en enti aer gaheilta siae alle. 16. enti 20 gabōt im, daz sie inan *ni* mārtin: 17. daz arfullit uurti dhaz gaque*t*an uuart durah forasagun Esaiam quued*a*ntan: 18. 'See miin sunu, den ih gachōs, mīnan leoban, *in* imo galihhēta mīneru sēulu. Seczu ih mīnan gheist *ubar* inan, enti miin urteili chundit deotōm. 19. Ni uuid*a*rstrītit noh ni hrōfit noh ni gahōrit einīch in heimi*n*gum sīna stimna. 20. Rōrea gafaclita ni for*b*ri*hh*it enti riuh- 25 hantan flas ni leschit, innan *diu aer* durahbringit za sigiu urteili, 21. enti in *s*īna*n* namun eigun deotūn uuaan'. 22. Duo uu*art* imo frambrungan, der tiubil hapta, uuas *b*lintēr enti stummēr, enti gaheilta inan sō daz a*er ga*sprah enti gasah. 23. Enti *uuntr*entiu uurtun elliu dhiu folc enti quātun: 'inu*n*u *des*e ist Dauites sunu?' 24. Pharis*aer*ā *auh* daz gahōrrente quuātun: 'dese *ni ūz tr*ībit 30 tiubilā nibu dura͞h Beelzebub ti*ub*ilo furostun'. 25. Iesus auh *uui*ssa iro ga- danchā, quuad im: 'allero rīhho *ga*huuelīh in zuei zasceitan zagengit, ento sō h...

2. Hench VI. VII. (Fragm. theot. IV. V). Matth. XII, 32–XIII, 1.

a) E*nti sō h*uuer sō qu*u*idit lōs uuort uuidar mannes su*n*e, *f*orlāzan *i*mo uuird*it*. Daer auh lōs sprihhit uuidar *h*eilegemo gheiste, *n*i uuirdit imo forlāzan noh hear in uueralti noh in ēuuīn. 33. *O*do uurchet ir guotan baum enti siin obaz guot, *o*do gauurchet ir ubilan baum enti siin obaz *u*bil. Sō auh fona des baumes obaze arcennit uuir*dit* daer baum. 34. Nātrōno chnōsles, hueo magut 5 ir guot sprehhan, nū ir sō ubile birut? *f*ona ganuhtsamemo *m*uote sprihhit

---

Zu IX. Vgl. hierzu T. 68. 69 (= 1–21). 61. 62. (= 22 ff.).   1 restitago *Hs.* 2 hrungrage *Hs.*   6 m*v*osa *Hs.*   10 f. Dominus enim est filius hominis etiam sabbati. *Irrtümlich ist* sabbati *als ein Nomin. Plur. gefaßt.*   13 Iaer *Hs.*   15 restitagū *Hs.*   *Zu* 2] 5 arcennit *u*iuuir daer *Hs.*

munth. 35. Guot man fona guotemo horte augit guot, enti ubil man fona
ubilemo horte ubil frambringit. 36. *I*h sagēm auh iu, daz allero uuorto unbidar-
bero, diu man sprehhant, redea sculun dhes argeban *i*n tuomtage. 37. Fona
10 diin selbes uuortum gauuisso *g*arehtsamōs enti fona diin selbes uuortum *s*un-
tīgan dih gasahhis. 38. Duo antuurtun imo einhuuelīhhe scrībero enti Pharisero
quuedante: 'meistar, uuellemēs fona dir sum zeihhan gasehan'. 39. Er antuurta,
quuat im: 'ubil manchunni enti urtriuuui sōhhit zeihhan, enti ni uuirdit imo
gageban, nibu zeihhan Ione dhes forasagin.
15   b) 40. Sō selb auh sō Ionas uuas in uuales uuambu drī tagā enti drīo naht,
sō scal uuesan mannes sunu in haerda hreuue drī tagā enti driio naht. 41. Dea
Nineuuetiscum man arrīsant in tōmtage mit desemo chunne enti ganidarrent
daz, huuanta sie iro hriuuūn uuorahtun, sō sie Ionas lērta; enti see hear mēro
danne Jona. 42. Cunincgin sundan arrīsit in tōmtage mit desemo manchunne
20 enti ganidrit daz, huuanta siu quam fona entum lantes *h*ōrren uuīstōm Salo-

---

Parallele Stücke aus Tatian.

Zu 2] (T. 62. 8–12). Inti sō uuer sō
quidit uuort uuidar then mannes sun,
uuirdit imo furlāzan; thie thār quidit
uuidar themo heilagen geiste, ni uuirdit imo furlāzan noh in therro uuerolti
noh in thero zuouuartūn. 33. Odo tuot
guotan boum inti sīnan uuahsmon guotan, odo tuot ubilan boum inti sīnan
uuahsmon ubilan, giuuesso fon themo
uuahsmen thie boum uuirdit furstan-
tan. 34. Barn nātrōno, vvuo mugut ir
guotu sprehhan mit thiu ir ubile birut?
Fon ginuhtsamī thes herzen sprihhit
thie mund. 35. Guot man fon guotemo
tresouue bringit guotu, inti ubil man
fon ubilemo tresouue bringit ubilu.
36. Ih quidu iu, thaz iogiuuelīh uuort
unnuzzi, thaz man sprehhenti sint,
geltent reda fon themo in tuomes tage.
37. Fon thīnēn uuorton uuirdistū gi-
rehfestīgōt inti fon thīnēn uuorton
uuirdistū fornidarit'. – (T. 57. 1–8.)
38. Thō antlingitun imo sume fon thēn
buohhārin inti Phariseis sus quedante:
meistar, uuir uuollēn fon thir zeichan
gisehan'. 39. Thō antlinginti quad in:
'ubil cunni inti furlegan suohhit zeihhan, inti zeihhan ni uuirdit imo gigeban, nibi zeihhan Ionases thes
uuīzagen. 40. Sōso uuas Ionas in thes
uuales uuambu thrī taga inti thriio
naht, sō ist mannes sun in herzen erdu
thrī taga inti thriio naht. 41. Thie
Nineuiscum man arstantent in tuome
mit thesemo cunne inti furniderent iz,
uuanta sie riuua tātun in predigungu
Ionases sēnu hier ist mēra thanne
Ionas! 42. Sundirīnu cuningin arsten-
tit in tuome mit thesemo cunne inti

Zu 2] Et quicumque dixerit verbum
contra filium hominis, remittetur ei;
qui autem dixerit contra spiritum
sanctum, non remittetur ei neque in
5 hoc sęculo neque in futuro. 33. Aut
facite arborem bonam et fructum eius
bonum, aut facite arborem malam et
fructum eius malum, siquidem ex
fructu arbor *agn*oscitur (cogn. *M*).
10 34. Progenies viperarum, quomodo
potestis bona loqui, cum sitis mali? ex
abundantia enim cordis os loquitur.
35. Bonus homo de bono thesauro profert bona, et malus homo de malo
15 thesauro profert mala. 36. Dico autem
vobis, quoniam omne verbum otiosum
quod locuti fuerint homines, reddent
rationem de eo in die iudicii. 37. Ex
verbis enim tuis iustificaveris et ex
20 verbis tuis condemnaberis. 38. Tunc
responderunt ei quidam de scribis et
Phariseis dicentes: magister, volumus
a te signum videre. 39. Qui respondens
ait illis: generatio mala et adultera
25 signum quęrit, et signum non dabitur
ei nisi signum Ionæ prophetę. 40. Sicut
enim fuit Ionas in ventre ceti tribus
diebus et tribus noctibus, sic erit filius
hominis in corde terrę tribus diebus et
30 tribus noctibus. 41. Viri Ninevitæ sur-
gent in iudicio cum generatione ista et
condemnabunt eam, quia poeniten-
tiam egerunt in predicatione Jonę, et
ecce plus quam Jona hic! 42. Regina
35 austri surget in iudicio cum generatione ista et condemnabit eam, quia
venit a finibus terrę audire sapientiam
Salomonis, et ecce plus quam Salomon
hic! [Dico autem vobis, quia multi

---

13 enti *doppelt Hs.*   20 hrorren *Hs.*

mones; enti see hear mēro danne Salomon. 43. Sō auh daer unhreino gheist ūz argengit fona manne, ferit after durrēm stetim, suohhit rōa enti ni findit. 44. Danne quuidit: 'ih huuirfu in miin hūs, danān ih ūz fuōr', enti quhoman findit ītal hūs, besmōm gacherit enti gascōnit. 45. Danne gengit enti gahalōt sibuni andre gheistā mit imo uuirsirun danne aer, enti ingangante artōnt dār, 25 enti uuerdant dea aftrun des mannes argōrun dēm ērirōm. Sō scal uuesan desemo manchunne argōstin'. 46. Innan diu aer daz sprah za dēm folchum, see siin muoter enti bruoder stuontun ūze, sōhhitun siin gasprāhhi. 47. Quuat imo duo einhuuelih: 'see diin muoter enti bruoder staₙtant ūze, suohhent dih'. 48. Enti aer antuurta demo za imo sprah, quadh: 'huuer ist miin muoter enti 30 huuer sintun mīne bruoder?' 49. Enti rehhita sīna hant ubar sīne iungirun, quuat: 'see miin muoter enti mīne bruoder! 50. Sō huuer sō auh in ernust uuillun uurchit mīnes fater, der in himilu*m* ist, der ist miin bruoder enti suester ioh mōter'. XIII. 1. In demo tage genc Iesus ūz fona hūs, saz bī sēuue.

---

furnidirit iz, uuanta siu quam fon ente erdu zi hōrrenne spāhida Salamones, sēnu hier ist mēra thanne Salamon [Ih quidu iu, uuanta manage quāmun fon ente erdūn hōren spāhida Sala- 45 mones, inti bithiu hier ist mēra Sala-mone.] 43. Thanne thie unsūbiro geist ūzgēt fon themo manne, gengit thuruh thurro steti, suohhit restī inti ni findit. 44. Thanne quidit: ih uuirbu in mīn 50 hūs, thanān ih ūzgieng, inti quementi findit zuomīgaz mit besemen gifurbit inti gigaruuit. 45. Thanne ferit inti nimit sibun geista andere mit imo uuirsiron thanne her sī, inti ingangente 55 artōnt thār, inti sint thanne thie iun-gistun thes mannes uuirsirun thēn ērirun. Sō ist thesemo cunne themo uuirsisten'. (T. **59.** 1–4.) 46. Imo noh thanne sprehhentemo zi thēn menigīn, 60 sēnu sīn muoter inti sīne bruoder stuontun ūze, suohtun inan zi gi-sprehhanne. 47. Thō quad imo sum: 'sēnu thīn muoter inti thīne bruoder stantent ūze suohhente thih'. 48. Her 65 thō antlinginti imo sus quedantemo quad: 'uuie ist mīn muoter inti uuie sint mīne bruoder?' 49. Thenita sīna hant in sīne iungiron inti quad: 'sēnu mīn muoter inti mīne bruoder! 50. Sō uuer sō tuot uuillon mīnes fater ther 70 in himile ist, ther ist mīn bruoder inti suester inti muoter'. – (T. 70, 2.) Inti ūzgangenti fon themo hūse saz nāh themo sēuue.

40

venerunt a finibus terrę audire sapien-tiam Salomonis, et ideo maior Salomon hic.] 43.. Cum autem immundus spiri-tus exierit *de* (ab *M*) homine, ambulat per loca arida quęrens requiem et non invenit. 44. Tunc dicit: revertar in domum meam unde exivi, et veniens invenit vacantem scopis mundatam et ornatam. 45. Tunc vadit et assum*et* (-it *M*) septem alios spiritus secum nequiores se, et intrantes habitant ibi, et fiunt novissima hominis illius peiora prioribus. Sic erit [et *T*] generationi huic pessimae. 46. Adhuc eo loquente ad turbas, ecce mater eius et fratres stabant foris quaerentes loqui ei. 47. Dixit autem ei quidam: ecce mater tua et fratres tui foris stant quęrentes te. 48. At *ille* (ipse *M*) respondens dicenti sibi ait: quæ est mater mea et qui sunt fratres mei? 49. Et extendens man*um* *(-us M)* in discipulos suos dixit: ecce mater mea et fratres mei! 50. Quicum-que [enim *M*] fecerit voluntatem pa-tris mei qui in cælis est, ipse meus [et *T*] frater et soror et mater est. 1. *Et* (In illo die *M*) exiens de domo sedebat secus mare.

---

3. Hench X (Fr. th. VIII). Matth. XIII, 41–53.

Sentit mannes sunu sīne angilā, enti samnōnt fona sīnemo rīhhe alle dea *ā*suuīhhi enti dea ubil t*ā*tun. 42. enti tuoit dea in fyures ouan, dār im scal uuesan uuoft enti zano gagrim. 43. Danne dea rehtuuīsīgun schīnant sō sunna

---

Zu IX, 2] 29 stanstant *Hs.*   30 za imo *zweimal Hs.*   33 himilū *Hs.*   *Zu* 3] 1 f. dea suuihhi *Hs.* de asuuihhi *Graff* 6, 869; *vgl. Kock* 9.

in iro fateres rīhhe. Sō huuer sō gahlosiu ōrvn eigi, gahōre. 44. Galīh ist himi*lo*
5 rīhhi gaberge gabor*ga*nemo in acchre. Sō danne man daz findit enti gabirgit
iz, enti des mendento gengit enti forchaufit al sō huuaz sō ær habēt enti
gac*h*aufit den acchar. 45. Auh ist galīhsam himilo rīhhe d*e*mo suohhenti ist
guote marigreozā. 46. Funtan auh e*i*n tiurlīh marigreoz, genc enti forchaufta
al daz ær hapta enti gachaufta den. 47. Auh ist galiih hi*m*ilo rīhhi seginūn
10 in sēu gasezziteru, enti a*l*ler*o* fiscchunno gahuuelīhhes samnōntiu. 48. Sō diu
danne fol u*u*arth, ūz ardunsan, enti dea bī stade siczen*t*un aruuelitun dea guotun
in iro faz, dea ubilu*n* auuar uurphun ūz. 49. Sō uuirdit in demo galidōntin enti
uueralti: quuemant angilā enti arscheidant dea ubilun fona mittēm dēm reht-
uuīsīgōm 50. enti lecchent dea in fyures ouan, dār uuirdit uuoft enti zan*o*
15 gagrim. 51. Forstuontut ir daz al? de*a* quuātun imo 'gahha uuir, truhtīn'.
52. Quuad im Iesus: 'bi diu ist eoga*h*uuelīh scriba galērit in himilo rīhhę galiih
[ist] manne hīuuisches fater, der framtregit fona sīnemo h*o*rte niuuui ioh firni'.
53. Enti uuortan uuarth, sō Iesus gaentōta desiu pīuurti, daz aer fuor danān.

Zu 3] T. **76.** 5. Sentit thie mannes sun sīne engila, inti arlesent fon sīnemo rīhhe allu āsuīh inti thie thār tuont unreht. 42. inti sentent sie in ouan fiures, thār ist vvuoft inti stridunga zeno. 43. Thanne rehte skīnent samasō sunna in rīhhe iro fa*t*er. Thie thār habe ōrun thie hōre. – (T. **77.** 1–5.) 44. Gilīh ist rīhhi himilo treseuue gibor*ga*nemo in accare, thaz thie iz findit man gibirgit, inti bī gifehen sines gengit inti furcoufit ellu thiu her habēt inti coufit accar then. 45. Abur gilīh ist rīhhi himilo manne suohhentemo guota merigrioza. 46. Fundanemo thanne einemo diuremo merigrioze gieng inti furcoufta ellu thiu her habēta inti coufta then. 47. Abur gilīh ist rīhhi himilo seginu giuuorphaneru in sēo inti fon allemo cunne fisgo gisamanōn*te*ro. 48. Thiu mit diu gifullit uuas ūznemente inti bī stedu sizente arlāsun thie guoton in faz, thie ubilon ūz vvurphun. 49. Sō uuirdit in fullidu uuerolti: ūzgangent engila inte arskeident ubile fon mittemen rehtero. 50. inti sentent sie in ouan fiures thār uuirdit vvuoft inti clafunga zenio. 51. Furstuontut ir thisu elliu?' Quādun sie imo: 'iā'. 52. Quad her in: 'bithiu giuuelīh buohhāri gilērtēr in rīhhe himilo gilīh ist manne fatere hīuuiskes thie thār frambringit fon sīnemo treseuue nivvu inti altiu'. – (T. **78.** 1.) 53. Uuard thō, thō gifulta ther heilant theso rātissā, fuor thana.

Zu 3] Mittet filius hominis angelos suos, et colligent de regno eius omnia scanda*i*a et eos qui faciunt iniquitatem. 42. et mittent eos in caminum ignis: 5 ibi erit fletus et stridor dentium. 43. Tunc iusti fulgebunt sicut sol in regno patris sui. Qui habet aures [audiendi *M*], audiat. 44. Simile est regnum cę́lorum thesauro abscondito in agro, quem qui invenit homo abscondit, et 10 pre gaudio illius vadit et vendit universa quæ habet et emit agrum illum. 45. Iterum simile est regnum cę́lorum homini [negotiatori *M*] quærenti bonas margaritas. 46. Inventa autem una 15 pretiosa margarita abiit et vendidit omnia quæ habuit et emit eam. 47. Iterum simile est regnum cę́lorum sagenę missę in mari et ex omni genere 20 piscium congreganti. 48. Quam cum impleta esset educentes et secus litus sedentes elegerunt bonos in vasa, malos autem foras miserunt. 49. Sic erit in consummatione sęculi: exibunt an-25 geli et separabunt malos de medio iustorum. 50. et mittent eos in caminum ignis: ibi erit fletus et stridor dentium. 51. Intellexistis hæc omnia? Dicunt ei: etiam [domine *M*]. 52. Ait 30 illis [Iesus *M*]: ideo omnis scriba doctus in regno cęlorum similis est homini patrifamilias, qui profert de thesauro suo nova et vetera. 53. Et factum est, cum consummasset Ihesus 35 parabolas istas, transiit inde.

4. Hench XXV (Fr. th. XXIII). Matth. XXVIII, 16–20.

*Enti einli*fi sīne iun*girun* fuo*run* in Galilea in den berc, dār im Iesus kapōt.
17. Enti sō sie inan gesāhun, hnigun za imo: einhuuelīhhe danne iro ni fol-

trūēt*un*. 18. Enti genc duo Iesus nāhōr, sprah za im, quad: forgeban ist mir alles kauualt in himile enti in ærdu. 19. Faret nū enti lēret allo deotā, taufente sie in nemin fate*r*es enti sunes enti heilages gheistes. 20. Lēret sie kahaltan al 5 sō huuaz sō ih iu gaboot. enti see ih bim mit iu eo gatago untaz entunga uueralti.

Zu 4] (T. 241. 1) Einlif iungoron giengun in Galileam in then berg thār in ther heilant gimarcōta. 17. inti gisehenti inan betōtun inan, sume giuuesso zuuehōtun. − (T. 242. 1–3). 18. Inti sprah in zuo quedenti: gigeban ist al giuualt mir in himile inti in erdu. 19. [Gēt in alla uueralt, praedigōt euangelium allera giscefti] inti lēret alle thiotā, toufenti sie in namen fater inti sunes inti thes heilagen geistes. 20. lēret sic zi bihaltanne alliu sō uuelīchiu sō ih iu gibōt. Inti sēnu ih bin mit iu allēn tagon unzan enti uueralti.

Zu 4] Undecim [autem *M*] discipuli abierunt in Galileam in montem ubi constituerat illis Ihesus. 17. et videntes eum adoraverunt, quidam autem dubitaverunt. 18. Et [accedens Iesus *M*] locutus est eis dicens: data est mihi omnis potestas in cælo et in terra. 19. Euntes [ergo *M*] [in mundum universum praedicate evangelium omni creaturæ *T*] docete omnes gentes, baptizantes eos in nomine patris et filii et spiritus sancti, 20. docentes eos servare omnia quaecumque mandavi vobis. Et ecce ego vobiscum sum omnibus diebus usque ad consummationem saeculi.

Aus der Homilie De vocatione gentium

5. Hench XXIX (Fr. th. XXVII).

*U*mbi daz quad der deotōno meistar: '*All*e birut ir gauuisso gotes suni dura*h* festea galaupnissa in nerrentan *Chr*ist: sō huuelīhhe iuuuēr *g*auuisso sō in *Chr*ist*es* nemin gataufite sintun, *Chr*istan gau*u*eridōnt'. Enti sō auh gascriban ist, daz *Chr*ist ist *h*aubit allero cristānero enti alle dea gachoranun gote *sint*un sīnes haubites lidi. Enti auh der selbo apostolus diz quad: 'Gotes minnī ist 5 gagozan in unsere muotuuillun dura*h* heilagan geist, der uns gageban uuarth', *h*uuanta āno dea nist dir eouuiht bidarbi, des dū *h*apēn maht, huuanta siu ist samahafti mit demo *h*eilagin geiste. Gotes minnī dultīc ist, frumasam ist, *ni*st āpulgīc, ni zaplāit sih, ni habēt āchust, *ni*st ghiri, ni sōhhit daz ira ist, ni bismerōt, *ni* denchit ubiles, ni frauuuit sih ubar unreht, *f*rauuuit sih gameino 10 mit uuaarnissu. *D*ultīc īst gauuisso diu gotes minnī, huuanta siu ira *u*uidarmuotī ebano gatregit. Frumasam ist, *h*uuanta sīu miltlīhho giltit guot uuidar ubile. *N*ist ābulgi, bidiu huuanta siu in desemo mittiga*r*te neouuiht uueraltēhteo ni ruohhit, noh ni uueiz *d*esses ærdlīhhin habēnnes einīga abanst. *N*i zaplāit, sih, huuanta siu angustlihho gerōt dera ēuuīgūn fruma des inlīhhin itlōnes enti 15 bidiu sih *ni* arheuit in desēm ūzserōm ōtmahlum. Ni heuit āchust, bidiu huuanta siu in eines gotes *m*innu enti in des nāhistin sih gabreitit, neouuiht archennit des sih fona rehte scheidit. Nist ghiri, huuanta des siu inuuerthlīhho ist brinnanti ira za zilēnne, ūzana einīc uuis framades ni gerōt.

6. Hench XXX (Fr. th. XXVIII).

Ni suohhit daz ira ist, huuanta al daz siu habēt deses zafarantin, diu mær es ni rōhhit, danne des siu ni habēt, huuanta siu eouuiht ira eiganes ni archennit, nibu daz eina, daz mit iru durahuuerēt. Ni bismerōt, huuanta, doh siu mit arbeitim sii gauuntōt, zi nohēnīgeru rāhhu sih ni gahrōrit, bidiu huuanta siu

Zu IX, 4] *Tat.* 8f. *Mc.* 16, 15.   *Zu* 5] 1 Gal. 3, 26. 27.   3 ga : : eridont *Hs.*
Zu 6] *Röm.* 5, 5.   4 gahorit *Hs.*   9 1. *Cor.* 13, 4–6.

hear in demo mihhilin gauinne bītit after diu mērin itlōnes. Ni gadenchit ubiles, huuanta siu in hreinnissu ira muot ist festinōnti. *A*lle nīdi fona iru biuuentit, neouuiht ni archennit daz unreht in iru arto. Ni mendit unrehtes, huuanta siu in eineru minnu umbi alle man sūfteōt, neo sih frauuuit in dero uuidarzuomōno forlornissu. *F*rauuuit sih ebano mit uuaarnissu, huuanta sō sih selba sō minnōt andre. Enti sō huuaz sō siu in andremo guotes gasihit, sō sama sō ira selbera frumōno des mendit. Enti sō sama in demo ēristin gotes gabote in gotspelle meinit, daz fr*ā*gēntemo sih truhtīn antuurta, quad: 'Minno dīnan truhtīn got allu herçin enti in anauualgeru dīneru sēlu enti allu dīnu muotu ioh ma*ganu*'. After diu ist auh *a*nder gabot anagalīh demo: 'Minno dīnan nāhistun sō sama sō dih selban'. Nāhistun zelit untar im *h*eilac gascrip alle cristāne enti rehtuuīsīge, dea in einemo uuillin sintun gotes gabot za gehalt*anne*.

X. EXHORTATIO AD PLEBEM CHRISTIANAM.

A	B
Hlos*et* ir, chindo liupostun,	Hlos*et* ir, chindo liupostun,
rihti dera calaupa, dera ir	rihtida thera galaupa, thé ir
in herzin cahuctliho hapen	in herzin kahuctlicho hapen
sculut, ir den christaniun	sculut, Ir den christanun
⟨.....⟩ intfangan eigut,	namun intfangan eigut,
daz ist chundida iuuerera	thaz ist chundida iuuerera
christanheiti, fona demo	christanheiti, fona demo
truhtine in man caplasan,	truthine in man gaplasan,
fona sin selpes iungiro*n*	fona sin selpes iungiron
casezzit. dera calaupa	kasezzit. thera galaupa
cauuisso faoi*u* uuort sint,	gauuisso fohiu uuort sint,
uzan drato mihiliu caruni	uzan drato michilu garuni
dar inne sint pifangan.	dar inne sint piuangan.
Uuiho atu*m* cauuisso dem	uuiho atum gauuisso dem
maistron dera christanheiti	meistru*n* thera ⟨............⟩
dem uuihom potom sinem deisu	dem uuihom potom sinem theisu
uuort thictota suslihera	uuort tihtota suslihera
churtnassi, daz diu allem	churtnassi, za diu, ⟨...⟩ allem
christanem za galauppenne ist	christanem za galaupian ist
ia auh simplun za pigehanne,	ia auh simplun za pigehan,
daz alle farstantan mahtin	thaz mathin alle farstantan
Ia in hucti cahapen. In huueo	ia in gahuhti gahapen. In huueo
quidit sih der man christanan,	chuidit sih ther man christanan,
der deisu foun uuort dera	ther theisu fohun uuort thera
calaupa, dera er caheilit scal	galaupa, thera er gaheilit scal
sin, ia dera er canesan scal,	sin, ia dera er ganesan scal,
ia auh dei uuort des fraono	ia auh thei uuort thes frono
cap*et*es, dei der truhtin	gap*et*es, thei der thrutin
selpo za gap*et*e casazta, uueo	selpo za p*et*e gasazta, uueo

Zu IX, 6] 12 fangentemo *Hs.* 14 managu *Hs.* *Zu* X] 1 Hloset: hlos& *AB.* 3 in herzin: in h *auf Rasur B.* 4 c^{h}ristanun *B.* 5 *keine Lücke in A.* 9 iungirō *A;* iu^{n},giron *B.* 11 faoi uuort *A.* 14 atū *A.* 15 maistrōn, *der Strich über* o *radiert, A;* meistrū *B; keine Lücke hinter* thera *B.* 18 *keine Lücke B;* za diu *daz* allem, *Sprachdenkm.* 19 galaup,^{i}an *B.* 28 cap&es *A;* gap&es *B.* 29 gap&e *A;* p&e *B.*

mag er christani sin, der dei
lirnen niuuili noh in sinera
cahucti hapen? odo uue mag
der furi andran dera calaupa
purgeo sin, ado furi andran
caheizan, der deo calaupa noh
imo ni uueiz? pidiu sculut ir
uuizan, chindili miniu, uuanta
eo unzi daz iuuer eogaliher de
selpun calaupa den sinan fillol
calerit za farnemanne, den er
ur deru taufi intfahit, daz
er sculdig ist uuidar gaotes
caheizes, ia der den sinan
filleol leren farsumit, za demo
sonatagin redia urgepan scal.
Nu allero manno calih, der
christani sin uuelle, de
galaupa iauh daz frono gap*et*
Alleru ilungu ille calirnen
Iauh de kaleren, de er ur tauffi
intfahe, daz er za sonatage
niuuerde canaotit radia urgepan,
uuanta iz ist cotes capot ia
daz ist unser heli Ia unsares
herrin capot, noh uuir andaruuis
nimagun unsero sunteono
antlaz cauuinnan.

30
mag er christani sin, ther dei
lirnen niuuili noh in sinera
gahukti hapen? odo uueo mak
ther furi andran thera galaupa
purgio sin, odo furi andran
35
gaheizan, ther the galaupa noh
imo ni uueiz? pidiu sculut ir
uuizzan, chindili miniu, uuanta
eo unzi daz thaz iuuer eogaliher the
selpun galaupa sinan fillol
40
kalerit za farnemanne, ther er
ur deru tauffi intfahit, thaz
er sculdig ist uuidar got thes
gaheizes, ia der dé sinan
fillol leran farsumit, za
45
suonotagin redia urgepan scal.
nu allero manno galih, ther
christani sin uuelle, the
galaupa ia auh thaz frono gap*et*
alleru zilungu ílle galirne*n*
50
ia auh the galeran, the er ur tauffi
intfahe, thaz er za suonutage
niuuerde ganotit redia urgepan,
uuanta iz ist kotes kapot ia
daz ist unser heili ia unseres
55
herrin gapot, noh uuir anderuuis
nimagun unsero suntiono
antlaz kauuinnan.

Audite, filii, regulam fidei, quam in corde memoriter habere debetis, qui (quia *A*) christianum nomen accepistis, quod est uestre indicium christianitatis, a domino inspiratum (inspiratu *A*), ab apostolis institutum. Cuius utique fidei pauca uerba sunt, sed magna in ea concluduntur mysteria: sanctus etenim spiritus magistris (ministris *A*) ecclesiae sanctis apostolis ista (ita *A*) dictauit uerba tali breuitate, ut, quod omnibus credendum est christianis semperque profidendum, omnes possent intellegere et memoriter retinere. Quomodo enim se christianum dicit, qui (quia *A*) pauca uerba fidei, qu*a* (qui *AB*) saluandus est, etiam et orationis dominicae quae ipse dominus ad orationem constituit, neque discere neque uult in memoria retinere? Uel quomodo pro alio fidei sponsor existat (existit *A*), qui hanc fidem nescit? Ideoque nosse debetis, filioli mei, quia, donec (quando nec *A*) unusquisque uestrum eandem fidem filiolum suum ad intellegendum docuerit, quem de baptismo exceperit (exciperit *AB*), reus est fidei sponsionis. Et qui hanc filiolum suum docere neglexerit, in die iudicii rationem redditurus erit. Nunc igitur omnis, qui christianus esse uoluerit, hanc fidem et orationem dominicam omni festinatione studeat didicere (discere: *Scherer*) et eos, quos de fonte exceperit, edocere, ne ante tribunal Christi cogatur rationem exsoluere, quia dei iussio est et salus nostra et dominationis nostrae mandatum, nec aliter possumus ueniam consequi delictorum.

Zu X] 48 gap& *AB*.   49 galirnē *B*.   54 unseres, *das 2. e aus* o *radiert*, *B*.

XI. AUS DER INTERLINEARVERSION AMBROSIANISCHER HYMNEN (MURBACHER HYMNEN).

I.

Mediae noctis tempore
prophetica vox admonet:
dicamus laudes domino
patri semper ac filio,

1 Mittera nahti zīte
uuīzaclīchiu stimma manōt
chuuedēm lop truh*tī*ne
fa*tere* simbulum ioh sune

Sancto quoque spiritui;
perfecta enim trinitas
uniusque substantiae
laudanda nobis semper est.

2 uuīhemu ouh ātume
duruhnohtiu ka*uui*sso driunissa
ioh dera einūn capurti
za lobōne uns simbulu*m* ist

Terrorem tempus hoc habet,
quo cum vastator angelus
Egypto mortes intulit,
delevit primogenita.

3 egison zīt daz hebit
demu dō uuastio poto (chundo)
Ęgypte tōdā anaprāhta
farcneit ēristporaniu

Haec hora iustis salus est,
quos ibidem tunc angelus
ausus punire non erat
signum formidans sanguinis.

4 disiu uuīla (stunta) rehtēm heilī ist
dea dāre dō poto
katurstīc scla*h*an (uuīzzinōn) ni uuas
zeicha*n* furihtanti pluates

Egyptus flebat fortiter
natorum dira funera,
solus gaudebat Israhel
agni protectus sanguine.

5 *Egypt uua*f*ta starchlī*cho
chindo chrimmiu rēuuir
*eino mand*ta *Israhel*
*lam*bes *kascirm*tēr *pluat*e

Nos vero Israhel sumus;
laetemur in te, domine,
hostem spernentes et malum,
Christi defensi sanguine.

6 uuir auur Israhel (liut) pirum
frauuōēm in dir truhtīn
fīant farmanēnte inti ubil
Christes kascirmte pluate

Ipsum profecto tempus est
quo voce evangelica
venturus sponsus creditur,
regni caelestis conditor.

7 selbaz kiuuisso zīt ist
demu stimmī euangelisceru
chumftīgēr prūtigomo calaupit ist
rīhces himilisces felaho (scheffo)

Occurrunt sanctae virgines
obviam tunc adventui,
gestantes claras lampadas,
magno laetantes gaudio.

8 inkaganlouffant uuīho magadi
cagan denne chumfti
tragante heitariu liotfaz
mihileru frōōnte mendī

Stultae vero remanent
quae extinctas habent lampadas,
frustra pulsantes ianuam
clausa iam regni regia.

9 tulisco auur pilībant
deo arlasctiu eigun leotkar
aruūn chlochōnte turi
pilohaneru giū rīhces turi (portūn)

Zu XI] I, 4, 3 sclal chan *Hs.*　　　9, 3 hlochonte *Hs.*

Pervigilemus subrie
gestantes mentes splendidas,
advenienti ut Ihesu
digni occuramus obviam.

10 duruchuuachēēm triulīcho
tragante muat heitariu
chuementemu daz heilante
uuirdīge kakanlauffēm kagani

Noctisque mediae tempore
Paulus quoque et Sileas
Christum vincti in carcere
conlaudantes soluti sunt.

11 ioh dera naht mittera zīte
Paul auh inti Sileas
Christ kabuntane in charchāre
samant lobōnte inpuntan uurtun

Nobis hic mundus carcer est,
te laudamus, Christe deus;
solve vincla peccatorum
in te, Christe, credentium.

12 uns deisu uueralt charchāri ist
dih lobōmēs Christ cot
intpint pentir suntōno
in dih Christ kalaupantero

Dignos nos fac, rex agie
venturi regni gloria,
aeternis ut mereamŭr
te laudibus concinere.

13 uuirdīge unsih tua chuninc uuīho
chumftīges rīches tiurida
ēuīgēm daz kafrēhtōhēm
dih lobum saman singan

III.

Splendor paternae gloriae,
de luce lucem proferens,
lux lucis et fons luminis,
dies dierum inluminans.

1 schīmo faterlīchēr tiurida
fona leohte leoht frampringantēr
leoht leohtes inti prunno leohtes
tak tago leohtantēr

Verusque sol inlabere
micans nitore perpeti,
iubarque sancti spiritus
infunde nostris sensibus.

2 uuārhaft ioh sunna in slīfanne
scīnantēr scīmin (clīzze) emazzīgemu
ioh heitarnissa uuīhes ātumes
ingiuz unserēm inhuctim

Votis vocemus et patrem,
patrem perennis gloriae,
patrem potentis gratiae,
culpam religet lubricam.

3 hantheizzōm namōēm inti fateran
fateran ēuuīgera tiurida
fateran mahtīgera hensti
sunta kapinte sleffara

Informet actus strinuos,
dentem retundet invidi,
casus secundet asperos,
donet gerendi gratiam.

4 kaskafōe katāti kambaro
zan uuidarpliuue apanstīgamu
falli kapruche sarfę
gebe tragannes anst

Mentem gubernet et regat
casto fideli corpore,
fides calore ferveat,
fraudis venena nesciat.

5 muat stiurre inti rihte
kadiganemu triuaftemu līhamin
kalauba hizzu strede
nōtnunfti heitar ni uuizzi

Zu XI] III, 1,3 pruno *Hs.*   2, 2 scimun *Hs.*

Christusque nobis sit cybus   6 Christ ioh uns sī muas
potusque noster sit fides;   līd ioh unsēr sī kalauba
laeti bibamus subrie   frōe trinchēm urtrūhl cho
ebrietatem spiritus.   trunchalī ātumes (keistes)

Laetus dies hic transeat,   7 frauuēr tak desēr duruhfare
podor sit ut diluculo,   kadiganī sī eo sō frua (in morgan)
fides velut meridies,   kalauba eo sō mitti tak
crepusculum mens nesciat.   dhemar muat ni uuizzi

Aurora cursus provehit,   8 tagarōd lauft fram fuarit,
aurora totos protegat,   tagarōd alle scirme
in patre totus filius   in fatere allēr sun
et totus in verbo pater.   inti allēr in uuorte fater

XXIV.

Rex eterne domine,   1 cuninc ēuuīgo truhtīn
rerum creator omnium,   rachōno scepfant allero
qui es ante secula   ther pist fora uueralti
semper cum patre filius.   simblum mit fatere sun

Qui mundi in primordio   2 ther uueralti in frumiscafti
Adam plasmasti hominem,   Adaman kascuofi man
cui tui imaginis   themu thīneru kilīhnissa
vultum dedisti simiiem.   antlutti cābi kalīchas

Quem diabulus deciperat,   3 then unholda pisuueih
hostis humani generis,   fīant mannaschīnes chunnes
cuius tu formam corporis   thes thū kilīhnissa (pilidi) līchamin
adsumere dignatus es,   antfāhan kiuuerdōtōs

Ut hominem redemeres   4 thaz man erchauftīs
quem ante iam plasmaveras   then fora giū kascaffōtōs
et nos deo coniungeres   thaz unsih cote kimachōtīs
per carnis contubernium.   thurah fleiskes kimachida

Quem editum ex virgine   5 then keporan fona magidi
paviscit omnis anima,   erfurahtit eocalīh sēla
per quem nos resurgere   thuruh then unsih erstantan
devota mente credimus.   kedehtamu muate kelaubemēs

Qui nobis per babtismum   6 ther unsih thurah taufī
donasti indulgentiam   cāpi antlāzida
qui tenebamur vinculis   uuir dār pihabēt uuārun pantirun
ligati conscientiae;   kipuntane uuizantheiti

Zu XI] XXIV, 4, 4 fleikes *Hs.*

Qui crucem propter hominem
suscipere dignatus es,
dedisti tuum sanguinem
nostrae salutis precium.

7 ther chrūci thurah mannan
antfāhan kiuuerdōtōs
cābi thīn pluat
unsera heilī uuerth

Nam velum templi scissum est
et omnis terra tremuit,
tunc multos dormientium
resuscitasti, domine.

8 inu lachan thera halla kizerrit
inti alliu erda pipēta   [uuarth
thenne manege slāffantero
eruuahtōs *truhtīn*

Tu hostis antiqui vires
per crucem mortis conteris,
qua nos signati frontibus
vixillum fidei ferimus.

9 thū fīentes hentriskes chrefti
thuruh chrūci tōdes mulis
themo uuir kezeichante endinum
siginu*m*ft thera kelauba fuaremēs

Tu illum a nobis semper
reppellere dignaveris,
ne umquam possit laedere
redemptos tuo sanguine.

10 thū inan fona uns simblun
ferscurgan kiuuerdōēs
ni eonaltre megi keterran
archaufte thīne*mu* pluate

Qui propter nos ad inferos
discendere dignatus es,
ut mortis debitoribus
vitae donares munera.

11 ther thurah unsih za hellōm
nidarstīgan kiuuerdōtōs
thaz tōdes scolōm
lībes cābīs kifti.

Tibi nocturno tempore
ymnum defflentes canimus:
ignosce nobis, domine,
ignosce confitentibus.

12 thir nahtlīchemo zīte
lop reozzante singemēs
pilāz uns truhtīn
pilāz gehantēn

Quia tu ipse testis et iudex

13 thanta dū selbo urchundo inti
                    suanāri pist

quem nemo potest fallere,
secreta conscienciae
nostrae videns vestigia.

then nioman mac triugan
tauganiu uuizzantheiti
unsera sehanti spor

Tu nostrorum pectorum
solus investigator es,
tu vulnerum latentium
bonus adsistens medicus.

14 thū unserero prustio
eino spurrento pist
thū uuntōno lūzzēntero
cuatēr az standantēr lāchi

Tu es qui certo tempore
daturus finem seculi,
tu cunctorum meritis
iustus remunerator es.

15 thū pist ther kiuuissemu zīte
kepentēr enti uueralti
thū allero frēhti*m*
rehtēr lōnāri pist

Te ergo, sancte, quesumus
ut nostra cures vulnera.
qui es cum patre filius
semper cum sancto spiritu.

16 thih nū uuīho pittemēs
thaz unsero reinnēs uuntūn
ther pist mit fatere sun
simblu*m* mit uuīhemo ātume.

Zu XI] XXIV, 8, 4 dtruhtin *Hs.*

XII. FREISINGER PATERNOSTER.

Pater noster qui es in celis. Fat*er* unsēr, dū pist in himilum. Mihhil gōtlīch ist, daz der man den almahtīgun truhtīn sīnan fat*er* uuesan quidit. karīsit denne, daz allero manno uuelīh sih selpan des uuirdīcan *gatōe*, cotes sun ze uuesan.

5 Sanctificetur nomen tuum. Kauuīhit sī namo dīn. Nist uns des duruft, daz uuir des dikkē*m*, daz der sīn namo kauuīhit uuerda, der eo uuas uuīh enti eo ist; ūzzan des dikkamēs, daz der sīn namo in uns kauuīhit uuerda, enti dē uuīhnassī, dē uuir in deru taufī fona imo intfengun, daz uuir *dē* ze demu suonotakin furi inan kahaltana pringan muozīn.

10 Adveniat regnum tuum. Piqhueme rīhhi dīn. sīn rīchi uuas eo enti eo ist: ūzzan des dikkamēs, daz daz sīn rīchi uns piqhueme enti er in uns rīchisōia, nalles der tiuual, enti sīn uuillo in uns uualte, nalles des tiuuales kaspanst.

Fiat voluntas *tua sicut in caelo et in terra*. Uuesa dīn uuillo, sama sō in himile est, sama in erdu, daz nū sō unpilipono enti sō ērlīcho sōso dē engilā 15 in demu himile dīnan uuill*un* arfullant, des mezzes uuir inan arfullan muozzīn.

Panem nostrum cotidianum da nobis hodie. Pilipi unsraz emizzīgaz kip uns eogauuanna. In desēm uuortu*m* sint allo unsro līcmiscūn durufti pifankan. Nū auar, ēuuīgo, forkip uns, truhtīn, den dīnan līchamun enti dīn pluot, daz uuir fona demu altare intfāhamēs, daz iz uns za ēuuīgera heilī enti za ēuuīkemo 20 līpe piqhueme, nalles za uuīzze; enti dīn anst enti dīno minnā in uns follīcho kahalt.

Et dimitte nobis debita nostra, sicut et nos dimittimus debitoribus nostris. Enti flāz uns unsro sculdi, sama sō uuir flāzzamēs unsrēm scolōm. makannōtduruft allero manno uuelīhhemo, sih selpan desēm uuortum za pidenchennæ, 25 daz allero manno uuelīh sīnemu kanōz enti sīnemu prōder er allemu hugiu enti hercin sīno missitāti flāzze, daz imu der truhtīn sama deo sīno flāze. danna er demu sīnemu kanōzze flāzan ni uuili, dana *ni flāzzit imu sama der truhtīn, danna* er qhuidit: 'flāz uns sama sō uuir flāzammēs'.

Et ne nos inducas in temptationem. Enti *ni* princ unsih in chorunka. 30 ni flāz unsic, truhtin, den tiuual sō fram gachorōn sōso sīn uuillo sī, ūzzan sōso uuir mit dīnera anst enti mi dīnēm ganādōn ubaruuehan mekīn.

Sed libera nos a malo. Uzzan kaneri unsih fona allē*m* suntōn, kalitanēm enti antuuartēm enti cumftīchēm. Amen.

XIII. WEISSENBURGER KATECHISMUS.

a) Pater noster.

Fater unsēr, thu in himilom bist, giuuīhit sī namo thīn. quaeme rīchi thīn. uuerdhe uuilleo thīn, sama sō in himile endi in erthu. Broot unseraz emezzīgaz gib uns hiutu. endi farlāz uns sculdhi unsero, sama sō uuir farlāzzēm scolōm unserēm. endi ni gileidi unsih in costunga. auh arlōsi unsih fona ubile.

5 Fater unsēr, thū in himilom bist, giuuīhit sī namo thīn. Gotes namo ist

---

Zu XII] 1 (*und* 2) fat*er*: faī *A*. 1f. gotlichist *A* = guotlihi ist *B*.   2. 4 karīsit *bis* uuesan *fehlen* B.   3 gatoe] gote *Hs., fehlt B*   sun] sunt *Hs*.   5 kauuisit *A*. 6 dikkē *A*.   8 dē *fehlt A, die B* ze *aus* za *korr. A*.   13 *Nur* fiat uoł (*am Rande nachgetragen) A*.   15 himile *am Rande nachgetragen A*. uuillŏn *A*.   17 uuortū *A*. 25 pder *A*, pruoder *B*.   27 *Ergänzung von Scherer; in der Hs. keine Lücke; dazu Sprachdenkm*. S. 45.   29 ni *fehlt A* in] in | in *A (dazu* ZDA 78, 120).   30 sīn *über der Zeile nachgetr. A*.   32 allē *A*.   32. 33 *fehlen B*.

simbles giuuīhit: auh thanne uuir thiz quedhēm, thanne bittēm uuir, thaz sīn namo in uns mannom uuerdhe giuuīhit thuruh guodiu uuerc.

Quaeme rīchi thīn. Rīchi gotes ist simbles endi eogihuuār: thes bittēm uuir thoh, thanne uuir thiz quedēm, thaz gotes rīchi sī in uns endi thes diufles giuualt uuerdhe arfirrit fona uns. 10

Uuerdhe uuillo thīn sama sō in himile endi in erthu. Thes sculun uuir got simbles bitten, thaz sīn uuilleo uuerdhe samalīh in erdhu in mannom, sōso her ist in himile in engilom, cithiu thaz man in erthu sīnan uuilleon giuuurchen megīn sama sō engilā in himile magun.

Broot unseraz emetzīgaz gib uns hiutu. Allo mannes thurfti sintun in 15 themu brōtes namen gameinito, thero er ci thesemo antuuerden lībe bitharf. bithiu scal man dago gihuuelīches thiz gibet singan, sō huuer sō uuili, thaz imo got gidago sīnero thurfteo helphe.

Indi farlāz uns sculdhi unsero sama sō uuir farlāzzēm scolōm unserēm. Sō huuer sō thiz quidhit, sō bitharf thaz er sō dūe sō her quithit, huuanda her 20 fluochōt imo mēr thanne her imo guodes bitte, ibu her sō ni duat sō her quidhit: huuanda sō huuer sō andhremo arbolgan ist endi thiz gibet thanne singit, ther bidit imo selbemo thanne ubiles.

Indi ni gileiti unsih in costunga. Ni leitit got eomannan in ubilo thoh-heinaz, ūzzar thanne her then man farlāzzit, sō ist her sār in costungōm. thaz 25 meinit thaz uuort, thaz her unsih ni farlāzze, cithiu thaz uuir in ubil gileitte ni uuerdhēn.

Auh arlōsi unsih fona ubile. In thesemo uuorde ist bifangan allero ubilo gihuuelīh thero manne giterian megi. bithiu sō huuer sō thiz gibet hlūttru muatu singit, gilouban scal her, thaz inan got thanne gihōrie: huuanda her ni 30 bitit thār ana ellies eouuihtes, nibu thes got selbo giboot ci bittanne, endi thār sintun thoh allo mannes thurfti ana bifangano.

b) Sündenverzeichnis.

Ista sunt criminalia peccata per quae diabolus mergit homines in infernum. Vitia carnis. ācusti thes līchamen. Inmunditia. unhreinitha. Fornicatio. huar. Luxuria. firinlusti. Idolorum servitus. abgoto theonōst. Veneficia. eit- 35 targhebon. Inimicitia. fiāntscaf. Contentiones. bāgā. Aemulationes. anthruoft. Irae. nīdhā. Rixae. secchiā. Dissensiones. fliiz. Sectae. striiti. Invidia. abunst. Obstinatus. einuuillīg. Homicidia. manslagon. Anxius. angustentēr. Ebrietas. truncalī. Adulteria. mērhuara. Furta. thiubheit.

c) Symbolum apostolicum.

Gilaubiu in got fater almahtīgon, scepphion himiles enti erda. Endi in 40 heilenton Christ, suno sīnan einagon, truhtin unseran. Ther infanganēr ist fona heilegemo geiste, giboran fona Mariūn magadi, giuuīzzinōt bī pontisgen Pilate, in crūci bislagan, toot endi bigraban. Nidhar steig ci helliu, in thritten dage arstuat fona tóotēm, ūf steig ci himilom, gisaaz ci cesuūn gotes fateres almah-tīges. Thanān queṃendi ci ardeilenne quecchēm endi dóodēm. Gilaubiu in 45 ātum uuīhan, uuīha ladhunga (samanunga) allīcha, heilegero gimeinidha, ablāz sundeōno, fleisges arstantnissi, liib ēuuīgan. Amen.

Zu XIII, b] *Gal.* 5, 19–21.   39 trunclai *Hs.*   42 gihuuizzinot *Hs.*   44 úf *Hs.*
44 gisaaz] *Lat.* sedet.   46 abláz *Hs.*

d) Symbolum Athanasianum.

Sō huuer sō uuilit gihaldan uuesan, fora allu thurft ist, thaz er habe
allīcha gilauba. Thia ūzzar eogihuuelīh alonga endi ganza gihalde, āno ibu in
50 ēuuidhu faruuirdhit. Gilauba allīchu thisu ist, thaz einan got in thrīnisse endi
thrīnissi in einnissī ērēmēs, noh ni gimisgentc thio gomoheiti noh thea cnuat
(eouuist) citeilente. Andher ist giuuisso gomaheit fateres, andher sunes, andher
thes heilegen geistes, ūzzar fateres endi sunes endi heilegen geistes ein ist gotchundī, gilīh diuridha, ebanēuuīgu craft. Huueolīh fater, sulīh sún, sulīh ther
55 heilogo geist. Ungiscaffan fater, ungiscaffan sun, ungiscaffan endi ther heilogo
geist; ungimezzan fater, ungimezzan sun, ungimezzan ther heilogo geist;
ēuuīg fater, ēuuīg sun, ēuuīg heilogo geist: endi thoh nalles thrī ēuuīge, ūzzar
einēr ist ēuuīgēr, sō nalles thrī ungiscaffene noh thrī ungimezzene, ūzzar einēr
ist ungiscaffanēr endi einēr ungimezzenēr. Sō sama almahtīgo fater, almahtīgo
60 sun, almahtīgo endi heilago geist, endi thoh nalles thrī almahtīge, ūzzar einēr
ist almahtīgēr. Sō sama got fater, got sun, got heilago geist, endi nalles thoh
thrī gotā, ūzzar einēr ist got. Sō sama truhtīn fater, truhtīn sun, truhtīn heilago
geist, endi thoh nalles thrī truhtīna, ūzzar einēr ist truhtīn: huuanda sō selp
einezēm eina eogihuuelīcha gomaheit got endi truhtīn ci gigehanne fona thera
65 christinheiti uuārnissi ginōtamēs, sō sama thrī gota erdho truhtīna ci quę-
dhanne thiu rehta christinheit farbiutit (edho biuuerit). Fater fona niuuuihtu
ist gitān noh giscaffan noh giboran, sun fona fatere einemo ist nalles gitān
noh giscaffan, ūzzan giboran; hcilago geist fona fatere endi sune nalles gitān
noh giscaffan noh giboran, ūzzar arfaran. Einēr giuuisso fater, nalles thrī fatera,
70 einēr sun, nalles thrī suni, einēr heilago geist, nalles thrī heilage geista. Endi
in theseru thrīnissī niuuuiht ēriren erdho afteren, niuuuiht mēren erdho min-
neren, suntar allo thrīo heiti ebanēuuīge im sint endi ebangilīche, sō thaz ubar
al sō giū obana giquetan ist, thaz thrīnissi in einnisse endi thaz einnissi in
thrīnissī ci ērēnne sī. Ther uuili giuuisso heil uuesan, sō fona thrīnissī henge
75 (edho farstande).
      Suntar nōtthurft ist ci ēuuīgeru heilī, thaz in fleiscnisse gihuuelīh truhtīn
unseran heilantan Christes gitriulīcho gilaube. Ist giuuisso gilauba rehtiu, thaz
gilaubamēs endi biichamēs, bithiu truhtīn unsēr heilanto Christ, gotes sun,
got endi man ist. Got ist fona cnuati (edho samanuuisti) fateres ēr uueroldem
80 giboran, endi man ist fona cnuati muater in uuerolti giboran. Thuruhthigan
got, thuruhthigan man, fona sēlu redhihafteru endi mannisgīnimo fleisge un-
taruuesentēr, ebanēr fatere after gotcundnisse, minniro fatere after mennisgī.
Ther thoh thiuuidero sī got endi man, nalles zuuēne thiuuideru, suntar eino
ist Christ, einēr avur nalles gihuuerbithu thera gotcundhī in fleisg, sundar
85 arhabanī thera mennisgī in gode. Einēr giuuisso nalles gimiscnissī thera cnuati,
suntar einnissī thera heiti. Thoh sō sama sō thiu sēla redhihaftiu endi līchamo
einēr ist man, sō got endi man einēr ist Christ. Ther gimartorōt ist bi heilī
unsera, nithar steig ci helliuuīzze endi arstuant fona tōtēm, ūf steig ci himilom,
sizzit ci cesuūn gotes fateres almahtīges; thanān cumftīgēr ci suananne lebēnte

---

Zu XIII] 50 aū (*d. i.* autem) *in der Hs. über* allichu *geschrieben.*   65 com-
pellimur *fälschlich durch das Aktiv übersetzt.*   66 *Das lat.* a nullo *falsch als Neu-*
trum gefaßt.   74 henge] *Lat.* sentiat.   76 *Falsche Übersetzung des Lat.:* Sed
necessarium est ad aeternam salutem, ut incarnationem quoque domini nostri Iesu
Christi fideliter credat. *Scherer bessert:* thaz infleiscnissi gihuuelīh truhtīnes unseres
heilanten Christes g. g.; *Steinmeyer:* heilanton Christ; *vgl.* Anz. 39, 27 f.; *GGA.*
1918, 47.   86 Thoh] *Lat.* nam.

endi tōte; ci thes cumfti alle man ci arstandanne eigun mit līchamōn iro, endi 90
geltanti sint fona gitātem eiganēm redina: Endi thie guat dātun, farent in
ēuuīg liib, endi thie ubil dātun, in ēuuīg fuir. Thisu ist gilauba allīchu, thia
nibi eogihuuelīhhēr triulīcho endi fastlīcho gilaubit, heil uuesan ni mag.

e) Gloria in excelsis.

Guatlīchī in hōhōstēm gote endi in erdhu fridhu mannom guates uuillen.
Lobōmēs thih, uuelaquędhemēs dhir, betōmēs (pittemēs) thih, hruamamēs 95
thih. Thancōmēs thir thuruh michila guatlīchī thīna. Truhtīn got, cuning
himilisgēr. Got fater almahtigēr. Truhtīn suno einboranēr, heilanto Christ.
Truhtīn got. Lamp gotes. Suno fateres, ther (thū) nimis suntā uueruldi, ginādho
uns. Ther nimis suntā uueruldi, intfāh gibet unsēr. Ther sizzis az cesuūn fateres,
ginādho uns. Bithiu thū eino uuīho, thū eino truhtīn, thū eino hōhōsto, heilanto 100
Christ, mit uuīhen ādume, in guatlīchī gotes fateres. Amen.

XIV. FRÆNKISCHES GEBET.

Truhtin gŏd, thu mir hilp indi forgip mir gauuitzi indi gŏdan galaupun,
thina minna indi rehtan uuilleon, heili indi gasunti indi thina guodun huldi.

XV. CARMEN AD DEUM.

Sancte sator   suffragator,
legum lator,   largus dator,
iure pollens es qui potens
nunc in ethra   firma petra:
a quo creta   cuncta freta
quae aplustra   ferunt flustra,
quando celox   currit velox;
cuius numen   crevit lumen,
simul solum   supra polum!
    Prece posco   prout nosco,
caeliarce   Christe, parce

et piacla,   dira iacla,
trude taetra   tua cetra.
Quae capesso   et facesso
in hoc sexu   sarci nexu.
Christi umbo   meo lumbo
sit, ut atro   cedat latro
mox sugmento   fraudulento.
    Pater, parma   procul arma
arce hostis,   uti costis,
immo corde,   sine sorde.

Uuīho fater helfāri
ēōno sprehho miltēr kepo
pi rehte uuahsanti dū pist der
nū in himile festēr stein   [mahtīgo
5 fana demo kamahhōt sint alle uuāgi
dē fana skeffe fōrrent plōmun
denne cheol laufit sniumo
des maht kascōf leot
saman erda opa himile
10 petōno pittiu sōso ih chan
himiles nolle Christ porge (frido vel
                                            spare)
enti meintāti ungahiure scōzila
skurgi dē suuarzun mit dīnu skiltu
dei fornimu enti gatōm
15 in desemo heite fleisc kapuntan
Christes rantbouc mīnera lancha
sī daz der suarzo kilīde murdreo

fater skilt rūmo uuāffan
20 nolle fīan es pruuhhan rippeo
noh mēr hercin āno unsūparī

Zu XIII] 91 git'atem *Hs.*   g^voat *Hs.*   *Zu* XV] 3 uuasanti *Hs.*   6 aplaustra
uerrunt flostra *Hs.*   9 celum *Hs.*   11 caeliarche *Hs. Der Übersetzer faßte* arce
als Abl. von arx.   11 chist *Hs.*   15 carnis *Hs.*   16 Christe, *Steinm.*   17 sis
Steinm.   18 *Dieser Vers fehlt Hs.;* sagmento *vermutet Schönbach.*   20 collis *Hs.*

tunc deinceps   trux et anceps
catapulta   cedat multa.
  Alma tutrix   atque nutrix,
fulci manus   me, ut sanus
corde reo   prout queo
Christo theo,   qui est leo,
dicam 'deo   grates *cheo*'.
Sicque ab eo   me ab eo.

denne frammort ungahiuri enti
allaz sper snīdat managiu   [zuīfoli
uuīhu skirmāri enti fōtareidī
25 stiuri hant daz mih heilan
sculdīgemo herzin sōso ih mac
Christe cote der ist leo
ih quidu cote danchā toon
sō fana imo mih fana imo

XVI. TAUFGELÖBNISSE.
1. Das fränkische Taufgelöbnis.
Interrogatio sacerdotis.

Forsahhistu unholdun? Ih fursahu.
Forsahhistu unholdun uuerc indi uuillon? Ih fursahhu.
Forsahhistu allem them bluostrum indi den gelton indi den gotum thie
im heidene man *zi bluostrum indi* zi geldom enti zi gotum habent? Ih fursahhu.
5   Gilaubistu in got fater almahtigan? Ih gilaubu.
Gilaubistu in Christ gotes sun nerienton? Ih gilaubu.
Gilaubistu in heilagan geist? Ih gilaubu.
Gilaubistu einan got almahtigan in thrinisse inti in einisse? Ih gilaubu.
Gilaubistu heilaga gotes chirichun? Ih gilaubu.
10   Gilaubistu thuruh taufunga sunteono forlaznessi? Ih gilaubu.
Gilaubistu lib after tode? Ih gilaubu.

2. Niederdeutsche Taufgelöbnisse.
I.

Farsakis thu unholdon?
  Farsaku.
Farsakis thu unholdon uuerkon endi uuillion?
  Farsaku.
5 Farsakis thu allon hethinussion?
  Farsaku.
Farsakis thu allon hethinon geldon endi gelpon, that hethina man te
geldon ende te offara haddon?
  Farsaku.
10 Gilouis thu an god fader alomahtigan?
  Gilouiu.

Zu XV] 23 cadat *Steinm.*   25 *Dem Übersetzer lag* manum – sanum *vor.*
28 cheo] geo *Hs.*   29 ab eo] beo *Steinm.*   *Zu* XVI, 1] 1 Forsachistu *B immer.*
Ih f. *B immer.*   2 unholdun uuerc *fehlt B.*   3 allen dem *B.* bluostrū *A,* bluostrom *B.*   3. 4 indi den gelton – im] then *B.*   4 heidine *B.* zi bl. indi *fehlt A,*
hym za bluostrom indi za geldon *B.* enti zi gotum *fehlt B.*   5. 6 *fehlt B.*   7 Ga-
laubistu *B immer* (*nur* 10 Gal- *aus* Gll- *korr.*). in *fehlt B.* heiligan *B.*   8 einan]
heinan *B.* gott almachtigon *B.* in Thrinißi in din emnissi *R.*   9 godes *B.*
chirigon (g *aus* h *korr.*) chon ·/. Kirch *B.*   10 taufōnga *B.* suntheno *B.*   11 *fehlt B,*
mit Absatz folgt in B: Deinde exsufflas in faciem (ipsius *ausgestrichen*) eiustem &
dices. Exi ab eo s̅p̅s̅ immunde, & redde honorem dō viuo & vero & dices tribus
vicibus.   *Zu* 2, I] 7 allon *fehlt B.*   10. 11 *fehlen B.*

Gilouis thu an thena helagon godas sunu, that he geboren endi gemartyrod uuari?

Gilouiu.

Gilouis thu an thena helagon gest endi an thia hilagon samunga endi helagaro 15 gimenitha, fleskas arstandanussi, that thu an themo fleska, the thu nu an bist te duomesdaga gistandan scalt endi gilouis thu livas ahtar dotha?

Gilouiu.

Sequitur hic: Suffla in faciem et dic hanc orationem: Exi ab eo immunde spiritus et 20 redde honorem deo vivo et vero.

II.

Forsachistu diabolae?
    et respondet: ec forsacho diabolae.
end allum diobolgeldę?
    respondet: end ec forsacho allum diobolgeldae.
end allum dioboles uuercum? 5
    respondet: end ec forsacho allum dioboles uuercum and uuordum,
    Thunaer ende Uuoden ende Saxnote ende allum them unholdum the
    hira genotas sint.
gelobistu in got alamehtigan fadaer?
    ec gelobo in got alamehtigan fadaer. 10
gelobistu in Crist godes suno?
    ec gelobo in Crist gotes suno.
gelobistu in halogan gast?
    ec gelobo in halogan gast.

XVII. PSALMENÜBERSETZUNGEN. CANTICA.

1. Aus den Bruchstücken einer alemannischen Interlinearversion des Psalters.

I. Ps. 114 (116).

Ih minnota, pidiu kehorta truhtin stimma des kebetes mines. 2. Danta kineicta ora sinaz mir, inti in tagon minen kinemmu dih. 3. Umbiseliton mih seher des todes, zaala dera hella funtun mih. 4. Arabeit inti seher fand, inti namon truhtines kinamta. 5. Uuolago truhtin, erlosi sela mina. kenadiger truhtin inti rehter, inti got unser kenadit. 6. Kehaltanti luzcila truhtin: kedio- 5 muoter pim inti arlosta mih. 7. Uuerbi, sela mina, in resti dina, danta truhtin uuolateta dir. 8. Danta erlosta sela mina fona tode, ougun miniu fona zaharim, fuozzi mine fona slippe.

II. Ps. 123 (124).

Uzzan daz truhtin uuas in uns, quede nu Israhel: uzzan daz truhtin uuas in uns, 2. denne arstantant man in unsih, odouuila lebente farslintant unsih; 10 denne arbolgan ist heizmuoti iro in unsih, 3. odouuila uuazzer pisaufta unsih.

Zu 2, I⌋ 12 gemartytod *A B.*   16 astandanussi *A.*   17 schalt *B.*   dotha *A B.*   18 gilouiu *A.*   *Zu* XVI, 2, II⌋2 & resp, *dann* respoñ, resp̄ *Hs.*   5 allū *Hs.*   7 allĕm *(das Zeichen üb.* e *kein* u, *eher* v*) Hs.*   9. 10 alᵃmehtigan *Hs.*

4. Leuuinnun duruhfuor sela unseriu: odouuila duruhfuar sela unseriu uuazzer unfardraganlih. 5. Kiuuihter truhtin der ni kap unsih in gefangida cenim iro. 6. Sela unseriu soso sparo kecriftiu ist fona seide uueidenontero: seid farmulitaz
15 ist, inti uuer erlosta pirumes. 7. Zuohelpha unseriu in namin truhtines, *der teta* himil inti herda.

III. Ps. 129 (130).

Fona tiuffem hereta ce dih, tru*h*tin. 2. Truhtin, kehori stimma mina. sin orun diniu anauuartontiu in stim*m*a des kebetes mines. 3. Ubi unreht haltis, truhtin, truhtin uuer kestat imo? 4. Danta mit tih kenad*a* ist, duruh
20 uuizzud tinan fardolata dih, truhtin; fardolata sela miniu in uuorte sinem*o*, 5. uuanta sela miniu in truhtine. 6. *Fona k*ihaltidu morganlihera uncin ce naht uuane Israhel in truhtine. 7. Danta mit truhtinan kenada inti kenuhtsamiu mit inan erlosida. 8. Inti her erlosit Israhelan fona allen unrehtun sinen.

2. Der altsüdmittelfränkische Psalm 1.

1. Salig man ther niuueht vor in gerede ungenethero, ende in uuege sundigero ne stunt inde in stuole sufte ne saz; 2. navo in euun godes uuille sin: inde in euuun sinro thenken sal dages inde nahtes. 3. Inde uuesan sal also holz that gesazt uuart bi fluzze uuazzero, that uuahsemon sinan gevan sal
5 in stunden sinro; inde louf sin niuueht nithervallan sal, inde alla so uuelih so duen sal gesunt uuerthan sulen. 4. Niuueht so ungenethe, niuueht so: nova also stuppe that foruuirpet uuint fan anlucce erthen. 5. Bethiu ne up standunt ungenethege in urdeile, ne och sundege in gerede rehtero, 6. uuanda uuez got uueh rehtero, in geverthe ungenethero feruuerthan sal.

3. Aus den altniederfränkischen Psalmen.

I. Psalm 62.

2. Got, got min, te thi fan liohte uuacon ic; thursta an thi sela min, so manohfoltlico thi fleisc min, an erthon uustera in an uuega in an uuaterfollora. 3*.* So an heiligin geschein ic thi, that ic gisagi craft thin in guolikheide thin. 4. Uuanda betera ist ginatha thina ovir lif; lepora mina lovon sulun thi. 5. So
5 sal ik quethan thi an live minin, in an namon thinin hevon sal ik heinde mini. 6. Also mit smere in mit feite irfullit uuerthi sela min, in mit leporon mendislis lovan sal munt min. 7. So gehugdig uuas thin ovir stro min, an morgan thencon sal ik an thi, uuanda thu uuari hulpere min; 8. in an getheke fetherono thinro mendon sal. 9. Clivoda sela min aftir thi; mi antfieng forthora thin. 10. Sia
10 geuuisso an idulnussi suohtun sela mina, ingan sulun an diepora erthon; 11. gegevona uuerthunt an handun suerdes; deila vusso uuesan sulun. Cunig geuuisso blithon sal an gode. Gelovoda alla thia suerunt an imo, uuanda bestuppot ist munt sprekendero unrihta.

Zu XVII, 1] 18 trihtin *Hs.*   22 kinad & *Hs. Zu 2*]   2 stuont H (*eyne*).   4 sînon *H.*   6 niuuiht *H.* ungenêthege noh sô *H.*   7 anlucce *Hs.*, *s. ZDP 37, 30*, antlucce *H.*   8 ôh *H.* uueiz *H.*   *Zu 3*] 2 -faltlîco *H.*   uustera *Hs.*, *vHelten*, uuostera *H.*   an uuega *Hs.*, âna uuega *H.*; an uuega in an uuaterfollora *durch Mißverständnis von* inuia et in aquosa *des lat. Originals (vH.).*

II. Psalm 73.

1. Beuuie, got, beuuirpistu an ende, irbolgan uuard heitmuot thin ovir scap uueithon thinro? 2. Gehugdic sis samnungun thinro, thia thu besete fan 15 anagenni, thu irlostos gerda ervis thines; berg Syon, an then thu uuonedos an imo. 3. Heve up hende thine an overmuodi iro an endi! so mikila faruuart hevit fiunt an heiligin! 4. In guoliccoda sint thia hatedon thi an mitdon firingon iro; 5. sia satton teican, iro teican, in ne becandon also an utferthi ovir hoi. 6. Also an uualde holto mit accusin hieuuon duri iro an that selva, an acusi 20 in an bardon nitheruuirpon sia; 7. Anbranton mit fuiri heilicduom thin an erthon, beuuollon selethon namin thinis. 8. Quathon an hertin iro, cunni iro samon: gihirmon duon uuir alla daga firlica godis fan erthon! 9. Teican unsa ne salun uui gesian, iu ne ist...

4. Aus der frühmittelhochdeutschen Interlinearversion des Psalters (cod. Pal. Vind. 2682).

Psalm 1.

1. Saliger der man der niht gie in dem rate der übelen unde
BEATVS VIR QVI NON ABIIT IN CONSILIO IMPIORVM et
an dem wege der sûntære nieht stunt. uñ an dem stule der suchte
in uia peccatorum non stetit. et in kathedra pestilentie
nieht saz. 2. Sunder in der ê gottes der wille sin. uñ an der ê sine 5
non sedit. Sed in lege domini uoluntas eius: et in lege eius
gedenchet tages unde nahtes. 3. uñ wirt als daz holz daz da
meditabitur die ac nocte. Et erit tamquam lignum quod
gesetzet ist bi der runste der wazzer daz w̌cher sin gibet in
plantatum est secus decursus aquarum: quod fructum suum dabit in 10
zite sin. Vñ lovb sin nieht ab uellet unde allez swaz so er getût
tempore suo. Et folium eius non defluet. et omnia quecumque faciet
daz wirt frastmûtich. 4. nieht so die übelen nieht so. wan also
prosperabuntur. Non sic impii non sic. sed tamquam
der stovb den da wirfet der wint uon der erde. 5. uon div niht erstent 15
puluis quem proicit uentus a facie terre. Ideo non resurgunt
die ubelen in der urtæil noh die suntære in dem rate der rehten.
impii in iudicio. neque peccatores in consilio iustorum.
6. wande waiz der herre den wech der rehten. uñ div uart
Quoniam nouit dominus uiam iustorum. et iter 20
der ubelen wirt uerloren.
impiorum peribit.

Zu 2] 19 iro: thînro *vH.* (in medio solemnitatis tuae, *s. ZDP 37, 35*).21 nither-uuirpon *Hs., vII.,* -uuurpon *H.* *Zu* 4] 5 *nach* sine *ist* (r er) *halb ausradiert.* 13 wan: w *aus* va *korr. Hs.* 19 div: *aus* die *korr. Hs.*

5. Die rheinfränkischen Bruchstücke der Cantica.

I. a) Esai. 38, 18. [Quia non] infernus confitebitur tibi neque mors laudabit te: non expectabunt qui descendunt in lacum veritatem tuam. 19. Vivens vivens ipse confitebitur tibi sicut et ego hodie: pater filiis notam faciet veritatem tuam. 20. Domine salvum me fac, et psalmos nostros cantabimus cunctis diebus vitę nostrę in domo domini. 1. Reg. 2, 1. Exultavit cor meum in domino, et exaltatum est cornu meum in deo meo: dilatatum est os meum super inimicos meos: quia lętata sum in salutari tuo. 2. Non est sanctus ut est dominus: neque enim est alius extra te [et non est fortis sicut deus noster].

b.) 5. [et quae multos] habebat filios infirmata est. 6. Dominus mortificat et vivificat: deducit ad inferos et reducit. 7. Dominus pauperem facit et ditat: humiliat et sublimat, 8. Suscitans de pulvere egenum et de stercore erigens pauperem, ut sedeat cum principibus et solium glorię teneat. Domini enim sunt cardines terrę, et posuit super eos orbem. 9. Pedes sanctorum suorum servabit, et impii in tenebris conticescent, quia non in fortitudine sua roborabitur vir. 10. Dominum formidabunt adversarii eius, et super ipsos in celis tonabit. Dominus iudicabit fines terrę et dabit imperium regi suo et sublimabit cornu [christi sui].

I. a)   ne
helle begien uuirdit dir noh dot lobot dih: noh nerbeidunt dieder nidervarent in gruobun uuarheit dina. 19. lebendiger lebendiger selbu begien uuirdit dir also unde ih hiude: vader kindon cunt duot uuarheit din 20. drohtin gehaldan mih duo, unde selmi unsere singemis allen dagan libes unseres in demo huse drohtinis 1. Ervrouuit herza minaz in drohtino unde uferhaban ist horn min in gode minemo: zespret ist mund min uber viende mine: uuanda gevrouuet bin in heili dinemo. 2. nist heileger also ist drohtin noh geuuisse nist ander vone dir [unde nist stirker als got unser. 3. neruochet].

b)   5. hata kint
guncreftigot uuart. 6. drohtin gedothaftigot unde gelifhaftigot: geleidit ze helon unde uuidarleidit. 7. drohtin aremen duot unde gerichesot: hotmudigot unde uf hebit, 8. ercuuikende vone stuppe elelendun unde vone miste ufrihtende armen, daz her sizze mit vurstin unde stuol guoliche haba. drohtinis geuuisse sint uuerbon erdon unde gesazta uber sie rinc. 9. vuoze heilegeno sinro beuuareda, unde ubili in vinisternissi erstummunt, uuanda noh in sterchi sinro gesterkit *n*euuirdit man. 10. drohtin ervortent uuedaruuerdigi sin uber sie selbon in himilin erskillit. drohtin erdeilit endi erdun unde gibit geuualt cuninge sinemo unde erhoit horn cristo sin*emo*.

Zu XVII,   5.] 1 ni [?] *nach* H*(uet)*, ni *oder* ne *(unsicher) nach* S*(teppat)*. 6 *für* unde *stets die Abkürzung* und Hs.   17f. *Der untere Teil des Eingeklammerten weggeschnitten, ebenso ganz der zugehörige lat. Text; von* als *ist* a *ganz weggefallen.* neruochet *von Steinmeyer erschlossen.*   19 k: nt *Hs (das* i *verloschen)*.   38 Von sin... *nur das* s *und die Köpfe von* in *erhalten.*

II. a) Habac. 3, 17 [abscindetur
de ovili] pecus et non erit armentum 40
in presepibus. 18. Ego autem in domino gaudebo et exultabo in deo
Ihesu meo. 19. Deus dominus forti-
tudo mea, et ponet pedes meos
quasi cervorum, et super excelsa mea 45
deducet me victori in psalmis canen-
tem.
Deuteronom. 32, 1. Audite cęli
quę loquor, audiat terra verba oris
mei. 2. Concrescat in pluvia doctrina 50
mea, fluat ut ros eloquium meum,
quasi imber super herbam et quasi
stillę super gramina. 3. Quia nomen
domini invocabo: date magnificen-
tiam deo nostro. 4. Dei perfecta sunt 55
opera, et omnes vię eius iudicia.
Deus fidelis et absque ulla ini[qui-
tate].
b) 8. Quando dividebat altissimus
gentes, quando separabat filios 60
Adam, constituit terminos popu-
lorum iuxta numerum filiorum Israel. 9. Pars autem domini populus
tuus, Iacob funiculu[s] hereditatis
eius. 10. [I]nvenit eum in terra de- 65
serta, in loco horroris et vaste soli-
tudinis: circumduxit eum et docuit
et custodivit quasi pupillam oculi
sui. 11. Sicut aquila provocans ad
volandum pullos suos et super eos 70
volitans expandit alas suas et assum-
psit eos atque portabit in humeris
suis. 12. Dominus solus dux eius fuit
et non erat cum eo deus alienus. 13.
Constituit eum super excelsa[m ter- 75
ram].

II. a) 17. vihu
unde neuuisit suueiga in crippon.
18. ih abur in drohtino ih sal mendon
unde ih sol vrouuen in gode halden-
demo minemo. 19. got drohtin
sterchi mina, unde gesezet vuoza
mine also hirezo, unde uber ho min
uzleidit mih ubercobereri in lobon
singenden.
1. Gehoret himile ih der sprechon.
gehora erda uuort mundes mines.
2. uuascha in regene lera mina,
vlioza also *dou* gesprechi *minaz*,
also uber gras unde also drophon
uber corn. 3. uuanda namo drohtinis
anaruophon ih: gebet michillich*i*
gode unseremo. 4. godes duruhtan
sint uuerc, unde alle uuege sine urdeila. got getruuuir unde ane di-
cheina un
b) 8. danne zedeilada hoster diede,
danne gesundereda kind adam, gesazta gemerchi liudo nah zala kindo
israel. 9. deil abur drohtinis liud diner, iacob seileclin heribis sines. 10.
invand inan in erda uu*o*sta, in stede
egison unde einodis: umbileita inan
unde lerida unde behuota also a*phi*-
lon ougun sin. 11. also aro voragou-
menda ze vlione iungen sine unde
uber sie ... spreidit vetechon sine
unde zuonimit sie ioh dregit in ahse-
lon sinen. 12. drohtin einer herizogo
siner uuas unde ne uuas mit imo got
vremider. 13. gesazta inan uber
ho ...

Zu XVII, 5] 47 s:ngenden *Hs.*: *das* i *durch Beschädigung verloren.* 52 imber *von späterer Hand über der Zeile nachgetragen.* 60 *(deutsch)* adā *Hs.* 62 *(deutsch)* isrł *Hs.* 63 *(deutsch)* iab *Hs.* seileclin *so St.*, seilelin *las V(errier)* (seildin *H. S.*). siner *H. S., das* s *durch Riß beschädigt, V.* 64 *(lat.) Das* t *in* tuus *verwischt. Vgl. Kock 10. (deutsch)* uuosta] uuesta *Hs.* 66f. aphilon *St.*, aphlon *Gallee*, aphuon *Hs.* 69 vlogerzenda *ergänzt S, PBB 27, 512 (nach Graff 3 763).* 70 dreg... *H. S., doch ist* it *sicher, V.*

XVIII. BRUCHSTÜCK DER LEX SALICA.

LXI ðer, scazloos man, andran arslahit. LXII fon alōde. LXIII ðē sih fon sīnēm māgun. LXIV ðer fon andres henti eowiht nimit. LXV hwē man weragelt gelte. LXVI ðer man in here slahit. LXVII sōhwersō andran mit lōsii biliugit. LXVIII ðer andres hros bifillit. LXIX ðer man fon galgen forlaazit.
5 LXX ðer wiib gimahalit inti ni wil sea halōn. EXPLICIT.

INCIPIT LIBER LEGIS SALICAE. I. Hēr ist fon menī. Sōhwersō andran zi dinge gimenit, inti er ni cuimit, ibu ini sunne ni habēt, gelte scillinga XV. – 2. ðer andran gimenit, ibu er ni cuimit inti sunne ni habēt, sōsama geltc sol. XV. – 3. ðer andran menit, mit urcundeōm zi sīnemo huuse cueme inti danne 10 gibanni ini erðo sīna cuenūn, erðo sīnero hīwōno etteshwelīhemo gisage daz iz emo gicunðe, weo her gimenit ist. ibu er in cuninges deonōste haft ist, danne ni mag er ini gimenen. ibu er innan des gewes in sīnemo ārunte ist, danne mag er ini menen sōso iz heer obana giscriban ist.

II. Fon diubiu suīno.

1. Sōhwersō sūganti farah forstilit fon deru furistūn stīgu erðo in me-15 talōstūn, inti ðes giwunnan wirdit, gelte sol. III, forūzan haubitgelt inti wirdriūn: 2. ibu danne in drittiūn stīgu forstolan wirdit, gelte sol. XV, forūzzan haupitgelt inti wirdriūn. 3. Sōhwersō farah forstilit fon ðemo sūlage ðer slōzhaft ist, gelte sol. XLV, forūzan haupitgelt indi wirdriūn. 4. Sōhwersō farah in felde, ðaar hirti mit ist, forstilit, gelte sol. XV, forūzan haubitgelt 20 inti wirdriūn. 5. Sōhwersō farah forstilit daz biūzan deru mooter lebēn mag, feorzug pentingā ðic tuent sol. I gelte, forūzan haubitgelt inti wirdriūn. 6.

XVIII. LEX SALICA. LXI de chrenecruda. LXII de alode. LXIII de eo qui se de parentilla tollere voluerit. LXIV de charoena. LXV de compositione homicidii. LXVI de homine in hoste occiso. LXVII de eo qui alterum hereburgium clamaverit. LXVIII de caballo excortigato. LXIX de eo qui hominem de bargo 5 vel de furca dimiserit. LXX de eo qui filiam alienam adquisierit et se retraxerit.

1. De mannire.

1. Si quis ad mallum legibus dominicis mannitus fuerit et non venerit, si eum sunnis non detenuerit, 600 din. qui faciunt solidos 15 culpabilis iudicetur. 2. ille vero qui alium mannit, si non venerit et eum sunnis non detenuerit, ei quem mannivit similiter 600 dinarios, qui faciunt solidos 15 conponat. 3. ille autem qui 10 alium mannit, cum testibus ad domum illius ambulet et sic eum manniat, aut uxorem illius vel cuicumque de familia illius denunciet ut ei faciat notum quomodo ab illo est mannitus. 4. nam si in iussione regis occupatus fuerit, manniri non potest. 5. si vero infra pagum in sua ratione fuerit, potest manniri sicut superius dictum est.

II. De furtis porcorum.

15 1. Si quis porcellum lactantem furaverit de hranne prima aut de mediana, et inde fuerit convictus, 120 dinarios qui faciunt solidos 3 culpabilis iudicetur excepto capitale et dilatura. 2. si vero in tertia hranne furaverit, 600 dinarios qui faciunt solidos 15 culpabilis iudicetur excepto capitale et dilatura. 3. si quis porcellum de sude furaverit, quae clavem habet, 1800 dinarios qui faciunt solidos 20 45 culpabilis iudicetur excepto capitale et dilatura. 4. si quis porcellum in campo inter porcos ipso porcario custodiente furaverit, 600 dinarios qui faciunt solidos 15 culpabilis iudicetur excepto capitale et dilatura. 5. si quis porcellum furaverit qui sine matre vivere potest, 40 dinarios qui faciunt solidum 1 culpabilis iudicetur

---

Zu XVIII] 2 sinē *Hs.* eowih *Hs.*

Sōhwersō sū bistoozzit in diubiu, gelte sol. VII, forūzan haubitgelt inti wirdriūn.
7. Sōhwersō sū mit farahum forstilit, gelte sol. XVII, forūzan haubitgelt inti
wirdriūn. 8. Sōhwersō farah iārīgaz forstilit, gelte sol. III, forūzan haubitgelt
indi wirdriūn. 9. Sōhwersō zuiiāri suīn forstilit, gelte sol. XV, forūzan haubit gelt 25
inti wirdriūn. 10. Sōhwersō hantzugiling...

excepto capitale et dilatura. 6. si quis scrovam subbattit in furto, 280 dinarios
qui faciunt solidos 7 culpabilis iudicetur excepto capitale et dilatura. 7. Si quis 25
scrovam cum porcellis furaverit, 700 dinarios qui faciunt solidos 17½ culpabilis
iudicetur excepto capitale et dilatura. 8. si quis porcellum anniculum furaverit,
120 dinarios qui faciunt solidos 3 culpabilis iudicetur excepto capitale et dilatura.
9. si quis porcum bimum furaverit, 600 dinarios qui faciunt solidos 15 culpabilis
iudicetur, excepto capitale et dilatura. 10. si quis tertussum porcellum... 30

XIX. TRIERER CAPITULARE (BRUCHSTÜCK).

That ein iouuelīhc man frīer geuualt have, so uuār sōse er uuilit sachun sīnu
ce gevene.

Souuerse sachun sīnu thuruhc sālichēdi sēlu sīneru athe ce anderru ēraft-
līcheru stat athe gelegenemo sīnemo athe seuuemo andremo versellan uuilit,
inde ce themo cīde inneneuuendiun theru selveru grāsceffi uuisit, in theru 5
sachun thie gesat sint, uuizzetathia sala ce gedūne gevlīze. That avo themo
selvemo cīde that er thui sellan uuilit ūzzeneuuendiun theru grāsceffi uuisit,
that ist athe in here athe in palice athe in anderu sumeuuelīcheru stedi, samant
neme himo athe vane sīnen gelandun athe vane andern, thie theru selveru
uuizzidi leven theru er selvo levit, urcundun retlīche; avur avo'r thie havan 10
ni mach, thane vane andern souuelīche thār bezzera vundan mugen uuerthan:
inde vora hin sachunu sīneru salunga gedūe, inde burigun theru geuueri geve
himo ther thia sala infāhit geuueri gedūe. Inde ather thiu *thiu* sala sō getān
uuirthit, geanervo sīn selves neieina vona then vora gequetanen sachun mugi
gedūan irvangida. Thara uviri inde selvo thuruch sich burigun gedūe theru 15
selveru geuueri, nio themo geanerven thegein ursach belīve thia sala ce be-
kērine, sunder mēra nōt ana lige thia thuruch ce gefremine. Inde avo noch-
thanne sachun sīnu bit geanervun sīnen gesunduruth ne havoda, ne sī himo

XIX. TRIERER CAPIT. Ut omnis homo liber potestatem habeat, ubicunque
voluerit res suas dare. Si quis res suas pro salute animae suae vel ad aliquem
venerabilem locum vel propinquo suo vel cuilibet alteri tradere voluerit et eo
tempore intra ipsum comitatum fuerit, in quo res illae positae sunt, legitimam
traditionem facere studeat. Quod si eodem tempore quo illas tradere vult extra 5
eundem comitatum fuerit, id est sive in exercitu sive in palatio sive in alio quolibet
loco, adhibeat sibi vel de suis pagensibus vel de aliis, qui eadem lege vivant qua
ipse vivit, testes idoneos: vel si illos habere non potuerit, tunc de aliis quales ibi
meliores inveniri possunt: et coram eis rerum suarum traditionem faciat; et fi-
deiussores vestiturae donet et qui illam traditionem accipit vestituram faciat. 10
Et postquam haec traditio ita facta fuerit, heres illius nullam de praedictis rebus
valeat facere repetitionem. Insuper et ipse per se fideiussionem faciat eiusdem
vestiturae, ne heredi ulla occasio remaneat hanc traditionem immutandi, sed potius
necessitas incumbat illam perficiendi. Et si nondum res suas cum coheredibus suis
divisas habuit, non ei hoc sit impedimento, sed coheres eius, si sponte noluerit, 15

Zu XVIII *(deutsch)* 22 Soherso sui *Hs.; sui könnte Plur. sein (so Steinmeyer).*
Zu XIX] *Bei Brower folgende Fehllesungen:* 3 anderrn   3f. craftl.   5 uuissit.
8 andern.   9 selvern.   10 levitt. urcundum.   11 nin. vindan   13 *Das
zweite* thiu *fehlt.*   14 geaneruun in.

that ce ungevuorsamithu, sunder geanervo sīner, avo er gerno ne uuilit, athe
20 thuruch then grāvun athe thuruch bodun sīnin bethungen uuerthe, that thia
sundrunga bit themo dūe ce themo ther geendido ervetha sīna uuolda vollo-
caman. Inde avo sumeuuelīcheru samonungun thia sellan bat, ganervo sīner
then uuizzut bit theru kirichun vona themo vora gesprochenemo erve have,
that bit andremo geanerven sīnemo havan solda. Inde thaz behaldan uuerthe
25 umbe then vader inde then sun inde then nevun unce cen iārun uuizzethalli-
khen: ather thiu selve sachun ce theru mūzzungu theru selveru samunungun
ergeven.

---

aut per comitem aut per missum eius distringatur, ut divisionem cum illo faciat
ad quem defunctus hereditatem suam voluit pervenire. Et si cuilibet ecclesiae
eam tradere rogavit, coheres eius eam legem cum illa ecclesia de praedicta heredi-
tate habeat, quam cum alio coherede suo habere debeat. Et hoc observetur erga
20 patrem et filium et nepotem usque ad annos legitimos: postea ipsae res ad immuni-
tatem ipsius ecclesiae redeant.

XX. AUS DEM TATIAN.

1. Prologus. Luc. 1, 1–4.

Bithiu uuanta manage zilōtun ordinōn saga thio in uns gifulta sint
rahhōno, sō uns saltun thie thār fon
anaginne selbon gisāhun inti ambah-
ta uuārun uuortes, uuas mir gisehan
gifolgēntemo fon anaginne allēm
gernlīhho after antreitu thir scrīben,
thu bezzisto Theophile, thaz thū for-
stantēs thero uuorto, fon thēm thū
gilērit bist, uuār.

Quoniam quidem multi conati
sunt ordinare narrationem quae in
nobis completae sunt rerum, 2. Sicut tradiderunt nobis qui ab initio
5 ipsi viderant et ministri fuerunt sermonis, 3. Visum est et mihi assecuto
a principio omnibus diligenter ex
ordine tibi scribere, optime Theophile, 4. Ut cognoscas eorum ver-
10 borum de quibus eruditus es veritatem.

2. I. Joh. 1, 1–5.

1. In anaginne uuas uuort inti
thaz uuort uuas mit gote inti got
selbo uuas thaz uuort. Thaz uuas
in anaginne mit gote. Alliu thuruh
thaz vvurdun gitān inti ūzzan sīn
ni uuas uuiht gitānes; thaz thār
gitān uuas, thaz uuas in imo līb inti
thaz līb uuas lioht manno. Inti thaz
lioht in finstarnessin liuhta inti finstarnessi thaz ni bigriffun.

In principio erat verbum et verbum erat apud deum et deus erat
verbum. 2. Hoc erat in principio
apud deum. 3. Omnia per ipsum
5 facta sunt et sine ipso factum est
nihil quod factum est. 4. In ipso
vita erat et vita erat lux hominum.
5. Et lux in tenebris lucet et tenebrae
eam non comprehenderunt.
10

3. II. Luc. 1. 5–25.

2. Uuas in tagun Herodes thes
cuninges Iudeno sumēr biscof namen
Zacharias fon themo uuehsale Abia-
ses inti quena imo fon Aarones toh-

Fuit in diebus Herodis regis Iudeę
quidam sacerdos nomine Zacharias
de vice Abia et uxor illi de filiabus
Aaron et nomen eius Elisabeth.

Zu XX, 2] 7 *Vgl. PBB* **44,** 334. 504.

terun inti ira namo uuas Elisabeth.
Siu uuārun rehtiu beidu fora gote,
gangenti in allēm bibotun inti in
gotes rehtfestīn ūzzan lastar, inti ni
uuard in sun, bithiu uuanta Elisabeth uuas unberenti inti beidu fram-
gigiengun in iro tagun. Uuard thō,
mit thiu her in biscofheite giordinōt
uuas in antreitu sīnes uuehsales fora
gote, after giuuonu thes biscofheites,
in lōzze framgieng, thaz her uuīh-
rouh branti ingangenti in gotes
tempal, inti al thiu menigī uuas thes
folkes ūzze, betōnti in thero zīti thes
rouhennes. Araugta sih imo gotes
engil, stantenti in zeso thes altares
thero uuīhrouhbrunsti. Thanān thō
Zacharias uuard gitruobit thaz se-
henti, inti forhta anafiel ubar inan.
Quad thō zi imo thie engil: 'ni forhti
thū thir, Zacharias, uuanta gihōrit
ist thīn gibet, inti thīn quena Elysabeth gibirit thir sun, inti nemnis thū
sīnan namon Iohannem. Inti her ist
thir gifeho inti blīdida, inti manage
in sīnero giburti mendent. Her ist
uuārlīhho mihhil fora truhtīne inti
uuīn noh līd ni trinkit inti heilages
geistes uuirdit gifullit fon hinān fon
reve sīnero muoter, inti manage Is-
raheles barno giuuerbit zi truhtīne
gote iro. Inti her ferit fora inan in
geiste inti in megine Heliases, thaz
her giuuente herzun fatero in kind,
inti ungiloubfolle zi uuīstuome rehtero, garuuen truhtīne thuruhthigan
folc'.
    Inti quad Zacharias zi themo en-
gile: 'uuanān uueiz ih thaz? ih bim
alt, inti mīn quena fram ist gigangan
in ira tagun'. Thō antlingōnti thie
engil quad imo: 'ih bim Gabriel, thie
azstantu fora gote, inti bim gisentit
zi thir thisu thir sagēn. Inti nū
uuirdist thū suīgēnti inti ni maht
sprehhan unzan then tag, in themo
thisu uuerdent, bithiu uuanta thū
ni giloubtus mīnēn uuortun, thiu

5 6. Erant autem iusti ambo ante
deum, incedentes in omnibus man-
datis et iustificationibus domini sine
quęrela. 7. Et non erat illis filius, eo
quod esset Elisabeth sterilis et ambo
10 processissent in diebus suis. 8. Factum est autem cum sacerdotio fun-
geretur in ordine vicis sue ante deum,
9. secundum consuetudinem sacer-
dotii, sorte exiit, ut incensum po-
15 neret ingressus in templum domini,
10. et omnis multitudo erat populi
orans foris hora incensi. 11. Apparuit
autem illi angelus domini, stans a
dextris altaris incensi. 12. Et Zacha-
20 rias turbatus est videns, et timor in-
ruit super eum. 13. Ait autem ad
illum angelus: Ne timeas, Zacharia,
quoniam exaudita est deprecatio tua
et uxor tua Elysabeth pariet tibi
25 filium, et vocabis nomen eius Iohannem. 14. Et erit tibi gaudium et
exultatio, et multi in nativitate eius
gaudebunt. 15. Erit enim magnus
coram domino et vinum et siceram
30 non bibit et spiritu sancto replebitur
adhuc ex utero matris suae, 16. et
multos filiorum Israhel convertit ad
dominum deum ipsorum. 17. Et
ipse praecedet ante illum in spiritu et
virtute Heliae, ut convertat corda
patrum in filios, et incredibiles ad
prudentiam iustorum, parare domino
plebem perfectam.

    18. Et dixit Zacharias ad ange-
lum: Unde hoc sciam? ego enim
sum senex, et uxor mea processit
45 in diebus suis. 19. Et respondens
angelus dixit ei: Ego sum Gabriel,
qui adsto ante deum, et missus
sum ad te haec tibi evangelizare.
20. Et ecce eris tacens et non poteris
50 loqui usque in diem quo haec fiant,
pro eo quod non credidisti verbis
meis, quae implebuntur in tempore

Zu XX, 3] 7: allen   24: ther   46. 47: bin   52: giloubtos.   : uuorton

thār gifultu uuerdent in iro zīti'. Inti
uuas thaz folc beitōnti Zachariam,
inti vvuntorōtun thaz her lazzēta 55
in templo. Her ūzgangenti ni mohta
sprehhan zi in, inti forstuontun thaz
her gisiht gisah in templo, her thaz
bouhnenti in thuruhuuonēta stum.
Inti gifulte uurdun thō taga sīnes 60
ambahtes, gieng in sīn hūs; after
thēn tagon intfieng Elisabeth sīn
quena inti tougilta sih fimf mānōda
quedenti: 'uuanta sus teta mir
trohtīn in tagon, in thēn her gi- 65
scouuuōta arfirran mīnan itiuuīz
untar mannon'

suo. 21. Et erat plebs expectans Zachariam, et mirabantur quod tar-
daret ipse in templo. 22. Egressus
autem non poterat loqui ad illos,
et cognoverunt quod visionem vidisset in templo. Et ipse erat in-
nuens illis et permansit mutus. 23.
Et factum est ut inpleti sunt dies
officii eius, abiit in domum suam.
24. Post hos autem dies concepit
Elisabeth uxor eius et occultabat se
mensibus ·V· dicens: 25. quia sic
mihi fecit dominus in diebus, quibus
respexit auferre obprobrium meum
inter homines.

4. III. Luc. 1, 26–56.

3. In themo sehsten mānude gisentit uuard engil Gabriel fon gote
in thie burg Galileę, thero namo ist
Nazareth, zi thiornūn gimahaltero
gommanne, themo namo uuas Io- 5
seph, fon hūse Davides, inti namo
thero thiornūn Maria. Inti ingangenti thie engil zi iru quad: 'heil uuis
thū gebōno follu! truhtīn mit thir,
gisegenōt sīs thū in uuībun'. Thō siu 10
thiu gisah, uuas gitruobit in sīnemo
uuorte inti thāhta, uuelīh uuāri thaz
uuolaqueti. Quad iru ther engil: 'ni
forhti thir, Maria, thū fundi huldī
mit gote; sēnonū inphāhis in reve 15
inti gibiris sun inti ginemnis sīnan
namon Heilant. Ther ist mihhil inti
thes hōisten sun ist ginemnit, inti
gibit imo truhtīn sedal Davides sīnes
fater, inti rīhhisōt in hūse Iacobes 20
zi ēuuidu, inti sīnes rīhhes nist enti'.
Quad thō Maria zi themo engile:
'vvuo mag thaz sīn? uuanta ih gom-
mannes uuīs ni bim'. Antlingōta thō
ther engil, quad iru: 'thie heilago 25
geist quimit ubar thih, inti thes hōhisten megin biscatuit thih, bithiu
thaz thār giboran uuirdit heilag,
thaz uuirdit ginemnit gotes barn.

In mense autem sexto missus est
angelus Gabriel a deo in civitatem
Galileae, cui nomen Nazareth, 27.
ad virginem disposatam viro, cui
nomen erat Ioseph, de domo David,
et nomen virginis Maria. 28. Et ingressus angelus ad eam dixit: have
gratia plena! dominus tecum, benedicta tu in mulieribus. 29. Quae cum
vidisset, turbata est in sermone eius
et cogitabat, qualis esset ista salutatio. 30. Et ait angelus ei: ne timeas,
Maria, invenisti enim gratiam apud
deum; 31. ecce concipies in utero et
paries filium et vocabis nomen eius
Ihesum. 32. Hic erit magnus et filius
altissimi vocabitur, et dabit illi dominus sedem David patris eius, et
regnabit in domo Iacob in aeternum,
33. et regni eius non erit finis. 34.
Dixit autem Maria ad angelum:
quomodo fiet istud? quoniam virum
non cognosco. 35. Et respondens angelus dixit ei: spiritus sanctus super-
veniet in te, et virtus altissimi ob-
umbrabit tibi, ideoque et quod na-
scetur sanctum vocabitur filius dei.
36. Et ecce Elisabeth cognata tua et
ipsa concepit filium in senectute sua,

Zu XX, 3] 63: fimf   *Zu* 4] 1: manode   8 thie]: ther   10: uuibon   24:
bin   29: ginennit

Sēnonū Elisabeth thīn māgin, siu
inphieng sun in ira alttuome, inti
thiz ist thie sehsto mānōd theru, thiu
thār ginemnit ist unberenta: bithiu
uuanta nist unōdi mit gote iogiuuelīh uuort'. Thō quad Maria:
'sēnonū gotes thiu, uuese mir after
thīnemo uuorte'. Inti arfuor thō fon
iru thie engil.

4. Arstantenti Maria in thēn tagon
gieng in gibirgu mit īlungu in Iudeno
burg, ingieng thō in hūs Zachariases
inti heilizita Elisabeth. Uuard thō,
sō siu gihōrta heilizur.ga Mariūn
Helisabeth, gifah thaz kind in ira
reve. Uuard thō gifullit heilages
geistes Helisabeth, arriof mihhilero
stemnu inti quad: 'gisegenōt sīs thū
untar uuībun, inti gisegenōt sī thie
uuahsmo thīnero uuamba, inti uuanān mir, thaz queme mīnes truhtīnes
muoter zi mir? Sēnonū sō sliumo sō
thiu stemna uuard thīnes heilizinnes
in mīnēn ōrūn, gifah in gifehen kind
in mīnemo reve, inti sālīgu thiu thār
giloubta, uuanta thiu uuerdent gi-
fremitu, thiu thār giquetan vvurdun
iru fon truhtīne'. Thō quad Maria:
'mihhiloso mīn sēla truhtīn inti gifah
mīn geist in gote mīnemo heilante,
bithiu uuanta her giscouuōta ōdmuotī sīnero thiuui, sēnonū fon thiu
sālīga mih quedent allu cunnu, bithiu
uuanta mir teta mihhilu thie thār
mahtīg ist, inti heilag sīn namo, inti
sīn miltida in cunnu inti in cunnu
inan forhtantēn. Teta maht in sīnemo arme, zispreitta ubarhuhtīge
muote sīnes herzen, nidargisazta
mahtīge fon sedale inti arhuob ōd-
muotīge, hungerente gifulta guoto
inti ōtage forliez ītale. Inphieng Israhel sīnan kneht zi gimuntīgōnne
sīnero miltidu, sō her sprah zi unsēn
faterun, Abrahame inti sīnemo sā-
men zi uuerolti'. – Uuonēta Maria
mit iru nāh thrī mānōda inti uuarb
zi ira hūs.

et hic mensis est sextus illi quae
vocatur sterilis: 37. quia non erit
impossibile apud deum omne verbum. 38. Dixit autem Maria: ecce
ancilla domini, fiat mihi secundum
verbum tuum. Et discessit ab illa
angelus. 39. Exsurgens autem Maria
in diebus illis abiit in montana cum
festinatione in civitatem Iuda, 40. et
intravit in domum Zacharię et sa-
lutavit Elisabeth. 41. Et factum est
ut audivit salutationem Mariae Elisabeth, exultavit infans in utero
eius. Et repleta est spiritu sancto
Elisabeth, 42. et exclamavit voce
magna et dixit: benedicta tu inter
mulieres, et benedictus fructus ven-
tris tui, 43. et unde hoc mihi, ut
veniat mater domini mei ad me?
44. Ecce enim ut facta est vox sa-
lutationis tuae in auribus meis, exultavit in gaudio infans in utero meo,
45. et beata quae credidit, quoniam
perficientur ea quae dicta sunt ei a
domino. 46. Et ait Maria: magni-
ficat anima mea dominum, 47. et
exultavit spiritus meus in deo salutari meo, 48. quia respexit humili-
tatem ancillae suę. Ecce enim ex hoc
beatam me dicent omnes generatio-
nes, 49. quia fecit mihi magna qui
potens est, et sanctum nomen eius,
50. et misericordia eius in progenies
et progenies timentibus eum. 51.
Fecit potentiam in brachio suo,
dispersit superbos mente cordis sui,
52. deposuit potentes de sede et
exaltavit humiles, 53. esurientes im-
plevit bonis et divites dimisit inanes.
54. Suscepit Israhel puerum suum,
memorari misericordię suæ, 55. sicut
locutus est ad patres nostros, Abraham et semini eius in sęcula. 56.
Mansit autem Maria cum illa quasi
mensibus tribus, et reversa est in
domum suam.

Zu XX, 4] 32. 38 thie]: ther 33: ginennit 48: uuibon 53: oron
74: fateron

5. IV. Luc. 1, 57–80.

4, 9. Elisabeth uuārlīhho uuard gifullit zīt zi beranne inti gibar ira sun. Inti gihōrtun thaz thō ira nāhiston inti ira cundon, thaz truhtīn mihhilosōta sīna miltida mit iru, inti 5 gifāhun mit iru. Uuard thō in themo ahtuden tage, quāmun zi bisnīdanne thaz kind, namtun inan sīnes fater namen Zachariam. Antlingōta thō sīn muoter inti quad: 'nio in altare, 10 ūzar sīn namo scal sīn Iohannes'. Inti quādun zi iru: 'nioman nist in thīnemo cunne thie thār ginemnit sī thesemo namen'. Bouhnitun thō sīnemo fater, uuenan her uuoltī inan 15 ginemnitan uuesan? Bat thō scrībsahses, screib sus quedanti: 'Iohannes ist sīn namo': vvuntorōtun thaz thō alle. Gioffonōta sih thō sliumo sīn mund inti sīn zunga, inti 20 sprah got uuīhenti. Uuard thō forhta ubar alle iro nāhiston, inti ubar allu gibirgu Iudeno vvurdun gimārit allu thisu uuort, inti gisaztun alle thie iz gihōrtun in iro herzen sus que- 25 dante: 'uuaz uuānis these kneht sī?' inti gotes hant uuas mit imo.

Inti Zacharias sīn fater uuard gifullit heilages geistes inti uuīzagōta sus quedanti: 'Giuuīhit sī truhtīn 30 got Israhelo, bithiu uuanta uuīsōta inti teta lōsunga sīnemo folke inti arrihta horn heilī uns in hūse Davides sīnes knehtes. Sō her sprah thuruh mund heilagero, thie fon 35 uuerolti uuārun, sīnero uuīzagōno, heilī fon unsarēn fiiantun inti fon henti allero thie unsih hazzōtun, zi tuonne miltida mit unsarēn faterun inti zi gihugenne sīnero heilagūn 40 giuuiznessī, thero eidburti, thie her suor zi Abrahame unsaremo fater, sih uns zi gebanne, thaz ūzan forhta fon hentin unsero fiianto arlōste thionōmēs imo in heilagnesse inti in 45 rehte fora imo allēn unsarēn tagun.

Elisabeth autem impletum est tempus pariendi, et peperit filium suum. 58. Et audierunt vicini et cognati eius quia magnificavit dominus misericordiam suam cum illa, et congratulabantur ei. 59. Et factum est in die octava, venerunt circumcidere puerum, et vocabant eum nomine patris eius Zachariam. 60. Et respondens mater eius dixit: nequaquam, sed vocabitur Iohannes. 61. Et dixerunt ad illam: quia nemo est in cognatione tua qui vocetur hoc nomine. 62. Innuebant autem patri eius, quem vellet vocari eum? 63. Et postulans pugillarem scripsit dicens: Iohannes est nomen eius; et mirati sunt universi. 64. Apertum est autem ilico os eius et lingua eius, et loquebatur benedicens deum. 65. Et factus est timor super omnes vicinos eorum, et super omnia montana Iudeę divulgabantur omnia verba hęc, 66. et posuerunt omnes qui audierunt in corde suo dicentes: quid putas puer iste erit? etenim manus domini erat cum illo. 67. Et Zacharias pater eius impletus est spiritu sancto et prophetavit dicens: 68. benedictus dominus deus Israhel, quia visitavit et fecit redemtionem plebi suae, 69. et erexit cornu salutis nobis in domo David pueri sui. 70. Sicut locutus est per os sanctorum, qui a sęculo sunt, prophetarum eius, 71. salutem ex inimicis nostris et de manu omnium qui oderunt nos. 72. ad faciendam misericordiam cum patribus nostris et memorari testamenti sui sancti, 73. iusiurandum quod iuravit ad Abraham patrem nostrum, daturum se nobis, 74. Ut sine timore de manibus inimicorum nostrorum liberati serviamus illi 75. in sanctitate et iustitia coram ipso omnibus diebus nostris. 76. Et tu puer pro-

---

Zu XX, 5] 7: ahtoden   16 *Vgl. PBB* 44, 334. 504f.   37: fiianton 39: fateron   46: tagon

Thū kneht uuīzago thes hōhisten bis
thū ginemnit, foraferis uuārlīhho
fora truhtīnes annuzzi zi garuuerne
sīnan uueg, zi gebanne uuīstuom heilī 50
sīnemo folke in forlāznessi iro suntōno thuruh innuovilu miltida unsares gotes, in thēn uuīsōta unsih
ūfgang fon hōhī, inliuhten thēn thie
thār in finstarnessin inti in scūuen 55
tōdes sizzerͭt, zi girihtenne unsera
fuozzi in uueg sibba.' – Ther kneht
vvuohs inti uuard gistrengisōt geiste
inti uuas in vvuostinnu unzan then
tag sīnero arougnessī zi Israhel. 60

pheta altissimi vocaveris, praeibis
enim ante faciem domini parare vias
eius, 77. ad dandam scientiam salutis plebi eius in remissionem peccatorum eorum. 78. Per viscera misericordię dei nostri, in quibus visitavit
nos oriens ex alto, 79. inluminare his
qui in tenebris et in umbra mortis
sedent, ad dirigendos pedes nostros
in viam pacis. 80 Puer autem cre-
scebat et confortabatur spiritu, et
erat in deserto usque in diem osten-
sionis suę ad Israhel.

6. V. Luc. 2, 1–7.

5, 11. Uuard thō gitān in thēn
tagun, framquam gibot fon đemo
aluualten keisure, thaz gibrievit
vvurdi al these umbiuuerft. Thaz
giscrib iz ēristen uuard gitān in Syriu 5
fon đemo grāven Cyrine, inti fuorun
alle, thaz biiāhīn thionōst *iogiuuelīh*
in sīnero burgi. Fuor thō Ioseph fon
Galileu fon thero burgi thiu hiez
Nazareth in Iudeno lant inti in Da- 10
vides burg, thiu uuas ginemnit Beth-
leem, bithiu uuanta her uuas fon
hūse inti fon hīuuiske Davides, thaz
her giiāhi saman mit Mariūn imo
gimahaltero gimahhūn sō scaffaneru. 15
Thō sie thār uuārun, vvurdun taga
gifulte, thaz siu bāri, inti gibar ira
sun ēristboranon inti biuuant inan
mit tuochum inti gilegita inan in
crippea, bithiu uuanta im ni uuas 20
ander stat in themo gasthūse.

Factum est autem in diebus illis,
exiit edictum a Cęsare Augusto, ut
describeretur universus orbis. 2.
Hæc descriptio prima facta est a
praeside Syriæ Cyrino, 3. et ibant
omnes ut profiterentur singuli in
suam civitatem. 4. Ascendit autem
et Ioseph a Galilea de civitate Nazareth in Iudaeam civitatem David,
quaę vocatur Bethlehem, eo quod
esset de domo et familia David, 5.
ut profiteretur cum Maria desponsata sibi uxore pregnante. 6. Factum
est autem cum essent ibi, impleti
sunt dies ut pareret, 7. et peperit
filium suum primogenitum et pannis
eum involvit et reclinavit eum in
presepio, quia non erat eis locus in
diversorio.

7. LXXXVII. Joh. 4, 4–42.

87. Gilamf inan varan thuruh Samariam. Inti quam thō in burg Sa-
mariae thiu dār ist giquetan Sychar,
nāh uodile den dār gab Iacob Iosebe
sīnemo sune. Uuas dār brunno Iacobes. Der heilant uuas giuueigit fon
dero uuegeverti, saz sō oba themo

Oportebat autem eum transire per
Samariam. 5. Venit in civitatem Sa-
mariae quae dicitur Sychar, iuxta
predium quod dedit Iacob Ioseph
filio suo. 6. Erat ibi fons Iacob.
Ihesus ergo fatigatus ex itinere sedebat sic super fontem; hora erat quasi

---

brunnen, uuas thō zīt nāh sehsta.
Quam thō uuīb fon Samariu sceffen
uuazzar. Thō quad iru der heilant:
'gib mir trinkan'. Sīne iungoron
giengun in burg, thaz sie muos
couftīn. Thō quad imo uuīb thaz
samaritanisga: 'uueo thū mit thiu
Iudeisg bis trinkan von mir bitis,
mit thiu bin uuīb samaritanisg? ni
ebanbrūchent Iudei Samaritanis'.
Thō antlingita ther heilant inti quad
iru: 'oba thū uuessīs gotes geba, inti
uuer ist thē dir quidit: gib mir trinkan, thū ōdouuān bātīs fon imo,
thaz hē dir gābi lebēnti uuazzar'.
Thō quad imo thaz uuīb: 'hērro,
thū nū ni habēs mit hiu scefēs, inti
thiu fuzze teof ist, uuanān habēs
lebēnti uuazzar? Eno thū bistū mēra
unsaremo fater Iacobe, thē dār gab
uns den phuzi, her tranc fon imo
inti sīna suni inti sīn fihu'.

Thō antuurtanti der heilant in
quad iru: 'giuuelīh dē dār trinkit fon
uuazzare thesemo, thurstit inan abur,
dē dār trinkit fon thesemo uuazzare
thaz ih gibu, ni thurstit zi ēuuidu,
ouh uuazzar, thaz ih imo gibu, ist
in imo brunno uuazzares ūfsprin-
ganti in ēuuīn līb'. Thō quad zi imo
thaz uuīb: 'hērro, gib mir thaz
uuazzar, thaz mih ni thurste noh ni
queme hera scephen'. Thō quad iru
der heilant: 'var inti halo thīnan
gomman inti quim (hara).' Antuurtanti daz uuīb inti quad: 'ni habu
gomman'. Thō quad iru der heilant:
'uuola quādi, thaz thū ni habēs
gomman; thū habētōs finf gomman
inti den thū nū habēs, nist dīn gomman, thaz quādi dū uuār'. Thō quad
imo daz uuīb: 'hērro, ih gisihu daz
thū uuīzogo bist. Unsara fatera in
thesemo berge betōtun, inti ir quedent, uuanta in Hierusalem ist stat
dār gilimphit zi bettōnne'. Thō quad
iru der heilant: 'uuīb, giloubi mir,
uuanta quimit zīt, danna noh in

sexta. 7. Venit mulier de Samaria
haurire aquam. Dicit ei Ihesus: da
mihi bibere. 8. Discipuli enim eius
abierant in civitatem, ut cibos eme-
rent. 9. Dicit ergo ei mulier illa Samaritana: quomodo tu Iudeus cum
sis bibere a me poscis quae sum mulier Samaritana? non enim coutun-
tur Iudei Samaritanis. 10. Respondit
Ihesus et dixit ei: si scires donum
dei et quis est qui dicit tibi: da mihi
bibere, tu forsitan petisses ab eo, et
dedisset tibi aquam vivam. 11. Dicit
ei mulier: domine, neque in quo
haurias habes et puteus altus est:
unde ergo habes aquam vivam? 12.
Numquid tu maior es patre nostro
Iacob qui dedit nobis puteum, et
ipse ex eo bibit et filii eius et pecora
eius? 13. Respondit Ihesus et dixit
ei: omnis qui bibet ex aqua hac sitiet
iterum, qui autem biberit ex aqua
quam ego dabo ei, non sitiet in aeternum, 14. sed aqua quam ego dabo
ei fiet in eo fons aquae salientis in
vitam aeternam. 15. Dicit ad eum
mulier: domine, da mihi hanc
aquam, ut non sitiam neque veniam
huc haurire. 16. Dicit ei Ihesus:
vade, voca virum tuum et veni. 17.
Respondit mulier et dixit: non habeo
virum. Dicit ei Ihesus: bene dixisti,
quia non habeo virum; 18. quinque
enim viros habuisti, et nunc quem
habes non est tuus vir: hoc vere
dixisti. 19. Dicit ei mulier: domine,
video quia propheta es tu. 20. Patres
nostri in monte hoc adoraverunt, et
vos dicitis quia in Hierusolymis est
locus ubi adorare oportet. 21. Dicit
ei Ihesus: mulier, crede mihi, quia
veniet hora, quando neque in monte
hoc neque in Hierosolymis adorabi-
tis patrem. 22. Vos adoratis quod
nescitis, nos adoramus quod scimus,
quia salus ex Iudeis est. 23. Sed venit
hora et nunc est, quando veri ado-
ratores adorabunt patrem in spiritu

_Zu_ XX, 7] 15 : bist   22 : her   29 : sine   50 : uuizzago   53 : betonne
55 : danne

thesemo berge noh in Hierusolimis
betōt ir fater. Ir bettōt daz ir ni
uuizzunt, uuir betōmēs daz uuir
uuizzumēs, uuanta heilī fon Iudeis
ist. Ouh quimit zīt inti nū ist, danna 60
thie uuāron betere betōnt den fater
in geiste inti in uuāre, uuanta der
fater sulīcha suochit dē dār betōn
inan. Geist ist got inti thē dār inan
betōnt, in geiste inti uuāre gilimfit 65
zi betōnne'. Thō quad imo daz uuīb:
'ih uueiz, uuanta Messias quimit,
thē giquetan ist Crist: thanna her
quimit, her gisagēt uns alliu'. Thō
quad iru der heilant: 'ih bin thē 70
sprichu mit thir'.
  Inti sliumo quāmun thō sīna iungoron inti uuntrōtun bi hiu her mit
uuībe sprāchi. Nēman ni quad thoh:
'uuaz suochis odo uuaz sprichis mit 75
iru'? Vorliez thō iru uuazzarfaz daz
uuīb inti fuor in burg inti sagata thēn
mannun: 'quemet inti gisehet then
man thē mir quad alliu sō uuelīchu
sō ih teta, eno nist her Crist'? Thō 80
giengun sie ūz fon dero burgi inti
quāmun zi imo. – Untar diu bātun
inan sīna iungoron sus quedente:
'meister, iz'. Her quad in thō: 'ih
muos habēn zi ezzenna thaz ir ni 85
uuizzunt'. Thō quādun thē iungoron
untar in zuuisgēn: 'eno ni brāhta
imo uuer zi ezzanna'? Thō quad in
der heilant: 'mīn muos ist thaz ih
uuirche thes uuillon thē mih santa, 90
thaz ih thuruhfreme sīn uuerc. Eno
ni quedet ir, thaz noh nū vior mānōda sint inti arn quimit? ih quidu
iu: 'hebet ūf iuuariu ougun inti sehet
thiu lant, bidiu siu uuīzu sint iū zi 95
arni. Inti thē dār arnōt mieta int-
fāhit inti samonōt fruht in ēuuīn līb,
thaz der thē sāhit saman giveha inti
thē thār arnōt. In thiu ist uuār
uuort: uuanta andar ist thē sāhit 100
inti ander ist thē arnōt. Ih santa

et veritate, nam et pater tales quaerit qui adorent eum. 24. Spiritus est
deus, et eos qui adorant eum, in spiritu et veritate oportet adorare. 25.
Dicit ei mulier: scio quia Messias
venit, qui dicitur Christus; cum ergo
venerit ille, nobis adnuntiabit omnia.
26. Dicit ei Ihesus: ego sum qui loquor tecum. 27. Et continuo venerunt discipuli eius, et mirabantur
quare cum muliere loquebatur. Nemo tamen dixit: quid quaeris aut
quid loqueris cum ea? 28. Reliquit
ergo hydriam suam mulier et abiit
in civitatem et dicit illis hominibus:
29. venite et videte hominem qui
dixit mihi omnia quaecumque feci,
numquid ipse est Christus? 30.
Exierunt de civitate et veniebant ad
eum. 31. Interea rogabant eum discipuli dicentes: Rabbi, manduca. 32.
Ille autem dixit eis: ego cibum habeo
manducare quem vos non scitis. 33.
Dicebant ergo discipuli ad invicem:
numquid aliquis attulit ei manducare? 34. Dicit eis Ihesus: meus ci-
bus est ut faciam voluntatem eius
qui misit me, ut perficiam opus eius.
35. Nonne vos dicitis, quod adhuc
quattuor menses sunt et messis venit? Ecce dico vobis: levate oculos
vestros et videte regiones quia albae
sunt iam ad messem. 36. Et qui
metit mercedem accipit et congregat
fructum in vitam aeternam, ut et qui
seminat simul gaudeat et qui metit.
37. In hoc enim est verbum verum:
quia alius est qui seminat et alius
est qui metit. 38. Ego misi vos me-
tere quod vos non laborastis: alii
laboraverunt, et vos in labores
eorum introistis. 39. Ex civitate
autem illa multi crediderunt in eum
Samaritanorum propter verbum mu-
lieris testimonium perhibentis: quia
dixit mihi omnia quæcumque feci.

Zu XX, 7] 57 : betot   58 : uuizzut   61 : betera   63 : suliche   68.
70. 79 : ther   71 : dir   72. 83 : sine   74 sprichi *Hs.*   76 : (tho) ira
78 : mannon   84 : her *Hs.*   86 : thie   90. 96. 98 : ther   94 : heuet
98. 100 : sait   100 : ander

iuuuih zi arnōnne thaz ir ni arbeitō-
tut, andre arbeitōtun, inti ir in iro
arbeit ingiengunt'.

Fon dero burgi manege giloubtun 105
in inan thero Samaritanorum thuruh
uuort thes uuîbes giuuizscaf imo sa-
gantes: 'uuanta quad mir alliu thiu ih
teta'. Thō sie zi imo quāmun thē
Samaritani, bātun inan, thaz her 110
dār uuonati. Inti uuonata dār
zuuēna taga; inti michilu menigiron
giloubtun thuruh sīn uuort inti
themo uuîbe quādun: 'bidiu uuir iū
nalles thuruh dīna sprācha gilou- 115
bemēs; uuir selbon gihōrtomēs inti
uuizzumēs, uuanta zi uuāra thesēr
ist heilant mittilgartes'.

40. Cum venissent ergo ad illum
Samaritani, rogaverunt eum ut ibi
maneret; et mansit ibi duos dies.
41. Et multo plures crediderunt
propter sermonem eius 42. et mulieri
dicebant: quia iam non propter tuam
loquelam credimus; ipsi enim audivi-
mus, et scimus quia vere hic est sal-
vator mundi.

8. CXXXIX. Joh. 12, 20–36.

139. Uuārun heidane sume fon
thēn thie dār stigun thaz sie betōtīn
in themo itmālen tage. Thie giengun
ci Philippe, ther uuas fon Bethsaidu
Galileæ, inti bātun inan sus que- 5
denti: 'hērro, uuir uuollemēs then
heilant gisehan'. Thō quam Philippus inti quad Andreæ, Andreas abur
inti Philippus quādun themo heilante. Ther heilant antlingita in que- 10
denti: 'cumit cīt in theru gidiurit
uuirdit mannes sun. Uuār uuār
quidih iu, nibi thaz corn thinkiles
fallenti in erda tōt uuirdit, thaz selba
eino uuonēt: ob iz erstirbit, managan 15
uuahsmon bringit. Thie dār minnōt
sīn ferah, thie forliosez; thie dār
hazzōt sīn ferah in therru uueralti,
in ēuuīn līb giheltit iz. Oba uuer mir
ambahte, mir folge: thār ih bin thār 20
ist mīn ambaht; oba uuer mir am-
bahtit, inan gihērēt mīn fater. Nū
mīn sēla gitruobit ist. Inti uuaz
quidu? Fater, giheili mih fon theru
stuntu! Thurah thaz quam ih in 25
thesa cīt. Fater, giberehto thīnan
namon!' Quam stemma fon himile:

Erant autem gentiles quidam ex
his qui ascenderant ut adorarent in
die festo. 21. Hi ergo accesserunt
ad Philippum, qui erat a Bethsaida
Galileæ, et rogabant eum dicentes:
domine, volumus Ihesum videre.
22. Venit Philippus et dicit Andreæ,
Andreas rursum et Philippus dicunt
Ihesu. 23. Ihesus autem respondit
eis dicens: venit hora ut glorificetur
filius hominis. 24. Amen amen dico
vobis, nisi granum frumenti cadens
in terram mortuum fuerit, 25. ipsum
solum manet, si autem mortuum
fuerit, multum fructum affert. Qui
amat animam suam, perdet eam, et
qui odit animam suam in hoc mundo,
in vitam aeternam custodit eam.
26. Si quis mihi ministrat, me se-
quatur, et ubi sum ego illic et mi-
nister meus erit. Si quis mihi mini-
strabit, honorificabit eum pater
meus. 27. Nunc anima mea turbata
est. Et quid dicam? Pater, salvifica
me ex hac hora! Sed propterea veni
in horam hanc. 28. Pater, clarifica
tuum nomen! Venit ergo vox de

'inti ih giberehtōta inti abur gibereh-
tōn'.

 Thiu menigī thiu dār stuont inti 30
gihōrta, quādun thaz thonar gitān
uuāri, andere quādun: 'engil sprah
zi imo'. Thō antlingita ther heilant
inti quad: 'nalles thurah mih thisiu
stemma quam, oh thurah iuuuih. 35
Nū ist duom thesses mittilgartes,
nū ther hērōsto thesses mittilgartes
uuirdit eruuorpfan ūz. Inti ih, ob ih
erhaban uuirdu fon erdu, alliu thinsu
zi mir selbemo'. Thaz quad her gi- 40
zeihanōnti uuelīhemo tōde sterbenti
uuāri. Thō antlingita imo thiu menigī: 'uuir gihōrtumēs fon theru
ēvvu uuanta Christ uuonēt zi ēuuidu;
inti vvuo quidistū: gilinpfit zi er- 45
hefanne mannes sun? Uuer ist ther
mannes sun?' Thō quad ther heilant:
'noh nū ist lucil lioht in iu. Geet unz
ir lioht habēt, thaz iuuuih finstarnessi ni bifāhe; thie dār in finstar- 50
nesse geet ni uueiz uuara her ferit.
Mit diu ir lioht habēt, giloubet in
lioht, thaz ir liohtes barn sīt'.

cælo: et clarificavi et iterum clari-
ficabo. 29. Turba ergo quæ stabat et
audiebat dicebant tonitruum factum
esse, alii dicebant: angelus ei locutus
est. 30. Respondit Ihesus et dixit:
non propter me hæc vox venit, sed
propter vos. 31. Nunc iudicium est
mundi: nunc princeps huius mundi
eicietur foras. 32. Et ego si exaltatus
fuero a terra, omnia traham ad me
ipsum. 33. Hoc autem dicebat signi-
ficans qua morte esset moriturus.
34. Respondit ei turba: nos audi-
vimus ex lege quia Christus manet
in aeternum, et quomodo tu dicis:
oportet exaltari filius hominis? Quis
est iste filius hominis? 35. Dixit
ergo Ihesus: adhuc modicum lumen
in vobis est. Ambulate dum lucem
habetis, ut non tenebre vos com-
prehendant: et qui ambulat in tenebris nescit quo vadat. 36. Dum lucem habetis, credite in lucem, ut filii
lucis sitis.

9. CLXIX. Aus Matth. 27, 27 ff.; Marc. 15; Joh. 19; Luc. 23, 26 ff.

200. Thie kenphon thes grāven intfiengun then heilant in themo thinchūs, gisamanōtun zi imo alla thia
hansa, inti inan intuuātenti giuuātitun inan mit gotouuebbīneru tūni- 5
hūn inti rōt lahhan umbibigābun
inan. Inti flehtenti corōna fon thor-
non saztun ubar sīn houbit inti rōra
in sīna zesauūn, inti giboganemo
kneuue fora imo bismarōtun inan 10
sus quedenti: 'heil cuning Iudeōno'.
Inti inan spīuuenti intfiengun rōrūn
inti sluogun sīn houbit. Inti after
thiu bismarōtun inan, intuuātitun
inan lahhanes inti gotouuebbes inti 15
giuuātitun inan sīnēn giuuātin inti
leittun inan thaz sien hiengīn tra-
gentan imo crūci. Inan intuuātenti
fundun man Cireneum quementan

(Matth. 27, 27.) Milites presidis sus-
cipientes Ihesum in pretorio congre-
gaverunt ad eum universam cohor-
tem, 28. et exuentes eum (Marc. 15,
17.) induunt eum (Joh. 19, 2.) tu-
nicam purpuream (Matth. 27, 28.)
et clamidem coccineam circumdede-
runt ei. 29. Et plectentes coronam
de spinis posuerunt super caput eius,
et harundinem in dexteram eius, et
genu flexo ante eum inludebant dicentes: have, rex Iudeorum! 30. Et
exspuentes eum acceperunt harundinem et percutiebant caput eius.
31. Et postquam inluserunt ei,
exuerunt eum clamidem (Marc. 15,
20.) et prupuram (Matth. 27, 31.) et
induerunt eum vestimentis eius et
duxerunt eum ut crucifigerent, (Joh.

Zu XX, 8] 36 : theses *Hs.*   40 zi *fehlt Hs.*   *Zu* 9] 12 Inti] Inter *Hs.*

fon thorf, in namen Simon hiez, fater Alexandres inti Rufuses, then
thuungun sie daz her truogi crūci
after themo heilante.
201. Folgēta inan mihil menigī
folkes inti uuībo, thie dār ruzzun
inti uuiofun inan. Thō uuanta sih zi
in ther heilant, quad: 'kind Hierusalem, ni curīt vvuofen ubar mih,
oh ubar iuuuih selbon vvuofet inti
ubar iuuueru kind. Uuanta nū co-
ment taga in thēndir quedet: sālīge
sint umberente inti uuambūn thiede
ni bārun inti brusti thiode ni sou-
gitun. Thanne biginnent si quedan
bergon: fallet ubar unsih! inti nollōn:
bithecket unsih! Bithiu oba sie in
gruonemo boume thisiu tuont, uuaz
ist in themo thurren?'

19, 17.) baiulantem sibi crucem.
(Matth. 27, 32.) Exuentes autem
invenerunt hominem Cireneum (Luc.
23, 26.) venientem de villa, (Matth.
27, 32.) nomine Simon, (Marc. 15,
21.) patrem Alexandri et Rufi:
(Matth. 27, 32.) hunc angaria verunt
(Luc. 23, 26.) portare crucem post
Ihesum. 27. Sequebatur autem illum
multa turba populi et mulierum,
quæ plangebant et lamentabantur
eum. 28. Conversus autem ad illas
Ihesus dixit: filię Hierusalem, nolite
flere super me, sed super vos ipsas
flete et super filios vestros. 29. Quoniam ecce venient dies in quibus
dicent: beate steriles et ventres qui
non genuerunt et ubera quæ non
lactaverunt. 30. Tunc incipient di-
cere montibus: cadete super nos! et
collibus: operite nos! 31. Quia si in
viridi ligno haec faciunt, in arido
quid fiet?

10. Das Vaterunser. Matth. 6, 9–13.

34, 6. Fater unser, thū thār bist
in himile, sī giheilagōt thīn namo,
queme thīn rīhhi, sī thīn uuillo, sō
her in himile ist, sō sī her in erdu,
unsar brōt tagalīhhaz gib uns hiutu,
inti furlāz uns unsara sculdi, sō uuir
furlāzemēs unsarēn sculdīgōn, inti ni
gileitēst unsih in costunga, ūzouh
arlōsi unsih fon ubile.

Pater noster qui in caelis es, sanctificetur nomen tuum, 10. adveniat
regnum tuum, fiat voluntas tua, sicut in cælo et in terra, 11. panem
nostrum cotidianum da nobis hodie,
12. et dimitte nobis debita nostra,
sicut et nos dimittimus debitoribus
nostris, 13. et ne inducas nos in
temptationem, sed libera nos a malo.

XXI. EIDFORMELN.

1. Die Straßburger Eide.

Ergo XVI kalend. marcii Lodhuuicus et Karolus in civitate, quae olim Argen-
taria vocabatur, nunc autem Strazburg volgo dicitur, convenerunt, et sacramenta,
quae subter notata sunt, Lodhuuicus romana, Karolus vero teudisca lingua iuraverunt. Ac sic ante sacramentum circumfusam plebem alter teudisca, alter romana
lingua alloquuti sunt. Lodhuuicus autem, quia maior natu, prior exorsus sic coepit:
'Quotiens Lodharius me et hunc fratrem meum' etc. Cumque Karolus haec eadem
verba romana lingua perorasset, Lodhuuicus, quoniam maior natu erat, prior haec
deinde se servaturum testatus est:
Pro deo amur et pro christian poblo et nostro commun salvament, d'ist
di in avant, in quant deus savir et podir me dunat, si salvarai eo cist meon
fradre Karlo et in aiudha et in cadhuna cosa, si cum om per dreit son fradra
salvar dist, in o quid il mi altresi fazet, et ab Ludher nul plaid numquam
prindrai, qui meon vol cist meon fradre Karle in damno sit.

Zu XX, 9] 36 steriles *ist fälschlich als Masc. gefaßt; dazu Sievers* § 110, A. 1.

Quod cum Lodhuuicus explesset, Karolus teudisca lingua sic haec eadem verba testatus est:

In godes minna ind in thes christānes folches ind unsēr bēdhero gehalt- [15] nissī, fon thesemo dage frammordes, sō fram sō mir got geuuizci ındi mahd furgibit, sō haldih thesan mīnan bruodher, sōso man mit rehtu sīnan bruodher scal, in thiu thaz er mig sō sama duo, indi mit Ludheren in nohheiniu thing ne gegango, the mīnan uuillon imo ce scadhen uuerdhēn. [20]

Sacramentum autem, quod utrorumque populus quique propria lingua testatus est, romana lingua sic se habet:

Si Lodhuuigs sagrament, quę son fradre Karlo iurat, conservat et Karlus meos sendra de suo part non los tanit, si io returnar non l'int pois: ne io ne neuls, cui eo returnar int pois, in nulla aiudha contra Lodhuuuig nun li iu er. [25]

Teudisca autem lingua:

Oba Karl then eid, then er sīnemo bruodher Ludhuuuīge gesuor, geleistit, indi Ludhuuuīg mīn hērro then er imo gesuor forbrihchit, ob ih inan es iruuen- den ne mag: noh ih noh thero nohhein, then ih es iruuenden mag, uuidhar Karle imo ce follusti ne uuirdhit. [30]

Quibus peractis Lodhuuuicus Renotenus per Spiram et Karolus iuxta Vua- sagum per Vuīzzūnburg Vuarmatiam iter direxit.

2. Der Priestereid.

De sacramentis episcopis qui ordinandi sunt ab eis.

Daz ih dir hold pin . N. demo piscophe . so mi | no chrephti . enti mino chunsti sint . si mi | nan vuillun . fruma frūmenti enti scadun | vuententi . kahorich . enti kahengig . enti | statig . in sinemo piscophtuome . so ih mit rehto aphter canone scal.

XXII. BEICHTEN.

1. Erste bairische Beichte und S. Emmeramer Gebet.

a) Erste bairische Beichte.

Truhtīn,. dir uuirdu ih pigihtīk allero mīnero suntiōno enti missa- tātio, alles des ih io missasprah eddo missateta eddo missadāhta, uuorto enti uuercho enti kidancho, des ih kihukkiu eddo ni gahukkiu, des ih uuizzanto kiteta eddo unuuizzanto, nōtak eddo unnōtak, slāffanti eddo uuachēnti: meinsuartio enti lugīno, kiridōno enti unrehteru fizusheiti, huorōno sō uuie sō ih sio kiteta enti unrehtero firinlustio in muose, in tranche enti in unrechtemo slāfe:

b) S. Emmeramer Gebet.

Trōhtīn, dir uuirdu ih pigihtīk allero mīnero suntōno enti missa- tāteo, alles deih eo missasprach edo missateta ædo missadāhta, uuorto enti uuercho enti kadanccho, des ih [5] kyhukkiu ædo ni kihukku, des ih uuizanto ...... ædo unuuizzanto, nōtac ædo unnōtac, slāffanto ædo uuahēnto: meinsuuarteo enti lukīno, kyridōno enti unrehtero fizusheito, [10] huorōne sō uuē sō ih so kiteta, enti unrehtero firinlusteo in muose enti in tranche enti in unrehtemo slāffe;

Zu XXI] 16 f. gealtnissi *Hs.* 17 madh *Hs.* 18 tesan *Hs.* bruher *Hs.* 19 sō sama] soso | ma *Hs.* luheren *Hs.* 20 zhe *Hs.* uuerhen *Hs.* *Zu* XXI, 2] 1 hold *auf Rasur A* N : N̄ *B* 2 si: so *B* fruma: f *auf Rasur A.* frūmenti: frummenti *B* 3 kahorich: kahorig *B* kahengig: engi *auf Rasur A* statig: statik *B* piscophtuome: piscoftuome *B* 4 aphter: after *B* *Zu* XXII, 1] a) 3 missasparh *Hs.* b) 2 enti minero. 3 des ih. 3. 4 missasprahhi – missatati – missadahti. 7 geteta *B, fehlt A.* 11 sio.

daz tū mir, truhtīn, kinist enti ki-
15 nāda kauuerdōs fargepan, daz ih fora
dīnēm augōm unskamēnti sī, enti
daz ih in deseru uueralti mīnero
missatātio hriuūn enti harmskara
hapēn muozzi, solīhho sō dīno mil-
20 tidā sīn, alles uualtantio truhtīn.

daz dū mir trohtīn, kanist enti kanāda farkip enti daz ih fora dīnēn
augōn unscamanti sī, enti daz ih in
derru uueroltti mīnero suntōno riuūn
enti harmscara hapan mōzi, solīho
sō dīno miltidā sīn. Alles uualtenteo
trohtīn, kot almahtīgo, kauuerdo
kanist enti kanāda in dīnemo rīhe.

mir helfan enti kauuerdo mir farkepan
Kot almahtīgo, kauuerdo mir helfan enti kauuizzida mir iā furistentida iā
gaotan uuillun saman mit rehtēn galaupōn mir fargepan za dīnemo deonōste.
Trothtīn, du in desa uueralt quāmi suntīge za ganerienne, kauuerdo mih
25 cahaltan enti kanerien. Christ, cotes sun, uuīho trohtīn, sōso dū uuellēs enti
dīno canādā sīn, tuo pī mih suntīgun enti unuuirdīgun scalh dīnan. Uuīho
truhtīn, kanādīgo got, kauuerdo mir helfan suntīkemo enti fartānemo dīnemo
scalhe uuānentemo dīnero kanādōno. Enstīgo enti milteo trohtīn, dū eino uueist
uueo mīno durfti sint: in dīno kanādā enti in dīno miltidā, uuīho truhtīn,
30 pifilhu mīn herza iā mīnan cadanc iā mīnan uuillun iā mīnan mōt iā mīnan
līp iā mīniu uuort iā mīniu uuerh. Leisti, uuīho truhtīn, dīno kanādā in mir
suntīgin enti unuuirdīgin scalhe dīnemo; kauuerdo mih canerien fona allemo
upile.

2. Lorscher Beichte.

Ih gihu *gote* alamahtīgen fater inti allēn sīnēn sanctin inti desēn uuīhidōn
inti thir gotes manne allero mīnero sunteno, thero ih gidāhda inti gisprah inti
gideda, thaz uuidar gote uuāri inti daz uuidar mīnera christanheiti uuāri inti
uuidar mīnemo gilouben inti uuidar mīneru uuīhūn doufī inti uuidar mīneru
5 bigihdi. Ih giu nīdes, abunstes, bisprāha, sueriennes, firinlustio, zītio forlāza-
nero, ubermuodī, geilī, slafheiti, trāgī gotes ambahtes, huoro uuilleno, far-
ligero, intí mordes inti manslahta, ubarāzī, ubartrunchī. *Ih gihu*, thaz ih mīnan
fater inti mīna muater sō ni ērēda sō ih scolda, inti daz ih mīnan hēreron sō
ni ērēda sō ih scolda, inti inan sō ni minnōda sō ih scolda, inti mīne nāhiston
10 sō ni minnōda sō ih scolda, inti mīn uuīp inti mīn kind sō ni minnōda inti ni
leerda sō ih scolda, inti mīne iungeron sō ni leerda inti ni minnōda sō ih scolda,
indi mīne fillola sō ni ērēda indi ni leerda sō ih scolda. Ih gihu, thaz ih then
uuīhon sunnūndag inti thia heilagūn missa sō ni ērēda inti ni mārda sō ih scolda.
Ih gihu, daz ih mīnan decemon ni fargalt sō ih scolda, thaz ih stal inti ferstolan
15 fehōta. Ih gihu, thaz ih siohero ni uuīsōda, sērege ni gidrōsda, gast nintfianc
sō ih scolda, gisahane ni gisuonda thie ih gisuenen mohda, thaz ih meer giuuar
inti unsipberon gisagēda thanne ih scoldi. Ih gihu, thaz ih daz giloupda thaz
ih gilouben ni scolda, thaz ih ni gilaupta thaz ih gilouben scolta. Ih gihu un-
rehtero gisihto, unrehtera gihōrida, unrehtero gidanco, unrehdero uuordo, un-
20 rehdero uuerco, unrehtero sedelo, unrehtero stadalo, unrehtero legero, unreh-
tero gango, unrehtes anafanges, unrehtero cosso. Ih gihu, thaz ih mīnan heit
brah, meinan heit suuor in uuīhidōn inti bī gotes heilogōn. Ih gihu ungihōrsamī,

---

Zu XXII, 1]a) 15 enti *fehlt*.   16 sī] mozzi uuesan.   17 desaro uueralti.   18
missetato.   *Zu* XXII, 1] b) 22 *daz erste* iā] enti   25 f. enti... sin] enti soso
dir gezeh si   28 trohtin *nach* uueist   30 mina gadancha   31 f. uper mih
suntigan   32 dinan scalh.   kaneri mih trohtin   *Zu* 2] 12 ērēda] *vgl. Kock*
10 f.   22 minan *Hs*.

ungithulti, untriuuono, ābulges [zīt hielt] inti strītes. Ih gihu, thaz ih heilac
ambaht inti mīn gibet ruoholōso deda inti daz ih daz uuīha uuizzōd unbigihtīc
inti unuuirdīc nam, inti daz sō ni hialt inti sō ni ērēda sō ih scolta, inti daz 25
heilaga crūci sō ni ērēda noh ni gidruog sō ih scolda, noh thero gibennithero
fastono inti thero crūcithrahto sō ni erfulta noh ni hialt sō ih scolda. Ih gihu,
thaz ih biscoffa inti priesda inti gotes man sō ni ērēda inti ni minnōda sō ih
scolda, meer sprah inti suuīgēda thanne ih scolti. Ih gihu, daz ih mih selbon
mit lustin inti mit argēn uuillōn int mit argēn githancon biuual int giunsūbrida 30
meer thanne ih scoldi. Thes alles inti anderes manages thes ih uuidar gotes
uuillen gifrumita inti uuidar mīnemo rehde, sō ih iz bī uuizzantheiti dādi sō
unuuizzandi, sō ih iz in naht dādi sō in dag, sō ih iz slāfandi dādi sō uuahhandi,
sō ih iz mit uuillen dādi sō āna uuillon: sō uuaz sō ih thes alles uuidar gotes
uuillen gidādi, sō gān ih es in gotes almahtīgen muntburt inti sīno ginādā inti 35
in lūtarlīha bigiht gote almahtīgen inti allēn sinēn sanctin inti thir gotes manne
mit gilouben inti mit riuuuōn inti mit uuillen zi gibuozanne, inti bitdiu thih
mit ōtmuodī thaz thū giuuerdōs gibetōn furi mih, thaz druhdtīn thuruh sīno
ginādā giuuerdo mir farlāzan allo mīno sundā.

3. Mainzer Beichte.

[33ʳ] Ih . gihun . gode . almahdigen . unde . allen . godes . | engilon . unde .
allen . godes . heilegon . unde . dir . | godes . boden . allero . minero . sundino .
unde . uuili . dero . bigihdig . uuerdan . suo . so ih se . | gi . uremidi so . uuaz .
so ih . unrehdes . gisahi . | ode . unrehdes . gihancdi . Vnrehtero . uuordo . |
unrehtero . uuerco . Vnrehtero . gidanco . | Vbilero . lusto . ubiles . uuillen . 5
Fluochon|nes . liogannes . Bisprachidu . Vnrehtes . | [33v] stadales . unrehtes .
sedales . In uncidin . sclaphun . | uncidin . uuachun . In uncidigimo . mazze .
unci|digimo . dranche . Thaz . unmezzon . uehonti . | Minero spiungu . huores .
Thiubu . manslahdu . | meinero . eido . Minero . fastu . ferbrocheneru . mina . |
chirichun . so . ni suohda . so . ih . solda . sunnon daga . | unde . andere . hei- 10
lega . daga . so . ne ereda . noh . ne | begienc . so ih . solta . heilegan . uuizzuht .
. so . ne . gi | hielt . so ih . solta . minan . curs . ne . iruulta . so ih . solta . | Ana .
urloub . gab . unde . nā . daz ih . ni solta . Zuene . ni besuonda . so ih . solta .
sunda . ni uerliez . thien | ih solta . mine . nahiston . so ni minnota . so ih |
solta . Thes . alles . unde . anderes . manages . thes ih . | uuidar . got . sculdic . 15
si . thes . ih . in minero . cristan|heidi . gehiezi . unde . ih daz . be minen .
men | [34ʳ] nisgin . ferliezzi . unde . be mineru . chindesgi . ge|buridi . so .
mir . iz . slafanti . geburiti . so uuachan|di . so . ih . iz . selbo . gefremidi .
oder . anderemo . ge | hancti . oder . anderen . gespuoni . so . ih. es . gehuge . |
so . ni gehuge . so ih . es . ge . dahti . oder . gæ . sahi . | oder . ih iz . ge . dadi . 20
order . gesprachi . so . uuir|don . ih . es . alles . bigihdig . gode . almahdigen . |
unde . allen . godes . heiligon . unde . thir . godes | manne

---

Zu XXII, 2] 28 bis | scoffa *Hs.* 33 nath *Hs.* *Zu* 3] 1 Ih: *hier u. im*
folg. die Großbuchstaben mit Gelb und Rot ausgemalt, Hs. 6 liogannes: ne *aus*
m *korr. Hs.* 8 Thaz: maz *MSD, Sprachdenkm.* 11 noh . ne: ne *aus* m *korr.*
Hs. 11 uuizzuht: uuizzuth *Sprachdenkm.* 12. gi | hielt: ie *aus* u *(?) korr. Hs.*
20 gae . sahi: gesahi *Sprachdenkm.* 22 manne: *Rasur hinter* manne, *vielleicht*
Spur eines Punktes, Hs.

4. Zweite bairische Beichte.

Trohtin got almahtigo, dir uuirdo ih suntigo pigihtic unti sancta Mariun
unti allen gotes engilun unti allen gotes heiligun unti dir gotes ēuuarte allero
mīnero suntono unti allero mīnero missitāti, de ih eo missitete odo missidāhta
odo missisprah vona mīnero toupha unzi in desin hūtigun tach, dero ih gihukko
5 odo ni gehukko, de ih uuizzunta teta odo unuuizunta, nōtacodo unnōtac, slā-
phanto odo uuachanto, tages odo nahtes, in suelīchero steti odo in suelīchemo
zīte ih si gefrumeta, mit mir selbemo odo mit andremo : in ungiloubun, in zoupre,
in hōhmuoti, in geile, in nīde, in abunste, in hazze, in viginscephte, in āpulge, in
meinen eidun, in luckemo urchunde, in lugunun, in manslahte, in diuvun, in
10 nōtnumphtin, in pisuuīche, in untriuun, in huore, in uberligire, in piuuellida
mīnes līchnamin, in huorlustun, in unrehter giru, in pisprāhun, in dansungen,
in murmulode, in līchisode, in virmanode menniscono, in unrehtero urteili, in
ungihōrsami, in ubarāzili, in ubertrunchili, in scantlīchemo gichōsi, in uppi-
gemo scerne, in spotte, in uueichmuote, in unrehtemo strīte, in ruomigerne.
15 Ih giho dir, trohtin, daz ih mīnemo līchnamin mēra intliez dan ih scolte. Ih
giho dir, trohtin, daz ih unmahtigero unti dero de in charcharo unte in andren
nōtin uuāron ni giuuīsota noh sō ni gehalf sō ih scolta unti sō ih mahta. Ih
giho dir, trohtin, daz ih hungrenta ni gilabota noh turstiga ni gitrancta noh
nackota ni giuuātta...

5. Die altsächsische Beichte.

[Bl. 204ᵃ] Confessio. Ik giuhu goda alomahtigon fadar. Endi | allon sinon
helagon vuihethon. Endi thi godes manne. | allero minero sundiono. thero the
ik githahta. endi | gisprak. endi gideda. fan thiu the ik erist sundia | uuerkian
bigonsta. Ok iuhu ik so huat so ik thes gi|deda thes vuithar mineru cristinhedi
5 uuari. endi | vuithar minamo gilouon uuari. endi vuithar | minemo bigihton
uuari. endi uuithar minemo mestra | [Bl. 204ᵇ] uuari. endi vuithar minemo
herdoma uuari. endi | uuithar minemo rehta uuari. Ik iuhu nithas. endi auun |
stes. hetias. endi bisprakias. Sueriannas. endi liagannias. | firin lustono. endi
minero gitido farlatanero. Ouar | modias, endi tragi godes ambahtas. Horuuil-
10 liono. man|slahtono. Ouaratas endi ouerdrankas. endi ok untidion | mos
fehoda endi drank. Ok iuhu ik that ik giuuihid mos | endi drank nithar got.
endi minas herdomas raka so ne | giheld so ik scolda. endi mer terida than ik
scoldi. Ik | iugiuhu that ik minan fader endi moder so ne eroda | endi so ne
minnioda so ik scolda. Endi ok mina brothar | endi mina suestar endi mina
15 othra nahiston endi mina | friund. so ne eroda endi so ne minnioda so ik scolda. |
Thes giuhu ik hluttarliko. that ik arma man endi othra | elilendia so ne eroda.
endi so ne minnioda so ik scolda. | Thes iuhu ik that ik mina iungeron endi
mina fillulos | so ne lerda so ik scolda. Thena helagon sunnundag | endi thia
helagun missa. ne firioda endi ne eroda so ik | scolda. Vsas drohtinas likhamon
20 endi is blod mid | sulikaru forhtu endi mid sulikaru᷄ minniu ne ant|feng so
ik scolda. Siakoro ne uuisoda endi im ira nod|thurti ne gaf so ik scolda. Sera
endi unfraha netrosta | so ik scolda. Minan degmon so rehto ne gaf so ik |

Zu XXII, 5]   2 vor vuiheton erg. endi theson (nach Lorscher Beichte, vgl. 22, 2,
1) Sprachdenkm.   4 iuhu: h aus g korr. Hs.   11 endi (drank): i aus r korr. Hs.
13 iugiuhu für iuhu, giuhu verschr. Hs.   21 das 1. scolda: a aus i korr. Hs.

scolda. Gasti so ne antfeng so ik scolda. Ok iuhu | ik that ik thia giuuar the
ik giuuerran ne scolda. | Endi thia ne gisŏnda the ik gisŏnan scolda. Ik iuhu | [Bl.
205ᵃ] unrehtaro gisiħtio. unrehtaro gihorithano. Endi unrehtaro | githankono. un- 25
rehtoro uuordo. unrehtaro uuerko. unrehtaro | sethlo. unrehtaro stadlo. un-
rehtaro gango. unrehtoro legaro. | Vnrehtas cussiannias. Vnrehtas helsiannias.
Unrehtas anafangas. | Ik gihorda hethinnussia endi unhrenia sespilon. Ik
gilofda | thes ik gilouian ne scolda. Ik stal. ik farstolan fehoda. anᵃ or|lof
gaf. ana orlof antfeng. Meneth suor an vuiethon. Abol|ganhed endi gistridi 30
an mi hadda. endi mistumft. endi auunst. | Ik sundioda an luggiomo givuit-
scipia. endi an flokanna. Mina | gitidi endi min gibed so ne giheld endi so ne
gifulda so ik scolda. | Vnrehto las. unrehto sang. ungihorsam uuas. Mer sprak
endi | mer suigoda than ik scoldi. endi mik seluon mid uuilon uuor|don endi
mid uuilon uuerkon endi mid uuilon githankon | mid vuilon luston mer un- 35
suuroda than ik scoldi. Ik iuhu | that ik an kirikun unrehtas thahta. endi othra
merda theru | helagun lecciun. Biscopos endi prestros ne eroda endi ne | min-
nioda so ik scolda. Ik iuhu thes allas the ik nu binemnid | hebbiu endi binemnian
ne mag. so ik it uuitandi dadi | so unvuitandi. so mid gilouon so mid ungilouon.
so huat | so ik thes gideda thes uuithar godas uuillion uuari. so vua|kondi so 40
slapandi. so an dag so an nahta so an huilikaru tidi | so it uuari. so gangu ik
allas an thes alomahtigon godas | mundburd. endi an sina ginatha. endi nu
dŏn ik is allas | hluttarliko minan bigihton. goda alomahtigon fadar. | endi
allon sinan helagon. endi thi godas manna. Gerno | an godas uuillion te gibo-
tianna. endi thi biddiu gibedas. | that thu mi te goda githingi vuesan vuillias. 45
that ik min lif endi minan gilouon an godas huldion giendion moti. |

XXIII. NOTKER.

Aus Boethius.

1. Item prologus teutonice (Hattemer III, 13f.; Piper I, 5f.; Sehrt-Starck I, 5f.).

Sanctus Paulus kehîez tîen die in sînên zîten uuândon des sûonetagen,
táz er êr nechâme, êr *romanum imperium* zegîenge únde *Antichristus* rîchesôn
begóndi. Uuér zuîvelôt *Romanos* íu uuésen állero rîcho hêrren únde íro geuuált
kân ze énde dero uuérlte? Sô dô mánige líute énnônt Tûonouuo gesézene hára
úbere begóndôn váren únde ín állên dísên rîchen keuuáltigo uuíder *Romanis* 5
sízzen, tô íu stûonden íro díng slîfen únde ze déro tîlegúngo râmen, tîa uuír nû
sehên. Tánnân geskáh pi des chéiseres zîten *Zenonis*, táz zuêne chúninga nór-
denân chómene, éinêr ímo den stûol ze Romo úndergîeng únde álla *Italiam*,
ánderêr náhor ímo *Greciam* begréif, únde díu lánt tíu dánnân únz ze Tûonouuo
sínt: énêr hîez in únsera uuis Ôtacher, tíser hîez Thioterih. Tô uuárd táz ten 10
chéiser lústa, dáz er Dioterichen vríuntlicho ze hóve ládeta, tára ze dero
mârum *Constantinopoli*, únde ín dâr mít kûollichên êron lángo hábeta, únz er
ín dés bíten stûont, táz er ímo óndi mít O'tachere ze véhtenne, únde, úbe er
ín úberuuúnde, *Romam* ióh *Italiam* mít sînemo dánche zehábenne. Táz úrlub
káb ímo Zeno, sîn lánt ióh sîne líute ze sînên trîuuôn bevélehendo. Sô Dioterih 15
mít témo uuórte ze *Italia* chám, únde er Ôtaccheren mít nôte guán únde ín

---

Zu XXII, 5]   25 gisihtio: gisibtio *Hs.*   28 endi: e *aus* i *korr. Hs.*   35 mik:
k *aus* h *korr. Hs.*   39 so mid gilouon so mid ungilouon = *uolens aut nolens,*
Wilmanns GGA 1893, 539; PBB 26, 264.

sâr dára nâh erslûog, únde er fúre ín des lándes uuîelt, tô netéta er zeêrest nîeht úber dáz, sô demo chéisere lîeb uuás. Sô áber nâh ímo ándere chéisera uuúrten, tô begónda er tûon ál dáz in lústa únde dîen râten án den lîb, tîe
20 ímo dés neuuâren gevólgig. Fóne díu slûog er *Boetium* únde sînen suêr *Symmachum* únde, daz óuh uuírsera uuás, *Iohannem* den bâbes. Sâr des ánderen iâres uuárt Thioterih ferlóren, sîn névo Alderih zúhta daz rîche ze síh. *Romanum imperium* hábeta îo dánnan hína ferlóren sîna *libertatem.* A'ber dóh *Gothi* uuúrten dánnân vertríben fóne *Narsete patricio sub Iustino minore.* Sô châmen
25 áber nórdenan *Langobardi* únde uuîelten *Italiæ* mêr dánne *ducentis annis;* nâh *Langobardis Franci,* tîe uuír nû héizên Chárlinga; nâh ín *Saxones.* Sô íst nû zegángen *Romanum imperium* nâh tîen uuórten *sancti Pauli apostoli.*

2. Incipit liber primus Boetii.
Conquestio Boetii de instabilitate fortunæ (H. III, 15 f.; P. I, 7 f.; S.-St. I, 7 f.).

Qui peregi quondam carmina florente studio, heu flebilis cogor inire mestos modos íh tir êr téta frôlichíu sáng, íh máchôn nû nôte chárasáng. *Ecce laceræ Camenæ dictant mihi scribenda* síh no, léidege *Musæ* lêrent míh scríben. Táz mír uuíget, táz uuíget ín. Tîe míh êr lêrton *iocunda carmina,* tîe lêrent míh nû *flebilia.*
5 *Et rigant ora elegi i. miseri veris i. non fictis fletibus* únde fúllent sie mîniu óugen mít érnestlichên drânen. *Has saltim comites nullus terror potuit pervincere, ne prosequerentur nostrum iter* tîse gevértun nemáhta nîoman eruuénden, sîe nefûorîn sáment mír. *Quasi diceret,* úbe íh ánderro sáchôn beróubôt pín, mîner chúnnôn nemáhta míh nîoman beróubôn. *Gloria felicis olim viridisque iuventæ*
10 *solantur nunc mea fata mesti senis* êr uuâren sie gûollichi mînero iúgende, nû trôstent sie míh álten mînero mísseskíhte. *Venit enim inopina senectus properata malis* tés íst óuh túrft, uuánda mír íst úngeuuândo fóne árbéiten zûo geslúngen spûotîg álti, *et dolor iussit inesse suam ætatem, s. ideo suam, quia citius cogit senescere* únde léid hábet míh álten getân. *Funduntur vertice intempestivi cani*
15 fóne dîen díngen grâuuên íh ze únzite, *et laxa cutis tremit effeto corpore* únde sláchíu hût rîdot an chráftelôsemo lîchamen. Táz chît, mîne líde rîdont únder sláchero híute. *Felix mors hominum, quæ nec se inserit dulcibus annis et sepe vocata venit mestis* táz íst sâlig tôd, tér in lústsamên zîten nechúmet, únde in léitsámên geuuúnstêr netuélet. *Eheu quam surda aure avertitur miseros* áh zesêre,
20 uuîo úbelo ér die uuênegen gehôret. *Et sæva claudere negat flentes oculos* únde uuîo úngerno ér chéligo betûot íro uuéinonten óugen. *Dum male fida fortuna faveret levibus bonis* únz mír sálda fólgetôn in állemo mînemo gûote, mír únstâtemo, álso iz nû skînet, *pene merserat tristis hora caput meum* tô hábeta míh tiu léida stúnda nâh kenómen, íh méino diu iúngesta. *Nunc quia mutavit nubila fallacem*
25 *vultum, protrahit impia vita ingratas moras* uuánda si mír áber nû gesuíchen hábet, nû lénget mîna vríst mîn árbéitsámo lîb. *Quid totiens iactastis me felicem amici* uuáz hîezent ir îo míh sâligen, fríunt mîne? Uuâr íst iz nû? *Qui cecidit, non erat ille stabili gradu* tér dóh îo vîel, fásto nestûont; úbe er fásto stûonde, sô nevîle er.

3. De ingressu philosophiae et eius habitu (H. III, 16 f.; P. I, 8 f.; S.-St. I, 9 f.).

Hæc dum mecum tacitus reputarem ipse únz íh tíz suîgendo in mînemo mûote áhtota, *et signarem lacrimabilem querimoniam officio stili* únde íh sús âmerlicha chlága scréib mít temo grífele, *visa est mulier astitisse mihi supra*

verticem uuâr sáh íh éin vuîb stân óbe mír *reverendi admodum vultus* êruuírdigero
tâte hárto, *ardentibus oculis* mít érnestlichên óugôn *et perspicacibus ultra com-* 5
munem valentiam hominum únde dúrnohtor séhentên, tánne îoman ménniskôn
séhen múge, ióh *profunda dei* gesíhet *philosophia; colore vivido* mít iúnchlichero
váreuuo; sî neáltêt nîeht, *atque inexhausti vigoris* únde mícheles mágenes únde
úngebróstenes, *quia pertingit a fine usque ad finem fortiter; quamvis ita plena*
esset œvi tóh si sô ált uuâre, *ut nullo modo crederetur nostrœ œtatis* táz síh nîoman 10
iro negelóubti uuésen ébenált, uuánda sî uuas îo. *Staturœ discretionis ambiguœ*
in íro geuuáhste zuîveligero mícheli; íh nemáhta uuízen, uuîo míchel si uuâre.
Nam nunc quidem cohibebat sese ad communem mensuram hominum uuánda
éina uuîla kezúhta si síh hâra zu únsermo méze, uuánda si uuîlon *humana*
áhtôt; *nunc vero videbatur pulsare cœlum cacumine verticis* ándera uuîla tûohta 15
si mír den hímel rûoren mít óbenahtigemo hóubete, uuánda si *astronomiam*
uuéiz. *Quœ cum altius extulisset caput, etiam ipsum cœlum penetrabat* sô si daz
hóubet hô ûf erbúreta, sô úberslûog iz ten hímel, dáz tûot sî *divina scrutando;*
et frustrabatur intuitum respicientium únde sô tróug si déro sîa ánauuártentôn
óugen. 20

4. Quid sit inter rhetoricam suadelam et philosophicam disputationem
(H. III, 76–78; P. I, 98–100; S.-St. I, 109–111).

Hîer sólt tu chîesen uuáz keskéidenes únder *rhetorica suadela*, mít téro
si zeêrest ánafîeng, únde únder *philosophica disputatione*, dâr si nû ána íst.
Tô si ín sîechen fánt sînes mûotes, únde er dés *fortunam* scúldigôta, sámo so
er sîa in dínge mâloti, dáz sî ín dára zû brâht hábetî, tô sólta si ímo nôte,
uuánda si *medica* íst, mít tíu zeêrest héilen sîn mûot, dáz sî is keántséidoti dîa 5
ér is zêh. Táz téta si mít tîen *defensionibus*, dáz ze íro bézeren uuân nesî, nóh
ze íro nîoman bezeren mûoten nesúle, únde si ánderíu uuérden nemúge, âne
díu si îo uuás. U'nde úbe *fortuna* beginne uuésen stâte, dáz si *fortuna* nesî;
únde uuémo si nóh stâte uuúrte? únde er sîa lángôst mít ímo gehábeti. U'nde
sîd si uuíder ín báz hábe geváren, dánne uuíder ándere, zíu er sia mâloe. U'nde 10
si ímo óuh nóh ze tâte gesuíchen nehábe, únde daz ímo lîebesta múge sîn,
dáz ímo dáz úninfáren si. U'nde ze demo gnôtesten, dáz si ímo des sînes nîeht
nehábe infûoret, únde si íro gûotes múosi ímo únnen, sô lángo si uuólti, únde
sî áber íro gûot zu íro zúcchen mûosî únde er mêr fóne sînen úngedúlten, dánne
fóne íro únréhte sîeh sî. U'nde er síh uuárnoe souuéllês fógetis er uuélle, únde 15
sî síh témo uuóla dínglicho eruuére. Uuér ne bechénnet tíz kechôse únde dáz ze
dísemo gechôse háftêt, ál tréfen ze *oratoris officio*? U'nde uuér neuuéiz *rhetoricœ*
facundiœ díz uuésen éigen spíl? Uués sínt únmûozîg *iudices* únde *iurisconsulti* âne
súsliches strítodes? Tíz *genus causœ* héizet *forense*. *In foro* skéllent tîe sô getânen
controversiœ. A'n dísên íst *suasio* únde *dissuasio*. Mít uuíu mág man in dínge *sua-* 20
dere álde *dissuadere* âne mít *iusto* únde *iniusto*? Mít uuíu máhti sî ín nû stíllen âne
mít tíu dáz sî in dûot pechénnen, dáz er án *fortunam* nehéin réht nehábe? Sô man
dáz pegínnet óugen, uuîo réht únde uuîo únréht táz sî, dáz éinêr den ánderen
ána fórderôt, sô spûot tero *suasionis* únde der*o dissuasionis*. U'nde uuánda sî
ímo nû hábet úbernómen sîn sêr mít téro *satisfactione*, pedíu stépfet si nû 25
ába dero *suasione* ze dero *disputatione*, dáz si ímo dâr míte fólle héile sîn mûot.
Nû fernémên dáz uuóla, dáz man in sprácho, dâr man ín dero *deliberatione*
sízzet, úbe dáz ze tûonne sî álde zelâzenne, mít *utili* únde mít *inutili suasionem*

Zu XXIII, 4] 22 Sô] Sôl *Hs.*

tûon sól únde *dissuasionem.* A'lso *Livius* scrîbet, uuîo míchel strît tés ze Romo
30 uuás, nâh tíu *Galli* dia búrg ferbrándôn, uuéder sie *Romam* rûmen sóltîn únde
váren in *Veientanam civitatem,* tíu dô gánz in íro geuuálte uuás, únde dâr fúrder
sízzen álde nesóltîn. Uuér máhtî an démo strîte chéden, uuéder iz réht álde
únréht uuâre? Târ uuás ána zechédenne, uuéder iz núzze uuâre álde únnúzze.
U'nde állíu díu *suasio,* díu dâr ána uuás, díu îlta déro éinuuéderez kelóublîh
35 tûon, dáz iz *utile* uuâre getân álde verlâzen. A'ber *in demonstrativo genere
causæ,* sô man dâr úmbe in strîtigemo râte sízzet, uuémo dés únde dés ze
getrûenne sî, sô íst án dero *suasione honestas* zenémmenne, íh méino dés, dén
man dára zûo lóbôt; únde *dissuadendo* íst sîn *turpitudo* zenémmenne, úbe man
ín ferchíuset. A'lso iz úmbe *Ciceronem* fûor, dô man ín úmbe dîa nôt ze consule
40 sázta dáz sîe síh mít nîomanne ándermo netrûuuetôn *Catilinæ* eruuéren únde
sînen gnôzen, âne mít ímo. Súme lóbetôn ín dúrh sînen uuîstûom, súme
châden, álso *Salustius* ságet *in Catilinario, consulatum violari eo quod de equestri
ordine ortus sit, non de senatorio.* Sús ketâne *questiones,* uuánda sie *inter cives*
uuérdent, pedíu héizent sie *civiles,* táz chît púrgliche álde gebûrliche. A'n
45 dísen íst, álso uuír geságet éigen, *suasio* únde *dissuassio.* An díse tûot síh ter
orator, dîe áber *civiles* nesínt, dîe sínt *philosophicæ,* téro uuírt *disputando*
geántuuúrtet.

5. Quam vana sit terrena gloria, quia terra nihil est in comparatione caeli.
(H. III, 84—86; P. I, 110—112; S.-St. I, 121—123,18. —
Die lat. Sätze sind weggelassen.)

 — Tír íst uuóla chúnt, chád si, álla dia érda síh kezíhen uuíder demo
hímele gágen démo méze éines stúpfes, álso du lírnetôst *in astronomia.* —
I'h méino, dáz sî mícheli nîeht nehábet uuíder déro mícheli des hímeles.
Aristoteles lêret *in cathegoriis,* dáz *punctum* sî ánaváng *lineæ* únde ûzlâz, únde
5 íro *partes* mít *puncto* únderskídôt uuérdên, únde dóh *punctum* fóre lúzzeli
nehéin déil nesî dero *lineæ.* Uuáz mág mínneren sîn, dánne dáz neuuéder
nehábet léngi nóh préiti? Sîd iz an *linea,* déro *terminus* iz íst, nehéinen téil
nehábet, sô neíst iz óuh nehéin téil dés *circuli,* dés *medietas* iz íst. Ze déro
sélbun uuîs nehábet óuh tíu érda nehéina mícheli uuíder demo hímele dés
10 *punctum* sî íst.
 — Téro sélbûn érdo, álso lúzzelero uuíder demo hímele, íst échert ter
fîerdo téil besézen fóne úns chúndên ménniskôn. Táz sî chît *nobis cognitis,*
táz chît si *ex persona hominum* úmbe die *antipodas,* uuánda úns tîe únchúnt
sínt. Uuír uuízen, dáz tia érda daz uuázer umbegát únde der fîerdo téil náhôr
15 óbenân erbárôt íst, án démo sízzent tie ménnisken. Ter hímel lêret únsíh, táz
iz ter fîerdo téil íst. A'lle dîe *astroncmiam* chúnnen, dîe bechénnent, táz *æqui-
noctialis zona* den hímel réhto in zuéi téilet, únde fóne íro ze dien ûzerostên
polis îouuéderhálb ebenfílo íst, íh méino ze demo *septentrionali* únde ze demo
australi. Sô íst tiu érda sínuuelbíu únde íst úns únchúnt, úbe si úndenân
20 erbárot sî; óbenân dâr sî erbárôt íst, târ sízzent tie líute *ab Aethiopico oceano
usque ad Scithicum oceanum.* Tîe férrôst sizzent *ad austrum,* dîe sízzent ín
Aethiopicis insulis, tîen íst tiu súnna óbe hóubete, sô si gât ûzer *ariete in verno
tempore,* únde sô si begínnet kân *in libram in autumno.* Tîe hára báz sízzent
in litore Aethiopico, tîen íst si óbe hóubete, sô si gât *in tauro* únde *in virgine.*

Zu XXIII, 4] 32 an] ian *Hs.*   33 zechéd|dene *Hs.*   34 f. kelóublîht | ûom
Hs. (Hatt.).   *Zu* 5] 11 *nach* uuider *in der Hs.* der

Tîe óuh hára báz sízzent *in Meroe*, tíen íst si óbe hóubete, sô si gât *in geminis* 25 únde *in leone*. Tîe óuh hára báz sízzent, tar *Siene* íst *civitas Aegypti*, tîen íst si óbe hóubete *in solstitio*, sô si gât *in cancrum*. Tánnân gât nórdert *humana habitatio* únz ze *Tile insula*, díu férrôst íst *in Scithico mari*. Tîe dâr sízzent, tîe sízzent únder demo *septentrionali polo*. Dáz skînet tánnân, uuánda, sô súmeliche *cosmografi* scrîbent, târ íst átaháfto tág *per sex menses* fóne *vernali æquinoctio* 30 únz ze *autumnali*, únde átaháfto náht *per alios sex menses*, fóne *autumnali æquinoctio* únz ze *vernali*. Táz keskíhet fóne díu, uuánda ín sínt ferbórgeníu únder érdo *sex signa omni tempore*, pedíu íst ín náht, sô diu súnna in dîen gât; ánderíu *sex* sínt ín óbe érdo *semper*, pedíu íst ín dág, sô diu súnna in dîen gât. Uuánda *septentrionalia sex signa* ín échert ze óugôn sínt, tánnân skînet, táz 35 in der *polus septentrionalis* óbe hóubete íst, únde ín der állero hôhesto íst. Táz mág man uuóla séhen án déro *spera*, díu *in cella Sancti Galli noviter* gemáchôt íst *sub Purchardo abbate*. Sî hábet állero *gentium* gestélle, únde fóne díu, sô man sia sô stéllet, táz ter *polus septentrionalis* ûf in ríhte sihet, sô sínt *sex signa zodiaci* ze óugôn *septentrionalia*, *sex australia* sínt kebórgen. Tánnân 40 uuízen uuír uuóla, dâr sie begínnent sízzen férrôst *in austro* únz tára târ sie férrôst sízzent *in septentrione*, úbe iz *maria* únde *paludes* neúndernâmîn, dáz iz uuóla uuésen máhti *quarta pars terrae*. – Ténchest tu dánne, uuîo fílo uuázer únde fénne únde éinote skértent tés sélben fîerden téiles, sô íst tes ánderes échert éin énge hóvestát tero ménniskôn.

45

Aus dem Martianus Capella.

6. Martiani Minei Felicis Capellae Africartaginensis liber primus incipit de nuptiis Philologiae et Mercurii (H. III, 263; P. I, 687 ff.; S.-St. II, 1 f.).

Remigius lêret unsih tisen *auctorem* in álenámen uuésen gehéizenen *Martianum*, únde *Mineum* úmbe sîna fáreuua, *Felicem* úmbe héilesôd, *Capellam* úmbe sînen uuássen sín, uuánda *capra apud Grecos dorcas a videndo* gehéizen íst. A'ber díse fîer námen óugent úns, táz er *Romanus* uuás *dignitate*, dóh er búrtig uuâre fóne *Cartagine*, díu *in Africa* íst. Sô mánige námen nemûoson 5 ándere hában âne *Romani cives*. *Romani cives* hîezen béide, ióh sélben die búrgliute dâr geséezzene, ióh tie, ánderesuuâr geséezzene, mít íro geédele álde mít íro túgede álde mít íro scázze úmbe sie gefréhtoton, táz sie in íro *dignitatem* gâben únde sie *Romani cives* hîezen. Pedíu chád *Lisias in actibus apostolorum: ego hanc civitatem multa summa consecutus sum.* Tía *dignitatem* mág 10 keéiscon dér *Suetonium* líset *de vita Cæsarius Augusti*. Táz er *Mercurium* ságet kehîien ze *philologia*, mít tíu lêret er únsih, dáz îo uuízze súlen sîn mít kesprâchi, únde réda netóug, târ uuízze ne sint. Ze déro ságún bítet er hélfo únde héilesodes *Himeneum*, dén álte líute hábeton fúre hîgot únde fúre máchare állero natûrlichero míteuuist. Tén grûozet er nû ze êrist án demo *prohemio*, sámo so sîn 15 fríunden *quædam Satira* fúre ín spréche. A'ber *Satiram* súln uuír férnemen dîa *deam*, díu dien *poetis* ingeblîes *satirica carmina*. Nú fernémen, uuáz sî chéde.

7. Lib. I, cap. 38. Sol (H. III, 303; P. I, 747; S.-St. II, 86 f.).
Die lat. Sätze sind hier weggelassen.

– Nâh tíen uuárd tára ín geêiscot tér góldfáreuuo *Sol* mít sînero uuîzun suéster *Luna*. – Tén fúrefûor, sô er begónda chómen, éin rôt skímo púrpurun gelîcher, únde ín rôsfáreuuero skôni erskéinda er álla dia fálenza, ánderen

---

zîerdon, dáz chît stérnon, síh pérgenten. Táz íst tíu gáreuui des hímeles, tía
5 uuîr séhen in mórgen, êr diu súnna ûf kánge. – Ióh sélber *Iupiter* túncheleta
fóre sînero skînbari uuídere uuîchender, sô er íngândo den hóubetskîmen êrist
ôucta. Tíz íst *secundum rhetoricam emphaticos* keságet, taz chît míchellicho,
latine chît iz *exaggerative*. I'h méino uuío ióh sélbes *Iovis stella*, tíu fóre fílo
glánz íst, tánne úrouge uuírt, sô diu súnna stât skînen. – Sélben die *spere*,
10 die *Iupiter* in hénde hábeta, íh méino sélben die *stellæ solis et lunæ*, díe skínen
gágen démo *speculo* dés ín gelégenen líehtes. Sìe infîengen ín síh tíu líeht tero
góto *Apollinis* únde *Lunæ*. – A'ber díu gefêhta únde díu zîero gegáreta *Iuno*,
erblîchendiu fóne íro líehte, sámoso fóne gelégenemo spîegele, uúard sî in
uuîzero héiteri. A'lso diu lúft îo dánne íst, sô diu súnna ûf kât.

8. Lib. I, cap. 39.   Descriptio æstivi temporis
(H. III, 304; P. I, 748–50; S.-St. II, 87–89).

*Erat enim in circulum ducta fulgens corona, quæ duodecim flammis igno-
torum i. preciosorum lapidum fulgorabat.* Apollinis corona uuás kerîngtiu únde
gîlzendiu. Zuélif tíurero stéino glízemen hábeta sî, dáz sínt zuélif mânóda des
iâres. *Quippe tres fuerant a fronte gemme, lichynis astrites et ceraunos.* Trî uuâren
5 án sînemo énde, dáz sínt tríu súmerzeichen, *gemini* únde *cancer* únde *leo.*
U'be dû díu nebechénnist, tíu zéigot tir *maior ursa.* Uuánda sô sî chúmit *in
altitudinem cæli,* só sínt *gemini* gágen íro chélûn, *cancer* gágen dien fórderen
fûozen, *leo* gágen dien áfteren. Sélbiu *ursa* íst pî demo nórde mánnelichemo
zéichenháftiu fóne díen síben glátên stérnôn, díe áller der líut uuágen héizet
10 únde nâh êinemo glóccunióche gescáffen sínt únde ébenmíchel sínt âne des
míttelosten. Uuélee uuâren dâr ána? *Lichinis,* tér *prupureus* íst únde dánnan
genámôt ist, táz er *lucernæ* gelîch íst, díu *grece Lichinis* héizet. Dér íst *geminorum*
únde *Iunii mensis,* uuánda dánne *purpurei flores* chóment. A'ber *astrites* íst
êin uuîz stêin genámoter *ab astro,* dáz chît *a stella,* uuánda man dâr ínne
15 síhet sámoso éinen stérnen uuárbelôn. Dér íst *cancri* únde *Iulii* uuánda er
gelîch íst tîen uuîzen unde ébenmíchelen zuêin stérnon, díe *in cancro* méisten
sínt únde *aselli* héizent. *Ceraunos* íst éin fáleuuer stéin fóne *fulmine* gehéizener.
Dér íst *leonis* únde *Augusti,* uuánda diu súnna dánne prénnet, sámoso blígfíur.
*Quæ eius effigiem reverendam a cognitione conspicientium vibrantibus ra-
20 diorum fulgoribus occulebant* tíe *gemmæ* benâmen dáz mít téro drâti íro skîmon,
dáz in ána séhente ne bechnâton. *Quarum alia cancri cerebro, leonis oculis altera,
geminorum fronte assumpta tertia dicebatur:* únde éiniu uuás kenómen só man
chád ûzer démo gílse *cancri,* ánderiu ûzer *leonis* óugôn, díu drítta ûzer démo
énde *geminorum.* Dáz chád man fóne díu, uuánda sie díen gelîche sínt, álso
25 iz keságet íst.

9. Lib. I, cap. 40.   Veris (H. III, 305; P. I, 750 f.; S.-St. II, 89–92).

Aliæ sex ex utroque latere rutilabant: ándere séhse skínen án díen sîton
dero *coronæ.*

Quarum smaragdus una: déro íst éiner *smaragdus,* állero stéino grûonesto,
fóne *amaritudine* gehéizener, uuánda îo grûone éiver íst. Tér íst kegében *tauro*
5 únde *Maio,* uuánda dánne íst lóub únde grás ín alegrûoni. *Taurus* íst únder
demo síbenstirne, únde sîn hóubet íst mít fínf stérnon sô gescáfôt, táz man
éinen síhet án dero mûlo, éinen án demo uuînsteren óugen, zuêne án demo
zéseuuen zesámine chlébente, díe fúre éinen gezélet sint. Zuéne án dien hórnen.

Déro zuéio íst ter zéseuuo rôt únde fílo óffen. Díe fínfe héizent *latine suculœ*, *grece hîades*. *Scithis altera*: ánderer héizet *scithis*, fóne *Scithia*, dánnân er chúmet. 10 Tér íst óuh crûone, álso diu érda íst *in Aprili*, sô diu súnna gât *in ariete*. A'n *arietis* hórnen stânt fílo gláte stérnen fîere, nâh tien hórnen gechrúmpte. Díe mág man óuh uuóla bechénnen fóne demo síbenstírne, uuánda sie uuésterhálb sîn sínt, únde únder zuísken ándere nehéine nesínt, âne des *trianguli*, daz *deltôton* héizet, táz mít úndarlichen stérnon gebíldot íst. A'ber *aries* hínder- 15 síhet síh ze *táuro* únde bediu sínt óuh sîne *posteriora* bechéret óstert zû díen fîer stérnon, die úns óugent ín zîlun stânde sámoso ába fersnítenen *taurum* ze dien lánchon. Mít tíen béinen tréttot ér *cœtum*, tér ímo súnthálb íst. *Iaspis tertia vocabatur*: ter drítto héizet *iaspis* fóne *aspide serpente*, dér in ín demo hôubete tréget, sô man chît, únde dér íst óuh éteuuaz crûone, álso óuh *in Martio* 20 éteuuaz pegínnet crûen, sô diu súnna íst *in piscibus*. Tér *piscem* bechénnen uuélle, dér *aquilonius* héizet, tér séhe fóne *cornibus arietis* uuóla férro uuéstert, nórdhálb tes *signiferi*, dâr síhet er éin fílo skînbarîg *triangulum*, uuîto indânez, únde ióh ûzar fínf stérnon, die án dien órten únde án dien sîton stânt, kebíldotez. A'n démo bechénne sîn hóubet. Tánnan férro súndert síhet man án 25 demo *signifero* dáz kemáhcha *triangulum*, ûzer fîer stérnon nâh ébenmíchelen álso gebíldotez, álso *in arithmetica* diu mínnesta *pyramis* kemâlet íst. I'h méino, dáz trî stérnen daz *triangulum* máchont únde der fîerdo réhto in míttemen stât. A'n démo bechénne des mínneren hóubet, tér *notius* héizet. Fóne díen zuéin *triangulis* píugent síh ûf óstert íro *vincula*, mít tîen die zágela 30 zesámine gechnúpfet sínt. I'n demo bíugen síhet man *Pegasum*, sámosô únder zuísken físken betânen. *Inter quarum virorem foeta mari lumina s. resplendebant interiorisque coruscati fonti, i. fontibus quœdam suavitas resplendebat:* únder déro gimmon grûoni skínen demo mére féseligiu lîeht, uuánda diu lénzesca súnna getûot féselen diu méretîer, únde díu sûozi des ínneren blícches 35 erskéin díen rínnenten uuázeren, uuánda óuh tíu núzze uuérdent in lénzen.

Lib. I, cap. 43–47. 49 (H. III, 308–312; P. I, 754–760; S.-St. II, 96–101. 103. –
Die lat. Sätze sind weggelassen).

10. Item de eius habitu et forma.

– Tû uuândist sélbiz taz sîn fáhs uuésen gúldînez únde sîne lócche gefédelgoldôte. Fédelgóld táz chît fílo dúnne góld, uuánda sô man iz túnnesta geslâhen mág, táz héizet *brattea*, *i. lamina tenuissima*. – A'n demo ingánge hábet er éines scônis chíndes kelîchi, uuánda díu súnna in mórgen chíndiskiu íst, áber in míttemo gánge éines trâtes iúngelinges, álso óuh tiu hízza stárchesta 5 ist ín mítten dág, áber án demo ûzlâze, íh méino ze âbende, éines erlégenes álten. – Tôh súmelichen dûohti, dáz er zuélif pílde ôugti nâh tîen zuélif stúndon des tages. E'r uuás sélbo fíurin, táz skînet án sînero héizi. – Sîne fûoze sínt kefíderet, táz skînet án déro snélli. – Sîn láchen geuuórmôt, áber fílo hárto góldrôt. – A'n dero uuínsterun trûog er éinen rôten skílt, uuánda sélbiu diu 10 súnna éinemo skílte gelîh íst. – A'n dero zéseuuun éina brínnenta fácchela. A'lso die *poetœ* ságent, táz álliu diu uuérlt lîeht hábe fóne *Apollinis* fácchelo. *Calcei vero similes ex piropo*: sîne scúha uuâren gelîche únde ôrcholchine. *Piropos* chît *visio ignis*, álso daz *metallum* óuget *visionem ignis*, tánne góld únde zuífalt chúpferes zesámine gegózen uuírt. 15

Zu XXIII, 10] *Überschrift* eius] *sc.* Solis.

Luna.

– Pî ímo stûont sîn suéster *Luna* mít mánmentsámero únde líndero ánasíhte, uuánda sî neuuídersláhet tiu óugen nîeht sô diù súnna. U′nde sî enfîeng íro lîeht fóne des prûoder *lampade*, uuánda íro ne máhti nîeht *eclipsis* keskêhen, úbe sî iz fóne íro sélbun hábeti.

11. Pluto et Neptunus.

– Nâh tîen uuúrten ín ferlâzen *Iovis* prûodera, éiner uuás fóne demo méreuuâge pláuuer, ánderer uuás fóne náhtlichemo scáteuue plêicher. – I′ro îouuéderer trûog sîn *diadema* álso chúning sólta. – E′iner trûog uuîzez únde ébenfáreuuez tero grâuui des féimes únde des méresálzes, ánderer trûog ke-
5 uuórhtez ûzer ébeno únde suárzez fóne dero héllolichun náhttimberi. – Tér uuás rîchero dánne der brûoder únde gechíster fóne átehaftemo guuúnne dero gebórnon, uuánda diu hélla ferslíndet ál daz ter lébet, sî ne uuírdet nîomer sat. Ter ánder uuás fóre mícheli únde fóre hévi erbárôt únde feruuérfende mít nôte guúnnenen rîchtuom. Míchel íst ter mére, únde ín uuélla síh hévendo álde
10 ín céssa uuírfet er ûz, táz er îoner guán.

Stix et Proserpina.

– I′ro chénâ uuâren úngelîh. – Uuánda díser, íh méino *Neptunus* práhta mít ímo sîna chénun *Stigem*, dáz chît *purificationem*, állero góto mágazohun únde gástkébun. Uuánda *dii terrestres* ne uuúrtin nîomer *cœlestes*, úbe síe *in Stige palude* neuuúrtin *purificati*. Díu tóufi gáb ín *cœleste consortium*. Fóne
15 díu ne múoson die góta síh nîeht fersuéren be *Stige*. A′ber *Pluto* brâhta éina dîernun, íh méino *Proserpinam*, uuáhsennes mándaga. *Proserpina* daz ist álles érdrâtes tîehsamo díu íst *puella*, uuánda érdsamo iârogelîches níuuer chúmet. – Tíu sô chórn gébe íro bétâren, dáz sie íro gehéizên ze gébenne dia cênze-gostun. Pedíu heizet sî óuh *Échate*, dáz chît *centum*, uuánda der érduuûocher
20 ófto chúmit zênzegfáltiger.

Mars et Liber.

– Sô uuúrten dô ín ferlâzen *Iovis* súne. Téro zuéio uuás ter fórderoro éin′ rôt iúngeling, uuánda sîn stérno rôt íst, únde slíndâre ióh túrstesare des plûotes. Pedíu héizet er *Mars*, álso *mors*. – Tér ánder uuás mámmende únde mínnesam. Uuáz íst húgelichera únde mínnesamera uuîne? – Sîn rebe-
25 mezers án dero zéseuuun trágende únde sînen slâfmáchigen chópf án dero uuínsterun. – Ióh spilogerner chád man, dáz er uuâre. – Sîne génge uuâren scránchelige. – U′nde feruuúndene fóne dero trúncheni des stárchen uuînes.

Hercules.

Sô chám dô éiner mícheles mágenes, soliches man êr negehôrta, únde ío geéinoter síh ze éruuérenne álles úngefûoris. Uuánda *Hercules* állen monstris
30 síh ío eruuéreta, dáz chît állen egetîeren. Uuáz sínt áber égetier, âne *égesin* gelîchiu tîer? sô ydra wás únde arpie únde centauri, án dien er sígo nám. – A′ber *Iuno* uuárteta mit tuuérên óugon án sîne grôzen árma únde án sîn gúollih kéinôn. – Uuâren óuh ánderiu uuîb chîesende, uuér er únder in uuâre, dáz

---

Zu XXIII, 11] 18 *Das sinnlose* gebe *statt* ind. gibet *beruht auf dem fehlerhaften* tribuat *der Vorlage. Die echte Lesart ist* tribuit (*Mart. Cap.* ed. *Eyssenhardt* I, 81). 18f. cênzegosstun *Hs.*   30 éigesin *Hs.*

chît, uuîolich er únder dien ánderen uuâre. Téro uuás éiniu máged, ánderiu uuás mûoter állero gebúrtô; éiniu lóbeta gehîte, ánderiu úngehîte. – E'nero 35 uuás kehénde der bógo mít temo chóchere, uuánda sî *venatrix* íst; tírro lîcheta dáz zîero gerígena geflúhte ûzer gedrúngenên róson dáz man brûten máchot. – Tía máhtist tú gérno séhen glîzenta únde hóren chóson álle lústsamina únde gérno erstínchen tóumenta fóre íro hírlichun stángmachúngo únde chósôn únde íro líde hándelon únde chélen nâh íro mínnon. – Tíe châden sie uuésen 40 méistrun állero chíuski, dóh sî wâre mûoter álles nîotes únde állero uuúnnolîbi. Uuánda zuô *Veneres* sínt, éiniu *pudica* ánderîu *inpudica*.

Aus dem Commentar zu den Kategorien des Aristoteles.

12. Lib. II, cap. 31–36 (H. III, 417–421; P. I, 427–433).

Quod non semper idem casus respondeat in conversione (Lib. II, cap. 31).

Omnia autem relativa ad convertentia dicuntur, ut servus domini servus dicitur et dominus servi dominus, et duplum dimidii duplum et dimidium dupli dimidium, et maius minore maius et minus maiore minus. Similiter autem et in aliis. A'lliu *relativa* uuérdint kespróchen gágen dîen mít tîen síu úmbegânt, álso án dîen genámdên *exemplis* skînet únde állên sô getânên. *Sed casu aliquo-* 5 *tiens differt secundum locutionem.* A'ber án demo gechôse míssehíllet ófto der casus téro *conversionis. Ut disciplina disciplinati dicitur disciplina et discipli-* *natum disciplina disciplinatum, et sensus sensati sensus et sensatum sensu sen-* *satum.* Tíu uóre gespróchenen séhent ze *genitivo,* án demo úmbechêre stât áber *septimus casus* fúre *genitivum.* Tés íst târuóre gnûege geságet. 10

Quomodo relativae substantiae assignandae sint (Lib. II, cap. 32).

At vero aliquotiens non videbitur converti .i. non potest converti, nisi con- *venienter ad quod dicitur assignetur, hoc est, si non convenienter de opposito suo* *predicetur. Relativum* nemág neheínêst úmbegân, iz neuuérde uóne sînemo réhtscúldîgin *opposito* gespróchen. *Si peccet is qui assignat.* U'be dér místse-grîfet tér iz hínaságet ze démo únscúldîgen, sô negât iz úmbe nîeht. *Ut si ala* 15 *assignetur avis, non convertitur, ut sit avis alae.* A'lso der úmbegáng nîomer uuâr neuuuírdit, úbe man chît: fétâh fógeles táz óuh fógal fétâchis sî. *Neque enim* *prius convenienter assignatum est ala avis.* Fóne díu negât iz úmbe; uuánda úbelo geuállet fóre zechédenne fétâh íst fógales, sámoso ér ánderes nesî âne uógales. *Neque enim in eo quod avis est in eo ala eius dicitur.* Uuánda in dîen 20 uuórten uétâh kespróchen neuuírdet tárazûo séhendo dáz fógal íst. *Sed in eo* *quod alata est* núbe in dîen uuórten i. tárazûo séhendo dáz er geuétachôtêr íst. Chédên sô, dóh iz kénge nesî. *Multorum enim et aliorum alae sunt, quae non* *sunt aves.* Fóne díu neíst nîeht zechédenne: féttâh fógales, uuánda fétâcha óuh sínt ánderro *animalium* tíu uógela nîeht nesînt. *Quare si assignetur convenienter,* 25 *et convertitur.* Fóne díu úbe iz réhto gespróchen uuírdet, sô gât iz óuh úmbe. Uuîo sól man chéden? *Ala alati ala est, et alatum ala alatum est.* Féttâh íst îo geuéttachôtes únde dáz keuéttachôta íst fóne uéttâche geuêttachôt.

Licentia fingendi nomina (Lib. II, cap. 33).

Aliquotiens autem forte et nomina fingere necesse erit, si non fuerit positum *nomen ad quod convenienter assignetur.* Uuóla mág kebúrren dáz ióh uuîlôn 30 dúrft uuírdet, níuuen námen zeuíndenne, úbe dér êr uúnden neuuárd ze démo

---

Zu XXIII, 11] 39 chóssôn *Hs.; Kelle: Schreibfehler für* chússen?

iz kelímflîcho gespróchen uuérde. *Ut non erit conveniens assignatio si remus navis assignetur.* A'lso dáz úngelímflîh íst, táz man chéde: daz rúoder íst îo skéfis. *Neque enim in eo quod est navis, in eo eius remus dicitur.* Uuánda dárazûo
35 séhendo dáz iz skéf íst nechídit nîoman dáz iz sîn rûoder sî, sámoso síu zuéi îo sámint sîn. *Sunt enim naves, quarum remi non sunt.* Skéf sínt cnûegíu âne rûoder, tíu man drîbet mít scáltôn *.i. conto subiguntur. Quare non convertitur; navis enim non dicitur remi navis.* Fóne díu nemág iz úmbegân, uuánda sô getân skéf nehéizet nîeht rûoderskéf, íz héizet scáltskéf. *Sed convenientior forte*
40 *assignatio erit, si sic quodammodo assignetur: remus remitae, aut quoquomodo aliter dictum sit .i. dictum fuerit.* Iz keuállet áber báz, úbe man chît: rûoder des kerûoderôtin, álde souuîo iz ánderis mág kespróchen uuérden. *Nomen enim non est positum.* I'mo neíst námo uúndenêr na. *Convertitur enim si convenienter assignetur.* I'z kât îo dánne úmbe, úbe iz bíllîcho gespróchen uuírdet. *Remitum*
45 *enim remo remitum est.* Uuánda gerûoderôtiz íst îo uóne rûodere gerûoderôt. *Similiter autem et in aliis.* Sô uérit iz óuh án dîen ánderên *relativis substantivis. Ut caput convenientius assignabitur capitati quam si animalis assignetur.* A'lso báz keuállet zechédenne: hóubet tes hóubetáhten dánne *animalis.* Uuánda dóh iz wâr sî, iz negât sô úmbe nîeht. *Neque enim in eo quod est animal caput*
50 *habet.* Nóh íz nehábet nîeht hóubet fóne déro nôte daz iz *animal* íst. *Multa enim sunt animalia capita non habentia. Animalia* sínt cnûogíu hóubetlôsiu.

Nova nomina unde sint trahenda (Lib. II, cap. 34).

Sic autem facilius fortasse sumitur nomen quibus non est positum. Nû uuâno íh sképfet man bechâmost námen, tîen er uóre geskáfen neuuás. *Si ponantur nomina ab his quae prima sunt .i. primitiva et ab his ad quae convertuntur,* úbe
55 sîe ín geskáfen uuérdent fóne dîen *primitivis* íh méino dîen zû dîen sîe bechêret uuérdent. *Ut in his quae predicta sunt: ab ala alatum, a remo remitum.* A'lso *alatum* uuírdet fóne *ala derivatum* únde *remitum* uuîrdet fóne *remo derivatum. Omnia ergo quae ad aliquid dicuntur, si convenienter assignentur, ad convertentia dicuntur.* A'lliu *relativa* sínt tánne gespróchen ze íro gagenchêrtên, úbe síu
60 réhto gespróchen uuérdent. *Nam si ad quodlibet aliud assignetur et non ad quod dicitur, non convertuntur.* U'be iz kespróchen uuírdet ze ándermo dánne ze démo scúldigen, sô negânt síu nîeht úmbe.

De inconvenientia relativae praedicationis (Lib. II, cap. 35).

Dico autem quoniam neque eorum quae indubitanter convertibilia dicuntur et nomina eis posita sunt nihil convertitur, si ad aliquid eorum quae sunt accidentia
65 *assignetur et non ad ea ad quae dicuntur.* Ferním uuóla dáz nóh téro nehéin neuuírdet peuuéndet tíu guísse uuéndelínga sínt únde ín námen uúndene sínt, úbe man síu spríchet ze dîen mítegâendên náls zę sélben dîen, ze dîen síu séhent. *Ut servus non convertitur, si non assignetur servus domini, sed hominis aut bipedis aut alicuius talium.* A'lso *servus* íst éin guíssêr uuéndeling únde dóh nîeht
70 neuuírdet úmbe beuuéndet úbe ér geságêt neuuírdet uuésen *domini* únde ér áber geságêt uuírdet uuésen *hominis aut bipedis. Homo* únde *bipes* tíu gânt îo míte. Souuâr *servus* íst, târ íst óuh *homo* únde *bipes* únde *rationabile* únde *risibile* únde mánigíu sô getâníu mít téro nehéinemo neuuírdet er úmbe beuuéndet, tóh er guís *relativum* sî. Uuîo mág tánne *remus* únde *ala,* díu zuîuelî-

---

Zu XXIII, 12] 44 bildlîcho *Hs.; Besserung von Heinzel, Kl. Schriften* 354.

gerin sínt, háben *conversionem*, úbe síu neuuérdent kespróchen ze íro gegátên. 75
Sequitur. Non enim erit conveniens assignatio. Sólih *assignatio* negeuállet nîeht
s. pe díu negât si úmbe.

Item de requirenda convenientia assignationis (Lib. II, cap. 36; mit Auslassung
der lateinischen Sätze).

　　– U'be áber dáz kespróchena dára gespróchen uuírdet únde gezéichenit,
tára iz sól, – tíen mítegâendên állên uertîligôtên – témo éinen únuertîligôtemu
zû démo iz gezéichenit íst, – gágen démo uuírdet iz kespróchen únde mít témo 80
éinen bestát tíu *relatio*. – A'lsô îo dánne nóh tiu *relatio* stât úbe *servus* gágen
domino gespróchen uuírdet – mít állo zegángenên dîen, tíu ímo uólgênt. –
A'lsô ímo uólgêt uuésen ménnisken únde zuíbeinen únde gelírnîgen. – Nebe-
stánde *servo* nîeht mêr âne *dominus* ze démo íst er îo *relatus*. – U'be áber
dára gágene *servus* kespróchen uuírdet ze éinemo ímo úngegátemo, sô *homo* 85
íst, – ánderên dingen állên uertîligôtên – âne dáz éina ze démo er gespróchen
íst, íh meíno *homine*, ze ímo nehábet er îo dóh nehéina *relationem*. A'lsô dû
chîesen máht, tûe man échert sô. – *Servus* sî *hominis* únde *ala avis*, – – ferságee
man *servum* uuésen gespróchenen gágen *domino*, – túrh táz neuuírdet îo *servus*
nîeht *relatus* gágen *homine*. – Sô láng îo der *dominus* neist, *servus* târmíte 90
neíst. – Sô uért iz óuh úmbe *avem*: – ferságe *avem* uuésen *alatam* .i. chît taz
alatum nesî, nóh nîomêr *ala* neuuírdet *relativa*. Uuîo mág? – Fétah nemág
sîn, sô dér neíst, tés er sî. – Fóne díu sól îo daz *relativum* gespróchen uuérden
dára íz zûo keuállet. – U'nde íst tér námo ṃúndenêr, dára iz síhet, sô íst iz
lîeht; úbe dáz neíst, sô sól man in uínden. – Tûot man dáz, só gânt síu grécho 95
úmbe.

Aus der Psalmübersetzung.

　　13. Psalm 136, 6–9 aus dem alten Baseler Bruchstück (S.-St. III, 993–996).

　　6. *Adhereat lingua mea faucibus meis nisi tui meminero:* stúm uuerde ih,
úbe ih tîn ne gehúge Hierusalem. *Si non proposuero Hierusalem in principio
iocunditatis meę:* unde úbe ih ne sézze Hierusalem ze fórderost mînero uuúnno.
Târ ist tiu fórderosta uuúnna, dâr man gótes sélbes kebrûchen mûoz. Fone
díu spríchet er ze góte uuider állen fîenden dero búrg. 7. *Memento domine* 5
filiorem Edom, id est Esau in die Hierusalem: erhúge gót *in iudicio* des âhtaris
chîndo. Irríh tih an dîen *in die iudicii*, die *Christianis* fîent sínt, álso Esau
sînemo brúoder uuás. Táz ist óuh *prophetia*, náls *maledictio*. *Qui dicunt exinanite,
exinanite, usque scilicet perveniamus ad fundamentum in ea:* tîe fone dero ęc-
clesia chédent, táz man fóne dero *cisterna* chît: ersképfent sia únz án den 10
bódem. I'ro bódem únde iro *fundamentum* ist *Christus*, ten iro nîoman genémen
ne mág. Taz uuólton sîe tûon, dô sie *martyres* irslûogen. 8. *Filia Babilonis
misera, id est caro vel carnales; beatus qui retribuet tibi retributionem tuam,
quam retribuisti nobis:* uuénega tóhter *Babilonis*, kesah in gót, ter dír lônot
nah temo lône, sô dû úns lônotôst. U'be únsih *caro* álde *carnales* scúndent 15
ze âchusten, tîe uuír uuólton chêren *ad virtutes*, únde uuíder uns sínt, uuíder
dîen súln uuír uuésen uuáchendo únde fástendo, únz uuír sîe úberuuínden,
álso sîe únsih úberuuínden uuólton. 9. *Beatus qui tenebit et allidet parvulos
tuos ad petram:* sâligo der dîniu chínt nímet únde siu chnístet an den stéin.
Babilonis chínt sínt kelúste únz sîe nîuue sínt, tîe súln uuír *in Christo* fer- 20
chnísten, êr sie álteren uuerden.

_____

Zu XXIII, 12] 86 eîna *Hs.* 　　94 iz] is *Hs.*

14. Psalm 1 aus der St. Galler Handschrift.
(H. II, 25; P. II, 3f.; S.-St. III, 1–3.) – Der lat. Text ist weggelassen.

1. Der mán ist sâlig, der in dero argon rât ne gegiêng. So Adâm
téta, dô er déro chénun râtes fólgeta uuíder góte. – Noh an déro súndigon
uuége ne stuônt. So er téta, er chám dar ána, er chám an dén brêiten uueg,
ter ze héllo gât, unde stûont târ ána, uuanda er hangta sînero geluste. Hén-
5 gendo stuônt er. – Noh áń démo súhtstuôle ne saz; ih mêino, daz er
rîcheson ne uuólta, uuánda diû suht stûret sie náh alle. So sî Adâmen teta,
do er got uuólta uuerden. Pestis chît latine pecora sternens (fiêo nider slahinde).
Sô pestis sih kebrêitet, sô ist iz pestilentia, id est late pervagata pestis (uuîto
uuállonde stérbo). – 2. Nube der ist sâlig, tes uuillo an gótes êo ist,
10 unde der dára ána denchet tag unde naht. – 3. Unde der gediêhet
also uuóla, so der bôum, der bî demo rínnenten uuazzere gesezzet
ist, – der zîtigo sînen uuûocher gíbet. Daz rinnenta uuazzer ist gratia
sancti spiritus, gnâda des hêiligen gêistis. Den sî nezzet, ter ist pírig pôum
guôtero uuercho. Noh sîn lôub ne rîset. Taz chît, noh sîn uuórt ne uuírt
15 uuéndig. – Unde frám diêhent álliû, diu der bôum bíret unde
bringet ioh fructus (uuûocher) ioh folia (pléter), ih mêino facta (uuerch) et
dicta (uuort). – 4. So uuóla ne gediêhent áber diê argen, so ne gediêhent sie. – nube sie zefárent also daz stuppe déro erdo, daz
ter uuínt feruuâhet; fone demo gótes rîche uuérdent sie feruuâhet. –
20 5. Pediû ne erstânt árge ze dero urtêildo. Doh sie erstanden, sie ne
bîtent dánne urtêildo, uuanda ín iû irtêilet ist. – Noh súndige ne sizzent
dánne in demo râte dero recton. Êne ne írstânt, daz sie irtêilet uuérden,
noh tíse ne irstânt, daz sie irteilen. Êne sint tie uuírsesten, díse ne sínt tie
bézzesten, uuanda sie béide sundig sint. Tie aber die bezzesten sint, tie irtêilent
25 tîen métemen. – 6. Vuanda got uuêiz ten uueg téro réhton. Er ge-
uuérdet sie uuízzen unde íro uuerch. – Unde déro argon fart uuirt ferlóren. Vuanda sie selben ferlóren uuerdent, pediû uuirt iro fart ferlóren, daz
sint íro uuerch.

15. Psalm 3 aus der Ambras-Wiener Handschrift (P. I, 7f.).
St. Galler Hs. (P. II, 7–9; S.-St. III, 7–10).

1. 2. Domine, quid multiplicati sunt, qui tribulant me? multi insurgunt
adversum me. David chuît vone dero genennidi Christi, dô er sînen sun flôh:
zi uuiu sint, hêro, dero sô manigi die mih arbeitent, daz ioh einer mînero iungeron mîn âhtet? manige ûf rihtent sih uuider mir. 3. Multi dicunt animœ
5 meœ: non est salus illi in deo eius. Manige versagent mînero sêla heili in iro
gote, sie negetrûuent, daz ih irstên sculi. 4. Tu autem domine susceptor meus
es, gloria mea et exaltans caput meum. Ava dû got pist mîn imfâhare, mih im-
fienge dû, mih menniscen nâme dû an dih got, pediu getuost tû mih ouh irstên
uuider iro uuâne; dû bist mîn guotlîchi, vone dir haban ih sia, unde dû bist
10 irhôhendo mîn houbet in dero urstendi. 5. Voce mea ad dominum clamavi et
exaudivit me de monte sancto suo. Mit mînero stimma, daz chuît mit des herzen
stimma hareta ih ze dir unde dû gehôrtest mih vone dînemo heiligen berge,
daz chuît vone dero unsagelîchun hôhi dînero gotheiti. 6. Ego dormivi et so-
poratus sum, et exsurrexi, quia dominus suscepit me. Ih slief mînes danches âna
15 nôt, ih slief den slâf des tôdes unde slâf râuuota mir dâr ana, daz die sundigen

Zu XXIII, 14] 5f. Et in cathedra pestilentiæ non sedit.   Zu XXIII, 15] 2
vone d. g. Chr. = ex persona Christi (und darüber in Christis stal) St. Galler Hs.
13 daz] da Hs.

netuont, uuanda er leitet sie ze unrâuun; unde ih irstuont, uuanda mîn trohtin
imphieng mih, er nam mih ana sih, mit dero chrefte irstuont ih. 7. *Non timebo
milia populi circumdantis me, exsurge domine, salvum me fac deus meus!* Ih
ne furhti die menigi des mih umbestandentis liutes samso er mih erstarben
mege, ih ne irsterbe gerno; stant ûf, trohtin, tuo mih gehaldenen, got mîner; 20
kehalt mîna *ecclesiam*, diu mîn lîchinamo ist. 8. *Quoniam tu percussisti omnes
adversantes mihi sine causa, dentes peccatorum contrivisti.* Vuanda dû habest
irslagen, daz chuît, dû habest gesueigot alla die mir be unrehte uuidiri uuârun;
so chunt uuard in mîn urstenti, daz si iro nehein lougen ne getorston haben;
dero sundigon zene vermultost dû, daz chuît, iro hindirsprâchon verzâri dû; 25
sie gisueigendi verzâre dû iz. 9. *Domini est salus et super populum tuum bene-
dictio tua.* Dâ scînet, daz gotes diu heili ist, dû got kibest sia, unde dîn segen
ist uber dînen liut.

Catechetische Stücke.

16. Oratio dominica.
a) St. Galler Hs. (H. II, 522; P. III, 633; S.-St. III, 1100f.).

Pater noster qui es in cœlis. Fater unser dû in himele bist. *O homo*, skeîne
an guoten uuerchen, daz du sin sun sîst: so heîzest du ín mit rehte fáter.
Hábe *fraternam caritatem*, diu tuot dih uuesen sînen sún. *Sanctificetur nomen
tuum.* Dîn namo uuerdo geheîligot. Uuer sol in geheîligon? Ne íst ér heilig?
Uuir biten áber daz er in únseren herzon geheiligot uuerde, so daz uuir in *co-* 5
lendo geheîligoen. *Adveniat regnum tuum.* Dîn rîche chome, daz êuuiga, dára
alle guote zuo dingent, dar uuir dih kesêhen súlen unde *angelis* keliche uuordene
lîb âne tôd háben súlen. *Fiat voluntas tua sicut in cœlo et in terra.* Dîn uuillo
gescéhe in erdo fone menniscon, also in himile fone *angelis*. *Panem nostrum
cottidianum da nobis hodie.* Unser tágelicha brôt kib uns hiûto; kib uns dina 10
lêra déro únser sêla gelabot uuerde, uuanda dero bedarf si tageliches, also der
lichamo bedárf prôtes. *Et dimitte nobis debita nostra, sicut et nos dimittimus
debitoribus nostris.* Unde únsere sculde belâz uns, also ouh uuir belazen unseren
sculdigen. Dísa gedíngun ferneme mánnelih unde si gáro ze fergebenne daz
lúzzela, also er uuelle daz imo fergeben uuerde daz míchela. *Et ne nos inducas* 15
in temptationem. Unde in chorunga ne leîtest dû únsih. Daz chit: ne lâzest
únser gechórot uuerden nah unseren sundon. Den du ne scírmest, den uuirfet
temptatio níder, der uuirt ze huôhe sînen fienden. *Sed libera nos a malo.* Nube
lôse unsih fóne ubele: lôse unsih fone des tiêfeles chorungo unde fone sînemo
geuuálte. Síben béta churze sint dise: an in uuirt doh funden al daz des uns 20
turft ist.

b) Ambras-Wiener Überarbeitung (P. III, 376f.).

Vater unsir, dû in himile bist. uuolne dû mennisco, skeine ana guoten
uuerchen daz dû sîn sun sîst: sô heizist dû in mit rehte vater. habe die minna,
diu tuot dih uuesen sînen sun. – Dîn namo uuerde giheiligot. uuer scol in
geheiligon? nû ist er heilic: uuir biten avir daz er in unseren herzen giheiligit
uuerde, só daz uuir in uobende giheiligen. – Dîn rîche chome, daz êuuige, 5
dara alla guote zuo dingent, dâ uuir dih gisehen sculen unde den engelen gilîche
uuortine lîb âne tôt haben sculen. – Dîn uuille giskehe in erda fone mennisgen,
alsô in himile fone den engelen. – Unsir tagelîchiz prôt gib uns hiuto: gib
uns lêra dera unsere sêla gilabit uuerden, uuanda dera bidarf sî tagelîchis,

---

Zu XXIII, 15] 27 ist] ę *Hs.*   28 din | nen *Hs.*   *Zu* 16b] 3 Din] Sin *Hs.*

10 alsô der lîchinamo bedarf brôtis. – Unde unsere sculde belâz uns, alsô ouh
uuir firlâzen unseren scolâren. Disen gidingen firneme manniclîh, unde sî garo ce
firgebenne daz luzzila, alsô er uuelle daz imo firgeben uuerde daz michila. –
Unde in dia chorunga neleitist dû unsih. Daz chuît: ne lâz unsir gichorit
uuerden nâh unseren sunden. Den dû neskirmist, den uuirfit diu chorunga nidir,
15 der uuirt ce huohe sînen fîanden. – Suntir irlôse unsih fone demo ubile: lôse
unsih fone des tiufilis chorungen unde fone sînemo giuualte. Siben bete churci
sint dise: an in uuirt doh funten al daz des uns durft ist.

17. Symbolum Apostolorum (H. II, 523; P. II, 634; S.-St. III, 1101f.).
Der lat. Text ist weggelassen.

Daz *Grœci* chedent *symbolum* unde *Latini collationem*, daz cheden uuir
geuuérf, uuanda iz *apostoli* gesámenoton unde zesámene geuuúrfen, daz iz
zeichen si *christianœ fidei*, also ouh *in prelio symbolum* hêizet daz zeichen,
daz an scílten alde an geînoten uuorten ist, dannan iegeliche ire *socios* ir-
5 chénnent.
     Ih keloubo an got, álmáhtigen fáter, sképhen himiles unde érdo, – Unde
an sînen sún, den geuuîehten háltare, êinigen unseren hêrren, – Der fone démo
heîligen geîste inphangen uuard, fona Maria dero mágede geborn uuard. –
Kenôthaftot uuard pî *Pontio Pilato.* Ziu chit iz *Pontio* unde *Pilato?* ane daz
10 er zeuuêne námen habeta nâh rômiskemo síte; alde iz ist *nomen patriae* daz
er fone *Ponto* heîzet *Pontius.* – Unde bî imo an *crucem* gestáfter irstárb unde
begráben uuard; – Ze hello fuôr, an demo dritten táge fóne tôde irstuônt;
– Ze hímele fuôr, dâr sízzet ze gotes zéseuuun, des almáhtigen fáter. Uuaz
ist diû zeseuua âne *œterna vita?* *Humana*, fone dero ér fuôr, uuas imo diu
15 uuínstra. – Dannan chumftiger ze irteîllenne die er danne findet lebente alde
tôte. Geloubo an den heîligen gêist, der fone *patre et filio* chumet unde sament
in eîn gót ist. – Keloubo heíliga dîa állichun sámenunga, diû *christianitas*
hêizet, diû fone diû állîch heîzet, uuanda sî álliû sament ein geloubet unde eines
iiêhet unde dâr ana úngeskêiden ist. – Geloubo ze hábenne dero heîligon
20 gemeînsami, – Ablâz sundon; – Geloubo des fleîskes ursténdida, – Geloubo
êuuígen lîb. Amen. Daz tuon ih keuuâro.

18. Sprichwörter

1. Târ der íst ein fúnt úbelero féndingo, Tár nist nehéiner guot; Unde dâr
der íst ein hûs follez úbelero lîuto, Tár níst nehéiner chústic.
2. Fóne démo límble so begínnit tír húnt léder ézzen.
3. Dír árgo dér íst dér úbelo. Ter der stúrzzet, dér vállet.
5   4. Dír scólo dír scófficit io, Unde dir gouh dér gúccot ío.
5. U'be man álliu dîer fúrtin sál, nehéin só harto só den mán.
6. U'be dír wé íst, sô níst dír áber nîeht wóla.
7. Túne máht nîeht mit éinero dóhder zeuuena eidima máchon. Nóh túne
máht nîeht fóllen múnt hában mélues únde dóh blásen.
10 8. Sôz régenôt, só názzênt tî bôuma, Sô iz uuât, só uuágôt íz.
9. U'bilo tûo, bezzeres né wâne.

8a. So iz regenot so nazscent te boumma, so iz uuath, so uuagont te
boumma.
     10. So diz rehpochchili fliet, so plecchet imo ter ars.

19. Der sogenannte Brief Ruodperts.

Quia virtus constillationis in ictu pungentis est: Uuánda des kestírnis chráft fergât únde virlóufit in sô lángero viríste, sô man eînin stúpf ketûon mág. *Informis materia,* táz chît skáffelôsa zímber. *Intemperies* Intrérteda.

Fides est sperandarum substantia rerum, argumentum non apparentum 5 [.Tiu gelóuba ist ter hábit únde fant tero dinge que sperantur], táz chît [tero man gedingit, unde] kuíshéit tére nóh úrôugôn.

Quem deus diligit, hunc exaudit. Cui deus placabilis, huic exorabilis. Témo die héiligen hólt sint, tér mág hórsko gebétôn.

In humilitate iudicium eius sublatum est: Táz ín nîoman ze réhte ne lîez, 10 táz uuárt ze léibe úmbe sîna déumûoti.

In pasca annotino, id est paschale festum prioris anni, id est tér férnerigo ôstertág.

Ypapanti, id est conventus omnium œtatum.

Nomen námo. *Pronomen* fúre dáz *nomen. Verbum* uuórt. *Adverbium* zûoze 15 démo *verbo. Participium* téilnémunga. *Coniunctio* gevûgeda. *Præposicio* fúre-sézeda. *Interiectio* úndéruuerf.

Nomini quod accidunt? uui mánegiu vólgent témo *nomini?* VI. *Quœ? qualitas* te uuílichi. *quœ?* subauditur, ubíz eîgen sî álde gemeîne, ter *substantiœ* álde dés *accidentis. Comparatio* te uuídermezúnga. *Cuius?* tis *comparativi* álde 20 dis *superlativi* zûo démo *positivo. Genus* tíz chúnne. *Cuius?* sîn álde...

XXIV. AUS WILLIRAM.
1. Cap. I, 1–4 (1–8).

| A. | Vox Synagogae. | B. |

A. Cússer míh mít cússe sînes múndes. Dícco gehîez ér mír sîne cúonft *per prophetas,* nu cúme ér sélbo unte cússe míh mit déro sûoze sînes *evangelii.* Uuanta bézzer sint dîne spúnne demo uuîne, sîe stínchente mit den bézzesten sálbon. Díu sûoze dînero *gratiae* ist bézzera dánne díu scárfe déro *legis,* álsiz quît: *lex per Moysen data est,* 10 *gratia et veritas per Iesum Christum facta est.* Díu sélba gnâda ist gemís-ket mít *variis donis spiritus sancti,* mít den du máchost *ex peccatoribus iustos, ex damnandis remunerandos.* 15 Dîn námo ist ûzgegózzenaz óle. Dîn námo ist uuîteno gebrêitet, uuánte vóne dir *Christo* hêizzen uuír *Christiani.* Vóne díu mínnont díh dîe iûnkfróuuon, daz sint dîe 20 sêla, dîe der geiúnget sint in dero

B. Cusse her mich mit themo cusse sînes mundes. Thicco ge-hiezzer mir sîne cuomst *per pro-phetas,* nu cume her selvo ande cusse mich mit thero suoze sînes *evangelii.* Wanda bezzere sint thîne spu-ne themo wîne, sie stinchende mit then bezzesten salvon. Thiu suoze thînere *gratiae* is bezzera than thiu skarphe thero *legis* also hiz quiit: *lex per Moysen data est, gratia et veritas per Iesum Christum facta est.* Thiu selva genâtha is ge-misket mit *variis donis sancti spi-ritus,* mit then thû machost *ex pecca-toribus iustos, ex damnandis remune-randos.* Thîn namo is ûzgegoz-zen oley. Thîn namo is wîde ge-breydet, wanda vano thir *Christo* heyze wir *Christiani.* Vano thiu minnon thich the iuncfrou-

---

Zu XXIII, 19] 6f. *Das Eingeklammerte nur in der Züricher Hs.* *Zu* XXIV
B.] 1 mit demo c. C

Vox Ecclesiae ad Christum.

tôife unte geuuâtet mit *veste inno-*
centiae.

Zûich míh nâh dír! so lôfon 25
uuir in démo stánke dínero
sálbon. I'h bekénnon mîn únkraft,
vóne dánnan hílf mir mit dînen gnâ-
don, so scúnt ih ándera ze dînemo
uuéga. Der kúning lêitota míh 30
in sîne gegádeme. I'h uuêiz nú
in fide et spe díe gnâda, díe er nóh
gíbet *in re.* Uuír sprúngezen
unte fréuuen únsih an dír,
náls an úns sélbon, uuír ge- 35
húhtige dínero spúnne uber
uuîn. Uuir ne uuóllen nîeth ver-
gézzan, daz díu gnâda dînes *evangelii*
sûozer ist dánne díu *austeritas* déro
êuuo. *Lex* dîu quît: *si quis hoc vel* 40
illud fecerit, morte moriatur. Dú
quídes ábo in dînemo *evangelio: non*
veni vocare iustos, sed peccatores.
Díe réhton mínnont díh. Díh
nemínnot nîeman, ér ne sî réht; 45
unte nîeman ist réht, ér ne mínne
díh.

wan, that sint the sielan, the ther
iugethet sint in thero doupha and
gewâdet mit *veste innocentiae.*

Zich mich nâh thir! sô louphen wer in themo stanke
thînere salvon. Ich bekenno mîne
unkraft, vane then helph mich mit
thînan genâthan, sô scundich andera
ze thînemo wega. Ther cunig ley-
dede mer in sîne gegathema.
Ich weyz nû *in fide et spe* the genâtha, the mîn noch beydet *in re.*
Exultabimus ande wer vreuwen
uns ana thich, els an uns sel-
von, wir gehugega thînere
spune over then wîn. Wir ne-
willon niet vergezzan, thaz thiu ge-
nâtho thînes *evangelii* suozer is than
thiu *austeritas* thero êwo. *Lex* thiu
quiit: *si quis hoc vel illud fecerit,*
morte moriatur. thû quithes avor in
thînemo *evangelio: non veni vocare*
iustos sed peccatores. Thie rechte
minnon thich. thich neminnot
nieman, her ne sii recht; ande nieman neis recht, her ne minno thich.

2. Cap. I, 5–11 (9–18).
(Ecclesia de suis pressuris.)

I'h bin sálo sámo dîe héreberga Cedar, unte bín ábo uuâthlîch
sámo díu gezélt *Salomonis. Cedar, qui interpretatur tenebrae,* er uuás
Ismahelis sún, vóne demo *Ismahelitae* cúman sínt, díe der hûser nehábent,
sunter ókkeret vílzhûs unte ándera únuuâtlîche héreberga. Mít *Cedâr* sint
5 *filii tenebrarum* bezêichenet, von dén íh mih chlágon. A'be dóh suîese íh mit
persecutionibus et aerumnis (hermesalun) von in gequélet sî, íh habo dóh uuâtlîche *in virtutibus* unte bidíu uuírdig bín *visitatione et inhabitatione veri pacifici,*
id est Christi. Tabernacula díe uuérdent *ex pellibus mortuorum animalium,* also
máchon íh *tabernaculum Deo* an dén, *qui carnem suam mortificant cum vitiis*
10 *et concupiscentiis.* Netûont des nîeht uuára, dáz íh so sálo sî, iz tûot
mír míchel nôt, uuanta díu hêizza súnna hât mir mîne scône
benóman. Neséhent daz nîeht ána, uuéleches leîdes íh lébe; séhent daz ána,
daz íh dar úmbe míh nîe ne gelôibon mînero *virtuosae constantiae,* mit déro
íh behálton mîne *interiorem pulchritudinem.* Nu vernémet, uuánnan síh
15 daz lêit búrete. Mîner mûoter kint vúhton uuíder mír. I'h bín
primitiva Ecclesia mîn mûoter ist *Synagoga.* I'ro kínt *Iudaei* vúhton so érnest-
háfto uuíder dén cristânen, daz sîe se tríbon ûzze íro lante, *sicut scriptum est:*

Zu XXIV, 1 B] 32 er] er mir n. *C*   38 est *B*   *Zu* 2] 14 uuánne *B.*

*excitaverunt Iudaei persecutionem in Paulum et Barnabam et eiecerunt eos de
finibus suis.* Sîe sázton míh ze hûotare in den uuîngarton: mînen
êigenen uuîn gárton ne móht íh behûotan. *Apostoli* únte *doctores* 20
sázton míh ze mêistrinno ándero *Ecclesiarum*, uuánt íh *primitiva Ecclesia* bín.
Nu sínt ándere *Ecclesiae* vóne mir *disseminatae per totum mundum*, ábe díe
êresten *Ecclesiam*, dîu ze Ierusalem gepflánzot uuárt, díe nemóht íh da behában
propter persecutionem Iudaeorum.

(Vox Ecclesiae ad Christum.)

Ságe mir, uuíne mín, uua dú dîne scâf uuêidenes? uua dú 25
rûouues úmbe mítten dág? Umbe uuáz bíten ih dés? Daz íh nîet
írre nebegínne gên únter den córteron dînero geséllon. Kúnde
mir, ó *sponse*, den íh mit állen chréften minno, uuér díe *verae fidei doctores*
sîn, díe dîne scâf uuîsen *ad pascua vitae* unte díe sólich sîn, daz dú in íro hérzen
dír héreberga máchest unte sîe beskírmes *ab omni fervore tentationis*. Des bíten 30
ih zedíu, daz íh nîeuuánne necúme *in conventicula haereticorum*, díe síh ána-
zúcchent, daz sîe dîna geséllen sîn, unte sínt ábo dîna vîende. *Haeretici* sint
mír desde lêider, daz sîe iéhent ze dír geséllíscéfte unte dáz sîe dîne *defensores*
sîn. In déro *conventicula* neuuíl íh nîeth cúman, daz íh da nîeth besuuíchan
uuérde mit *perversa doctrina;* uuánta sîe dîne scâf neuuêidenent, sunter íro 35
îegelîch hábet sînen córtare, *quia in multas sectas dividuntur.*

(Vox Christi ad Ecclesiam.)

O'be dú dîn sélbes nîene bechénnes, uuîbo scônesta, gánc
ûz unte vár nâh démo spóre déro córtare unte uuêidene dîne
zíkkin bî den héribergon déro hírto. O'be dú dîne *gloriam* unte dîne
uuâtlîche nîene uuóllest hában *intra conscientiam*, als íz quît: *omnis gloria* 40
eius filiae regum ab intus, so nemáht ôuh mîn trûtin sîn, so skêide óffene vóne
mír unte gehábe díh *ad haereticos*, díe der nîeth nehûotent mînero scâffo,
súnter ir áller îegelîh hábet sînen córter, *quia in multas sectas dividuntur.* So
dú von ín gelérnest, só neuuérdent dîne *auditores oves*, díe *iustos* bezêichenent,
súnter *haedi*, díe *peccatores* bezêichenent. I'h habo díh, frûintin mîn, ge- 45
ébenmâzzot mînemo rêithgesinde an dén rêithuuágenon *Phara-
onis*. A'ls íh *plebem Israheliticam, cuius auriga et defensor eram*, lôsta vóne
Aegyptiaca servitute unte sîe *per mare rubrum*, dâ Pharao unte ál sîn hére ínne
irtránk, uuîsta *in terram repromissionis*, sámo lôsen ih dích *per baptismum
a diabolica servitute* unte vóllebríngon díh *in terram viventium.* Dîne hûffelon 50
sint sámo turtultûbon. Du scámes dîh, daz dú íeth scántlîches tûost unte
daz mír mísselîche, bi díu verstên íh, daz du nîene uuilt *vagari* per *greges
sodalium.* Dîn háls ist sámo smîdezîereda. Dér háls der tréget daz ézzen
in den bûch unte tréget ábo díe stímma ûz. Sámo tûont *doctores tui, o sponsa.*
Sîe ámbehtent démo lûite *cibum vitae* unte óffenent ímo díe tôigene déro 55
gescrifte. Díe sélbon *doctores* sint smîdezîereda déro chrístenhêite, uuante sîe
gezîerot sínt mit *auro sapientiae* unte mít *gemmis virtutum*. Nû verním, *osponsa*,
uuélihe hálszîereda íh unte mîne *doctores* dír uuóllen máchan. Uuâhe góld-
kétenon in lántfríde uuîs gebrôihta máchen uuír dír, in uuúrme
uuîs gebláhmâlot mit sílbere. I'h gíbo dír súlihe *doctores*, díe der hábent 60

sensum sapientiae, qui auro comparatur, unte dîe den sélben uuîstûom mít
scônemo gesbrâche kúnnon vúre bríngon, *quod per argentum figuratur*.

3. Cap. IV (54–73).

Uuîe scône du bíst, frûintin mîn, uuîe scône du bíst! Dîn ôigon sint tûbon
ôigon âne dáz daz án dír ínlachenes verhólan ist. Dîn váhs ist sámo gêizzo córter,
dáz der gêt ûffe démo bérge Galaad, unte sint ábo dîne zéne, sámo daz córter
déro gescórnen scâffo, dîe der ûfgênt vóne uuáske ál mit zuînelero zúhte unte
5 íro nechêin íst úmbârig. Dîne léfsa sint sámo êin rôtíu bínta unte dîn gekôsc
íst sûozze. Dîne hûffelon sínt sámo der brúch des rôten ápfeles âne dáz daz
nóh ínlachenes an dír verhólan ist. Dîn háls íst sáme *Dauîdis* uuîghûs, da dîu
uuére óbena áne geuuórht íst. Dûsent skílte hángent an déro uuére únte aller-
sláhto uuîggeuuâffene. Zuêne dîne spúnne sint sámo zuêi zuînele zíkken dér
10 réion, dîe der uuêidenent únter den lílion, únze der tág ûf gê unte der náhtscato
hína uuîche. I'ch uuíl váran ze démo mírrebérge unte ze démo uuîrôuchbúhele.
Mitállo bíst du scône, frûintin mîn, unte nechêin mêila ist an dír.

Kúm mir vón *Libano*, mîn gemáhela! kúm mir vón *Libano*, kum mir!
Dú uuírdist gezîeret vón déro spítzon déro hôhon bergo Amaná unte Sanir
15 unte Hermon, an dén der sint léuuon lûoger unte párdon hóler. Gesêret hâbest
tu mir mîn hérza, suéster mîn gemáhela, gesêret hábest tú mir mîn hérza in
êinemo dîner ôigen óder in êinemo váhsstrénen dînes hálses. Uuîe scone sint
dîne spúnne, suéster mîn gemáhela! Bézzer sínt dîne spúnne dánne der uuîn,
unte der stánk dînero sálbon, der íst úber álle stankuuúrze. Dîne léfsa, ge-
20 máhela, sínt trîeffenter uuábo. Hónig unte míloh ist únter dîner zúngon, unte
der stánk dîner uuâte íst álso uuîrôches stánk. Du bíst uuóle slózhafter gárto,
suéster mîn gemáhela, gárto slózhafter, brúnno besígeleter. Dîne ûzflánza daz
íst bômgárto rôter épfelo mit állersláhto óbeze. In dînemo gárten sínt geuuáhsan
aromaticae arbores unte állersláhto bôuma, dîe ûffen *Libano* geuuáhsan sint.
25 In dînemo gárten ist mírra unte aloé mít állen den hêresten sálbon. Du bíst
gártbrunno, du bíst pútza der quékkon uuázzero, dîe mít tûihte flîezzent von
Libano. Búre dích, nórtuuint, únte kúm, du súndene uuínt, dúrchuuâie mînen
gárton, désde drâhor stínkent sîne pîmenton! I'h géron, daz mîn uuíne kúme
in sînen gárton, dáz ér da ézze dáz uuôcher sînes êigenen óbezes.

XXV. AUS DEM ÄLTEREN PHYSIOLOGUS.

1. ⟨*DE LEONE*⟩ *H*ier begin ih einna reda umbe diu tier uuaz siu gesliho
bezehinen. Leo bezehinet unserin trohtin. turih sine sterihchi. unde bediu uuiret
er ofto an heligero gescrifte genamit. Tannan sagit iacob to er namæta sinen
sun iudam. Er choat. iudas min sun ist uuelf des leuin. Ter leo hebit triu
5 dinc ann imo. ti dir unserin trotinin bezeichenint⟨.⟩ Ein ist daz soser gat in
demo uualde. un er de iagere gestincit. so uertiligot er daz spor mit sinemo
zagele ze diu daz sien ni ne uinden. So teta unser trotin to er an der uuerilte
mit menischon uuaz ze diu daz ter fient nihet uerstunde daz er gotes sun
uuare. Tenne so der leo slafet so uuachent sinu ougen. An diu daz siu offen
10 sint daranna bezeichenit er abir unserin trotin alser selbo quad an demo

---

Zu XXIV, 3] 4 zuînelero *korrektur C*   9 zuilene *B*   10 rêion *korrektur C*
12 Mit dállo *Hss.*   *Zu* XXV] 1 ier *Hs. (Der Anfangsbuchstabe bei diesem u. den
folgenden Abschnitten nicht ausgeführt.)*   6 spror *Hs.*

buhche cantica canticorum. Ego dormio et cor meum uigilat Daz er rasta
an demo menisgemo lihamin. un er uuahcheta an der gotheite. So diu leuin birit
so ist daz leuinchelin tot so beuuard su iz unzin an den tritten tag.
Tene so chumit ter fater unde blaset ez ana so uuirdet ez erchihit. So uuahta der ale-
mahtigo fater sinen einbornin sun uone demo tode an deme triten tage. 15
3. ⟨DE UNICORNI⟩ So heizzit ein andir tier rinoceros daz ist einhurno
un ist uile lucil un ist so gezal daz imo niman geuolgen nemag noh ez nemag
ze neheinero uuis geuanen uuerdin. So sezzet min ein magetin dar tes tiris uart
ist. So ez si gesihit so lofet ez ziro. Ist siu denne uuarhafto magit so sprinet
ez in iro parm. unde spilit mit iro. So chumit der iagere unde uait ez. Daz 20
bezeichenet unserin trotin xpristin der dir lucil uuas durih di deumuti der meni-
schun geburte. Daz eina horin daz bezeichenet einen got. Also demo einhurnin
niman geuolgen nemag so nemag ouh nehein man uernemin daz gerune unsiris
trotinis. noh nemahte uonehenigemo menislichemo ougin geseuin uuerdin. er
er uon der magede libe mennesgen lihhamin fînc. dár ér únsih mite lôsta. 25
4. ⟨DE HYDRO⟩ In demo uuázzere nilo ist éinero slahta nátera dîu
heizzit ídris un ist fîent démo kórcodrîllo. dénne * so beuuillet síh dîu ídris.
in horuue unde sprinet imo in den mûnt. unde sliuffet ín ín. só bízzet síun innan.
unzin er stírbit. únde uérit sîu gesunt úz. Ter corcodrillus bezeichenet tôt. unde
hella. Tú idrís bézechonet únsirin tróhtin dér an sih nam den menischen lih- 30
hamin. zédiu dáz ér unsirin tôt féruuórfe. úner hélla roûboti under sigehaf.
hêimchámé.
5. ⟨DE SIRENIS ET ONOCENTAURIS⟩ I'n demo mére sînt uunder-
lihu uuihtir. diu hêizzent sirenę. undc onocentauri. Sirenę sínt méremanniu.
unde sint uuíbe gélîh únzin zé démo nábilin. dannan ûf uogele. unde múgin 35
uíle scóno sînen. Só sí gesêhînt man án demo mére uarin. so sinen sio uilo
scôno. únzin si des uúnnisamin lîdes so gelustigot uuerdin daz si inslâfin. Só
dáz mermanni daz gesîhít so uerd ez in úndé † birigit sih. An dîu bezeinet ez
den fîánt dér dés mannis muôt spénit ze din uueriltlihen lusten. Tér onocen-
taurus. ér ist hâlb man halb ésil. únde bézeichinet dídir zuîuáltic sínt ín ír 40
zûnon. ún in íro hêrzon. unde daz pílide dés réhtis habin. ún ez doh an ir
uuerchin nîht eruullint.
6. ⟨DE HYAENA⟩ Eîn tîer heizzit ígena. un íst ꝺuílon uuíb uuîlon mân.
unde durih daz ist ez uile unreine solihe uuarin di der erist crist petiton. un
after diu abgot beginen. Daz bézêichenet di der neuuedir noh ungeloubige 45
noh rehtegeloubige nesint. Von diu chat salomon. Dídir zuiualtic sint in irro
herzin dîe sint ôuh zuiualtic in iro uuerchin.
7. ⟨DE ONAGRO⟩ Ein tîer heizzit onager daz ist ein tanesil der nerbellot
nîh uuâr uber daz fûter eischoie. únde án demo zuenzigostimo táge mércin
sorbéllot er zuelf stúnt táges. zuelf stunt nâhtes. dar magmin ana uuizzen. 50
daz denne nâht. únde tâc ebinlanc sínt. Ter ónager bezeichenet tén fîent der
tac undiu naht bezeichenet didir rêhto uuerchon sulin. táges unde náhtes.
8. ⟨DE ELEPHANTE⟩ Só hêizzit ein tîer eleuas. daz ist ein hélfant. ter
hebit mihela uerstannussida án ímo únde nehebit neheina lihhamhaftiga geruna.

Zu XXV] 11 cantico_x Hs. et : & Hs. 19 spinet Hs. 21 ~ et : hier und 29. 38. 51
59. 62. ~ & Hs. 23 nehein Hs. 24 uone nehenigemo Steinmeyer. 25 fînc : hier
beginnt der 2. Schreiber, der sich zahlreicher Akzentzeichen bedient. 27 * in der Hs. keine Lücke. 28 inan Hs. 29 bezech¹en& Hs. 35 unzin : undezin, de getilgt Hs.
36 man fehlt Hs., keine Lücke. 37 siu Hs. 38 bírihit si Wilhelm, brichit si
Braune (Scherer, Steinmeyer). bez¹en& Hs. 46 diu] din Hs., dien Seemüller.
54 geruma Hs.

55 Tenne soser chînt hábin uuíle. só uérit er mít sinemo uuîbe zé demo paradyse.
dar dîu mandragora uuâsset. dáz íst chíndelina uúrz. so ízzit dér helfant tîe
uúrz unde sin uuîb. Vnde so sîu after dîu gehîen so phaet sîu. Tene so sîu
berin sol gât siu in eina grûba. uôlla uuâzzeres. unde birit dar durih den drâchen.
dér iro uáret. Ter helfant únde sîn uuîb bezeichenent adam unde euun. tîdir
60 dirnun uuarin er sí daz obiz azzin. daz in got uerbôt. unde frémede uuâren
uón allen unrehlihon gérunon. U'nde sâr so sîu dáz âzzin. só uúrdin sîo uértribin
án dáz êllende. tes kagænuuartigen lîbes. Tîu grûba uólliu uuazzeres bezeichenet
dáz ér chât. Saluum me fac, *deus*.
    11. *DE VIPERA. E*în sclahdá naderôn ist. hêizzét uipera. fóne déro zélet
65 phisiologus so siu suanger uuérdán scúle daz er sînén mûnt dûoge. in dén íro.
so uerslindet sîu daz semen. unde uuird so gér. daz siu ímo ábebîzét sîne
gimáht. under sa tôd liget. So danne diu iungîde giuuáhssent in iro uuanbe. so
durehbîzzent sîe sî. unde gant so vz. Die nadérûn sint gagenmâzzot dîen iudôn.
dîe síh iu beuuúllan mit unsûberen uuerchan. vnde dúréhâhton íro fadér *cristum*
70 únde iro mûoter dîe heilîgun xristanheid. Oûh gibûdét uns gót in einemo
euangelio. daz uuír also frûotá sin samé die selbén náterûn. Drîa slahta natérôn
sínt. ein slahta ist. so sîu aldêt. so suînét íro daz gesûne. so uastâd siu uêrcég
dágo. unde uîercég náhtô so losét síh alliu íre hût ábo. so suôhchét siu einen
lócheróhten stein. unde slîuffét dâr duréh unde strêifet die hûd ábo unde
75 iungét síh so. Ein ander slahta ist. so siu uuíle drinkán. so uzspîget siu zêrest
daz eitér. Den uûrm sculen uuír biledon. so uuír uuellên drinkán daz gêist-
lîche uuázzær. daz uns giscenket uuirt fone demo munde unsérro éuuartôn.
so sculén uuír uzspîuuén zallerêrist alle dîe unsûberheit da míte uuír beuuóllen
sîn. Dîu drittá slahtá ist. so diu den man gésíhet nákédan so flûhet siu ín.
80 gesíhet siu in áber giuuâtoten so springét sí annen in. Alsámo unser fatér
adám. unz ér nakedêr uuas in paradyso do négimahta der dîufal nieht uuider
ímo.

XXVI. OTLOHS GEBET.

    Trohtin almahtiger, tū der pist einiger trōst unta ēuuigiu heila aller dero
di in dih gloubant iouh in dih gidingant, tū inluihta mīn herza, daz ih dīna
guoti unta dīna gnâda megi anadenchin, unta mīna sunta iouh mīna ubila,
5 unta die megi sō chlagen vora dir, alsō ih des bidurfi. Leski, trohtin, allaz daz
in mir, daz der leidiga vīant inni mir zunta uppigas unta unrehtes odo unsūbras,
unta zunta mih ze den giriden des ēuuigin lībes, daz ih den alsō megi minnan
unta mih dara nāh hungiro unta dursti alsō ih des bidurfi. Dara nāh macha
mih alsō frōn unta kreftigin in alle dīnemo dionosti, daz ih alla die arbeita
megi līdan die ih in deser werolti sculi līdan durh dīna ēra unta durh dīnan
10 namon iouh durh mīna durfti odo durh iomannes durfti. Trohtin, dū gib mir
craft iouh dū chunst dara zuo. Dara nāh gib mir soliha gloubi, solihan gidingan
zi dīnero guoti, alsō ih des bidurfi unta soliha minna, soliha vorhtun unta
diemuot unta gihōrsama iouh gidult soliha, sō ih dir alamahtigemo sculi
irbieton iouh allen den menniscon mitten ih wonan. Dara nāh bito ih daz dū
15 mir gebest soliha sūbricheit, mīnan gidanchan iouh mīnemo līhnamon, slāffen-
temo odo wachentemo, daz ih wirdiglīhen unta amphanglīhen zi dīnemo altari

---

    Zu XXV] 63 ds *Hs.*   64 scl^hádá *Hs.*   65 sóule *Hs.*   69 xpm *Hs.*   77
uuazzår *Hs.* gisoenket *Hs.*   *Zu* XXVI] 3 suinta   5. 6 zuinta *mit radiertem* i
Hs.   11 zoa, ᚦ *über dem* o, *Hs.*

unta zi allen dīnemo dionosti megi gēn. Dara nāh bito ih daz dū mir gilāzzast
aller dero tuginde teil, āna die noh ih noh nieman dir līchit: ze ērist durh dīna
heiliga burt unta durh dīna martra unta durh daz heiliga crūce, in demo dū
alle die werolt lōstost, unta durh dīna erstantununga unta durh dīna ūffart 20
iouh durh di gnāda unta trōst des heiligun geistes. Mit demo trōsti mih unta
starchi mih wider alle vāra, uuider alle spensti des leidigin vīantes.

Dara nāh hilf mir durh die diga sancte Mariun ēuuiger magidi iouh durh
die diga sancti Michaelis unta alles himilisken heris unta durh die diga sancti
Johannis baptistę et sancti Petri, Pauli, Andreę, Jacobi, Johannis et omnium 25
apostolorum tuorum unta durh aller dero chindlīne diga, die durh dih erslagon
wurtun ab Herode. Dara nāh hilf mir durh die diga sancti Stephani, sancti
Laurentii, Viti, Pancratii, Georgii, Mauricii, Dionisii, Gereonis, Kyliani, Boni-
facii, Januarii, Ypoliti, Cyriaci, Syxti et omnium sociorum suorum. Dara nāh
hilf mir durh die diga sancti Emmerammi, Sebastiani, Fabiani, Quirini, Vin- 30
centii, Castuli, Blasii, Albani, Antonini. Dara nāh hilf mir durh die diga sancti
Silvestri, Martini, Remigii, Gregorii, Nicolai, Benedicti, Basilii, Patricii, An-
tonii, Hylarionis, Ambrosii, Augustini, Hieronimi, Wolfkangi, Zenonis, Sy-
meonis, Bardi, Uodalrici, Leonis papę; et per preces sanctarum virginum
Petronellę, Cecilię, Scolasticę, Margaretę. Dara nāh hilf mir durh die diga 35
omnium sanctorum tuorum, daz necheina mīna sunta noh heina vāra des
leidigin vīantes mih sō girran megin, daz mih dīna gnāda bigeba.

Dara nāh ruofi ih zi dīnen gnādun umbi unser munusturi, daz zistōrit ist
durh unsre sunta, daz ez rihtet werde durh dīna gnāda unta durh allero dīnero
heiligono diga zū unsrun durftin unta zi allero durfti die hera dionunt odo 40
hie gnāda suochunt. Hugi, trohtin, unser allero durh dīna managslahtiga gnāda
unta bidencha desi stat, sō daz dīn ēra unta dīn lob hie megi wesen. Hugi ouh,
trohtin, aller dero samanunge die ionar sīn gisamanot in dīnemo nemin, unta
bidencha sie in omnibus necessitatibus suis. Dara nāh bito ih umba alla die,
die sih in mīn gibet haban bivolohon mit bigihto odo mit flēgun, suer sō si sīn, 45
suā sō si sīn, daz tū si lāzzest gniozzen des gidingen, den si zi dīnon gnādun
habent iouh zi mīnemo gibeti. Gnāda in, trohtin, unta gihugi daz tū unsih
gibuti beton umbe ein andra. Dara nāh ruofo ih zi dīnen gnādun umbe alla
unsre rihtāra, phaffon iouh leigun, daz tū sie soliha gimacchost, daz si sih
selben megin grihten unte alla in untertāna ioh bivolahna. Dara nāh bito ih 50
umbe alla mīne chunlinga, daz tū sie bidenchist nāh tīnen gnādun. Dara nāh
bito ih umbe alla die, dieder io cheinna gnāda mir gitātin odo cheina arbeita
umbi mih io habitin vonna anaginna mīnas lības unzi an desa uuīla, daz tū
in lōnast dā si es bezzist bidurfin. Ih bito ouh umba alla die, dieder cheinnin
wīsun vonna mir giwirsirit odo ungitrōstit wurtin, daz tū sie rihtest unta 55
troistest mit dīnero guoti. Dara nāh bito ih umba allaz daz ungrihti iouh umba
allen den unfrido iouh umba daz ungiwitiri, daz tir ioner sī, daz tū, tūder
elliu dinc maht, nāh dīnen gnādun bidenchest allaz. Dara nāh ruofo ih umbi
alla unsri bruodra virvarana, hie bigrabana, iouh umba alla die, die der hie sint
bigraban mit rehtero glouba virvarana. Dara nāh bito ih umba alla die tōton, 60
die hia brūderscaft habant, iouh umba alla die, dero alamuosan wir io imphian-
gin. Dara nāh bito ih umba alla die, umbi die ioman muoz bitin dīna gnāda,
dāz si muozzen gniozzen alla mīnes lebannes unta des daz ih bin hie superstes
hafter iro. Ze lezzist piviliho ih mih selben unta alla mīna arbeita, allen mīnen

---

Zu XXVI] 35 diega *Hs.*   57 umba] umbaz *Hs.*

65 flīz in dīna gnāda umbi daz, dā ih selbo ni megi odo ni chunna odo ni uuella
mih bidenchan durh mīna brōdi unta durh mīna unruocha odo durh mīna
tumpheit, tū mih bidenchast alsō dū maht unta chanst, unta alsō dīn guita
unta dīn uuīstuom ist. In manus tuas, domine, commendo spiritum et corpus
meum.

XXVII. WESSOBRUNNER PREDIGT.
(Über Matth. 20, 1–16.)

Daz ẹuangelium zelit uns, daz daz himilrih kelih si demo hûsherro, der
des morgenis fruo in sinan uuinkarten samenoti dei uuerhliuti. Vuer uuirdit
rehtere kikagenmazzit demo husherren, denne unser herro der heilige Christ?
der dir rihtet alla die er kiscuof, also der hushérro rihtet di imo untertanen.
5 Der huosherro ladote allen den tac die uuerhliûte in sinan uuinkarten, sumeliche
fruo, sumeliche ze mittemo morgene, sumeliche zi mittemo taga, sumeliche
ze nona, sumeliche ana demo abanda oder in suêlihemo cite si imo zuo chomen.
Also ne gistilte unser herro der almahtige got uone anakenge dere uuerlti unzi
ana den ente die predigare ci sentenna zi dera lera sinere iruuelitono. Der
10 uuinkarte pizeichinet die gotis e, in der dir kisezzet unde kerihtet uuerdent
elliv reht, also diu uuinréba kerihtet vuirdit in demo scuzzelinge. Dei uuerh,
dei man dar inna uuvrchen scol, daz ist div miteuuare, diu chûske, diu kidult,
diu guôte, diu ensticheit unte andere tugendi desin keliche. Nv sehen, mit
uuelichemo flîzza uuir den gotis uuinkarten v̂oben. Adam uuart kescaffen, daz
15 er uuari v̂oberi des paradysi; do er do firbrah daz gotis kebot, do uuart er
dannen kistozzen in daz ellentuom disere uuenicheite. Also biren uuir kisezzet,
daz uuir sin v̂obare dere gotis e: uirruochelon uuir die, so uuerde uuir firstozzen
uone demo gotis riche also die iuden. Suer di sunta uuurchet, der ziuueibet
den gotis uuinkarte; der dir aua vuurchet daz gotis reth, der v̂obet inan wole,
20 Vuir ne sculen niéth v̂oben die irdisgen acchera durh den uuerltlichen rihtuom,
suntir durh den rihtuom des euuigen lonis. Die .V. uuile in den dir dér huosherro ladote die uuerhliuti in sinan uuinkarten, die pizeichinent die .V. uuerlti,
die dir uore Christis kiburte uuaren; áua die uuérhliute pizeichinent diê, die
dir der almahtige got in den uinf uuerlten ladite zi demo euuigen lîbe. Daz
25 uuas in dere eristen Adam unde sin kislahte, in dere anderen Noe unde sin
kislahte, in dere dritten Abraham unde sin kislahte, in dere uierde Moyses
unde sin kislahte. An demo ente dere uinften uuerlte do gáreti sanctus Iohannes
baptista den uuech demo gotis sune durh die touffa unde durh die rivuua.
In dere sehsti uuerlti, in dere uuir nu piren, do chom selbo unser herro der
30 filius dei unte pichêrte mit sinera euangelisgen prediga unte mit sinen zeichenin
die heidinen, uona den dir iruuohs diu heiliga christinheit, diu dir stet unzi
an den enti dere uuerlte. Fore sinere kiburte so santi er die patriarchas unde
die prophetas; suîe uuole die kiuuorhte nah sinere hulde, so ni phiegin si doh
sa nieth des lonis, uuande si alla zi helli fuoren. Ava nu zi gunste sîet sinere
35 kiburti, do santi er die boton; suîe die zi iungisti chomen, so inphiegen si doh
folliz lon, uuande in daz himelrih offen stuont, so si allererist got uolgetin,
so iz auh noh uns allen tuot, suenne uuir unsih durhnahtlichen bicherin.
Die .V. uuila, die da fore pizeichinent die .V. uuerlti, die magen auh uuole
kigagenmazzit uuerdun zi demo menniskinen altere. Diu frîv̂ diu pizeichinet

---

Zu XXVII] 22 pizeichin & *Hs.*   28 uuerh *Hs.*   31 heidnen *Hs.*   35
inphien, g *über* e *Hs.*

die chindiska, der mittimorgen die iúgent, der mittetac die tugent, daz ist 40
diu metilscaft des menniskinen alteris, in demo er allerstarchist ist, also diu
sunna ze mittemo taga allerheizzist ist, so si chumet in die métilscaft des himilis. So pizeichinet diu nona daz altir, der abant daz bibint altir. Der in dera
chindiska nieth pidenchan ni uuella sina heila, der pidenche siâ doh in dera
iungende odar in derc tugende odar in demo altere oder doh ana demo enti. 45
In suelichemo dero altere er sih durnahtlichen picherit, so si kiuuis uone gote
ze inphahenne daz selbi lon, daz ouch der inphahet, der uone sinere chindiska
in gote arbeitet unzi an sinen ente. Do ana demo abande do sah der hûsherro
dei liuti da muozic sten: do frâcti er si, umbe uuaz si allan tac da mûozic
stuonten. Do antuurten si, daz si niemen rihti zi demo uuerchi. Do hiez er si 50
gen in sinan uuinkarten umbe lon. Vuelihe stent muozcic? niuuani die dir
nieth durnahtlîchen ni uuvrchent alla die gotis ê. Die huorare, die rovbare,
die trinchare, die manslecken, die luginare, die diûbe, die sint piheftit mit
des tiufalis uuerhi, uone danne ni uuerdunt sie nieth kinennit muozzige, sunter
tode. Die dir aue flizciclichen vurchent die gotis e unte elliu gûotiu uuerh, 55
die sint chomen in den uuinkarten dere heiligen christinheite unte uvvrchent
samit iri. Der huosherro gab in allen kilichiz lon unte gab iz doh zerist den,
die dir zi gunste chomen. Daz pimurmilotin die eristen, die allen den tac arbeiten, daz er in nieht zi erist ni gab, unte in auh nieth mera ni gab. Daz
uuirdet uuole firnomen uona den rehtin unte uona den guoten, die uore Christis 60
kipurte allan íri lib arbeiten nah demo himilriche unte si doh dara nieth ni
chomen, e der filius dei her in uuerlt chom unte in iz intlouh mit sinera martyre.
Die phenninge pizeichinent daz himelrih, die dir alla uuare einis uuerdis, also
daz himelrih ist. Den er daz gibet, die ni durfen nieth murmilon, uuande da
niheinir ist hereri noh smahere demo anderemo. Manige sint dara kiladit 65
durh die kiloube, unmanige choment aue dara, uone div uuande sie nieth ni
vwrchent, daz si kiloubent, also diu heilige scrift chuit: Diu kiloube ist tot
ane dei uuerh.

ZWEITE ABTEILUNG

POETISCHE DENKMÄLER

XXVIII. DAS HILDEBRANDSLIED.

Ik gihorta đat seggen,
đat sih urhettun   ænon muotin,
Hiltibra*n*t enti Hadubrant   untar heriun tuem.
sunufatarungo   iro saro rihtun.
5 garutun se iro gudhamun,   gurtun sih iro suert ana,
helidos, ubar *h*ringa,   do sie to dero hiltiu ritun,
Hiltibra*n*t gimahalta [Heribrantes sunu]:   her uuas heroro man,
ferahes frotoro;   her fragen gistuont
fohem uuortum,   *h*wer sin fater wari
10 fireo in folche, ...
....   'eddo *h*welihhes cnuosles du sis.
ibu du mi *e*nan sages,   ik mi de odre uuet,
chind, in chunincriche: chud ist mi*r* al irmindeot'.
Hadubra*n*t gimahalta,   Hiltibrantes sunu:
15 'dat sagetun mi   usere liuti,
alte anti frote,   dea erhina warun,
dat Hiltibrant hætti min fater: ih heittu Hadubrant.
forn her ostar gi*w*eit,   floh her Otachres nid,
hina miti Theotrihhe   enti sinero degano filu.
20 her furlaet in lante   luttila sitten
prut in bure,   barn unwahsan,
arbeo laosa: he*r* raet ostar hina.
de*s* sid Detrihhe   darba gistuontu*n*
fateres mines: dat uuas so friuntlaos man.
25 her was Otachre   ummet tirri,
degano dechisto   *m*iti Deotrichhe.
her was eo folches at ente: imo *w*as eo feh*t*a ti leop:
chud was her...   chonnem mannum.
ni waniu ih iu lib habbe'...
30 'wettu irmingot [quad Hiltibra*n*t]   obana ab hevane,

Zu XXVIII] 3 Hiltibrant] *Statt des* n *hat die* Hs. h (Hiltibraht). *So auch* 7. 14.
30. 36. 45.   6 ringa Hs.   9 wer Hs., *das* ae. w *aus* p *korr.*   11 welihhes Hs.
13 min Hs.   18 gihueit Hs.   22 hera& ostar hina Hs.   23 de& Hs.,
des *oder* det Grein. gistuontum Hs.   24 fatereres Hs.   26^b unti deotrichhe
darba gistontun Hs.   27 wuas eo feh&a Hs.

dat du neo dana halt mit sus sippan man
dinc ni gileitos'...
want her do ar arme   wuntane bauga,
cheisuringu gitan,   so imo se der chuning gap,
35 Huneo truhtin: 'dat ih dir it nu bi huldi gibu'.
Hadubrant gimahalta,   Hiltibrantes sunu:
'mit geru scal man   geba infahan,
ort widar orte.   ....
du bist dir alter Hun,   ummet spaher,
40 spenis mih mit dinem wortun,   wili mih dinu speru werpan.
pist also gialtet man,   so du ewin inwit fortos.
dat sagetun mi   seolidante
westar ubar wentilseo,   dat inan wic furnam:
tot ist Hiltibrant,   Heribrantes suno'.
45 Hiltibrant gimahalta,   Heribrantes suno:
'wela gisihu ih in dinem hrustim,
dat du habes heme   herron goten,
dat du noh bi desemo riche   reccheo ni wurti'. –
'welaga nu, waltant got [quad Hiltibrant],   wewurt skihit.
50 ih wallota sumaro enti wintro   sehstic ur lante,
dar man mih eo scerita   in folc sceotantero:
so man mir at burc enigeru   banun ni gifasta,
nu scal mih suasat chind   suertu hauwan,
breton mit sinu billiu,   eddo ih imo ti banin werdan.
55 doh maht du nu aodlihho,   ibu dir din ellen taoc,
in sus heremo man   hrusti giwinnan,
rauba birahanen,   ibu du dar enic reht habes'.
'der si doh nu argosto [quad Hiltibrant]   ostarliuto,
der dir nu wiges warne,   nu dih es so wel lustit,
60 gudea gimeinun: niuse de motti,
hwerdar sih hiutu   dero hregilo rumen muotti,
erdo desero brunnono   bedero uualtan'.
do lettun se ærist   asckim scritan,
scarpen scurim: dat in dem sciltim stont.
65 do stoptun to samane   staim bort chludun,
heuwun harmlicco   huitte scilti,
unti im iro lintun   luttilo wurtun,
giwigan miti wabnum   ....

XXIX. WESSOBRUNNER HYMNUS UND GEBET.

De Poeta.

Dat gafregin ih mit firahim   firiuuizzo meista,
Dat ero ni uuas   noh ufhimil,

Zu XXVIII] 33 bauga *Hs.* *(das erste a undeutlich).*   36 gimalta *Hs.*   40 wuortun *Hs.*   41 fŏrtos *Hs.*   43 inan] man *Hs.*   45 heribtes *Hs.*   57 bihrahanen *Hs.*   61 werdar *Hs.*   hrumen *Hs.*   65 stoptŭ *Hs.*   68 wabnŭ *Hs.*   *Zu XXIX] Die kursiv gedruckten* ga- (gã-) *des Textes sind in der Hs. durch die ae. g'-Rune bezeichnet. Vgl. ZDP 32, 297. Für* enti *steht überall, außer* enti spahida *(Z. 12) das Zeichen* 7.

noh paum ⟨...⟩   noh pereg ni uuas,
ni ⟨...⟩ nohheinig   noh sunna ni scein,
5 noh mano ni liuhta,   noh der marẹo seo.
Do dar niuuiht ni uuas   enteo ni uuenteo,
enti do uuas der eino   almahtico cot,
manno miltisto,   *enti* dar uuarun auh manake mit inan
cootlihhe geista.   *enti* cot heilac ⟨...⟩

10   Cot almahtico, du himil *enti* erda *ga*uuorahtos, *enti* du mannun so manac
coot for*ga*pi, forgip mir in dino ganada rehta galaupa *enti* cotan uuilleon,
uuistóm enti spahida *enti* craft, tiuflun za uuidarstantanne *enti* arc za piuui-
sanne *enti* dinan uuilleon za *ga*uurchanne.

XXX. MUSPILLI.

... *s*in tac piqueme,   daz er touuan scal.
uuanta sar so sih diu sela   in den sind arheuit,
enti si den lihhamun   likkan lazzit,
*s*o quimit ein heri   fona himilzungalon,
5 daz andar fona pehhe: dar pagant siu umpi.
*s*orgen mac diu sela,   unzi diu suona arget,
za uuederemo herie   si gihalot uuerde.
uuanta ipu sia daz *S*atanazses   kisindi k*i*uuinnit,
daz leitit sia sar   dar iru leid uuirdit,
10 in fuir enti *in* finstri: daz ist re*h*to uirinlih ding.
*u*pi sia auar kihalont die   die dar fona himile quemant,
enti si dero engilo   eigan uuirdit,
die pringent *sia* sar uf in himilo rihi:
dar ist lip ano to*d,*   li*oh*t ano finstri,
15 selida ano sorg*u*n: d*ar nist* neoman siuh.
denne der man in par*d*isu   pu kiuuinnit,
hus in himile,   d*ar* quimit imo hilfa kinuok
pid*iu ist durft* mih*h*il
al*l*ero man*n*o uuelihemo,   daz in es sin muot kispane,
20 daz er kotes uuillun   kerno tuo
enti hella fuir   harto uuise,
pehhes pina: dar piutit der *S*atanasz altist
heizzan lauc.   so mac huckan za diu,
sorgen drato,   der sih suntigen uueiz.
25 uue demo in uinstri scal   sino uirina stuen,

Zu XXIX]   3. 4 *In der Hs. keine Lücken.*   3ᵃ noh paum nohheinig *Kögel Gr.*
(C. Hofmann).   4ᵃ ni sterro nohheinig *Grimm,* ni suigli sterro nohhein *Müllenhoff,*
ni swegalstern einig *Kögel (Gr.¹),* noh... einig *Steinmeyer MSD (vgl. Sprachdenkm.*
S. 16).   4ᵇ stein *Hs.,* scein *Grimm.*   6 niuuiht *Hs.,* uuiht *Wackernagel,*
iuuuiht *Grein.*   *Zu* XXX]   1 s *erloschen Hs.*   4 s quimit · *Hs.*   6 Sorgen
Hs.   7 uue deremO] O < h *corr., Hs.* uuérdé *Hs. nach Braune, 1. Akzent erloschen?*
8 satanazses *Hs.* kuuinnit *Hs.*   10 in *erloschen Hs.* daz · iistret *Hs., PBB*
36, 557.   11 Upi · sia · hauar *Hs.*   13 pringent *Hs.,* heffent *Möller.* sia *erlo-*
schen Hs.   14 dar iist *Hs.* tod, d *erloschen Hs.* lihot ano · finstri *Hs.*   15 sorg:
n · d::::·neo man *Hs.* (*Zu* salida *PBB 43, 380¹).*   16 par:: | su *Hs.*   17 dar,
r *erloschen Hs.*   18 *nur* pid *noch erkennbar Hs.,* pidist *nach Braune;* durft *dem*
Raume nach möglich, Braune.   19 alero mano *Hs.*   21 hella, 2. 1 < e *corr. Hs.*
22 satanasz *Hs.*   23 *nach* huckan r *radiert?*   25 Uue *Hs.* uirinᵃ *Hs.*   26
phhe *Hs.*

prinnan in pehhe: daz ist rehto paluuic dink,
daz der man har*et* ze gote   enti imo hilfa ni quimit.
uuanit sih kinada   diu uuena*g*a sela:
ni ist in kihuctin   himiliskin gote,
30 uuanta hiar in uuerolti   after ni uuerkota.
   So denne der mahtigo khuninc   daz m*a*hal kipannit,
dara scal queman   chunno kilihaz:
denne ni kitar parno nohhein   den pan furisizzan,
ni al*l*ero manno u*u*elih   ze demo mahale sculi.
35 dar scal er uora demo rihhe   az rahhu stantan,
pi daz er in uuerolti [er?]   kiu*u*erkot hap*e*ta.
   Daz hortih rahhon   dia uueroltrehtuuison,
daz sculi der antichristo   mit *E*liase pagan.
der uuarch ist kiuuafanit,   denne uu*i*rdit untar in uuic arhapan.
40 khenfun sin*t* so kreftic,   diu kosa ist so mihhil.
*E*lias stritit   pi den euuigon lip,
uuili den rehtkernon   daz rihhi kistarkan:
pidiu scal imo helfan   der himiles kiuualtit.
der antichristo   stet pi demo altfiante,
45 stet pi demo *S*atanase,   der inan uarsenkan *s*cal:
pidiu scal er in deru u*u*ic*s*teti   uunt piualla*n*
enti in demo sinde   sigalos uuerdan.
doh uuanit des u*i*lo... gotmanno,
*daz E*lias in demo uuige   aruuartit *uuerde*.
50 *so daz E*liases pluot   in erda kitriufit,
so inprinna*nt* die perga,   poum ni kistentit
enihc in erdu,   aha artrukne*nt*,
muor *v*ar*s*uuilhit sih,   suilizot lougiu der himil,
mano uallit,   prinnit mittilagart,
55 *s*ten ni kistentit,   uerit denne *s*tuatago in lant,
uerit mit diu uuiru   u*i*r*i*ho uuison:
*d*ar ni mac denne mak andremo   helfan uora demo muspille.
denne daz preita uuasal   allaz uarprinnit,
enti uuir enti luft   iz allaz arfurpit,
60 uuar ist denne diu marha,   dar man dar eo mit sinen magon piehc?
*d*iu marha ist farprunnan,   *diu* sela s*t*et pidungan,
ni u*u*eiz mit uuiu puaze: so uerit si za uuize.
   *P*idiu ist dem*o m*anne so guot,   denner ze demo mahale quimit,
da*z* er rahono u*u*eliha   reh*t*o arteile.

---

27 har& *Hs.*   28 uuenac *Hs.*   31 So *Hs.* mhal · *Hs.*   33 nikitar *Hs.*
34 alero *Hs.* uelih *Hs.* mahale, *das 1. a eingeflickt Hs.*   35Dar *Hs.* rihc | che *Hs.*
36 *Docen las* e: (eo), *e erloschen, 2. Buchstabe wohl Rest eines* r.   kiuer kotahap&a *Hs.*
38 anti·christo, o *deutlich Hs.*   39 uurdit · uuntar *Hs.* uuic, i < h *corr. Hs.*   40
sin *Hs.*   41 helias *Hs.* heuigon *Hs.*   42 daz | daz rihhi *Hs.* kistar · kan *Hs.*
cal *Hs.*   46 deruuc | ::eti (eti *nach Steinmeyer*) *Hs.*   46/47 piuallaenti *Hs.*
47 domo *Hs.*   48 Doh *Hs.* uula gotman | no *Hs.* (*keine Lücke Hs.*).   49 :: z *Hs.*
hlias *Hs.* uuerde *fehlt Hs.*   50 :::::z hliases *Hs.*   51 so *nicht erkennbar Hs.*
inprinnan *Hs.*   52 : nihc *Hs.* artruknnet *Hs.*   53 uor | :uuilhit *Hs.*   55
:ten ni kisten tit eikinerdu *Hs.* :tuatago *Hs.*   56 uiriho] ur | ho *Hs.*   57
Dar *Hs.*   58 varprennit *JGrimm* (*PBB 44, 502f.*).   59 uuir] uug¹r *Hs.*   60
dar heo *Hs.*   61 Diu *Hs.* diu sela] diu *fehlt Hs.* st & *Hs.*   62 niuiz *Hs.* so
ueurit si *Hs.* uuze *Hs.*   63 pidiu *Hs.* demanne *Hs.*   64 d:z *Hs.* ueliha *Hs.* reto *Hs.*

65 *denne* ni darf er sorgen,   *denne* er ze deru suonu qui*mit*.
ni u*u*eiz der uuenago man,   uuielihan uu*a*rtil er hab*et*,
denner mit den miaton   marrit d*a*z re*h*ta,
d*a*z der tiuual dar pi   kita*rn*it *s*tent*it*.
*d*er hap*et* in ruouu   rahono u*u*eliha,
70 daz der man *er enti* si*d*   upiles kifrumita,
daz er iz allaz kisaget,   denne er ze deru suonu quimit;
*n*i scolta sid manno *n*ohhein   miatun int*fa*han.
    So d*a*z himilisc*a* horn kilutit uuirdit,
enti sih der *suanari*   *ana den* sind arheuit
74ᵃ[der dar suannan scal   toten *e*nti lepenten],
75 *denne* heuit sih mit imo   herio meista,
daz ist allaz so pa*l*d,   daz imo nioman k*i*pagan ni mak.
*d*enne uerit er *ze deru* mahalsteti,   deru dar kimarchot ist:
*d*ar uuirdit d*i*u *suo*na,   die man dar io sageta.
denne uarant engila   uper *dio* marha,
80 uuechant deota,   uuissant ze dinge.
denne *sca*l mann*o* gilih   *fo*na deru moltu arsten.
lossan sih ar dero le*uuo* uazzon: scal imo auar sin lip piqueman,
daz er sin *reht* allaz   kirahhon muozzi,
enti imo after sinen tatin   art*eilit* u*u*erde.
85 denne der gisizzit,   der dar suonnan sc*a*l
enti arteillan scal   toten enti quekkhen,
*d*enne stet dar umpi   engilo menigi,
guotero gomono: gart ist s*o* mih*h*il:
d*a*ra quimit ze deru rihtungu so uilo   dia dar *ar resti* a*r*stent.
90 so dar manno nohhein   u*u*iht pimidan ni mak,
*d*ar sca*l* denne hant sprehhan,   houpit sagen,
allero *li*do uuelihc   unzi in den luzigun ui*n*ger,
u*u*az er unt*a*r desen mannun   *m*ordes kifrumita.
dar ni is*t* eo so lis*ti*c man   der dar iouuiht arliugan megi,

---

65 Dene *Hs.*   darf (*unterer Teil des* f *vorhanden*) *Hs.* dene *Hs.*   qui: | :t *Hs.*
66 niueiz (*mit ligaturartig. Verbindung* ue) *Hs.*   uu: | ::il *Hs. nach Steinm.,*
i jetzt verloschen. hab& *Hs.*   67 dz reta *Hs.*   68 Daz *Hs.* kita::::s ::::::
Hs.   69 :er hap& *Hs.* ueliha *Hs.*   70 er enti sid] *nur* t si *erkennbar;*
die Ergänzung paßt dem Raume nach. upiles (*rechte Hälfte vom* u *erhalten*)
Hs.   71 za *oder* ze *Hs.*   72 Ni *Hs.* mannohhein *Hs.* mi:tun *Hs.*   intfa-
han (*Steinm.*) *nicht lesbar. Der Rest der Zeile am oberen Rande von* 121ᵛ
unlesbar; Wiederholung des Textes der vorangehenden Zeile? Federproben
(*Steinm.*)? *s. MSD, DLZ 1897, Sprachdenkm.* 70.   73 Soᵈᵃᶻ *Hs. nach Docen,* daz
erloschen. himilisc: *Hs.*   74 der ::: na ::: *Hs.* ana den] *unleserlich, doch*
Raum dafür.   74ᵃ suannan *Hs.* toten::t::penten (*das letzte* t *unsicher*) *Hs.*
(74 *u.* 74ᵃ *Sprachdenkm.:* enti sih der ana den sind arheuit | der dar suannan scal;
74ᵃ *vgl. PBB* 35, *319ff.*)   75 Denne *Hs.*   76 kipgan *Hs.*   77 Denne *Hs.* er
ze de *Hs. nach Docen, jetzt nur* er *lesbar.*   78 d::::: | na *Hs.* io] hio *Hs.*   79
Denne uurant *Hs.* dio *unlesbar.*   81:::l manogilih *Hs.* f:na *Hs.*   82 ar
dero le ::: *Hs.* imo hauar *Hs.*   83 reht] *unlesbar, der* 1. *Buchstabe scheint* s *zu*
sein (*Steinm. z. Stelle*).   84 *vielleicht* siinen *Hs. zwischen* art *und* erde *nichts les-*
bar.   85 Denne *Hs.* sc:: *Hs.*   87 Denne *Hs.*   88 ist s:mih | ::: *Hs.*   89
:::a :uimit (: qimit *nicht wahrscheinlich*) *Hs.* uilo, o (*vielleicht aus* s) *corr., Hs.*
dar :::: | : stent (*Sprachdenkm. z. St.*) *Hs.*   90 nohhein (e < i *corr.*) *Hs.* uiʰt *Hs.*
91 dar scal, *nur* l *lesbar.*   92 aller: (a < u *corr.*) *Hs.* lido] :: do *Hs.* uiger *Hs.*
93 uaz *Hs.* unta : *Hs.* mannun (1. n < h *corr.*) *Hs.* mordes] : ordes *Hs.*   kifʳumita
Hs.   94 Dar ni is : heo so lis ::: *Hs.*   dar hiouuiht *Hs.*

95 daz er ki*tarnan megi* tato dehheina,
  niz al fora demo khuni*nge kichundit uu*erde,
  uzzan er iz mit alamusanu fur*imegi*
  enti mit fastun dio uirina kipuazti.
  denne der paldet der gipuazzit hap*et*,
99ᵃ*denner ze d*eru *suonu quimit.*
100 *uuird*it denne furi kitragan daz fro*no* chru*ci*,
  *dar der h*eligo Christ ana arhangan uu*ard*.
  denne augit er dio masun, dio er in deru m*enniski anfenc*,
  dio er duruh desse mancunnes minna far*doleta*.

XXXI. SEGENSFORMELN.

1. Die Merseburger Zaubersprüche.

a. Eiris sazun idisi, sazun hera duoder.
  suma hapt heptidun, suma heri lezidun,
  suma clubodun umbi cuoniouuidi:
  insprinc haptbandun, inuar uigandun.
5 b. Phol ende uuodan uuorun zi holza.
  du uuart demo balderes uolon sin uuoz birenkit.
  thu biguol en sin*th***gunt, sunna era suister;**
  thu biguol en friia, uolla era suister;
  thu biguol en uuodan, so he uuola conda:
10 **sose benrenki, sose bluotrenki,**
  sose lidirenki:
  ben zi bena, bluot zi bluoda,
  lid zi geliden, sose gelimida sin.

2. Der Wiener Hundesegen.

Christ uuart gaboren êr uuolf ode di*ob.* do uuas s͞ce marti christas hirti.
der heiligo christ unta s͞ce marti, der gauuerdo uualten hiuta dero hunto,
dero zohono, daz in uuolf noh uulpa za scedin uuerdan ne megi, se uuara se
geloufan uualdes ode uueges ode heido.
5 Der heiligo christ unta s͞ce marti de frumma mir sa hiuto alla hera heim
gasunta.

3. Lorscher Bienensegen.

Kirst, imbi ist hucze! nu fluic du, uihu minaz, hera
fridu frono in godes munt heim zi comonne gisunt.

---

96 kʰunin: *Hs. von* 96b *nur* erde *lesbar.* 97 fur ::::: *Hs.* (furiuiegi *verm.*
Steinm.) 98 dio (o < u *corr.*) *Hs.* uurina *Hs.* kipuazti *Hs.* 99 Denne *Hs.*
der paldet *nicht lesbar.* hap & *Hs.* 99ᵃ *vom folg. nur lesbar* Denne: zed :::
Hs. 100 ::::::it denne *Hs.* fro:::h:::: *Hs.* 101 *nur* eligo christ *in der 1.*
Halbzeile lesbar. uuard] uu:: *Hs.* 102 denne augit er *erloschen Hs. 2. Halb-*
zeile *nur* dio er in deru m *lesbar.* 103 *nach kaum lesbarem* far *nichts mehr erkennbar.*
  Zu XXXI, 1] 4 uigandun . H . *Hs.* 5 Pʰol *Hs. (kleineres h nachträglich*
übergeschrieben). 6 birenkict *Hs. (zwischen c und t ein s radiert?).* 7 sinht-
gunt *Hs. Zu* 2] 1 deiob *Hs., dahinter vielleicht* uuari *zu ergänzen (vgl. dazu*
Sievers in den 'Aufsätzen z. Sprach- u. Literaturgesch.' 1920, S. 159). 5 frü|ma *Hs.*
Zu 3] 1 huce, z *über* c *geschrieben Hs.* foluic *oder* fduic *Hs.* (fl *aus* d *korr., es war zu-*
erst *du geschrieben, Piper), das* i *ist zwischen* u *und* c *nachgetragen, vgl.* fluc *V. 4.*
2 in munt godes gisunt heim zi comonne *Hs.* – nū fluic dū fridu frōno, | | vihu
minaz, in godes munt | hera heim zi comonne gisunt. *v. Unwerth, PBB 42, 118.*

sizi, sizi, bina: inbot dir sancte maria.
hurolob ni habe du: zi holce ni fluc du,
5 noh du mir nindrinnes,   noh du mir nintuuinnest.
sizi uilu stillo,   vuirki godes uuillon.

4. Pro Nessia.

Gang uz, Nesso,   mit niun nessinchilinon,
uz fonna marge in deo adra,   vonna den adrun in daz fleisk,
fonna demu fleiske in daz fel,   fonna demo velle in diz tulli.
Ter pater noster.

4.a Contra vermes.

Gang ût, nesso,   mid nigun nessiklinon,
ût fana themo margę an that ben,   fan themo bene an that flesg,
ut fan themo flesgke an thia hud,   ût fan thera hud an thesa strala.
Drohtin, uuerthe so.

5. Ad signandum domum contra diabolum.

Uuola, uuiht, taz tu uueist,   taz tu uuiht heizist,
Taz tu neuueist noch nechanst   cheden chnospinci.

6. Strassburger Blutsegen.

a) Genzan unde Jordan   ke¹ken sament sozzon.
    to versoz Genzan   Jordane te situn.
    to verstont taz plot.   verstande tiz plot.
    stant plot,   stant plot fasto!
b) Vro unde Lazakere   ke¹ken molt petritto
c) Tumbo saz in berke   mit tumbemo kinde enarme.
    tumb hiez der berch   tumb hiez daz kint:
    ter heilego Tumbo   uersegene tivsa uunda
                Ad stringendum sanguinem.

6a. Bamberger Blutsegen.

a) Crist unte iudas spíliten mit spîeza. do wart
    der heiligo xrist vnd insine sîton. do nâmer
    den dvmen. unte uordûhta se uorna. So uerstant
    du bluod. sóse iordanis áha uerstunt. do der
5   heiligo iohannes den heilanden crist in íro
    tovfta. daz dir zobvza.
b)   Crist wart hi erden wnt.
            daz wart da ze himele chunt.
            izne blŏtete. noh ne svar.
            noch nechein eiter ne bar.
5   taz was ein file gŏte stunte.
            heil sis tu wnte.
    In nomine ih'u xpi. daz dir ze bvze. Pater noster.
    ter. Et addens hoc item ter. Ich besuere dich bi den

Zu XXXI, 6] 4 stand plot fasto *in der Hs. hinter b, von Heusler* (Anz. 22, 252)
vorangestellt.   5 fold petretton *Kögel.*   6 kint de narme *Hs.*   7 heiz *Hs.*
Die Besserungen nach J. Grimm.

heiligen fûf wnten. heil sis tu wnde. *et* Per patrem.
et filium. et spiritum scm̄. fiat. fiat. Am*en*.

7. Ad equum errẹhet.

Man gieng after wege,
zoh sin ros in handon;
do begagenda imo min trohtin
mit sinero arngrihte.

5 'wes, man, gestu?
zu neridestu?'
»waz mag ih riten?
min ros ist errẹhet.«

'Nu ziuhez da bi fiere,
10 tu rune imo in daz ora,
drit ez an den cesewen fuoz:
so wirt imo des errẹheten buoz.'

Pater noster. et terge crura eius et pedes, dicens: 'also sciero werde disemo
– cuiuscumque coloris sit, rot, suarz, blanc, ualo, grisel, feh – rosse des errẹheten
15 buoz, samo demo got da selbo buozta.'

8. Gegen Fallsucht.

P

Contra caducum morbum. | Ac-
cede ad infirmum iacentem. et a si-
nistro | vsque ad dextrum latus
spacians, sicque super eum stans dic
ter:
Donerdutigo. | dietewigo.

do quam des tiufeles sun. uf adames
bruggon. unde | sciteta einen stein
ce wite. do quam der adames sun.
unde sluoᵹ | des tiufeles sun zuo
zeinero studon.
Petrus gesanta. Paulum sinen |
bruoder da zer aderuna. aderon fer-
bunde pontum patum. ferstiez | er
den satanan. also tuon ih dih un-
reiner athmo. fon disimo | christenen
lichamen. also sciero werde buoz.
disemo christenen | lichamen. so
sciero so ih mit den handon. die erdon beruere.
et | tange terram utraque manu.
et dic pater noster. Post hẹc tran-
silias ad dextram | et dextro pede
dextrum latus eius tange et dic: 25

M

5

Doner dutiger *pro* cadente mor*bo* |
| diet mahtiger
stuont uf der | adamez prucche
schitota den | stein zemo wite. stuont
10 | des adamez zun. unt | sloc den
tieueles zun. | zu der studein.

Sant pet*er* | sante zinen pruder
pau|len daz er arome adren | fer-
15 bunte. frepunte den | paten. frige-
zeden samath friwize dih unreiner
atem. | fon disemo menesche*n*

zo sci|ero zo diu hant wentet zer |
20 erden.

Zu XXXI, 8] 14 *Scherer vermutet* ci Rome.   16 samath] *Müllenhoff schlägt
vor* sama ih.

'stant uf! waz was | dir. got der
gebot dir ez.' hoc ter fac. et mox   ter cum pater noster.
uidebis infirmum | surgere sanum.

9. Weitere niederdeutsche Formeln.

A. Aus Wien.

De hoc quod spurihalz dicunt.

Primum pater noster.

Visc flot aftar themo uuatare, uerbrustun sina uetherun: tho gihelida ina
use druhtin. The seluo druhtin, thie thena uisc gihelda, thie gihele that hers
theru spurihelti. Amen.

B. Aus Trier.

1. Ad catarrum dic:

Crist uuarth giuund: tho uuarth he hel gi ok gisund,
that bluod forstuond: so duo thu bluod.

Amen ter.   Paternoster ter.

2. Incantacio contra equorum egritudinem quam nos dicimus spurihalz.

Quam Krist endi sancte Stephan zi ther burg zi Saloniun; thar uuarth
sancte Stephanes hros entphangan. Soso Krist gibuozta themo sancte Stephanes
hrosse thaz entphangana, so gibuozi ihc it mid Kristes fullesti thessemo hrosse.
5 Paternoster.

Uuala Krist thu geuuertho gibuozian thuruch thina gnatha thessemo hrosse
thaz antphangana atha thaz spurialza, sose thu themo sancte Stephanes hrosse
gibuoztos zi thero burg Saloniun Amen.

XXXII. AUS OTFRIDS EVANGELIENBUCH.

1. Ludouuico orientalium regnorum regi sit salus aeterna.

Lúdouuig ther snéllo,   thes uuísduames fóllo,
  er óstarrichi ríhtit ál,   so Fránkono kúning sca   L;
Vbar Fránkono lant   so gengit éllu sin giuualt,
  thaz ríhtit, so ih thir zéllu,   thiu sin giuuált ell   V.
5 Thémo si íamer héili   ioh sálida giméini,
  druhtin hóhe mo thaz gúat   ioh freuue mo émmizen thaz múa   T,
Hóhe mo gimúato   io allo zíti guato!
  er állo stunta fréuue sih!   thes thígge io mánno gili   H.
O'ba ih thaz iruuéllu,   theih sinaz lób zellu,
10   zi thíu due stúnta mino,   theih scribe dáti sin   O:
V'bar mino máhti   so íst al thaz gidráhti:
  hóh sint, so ih thir zéllu,   thiu sinu thíng ell   V.
Vuanta er ist édil Franko,   uuísero githánko,
  uuísera rédinu: thaz dúit er al mit ébin   V.
15 In sínes selbes brústi   ist hérza filu físti,
  mánagfalto gúati: bi thiu ist sínen er gimúat   I.

Zu XXXI, 9, A 3 thiru Hs. B 2] 1 Für sancte stets scē Hs. stpehan Hs.   1 sa-
loniuⁿ Hs.   2 stephañ Hs.   3 hro Hs.   6 stphanes Hs.

Cléinero githánko   so íst ther selbo Fránko,
  so íst thér selbo édilinc: ther héizit auur Lúdouui   **C.**
Ofto in nóti er uuas in uuár: thaz biuuánkota er sár
20 mit gótes scirmu scíoro   ioh hárto filu zíor   **O.**
O'ba iz uuard iouuánne   in not zi féhtanne,
  so uuas er ío thero rédino   mit gótes kreftin óbor   **O.**
Riat gót imo ofto in nótin,   in suaren árabeitin;
  gigiang er in zála uuergin thár,   druhtin hálf imo sá   **R.**
25 In nótlichen uuérkon: thes scal er góte thankon.
  thes thánke ouh sin gidígini   ioh únsu smahu nídir   **I.**
Er uns ginádon sinen ríat,   thaz súlichan kúning uns gihíalt:
  then spár er nu zi líbe   uns állen io zi líab   **E.**
Nu níazen uuir thio gúati   ioh frídosamo zíti
30 sínes selbes uuérkon: thes sculun uuir góte thanko   **N.**
Thes mánnilih nu gérno   gináda sina férgo;
  fon gót er múazi haben múnt   ioh uuesan lángo gisun   **T.**
A'llo ziti gúato   so léb er io gimúato,
  ioh bimíde io zála,   thero fíanto fár   **A.**
35 Lángo, líobo druhtin mín,   láz imo thie dága sin,
  súaz imo sin líb al,   so man gúetemo sca   **L!**
In ímo irhugg ih thráto   Dauídes selbes dáto:
  er selbo thúlta ouh nóti   iú manago árabeit   **I.**
Vuant ér uuolta mán sin   (thaz uuard síd filu scín),
40 thégan sin in uuáru   in mánegeru zál   **V.**
Manag léid er thúlta,   unz thaz tho gót gihangta;
  ubaruuánt er sid thaz frám,   so gotes thégane giza   **M.**
Ríat imo io gimúato   sélbo druhtin gúato,
  thaz ságen ih thir in alauuár   sélbo maht iz lésan tha   **R.**
45 E'igun uuir thia gúati,   gilicha théganheiti
  in thésses selben múate   zi mánagemo gúat   **E.**
Giuuísso, thaz ni híluh thih,   thúlta therer sámalih
  árabeito ginúag,   mit thulti samą iz ouh firdrúa   **G.**
Ni liaz er ímo thuruh tház   in themo múate then ház:
50 er mit thúlti, sǫ er bigán,   al thie fíanta uberuuá   **N.**
Obą es íaman bigan,   tház er uuidar ímo uuan:
  scírmtą imo io gilícho   druhtin líoblich   **O.**
Ríat imo ío in nótin,   in suuaren árabeitin,
  gilihtą im éllu sinu iár,   thiu nan thúhtun filu suá   **R,**
55 V'nz er nan giléitta,   sin ríchi mo gibréitta.
  bi thiu mág er sin in áhtu   théra Dauídes slaht   **V.**
Mit so sámeliche   so quám er ouh zi ríche;
  uuas gotes drút er filu frám: so uuard ouh thérer, so giza   **M.**
Ríhta gener scóno   thie gótes liutą in frono:
60 so duit ouh thérer ubar iár,   sǫ iz gote zímit, tház ist uuá   **R,**
E'mmizen zi gúate,   io héilemo múate
  fon iáre zi iáre,   thaz ságen ih thįr zi uuár   **E.**
Gihialt Dauíd thuruh nót   thaz imo drúhtin gibót,
  ioh gifásta sinu thíng,   ouh selb thaz ríhį al umbirín   **G:**
65 In thésemo ist ouh scínhaft,   so fram sǫ inan lázit thiu craft,
  thaz ér ist io in nóti   gote thíonont   **I;**

Selbaz ríchi sinaz ál   rihtit scóno sosọ er scál,
  ist éllenes gúates   ioh uuola quékes muate   S.
Ia farent uuánkonti   in ánderen bi nóti
70 thisu kúningrichi   ioh iro gúallich   I:
Thoh habet thérer thuruh nót,   so druhtin sélbo gibót,
  thaz fíant uns ni gáginit,   thiz fásto binágili   T,
Símbolon bispérrit,   uns uuídaruuert ni mérrit:
  sichor múgun sin uuir thés;   lángo niaz er líbe   S!
75 A'llo zíti, thio the sín,   Kríst lóko mo thaz múat sin,
  bimídẹ ouh allo pína!   got freuue séla sin   A!
Lang sin dága sine   zi themọ éuuinigen líbe!
  bimíde ouh zálono fál,   thaz uuir sin sichor ubará   L!
Vuánta thaz ist fúntan,   unz uuir háben nan gisúntan,
80 thaz lében uuir, sọ ih méinu,   mit fréuui ioh mit héil V
Símbolon gimúato   ioh eigun zíti guato.
  niaz ér ouh mámmuntes,   ni brestẹ in éuuon imo thé   S!
A'llen sinen kíndon   si ríchiduam mit mínnon,
  si zi góte ouh mínna   thera selbun kúninginn   A!
85 E'uuiniga drútscaf   niazen sẹ íamer, sosọ ih quád,
  in hímele zi uuáre   mit Lúdouuige thár   E!
Themo díhton ih thiz búah;   oba er hábet iro rúah,
  ódo er thaz giuuéizit,   thaz er sa lésan heizi   T:
Er híar in thesen rédion   mag hóren euangélion,
90 uuaz Kríst in then gibíete   Fránkono thíet   E.
Régula therero búachi   uns zeigot hímilrichi:
  thaz nieze Lúdouuig io thar   thiu éuuinigun gótes ia R!
Níazan múazi thaz sin múat   io thaz éuuiniga gúat!
  thár ouh íamer, druhtin mín,   láz mih mit ímo si   N!
95 A'llo ziti gúato   léb er thar gimúato,
  inliuhtẹ imọ ío thar, uuúnna,   thiu éuuiniga súnn   A!

2. Zuschrift an Erzbischof Liutbert von Mainz.

Dignitatis culmine gratia divina praecelso Liutberto Mogontia-
censis urbis archiepiscopo Otfridus quamvis indignus tamen devo-
tione monachus presbyterque exiguus aeternae vitae gaudium
optat semper in Christo.

Vestrae excellentissimae prudentiae praesentis libri stilum comprobare
transmittens, in capite causam, qua illum dictare praesumpsi, primitus vobis
enarrare curavi, ne ullorum fidelium mentes, si vilesceret, vilitatis meae
praesumtioni deputare procurent. Dum rerum quondam sonus inutilium pulsa-
5 ret aures quorundam probatissimorum virorum, eorumque sanctitatem laico-
rum cantus inquietaret obscenus, a quibusdam memoriae dignis fratribus
rogatus, maximeque cuiusdam venerandae matronae verbis nimium flagitantis,
nomine Iudith, partem evangeliorum eis theotisce conscriberem, ut aliquantulum huius cantus lectionis ludum secularium vocum deleret, et in evangelio-
10 rum propria lingua occupati dulcedine, sonum inutilium rerum noverint
declinare: petitioni quoque iungentes queremoniam, quod gentilium vates, ut
Virgilius, Lucanus, Ovidius caeterique quam plurimi suorum facta decorarent

lingua nativa, quorum iam voluminum dictis fluctuare cognoscimus mundum;
nostrae etiam sectae probatissimorum virorum facta laudabant Iuvenci, Ara-
toris, Prudentii caeterorumque multorum, qui sua lingua dicta et miracula 15
Christi decenter ornabant; nos vero, quamvis eadem fide eademque gratia
instructi, divinorum verborum splendorem clarissimum proferre propria lingua
dicebant pigrescere. Hoc dum eorum caritati, importune mihi instanti, negare
nequivi, feci, non quasi peritus, sed fraterna petitione coactus: scripsi namque
eorum precum suffultus iuvamine evangeliorum partem francisce compositam, 20
interdum spiritalia moraliaque verba permiscens, ut, qui in illis alienae linguae
difficultatem horescit, hic propria lingua cognoscat sanctissima verba, deique
legem sua lingua intellegens, inde se vel parum quid deviare mente propria
pertimescat. Scripsi itaque in primis et in ultimis huius libri partibus inter
quatuor evangelistas incedens medius, ut modo quid iste, quidve alius caeterique 25
scriberent, inter illos ordinatim, prout potui, penitus pene dictavi. In medio
vero, ne graviter forte pro superfluitate verborum ferrent legentes, multa et
parabularum Christi, et miraculorum eiusque doctrinae, quamvis iam fessus
(hoc enim novissime edidi [P]), ob necessitatem tamen praedictam pretermisi
invitus, et non iam ordinatim, ut caeperam, procuravi dictare, sed qualiter 30
meae parvae occurrerunt memoriae. Volumen namque istud in quinque libros
distinxi, quorum primus nativitatem Christi memorat, finem facit baptismo
doctrinaque Iohannis. Secundus iam accersitis eius discipulis refert, quomodo
se et quibusdam signis et doctrina sua praeclara mundo innotuit. Tertius
signorum claritudinem et doctrinam ad Iudaeos aliquantulum narrat. Quartus 35
iam qualiter suae passioni propinquans pro nobis mortem sponte pertulerit
dicit. Quintus eius resurrectionem, cum discipulis suam postea conlocutionem,
ascensionem et diem iudicii memorat. Hos, ut dixi, in quinque, quamvis
evangeliorum libri quatuor sint, ideo distinxi, quia eorum quadrata aequalitas
sancta nostrorum quinque sensuum inaequalitatem ornat, et superflua in nobis 40
quaeque non solum actuum, verum etiam cogitationum vertunt in elevationem
caelestium. Quicquid visu, olfactu, tactu, gustu, audituque delinquimus, in
eorum lectionis memoria pravitatem ipsam purgamus. Visus obscuretur inutilis,
inluminatus evangelicis verbis; auditus pravus non sit cordi nostro obnoxius;
olfactus et gustus sese a pravitate constringant Christique dulcedine iungant, 45
cordisque praecordia lectiones has theotisce conscriptas semper memoria
tangent.

Huius enim linguae barbaries, ut est inculta et indisciplinabilis, atque
insueta capi regulari, freno grammaticae artis, sic etiam in multis dictis scriptu
est propter literarum aut congeriem aut incognitam sonoritatem difficilis. Nam 50
interdum tria u u u, ut puto, quaerit in sono, priores duo consonantes ut mihi
videtur, tertium vocali sono manente; interdum vero nec a, nec e, nec i, nec u
vocalium sonos praecavere potui, ibi y grecum mihi videbatur ascribi. Et
etiam hoc elementum lingua haec horrescit interdum, nulli se caracteri aliquotiens in quodam sono, nisi difficile, iungens. K et z sepius haec lingua extra 55
usum latinitatis utitur, quae grammatici inter litteras dicunt esse superfluas.
Ob stridorem autem interdum dentium, ut puto, in hac lingua z utuntur,
k autem ob fautium sonoritatem. Patitur quoque metaplasmi figuram nimium,
non tamen assidue, quam doctores grammaticae artis vocant sinalipham, et

---

25 ut] et (?) *Erdmann.*   29 *Das in dieser Zeile Eingeklammerte ist in V aus-*
radiert.   47 tangant (?) *Erdm.* (*vgl. Jb.* 1902, 59).   49 *Graff,* scripto *Hss.,*
scriptio *Erdm.*

60 hoc nisi legentes praevideant, rationis dicta deformius sonant, literas interdum
scriptione servantes, interdum vero ebraicae linguae more vitantes, quibus
ipsas litteras ratione sinaliphae in lineis, ut quidam dicunt, penitus amittere
et transilire moris habetur; non quo series scriptionis huius metrica sit subtili-
tate constricta, sed schema omoeoteleuton assidue quaerit. Aptam enim in
65 hac lectione et priori decentem et consimilem quaerunt verba in fine sonoritatem et non tantum per hanc inter duas vocales, sed etiam inter alias literas
saepissime patitur conlisionem sinaliphae; et hoc nisi fiat, extensio sepius
literarum inepte sonat dicta verborum. Quod in communi quoque nostra
locutione, si sollerter intendimus, nos agere nimium invenimus. Quaerit enim
70 linguae huius ornatus, et a legentibus sinaliphae lenem et conlisionem lubricam
praecavere, et a dictantibus omoeoteleuton, id est consimilem verborum ter-
minationem, observare. Sensus enim hic interdum ultra duo, vel tres versus,
vel etiam quattuor in lectione debet esse suspensus, ut legentibus, quod lectio
signat, apertior fiat. Hic sepius i et o ceteraeque similiter cum illo vocales
75 simul inveniuntur inscriptae, interdum in sono divisae vocales manentes, interdum coniunctae, priore transeunte in consonantium potestatem. Duo etiam
negativi, dum in latinitate rationis dicta confirmant, in huius linguae usu pene
assidue negant, et quamvis hos interdum praecavere valerem, ob usum tamen
cotidianum, ut morum se locutio praebuit, dictare curavi. Huius enim linguae
80 proprietas nec numerum, nec genera me conservare sinebat. Interdum enim
masculinum latinae linguae in hac feminino protuli, et cetera genera necessarie
simili modo permiscui; numerum pluralem singulari, singularem plurali variavi,
et tali modo in barbarismum et soloecismum sepius coactus incidi. Horum
supra scriptorum omnium vitiorum exempla de hoc libro theotisce ponerem,
85 nisi inrisionem legentium devitarem; nam dum agrestis linguae inculta verba
inseruntur latinitatis planitiae, cachinnum legentibus prebent. Lingua enim
haec velut agrestis habetur, dum a propriis nec scriptura, nec arte aliqua ullis
est temporibus expolita: quippe qui nec historias suorum antecessorum, ut
multae gentes caeterae, commendant memoriae, nec eorum gesta vel vitam
90 ornant dignitatis amore. Quod si raro contigit, aliarum gentium lingua, id est
latinorum vel grecorum, pótius explanant; cavent aliarum et deformitatem non
verecundant suarum. Stupent in aliis vel litterula parva artem transgredi, et
pene propria lingua vitium generat per singula verba. Res mira tamen magnos
viros, prudentia deditos, cautela praecipuos, agilitate suffultos, sapientia latos,
95 sanctitate praeclaros cuncta haec in alienae linguae gloriam transferre, et
usum scripturae in propria lingua non habere. Est tamen conveniens, ut
qualicumque modo, sive corrupta, seu lingua integrae artis, humanum genus
auctorem omnium laudent, qui plectrum eis dederat linguae, verbum in eis
suae laudis sonare, qui non verborum adulationem politorum, sed quaerit in
100 nobis pium cogitationis affectum operumque pio labore congeriem, non labro-
rum inanem servitiem.
　　　Hunc igitur librum vestrae sagaci prudentiae probandum curavi trans-
mittere, et quia a Rhabano venerandae memoriae, digno vestrae sedis quondam
praesule, educata parum mea parvitas est, praesulatus vestrae dignitati sapien-
105 tiaeque in vobis pari commendare curavi. Qui si sanctitatis vestrae placet
optutibus, et non deiciendum iudicaverit, uti licenter fidelibus vestra auctoritas
concedat: sin vero minus aptus parque meae neglegentiae paret, eadem vene-

---

70 *Erdm.*, lenam *Hss.*　　78 hos] *vgl. Jellinek, O.'s grammat. Bemerkungen S. 8
Anm. 2

randa sanctaque contempnet auctoritas. Utriusque enim facti causam arbitrio
vestro decernendam mea parva commendat humilitas.
110 Trinitas summa unitasque perfecta cunctorum vos utilitati multa tempora
incolomem rectaque vita manentem conservare dignetur. Amen.

3. Salomoni episcopo Otfridus.

Si sálida gimúati	Sálomones gúati,	
ther bíscof ist nu édiles	Kóstinzero sédale	S!
Allo gúati gidúe, thio sín,	thio bíscofa er thar hábetin,	
ther ínan zi thiu giládota,	in hóubit sinaz zuíualt	A!
5 Lékza ih therera búachi	iu sentu in Suábo rihi,	
thaz ir irkíaset ubarál,	oba siu frúma uuesan sca	L.
Oba ir hiar fíndet iauuiht thés	thaz uuírdig ist thes lésannes:	
iz iuer húgu iruuállo,	uuísduames fóll	O.
Mir uuárun thio io uuízzi	iu ófto filu núzzi,	
10 íueraz uuísduam:	thes duan ih míhilan rua	M.
O'fto irhugg ih múates	thes mánagfalten gúates,	
thaz ír mih lértut hárto	íues selbes uuórt	O.
Ni thaz míno dohti	giuuérkon thaz io móhtin,	
odo in thén thingen	thio húldi so gilángo	N:
15 Iz datun gómaheiti,	thio íues selbes gúati,	
íueraz giráti,	nales míno dat	I.
E'mmizen nu ubarál	ih druhtin férgon scal,	
mit lón er iu iz firgélte,	ioh sínes selbes uuórt	E
Páradyses résti	gébe iu zi gilústi	
20 (ungilónot ni biléip	ther gotes uuízzode klei	P);
In hímilriches scóne	so uuérde iz iu zi lóne	
mit géltes ginúhti,	thaz ír mir datut zúht	I.
Sínt in thesemo búache,	thes gómo theheiner rúache,	
uuórtes odo gúates,	thaz lích iu iues múate	S:
25 Chéret thaz in múate	bi thia zúhti iu zi gúate,	
ioh zellet tház ana uuánc	al in íuuueran than	C.
Ofto uuírdit, oba gúat	thes mannes iúngero giduat,	
thaz es líuuit thráto	ther zúhtari gúat	O.
Pétrus ther rícho	lono iu es blídlicho,	
30 themo zi Rómu druhtin gráp	ioh hús inti hóf ga	P.
O'bana fon hímele	sént iu io zi gámane	
sálida gimy'ato	selbo Kríst ther gúat	O!
Oba ih irbálden es gidár,	ni scal ih firlázan iz ouh ál,	
nub ih io bí iuih gerno	gináda sina férg	O,
35 Thaz hóh er iuo uuírdi	mit sínes selbes húldi,	
ioh iu féstino in thaz múat	thaz sinaz mánagfalta gúa	T;
Firlíhe iu sines ríches,	thes hohen hímilriches,	
bi thaz ther gúato hiar io uuíaf	ioh émmizen zi góte ria	F;
Ríhte íue pédi thara frúa,	ioh míh gifúage tharazúa,	
40 tház uuir unsih fréuuen thar	thaz gotes éuuiniga iá	R,
In hímile unsih blíden,	thaz uuízi uuir bimíden;	
ioh dúe uns thaz gimúati	thúruh thio síno guat	I!

109 *Erdm.*, decernendum *Hss.*

Dúe uns thaz zi gúate   blídemo múate!
  mit héilu er gibóran uuard,   ther io thia sálida thar fan   **D,**
45 Vuanta es ni brístit furdir   (thes gilóube man mír),
  nirfréuue sih mit múatu   íamer thar mit gúat   **U.**
Sélbo Krist ther guato   firlíche uns hiar gimúato,
  uuir íamer fro sin múates   thes éuuinigen gúate   **S!**

LIBER EVANGELIORUM PRIMUS.

4. I, 1. Cur scriptor hunc librum theotisce dictaverit.

Vuas líuto filu in flíze,   in managemo ágaleize,
  si thaz in scríp gicleiptin   thaz sie iro námon breittin;
Sie thés in io gilícho   flizzun gúallicho,
  in búachon man giméinti   thio iro chúanheiti.
5 Tharána dátun sie ouh thaz dúam: óugdun iro uuísduam,
  óugdun iro cléini   in thes tíhtonnes reini.
Iz ist ál thuruh nót   so kléino girédinot
  (iz dúnkal eigun fúntan,   zisámane gibúntan),
Sie ouh in thíu gisagetin,   thaz then thio búah nirsmáhetin,
10   ioh uuól er sih firuuésti,   then lésan iz gilústi.
Zi thiu mág man ouh ginóto   mánagero thíoto
  hiar námon nu gizéllen   ioh súntar ginénnen.
Sar Kríachi ioh Románi   iz máchont so gizámi,
  iz máchont sie al girústit,   so thíh es uuola lústit:
15 Sie máchont iz so réhtaz   ioh so fílu sléhtaz,
  iz ist gifuagit al in éin   selp so hélphantes béin.
Thie dáti man giscríbe,   theist mannes lúst zi líbe;
  nim góuma thera díhtta,   thaz húrsgit thina dráhta:
Ist iz prósun slihti,   thaz drénkit thih in ríhti,
20   odo métres kléini,   theist góuma filu réini.
Sie dúent iz filu súazi,   ioh mézent sie thie fúazi
  thie léngi ioh thie kúrti,   theiz gilústlichaz vuúrti.
E'igun sie iz bithénkit,   thaz síllaba in ni uuénkit,
  sies állesuuio ni rúachent,   ni so thie fúazi suachent,
25 Ioh állo thio zíti   so záltun sie bi nóti;
  iz mízit ana bága   al io súlih uuaga.
Yrfúrbent sie iz réino   ioh hárto filu kléino,
  selb so mán thuruh nót   sinaz kórn reinot.
Ouh selbun búah frono   irréinont sie so scóno:
30   thar lisist scóna gilust   ána theheiniga ákust.
Nu es fílu manno inthíhit,   in sína zungun scríbit,
  ioh ílit, er gigáhe,   thaz sínaz io gihóhe:
Uuánana sculun Fráncon   éinon thaz biuuánkon,
  ni sie in frénkisgon bigínnen,   sie gótes lób singen?
35 Níst si so gesúngan,   mit régulu bithuúngan,
  si hábet thoh thia ríhti   in scóneru slíhtti.
I'li du zi nóte,   theiz scóno thoh gilute.
  ioh gótes uuizod thánne   tharána scono helle;
Tház tharana sínge,   iz scóno man ginenne;
40   in themo firstantnisse   uuir giháltan sin giuuísse.

Thaz láz thir uuesan súazi:　　so mézent iz thie fúazi,
　　zit ioh thiu régula;　　so ist gótes selbes brédiga.
Vuil thú thes uuola drábton,　　thu métar uuolles áhton,
　　in thína zungun uuirken dúam,　　ioh sconu uérs uuolles dúan:
45 Il io gótes uuillen　　állo ziti irfúllen:
　　so scribent gótes thégana　　in frénkisgon thie regula;
In gótes gibotes súazi　　laz gángan thine fúazi,
　　ni laz thir zít thes ingán:　　theist sconi férs sar gidán.
Díhto io thaz zi nóti　　theso séhs ziti,
50　　thaz thú thih so girústes,　　in theru síbuntun giréstes.
Thaz Krístes uuort uns ságetun,　　ioh drúta sine uns zélitun,
　　bifora lázu ih iz ál,　　so ih bi réhtemen scal;
Uuánta sie iz gisúngun　　hárto in édilzungun,
　　mit góte iz allaz ríatun,　　in uuérkon ouh gizíartun.
55 Theist súazi ioh ouh núzzi,　　inti lérit unsih uuízzi,
　　hímilis gimácha.　　bi thiu ist thaz ánder racha.
Ziu sculun Fránkon, so ih quád,　　zi thiu éinen uuesan úngimah,
　　thie líut es uuiht ni duáltun,　　thie uuir hiar óba zaltun?
Sie sint so sáma chuani　　sélb so thie Románi:
60　　ni thárf man thaz ouh rédinon,　　thaz Kríachi in thes giuuídaron.
Sie éigun in zi núzzi　　so sámalicho uuízzi
　　(in félde ioh in uuálde　　so sint sie sáma balde),
Ríhiduam ginúagi,　　ioh sint ouh fílu kuani,
　　zi uuáfane snelle　　so sínt thie thégana alle.
65 Sie búent mit gizíugon,　　ioh uuarun io thes giuuón,
　　in gúatemo lante:　　bi thiu sint sie únscante.
Iz ist fílu feizit　　(hárto ist iz giuuéizit)
　　mit mánagfalten éhtin:　　níst iz bi unsen fréhtin.
Zi núzze grébit man ouh thár　　ér inti kúphar,
70　　ioh bi thía meina　　ísine steina:
Ouh thárazua fúagi　　sílabar ginúagi,
　　ioh lésent thar in lánte　　góld in iro sante.
Si sint fástmuate　　zi mánagemo guate,
　　zi mánageru núzzi:　　thaz dúent in iro uuízzi.
75 Sie sint fílu rédie　　sih fíanton zirrettinne;
　　ni gidúrrun sies bigínnan:　　sie éigun se ubaruúnnan.
Líut sih in nintfúarit,　　thaz iro lánt ruarit,
　　ni sie bi iro gúati　　in thíonon io zi noti;
Ioh ménnisgon álle,　　ther sé iz ni unterfálle
80　　(ih uueiz, iz gót uuorahta),　　al éigun se iro forahta.
Nist líut thaz es bigínne　　thaz uuidar ín ringe:
　　in éigun si iz firméinit,　　mit uuáfanon gizéinit.
Sie lértun sie iz mit suuérton,　　nálas mit then uuórton,
　　mit spéron filu uuásso:　　bi thiu fórahten sie se nóh so.
85 Ni si thíot, thaz thes gidráhte,　　in thiu iz mit ín fehte,
　　thoh Médi iz sin ioh Pérsi,　　núb in es thiu uuírs si.
Lás ih iu in alauuár　　in einen búachon, ih uueiz uuár,
　　sie in síbbu ioh in áhtu　　sin Alexándres slahtu,

Ther uuórolti so githréuuita,   mit suértu sią al gistréuuita
90   úntar sinen hánton   mit fílu herten bánton;
Ioh fánd in theru rédinu,   tház fon Macedóniu
     ther líut in gibúrti   giscéidiner uuúrti.
Nist untar ín thaz thúlte,   thaz kúning iro uuálte,
     in uuórolti nihéine,   ni si thíe si zugun héime,
95 Odo in érdringe   ánder thes bigínne
     in thihéinigemo thíete,   thaz ubar síe gibíete.
Thes éigun sie io núzzi   in snélli ioh in uuízzi:
     nị intrátent sie nihéinan   unz se ínan eigun héilan.
Er ist gizál ubarál   io so édilthegan skál,
100   uuíser inti kúani: thero éigun sie ío ginúagi,
Uuéltit er githíuto   mánagero líuto,
     ioh zíuhit er se réine,   selb so síne heime.
Ni sínt thie ímo ouh derien,   in thiu nan Fránkon uuerien,
     thie snélli sine irbiten,   thaz síe nan umbiriten.
105 Uuanta állaz thaz sies thénkent,   sie ịz al mit góte uuirkent:
     ni dúent sies uuíht in noti   ána sin girati.
Sie sint gótes uuorto   flízig filu hárto,
     tház sie thaz gilérnen,   thaz in thia búah zellen;
Tház sie thes bigínnen,   iz úzana gisíngen,
110   ioh síe iz ouh irfúllen   mit míhilemo uuíllen.
Gidán ist es nu rédina,   thaz sie sint gúate thegana,
     ouh góte thionontị álle   ioh uuísduames folle.
Nu uuill ih scríban unser héil,   euangéliono deil,
     so uuír nu hiar bigúnnun,   in frénkisga zungun,
115 Thaz síe ni uuesen éino   thes selben ádeilo,
     ni man in íro gizungi   Kristes lób sungi,
Ioh er ouh íro uuorto   gilóbot uuerda hárto,
     ther sie zímo holeta,   zi gilóubon sinen ládota.
Ist ther in íro lante   ịz állesuuio nintstánte,
120   in ánder gizúngi   firnéman iz ni kúnni:
Hiar hor er ío zi gúate,   uuaz gót imo gibíete,
     thaz uuír imo hiar gisúngun   in frénkisga zúngun.
Nu fréuuen sih es álle   so uuer so uuóla uuolle,
     ioh so uuér si hold in múate   Fránkono thíote,
125 Thaz uuir Kríste sungun   in únsera zungun,
     ioh uuír ouh thaz gilébetun,   in frénkisgon nan lóbotun!

5. I, 2. Invocatio scriptoris ad deum.

Vuola, drúhtin min,   iá bin ih scalc thin:
     thiu arma múater min,   eigan thíu ist si thin!
Fíngar thínan   dua anan múnd minan,
     theni ouh hánt thina   in thia zúngun mina,
5 Thaz ih lób thinaz   si lútentaz,
     giburt súnes thines,   drúhtines mines,
Ioh íh biginne rédinon,   uuio ér bigonda brédigon,
     thaz íh giuuar si hárto   thero sínero uuorto,

Zu XXXII, 4] 112 thiononte (e *aus* i) *P.*

Ioh zéiĉhan thiu er déda tho,   thes uuir bírun nu so fró,
10 ioh uuío thiu selba héili   nu ịst uuórolti giméini;
Thaz íh ouh hiar giscribe   uns zi réhtemo líbe,
  uuio firdán er unsih fánd,   thọ er selbo tóthes ginand,
Ioh uuíọ er fuar ouh thánne   ubar hímilạ alle,
  ubar súnnun lioht   ioh állan thesan uuóroltthiot;
15 Thaz ih, drúhtin, thanne   in theru ságu ni firspírne,
  nóh in themo uuáhen   thiu uuort ni missifáhen;
Thaz ih ni scríbu thuruh rúam,   súntar bi thin lób duan,
  thaz mír iz iouuanne   zi uuíze nirgange.
Ob iz zi thíu thoh gigéit   thúruh mina dúmpheit:
20 thia súnta, druhtin, míno   ginádlicho dílo;
Vuanta, ih zéllu dir in uuán,   iz nist bi bálauue gidan,
  ioh (íh iz ouh bimíde)   bi nihéinigemo níde.
Then uuan zéll ih bi tház   thaz hérza uuéist du filu báz;
  thoh iz búe innan mír,   ist harto kúndera thir.
25 Bi díu du io, druhtin,   ginado fóllicho mín,
  húgi in mir mit kréfti   dera thínera giscefti!
Hiar húgi mines uuórtes,   tház du iz harto háltes,
  gizáuua mo firlíhe   ginada thín, theiz thíhe.
Ouh ther uuídaruuerto thín,   ni quém er innan múat min,
30 thaz ér mir hiar ni dérre,   ouh uuíht mih ni gimérre.
U'nkust rumo sínu,   ioh nah gináda thìnu!
  irfírrit uuerde bálo sin,   thu, drúhtin, rihti uuórt min!
Al gizúngilo, thaz íst,   thu drúhtin éin es álles bíst,
  uuéltis thu thes líutes   ioh alles uuóroltthiotes.
35 Mit thíneru giuuélti   si datị al spréchenti,
  ioh, sálida, in gilúngun   thiu uuórt in iro zúngun,
Thaz síe thin io gihógetin,   in éuuon iamer lóbotin,
  ióh sie thih irknátin   inti thíonost thinaz dátin.
Sar thuzar théru menigi   scéidist din gidígini,
40 so laz mih, drúhtin min,   mit druton dínen iamer sin.
Ioh theih thir híar nu ziaro   in mína zungun thíono,
  ouh in ál gizungi,   in thiu thaz ih iz kúnni,
Thaz ih in hímilriche   thir, drúhtin, iamer líche,
  ioh íamer freuue in ríhti   in thíneru gisihti
45 Mit éngilon thínen: thaz nist bi uuérkon minen,
  suntar réhto in uuaru   bi thíneru ginadu.
Thu hilfis ío mit krefti   theru thínera giscefti:
  dua húldi thino ubar míh,   thaz íh thanne iamer lóbo dih,
Thaz íh ouh nu gisído thaz,   thaz mir es íomer si thiu baz,
50 theih thíonost thinaz fúlle,   uuiht álles io ni uuólle.
Ioh mír io hiar zi líbe   uuiht álles io ni klíbe,
  ni si, drúhtin, thaz din uuíllọ ist,   du io ginádiger bist.
Thih bíttụ ih mines múates,   thaz mír quemẹ alles gúates
  in éuuon ginuagi,   ioh zi drúton thinen fúagi!
55 Thaz ih íamer, druhtin mín,   mit themo dróste megi sín,
  mit themo gúate ih frauuo thár   mina dága intị ellu iár:
Fon iáre zu iáre   ih íamer frauuo tháre,
  fon éuuon unz in éuuon   mit then sáligen sélon!

6. I, 4. Fuit in diebus Herodis regis sacerdos nomine Zacharias.

In dágon eines kúniges,   ioh hárto firdánes,
   uuas ein éuuarto: zi gúate sị er ginánto!
Zi híun er mo quénun las,   so thár in lante sítu uuas:
   uuanta uuarun thánne   thie biscofa éinkunne.
5 Uuárun siu béthịu   góte filu drúdịu
   ioh íogiuuar sínaz   gibot fúllentaz,
Vuízzod sínan   ío uuírkendan
   ioh reht mínnonti   ana méindati.
Vnbera uuas thịu quéna   kindo zéizero;
10   so uuárun se unzan élti   thaz lib léitendi.
Zít uuard tho giréisot, \   thaz er gíangi furi gót:
   ópphoron er scólta   bi die síno súnta;
Zi góte ouh thanne thígiti,   thaz er giscóuuoti
   then líut, ther gináda   tharuze béitota.
15 Thiu hériscaf thes líutes   stuant thar úzuuertes,
   sie uuárun iro hénti   zi gote héffenti:
Sinerọ éregrehti   uuarun thíggenti,
   tház er ouh gihórti   thaz ther éuuarto bati.
I'ngiang er tho skíoro   góldo garo zíero,
20   mit zínseru in hénti   thaz hus róuhenti.
Thár gisah er stántan   gótes boton sconan
   zi thes álteres zésauui: uuas sin béitonti.
Hintarquam tho hárto   ther gotes éuuarto,
   intríat er thaz gisíuni,   uuant íz uuas filu scóni;
25 Er irbléicheta   ioh fárauuun er uuánta.
   ther éngil imo zúasprach,   tho er nan scíuhen gisah:
'Ni fórihti thir, bíscof!   ih ni térru thir drof;
   uuanta ist gibét thinaz   fon drúhtine gihórtaz,
Ioh áltquéna thinu   ist thir kínd berantu,
30   sún filu zéizan: Iohánnes scal er héizan.
Er ist thir hérzblidi,   ouh uuírdit filu mári,
   ist síneru gibúrti   sih uuorolt méndenti.
Gúati so ịst er hóher   ioh góte. filu líuber;
   íst er ouh fon iúgendi   filu fástenti.
35 Ni fúllit er sih uuínes,   ouh lídes nihéines:
   fon réue thera múater   so íst er io giuuíhter;
Fílu thesses líutes   in abuh írrentes
   ist er zi gótes henti   uuola chẹrenti.
Er férit fora Kríste   mit sélbomo géiste,
40   then iu in áltuuorolti   Helías uuas ouh hábenti.
Gikérit er scóno   thaz herza fórdrono
   in kindọ ínbrusti   zi gotes ánalụsti;
Thie ungilóubige   gikérit er zi líbe,
   thie dúmbon duat ouh thánne   zi uuísemo manne
45 Zi thíu thaz er gigárauue   thie liuti uuírdige,
   selb drúhtine   stráza zi drétanne'.
Thó sprah der bíscof   (harto fóraht er mo doh:
   ni uuas imọ ánauuani   thaz árunti sconi):

'Chúmig bin ih iáro   iu filu mánegero,
50 ioh thiu quéna minu   ist kinthes úrminnu.
Uns sint kínd zi béranne   iu dága furiuárane:
  áltduam suáraz   duit uns iz úruuanaz.
Iz hábet ubarstígana   in uns iúgund mánaga;
  ni gíbit uns thaz álta   thaz thiu íugund scolta.
55 Uuio megih uuízzan thanne,   thaz uns kínd uuerde?
  int uns íst iz in der élti   binóman unz in énti'.
Sprah ther gótes boto thó   (ni doh irbólgono),
  uuás er mo auuar ságenti   thaz selba árunti:
'I'h bin ein thero síbino   thero gotes drútbotono,
60 thie in síneru gisíhti   sint io stántenti,
Thi er héra in uuorolt séntit,   thann er cráft uuirkit,
  ioh uuérk filu hébigu   ist iru kúndentu.
Sánt er mih fon hímile   thiz sélba thir zi ságanne,
  fon hímilriches hóhi,   theih thir iz uuísdati.
65 Nu du thaz árunti   so hárto bist formónanti,
  nu uuirdu stúmmer sar,   unz thú iz gisehes álauuar;
Uuanta thu ábahonti   bist gotes árunti,
  int óuh thaz bist fyrságenti,   thaz sélbo got ist gébenti:
Iz uuirdit thoh irfúllit,   so got gisázta thia zít;
70 unz tház tharbe hárto   thero thínero uuórto'. –
U'ze stuant ther líut thar,   uuás sie filu uuúndar,
  ziu ther éuuarto   duáleti so hárto,
Gibetes ántfangi   fon góte ni giságeti,
  mit síneru hénti   sie ouh uuari uuíhenti.
75 Gíang er uz tho spáto,   híntarqueman thráto:
  theru spráha er bilémit uuas,   uuant er gilóubig ni uuas.
Tho uuas er bóuhnenti,   nales spréchenti,
  thaz ménige thes líutes   fuari héimortes.
Sie fuarun drúrenti   ioh ouh tho áhtonti,
80 uuant er uuíht zin ni spráh,   thaz er thar uuúntar gisah.
Thes ópheres zíti   uuarun éntonti:
  fúar er ouh tho sáre   zi sínemo gifúare
Thera spráha mórnenti: thes uuánes uuas sih fréuuenti;
  gilóubt er filu spáto: bi thiu béitota er so nóto.
85 Thiu quena sún uuas drágenti   ióh sih harto scámenti,
  tház siu scolta in élti   mit kínde gan in hénti.

7. I, 5. Missus est Gabrihel angelus.

Vuard áfter thiu irscrítan sár,   so móht es sin ein hálb iar,
  mánodo after ríme   thría stunta zuéne:
Tho quam bóto fona góte,   éngil ir hímile.
  bráht er therera uuórolti   diuri árunti.
5 Floug er súnnun pad,   stérrono stráza,
  uuega uuólkono   zi deru ítis frono,

Zị édiles fróuun,   sélbun scā Máriun:
thie fórdoron bi bárne   uuarun chúningạ alle.
Gíang er in thia pálinza,   fand sia drúrenta,
10   mit sálteru in hénti,   then sáng sị unz in énti:
Vuáhero dúacho   uucrk uuírkento,
díurero gárno,   thaz déda siụ io gérno.
Tho sprach er érlichọ ubar ál,   so man zi fróvuun scal,
so bóto scal io gúater   zi drúhtines muater:
15 'Heil mágad zieri,   thíarna so scóni,
állero uuíbo   gote zéizosto!
Ni brútti thir múates,   noh thines ánluzzes
fárauua ni uuenti: fol bistu gótes ensti!
Fórosagon súngun   fon dir sáligun,
20   uuárun sẹ allo uuórolti   zi thir zéigonti,
Gímma thiu uuíza,   magad scínenta!
múater thiu díura   scált thu uuesan éina:
Thú scalt beran éinan   alauuáltendan
érdun ioh hímiles   int alles líphaftes,
25 Scépheri uuórolti   (theist min árunti),
fátere gibóranan   ebanéuuigan.
Got gíbit imo uuíha   ioh éra filu hóha,
drof ni zuíuolo thu thés,   Dauídes sez thes kúninges.
Er ríchisot githíuto   kúning therero líuto
30   (thaz steit in gótes henti)   ána theheinig énti.
A'llerạ uuórolti   ist er líb gebenti,
tház er ouh inspérre   hímilrichi mánne'.
Thiu thíarna filu scóno   sprah zi bóten frono,
gab si ịmo ántuurti   mit súazera giuurti:
35 'Vuánanạ ist iz, fró min,   thaz ih es uuírdig bin,
thaz ih drúhtine   sinan sún souge?
Vuio meg iz ío uuerdan uuár,   tház ih uuerde suángar?
mih io gómman nihein   in min múat ni biréin.
Háben ih giméinit,   in múate bicléibit,
40   thaz ih éinluzzo   mina uuórolt nuzzo'.
Zị iru spráh tho ubarlút   ther selbo drúhtines drút
árunti gáhaz   ioh hárto filu uuáhaz:
'Ih scál thir sagen, thíarna,   rácha filu dóugna:
sálida ist in éuu   mit thíneru sélu.
45 Ságen ih thir éinaz: thaz selba kínd thinaz,
héizzit iz scóno   gótes sún frono.
Ist sédal sínaz   in hímile gistátaz:
kúning nist in uuórolti,   ni si imo thíononti,
Noh kéisor untar mánne,   nị imo géba bringe
50   fuazfállonti   int inan érenti.
E'r scal sinen drúton   thráto gimúnton,
then alten Sátanasan   uuílit er gifáhan:
Nist in érdriche,   thár er imọ ío instríche,
noh uuínkil undar hímile,   thár er sih ginérie.

Zu XXXII, 7] 23 alauuáltentan *P.*

55 Flíuhit er in then sé, thar gidúat er imo uué,
 gidúat er imo frémidi thaz hoha hímilrichi.
Thoh hábet er mo irdéilit ioh sélbo giméinit,
 tház er nan in béche mit kétinu zibréche.
Ist éin thin gisíbba reues úmberenta:
60 iú mánageru zíti ist daga léitenti:
Nust siu gibúrdinot *thes* kíndes so díures,
 so fúrira bi uuórolti nist quéna berenti.
Nist uuíht, suntar uuérde, in thiu iz gót uuolle,
 nóh thaz uuidarstánte drúhtines uuórte'.
65 'I'h bin', quad si, 'gótes thiu zerbe gibóraniu:
 si uuort sínaz in mir uuáhsentaz'! –
Uuolaga ótmuati! so gúat bistu io in nóti,
 thu uuári in ira uuórte zi follemo ántuurte.
Drúhtin kos sia gúater zi éigeneru múater:
70 si quad, si uuári sin thiu zi thíonoste gárauuu. –
E'ngil floug zi hímile zi selb drúhtine:
 ságata er in fróno thaz árunti scóno.

8. I, 6. Exurgens autem Maria abiit in montana.

Fúar tho scā Mária, thíarna thiu mára,
 mit ílu ioh mit mínnu *zi ther* iru máginnu.
So si in ira hús giang, thiu uuirtun sia érlicho intfiang,
 ioh spílota in theru múater ther ira sún gúater.
5 Spráh thiu sin múater: 'héil, uuih dóhter,
 uuóla uuard dih lébenti ioh gilóubenti!
Giuuíhit bistu in uuíbon ioh untar uuóroltmagadon:
 ist fúrist alles uuíhes uuáhsmo réues thínes.
Uuio uuárd ih io so uuírdig fora drúhtine,
10 thaz selba múater sín gíangi innan hús min?
So slíumo so ih gihórta thia stimmun thína,
 so blídta sih ingégin thir thaz min kínd innan mír.
A'llo uuihi in uuórolti, thir gótes boto sageti,
 sie quément so giméinit ubar thín houbit!'
15 Nu síngemes álle mánnolih bi bárne:
 uuola kínd diuri, fórasago mári!
Uuola kínd diuri, fórasago mári!
 ia kúndt er uns thia héili, er er gibóran uuari.

9. I, 7. De cantico sanctae Mariae.

Thó sprah scā Mária thaz siu zi húge hábeta
 (si uuas sih blídenti bi thaz árunti):
'Nu scal géist miner mit sélu gifúagter,
 mit lidin líchamen drúhtinan díuren.
5 Ih frauuon drúhtine, alle dága mine
 fréuu ih mih in múate gote héilante,

Zu **XXXII.** 7] 61 *Vor* kindes *ist* thes *(fehlt PF) übergeschrieben, aber sehr ver-*
blichen V. 8] 2 zi thér iru *P,* zeriru (the *nach* e *übergeschrieben*) *V.*

Uuant er ótmuati   in mir uuas scóuuonti:
nu sáligont mih álle   uuórolt io bi mánne.
Máhtig drúhtin,   uuih námo siner!
10 det er uuérk mari̯u   in mir ármeru.
Fon ánagenge uuórolti   ist er ginádonti,
    fon kúnne zi kúnne,   in thíu man nan erkénne.
Dét er mit giuuélti   síńeru hénti,
    thaz er úbarmuati   giscíad fon ther gúati;
15 Fona hóhsedale   zistíaz er thie ríche,
    gisídalt er in hímile   thie ótmúatige;
Thie húngorogun múadon   gilábot er in éuuon,
    thie ódegun álle   firliaz er ítale.
Nú intfiang drúhtin   drutlíut sinan,
20 nu uuílit er ginádon   then unsen áltmagon:
Tház er allo uuórolti   zi̯ in uuas spréchenti
    ioh ío gihéizenti,   nu hábent si i̯z in hénti'.
Uuas si̯u áfter thiu mit íru sar   thri mánoda thar:
    so fúar si zi̯ iro sélidon   mit allen sálidon.
25 Nu férgomes thia thíarnun,   sélbun scā Máriun,
    thaz sí uns allo uuórolti   si zi̯ iru súne uuegonti.
Iohannes drúhtines drut   uuílit es bithíhan,
    tház er uns firdánen   giuuérdo ginádon.

10. I, 17. De stella et adventu magorum.

Nist mán nihein in uuórolti,   thaz sáman al irságeti,
    uuio manag vuúntar vuurti   zi theru drúhtines gibúrti.
Bi thíu thaz ih irduálta,   thar fórna ni gizálta,
    scál ih iz mit uuíllen   nu súmaz hiar irzéllen. –
5 Tho drúhtin Krist gibóran uuard   (thes méra ih ságen nu ni thárf),
    thaz blidi uuórolt uuurti   theru sáligun gibúrti,
Thaz ouh gidán uuurti   si in éuuon ni firvuúrti
    (iz uuás iru anan hénti,   tho dét es druhtin énti):
Tho quamun óstana in thaz lánt   thie i̯rkantun súnnun fart,
10 stérrono girústi: thaz uuárun iro lísti.
Sie éiscotun thes kíndes   sario thés sinthes,
    ioh kúndtun ouh tho mári,   thaz er ther kúning uuari;
Uuarun frágenti,   uuar er gibóran uuurti,
    ioh bátun io zi nóti,   man in iz zéigoti.
15 Sie zaltun séltsani   ioh zéichan filu uuáhi,
    uuúntar filu hébigaz   (uuanta̯.er ni hórta man thaz,
Thaz io fon mágadbúrti   man gibóran vuurti)
    inti̯ ouh zéichan sin scónaz   in hímile so scínaz;
Ságetun, thaz sie gáhun   stérron einan sáhun,
20 ioh dátun filu mári,   thaz er sín uuari:
'Uuir sáhun sinan stérron,   thoh uuir thera̯ búrgi irron,
    ioh quámun, thaz uuir bétotin,   gináda sino thígitin.
O'star filu férro   so scéin uns ouh ther stérro;
    ist íaman hiar in lánte,   es íauuiht thoh firstánte?

25 Gistirri záltun uuir io,   ni sáhun uuir nan ér io:
bithiu bírun uuir nu giéinot,   er niuuan kúning zeinot.
So scríbun uns in lánte   man in uuórolti alte;
thaz ír uns ouh gizéllet,   uuio iz íuuo buah singent'.
So thísu uuort tho gáhun   then kúning ana quámun,
30   híntarquam er hárto   thero sélbero uuorto,
Ioh mánniliches hóubit   uuárd es thar gidrúabit:
gihórtun úngerno   thaz uuír nu niazen gérno.
Thie búachara ouh tho tháre   gisámanota er sare,
sie uuas er frágenti,   uuar Kríst giboran uurti;
35 Er sprach zen éuuarton   sélben thesen uuórton.
gab ármer ioh ther rícho   ántuurti gilícho.
Thia burg nántun se sár,   in féstiz datun álauuar
mit uuórtun then ér thie áltun   fórasagon záltun.
So er giuuísso thar bifánd,   uuar drúhtin Krist gibóran uuard,
40   tháht er sar in fésti   mihilo únkusti.
Zi ímo er ouh tho ládota   thie uuísun man theih ságeta,
mit ín gistuant er thíngon   ioh filu hálingon.
Thia zít *éiscota* er fon ín,   so ther stérro giuuon uuas quéman zi in,
bat síe iz ouh birúahtin,   bi thaz selba kind irsúahtin.
45 'Gidúet mih', quad er, 'ánauuart   bi thes stérren fart,
so fáret, eiscot tháre   bi thaz kínd sáre.
Sin éiscot iolícho   ioh filu giuuáralicho,
slíumo duet ouh thánne   iz mir zi uuízzanne.
Ih uuíllu faran béton nan   (so ríet mir filu mánag man),
50   thaz íh tharzúa githinge   ioh imo ouh géba bringe',
Lóug ther uuénego mán: er uuánkota thar filu frám;
er uuólta nan irthuésben   ioh uns thia frúma irlesgen. –
Thaz ímbot sie gihórtun   ioh iro férti íltun;
yrscéin in sar tho férro   ther séltsano sterro.
55 Sie blídtun sih es gáhun,   sár sie nan gisáhun,
ioh filu fráuualicho   sin uuártetun gilicho.
Léit er sie tho scóno   thar uuas thaz kínd frono,
mit síneru ferti   uuas er iz zéigonti.
Thaz hús sie tho gisáhun,   ioh sar thara ín quamun,
60   thar uuas ther sún guater   mit síneru muater.
Fíalun sie tho frámhald   (thes guates uuárun sie báld),
thaz kínd sie thar tho bétotun,   ioh húldi sino thígitun.
Indátun si tho tháre   thaz iro dréso sare,
réhtes sie githáhtun,   thaz sie imo géba brahtun:
65 Mýrrun inti uuírouh   ioh gold scínantaz ouh,
géba filu mára: sie súahtun sine uuára.

Mystice.

Ih ságen thir thaz in uuára,   sie móhtun bringan méra:
thiz uuás sus gibari,   theiz géistlichaz uuári.
Kúndtun sie uns thánne,   so uuir firnémen alle,
70   gilóuba in giríhti   in theru uuúntarlichun gífti:

_____

Zu XXXII, 10] 43 éigiscota *V*, éisgota *P*.   47 iogilícho *PF*.

Thaz er úrmari   uns éuuarto uuari,
  ouh kúning in gibúrti,   ioh bị unsih dót uuurti. —
Sie uuurtun sláfente   fon éngilon gimánote,
  in dróume sie in zélitun   then uueg sie fáran scoltun;
75 Thaz síe ouh thes ni tháhtin,   themo kúninge sih náhtin,
  noh gikúndtin thanne   thia frúma themo mánne.
Tho fúarun thia ginóza   ándara stráza
  hárto ílente   zi éiginemo lánte.

11. I, 18. Mystice.

Mánot unsih thisu fárt,   thaz uuír es uuesen ánauuart,
  uuir únsih ouh birúachen   intị eigan lánt suachen.
Thu ni bíst es uuan ih uuís: thaz lánt thaz heizit páradis.
  ih meg iz lóbon harto,   ni girínnit mih thero uuórto.
5 Thóh mir megi lídolih   sprechan uuórto gilíh,
  ni mag ih thóh mit uuorte   thes lóbes queman zi énte.
Ni bist es ío giloubo;   sélbo thu ịz ni scóuuo,
  ni mahtu iz óuh noh thanne   yrzellen íomanne.
Thar ist líb ana tód,   líoth ana fínstri,
10 éngilichaz kúnni   ioh éuuinigo uuúnni.
Uuir éigun iz firlázan: thaz mugun uuir ío riazan,
  ioh zen ínheimon   io émmizigen uuéinon.
Vuir fúarun thanana nóti   thuruh úbarmuati;
  yrspúan unsih so stíllo   ther unser múatuuillo.
15 Ni uuóltun uuir gilós sin   (harto uuégen uuir es scin):
  nu riazen élilente   in frémidemo lante.
Nu ligit uns úmbitherbi   thaz unser ádalerbi,
  ni níazen sino gúati: so duat uns úbarmuati.
Thárben uuir nu léuues   líebes filu mánages
20 ioh thúlten híar nu nóti   bíttero ziti.
Nu birun uuir mórnente   mit séru hiar in lánte,
  in mánagfalten uuúnton   bi únseren sunton;
A'rabeiti mánego   sint uns híar io gárauuo,
  ni uuollen héim uuison   uuir uuénegon uuéison.
25 Vuolaga élilenti!   hárto bistu hérti,
  thu bist hárto filu suár,   thaz ságen ih thir in álauuar.
Mit árabeitin uuérbent   thie héiminges thárbent;
  ih haben iz fúntan in mír: ni fand ih líebes uuiht in thír;
Ni fand in thír ih ander gúat   suntar rózagaz muat,
30 séragaz herza   ioh mánagfalta smérza.
Ob uns in múat gigange,   thaz unsih héim lange,
  zi thémo lante in gáhe   ouh iámer gifáhe:
Farames so thíe ginoza   ouh ándara straza,
  then uuég ther unsih uuénte   zị éiginemo lánte.
35 Thes selben pádes suazi   suachit réine fuazi;
  si thérer situ in mánne   ther tharána gange:
Thu scalt haben gúati   ioh mibilọ ótmuati,
  in hérzen io zi nóti   uuaro káritati.

Zu XXXII, 11] 9 = *Musp.* 14.

Dua thir zi giuuúrti   scono fúriburti;
40   uuis hórsam io zi gúate,   ni hóri themo muate
I'nnan thines hérzen kust   ni láz thir thesa uuóroltlust;
fliuh thia géginuuerti: so quimit thir frúma in henti.
Húgi, uuio ih thar fóra quad: thiz ist ther ánder pad:
gang thésan uueg, ih sagen thir éin: er giléitit thih héim.
45 So thú thera héimuuisti   níuzist mit gilústi,
so bistu góte liober,   ni intratist scádon niamer.

12. I, 20. De occisione infantum.

So Heród ther kúning tho bifánd,   thaz ér fon in bidrógan uuard,
inbrán er sar zi nóti   in mihil héizmuati.
Er santa mán mánage   mit uuáfanon garauue,
ioh dátun se ana féhta   míhila sláhta:
5 Thiu kínd gistuatun stéchan,   thiu uuíht ni mohtun spréchan,
ioh uuúrtun al fillórinu   míthont gibórinu,
So sih thaz áltar druag in uuar   thánan unz in zuéi iar:
so uuit thaz géuuimez uuás,   ni firlíazun sie nihéinaz.
Thie múater thie rúzun,   ioh zahari úzfluzun:
10   thaz uuéinon uuas in léngi   hímilo gizéngi,
Thie brústi sie in óugtun,   thaz fahs thána rouftun:
nist ther ío in gahi   then iámer gisáhi.
Sie zalatun siu ío ubar dág,   thár iz in theru uuágun lag
ioh anan themo bárme,   thera múater zi hárme.
15 Nist uuíb thaz io gigíangi   in merun góringi,
odo merun grúnni   mit kíndu io giuúnni.
Inclóub man mit then suuérton   thaz kínd ir then hánton,
ioh zi iro léidlusti   ném iz fon der brústi.
Ira férah bot thaz uuíb,   thaz iz múasi haben líb:
20   ni funtun, thía meina,   gináda niheina.
Uuíg uuas ofto mánegaz   ioh filu mánagfaltaz.
ni sáh man ío, ih sagen thir tház,   thésemo gilíchaz.
Iz ni habent líuola,   noh iz ni lesent scribara,
thaz iúngera uuórolti   sulih mórd uuurti.
25 In then álten éuuon   so ságet thesan uuéuuon,
thar zaltaz ér ubarlut   ther selbo drúhtines drút.
Ér quad, man gihórti   uuéinon theso dáti
fílu hohen stímmon   uuíb mit iro kíndon.
Quád, sie thaz ni uuóltin,   súntar siu sih quáltin,
30   noh dróst gifahan líndo   so mánagero kíndo;
Ther iro kúning iungo   ni míd iz io so lángo,
thaz uuíg er ni firbári,   in thiu sin zít uuari.
Er giscéintaz filu frám,   so ér zi sinen dágon quam.
tho goz er bi únsih sinaz blúat,   thaz kuning ánder ni duat.
35 Nu folget ímo thuruh tház   githígini so mánagaz,
thaz thér nist hiar in líbe,   ther thia zála irscribe.

Zu XXXII, 12] 13 Siu (Schreibfehler) alle Hss.

LIBER SECUNDUS.

13. II, 1. In principio erat verbum.

Er allen uuóroltkreftin   ioh éngilo giscéftin,
  so rúmo ouh so in áhton   mán ni mag gidráhton,
Er sé ioh hímil uurti   ioh érda ouh so hérti,
  ouh uuíht in thiu gifúarit,   thaz síu éllu thriu rúarit,
5 So uuas io uuórt uuonanti   er állen zitin uuórolti;
  thaz uuír nu sehen óffan,   thaz uuas thanne úngiscafan.
Er alleru ánagifti   theru drúhtines giscéfti,
  so uués iz mit gilústi   in theru drúhtines brústi.
Iz uuas mit drúhtine sar   (ni brást imos ío thar)
10   ioh ist ouh drúhtin ubarál,   uuanta ér iz fon hérzen gibar,
Then ánagin ni fúarit,   ouh énti ni birúarit,
  ioh quam fon hímile óbana   (uuaz mág ih sagen thánana?).
Er máno ríhti thia náht,   ioh uurti ouh súnna so glát,
  ódo ouh hímil, so er gibót,   mit stérron gimálot:
15 So uuas er io mit ímo sar,   mit imo uuóraht er iz thar:
  so uuás ses io gidátun,   sie iz allaz sáman rietun.
Er ther hímil umbi   sus émmizigen uuúrbi,
  odo uuólkan ouh in nóti   then liutin régonoti:
So uuas er io mit ímo sar,   mit imo uuóraht er iz thar:
20   so uuás ses io gidátun,   sie iz allaz sáman rietun.
Tho er déta, thaz sih zárpta   ther hímil sus io uuárpta,
  thaz fúndament zi hóufe,   thar thiu érda ligit úfe:
So uuás er io mit ímo sar,   mit imo uuóraht er iz thar;
  so uuás ses io gidatun,   sie iz allaz sáman rietun.
25 Ouh hímilrichi hóhaz   ioh páradys so scónaz,
  éngilon ioh mánne   thiu zuei zi búenne;
So uuas er io mit ímo sar,   mit imo uuóraht er iz thar:
  so uuás ses io gidatun,   sie iz allaz sáman rietun.
So er thára iz tho gifíarta,   er thesa uuórolt ziarta,
30   thar ménnisgon gistátti,   er thíonost sinaz dáti:
So uuas er io mit ímo sar,   mit imo uuóraht er iz thar:
  so uuás ses io gidatun,   sie iz allaz sáman rietun.
Sin uuórt iz al giméinta,   sus mánagfalto déilta,
  al io in thésa uuisun   thuruh sinan éinegan sun.
35 So uuaz so hímil fuarit,   ioh érdun ouh birúarit,
  ioh in séuue ubarál: got détaz thuruh ínan al.
Thés nist uuiht in uuórolti,   thaz got ana ínan uuorahti,
  thaz drúhtin io gidáti   ána sin giráti.
Iz uuard állaz io sár   sosọ er iz gibót thar,
40   ioh man iz állaz sar gisáh,   sos er iz érist gisprah.
Tház thar nu gidán ist,   thaz uuas io in góte sos iz ist,
  uuas giáhtot io zi gúate   in themo éuuinigen múate.
Iz uuas in imo io quégkaz   ioh filu líbhaftaz,
  uuíalih ouh ioh uuánne   er iz uuolti iróugen manne.
45 Thaz lib uuas líoht gerno   súntigero mánno,
  zi thíu thaz sie iz intfíangin   int írri ni gíangin.

In fínsteremo iz scínit,   thie súntigon rínit;
sint thie mán al firdán: ni múgun iz bifáhan.
Sie bifíang iz alla fárt,   thoh síes ni uuurtin ánauuart,
50   so iz blíntan man birínit,   then súnna biscínit.

14. II, 14. Iesus fatigatus ex itinere.

Sid tho thésen thingon   fuar Krist zi then héimingon,
in selbaz géuui sinaz;   thio buah nénnent uns tház.
Thera férti er uuard irmúait   so ofto fárantemo duit;
ni lazent thie árabeit es fríst   themo uuárlicho mán ist.
5 Fúar er thuruh Samáriam,   zi einera búrg er thar tho quám,
in themo ágileize   zi éinemo gisáze.
Tho gisaz er múader,   so uuir gizáltun hiar nu ér,
bi einemo brúnnen,   thaz uuir ouh púzzi nennen.
Ther euangélio thar quit,   theiz móhti uuesan séxta zit:
10   theist dages héizesta   ioh árabeito méista.
Thie iúngoron iro zílotun,   in kóufe in múas tho hóletun,
tház sie thes giflízzin,   mit selben Kríste inbizzin. –
Unz drúhtin thar saz éino,   so quam ein uuíb thara thó,
tház si thes gizíloti,   thes uuázares gihóloti.
15 'Uuíb' quad er innan thés,   'gib mir thes drínkannes;
uuírd mir zi gifúare,   thaz íh mih nu gikúale'.
'Vuio mág thaz' quad si, 'uuérdan   (thu bist iúdiisger mán.
inti ih bin thésses thietes),   thaz thú mir so gibíetes?'
Thaz óffonot Iohannes thár,   bi hiu si só quad in uuár,
20   bi uuíu si thaz so zélita,   thaz drínkan so firságeta:
Uuánta thio zua líuti   ni eigun múas gimúati
uuérgin zi iro mázze   in éinemo fázze.
'O'ba thu', quad er, 'dátist,   thia gotes gíft irknátis,
ioh uuér dih bitit thánne   ouh hiar zi drínkanne:
25 Thu batis ínan odo sar,   er gábi thir in alauuár
zi líebe ioh zi uuúnnon   spríngentan brúnnon'.
'Ni hábes', quad si, 'fró min,   fazzes uuíht zi thiu hera ín,
thu herazúa gilepphes,   uuiht thésses sar giscépphes.
Uuaz mag ih zéllen thir ouh mér?   ther púzz ist filu díofer.
30   uuar nimist thu thánne ubar tház   uuazar flíazzantaz?
Fúrira uuán ih thu ni bíst,   thanne únser fater Iácob ist:
er dránk es, so ih thir zéllu,   ioh sinu kínd ellu.
Er uuóla iz al bitháhta,   thaz er mit thíu nan uuihta,
ioh gáb uns ouh zi núzzi   thésan selbon púzzi.'
35 Quad unser drúhtin zi iru thó: 'firnim nu uuíb theih rédino,
firním thiu uuórt ellu   thiu íh thir hiar nu zéllu.
Ther thuruh thúrst githénkit,   thaz thésses brunnen drínkit,
nist láng zi themo thínge,   nub áuur nan thúrst githuínge.
Ther áuur untar mánnon   niuzit mínan brunnon,
40   then íh imo thánne   gibu zi drínkanne:
Thúrst then mer ni thuíngit,   uuant er in ímo spríngit;
ist imo kúali drato   in éuuon mámmonto.'

'Thu mohtis', quád siu, 'einan rúam   ioh ein gifúari mir gidúan
  mit themo brúnnen, thu nu quíst,   mih uuénegun gidránktist,
45 Theih zes púzzes diufi   sus émmizen ni líafi,
  theih thuruh thíno guati   bimidi thio árabeiti.'
'Hólo' quad er, 'sar zi érist   thinan gomman thar'er íst;
  so zílot iuer héra sar: ih zéllu iu béthen thaz uuar.'
'Ih ni háben', quad siu, 'in uuár   uuiht gómmannes sár.'
50   gab ántuurti gimúati   sínes selbes gúati:
'Thu sprachi in uuár nu so zám,   thú ni habes gómman;
  giuuisso zéllu ih thir nú: finfi hábotost thu jú.
Then thu afur nú úabis   ioh thir zi thíu liubis,
  uuant ér giuuisso thín nist,   bi thiu spráchi thu so iz uuár ist.'
55 'Min múat', quad si, 'dúat mih uuís,   thaz thu fórasago sís:
  thinu uuórt nu zelitun,   thaz mán thir er ni ságetun.
Unsere áltfordoron   thie bétotun hiar in bérgon:
  giuuisso uuán ih nu thés,   thaz thú hiar bita ouh súaches.
Quédet ir ouh Iúdeon nu,   thaz sí zi Hierosólimu
60   stát filu ríchu,   zi thiu gilúmpflichu.'
'Vuíb', quad er, 'ih ságen thir,   thaz gilóubi thu mir:
  quément noh thio zíti   ménnisgon bi nóti,
Thaz ir noh híar noh ouh thár   ni betot then fáter, thaz ist uuár.
  giuuisso ir bétot alla fríst   thaz iu únkundaz íst.
65 Uuir selbe béton auur thár   tház uuir uuizun álauuar;
  uuanta héil, so ih rédion,   thaz químit fon then Iúdion.
Thoh químit noh thera zíti fríst   ioh óuh nu géginuuertig íst,
  thaz bétont uuare bétoman   then fater géistlicho frám:
Uuant er súachit filu frám   thráto rehte bétoman,
70   thaz sie nan géistlicho   béton io gilícho.
Ther géist ther ist drúhtin   mit fílu hohen máhtin;
  mit uuáru uuilit ther gótes geist,   tház man inan béto meist.'
Sí nam gouma hárto   thero drúhtines uuórto,
  ioh kérta tho mit uuórte   zi diafemo ántuurte:
75 'Ein mán ist uns gehéizan   ioh scal ouh Kríst heizan:
  uns duit sin kúnft noh uuánne   thaz al zi uuízanne,
Irréchit uns sin gúati   allo théso dati,
  ouh scóno ioh giríngo   mánagero thíngo.'
Gáb iru mit mílti   tho druhtin ántuurti:
80 'thaz bin íh, giloubi mír,   ih hiar spríchu mit thír.' –
Tho quamun thie iúngoron innan thes: sie uuuntar uuas thes thínges,
  sih uuúntorotun harto   iro zueio uuórto,
Thaz síh liaz thiu sin díuri   mit ótmuati so nídiri,
  thaz thaz éuuiniga lib   lérta thar ein armaz uuíb.
85 So slíumo siu gihorta tház,   firuuarf si sário thaz fáz,
  ílta in thia búrg in   zen liutin, ságeta thiz al ín.
'Quémet', quad si, 'séhet then mán,   ther mir thaz állaz brahta frám,
  mit uuórton mir al zélita,   so uuaz sih mit uuérkon sitota.
Scal iz Kríst sin, fro min?   ih spríchu bi then uuánin:
90   thaz selba spríchu ih bi thíu,   iz ist gilíh filu thíu.
Bi then gidóugnen séginin,   so thúnkit mih, theiz megi sín:
  er ál iz untaruuésta,   thes míh noh io gilústa.'

Sie íltun tho bi mánne   fon theru búrg alle;
    íltun al bi gáhin,   tház sie nan gisáhin. –
95 Innan thés batun thár   thie iúngoron then méistar,
    tház er thar gisázi   zi dágamuase inti ázi.
Er quad, er múas habeti,   sos ér in thar tho ságeti,
    mit súazlichen gilústin,   thóh sies uuiht ni uuéstin.
I'n quam tho in githáhti,   tház man imo iz bráhti,
100   unz se odo uuárun zi theru búrg   koufen iro nótthurft.
'Min múas ist', quad er, 'fóllo   mines fáter uuillo,
    theih émmizen irfúlle   so uuáz so er selbo uuólle.
Ir quedet in álauuari,   thaz mánodo sin noh fíari,
    thaz thanne sí, so man quít,   reht árno gizit.
105 Nu sehet, mit then óugon   biginnet úmbiscouuon:
    nist ákar hiar in ríche,   nub ér zi thiu nu bléiche,
Ni síe zi thiu sih máchon,   sos íh iu hiar nu ráchon,
    thaz frúma thie gibúra   fuaren in thia scúra.
I'h santa íuih árnon: ir ni sátut tho thaz kórn,
110   gíangut ir bi nóti   in ánderero árabeiti.'
Gilóubta thero líuto   fílu thar tho dráto,
    thie thara zí imo quamun,   thia léra firnámun.
Gimuatfágota er tho ín,   uuas zuene dága thar mit ín:
    mílti sino iz dátun,   so síe nan thar tho bátun.
115 Gilóubta iro ouh tho in uuára   fílu harto méra,
    uuanta sin sélbes lera   thiu uuás in harto méra.
Spráchun sie tho blíde   zi thémo selben uuíbe,
    thiu erist thára in thia búrg   déta sina kúnft kund:
'Ni gilóuben uuir in uuára   thuruh thia thína lera:
120   nu uns thiu frúma irreimta,   thaz ér uns selbo zéinta;
Nu uuízun in álauuari,   thaz er ist héilari,
    thaz ér quam hera zi uuórolti,   er ménnisgon ginériti.'

15. II, 21, v. 27–40. Oratio dominica.

Fáter unser gúato,   bist drúhtin thu gimýato
    in hímilon io hóher,   uuíh si námo thiner.
Biquéme uns thinaz ríchi,   thaz hoha hímilrichi,
30   thára uuir zua io gíngen   ioh émmizigen thíngen.
Si uuíllo thin hiar nídare,   sos ér ist ufin hímile:
    in érdu hilf uns híare,   so thu éngilon duist nu tháre.
Thia dágalichun zúhti   gib híut uns mit ginúhti
    ioh fóllon ouh, theist méra,   thínes selbes lera.
35 Scúld bilaz uns állen,   so uuír ouh duan uuóllen,
    súnta thia uuir thénken   ioh émmizigen uuirken.
Ni firláze unsih thin uuára   in thes uuídaruuerten fára,
    thaz uuír ni missigángen,   thara ána ni gifállen.
Lósi unsih io thánana,   thaz uuir sin thíne thegana,
40   ioh mit ginádon thinen   then uuéuuon io bimíden. Amen.

LIBER QUARTUS.

16. IV, 8. Appropinquabat dies festus Azimorum

Náhtun sih zi nóti   thio hóhun gizíti,
  thio wir hiar fóra zaltun   inti óstoron nántun.
Bigóndun thie éwarton   áhton kléinen wórton,
  dátun ein githíngi,   wío man nan giwúnni.
5 Gibútun filu hárto   sélbero iro wórto,
  so wár so er lántes giangi,   tház man nan gifíangi;
So wér so inan insúabi,   er wíg zi imo irhúabi,
  ióh inan irslúagi   er er imo io ingíangi;
So wár so er wari thánne,   tház er wari in bánne,
10 si es álleswio ni tháhtin,   ni si álle sin io áhtin.
Ríetun thes ginúagi,   wío man inan irslúagi;
  sie fórahtun ávur innan thés   ménigi thes líutes.
Quádun iz ni dátin   in then hóhen gizítin,
  tház ther selbo líutstam   thar wíg nirhúabi zi frám.
15 'Wir scúlun', quadun, 'húggen,   thaz síe nan uns nirzúken;
  bi thiu scél iz wesan nóti   in ándero gizíti.' –
Iúdas iz ouh sítota,   mit in iz áhtota:
  er wolta dúan imo einan dúam,   so ther díufal inan spúan.
Mit ín was sin giráti,   thaz sélbo er inan firláti,
20 mit iro bóton giangi   thár man nan gifíangi.
'Gimáchon', quad, 'in wára,   thaz thar nist mánno mera,
  ni si ékordo in giríhti   sin emmizig gikníhti.'
Sie imo sár thuruh tház   gihiazun míhilan scaz,
  in thíu er thaz gidáti,   so gisuáso inan giláti.
25 Er iz fásto gihíaz   ioh iz óuh ni firlíaz;
  thárazua er húgita   ioh ál ouh so gifrúmita.
Sie tháhtun thes gifúares   sid tho frámmortes;
  was ér ouh in ther fári,   ther líut tharmit ni wári.

17. IV, 9. Venit autem dies Azimorum, in qua necesse erat occidi pascha.

Gistúant thera zíti guati   thaz man ópphoroti,
  ioh man zi thíu gisazi,   thaz lamp thes náhtes azi.
Tho sant er Pétrusan sár,   Iohánnem ouh tharmíti in war,
  gibót thaz sies gizílotin,   thie óstoron in gigárotin.
5 Bigondun sie ántwurten: 'wara múgun wir unsih wénten,
  thaz wír zi thiu gigángen,   wir súliches bigínnen?
Wir ni eigun sár, theist es méist,   húses wíht, so thu wéist,
  noh wíht sélidono,   thaz wír iz gimachon scóno.'
'Thes ni brístit', quad er zi ín,   'fáret in thia burg ín;
10 uns dúat ein man giári,   líhit sinan sólari.'
Sin íagiwedar zílota,   ioh fúntun al so er ságeta;
  ther man bisuórgeta tház   ioh léh thaz gádum gárawaz.
Iz was gáro zíoro   gistréwitero stúolo,
  mit réinidu ál so filu frám,   so géstin súlichen gizám.

---

15 Iltun sie tho hárto sár   sines thíonostes thár,
    thes zilotun se io thuruh nót;   sie hogtun gérno wio er gibót!
So sie giríhtun allaz tház   ioh er zi múase gisaz:
    gibót er thaz sie sázin,   mit imo al sáman azin.
Wóla thaz githígini,   thaz nóz tho thaz gisídili,
20   thia súazi sines múases;   giwerdan móhta sie thés!
Ni ward io nihéin ezzan   mit súlichen bisézzan,
    noh disg in álahalbon   ni si ávur mit then sélbon.
Thár saz, mihil wúnna,   thiu éwiniga súnna,
    ni fon ímo ouh ferron   éinlif dágastérron:
25 Drúhtin selbo in wára –   waz zéllu ih thir es méra?
    ioh thie mit ímo in nóte   warun wállonte.
Sint sie úntar ménnisgon   after góte fúriston,
    in himilríche ouh, thaz ist wár;   thaz githíonotun se thar.
Irthíonotun se hárto   fruma mánagfalto,
30   thia selbun éra thih nu quád,   ioh éwiniga drútscaf.
Nu íst uns thiu iro gómaheit,   so iz zen thúrftin gigeit,
    zi gote wégod hárto   joh thrato mánagfalto.
Ni múgun wir, thoh wir wóllen,   iro lób irzellen;
    bi thiu fáhemes mit fréwidu   nu frámmort zi theru rédinu.

18. IV, 10. Desiderio desideravi hoc pascha.

Bıgán tho druhtin rédinon   then sélben zuelif théganon,
    then thár umbi ínan sazun,   mit imo sáman azun:
'Thes múases gérota ih bi thíu,   thaz ih iz ázi mit íu,
    er ih thaz uuízi thulti   ioh bi iuih dót uurti:
5 Ni drínku ih rehto in uuára   thes rébekunnes méra,
    fon themo uuáhsmen fúrdir,   thaz gilóubet ir mir,
Er íh is so bithénku,   mit iu sáman auur drínku
    níuuuaz, thaz íu iz líche,   in mines fáter riche.'
Nam er tho sélbo thaz brót,   bót in iz giségenot,
10   gibót, thaz sies ázin,   ál so sie thar sázin.
'Ir ezet', quád er, 'ana uuán   líchamon mínan,
    allen zéllu ih iu tház: thaz éigit ir giuuíssaz.
Nemet then kélih ouh nu zi iu,   thaz drinkan déilet untar íu:
    thar drínket ir thaz minaz blúat,   thaz íu in euuon uuóla duat;
15 Iz héilit liuto uuúnta   ioh mánagero súnta,
    iz ist mánagfaltaz thíng,   yrlósit thesan uuóroltring.'

19. IV, 11. Ante diem festum paschae sciens Iesus quia venit.

So síe tho thar gázun   noh tho zi dísge sazun:
    spíohota ther díufal   selbon Iúdasan thar.
Dét er sos er ío duat,   wárf iz hárto in sinaz múat,
    thes náhtes er gisítoti,   er drúhtinan firséliti.

Zu XXXII, 17] 24 einlif *V.*   *Zu* XXXII, 18] *Varianten von P*: 3 íh iz iu
4 íh bíuih   5 mera   6 furdir   7 drinku   8 iu   9 ér   11 ézet quad
13 Német zíu iu   14 iu in éuuon uuola   15 heilit líuto uuunta sunta.

  5 Krist mínnota thie síne   unz in enti themo líbe,
      thi ér zi zúhti zi imo nám,   tho er erist brédigon bigan.
     Er wéssa thaz sin fáter gab   so wit so hímil umbiwárb,
      ál imo zi hénti,   zi síneru giwélti;
     West er sélbo ouh so iz zám,   tház er uns fon góte quam,
10   ioh ávur, sos er wólta,   zi ímo faran scólta:
     Er stúant yr themo múase   tho zi themo ábande,
      légita sin giwáti,   er in mandát dati.
     Nám er einan sában thar,   umbigúrta sih in wár,
      nam áfter thiu ein békin,   goz er wázar tharin.
15 Fíang tho zi iro fúazin,   gibót sie stíllo sazin,
      thio síno diurun hénti   wúasgin se unz in énti.
     Druhtin sélbo thaz biwárb,   mit themo sábane ouh gisuárb;
      thíu sin hoha gúati   lerte sie ótmuati.
     So er es érist bigán,   er sar zi Pétruse quam;
20   yrscíuht er filu thráto   súlichero dáto.
     'Ist, drúhtin', quad, 'gilúmplih,   thaz thú nu wásges mih:
      inti íh bin eigan scálk thin,   thu bist hérero min?
     Thuruh thin héroti   níst mir iz gimúati,
      thaz io fúazi mine   zi thiu thin hánt birine.'
25 Gab er mo ántwurti   mit mámmenteru mílti,
      thaz wérk er thar tho sítota,   iz súazo imo giságeta:
     'Thaz íh nu méinu mit thíu,   unkund hárto ist iz íu;
      iz wirdit étheswanne   thoh iu zi wízanne.'
     'Firságen ih iz', quad er, 'frám,   ouh ío ni meg iz wérdan,
30   theiz io zi thíu gigange   theih thíonost thir gihénge.'
     'Ni wasgu ih síe', quad er, 'thír,   ni habest thu déiles wiht mit mir,
      ouh bi thía meina   giméinida níhéina!'
     'Drúhtin', quád er, 'wásg mih ál,   ob iz súlih wesan scál,
      hóubit ioh thie fúazi;   thin náhwist ist mir súazi;
35 Thaz iz ío ni werde   thaz ih thín githarbe,
      noh, liobo drúhtin min,   theih io gimángolo thin!'
     Quad tho zi ímo druhtin Kríst: 'thér man ther githuágan ist,
      thie fúazi reino in wára,   ni thárf er wasgan méra.'
     So drúhtin tho gideta tház,   mit ín er avur sáman saz,
40   slíumo er in tho zéinta   waz er mit thíu meinta.
     Er nám er sin giwáti,   tho zálta in sar thio dáti,
      thes selben wérkes guati,   thoh Iúdas es ni hórti.
     'Wízit', quad er, 'thesa dát,   thaz si in íuih gigát;
      thaz ír ni sit zi frávili,   thaz zéigot iu thiz bílidi.
45 Ir héizet állaz thaz iár   mih drúhtin inti méistar;
      rehto spréchet ir thár: ih bín ouh so, thaz ist wár.
     Nu ih súlih thultu   widar thíe thih wáltu,
      mit súslicheru rédinu   then mínen mih sus nídiru:
     Wio harto mér zimit iu,   ir ginózon birut untar íu,
50   thaz éin ándremo   fúazi wasge gérno,
     Ioh untar íu mit gúati   irbietet ótmuati,
      mit míhilen mínnon   iz frámmort zeigot mánnon?'

Zu XXXII, 19] 6a ér *V*.   46 só *V*.   50 ein *V*.

20. IV, 12. Contristatus est Iesus spiritu et dixit eis de traditione eius.

So ér in gizéigota thár, so ward er unfrawer sár,
 sih drúabta sines múates ther fréwida ist alles gúates.
Róu thio sino gúati thie wénegun líuti;
 thes óuh ni was tho duála, thero iúngorono zála.
5 'Ih zéllu iu', quad er ubarlút, 'alle wárut ir mir drút,
 ih zuélifi iuih zélita ioh súntar mir irwélita
Uzar woroltmenigi, ir wárit min githígini,
 thaz íh ouh min giráti iu allaz kúnd dati;
Ioh so iz zi thísu wurdi thaz ír mir leistit húldi;
10 bi thiu méistig zóh ih iuih. ir mír ni datit ásuih.
Thoh habet súmilih thaz múat, mir hinaht ánarati duat,
 ioh gíbit mih zi hánton then minen fíanton.'
Sah ein zi ándremo, in hérzen was in ángo,
 in múate irquamun hárto thero drúhtines wórto;
15 In múate was in thráti thie égislichun dáti,
 ioh fórspotun zi nóti, fon wémo er sulih quáti:
Io untar ín umbiríng, fon wémo quami súlih thing,
 so wélicho dáti ioh sulih ánarati!
Tho sprachun sie álle fon ín: 'ia íh iz, drúhtin, ni bín?
20 ia iz hérza min ni rúarit noh súlih balo fúarit!'
Thoh síe sih westin réinan úzana then éinan,
 gilóubtun sie mer hárto thero sínero worto.
Quad tho Iúdas ther iz ríat ioh állan thesan scádon bliant,
 er sprah mit únwirdin: 'meistar, ia íh iz ni bin?'
25 'Thaz quisdú', quad er sár; 'thoh ságen ih iu in álawar:
 thér man thultit íamer filu mánagfaltaz sér,
So kráftlichan wéwon so thúltit er in éwon,
 thaz ímo sazi thánne ni wúrti er io zi mánne.'
Pétrus bat Iohánnan, thaz er iréiskoti then mán,
30 er zi imo irfrágeti, wer súlih balo ríati.
(Thaz bóuhnita er giwísso, was náhisto gisézzo;
 thes méisteres in wára hábetun sie mihila éra;
Wánta thar saz, thágeta Pétrus, so ih nu ságeta;
 ni gidórsta sprechan lúto hérosto thero drúto!).
35 Tho frágeta er thio dáti ioh thaz ánarati,
 bat ér in iz giságeti, fon suórgon sie al irrétiti.
'Thaz sítot', quad er, 'ana nót themo ih bíuta thiz brót.'
 tho nám er eina snítun thar inti bot sa Iúdase sar.
After thémo muase so kleib er sátanase,
40 ioh wíalt sin sár ubar ál, sélbo ther díufal.
So er zi thíu tho giwánt thaz er thia snítun thar firslánt:
 úzgiang sar tho líndo ther díufeles gisíndo.
Spráh tho drúhtin zi imo sár (ni tház er iz gibúti in war!):
 'thaz thu in múate fuaris, slíumo so giscíari iz.'
45 Ni wás thar ther firstúanti, waz er mit thíu meinti,
 ouh thia múatdati thehéino mezzo irknáti.

_____

Zu XXXII, 12] 17 Ío V. 32 héra V.

Súme firnámun iz in tház　　　wanta er sékilari wás,
　　thaz híazi er io then wórton　　waz ármen wihtin spénton,
O'do er thes gisúnni,　　zen óstoron waz giwúnni,
50　tház sie thanne hábetin,　　thes dáges sih gidrágotin.
So slíumo sos er úzgiang,　　finstar náht nan intfíang;
　　fon themo líohte was ther mán　　in éwon giskéidan.
Er fuar ílonto　　zi fúristen thero líuto,
　　máchota zi nóti　　thaz Krístes ánarati.
55　Bigán sih frewen líndo　　ther kuning éwinigo tho,
　　thóh er scolti in mórgan　　bi ríchi sin irstérban.
Ni hábat er in thía redina　　ni si ékord einlif thégana;
　　ih meg iz báldo sprechan:　　ther zuélifto was gisuíchan.
Ni stúant thiu maht thes wíges　　in ménigi thes héries,
60　iz was ál in rihti　　in sínes einen kréfti.
Er quam so rísi hera in lánt　　ioh kréftiger gígant,
　　in éinwigi er nan stréwita,　　ther ríchi sinaz dárota;
Then fúriston therera wórolti　　nótagan gihóloti,
　　in bánt inan gilégiti,　　er fúrdir uns ni dériti!

LIBER QUINTUS.

21. V. 19. De die judicii.

Thes hábet er ubar uuóroltring　　giméinit einaz dágathing,
　　thíng filu hébigaz,　　zi sorganne éigun uuir bi thaz.
Thir zéllu ih híar ubarlút:　　nist nihéinig siner drut,
　　thes állesuuio bigínne,　　ni er quéme zi themo thínge.
5　Quément thara ouh thánne　　thie uuénegun álle,
　　thie híar gidatun fóllon　　then iro múatuuillon.
Zi zéllene ist iz suári;　　nist ther fon uuíbe quami
　　(es irquímit muat mín),　　nub er thár sculi sin;
Ni síe sculin hérton　　thar iro dáti renton
10　al io giuuísso umbiríng;　　theist filu iámarlichaz thíng!
11　　Uuart uuóla in then thíngon　　thie selbun ménnisgon,
12　　　thie thar thoh bígonoto　　sint síchor iro dáto;
13　　In thie thoh ubil thanne　　nist uuiht zi zéllene,
14　　　mit thíu sih thoh biuuérien　　ioh éthesuuio ginérien!
15　Uuanta es nist lába furdir,　　thaz gilóubi thu mir,
　　er uuérgin megi ingángan　　(uuérd er thar bifángan),
Nub er scúli thuruh nót　　(uuérd er thar birédinot)
　　thúlten thanne in éuuon　　thes hélliuuizes uuéuuon.
　　　　19. 20 = 11. 12
21　Uueist thu, uuío bi thia zít　　ther gotes fórasago quit?
　　er zélit bi thaz selba thíng,　　thaz thar si míhilaz githuíng;

Zu XXXII, 21] *Schließt an an die Schlußverse des Abschnittes V, 18:*
　Iz mág uns uuesan thráti:　　er síhit unso dáti,
　　húgu in then githánkon,　　ni mugun uuir thaz biuuánkon;
　Sint unsu uuórt in rihti　　in síneru gisíhti;
　　irthénkit uuíht io mannes múat:　　er ím es alles réda duat!

In ímo man thar lésan mag,   theiz ist ábulges dag,
  árabeito, quísti   ioh managoro ángusti;
25 Thaz íst ouh dag hórnes   ioh éngilliches gálmes,
  thie blásent hiar in lánte,   thaz uuorolt úfstante;
Theist dag ouh níbulnisses   ioh uuíntesbruti, léuues,
  thiu zuei firuuázent thanne   thie súntigon alle;
Hermido ginoto   ioh uuénagheiti thrato
30 (uuaz mag ih zéllen thir hiar mer?) – thes is ther dág al foller!
Lasi thu iọ thia rédina,   uuio drúhtin threuuit thanana?
  thar dúat er zi gihúgte,   er thanne hímil scutte.
Uuér ist manno in lánte,   ther thánne uuitharstánte,
  thanne er iz zi thíu gifiarit,   thaz sih ther hímil ruarit;
35 Thánne er mit giuuélti   ist inan fáltonti
  (queman mág uns thaz in muat!),   so man sinan líuol duat!
Níst ther dag sumiríh   dagon ánderen gilih,
  thaz sar man in githánkon   thar mégi uuiht biuuánkon;
Gibórganero dáto   ni plígit man hiar nu thráto,
40   sih ougit thár ana uuánk   ther selbo lúzilo githank.
     41–44 = 11–14
45 Ni lósent thar in nóti   góld noh diuro uuáti,
  ni hilfit gótouuebbi thar,   noh thaz sílabar in uuar!
Ni mag thar mánahoubit   helfan héreren uuiht,
  kind noh quéna in uuare,   (sie sorgent iro thare),
Odo íauuiht helphan thánne   themo fílu richen mánne,
50   sie sint al ébanreiti   in theru selbun árabeiti.
Giuuísso thaz ni híluh thih: thar sorget mánnilih bi sih,
  bi sines sélbes sela;   nist uuíht in thanne méra.
Skálka ioh thie ríche   thie gént thar al gilíche,
54   ni si thíe thar bi nóti   gifórdoront thio gúati.
     55. 56 = 11. 12
57 Thar nist míotono uuiht   ouh uuéhsales níauuiht,
  thaz íaman thes giuuíse   mit uuíhtu sih irlóse;
Ni uuari thu ío so richi   ubar uuóroltrichi,
60   thoh thu es thar biginnes;   ther scáz ist sines síndes.
Uuanta drúhtin ist so gúat,   ther thaz úrdeili duat;
  er duat iz sélbo, ih sagen thir éin   ander bótono nihein.
Bi thiu ist uuóla in then thíngon   thie selbun ménnisgon,
     64–66 = 12–14.

22. V, 23. De qualitate caelestis regni et inaequalitate terreni.

Vuólt ih hiar nu rédinon   (ni mág iz thoh irkóboron),
  uuio mánagfalt gilári   in hímilriche uuari,
Mit thiu drúhtin lónot   thémo thi imo thíonot,
  er thára ouh thie síne leitta,   thén er hiar forna irdéilta;
5 Uuio uuúnnosamo gúati   ioh mínna so gimúati
  thar untar thén ist iamer   bi thaz hiar thúltent thaz sér;
Vuio thár thio frúma niezent   thie hiar thia súnta riezent,
  sih híar io thára liezent   thie sih mit thíu bigiazent;

Ouh zellen thio árabeiti,   thie uuir hiar thúlten noti
10   in írthisgen thíngon,   thoh uuir iz harto mínnon.
11   Biscírmi uns, druhtin gúato,   thero selbun árabeito
12   líchamon ioh séla   in thínes sélbes era!
13   Thuruh thíno guati   dúa uns thaz gimúati,
14   uuir mit ginádon thinen   thesa árabeit bimíden!
15 Thaz uuíll ih hiar gizéllen   gláuen mannon állen,
    thaz sí in mer gimúati   thiu hímilriches gúati.
Thes uuólt ih híar bigínnan: ni mág iz thoh bibríngan,
    thoh uuílle ih zellen thánana   étheslicha rédina.
Nist mán nihein in uuórolti,   ther ál io thaz irságeti,
20   állo thio scóni,   uuio uuúnnisam thar uuári,
Odo ouh suuígenti   es mánnes muat irhógeti
    in sínemo sánge   odo ouh in híuuilonne,
O'douh thaz bibráhti,   in hérzen es irtháhti,
    sin óra iz io gihórti,   od óuga irscóuuoti,
25 Uuio hárto fram thaz gúat ist,   thaz uns gíbit druhtin Kríst,
    thaz gúates uns ér gárota,   er er uuórolt uuorahta.
27   Thára leiti, drúhtin,   mit thínes selbes máhtin
28   zi thémo sconen líbe   thie holdun scálka thine,
29   Thaz uuir thaz mámmunti   in thínera munti
30   níazen uns in múate   in éuuon zi gúate!
Níst thaz sulih rédina,   thoh ságent se alle thánana,
    thie híar thaz iruuéllent,   thaz se thára uuollent.
Thaz duit in iámaragaz múat   ioh thes hímilriches gúat
    thes hímilriches scóni   ioh állaz sin gizámi.
35 Thaz duit fílu manno: thaz er hiar mínnot gerno,
    mit mínnu thes giflízit,   in múat so diofo lázit
(Thaz uuízist thu in giuuíssi),   thoh imo iz ábuuertaz sí,
    ni mág ouh mit then óugon   zi géginuuert iz scóuuon:
Yruuáchet er thoh filu frúa,   ioh habet thaz múat sar tharzúa,
40   súftot sinaz hérza: thaz duit thes líobes smerza.
Thoh imo iz ábuuertaz sí,   thoh hugit er ío, uuar iz sí,
    hábet sinan gíngon   ío zi thes liebes thíngon.
So duent thie gótes thegana: sie uuizun thaz gúat hiar óbana,
    in hímilriches hóhi   thia gotes gúallichi:
45 Thara súftent sie zúa   ioh uuachent múates filu frúa,
    thaz múat ist in io thárasun: ni múgun sih freuuen hérasun.
Sierhúggent Kristes uuórtes   ioh líobes mánagfaldes,
    bigínnent thára io flízan   (er hábet in iz gihéizan),
Bigínnent thara io húggen,   gináda sina io thiggen;
50   sie fergont drúta ouh síne   thes líebes in nirzíhe,
Thaz múazin sih thes fróuuon   ioh ínnana biscóuuon.
    thes uuíllo sin io uuálte,   zi lángo uns iz ouh ni élte!
Thes thigit uuórolt ellu,   thes íh thir hiar nu zéllu,
    thiz scál sin io thés githig,   ther uuílit uuerdan sálig,
55 Thaz íst in thar in líbe   gihéizan zi líebe,
    zi dróste in iro múate   mit mánagemo gúate.
        57–60 = 27–30.

_____
Zu XXXII, 22] 45 súftont *PF.*

61 E'igun iz giuuéizit   thie mártyra man héizit,
    thaz thar in ánauuani   ist hárto manag scóni;
    Ioh óffonotaz iro múat,   thaz thár ist harto mánag guat,
    tho síe hiar thaz biuuúrbun,   bi thia sélbun sconi irstúrbun.
65 Ni namun, thía meina,   uuáfanes góuma,
    liuto fíllennes   noh fiures brénnennes:
    In múate uuas in génaz mer,   thanne thaz mánagfalta ser,
    thanne in théra fristi   thes líchamen quísti.
    Uuúrtun in in nóte   thie líchamon dóte,
70   thio séla filu ríche   in themo hohen hímilriche.
    Duemes uuír ouh uns in múat   thaz filu mánagfalta gúat,
    uuír tharzua ouh húggen,   thes hímilriches thíggen,
    Thes émmizigen férgon   gihógtlichen sórgon,
    mit míhilen mínnon   hiar untar uuóroltmannon!
75 Flíhemes thio úbili,   thiu únsih geit hiar úbiri,
    ílemes gidróste   zi hímilriche irlóste!
    Vns klíbent hiar in ríhti   manago úmmahti,
    thúrst inti húngar: thiu ni dérrent uns thár.
        79–82 = 11–14.
    Vns ist léid hiar mánagaz: thorot ni sórgen uuir bi tház;
    manago ángusti: thar éigun uuir gilusti.
85 Thiz ist tódes giuualt: thar ist líb einfalt,
    uuanta hímilrichi   theist lébentero richi.
    Ni fráuuont thar in múate,   ni si éinfalte thie gúate,
    thie híar io datun thuruh nót   thaz euangélio gibot,
    Thie híar io gerno irfúltun,   thaz in thio búah gizaltun,
90   ther uuízod ginoto: giníezent sies thar dráto.
    Híar ist io uueuuo   ioh állo ziti séro
    ioh stúnta filu suáro   (thaz uuízist thu giuuáro),
    Ummézzigaz sér,   thaz ni ubaruuínten uuir mer,
94   ni si óba iz quéme uns múadon   fon drúhtines ginádon.
        95–98 = 11–14.
    I'lemes ío hínana: uuir fúarun leidor thánana,
100   fon páradises hénti   in suaraz élilenti,
    Fon hímilriches súazi   in iámarlichaz uuízi,
    in thiz írthisga dál,   firlúrun garo génaz al;
    In thiz dál záharo   (thes fúelen uuir nu súaro),
104   in thesses uuéinonnes lást,   thes uns fúrdir ni brast.
        105–108 = 11–14.
    Vuir birun zi úmmezze   hiar émmizen mit házze,
110   in súntono súnftin   mit grozen úngizunftin:
    Thaz dúat uns ubil uuíllo   (thes sint thio brústi uns follo)
    ioh ubil múat ubar tház   giuuisso uuízist du thaz,
    Ioh ouh giuuísso ana uuánk   harto nídiger githánk,
114   ház unses múates: bi thiu thárben uuir thes gúates.
        115–118 = 11–14.
    Ist thórot ana zuíual   thiu brúaderscaf ubarál,
120   cáritas thiu díura,   thiu búit thar in uuára
    Mit állen gizíugon,   thes ist si hárto giuuon:
    uuíllo iz al firfáhit,   ther sih hiar íru nahit.

A'deilo thu es ni bíst,   uuio in búachon siu gilóbot ist,
      uuio míhil gimúati   sint állo thio iro gúati.
125 Búent ouh gimúato   zua suéster iro gúato,
      réht inti fríthu thar: uuízist thaz in alauuár.
   Nist mán, thoh er uuólle,   ther thaz gifúari irzelle,
      ioh uuio sih mán thar frouuent,   thar éllu thíu thriu buent.
         129–132 = 27–30.
   Ni maht áuur thaz gimáchon,   thara ingégin ráchon,
      uuio mánagfalto uuúnta   hiar thúlten thuruh súnta.
135 Fróst, ther úmblider íst,   ther ni gíbit thir thia fríst,
      hízza ginóto   suárlichero dáto.
   Nist óuh in érdriche,   núb er hiar irsíache,
      nub er ío innan thes,   sih lade fórahtennes.
   Ni uuirthit óuh innan thés,   zi stunton brést imo thes,
140   ni in iúngistemo thínge,   thoh élti nan githuínge,
   Thiu mo állaz liob insélzit   ioh máhto nan gihélzit,
      duit imo uuídarmuati   thia iúgundlichun gúati:
   Léident imo in brústi   thio érerun gilústi,
144   ist méra imo in theru brústi   thes huasten ángusti.
         145–148 = 11–14.
   Hiar síudit mánne ana uuánk   io ther úbilo githánk
150   (in hérzen ioh in múate   ni firséhent sih zi gúate),
   Súht ioh suéro manager   thes giuuúagun uuir ér):
      ni brístit thoh in thes thiu mín,   ni sie sih házzon untar ín,
   Ni sie sih ío muen   mit mánagemo uuéuuen;
      ni dúent in thíu halt thoh in múat,   thaz ther díufal in thaz dúat,
155 Nihéin ouh thes githénkit,   uuio er se émmizigen skrénkit,
      ioh thés ouh ni gisuíkhit,   sie émmizen bisuíkhit.
         157–160 = 11–14.
161 Therero árabeito   thárbent io ginóto,
      thie híar thes bigínnent,   zi hímilriche thíngent.
   Theist al ánder gimah,   so ih hiar fórna gisprah,
      theist al éinfoltaz gúat: gilaz thir thára thinaz múat.
165 E'infoltu uuúnna   so scínit thar so súnna,
      sie fúrdir thar niruuélkent   then híar io uuóla thenkent;
   Thio frúma then thar blúent,   thie sih zi thíu hiar muent,
      then thaz hiar giágaleizent,   mit húrsgidu ouh giuuéizent,
   Thaz sie thára al thaz iár   ládot mihil iámar
170   ioh iro líb allaz,   thie hiar sórgent bi thaz.
         171–174 = 27–30.
175 Thar ist sáng sconaz   ioh mannon séltsanaz,
      sconu lútida ubar dág,   thaz ih irzéllen ni mag.
   Tház ist in giríhti   fora drúhtines gisíhti,
      selbo scóuuot er thaz: bi thíu ist iz so scónaz.
   Thu horist thár ana uuánk   io thero éngilo sank,
180   mit thiu se thén uuarbon   lóbont druhtin sélbon,
   Mit thiu se drúta sine   duent íamer filu blíde,
      iamer fráuuamuate   zi állemo guate.
         183–186 = 27–30.
_____

Thir ál thar scono híllit   thaz música gisingit,
    állaz thir zi líebe   zi themo éuuinigen libe
Io then éuuinigan dág,   then man irzéllen ni mag:
190   gistéit thir thar al rédinon   mit éuuinigen fréuuidon.
Ni mag mán nihein irrédinon,   uuio thár ist gótes theganon,
    thie árabeiti thúltun   ioh sinan uuíllon fultun.
         193–196 = 27–30.
Sih thar ouh ál ruarit   thaz órgana fuarit,
    líra ioh fídula   ioh mánagfaltu suégala,
Hárpha ioh rótta   ioh thaz io gúates dohta,
200   thes mannes múat noh io giuúag: thar ist es álles ginuag.
Thaz spil, thaz séiton fuarent   ioh man mit hánton ruarent.
    ouh mit blásanne,   thaz hórist thu̧ allaz thánne.
Thaz níuzist thu iagilícho   thar scono géistlicho:
    iz ist so in álauuari   in hímile gizámi.
         205–208 = 27–30.
Allo uuúnna, thio sín   odo io in gidráhta quemen thín,
210   thaz níuzist du in múate   íamer thar mit gúate,
I'amer mit líebe   (thin hérza mir gilóube),
    thaz guata mánagfalta,   thaz íh thir hiar nu zálta.
Níuzit thar in uuara   sálida thin séla,
    íamer mámmunti   ioh éuuinig gimúati,
215 E'uuiniga súazi,   bimídit allaz uuízi,
    állas múates sorgon,   si blídit sih thar fóllon;
Blídit sih thar íamer   ana sórgun ioh sér
    ioh ana léidogilih,   giuuísso thaz ni híluh thih.
         219–222 = 27–30.
Vuári in mir ginóto   manag thúsunt múndo,
    sprácha so gizámi,   thaz énti thes ni uuári:
225 Ni móht ih thoh mit uuórte   thes lóbes queman zénte
    álles mines líbes fríst,   uuíolih thar in lánte ist.
Thu uuírdist mir gilóubo,   sélbo thu iz biscóuo,
    theiz dúit thia mína redina   hárto filu nídira;
Ioh scouuos, uuízzist du tház,   líob filu mánagaz,
230   liobes hárto ginúag,   thes ih noh híar ni giuuúag.
         231–234 = 27–30.
235 Uuio mág ih thaz iruuéllen,   thaz mínu uuort irzéllen
    hímilriches dóhta,   thaz uuórolt al ni móhta.
Thaz thíe alle er nirzélitun,   tharazúa doh thíngotun
    ioh ouh zi álauuare   mit múate uuarun tháre?
Vuaz scolt íh thanne,   bin súnta untar manne,
240   tho ébanlih ni móhta   gizéllen thaz dóhta?
         241–244 = 27–30.
245 Nist thémo thar in lánte   tód io thaz inblánte
    (thiu fréuui ist in giméino),   thaz sinan fríunt biuueino,
Odo óuh thaz insízze,   thaz ínan uuiht gilézze
    (theist in óuh gimeini)   thera sínera selbun héili,

Zu XXXII, 22] 223 manago *VP* manag *F (Dazu Erdmann, S. 482)*. mundo]
muato *V*.

Odo imo tód so giénge,   thaz gót io thaz gihénge,
250   thaz in thémo riche   íaman sar irsíeche
(Quístu bi thio síuchi)   odo er sar únfrauuer si,
  odo inan uuíht sar smérze,   thaz ér es thoh gigrúnze,
Odo iouuiht ánder, suntar gúat,   rúere mo thaz blida múat,
254   léid odo smérza,   thaz sinaz fráuua hérza.
      255–258 = 27–30.
Ni uuírthit in themo érbe,   thaz mán thihein yrstérbe,
260   tód inan bisuíkhe   in thémo selben ríche.
Giuuisso ságen ih thir éin: thár nirstirbit mán nihein,
  bi thiu ni uuírdit ouh in uuár   thaz man nan bigrábe thar,
Odo iauuiht thés man thar bigé,   thes zi tóde gigé,
  zi thémo thíonoste: sie sínt thar al gidróste.
265 Then tód then habet fúntan   thiu hélla ioh firslúntan.
  díofo firsuólgan   ioh élichor gibórgan.
Thoh ouh thaz ni uuari,   thaz uuari thóh io sconi,
  héili, uuízistu tház,   ana énti thehéinaz.
      269–272 = 27–30.
Thar blýent thir io   lília inti rósa,
  súazo sie thir stínkent   ioh élichor niruuélkent.
275 Thia bluat, thia érda fuarit,   ioh ákara alle rúarit,
  thia scóni zi uuare,   thia síhistu alla tháre,
Ther stánk, ther blásit thar in múat   io thaz éuuiniga gúat,
  súazi filu mánaga   in thia gótes thegana,
In thie gótes liobon   mit súazin ginúagon,
280   in thie drúta sine: uuard uuóla sie mit líbe,
Thaz sie gibóran uuurtun,   tho sie súlih funtun,
  ioh síe in thésa redina   níazent iamer fréuuida!
      283–286 = 27–30.
Vbar thíz allaz   so ist uns súazista tház,
  uuir unsih thés thar frouuon,   selbon drúhtin scouuon,
Sines sélbes sconi   ioh állaz sin gizámi
290   íamer in then máhtin   bi sinen éregrehtin.
Theist thiu uuúnna ioh thaz gúat,   thaz blasit líb uns in thaz múat,
  theist al fon thémo brunnen,   thaz uuír hiar gúetes zellen.
Sehen óuh thar then dróst,   thero éngilo thíonost,
  uns thar io líb bibríngit   thaz íagilicher singit.
      295–298 = 27–30.

23. V, 24. Oratio.

Giuuérdo uns geban, drúhtin,   mit thínes selbes máhtin,
  uuir únsih muazin blíden   mit héilegon thínen!
Mit ín uuir muazin níazan   (thaz hábest du uns gihéizan)
  thésa selbun uuúnna,   thia uuir hiar scríbun fórna.
5 E'rdun inti hímiles   inti alles flíazentes,
  féhes inti mánnes,   drúhtin bist es álles.
Uuir birun, drúhtin, alle thín: ni laz quéman thaz io in múat min,
  theih híar gidue in ríche   uuíht thes thir ni líche.

Gibóran uuir ni uuúrtun, er thino máhti iz uuoltun,
10 stéit ouh unser énti in thínes selbes hénti.
Ist uns in thír giuuissi ouh thaz irstántnissi,
   thaz unser stúbbi fulaz uuerde auur súlih, soso iz uuas.
Thu uueltist óuh ana thés thes selben úrdeiles,
   rihtis sélbo thu then dág, then man biuuánkon ni mag.
15 Nu iz állaz, druhtin, thín ist, ginado bi únsih, so thu bíst,
   léiti unsih in ríchi thín, thoh uuir es uuírdig ni sin.
Druhtin, állesuuio ni dúa, mih io fúagi tharazúa,
   thaz íh mih untar thínen íamer muazi blíden,
Theih thar thih lóbo ubar ál, so man drúhtinan scál,
20 allen kréftin minen mit héilegon thínen,
Vuir thina géginuuerti níazen mit giuuúrti,
   ioh sín thih saman lóbonti allo wórolt uuorolti. Amen.

24. V, 25. Conclusio voluminis totius.

Selben Krístes stíuru ioh sínera ginádu
   bin nú zi thiu gifíerit, zi stáde hiar gimíerit;
Bín nu mines uuórtes gikerit héimortes
   ioh uuíll es duan nu énti, mit thiu íh fuar férienti.
5 Nu uuíll ih thes giflízan, then segal nítharlazan,
   thaz in thes stádes feste min rúadar nu giréste.
Bin gote hélphante thero árabeito zi énte,
   thes mih fríunta batun (in gótes minna iz dátun),
Thes síe mih batun hárto selben gótes uuorto,
10 thaz ih giscríb in unser héil, euangéliono deil,
Tház ih es bigúnni in únseraz gizungi,
   ih thuruh gót iz dati, soso man mih báti.
Ni móht ih thaz firlóugnen, nub íh thes scolti góumen,
   thaz ih ál dati, thes káritas mih bati;
15 Uuanta sí ist in uuar mín druhtines drútin,
   ist fúrista innan húses sines thíonostes.
Thes selben thíonostes giuuált thaz géngit thuruh íra hant:
   nist es uuíht in thanke, mit íru man iz ni uuírke.
Nu íst iz, so ih rédinon, mit selben Krístes segenon,
20 mit sínera giuuélti braht anan énti,
Giscríban, so sie bátun, thaz iro mínna datun,
   brúaderscaf ouh díuru: thaz ságen ih thir zí uuáru.
Ih hiar nu férgon uuile gótes thegana álle,
   alle hóldon sine ioh liabe fríunta mine:
25 Si frúma in thesen uuérkon, thaz sies góte thankon,
   thaz sie tház iruuellen, gótes gift iz zellen,
Sínera máhti állaz thaz gidráhti,
   ímo, so ih zéllu, thiu selbun uuórt ellu.
Sí thar thaz ni dóhta, so mir gibúrren mohta:
30 zéllet thio giméiti minera dúmpheiti,
Mínes selbes úbili, thaz íh io uuard so fráuili,
   ioh minera árgi filu frám, thaz ih es góuma ni nam,

Thaz íh in thesen rédion   ni lúgi in theuangélion,
  thaz íh mir liaz so úmbiruah   thio mines drúhtines buah!
35 Thero selbun míssidato   thíg ih, druhtin, thráto
  gináda thina in uuára: uues még ih fergon méra?
Ther hóldo thin ni míde,   nub er iz thána snide,
  ioh er iz thána scerre,   tház iz hiar ni mérre,
Zi thiu thaz gúati sine   thes thiu báz hiar scine,
40   ioh man uuizzi fóllon   in thíu then guatan uuíllon.
Vuant er thaz gúata mínnot   ioh hiar iz lísit thuruh gót,
  thaz árga hiar ouh mídit   ioh iz thána snidit,
Noh thuruh éina lugina   ni firuuírfit al thia rédina,
  noh thuruh úngiuuara mín   ni lázit thia frúma sin:
45 Súntar thaz giscríb min   uuirdit bézira sin,
  búazent síno gúati   thio mino míssodati.
Sọ eigun dáti síne   lon fon trúhtine,
  gélt filu fóllon   thuruh then gúatan uuillon,
Uuant er thaz úbila firméid   ioh iz garo thána sneid:
50   thaz gúata steit giháltan   ioh mág sih baz giuuáltan.
Sús bi thésa redina   so duent thie gótes thegana,
  si uuírkent thiz gimúati   thuruh thio íro guati;
Sús duent thíe io álle   thes gúaten uuillen fólle,
  thie selbun drúta sine   ioh liebe fríunta mine.
55 Ih uuéiz ouh, thaz thu irkénnist,   ioh thih iz únfarholan ist,
  uuio áfur iogilícho   duit ther mín gilicho.
Then rúarit io thiu smérza   (thaz dúit imo úbil herza),
  er scóuuot zi themo gúate   séragemo múate:
Iz rúarit sino brústi   sar zi théra fristi
60   mit míhilen ríuon,   so ér iz biginnit scóuon.
Er bíeget zemo gúate,   ist úbilo imo in múate:
  uuólt er sar thén uuílon   gérno iz firdílon.
Nist ímo thar ouh fóllon   thuruh then argan uuíllon,
  súntar er thaz grúbilo,   finthit er thar úbilo,
65 Ioh uuilit súlichero íagilih,   theiz állaz si so sámalih:
  biginnent frám thaz réchen,   thaz sie thaz gúata theken,
Lúagent io zemo árgen,   thaz sie génaz bergen,
  tház siez io bihéllen   mit árgemo uuillen.
Iz spríchit ouh giuuáro   Hierónimus ther máro:
70   giuuuag er uuórtes sines   thes selben álten nides.
Er quit: 'sin súmiliche,   thoh in thaz uuérk liche,
  sie thoh, bi thíe meina,   thes árgen nemen góuma,
Thaz sie tház io spurilon,   uuio sie in ábuh redinon,
  ioh sie thés io faren   uuioz híntorort gikeren.'
75 Nu sie tház ni mident,   so hohan gómon rinent,
  sie óuh thaz ni éltent,   then gotes drút so sceltent:
Uaz dúit thanne iro fráuili   theru mínera nídiri
  ioh iro uuíllo úbiler?   got biskírme mih ér! –
Sus sínt thiu thíng ellu,   so íh thir hiar nu zéllu,
80   sus míssemo múate   sint úbile ioh gúate,
Thie einun uuóllent in uuár   thaz gúata ófonon sar,
  thie ándere mit ílon   iz uuóllent sar firdílon.

Thie gúate es sar bigínnent   ioh iz frámbringent,
    ioh sint fró thrato   réhtero dato,
85 Thie andere álle filu frúa   sero grúnzent tharzúa,
    sero dúit in thiu fríst,   theiz bithékitaz nist.
Nu bifílu ih mih hiar   then béziron allen in uuár,
    allen gótes theganon   mit selben Krístes seganon,
Tház thie selbun smáhi mín   in gihúgti muazin íro sin,
90   mit uuórton mih ginúagen   zi drúhtine gifúagen,
Io sár in thémo friste   zi uuáltantemo Kríste,
    zi uuáltanteru hénti   ána theheinig énti.
Themo si gúallichi   ubar állaz sinaz ríchi,
    ubar allo uuórolti   si díuri sin io uuónanti,
95   In érdu ioh in hímile,   in ábgrunte ouh hiar nídere,
    mit éngilon ioh mánnon,   in éuuinigen sángon!
Ther míh hiar so gidrósta,   thero árabeito irlósta,
    thaz ér min githáhta,   zi stáde mih bibráhta.
Thoh íh tharzua húgge,   thoh scóuuon sio zi rúgge,
100 bin mir ménthenti   in stade stántenti.
Si gúallichi thera énsti,   thiu mir thés io giónsti,
    lób ouh thera giuuélti   ána theheinig énti
In érdu ioh in hímile,   in ábgrunte hiar nídere,
    mit éngilon ioh mánnon,   in éuuinigen sángon!   Amen.

25. Otfridus Uuizanburgensis monachus Hartmuate et Uuerinberto Sancti Galli
monasterii monachis.

Oba íh thero búacho gúati   hiar iauuiht missikérti,
    gikrúmpti thero rédino,   thero quít ther euangéli   **O:**
Thuruh Krístes kruzi   bimíde ih hiar thaz uuízi,
    thuruh sína gibúrt;   es íst mir, drúhtin, thanne thurf   **T.**
5 Firdílo hiar thio dáti,   ioh, drúhtin, mih giléiti,
    thaz ih ni mángolo thes dróf,   in hímilriches frítho   **F.**
Rihti pédi mine   thar sin thie drúta thine,
    ioh minaz múat gifréuui mir   in euuon, drúhtin, mit thí   **R**
In hímilriches scóni   dúa mir thaz gizámi,
10   ioh mih io thára uuisi,   thoh ih es uuírdig ni s   **I.**
Drúhtin, dúaz thuruh thíh: firdanan uuéiz ih filu míh,
    thin gibót ih ofto méid: bi thiu thúlta ih thráto mánag lei   **D.**
Vuéiz ih thaz giuuísso,   thaz íh thes uuírthig uuas ouh só:
    thiu uuérk firdilo mínu   gináda, druhtin, thín   **U**
15 Sario nú giuuaro,   thaz ih thir thíono zioro
    ellu iár innan thés   ioh dága mines líbe   **S.**
Vuanta unser líb scal uuesan tház,   uuir thíonost duen io thínaz,
    thaz húggen thera uuúnnu   mit Krístes selbes mínn   **V.**
Vuóla sies io ginúzzun,   thie uuíllen sines flízzun,
20   ioh sínt sie nu mit rédinu   in hímilriches fréuuid   **V,**
In hímiles gikámare   mit míhilemo gámane,
    mit míhileru líubi: thes uuórtes mir gilóub   **I.**
Zi héllu sint gifíarit   ioh thie ándere gikérit,
    thar thultent béh filu héiz,   so ih iz állesuuio ni uuéi   **Z.**

25 Alla uuórolt zeli du ál,   so man in búachon scál:
 thiz fíndistu ana duála,   thaz ságen ih thir in uuár   A.
Nim góuma in álathrati,   uuio Abél dati,
 uuior húgu rihta sinan   in selb drúhtina   N:
Bigonda er góte thankon   mit sínes selbes uuérkon:
30 sínen uuerkon er io kléib,   uuiht ungidánes ni bilei   B.
Vuio ther ánder missigíang,   ioh harto híntorort gifíang,
 thaz lísist thu ouh zi uuáru,   ioh fon theru sélbun far   V:
Ríat er thes ginúagi,   uuio er Abélan sluagi,
 uuio er gidáti filu sér   themo éinegen brúathe   R.
35 Gifréuuit ist ther gúato   nu in hímilriche thráto,
 thaz deta thero uuérko githig   (ther ánder nist es uuirthi   G):
Er ist gilóbot harto   selben Krístes uuorto
 in búachon zi uuare,   maht sélbo iz lesan thár   E.
Ni brístit, ni thu hórtist,   uuio leid ther ánderer ist;
40 nist thér sin habe rúachon,   thaz lísistu ouh in búacho   N.
Sih Laméch ouh firlos,   ioh zua quénun erist kós,
 deta ander úbil ubar tház,   uuant er gúater ni uua   S.
In ímo ist uns thiu fórahta,   thia úns Caín uuórahta;
 lís, uuío er then quénon zéinti,   ioh sélbemo imo irdéilt   I.
45 Súntar uuard Enóch in uuar   drúhtines drút sar,
 uuanta ér uuialt múates sínes: nu níuzit páradise   S.
Mánagfalta léra   duat drúhtin uns in uuára
 in thesa uuísun untar in: theih híar thir zélle, thaz firni   M.
Oba thu es uuóla drahtos,   in múate thir iz áhtos:
50 maht thánne thu giuuáro   giniazan béder   O.
Ni láz thir in muat thín   thio dát, thio gúoto ni sín,
 ioh láz thir zi bílidin   thie auur bézzirun sí   N.
Allo zíti thanne   úabiz untar mánne,
 so niuzis thú, theih zálta,   thia fruma mánagfalt   A.
55 Chéri ouh thir in thráti   in muat thio uuóladati,
 uuio Noé bi guat githíc   uuard drúhtine uuírthi   C.
Hína uuard thiu uuórolt funs   (theist allen kúnd hiar untar úns),
 in súnton uuard siu míssilih,   giuuísso, thaz ni híluh thi   H:
Vuas er éino scono,   in liutin únhono,
60 deta éino er tho zi uuáru   uuerk álauuar   V.
Sih kérta er zi góte ana uuánk;   tho ellu uuórolt thar irdránk,
 er éino ther intflóh thaz: thiu uuorolt uuírdig thes ni uua   S.
Hóh er oba mánnon   suébeta in then úndon,
 uuant ér uuas góte, sumiríh,   drút, thaz ni híluh thi   H.
65 Allaz mánkunni   thúlta thar tho grúnni:
 uuas uuírdig er in uuára   zi bimídanne thia zál   A.
Réhtor er iz ánafiang,   tho iz zi nóti gigíang,
 thanne thie mézzon in uuár   (selbo lésen uuir iz thá   R).
Thó sie thes bigúnnun,   zi hímile gisúnnun:
70 uuanta íz uuas únredihaft,   bi thiu zigíang in thiu kráf   T.
Múatun sie sih thráto   thero íro selbun dáto,
 giuuísso ságen ih thir éin,   sie quámun filu scánt hei   M.
Uuanta íz zi thíu io irgéngit: ther uuidar góte ringit,
 ist er ío in uuaru   in hónlicheru zál   U.

75 A'braham ther máro   uuas gótes drut giuuáro:
  thoh thúlt er ofto in uuára   mánagfalta zál   A:
Thoh riat imo ío druhtin   mit sínes selbes máhtin,
  sos er io thémo duat,   ther thíonost sinaz uuóla dua   T.
E'rata er nan filu frám,   tho ér zen alten dágon quam,
80 sar bi thémo sinde   zi díuremo kínd   E.
Er ouh Iácobe ni suéih,   tho er themo brúader insléih,
  uuas io mit ímo thanne   in themo flíahann   E.
Thaz Iósepe ouh gibúrita,   tho er thie dróuma sageta:
  ther selbo níd inan firuuánt   rumo in ánderaz lan   T.
85 Uuárun thar in lánte   thie liuti suíntante,
  in fólgetun sie in uuáru   mit míhileru pín   U.
Uuio sie auur gót thar drósta,   ioh Móyses irlósta,
  thaz sagent búah zi uuáru   in sínes selbes lér   U.
E'igun ouh thio búah thaz,   then iro míhilan ház,
90 then drúagun sie io in uuáre   unz themo fíarzegusten iár   E.
Riatun ío ubar thaz   in thaz férah sinaz,
  ther in dróst uuas io sár,   then uuóltun se ofto irsláhan tha   R.
In Dauídes dati   nim bílidi zi nóti,
  uuio er thuruh síno guati   firdruag thaz hérot   I.
95 Ni mág ih, thoh ih uuólle,   thie selbun líuoli alle,
  thóh uuir thaz iruuéllen,   so mámmonto gizélle   N:
Bi thiu ist nu báz zi uuare,   thaz uuír gigruazen híare,
  thaz ouh tház ni bileib,   thaz Ióhane ouh hiar léid klei   B.
Erist áhtun sie sín,   thaz ságen ih thír in uuár min.
100 fiangun tho mit nide   zi selb drúhtin   E;
Ríatun tho ginúagi,   uuío man nan irslúagi,
  giuuisso ságen ih thir uuár: thaz irfúltun se sá   R.
Thó sie thaz gifrúmitun,   thie iúngoron sie firiágotun:
  so uuar sunna líoht leitit,   so uuúrtun sie zispréiti   T.
105 O'ba thu es bigínnis,   in búachon thu iz fíndis,
  thaz uuír nu niazen thráto   thero drúhtines drút   O.
Sus in thésa uuisun   so sléif thiu uuorolt hérasun:
110 io ahta (uuízist thu tház)   thes gúaten, ther thar úbil uua   S.
Aller líut ginoto   áhta tho thero drúto,
  noh dages híutu in uuara   so uuónet io thiu fár   A.
Nim góuma nu gimúato   thero selbun gótes druto,
  dráht es nu mit uuíllen   in sélben sancti Gálle   N.
115 Chórota er ofto thráto   thero selbun árabeito,
  thes er nú ana uuánc   hábet fora góte than   C.
Thénkemes in múate   uns állen nu zi gúate,
  ioh uns hárto queme in múat   thiz selba drúhtines gua   T.
I'st uns hiar gizéinot   in béthen ío thuruh nót
  in úbili inti in gúati,   unserero zúhto dat   I.
Giuuár thú uuis io thráto   thero bézirun dato,
120 biscóuuo thir io umbiríng   éllu thisu uuóroltthin   G.
A'lle thie firdánun,   the únsitig uuárun,
  thie míd thu io in uuára   ioh állero iro fár   A;
Láz thir in múat thin   thie thar bézirun sin:
  so bístu, so ih thir ságen scal,   gotes drút ubara   L.

125 Lís thir in then líuolon   thaz sélba, theih thir rédinon:
    fon álten zitin hina fórn   so sint thie búah al théses fo   L.
    In ín uuir lesen tháre,   thaz uuízun uuir zi uuáre,
    thera mínna gimúati   ioh mánagfalto gúat   I;
    Mínna thiu díura   theist káritas in uuára,
130   brúaderscaf, ih ságen thir éin,   thiu giléitit unsih héi   M.
    O'bo uuir unsih mínnon,   so birun uuir uuérd mannon,
    ioh mínnot unsih thráto   selb drúhtin unser gúat   O.
    Ni duen uuir só, ih sagen thir éin,   sero químit uns iz héim;
    sérag uuir es uuérthen,   in thíu uuir iz ni uuólle   N.
135 Altan níd theih rédota,   then Caín io hábeta,
    ther si uns léid in uuara: er íst uns mihil zál   A.
    Simes ío mít guate   zisámane gifúagte,
    ioh fólgemes thes uuáres,   uuir kind sin A'brahame   S.
    Thia mílti, thia Dauíd druag,   duemes hárto uns in thaz múat,
140   thia Móyses unsih lérit: thiu bosa ist éllu niuuih   T.
    Euangélion in uuár,   thie zéigont uns so sámo thar,
    gibíetent uns zi uuáre,   uuir unsih mínnon hiar   E.
    Rédinota er súntar   then selben iúngoren thar
    fon theru mínnu managaz ér,   sélbo druhtin únse   R:
145 In náht, tho er uuolta in mórgan   bi unsih selbo irstérban
    (dúat uns thaz gimúati   bi sínes selbes gúat   I),
    I'n gibot er hárto   sínes selbes uuórto,
    thaz man sih mínnoti,   so er uns iz bílidot   I.
    Mit káritate ih férgon,   so brúederscaf ist giuuón,
150   thi unsih scóno, so gizám,   fon selben Sátanase na   M:
    O'fono thio gúati   ioh dýet mir thaz gimúati,
    in gibéte thrato   íues selbes dát   O.
    Ni lázet, ni ir gihúgget   ioh mir gináda thigget
    mit mínnon filu fóllen   zi sélben sancti Gálle   N.
155 Afur thára uuidiri   thiu mínes selbes nídiri
    duat iu gihúgt, in uu'ara,   thaz ír bimidet zál   A,
    Ci sélben sancte Pétre,   ther so gíang in then sé,
    thaz ér si uns gináthic,   thoh íh ni si es uuírdi   C;
    Hóhi er uns thes hímiles   (ioh muazin fréuuen unsih thés)
160   inspérre: thara giléite mih,   ioh thar gifreuue ouh íui   H,
    In hímilisgo scóni,   thaz uuir thaz séltsani
    scóuuon thar in uuári,   ioh thio éuuinigun zíar   I.
    Símbolon in éuuon,   thes sint thie síne thar giuuon:
    uuir muazin fréuuen unsih thés   iamer sínes thanke   S.
165 Krist hálte Hártmuatan   ioh Uuérinbrahtan gúatan,
    mit in sí ouh mir giméini   thiu éuuiniga heili,
    Ioh állen io zi gámane   themo héilegen gisámane,
    thie dáges ioh náhtes thuruh nót   thar sancte Gállen thíonont!

26. Anhang: Alte auf den Dichter zu beziehende Nennungen?

I. Carta quam Otmundus fieri rogavit de pago alisaciense. Aus der
Zeit Grimalds, der 831–839 und 847–861 Abt von Weißenburg war (C. Zeuß, Tra-
ditiones possessionesque Wizenburgenses, Spirae 1842, Nr. 165).
    Dominus discipulis ait: date et dabitur vobis... Actum in monasterio Wizan-
burg coram testibus subtus insertis... Ego Otfrit scripsi et subscripsi.

II. Carta traditionis Gebaldi vom 29. September 851 (C. Zeuß, Nr. 204 und zweite Fassung Nr. 254).

... Acta in Wizenburg... isti sunt testes: ego Gebolt qui hanc traditionem feci... Ego Otfridus scripsi et subscripsi.

III. Weißenburger Gedicht aus einer Hs. des 10. Jahrhunderts
(E. Dümmler, ZDA 19, 117.)
Der Anfang, mindestens eine Zeile, fehlt.

. . . .
Nomine Cormaci quos tulit egregio
Doctori Otfrido residenti iure magistro
Leucopolisque sede corporeumque pio.
Tu fulgore micans doctrinę iamque minori
5   Caluarum spernis at loca uersiculis.
Tene, ó uexator monachorum, uincere cantu
Ulla potest lingua colla tumens hominis?
Ingrediens oriturque coquinam rixa repente
Actutumque sedens arripiens tripodem,
10   Huc illuc uertens neruis senes quoque plantas,
Massellas torrens cruribus ac breuibus,
Verbosam et semper retinens in gutture linguam –
O puer indocte, desine plura loqui.

XXXIII. PETRUSLIED.

Unsar trohtin hat farsalt   sancte Petre giuualt,
daz er mac ginerian   ze imo dingenten man.
     Kyrie eleyson,   Christe eleyson.
Er hapet ouh mit uuortun   himilriches portun
5   dar in mach er skerian   den er uuili nerian.
     Kirie eleison   Criste *eleyson.*
Pittemes den gotes trut   alla samant uparlut,
daz er uns firtanen   giuuerdo ginaden.
     Kirie eleyson,   Criste eleison.

XXXIV aus drucktechnischem Grund hinter **XXXV**

XXXVII. GEBETE.

1. Augsburger Gebet.

Got, thir eigenhaf ist,   thaz io genathih bist,
Intfaa gebet unsar,   thes bethurfun uuir sar,
thaz uns thio ketinun   bindent thero sundun,
thinero mildo   genad intbinde haldo.

2. Gebete des Sigihart.

Du himilisco trohtin,   Ginade uns mit mahtin
     In din selbes riche,   Sóso dir giliche.
Aliter
Trohtin Christ in himile,   Mit dines fater segane
     Gináde uns in ęuun,   Daz uuir nílîden uuêuuún.

Zu XXXII, 26, III] 3 corporeumque] *vielleicht* corpore cumque? *Dümmler.*
Zu XXXIII] 8 = O. I, 7, 28.

XXXV. LIED VOM HEILIGEN GEORG (ZARNCKE).

Gorio fuor zi mahalo   mit mihhilemo herio,
fona dero marko   mit mihhilemo folko.
fuor er zi demo ringe,   zi hevīgemo dinge.
daz dinc was mārista,   gote liobōsta.
5 firliez er wereltrīhhi,   giwan er himilrīhhi.
Daz giteta selbo   der māro grābo Gorio.

Dō sbuonun inan alla   kuninga sō manega:
waltōn s'in irkēran: ni wolta er'n es hōran.
herti was daz Gorien muot,   ni hōrt er in es, s'ēg ih guot,
10 nub er al gifrumitī   des er zi gote digitī.
Daz giteta selbo   der māro grābo Gorio.

Dō teiltōn si nan sāre   zi demo karkāre.
dār mit imo dō fuorun   engila dē skōnun.
dār swullun zwei wīb,   ginerit er daz iro līb:
15 dō worht er sō skōno   daz imbīz in frōno.
Daz zeihhan worhta dāre   Gorio zi wāre.

Inan druhtīn al giwerēta   des Gorio z'imo digita:
den blinton tet er sehentan,   den halzon gangentan,
den tumbon sprehhentan,   den toubon hōrentan.
20 ein sūl stuont dār manic iār: ūz spranc der loub sār.
Daz zeihhan worhta dāre   Gorio zi wāre.

Tacianus wuoto,   zurnt iz wuntardrāto:
er quat, Gorio wāri   ein goukelāri.
hiez er Gorion fāhan,   hiez in ūz ziohan,
25 hiez in slahan harto   mit wuntarwasso swerto.
Daz weiz ih, daz ist alawār,   ūf irstuont sih Gorio dār:
ūf irstuont sih Gorio dār,   wola predigōt er sār.
die heidenon man   gisanta Gorio drāto fram.

Bigont ez der rīhhi man   filo harto zurnan.
30 dō hiez er Gorion bintan,   an ein rad wintan:
zi wāre sagēn ih iz iu,   sie brāhhun in in zehaniu.
bigontōn si nan umbegān,   hiezun Gorion ūf irstān.

XXXV. Handschriftliche Überlieferung.

200[b] georio fuor ze malo · mit mikilemo ehrigo ·
fone | dero makrko · mit mikilemo fholko ·
fuor er ze demo | rinhe · ze heuihemo dinge
daz thin uuas marista · | gkoto liebota^(s)
5 ferliezcer uurelt rhike keuuan er | ihmilr ike ·
daz keteta selbo der mare crabo · georio · |
· dho · sbonen^(u) · inen allo kuningha so mane ha^(o)
uuolton si inen | ehrkeren ne uuolta ernes ohron^(e) ·

XXXV. LIED VOM HEILIGEN GEORG (KÖGEL).

Georio fuor ze mālo　　　mit mikilemo herigo,
fone dero marko　　　mit mikilemo folko.
Fuor er ze demo ringe,　　　ze hevīgemo dinge.
daz thing uuas mārista,　　　gote liebōsta.
5 Ferliezc er uuereltrīke,　　　keuuan er himilrīke:
daz keteta selbo　　　der māre crābo Georio.
Dhō sbuonen inen alla　　　kuningha sō manega
uuolton si inen erkēren,　　　neuuolta ern es hōren.
Herte uuas daz Georigen muot,　　　ne hōrter in es, sēgih guot,
10 nuber al kefrumetī,　　　des er ce kote digetī:
daz ketæta selbo　　　*hēro* sancte Gorio.
Dō *erteilton si* inen sāre　　　ze demo karekāre:
dhare met imo dō fuoren　　　engila dē skōnen.
Dhār suullen ceuuei uuīb,　　　keneriter daz ire līb:
15 dhō uuorhter sō scōno　　　daz imbīz in frōno.
daz ceiken uuorhta dhāre　　　Georio ce uuāre.
Georio dō digita,　　　inan druhtīn al geuuerēta.
inan druhtîn al geuuerēta　　　des Gorio zimo digita.
Den plinten deter sehenten,　　　den halcen gangenten,
20 den tumben [deter] sprekenten,　　　den touben hōrenten.
Ein sūl stuont ēr manig iār,　　　ūz sprang dher loub sār.
daz zeiken uuorhta dhāre　　　Gorio ze uuāre.
Beghontez dher rīke man　　　file harte zurnan,
Tacianus uuuoto　　　zurntez uunterdhrāto.
25 Er quat, Gorio uuāri　　　ein goukelāri:
hiez er Goriien fāhen,　　　hiezen uuzziehen,
hiezen slahen harto　　　mit uunteruuasso suerto.
Daz uueiz ik dhaz ist aleuuār,　　　ūf erstuont sik Goriio dhār,
ūf erstuont sik Goriio dhār,　　　uuola prediiōter dhār.
30 dhie heidenen man　　　kescante Gorio dhrāte fram.
Beghontez der rīke man　　　filo harto zurnan.
dō hiez er Goriion binten,　　　anen rad uuinten:
ce uuāre sagēn ik ez iuu,　　　sie prāken in en cēniu.
Daz uuēz ik, daz ist aleuuār,　　　ūf erstuonc sik Gorio dār,
35 ūf erstuont sik Gorio dār,　　　uuola .... dār,

---

　　　　　a
ehrte uuas dz | georigen munt ne ohrter ines shegih guot
10 nuber | al kefrumeti des er ce kote digeti ·
　　　　e
　　　　‾‾
daz ketota selbo sce gorio |
do teilton · inen sare ze demo karekare
dʰarmeᵗ imo | do fuorren ehngila · de · skonen
dhar *fu* ::: le : ceuuei uuib | kenerier daz ire litb
　　　h
15 dho uuore · er · so : : : : : : : z imbizs | in frono ·
daz · ceiken · uuorta · dh : : : : : : io · ce uuare · |
201ᵃ georio do digita inⁿ DRuhtin al geuuereta des gorio · | zimo digita
　　　　　　　　　　t
20 den tumben · dheer sprekenten · den tohuben · | ohrenten ·
19 den pilnten · deter · sehenten · e den halcen · gahn · enten · |
　　　　　　　　　　　e
20 ehin suhl stuonetehr magihe ihar uhus · psanr dher · lob . shar .

Daz weiz ih, daz ist alawār,   ūf irstuont sih Gorio dār:
ūf irstuont sih Gorio dār,   wola.............. sār.
35 die heidenon man   gisanta Gorio filo fram.

*   *   *

Dō hiez er Gorion fāhan,   hiez in harto fillan.
man gihiez in muillan,   zi pulver al firbrennan.
man warf in in den brunnun: er was sālīgēr sun.
bolōtōn si dārubari   steino mihhil menigī:
40 mihhil teta Gorio dār,   sō er io tuot wār.
Daz weiz ih, daz ist alawār,   ūf irstuont sih Gorio dār:
ūf irstuont sih Gorio dār,   ūz spranc der wāc sār.
die heidenon man   gisanta Gorio filo fram.

*   *   *

.... ten man   ūf hiez er stantan:
45 er hiez in dare z'imo gān,   hiez in sār sprehhan.
dō segita er 'Jobel hiez   ih bit namon, giloubet iz.'
quat, si wārīn florana,   demo tiufele al bitrogana.
Daz cunt uns selbo   hērro sancte Gorio.

*   *   *

Dō gienc er zi dero kamaro   zi dero kuninginno:
50 bigont er sie lēran,   bigonta s'imo es hōran.
Elossandria,   si was togalīhha:
si īlta sār wola tuon,   den iro scaz spentōn.
si spentōta iro triso dār: daz hilfit sa manac iār:
von ēwōn unzin ēwōn   sō ist s'in dēn ginādōn.
55 Daz irdigita selbo   hērro sancte Gorio.

*   *   *

Gorio huob dia hant ūf..............
irbibinōta Abollīn..............
gibōt er ubar den hellehunt: dō fuor er sār in abgrunt.

*   *   *

daz · zehiken · uuorheta · dhare · gorio ze uuare · |
            e
boghontez dher rike man file ahrte zurenen ·
tacianus · | uuuoto zuhrentzes · uunter · dhrato
25 ehr quaht gorio | uuari · ehin · ckoukelari ·
ihez ehr · goriien fhaen ihezen · huuszieen ·
                            mit
25 ihezen · shlahen · ahrto ·   uunter · uuassho · | shuereto ·
dhaz uueiz · ihk · dhaz ist aleuuar · uhffherstuont | sihk goriio dhar
uuola · prediio her dhar ·
                              ra
30 dhie ehnidenen man · | keshante gorio · dharte frham ·
beghontez der rhike man | filo ahrto zunrnen ·

dhie heidenen man   kescante Gorio file fram.
Dō hiez er Gorion fāhen,   hiez en harto fillen.
man gehiez en muillen,   ze pulver al verprennen.
Man uuarf en in den prunnun: er uuas sālig herasun.
40   polōton si derubere   steine mikil menige.
Begonton si nen umbekān,   hiezen Gorien ūf erstān.
mikil teta Georio dār,   sō*s* er io tuot uuār.
Daz uuēz ik daz ist aleuuār,   ūf erstuont sik Gorio dār.
ūf erstuont sik Gorio dār,   ūz sprang der uuāhe sār.
45   dhie heidenen man   kescante Gorio file fram.
. . . . ten man   ūf hiez er stantan,
er hiez en dare cimo kān,   hiez en sār sprekan.
Dō segiter kebet *heiz*,   ih betamo geloubet ez,
quat, si uuārīn ferlorena,   demo tiufele al petrogena:
50   daz cunt uns selbo   *hēro* sancte Gorio.
Do gieng er ze dero kamero,   ze dero chuninginno,
pegonter sie lēren,   begonta si mes hōren.
Elossandria   si uuas dogelika,
si īlta sār uuole tuon,   den iro scaz spentōn,
55 Si spentōta iro triso dār: daz hilfit sō maneg iār.
fon ēuuon uncen ēuuon,   sō *ist* se en ginādhon.
daz erdigita selbo   hēro sancte Gorio.
Gorio huob dhia hant ūf,   erbibinōta Abollin*us*.
gebōt er uper den hellehunt: dō fuer er sār en abcrunt.

---

30   do ihez er · goriion · binten ahnen · rad · uuinten |
     ce uuare · shagehn · ihkzes ihuu · shie praken inen encenuui |
     daz · uuēz · ihk · daz · ist · aleuuar · uhffher · stuont · sihk · gorio dar · |
35   uhffher · stuont · sihk · gorio · dar · uuola dar ·

                                a
35   dhie ehidenen | man keshante GoRio file frhm ·
     do ihez er · GoRio^n · fhaen | ihezen · harto fillen ·
     man goihezen muillen · ze puluer · | al uerpernnen

                               k
     man uar · fhan · in den purnnen · er uuas | saliger · sun ·
40   poloton · si derubere · steine · mihkil · meGine · |
32   be Gonton · si nen · umbekan · iehzen · GoRien · uhffher · stan · |
              e
40   mihkil · tata *Ge* : : : : : : :*r* · so her io tuoht · uuar ·
     daz uuez · ihk · | daz uuez · ih : : : : : : leuuar · uhffherstuont sihk | GoRio dar.
     uuo:
45   pr : : : : : : : : : :*r* · dhie ehidenen man · kesahnte · | GoRio file farm.
     : : : : : : : : : : : : sihk · Gorio dar · uuhs psanr | der · uuaehe · sha :
     : : : : : : : : : : : : ten man · uhf · ihezer · stanten ·
201^b 45   er hiezcen dare *c*imo khaen · hiezen · shar · sprecken · |
     Do seGita : : *k*obet · ihz · ih betamo · Geloubet ehz ·
     quuat | so uua : : : fe*r*loreno demo tiufele al patroGen*a* ·
50   daz *cunt* uns selbo sce gorio . · . |
     do *Git* · er · ze dero kamero ze dero chuninginno |
50   peGon ^{h}er · shie · lehren · beGonta · shimes · ohren ·
     elossandria | si uuas do*g*elika
     shiihlta sar uuoletun den ihro shanc spent : :
55   ·Si spentota iro triso dar · daz · ihlft sa · manec iahr · |
     fō euuon · uncin · euuon · *s*hose en gnadhon
55   daz er diGita selbo | ehro Sce Gorio ·
     GoRio uhob dhia · ahnt uhf erbibinota abollin | Gebot er uhper den ehtle
     unht · do fuer er sar enabcurnt | ihn nequeo Vuisolf

XXXIV. CHRISTUS UND DIE SAMARITERIN.

Lesēn uuir, thaz fuori   ther heilant fartmuodi.
ze untarne, uuizzun thaz,   er zeinen brunnon kisaz.
Quam fone Samario   ein quena sārio
scephan thaz uuazzer: thanna noh sō saz er.
5 (Uuurbon sīna thegana   be sīna līpleita):
bat er sih ketrencan   dáz uuīp thaz ther thara quam.
'Biuuaz kerōst thū, guot man,   daz ih thir geba trinkan?
iā ne niezant, uuizze Christ,   thie Iudon unsera uuist'.
'Uuīp, obe thū uuīs sīs,   uuielīh gotes gift ist,
10   unte den ercantīs,   mit themo do kōsōtīs,
tū bātīs dir unnen   sīnes kecprunnen'.
'Disiu buzza ist sō tiuf,   ze dero ih heimina liuf,
noh tū ne habis kiscirres,   daz thū thes kiscephēs:
uuār maht thū, guot man,   neman quecprunnan?
15 Ne bistū liuten kelop   mēr than Iacob.
ther gab uns thesan brunnan,   tranc er nan ioh sīna man:
sīniu smalenōzzer   nuzzon thaz uuazzer'.
'Ther trinkit thiz uuazzer,   be demo thurstit inan mēr,
der afar trinchit daz mīn,   then lāzit der durst sīn:
20   iz sprangōt imo'n pruston   in ēuuōn mit luston'.
'Hērro, ih thicho ze dir,   thaz uuazzer gābīst dū mir,
daz ih mēr ubar tac   ne liufi hera durstac'.
'Uuīb, tū dih anneuuert,   hole hera dīnen uuirt.'
siu quat, sus libiti,   commen ne hebiti.
25 'Uueiz ih, daz dū uuār segist,   daz dū commen ne hebist.
dū hebitōs ēr finfe   dir zi volliste.
des mahttū sichūre sīn: nū hebist ēnin der nis dīn'.
'Hērro, in thir uuigit scīn,   daz thū maht *forasago sīn:*
for uns ēr giborana   betōton hiar in berega,
30 Unser altmāga   suohton hia genāda:
thoh ir sagant kicorana   thia bita in Hierosolima'.

XXXVI. DAS LUDWIGSLIED.

Rithmus teutonicus de piae memoriae Hluduico rege filio Hluduici aeque regis.

Einan kuning uueiz ih,   Heizsit her Hluduīg,
Ther gerno gode thionōt: Ih uueiz her imos lōnōt.
Kind uuarth her faterlōs.   Thes uuarth imo sār buoz:
Holōda inan truhtīn,   Magaczogo uuarth her sīn.
5 Gab her imo dugidi,   Frōnisc githigini,
Stuol hier in Vrankōn.   Sō brūche her es lango!
Thaz gideilder thanne   Sār mit Karlemanne,
Bruoder sīnemo,   Thia czala uuunniōno

Zu XXXIV 5] *ist auf dem unteren Rande der vorhergehenden Seite nachgetragen.
Die Verweisung hinter Vers 4 wurde wegen Joh. 4, 7f. meist als irrig betrachtet,
weshalb auch frühere Auflagen des Lesebuches den Vers vor Vers 7 einrückten; die
Stellung nach 4 dürfte trotzdem vom Schreiber gewollt sein.*   6 vip.   28 *forasago
sīn: fehlt Hs.; dazu Sprachdenkm.*

Sō thaz uuarth al gendiōt,   Korōn uuolda sīn god,
10 Ob her arbeidi   Sō iung tholōn mahti.
Lietz her heidine man   Obar sēo līdan,
  Thiot Vrancōno   Manōn sundiōno.
Uuurdun sum erkorane,   Sume sār verlorane.
Haranskara tholōta   Ther ēr misselebēta.
15 Ther ther thanne thiob uuas,   Ind er thanana ginas,
  Nam sīna vaston: Sīdh uuarth her guot man.
Sum uuas lugināri,   Sum skāchāri,
  Sum fol lōses,   Ind er gibuozta sih thes.
Kuning uuas ervirrit,   Thaz rīchi al girrit,
20 Uuas erbolgan Krist: Leidhōr, thes ingald iz.
Thoh erbarmēdes got,   Uuisser alla thia nōt:
  Hiez her Hluduīgan   Tharōt sār rītan:
'Hluduīg, kuning mīn,   Hilph mīnan liutin!
  Heigun sa Northman   Harto biduuungan';
25 Thanne sprah Hluduīg: 'Hērro, sō duon ih,
  Dōt ni rette mir iz,   Al thaz thū gibiudist'.
Thō nam her godes urlub,   Huob her gundfanon ūf,
  Reit her thara in Vrankōn   Ingagan Northmannon.
Gode thancōdun   Thē sīn beidōdun,
30 Quādhun al 'frō mīn,   Sō lango beidōn uuir thīn'.
Thanne sprah lūto   Hluduīg ther guoto:
  'Trōstet hiu, gisellion,   Mīne nōtstallon.
Hera santa mih god   Ioh mir selbo gibōd,
  Ob hiu rāt thūhti,   Thaz ih hier gevuhti,
35 Mih selbon ni sparōti,   Uncih hiu gineriti.
Nū uuillih thaz mir volgōn   Alle godes holdon.
  Giskerit ist thiu hieruuist   Sō lango sō uuili Krist:
Uuili her unsa hinavarth,   Thero habēt her giuualt.
Sō uuer sō hier in ellian   Giduot godes uuillion,
40 Quimit hē gisund ūz,   Ih gilōnōn imoz,
  Bilībit her thār inne,   Sīnemo kunnie'.
Thō nam her skild indi sper.   Ellianlīcho reit her:
  Uuolder uuār errahchōn   Sīnan uuidarsahchōn.
Thō ni uuas iz burolang,   Fand her thia Northman:
45 Gode lob sagēda,   Her sihit thes her gerēda.
Ther kuning reit kuono,   Sang lioth frāno,
  Ioh alle saman sungun   'Kyrrieleison'.
Sang uuas gisungan,   Uuīg uuas bigunnan,
  Bluot skein in uuangōn: Spilōdun ther Vrankon.
50 Thār vaht thegeno gelīh,   Nichein sōsō Hluduīg:
  Snel indi kuoni,   Thaz uuas imo gekunni.
Suman thuruhskluog her,   Suman thuruhstah her.
  Her skancta cehanton   Sīnan fian*ton*
Bitteres līdes.   Sō uuē hin hio thes lībes!
55 Gilobōt sī thiu godes kraft: Hluduīg uuarth sigihaft;

Zu XXXVI]   13 Sume sar uerlorane   Uuurdun sum erkorane *Hs., unser*
Text nach Lachmann u. Schumacher.   21 Uuuisser *Hs.*   43 Sina *Hs.*   53 fian *Hs.*

Ioh allēn heiligōn thanc!   Sīn uuarth ther sigikamf.
Uuolar abur Hluduīg,   Kuning ui[lo] sālīg!
   Sō garo sōser hio uuas,   Sō uuār sōses thurft uuas.
   Gihalde inan truhtīn   Bī sīnan ērgrehtīn.

XXXVII. steht auf S. 131

XXXVIII. Psalm 138.

Uellet ir gihōren   Daviden den guoton,
   den sīnen touginon sin?   er gruozte sīnen trohtin:
Iā gichuri dū mih, trohtin,   inte irchennist uuer ih pin,
   fone demo aneginne   uncin an daz enti.
5 Ne megih in gidanchun   fore dir giuuanchon:
   dū irchennist allo stīga,   se uuarot so ih ginīgo;
Sō uuare sōse ih chērte mīnen zoum,   sō rado nāmi dūs goum:
   den uuech furiuuorhtostū mir,   daz ih mih chērte after dir.
Dū hapest mir de zungun   sō fasto piduungen,
10 daz ih āne dīn gipot   ne spricho nohein uuort.
Uuie michiliu ist   de dīn giuuizida, Christ,
   fone mir ce dir gitān!   uuie mahtih dir intrinnen!
Far ih ūf ze himile,   dār pistū mit herie,
   ist ze hello mīn fart,   dār pistū geginuuart:
15 ne megih in nohhein lant,   nupe mih hapet dīn hant.   18
Nū uuillih mansleccun   alle fone mir gituon,   25
   alle die mir rieton   den unrehton rīhtuom.   26
Alle die mir rietun   den unrehton rīhtuom,   26
   die sint fīenta dīn,   mit dēn uuillih gifēh sīn;   27
20 De uuider dir uuellent tuon,   de uuillih fasto nīdon,   28
   alle durh dīnen ruom   mir ze fīente tuon.   29
Dū got mit dīnero giuualt   scirmi iogiuuedrehalp,   33
   mit dīnero chrefti   pinim dū mo daz scefti,   34
   ne lā dū mos de muozze,   daz er mih se ane skiozze.   35
25 De sēla uuorhtostū mir,   die pisāzi dū mir.   21
   dū uuirti sār mīn giuuar,   sō mih de muoter gipar.   22
Noh trof ih des ne lougino,   des dū tāti tougino,   23
   nupe ih fone gipurti   ze erdun aver uurti.   24
Far ih in de finster,   dār hapest dū mih sār: 19
30 ih uueiz daz dīn nacht mach   sīn sō lioht alsō tach.   20
Sō uuillih danne file fruo   stellen mīno federa: 15
   peginno ih danne fliogen,   sōse ēr ne tete nioman.   16
Peginno ih danne fliogen,   sōse ēr ne tete nioman,   16
   sō fliugih ze enti ienes meres: ih uueiz daz dū mih dār irferist: 17
35 ne megih in nohhein lant,   nupe mih hapet dīn hant.   18

Zu XXXVI] 57 uolar *Hs.* – unsēr sālīg *Ehrismann,* Anz. 39, 30] ui…salig
Hs., uuigsalig (*Willems*) *edd.,* euuīn sālīg *Roediger;* wurtsālig *Steinmeyer, Sprach-*
denkm. (*vgl. GGA* 1918, 50); ui[lo], St. Neophil. 59, 241.
   Zu XXXVIII] *Statt* uu *ist in der Hs. immer einfaches* u (v) *geschrieben, außer*
vuillih *v.* 15. 4 ane gine *Hs.*   7 zoum *Seiler*] zun *Hs. zu* 8 *vgl. Sprachdenkm.,*
S. 105.   10 spiricho *Hs.*   11 cherist. *Hs.*   23 chereftti *Hs.* – scepti *Hs.*
24ᵇ se] sō *Kögel.*   29 de] den *Hs.*   30 nacht *Reim auf* tach *die früheren Aus-*
gaben; jetzt Versteilung nach Roediger (ZDA 33, 416).   34 ienes *Kögel*] ie enes *Hs.*

Nū chius dir fasto ze mir,   upe ih mih chēre after dir;   30
  dū ginādigo got,   chēri mih framort: 31
  mit dīnen ginādun   gihalt mih dir in ēuun.   32

XXXIX. DE HEINRICO.

Nunc almus assis filius   thero ēuuigero thiernun
benignus fautor mihi,   thaz ig iz cōsan muozi
de quodam duce,   themo hēron Heinrīche,
qui cum dignitate   thero Beiaro rīche beuuarode.

5 *Intrans nempe nuntius,*   then keisar namoda her thus:
'cur sedes' infit 'Otdo,   ther unsar keisar guodo?
hic adest Heinrīch   bringit her hera kuniglīch,
dignum tibi fore thir selvemo ze sīne.'

Tunc surrexit Otdo,   ther unsar keisar guodo,
10 *perrexit illi obviam*   inde vilo manig man
et excepit illum   mid mihilon ēron.

Primitus quoque dixit: 'uuillicumo, Heinrīch,
ambo vos equivoci,   bēthiu goda endi mī:
nec non et sotii,   uuillicumo sīd gī mī.'

15 *Dato responso*   fane Heinrīche sō scōno
coniunxere manus.   her leida ina in thaz godes hūs:
petierunt ambo   thero godes genātheno.

Oramine facto   intfieg ina aver Otdo,
duxit in concilium   mit michelon ēron
20 *et omisit illi*   sō uuaz sō her thār hafode,
preter quod regale,   thes thir Heinrīh ni gerade.

Tunc stetit al thiu sprākha   *sub firmo* Heinrīche:
quicquid Otdo fecit,   al geried iz Heinrīh:
quicquid ac omisit,   ouch geried iz Heinrīhc.

25 *Hic non fuit ullus*   (thes hafon ig guoda fulleist
nobilibus ac liberis,   thaz thid allaz uuār is),
cui non fecisset Heinrīch   allero rehto gilīch.

XL. VERSE AUS NOTKERS RHETORIK.

a. Sóse snél snéllemo   pegágenet ándermo,
  sô uuírdet slîemo   firsniten sciltrîemo.

Zu XXXVIII] 37 *Der Vers war in der Hs. noch einmal geschrieben, ist aber ausradiert (Korn).*   XXXIX] 1 Nunc almus thero euuigero assis thiernun filius *Hs.,* Nunc almus thero ewigun filius assis thiernun *Wackernagel.* (... assis thiernun filius *Sprachdenkm.*) *Lücke nach 4?*   5 namoda *Hs.,* manoda *edd.* – thuf *Hs.*   7 bringit her *Steinmeyer*] bringt her *Hs. nach Priebsch,* bruother *frühere Lesung.* – selue moze sine *Hs.*   14 sidigimi *Hs.*   15 scone *Hs.*   18 intsiegina *Hs.*   19 ducx̄ *Hs.*   20 amisit *Hs.,* omnisit *edd.,* commisit *Joseph; dazu Sprachdenkm. S. 111.* – par. *Hs.*   22 Heinricho *Hs.*   24 amisit *Hs.*   26 nobilis ac libis *Hs.,* nobilis ac liberalis *Dietrich.* – tid *Hs.*

b. Der heber gât in lîtun,   trégit spér in sîtun:
sîn báld éllin   ne lâzet ín véllin.
5 Imo sínt fûoze   fûodermâze,
ímo sínt búrste   ébenhô fórste
únde zéne sîne   zuuélifélnîge.

XLI. MERIGARTO.

1.

a ....   demo mere duo gab:
b dazn ubergie iz nie sît,   sō David chuīt.
c iz ūz louffit fruo   unt īlit uuider in zi nōna.
1 dō er derda unt daz mere giskiet,   duo ni liez er derda doh āna uuazzer nieht.
Uz der erda sprungan   manigslahte prunnen,
manig michil sē,   in hōhe unt in ebene,
uuazzer gnuogiu,   di skef truogin,
10 dei diu lant durhrunnen,   manigin nuz prungin,
der dā kūme uuāre,   ub iz an demo skeffe dar nichōme.
michili perga   skinun duo an der erda.
die sint vilo hōh,   habant manigin dichin lōh.
daz mag man wunteren   daz dār ie ieman durh chuam.
20 dāmit sint dei rīche   giteilit ungelīhi.

De maris diversitate.

Nū sage uuir zērist   fona d*emo mere* so d*az* ist
daz nist nieht in ieglīchere stete   al in einæmo site:
nāh ieglīchemo lante   uuān iz sīnen sito uuente,
nāh ieglīcher erda   uuān iz fara uuerda.
30 Der verit fone Arabia   in Egiptiland in sīnem uuerva
der, chuīt man, vara   uber daz rōta mere;
des griez *si* sō rōt   als ein minig unt ein pluot.
indes unt diu erda gēt,   sō dunchit daz mere rōt.

De lebirmere.

Ein mere ist giliberot,   daz ist in demo uuentilmere uuesterot.
40 sō der starche uuint   giuuirffit dei skef in den sint,
ni magin die biderbin vergin   sih des nieht iruuergin,
si ni muozzin folevaran   zi des meris parm.
ah, ah denne!   sō *ni* chomint si danne.
si ni uuelle got lōsan,   sō muozzin si dā fūlon.

De Reginperto episcopo.

50 Ih uuas zUztrehte   in urliugefluhte.
uuant uuir zuēne piskoffe hētan,   die uns menigiu sēre tātan.
duone maht ih heime uuese,   [duo] skuof in ellente mīn uuese.
Duo ih zUztrichte chuam,   dā vand ih einin vili guoten man,

Zu XL] 4 uallin *Münchener Hs.*   6 purste *Münchener und Brüsseler Hs.*
Zu XLI] b David] *Psalm 104, 9?*   1 geskiet *Hs.*   8 trogin *Hs.*   11 kum *Hs.*
12 skiffe *Hs. nach Kelle.*   20 *nach* ungelihi *Lücke von 16–17 Zeilen, in welcher*
noch einzelne Wörter lesbar sind, vgl. MSD.   22 Fonno meres stad... *Kelles*
Lesung d. Hs., fona d ::::::: so d :: *Hs.*   29 Der fonɔ Arabia uerit *Hs.*   52
sēre] lere *Hs.*   54 skouf *Hs.*   57 goten *Hs.*

den vili guoten Reginpreht.   er uopte gerno allaz reht.
60 er uuas ein uuīsman,   sō er gote gizam,
ein ērhaft phaffo   in aller slahte guote.
der sagata mir ze uuāra   sam andere gnuogi dāra,
er uuāre uuīle givarn in Islant,   dā'r michiln rīhtuom vant,
mit meluue iouh mit uuīne,   mit holze erlīne:
70 daz choufent si zi fiure.   dā ist uuito tiure.
dā ist alles des fili   des zi rāta triffit unt zi spili,
niuuana daz dā ni skīnit sunna: si darbint dero wunna.
fon diu uuirt daz īs dā   zi christallan sō herta,
sō man daz fiur dār ubera machot,   unzi diu christalla irgluot.
80 dā mite machint si iro ezzan   unte heizzint iro gadam.
dā gīt man ein erlīn skīt   umbe einin phenning.
dā mite

*   *   *

2.

Daz ih ouh hōrte sagan,   daz ni uuillih nieht firdagin,
daz in Tuscane   rin ein uuazzer scōne
unt sih daz perge   an ein wisin unter derda,
unte man sīn sō manga   uuola zehen iūche lenga.
10 An daz selbo velt   sluogin zuēne hēren ir gizelt,
die manigi zīte   uuārn in urliuges strīte.
Duo si des wurtin sat,   duo sprāchin si einen tag,
daz siz suontin,   mēra andere ni hōnten.
Dā daz uuazzer unter gie,   ein samanunga dā nidar viel:
20 diu endriu irbeizta,   dā'z uuidar ūz uuāzta.
Dā gieng ein man,   uuolt dā bī giruouuan:
der vernam alla die rāte,   die doberan tātan.
Duo'rz rehto vernam,   duo gier zi demo hērren,
er sagtimo gisuāso   dero vīante gichōsi.
30 Er bat in sīn stillo,   hiez in iz nieht meldin,
unte gie mit an die stat,   dā er ē eino lag,
unte vernam selbo   dero vīante gechōse.
Uf scoub er den tag,   lobtin uuider an die selbin stat.
mit den er uuolta,   legt er sich an des uuazzeres ūzpulza.
40 nāh diu si dā firnāmen,   die suona si frumitan. –
daz ist ouh ein wunter,   daz scrībe uuir hier unter.
Ein uuīzzer prunno pī Rōme   springit vili scōne,
demo dei ougin sērezzin,   der īli si dār mite nezzin:
uber churze stunt   sint si imo gisunt.
50 In Mōrlant ist ein sē,   der machot den līb scōne:
der sih dermite bistrīchit,   diu hūt imo glīzzit.
Allesuā ist ein prunno,   der machot suozze stimma.
der heis ist,   gitrinchit er sīn einist,
er singit sō lūto,   deiz wunterint dei liuto.
60 Sumelīh prunno   irleidit uuīnis wunne.

Zu XLI, 66 rihituom *Hs.*   69 choūft *Hs.*   *Zu* 2] 6 einin *Hs.*   39 nāh]
ah *Hs.*   40 sona *Hs.*

zeinem urspringe   chuīt man zuēne rinnen,
suer des einin gisuppha,   daz der ibilo gihukka;
der ava des anderen gileche,   daz der niehtes irgezze.
Man chuīt, ouh sī ein prunno,   dā man abe prinne
70 fone huorgiluste,   inbīzzers sō inen durste.
Ouh sagant maniga,   ein uuazzer sī in Campania,
daz nieman sī sō umbāra,   gitrinchet *er* dāra,
iz sī uuīb odo man,   si megin sā chindan.
die ouh gihalten uuellent iro giburt,   die buozzint dā den durst.
80 Zuēne prunnen sint in Sicilia,   chumit dara zuo charl oda uuiniga
unte choren di des einin,   sōni durffin si chindes menden:
an dem anderen   magin *si chint* vuuocheren.
Ouh sint zuō aha   unte in gilīchimo pada:
diu eina ist dā sō guot,   daz si daz skāf uuīz machot;
90 ab dem andren iz suarz uuirdit,   ub iz in ofto trinchit.
uuerdent dei uuazzer zisamine gimiscit   unte uuirt iz dār mite gitrenchit,
sō chodint si, diu uuolla   irsprechila mittalla.
In Idumea,   chuīt man, ouh sī ein aha,
diu uuantele die varauua   des iāres vier uuerba:
100 drī mānot ist si truoba,   drī ist si grasegruona,
drī pluotvara,   drī ist si lūtter alagaro.
Allesuā ist ein sē, ...
der uuirt drīo stunt sō bitter,   ē der tag uuerda tunker:
after diu ist er in munde   suoz unte lindi.
110 In Sardinia   ni sint nieht diebe manega,
daz ist fone diu   unt ih sag iu,
daz ein prunno dā springit,   dei siechin ougin er erzinit;
der ouh ieht firstilit,   porlanga erz *nieni hi*lit:
gisuerit er meinnes   unte gitrinchit er sīn einist
120 daz gisūne er sō fliusit,   daz er noh sā uuegiskīmen chūsit.

XLII. MEMENTO MORI.

1. *N*v denchent, wib unde man,   war ir sulint werdan.
ir minnont tisa brodemi   unde wanint iemer hie sin.
si ne dunchet iv nie so minnesam,   eina churza wila sund ir si han:
ir ne lebint nie so gerno manegiv zit,   ir muozent verwandelon disen lib.
10   2. Ta hina ist ein michel menegi;   si wandan iemer hie sin,
sie minnoton tisa wencheit,   iz ist in hivto vil leit.
si ne dvhta sie nie so minnesam,   si habent si ie doh uerlazen:
ich ne weiz war sie sint gevarn,   got muozze so alle bewarn!
    3. Sie hvgeton hie ze lebinne,   sie gedahton hin ze uarne
20 ze der ewigin mendi,   da sie iemer solton sin.
wie luzel sie des gedahton,   war sie ze iungest uarn solton!
nu habint siv iz bewnden: sie warin gerno erwnden.
    4. Paradysum daz ist verro hinnan: tar chom vil selten dehein man,

---

Zu XLI] 96 chuīt] chute *Hs. K.*   97 uarauue *Hs. K.*   114 die *Hs.*
116 *hi*lit]... ita *Hs. nach Hoffmann.*   118 gitrinchiner *Hs.*   *Zu* XLII] 1 *N*v:
das N *vorgezeichnet aber nicht ausgeführt Hs.*   5 iub *Steinm.*   7 gerno *tilgt*
Steinm.   16 mûzze *Hs.* (û *der Hs. im folg. nicht vermerkt*).   17 hvgehto *Hs.*

taz er her wider wnde   unde er uns taz mare brunge,
80 ald er iv daz gesageti,   weles libes siv dort lebetin.
sulnd ir iemer da genesen,   ir muozint iv selbo die boten wesen.

5. Tisiv werlt ist also getan: swer zuo ir beginnet van,
si machot iz imo alse wvnderlieb,   uon ir chom ne mag er niet.
so begriffet er ro gnuoge,   er habeti ir gerno mera,
40 taz tuot er unz an sin ende,   so ne habit er hie noh tenne.

6. Ir wanint iemer hie lebin: ir muozt is ze iungest reda ergeben.
ir svlent all ersterben,   ir ne mugent is niewit uber werden.
ter man einer stuntwilo zergat,   also skiero so div brawa zesamine geslat.
Tes wil ih mih uermezzen: so wirt sin skiero vergezzen.
50 7. got gescuof ivh allo,   ir chomint uon einimanne.
to gebot er iv ze demo lebinne   mit minnon hie ze wesinne,
taz ir warint als ein man: taz hant ir ubergangen.
habetint ir anders niewit getan,   ir muosint is iemer scaden han.

8. Toh ir chomint alle uon einiman   ir bint iedoch geskeiden
60 mit manicvalten listen,   mit michelen unchusten,
ter eino ist wise und uruot   ⟨...⟩

9. ⟨...⟩   tes wirt er verdamnot.
tes rehten bedarf ter armo man: tes mag er leidor niewit han,
er ne chouf iz also tivro: tes varn se all ze hello.

10. Gedahtin siv denne,   wie iz vert an dem ende!
70 so uert er hina dur not,   so ist er iemer furder tot.
wanda er daz reht uerchoufta,   so uert er in die hella;
da muoz er iemer inne wesen: got selben hat er hin gegeben.

11. Vbe ir alle einis rehtin lebitint,   so wvrdint ir alle geladet in
ze der ewigun mendin,   da ir iemer soltint sin.
80 taz eina hant ir iv selben: uon diu so ne mugen ir drin gen;
daz ander gebent ir dien armen: ir muozint iemer deruor sten.

12. Gesah in got taz er ie wart,   ter da gedenchet an die langun uart,
der sih tar gewarnot,   so got selbo gebot,
taz er gar ware,   swa er sinen boten sahe!
90 taz sag ih in triwon: er chvmit ie nohwennon.

13. nechein man ter ne ist so wise,   ter sina uart wizze.
ter tot ter bezeichint ten tieb,   iuer ne lat er hie niet.
er ist ein ebenare: necheiman ist so here,
er ne muoze ersterbin: tes ne mag imo der skaz ze guote werden.
100 14. Habit er sinin richtuom so geleit,   daz er vert an arbeit:
ze den sconen herbergon   uindit er den suozzin lon.
des er in dirro werlte niewit gelebita,   so luzil riwit iz in da:
in dunchit da bezzir ein tac,   tenne hier tusine, teist war.

15. Swes er hie uerleibet,   taz wirt imo ubilo geteilit.

Zu XLII] 32 drort *Hs.*, *das* r *radiert, Tilgungspunkt darüber u. darunter.* 40
hie no *Hs.*, *Kraus*, ienoh *Steinm.*   41 lebint *Hs.*   42 is *tilgt Steinm.*   46
Nach skiero *Reimpunkt Hs.*   47. 48 *zieht die Hs. zur folgenden Strophe* (Tes!),
Wilmanns faßt 46 *als Vordersatz zu* 48.   51 gebot *über der Zeile nachgetragen Hs.*
53 ir *über der Zeile nachgetragen Hs.*   61 ff. *hinter* uruot *keine Lücke Hs.*   66
varnt *Steinm.*   73 er *ergänzt Scherer.* se¹ben *Hs.*   78 sîn] sint *Hs.*   80 ir
gen drin *Hs.*   90 noh wennon *Hs.*, nohwenno *Scherer.*   91 *Kein Strophen-*
anfang Hs.   93 beziehiit *Hs.*   100 vert] ver *Hs.*   103 niewit *Hs.*, iewit
Behaghel; *vgl.* ZDP 26, 113.   104 rivut *Hs.*

110 habit er iet hina gegebin,   tes muoz er iemer furdir leben.
   er tuo iz unz er wol mac: hie noh chumit der tac:
   habit er is tenne niwit getan,   so ne mag er iz nie gebuozan.
      16. Ter man ter ist niwit wise,   ter ist an einer uerte,
   einin boum uindit er sconen,   tar undir gat er ruin:
120 so truchit in der slaf ta,   so uergizzit er dar er scolta;
   als er denne uf springit,   wie ser iz in denne riwit!
      17. Ir bezeichint allo den man: ir muozint tur not hinnan.
   ter boum bezechint tisa werlt: ir bint etewaz hie vertuelit.
   [ir hugetont hie ze lebinne,   ir ne dahtont hin ze uarne.]
130 diu vart diu dunchit iuh sorcsam,   ir chomint dannan obinan:
   tar muozint ir bewinden: taz sund-er wol beuindin.
   [ir ilint allo wol getuon: ir ne durfint sorgen umbe den lon.
   so wol imo der da wol getuot: is wirt imo wola gelonot!]
      18. Ia du uil ubeler mundus,   wie betriugist tu uns sus!
140 du habist uns gerichin,   des sin wir allo besvichin.
   wir ne uerlazen dih ettelichiu zit,   wir uerliesen sele unde lib.
   also lango so wir hie lebin,   got habit uns selbwala gegibin.
      19. Trohtin, chunic here,   nobis miserere!
   tu muozist uns gebin ten sin   tie churzun wila so wir hie sin.
150 daz wir die sela bewarin: wanda wir dur not hinnan sulen uarn.
   fro so muozint ir wesin iemer: daz machot all ein noker.

XLIII. EZZOS 'CANTILENA DE MIRACULIS CHRISTI'.

S   V

                    Der guote biscoph guntere uone
                                    babenberch
                    der hiez machen ein uil guot werch:
                    er hiez di sine phaphen
                    ein guot liet machen.
                  5 eines liedes si begunden,
                    want si di buoch chunden.
                    ezzo begunde scriben,
                    wille uant die wise.
                    duo er die wise duo gewan,
                 10 duo ilten si sich alle munechen.
                    uon ewen zuo den ewen
                    got gnade ir aller sele.

Nv wil ih iv herron   Ich wil iv eben allen
heina war reda vor tuon   eine uil ware rede uor tuon
uon dem angenge,   15 uon dem minem sinne
uon alem manchunne,   uon dem rehten anegenge,

Zu XLII] 112 ienoh *Roediger.*   122 wie] we *Hs.*   130 dannan *Hs.,* dannoh
Steinm.; vgl. Habermann 85 f.   137 du] diu *Hs.*   141 dih ne ettilichiu *Hs.,*
dih enzit *Scherer,* dih endeliche in *Steinm.*   143 *nach* hie *Reimpunkt Hs.*   *Zu*
XLIII, S: 1. v *Hs., die Initiale hier u.* 9, 17, 29, 41, 53, 65 *nicht eingetragen.   Zu*
V: 1. gv̊te *Hs., alle* v̊, ů, o *im folg. nicht vermerkt* = uo.   2. vverhc *Hs., im folg.*
ohne Vermerk vv *der Hs.* = w, -hc *der Hs.* = ch.   4. lieht *Hs.*   10 si sibc *Hs*
13 wil iw *Hs.*   15 dē minem *Hs., Abbreviaturen der Hs. im folg. ohne Vermerk*
aufgelöst.   16. rethten *Hs.*

uon dem wistuom alse manicualt, 5
ter an dien buchin stet gezalt,
uzer genesi unde uzer libro regum,
tirre werlte al ze dien eron.

uon den genaden also manechualt,
di uns uz den buochen sint gezalt,
uzzer genesi unt uz libro regum,
der werlt al ze genaden. 20

Die rede di ich nu sol tuon,
daz sint die uier ewangelia.
in principio erat uerbum,
daz was der ware gotes sun.
uon dem einem worte 25
er bequam ze troste aller dirre
                                    werlte.

*L*ux in tenebris,
daz sament uns ist. 10
der uns sin lieht gibit,
neheiner untriwon er ne fligit.
in principio erat uerbum,
daz ist waro gotes sun.
uon einimo worte er bechom 15
dire werlte al ze dien gnadon.

O lux in tenebris,
duo herre du der mit samet uns bist,
duo uns daz ware lieht gibest,
neheiner untriwe du ne phligist. 30
du gebe uns einen herren,
den scholte wir uil wol eren.
daz was der guote suntach:
necheines werches er ne phlach.
du spreche, ube wir *den behilten*, 35
wir paradyses gewilten.

Got mit siner gewalt
der wrchet zeichen uil manecualt.
der worhte den mennischen einen
uzzen uon aht teilen: 40
uon dem leime gab er ime daz fleisch,
der tow becechenit den sweiz,
uon dem steine gab er ime daz pein,
des nist zwiuil nehein,
uon den wrcen gab er ime di adren, 45
uon dem grase gab er ime daz har,
uon dem mere gab er ime daz pluot,
uon den wolchen daz muot.
duo habet er ime begunnen
der ovgen uon der sunnen. 50
er uerleh ime sinen atem,
daz wir ime den behilten,
unte sinen gesin,
daz wir ime imer wuocherente sin.

*W*are got, ih lobin dih,
din anegenge gihen ih.
taz anagenge bistu, trehten, ein.
ih negiho in anderz nehein: 20
der got tes himilis,

Warer got, ich lobe dich, 55
ein anegenge gih ich ane dich.
daz anegenge bistu, trehtin, ein.
ia ne gih ich anderez nehein
der erde ioch des himeles,

Zu XLIII, S: 8 alzed¹en *Hs.*   *Zu* V: 27. O *aus* D *gebessert Hs.*   29 lieth *Hs.*
35/36 den behilten wir *fehlt Hs., erg. MSD, Waag.*   42 svveihc *Hs.*   50
ovvgen *Hs.*   54 vv̊cherente *Hs.*

wages unde luftes
unde tes in dien uiern ist
ligentes unde lebentes.
25 daz geskuofe du allez eino,
  du ne bedorftost helfe dar zuo.
  ih wil dih ze anegenge haben
  in worten unde in werchen.

*G*ot tu gescuofe al daz ter ist,
30 ane dih ne ist nieht.
  ze aller iungest gescuofe du den man
  nah tinem bilde getan,
  nah tiner getate,
  taz er gewalt habete.
35 du bliesimo dinen geist in,
  taz er ewic mahti sin,
  noh er ne uorhta imo den tot,
  ub er gehielte din gebot.
  ze allen eron gescuofe du den man:
40 du wissos wol sinen ual.

*W*ie der man getate,
  tes gehugen wir leider note.
  turh tes tiufeles rat
  wie skier er ellende wart!
45 uil harto gie diu sin scult
  uber alle sin afterchumft.
  sie wvrden allo gezalt

60 wages unte luftes
  unt alles des *in den* uieren ist
  lebentes unte ligentes.
  daz geschuophe du allez eine,
  du ne bedorftest helfene dar zuo.
65 ich wil dich ze anegenge haben
  in worten unt in werchen.

Got du geschuofe allez daz ter ist,
  ane dih nist nieweht.
  ze aller iungest gescuofe du den **man**
70 nah dinem bilde getan,
  nach diner getete,
  so du gewalt hete.
  du blise im dinen geist in,
  daz er ewich mohte sin,
75 noh er ne uorhte den tot,
  ub er behielte den gebot.
  zallen eren gescuofe du den man:
  du wessest wol den sinen ual.

Duo gescuof er ein wip:
80 si waren beidiv ein lip.
  duo hiez er si wisen
  zuo dem uronem paradyse,
  daz si da inne weren,
  des sinen obsce*s* phlegen,
85 unt ub siu daz behielten,
  uil maneger gnaden si gewilten.
  di genade sint so mancualt,
  so si an den buochen stant gezalt,
  uon den brunnen,
90 die in paradyse springent:
  honeges rinnet geon,
  milche rinnet uison,
  wines rinnet tigris,
  oles eufrates.
95 daz scuof er den zwein ze genaden,
  di in paradyse waren.

Wie der man getete,
  des gehuge wir leider note.
  dur des tiefelles rat
100 wi schir er ellente wart!
  uil harte gie div sin scult
  uber alle sine afterchunft.
  duo wrde wir alle gezalt

  Zu V: 60 lustes *Hs.*   61 in den *fehlt Hs.*   63 geschophe *Hs.*   71 nach
diner getan nah diner getete *Hs.*   84 obscez *Hs.*

in des tiuveles gewalt.
uil mihil was tiv unser not.
to begonda richeson ter tot. 50
ter hello wos ter ir gewin:
manchunne al daz fuor dar in.

Do sih adam do beuil,
do was naht unde uinster.
do skinen her in welte 55
die sternen be ir ziten,
die uil lucel liehtes paren,
so berhte so sie waren.
wanda sie beskatuota
diu nebiluinster naht, 60
tiv uon demo tieuele chom,
in des gewalt wir waren,
unz uns erskein der gotis sun,
ware sunno uon den himelen.

Der sternen aller ielich, 65
ter teilet uns daz sin lieht.
sin lieht taz cab uns abel,
taz wir durh reht ersterben.
do lerta uns enoch,
daz unseriv werh sin al in got. 70
uzer der archo gab uns noe
ze himile reht gedinge.
do lert uns abraham,
daz wir gote sin gehorsam,
der uil guote dauid, 75
daz wir wider ubele...

in des tiefelles gewalt.
uil michel was diu unser not. 105
duo begunde richesen der tot.
der helle wuohs der ir gewin:
manchunne alles uuor in.

Duo sih adam geuiel,
duo was naht unte uinster. 110
duo irscinen an dirre werlte
di sternen bire ziten,
di der uil luzzel liehtes beren,
so *berhte so* si waren.
wante siu beschatewote 115
diu nebeluinster naht,
diu uon dem tiefel bechom,
in des gewelte wir alle waren,
unze uns erscein der gotes sun,
warer sunno uon den himelen. 120

Der sternen aller iegelich,
der teilet uns daz sin lieht.
sin lieht daz gab uns abel,
daz wir dureh reht ersterben.
duo lert unsih enoch, 125
daz unsriu werch sin elliu guot.
uz der archa gab uns noe
ze himele rehten gedingen.
duo lert unsih abraham,
daz wir gote sin gehorsam, 130
der uil guote dauid,
daz wir wider ubele sin genadich.

Duo irscein uns zaller iungest
bap*tista johannes*,
dem morgensternen gelich: 135
der zeigote uns daz ware lieht,
der der uil waerliche was
uber alle prophetas;
der was der urone uorbote
uon dem geweltigen gote. 140
duo rief des boten stimme
in diese werltwuostunge
in spiritu elie:
erebenot uns den gotes wech!

Zu S: 48 *hinter* gewalt *nochmals* gewalt *mit Tilgungspunkten darunter Hs.*
56 beirzten *Hs.*　66 leth *Hs.*　67 lieth *Hs.*　76 wir *steht über der Linie.*
Hinter ubele *bricht* S *ab.*　*Zu* V: 105 noht *Hs.*　106 du *Hs.* rischesen *Hs.*
107 wosch *Hs.*　114 berhte so *fehlt Hs.*　115 uvante wante *Hs.*　116
ui"ster *Hs.*　134/35 bap morgen sternen gelich *Hs., erg. v. Scherer MSD.*

145 Duo die uinf werlte
    geuuoren alle zuo der helle
    unte der sehsten ein uil michel teil,
    duo irscein uns allen daz heil.
    duo ne was des langore bite,
150 der sunne gie den sternen mite.
    duo irscein uns der sunne
    uber allez manchunne.
    in fine seculorum
    duo irscein uns der gotes sun
155 in mennisclichemo bilde:
    den tach braht er uns uon den
                      himelen.

    Duo wart geborn ein chint,
    des elliv disiu lant sint,
    demo dienet erde unte mere
160 unte elliu himelisciu here,
    den sancta maria gebar:
    des scol si iemer lop haben,
    wante si was muoter unte maget,
    daz wart uns sit uon ir gesaget,
165 si was muoter ane mannes rat,
    si bedachte wibes missetat.

    Div geburt was wnterlich:
    demo chinde ist nieht gelich.
    duo trante sih der alte strit:
170 der himel was ze der erde gehit.
    duo chomen uon himele
    der engil ein michel menige.
    duo sanch daz here himelisch:
    gloria in excelsis.
175 wie tivre guot wille si,
    daz sungen si sa der bi.
    daz was der ereste man,
    der sih adames sunden nie ne
                      bewal.

    Daz chint was gotes wisheit,
180 sin gewalt ist michel unte breit.
    duo lach der riche gotes sun
    in einer uil engen chrippe.

    der engel meldot in da,
    die hirte funden in sa.
185 er uerdolte, daz si in besniten:
    duo begieng er ebreiscen site.
    duo wart er circumcisus,
    duo nanten si in iesus.
    mit opphere loste in diu maget:
190 des ne wirt uon ir niht gedaget.
    zuvo tuben brahte si fur in:
    dur unsih wolt er armer sin.

    Antiquus dierum,
    der wuhs unter den iaren:
195 der ie ane zit was,
    unter tagen gemert er sin gewahst.
    duo wuohs daz chint edele,
    der gotes atem was in imo.
    duo er drizzich iar alt was,
200 des disiu werlt al genas,
    duo chom er zuo iordane:
    getoufet wart er dare.
    er wuosch ab unser missetat:
    nehein er selbe nine hat.
205 den alten namen legite wir da hine,
    uon der tovffe wrte wir alle gotes
                      chint.

    Sa duo nah der toufe
    diu gotheit ouch sih ougte.
    daz was daz eriste zeichen:
210 uon dem wazzer machot er den win.
    drin toten gab er den lib.
    uon dem bluote nert er ein wib.
    di chrumben unt di halzen,
    di machet er alle ganze.
215 den blinten er daz lieht gab.
    neheiner mite er ne phlach.
    er loste mangen behaften man:
    den tiefuel hiez er dane uaren.

    Mit finf proten sat er
220 uinf tusent unte mere,

Zu V: 144 erebenoht *Hs.* uns *streicht MSD nach Wilmanns.*   155 mn | nisc-
liche mobilde *Hs.*   164 siht *Hs.*   165 raht *Hs.*   167 iv *Hs., Initiale nicht
eingetragen.* geburht *Hs.*   170 gehiht *Hs.*   176 sungen sider sabi *Hs.*   178
sih mademes *Hs.*   adames *streicht MSD.*   192 armen *Hs., verb. von Haupt.*
194 dᵉn *Hs.*   202 gtoufet *Hs.*   203. wosch *Hs.*   206 allergotes *Hs.*   207
Da *Hs., verb. v. Haupt.*   208 ouch sih sa *Hs., verb. von Haupt.*   209 das
enste *Hs.*   216 eruephlach *Hs.*

daz si alle habeten gnuoc:
zwelf chorbe man danne truoc.
mit *fuozzen* wuot er uber fluot:
zuo den winten chod er 'ruowet'.
di gebunden zungen, 225
di lost er dem stummen.
er ein warer gotes pr*u*nne,
dei heizzen uieber lascht er duo.
div touben oren er inzsloz,
suht uon imo flo*h*. 230
den siechen hiez er uf stan,
mit sinem bette dane gan.

*E*r was mennisch unt got.
also suoze ist sin gebot:
er lert uns diemuot unte site, 235
triwe unte warheit dirmite,
daz wir uns mit triwen trageten,
unser not ime chlageten.
daz lert uns der gotes sun
mit worten iovch mit werchen. 240
mit uns er wantelote
driv unte dri*z*zich iar,
durch unser not daz uierde halp.
uil michel ist der sin gewalt:
div siniv wort waren uns der lip. 245
durch unsih alle erstarb er sit:
er wart mit sinen willen
an daz cruce irhangen.

Duo habten sine hente
di ueste nagelgebente. 250
galle unt ezzich was sin tranch.
so lost uns der heilant.
uon siner siten floz daz pluot:
des pir wir alle geheiligot.
inzwischen zven meinteten 255
hiengen si den gotes sun.
uon holze huob sih der tot,
uon holze geuil er, gote lop.
der tieuel ginite an daz fleisc:
der angel was diu gotheit. 260
nu ist ez wol irgangen:
da an wart er geuangen.

Duo der unser ewart
also unsculdiger irslagen wart,
div erda iruor*h*t ir daz mein, 265
der sunne an erde nine scein,
der umbehanc zesleiz sich al,
sinen herren chlagete der sal,
div grebere taten sih uf,
di toten stuonten dar uz 270
mit ir herren gebote:
si irstuonten lebentich mit gote.
di sint unser urchunde des
daz wir alle irsten ze iungest.

*E*r wart ein teil gesunterot 275
ein lucel uon den engelen.
ze zeichene an dem samztage
daz flei*sc* ruowote in demo grabe.
unt an dem dritten tage
duo irstuont er uon dem grabe. 280
hinnen uuor er untotlich.
after tode gab er uns den lip,
des fleisches urstente,
himelriche imer an ente.
nu richeset sin magenchraft 285
ube*r* alle sine hantgescaft.

Daz was der herre der da chom
tinctis uestibus uon bosra,
in pluotigem gewete,
dur*c*h unsih leider note, 290
uil scone in siner stole
durch sines uater ere.
uil michel was sin magenchraft
uber alle himelisc herscraft,
uber di helle ist der sin gewalt 295
michel unte manicualt.
in bechennent elliu chunne
hie in erde ioch in himele.

*V*on der iuden slahte
got mit magenchrefte 300
div hellesloz er al zebrach.
duo nam er da daz sin was,
daz er mit sinem bluote

Zu V: 221 *vor* daz *durchstrichenes* mer *Hs.* 223 s*v̊*zzen *Hs.* 227 prinne
Hs. 229 inzsloz *Hs.*, intsloz *MSD, Waag.* 230 floz *Hs.* 233 Dr was *Hs.*
235 diemot *Hs.* 238 noth *Hs.* 242 drizzihe *Hs., verschrieben für übliches*
-hc: *cf.* 324 243 noht *Hs.* 246 siht *Hs.* 265 iruorbt *Hs.* 274 ze
ningest *Hs.* 275 Dr wart *Hs.* 277 an: a *aus* n *(?) gebessert, aber deutl.*
lesb. *Hs.* 278 fleiz *Hs.* 285 rihcheset *Hs.* 286 ube alle *Hs.* 290
durc *Hs.* leid er *Hs.* 299 Don der *Hs.*

uil tiure chouphet hiete.
305 der fortis armatus,
der chlagete duo daz sin hus.
duo ime der sterchore chom,
der zeuuorte im sin geroube al.
er nam im duo elliu sinu uaz,
310 der er eê so manegez hie in werlt besaz.

Dizze sageten uns ê
di alten prophete.
duo abel brahte daz sin lamp,
duo hiet er dizzes gedanc,
315 unt abraham brahte daz sin chint,
duo daht er her in disen sin,
unt moyses hiez den slangen
in der wuostenunge hangen,
daz di da lachen namen,
320 di der eiterbiszic weren.
er gehiez uns nah den wnten
an dem cruce warez lachenduom.

Duo got mit siner gewalt
sluoch in egyptisce lant,
325 mit zehen blagen er se sluoch,
moyses der urone bote guot
er hiez slahen ein lamb.
uil tougen was der sin gedanc:
mit des lambes pluote
330 die ture er gesegenote,
er streich ez an daz uberture.
der slahente engel uuor da uure.
swa er daz pluot ane sah,
scade da inne nin gescah.

335 Daz was allez geistlich,
daz bezeichnot christinlichiu dinc:
der scate was in den hanten,
diu warheit uf gehalten.
duo daz mere osterlamp
340 chom in der iuden gwalt
unt daz opher mere
lag in crucis altare,
duo wuoste der unser wigant

des alten wuotriches lant:
345 den tieuel unt allez sin here,
den uerswalh daz rote tovfmere.

Von dem tode starp der tot.
diu helle wart beroubet,
duo daz mære osterlamp
350 fur unsih gopheret wart.
daz gab uns friliche wideruart
in unser alt erbelant,
beidu wege unte lant,
dar hab wir geistlichen ganc,
355 daz tageliche himelprot.
der gotes prunno ist daz pluot:
swa daz stuont an dem uberture,
der slahente engel uuor da fure.

Spiritalis israel,
360 nu scouwe wider din erbe,
want du irloset bist
de iugo pharaonis.
der unser alte uiant,
der wert uns daz selbe lant,
365 er wil uns gerne getaren:
den wec scul wir mit wige uaren.
der unser herzoge ist so guot:
ub uns ne gezwiuelet daz muot,
uil michel ist der sin gewalt,
370 mit im besizze wir div lant.

O crux benedicta,
aller holze besziste,
an dir wart geuangen
der gir leuiathan.
375 lip sint din este, wante wir
den lip irnereten an dir.
ia truogen din este
di burde himelisce.
an dich floz daz frone pluot,
380 din wuocher ist suozze unte guot,
da der mite irloset ist
manchun allez daz der ist.

Zu V: 310 der dir er eê so Hs.   316 sin: sint Waag nach ZDA 47, 72.   317
siangen Hs.   318 woste tunge Hs., verb. v. Diemer.   324 slohe Hs., cf. 242.
325 slohc Hs.   333 sva Hs.   335 as was alles Hs.   336 xp̄inlichin Hs.
338 us Hs.   340 gualt Hs.   343 woste der unser uiãt Hs.   344 wotriches
Hs.   346 uersualh Hs.   347 Don dem Hs.   353 du Hs., verb. v. Bartsch,
Germ. 9, 60.   357 sw daz stuv̆nt Hs.   360 scowe Hs.   367 gut Hs.
375 liep dieneste wante | wir Hs. verb. v. Diemer.

Trehtin, du uns gehieze
daz du war uerlizze.
du gewerdotest uns uore sagen,　385
swen du, herre, wrdest irhaben
uon der erde an daz cruce,
du unsich zugest zuo ze dir.
din martere ist iruollet.
nu leste, herre, dine wort.　390
nu ziuch du, chunich himelisc,
unser herce dar da du bist,
daz wir di *dine* dinestman
uon dir ne sin gesceiden.

O crux saluatoris,　395
du unser segelgerte bist.
disiu werlt elliu ist daz meri,
min trehtin segel unte uere,
div rehten werch unser segelseil,
di rihtent uns di uart heim.　400
der segel de ist der ware geloube,

der hilfet uns der wole zuo.
der heilige atem ist der wint,
der vuoret unsih an den rehten sint.
himelriche ist unser heimuot,
da sculen wir lenten, gote lob.　405

Unser vrlose ist getan,
des lobe wir got uater al
unt loben es ouch den sinen sun
pro nobis crucifixum,　410
der dir mennisce wolte sin:
unser urteile div ist sin.
daz dritte ist der heilige atem,
der scol *uns* ouch genaden.
wir gelouben daz di namen dri　415
ein wariu gotheit si.
also unsich *uindet* der tot,
so wirt uns gelonet.
da wir den lip namen,
dar widere scul wir.　Amen.　420

Anhang.
XLIV. AUS DER ALTSÄCHSISCHEN BIBELDICHTUNG.

A. Aus dem Heliand.
Aus I. (1-53).

Manega uuaron,　the sia iro mod gespon,
2.3 *that sia bigunnun reckean* that giruni,　that thie riceo Crist
undar mancunnea　mariða gifrumida
5 mid uuordun endi mid uuercun.　That uuolda tho uuisara filo
liudo barno lobon,　lera Cristes,
helag uuord godas,　endi mid iro handon scriban
berehtlico an buok,　huo sia *is gibodscip scoldin*
frummian, firiho barn.　Than uuarun thoh sia fiori te thiu
10 under thera menigo,　thia habdon maht godes,
helpa fan himila,　helagna gest,
craft fan Criste, –　sia uurðun gicorana te thio,
that sie than euangelium　enan scoldun
an buok scriban　endi *so* manag gibod godes,
15 helag himilisc uuord:　sia ne muosta heliðo than mer,
firiho barno frummian,　neuan that sia fiori te thio
thuru craft godas　gecorana uurðun,
Matheus endi Marcus, – so uuarun thia man hetana –
Lucas endi Iohannes;　sia uuarun gode lieba,
20 uuirðiga ti them giuuirkie.　Habda im uualdand god,

Zu V: 383 dv̊ *Hs.*　384 dv̊ war uuerlizze *Hs.*　388 dů unsihic zugest |
zugest *Hs.*　393 dine *fehlt Hs., erg. MSD.*　396 dů *Hs.*　407 Anser *Hs.*
414 uns *fehlt Hs., erg. MSD.*　417 uindet *fehlt Hs., erg. v. Diemer.*　418 so wir
uns *Hs.*　*Zu* XLIV A] I.　2. 3. bigunnun uuord godes reckean *C.*　8 scoldin
is gibodscip *C.*

them heliðon an iro hertan   helagna gest
fasto bifolhan   endi ferahtan hugi,
so manag uuislik uuord   endi giuuit mikil,
that sea scoldin ahebbean   helagaro stemnun
25 godspell that guoda,   that ni habit enigan gigadon huergin,
thiu uuord an thesaro uueroldi,   that io uualdand mer,
drohtin diurie   eftho derbj thing,
firinuuere fellie   eftho fiundo nid,
strid uuiderstande –,   huand hie habda starken hugi,
30 mildean endi guodan,   thie thes mester uuas,
aðalordfrumo   alomahtig.
That scoldun sea fiori thuo   fingron scriban,
settian endi singan   endi seggian forð,
that sea fan Cristes   crafte them mikilon
35 gisahun endi gihordun,   thes hie selbo gisprac,
giuuisda endi giuuarahta,   uundarlicas filo,
so manag mid mannon   mahtig drohtin,
all so hie it fan them anginne   thuru is *enes* craht,
uualdand gisprak,   thuo hie erist thesa uuerold giscuop
40 endi thuo all bifieng   mid enu uuordo,
himil endi erða   endi al that sea bihlidan egun
giuuarahtes endi giuuahsanes: that uuarð thuo all mid uuordon godas
fasto bifangan,   endi gifrumid after thiu,
huilic than liudscepi   landes scoldi
45 uuidost giuualdan,   eftho huar thiu uueroldaldar
endon scoldin.   En uuas iro thuo noh than
firio barnun biforan,   endi *thiu* fibi uuarun agangan:
scolda thuo that sehsta   saliglico
cuman thuru craft godes   endi Cristas giburd.
50 helandero bestan,   helagas gestes,
an thesan middilgard   managon te helpun,
firio barnon ti frumon   uuið fiundo nið,
uuið dernero duualm.

II.

Tho uuarð thiu tid cuman, – *that* thar gitald habdun
95 uuisa man mid uuordun, – that scolda thana uuih godes
Zacharias bisehan.   Tho uuarð thar gisamnod filu
thar te Hierusalem   Iudeo liudio,
uuerodes te them uuiha,   thar sie uualdand god
suuiðo theolico   thiggean scoldun,
100 herron is huldi,   that sie hebancuning
leðes aleti.   Thea liudi stodun
umbi that helaga hus,   endi geng im the *giherodo* man
an thana uuih innan.   That uuerod oðar bed
umbi thana alah utan,   *Ebreo* liudi,

---

105 huuan er the frodo man   gifrumid habdi
uualdandes uuilleon.   So he tho thana uuiroc drog,
ald aftar them alaha.   endi umbi thana altari geng
mit is rocfatun   rikiun thionon,
– *fremida* ferhtlico   fraon sines,
110 godes iungarskepi   gerno suuiðo
mit hluttru hugi,   so man herren scal
gerno fulgangan –,   grurios quamun im,
egison an them alaha: he gisah thar aftar thiu enna engil godes
an them uuiha innan,   *the* sprac im mid is uuordun to,
115 het that frod gumo   forht ni uuari,
het that he im ni andredi: 'thina dadi sind', quað he,
'uualdanda uuerðe   endi thin uuord so self,
thin thionost is im an thanke,   that thu sulica githaht habes
an is enes craft.   Ic is engil bium,
120 Gabriel bium ic hetan,   the gio for goda standu,
anduuard for them alouualdon,   ne si that he me an is arundi huarod
sendean uuillea.   Nu hiet he me an thesan sið faran,
hiet. that ic thi thoh gicuðdi,   that thi kind giboran
fon thinera alderu idis   odan scoldi
125 uuerðan an thesero uueroldi,   uuordun spahi.
That ni scal an is liba gio   liðes *anbitan,*
uuines an is uueroldi: so habed im uurdgiscapu,
metod gimarcod   endi maht godes.
Het that ic thi thoh sagdi,   that it scoldi gisið uuesan
130 hebancuninges,   het that *git* it heldin uuel,
tuhin thurh treuua,   quað that he im tiras so filu
an godes rikea   forgeban uueldi.
He quað that the godo gumo   Iohannes te namon
hebbean scoldi,   *gibod* that *git it* hetin so,
135 that kind, than it quami,   quað that it Kristes gisid
an thesaro uuidun uuerold   uuerðan scoldi,
is selbes sunies,   endi quað that *sie sliumo* herod
an is *bodskepi*   beðe quamin'.
Zacharias tho gimahalda   endi uuið selban sprac
140 drohtines engil,   endi im thero dadeo bigan,
uundron thero uuordo: 'huuo mag that giuuerðan so', quað he,
'aftar an aldre?   it is unc al te lat
so te giuuinnanne,   so thu mid thinun uuordun *gisprikis.*
Huuanda uuit habdun aldres er   efno tuentig
145 uuintro an uncro uueroldi,   er than quami thit uuif te mi:
than uuarun uuit nu atsamna   *antsibunta* uuintro
gibenkeon endi gibeddeon,   siðor ic sie mi te brudi gecos.
So uuit thes an uncro iuguði   gigirnan ni mohtun,
that uuit erbiuuard   egan mostin,
150 fodean an uncun flettea, –   nu uuit sus gifrodod sint,
habad unc eldi binoman   elleandadi,

Zu XLIV A] II.   109 frumide *C.*   126 abitan *C.*   137 sniumo *C.*
138 gibodscepe *C.*   143 sprikis *C.*   146 atsibunta *C.*

that uuit sint an uncro siuni gislekit   endi an uncun sidun lat;
flesk is unc *antfallan*,   fel unsconi,
is unca lud giliðen,   lik gidrusnod,
155 sind unca andbari   oðarlicaron,
mod endi megincraft, – so uuit giu so managan dag
uuarun an thesero uueroldi,   so mi thes uundar thunkit,
huuo it so giuuerðan mugi,   so thu mid thinun uuordun *gisprikis'*.

Aus III. (159–192).

Tho uuarð that hebencuninges bodon   harm an is mode,
160 that he is giuuerkes so   uundron scolda
endi that ni uuelda gihuggean,   that ina mahta helag god
so alaiungan,   so he fon erist uuas,
selbo giuuirkean,   *of* he so uueldi.
Skerida im tho te uuitea,   that he ni mahte enig uuord *sprekan*,
165 gimahlien mid is muðu,   'er than thi magu uuirðid,
fon thinero aldero idis   erl afodit,
kindiung giboran   cunnies godes,
uuanum te thesero uueroldi.   Than scalt thu eft uuord sprekan,
hebbean thinaro stemna giuuald;   ni tharft thu stum uuesan
170 lengron huila.'   Tho uuarð it san gilestid so,
giuuorðan te uuaron,   so thar an them uuiha gisprak
engil thes alouualdon: uuarð ald gumo
spraca bilosit,   thoh he spahan hugi
bari an is breostun.   Bidun allan dag
175 that uuerod for them uuiha   endi uundrodun alla,
bihuui he thar so lango,   lofsalig man,
suuiðo frod gumo   fraon sinun
thionon thorfti,   so thar er enig thegno ni deda,
than sie thar *at* them uuiha   uualdandes geld
180 folmon frumidun.   Tho quam frod gumo
ut fon them alaha.   Erlos thrungun
nahor mikilu: uuas im niud mikil,
huat he im soðlikes   seggean uueldi,
uuisean te uuaron.   He ni mohta tho enig uuord *sprecan*,
185 giseggean them gisiðea,   *butan* that he mid is suiðron hand
uuisda them uueroda,   that sie uses uualdandes
lera lestin.   Thea liudi forstodun,
that he thar habda gegnungo   godcundes *huat*
forsehen selbo,   thoh he is ni mahti giseggean uuiht,
190 giuuisean te uuaron.   Tho habda he uses uualdandes
geld gilestid,   al so is gigengi uuas
gimarcod mid mannun.

Zu XLIV A] II.   153 afallan *C*.   158 hui *C*. sprikis *C*.   III.   164 gi-
sprekean *C*.   184 gisprekan *C*.   185 neuan *C*.   188 huet *fehlt C*.

Aus XXXV (2902–2973).

Tho te thes uuatares staðe
samnodun thea gesiðos Cristes,   the he imu habde selbo gicorane,
sie tuelibi thurh iro treuua goda: ni uuas im tueho nigien,
2905 nebu sie an *that* godes thionost   gerno uueldin
obar thene seo siðon.   Tho letun sie suiðean strom,
hoh hurnidskip   hluttron uðeon,
skeðan skir uuater.   Skred lioht dages,
sunne uuarð an sedle;   the seoliðandean
2910 naht *nebulo* biuuarp;   naðidun erlos
forðuuardes an flod;   uuarð thiu fiorðe tid
thera nahtes cuman   – neriendo Crist
uuarode thea uuagliðand –:   tho uuarð uuind mikil,
hoh uueder *afhaban*:   hlamodun uðeon,
2915 strom an stamne;   stridiun feridun
thea uueros uuiðer uuinde,   uuas im uureð hugi,
sebo sorgono ful: selbon ni uuandun
laguliðandea   an land cumen
thurh thes uuederes geuuin.   Tho gisahun sie uualdand Krist
2920 an themu see uppan   selbun gangen,
faran an faðion: ni mahte an thene flod innan,
an thene seo sincan,   huand ine is selbes craft
helag anthabde.   Hugi uuarð an forhtun
thero *manno* modsebo: andredun that it im mahtig fiund
2925 te *gidroge* dadi.   Tho sprak im iro drohtin to,
helag hebencuning,   endi sagde im that *he* iro herro uuas
mari endi mahtig: 'nu gi modes sculun
fastes fahan;   ne si iu forht hugi,
gibariad gi baldlico: ik bium that barn godes,
2930 is selbes sunu,   the iu uuið thesumu see scal,
mundon uuið thesan meristrom.'   Tho sprac imu en thero manno angegin
obar bord skipes,   baruuirðig gumo,
Petrus *the* godo   – ni uuelde pine tholon,
uuatares uuiti –:   'ef thu it uualdand sis', quað he,
2935 'herro the godo,   so mi an minumu hugi thunkit,
het mi than tharod gangan te thi   obar thesen gebenes strom,
drokno obar diap uuater,   ef thu min drohtin sis,
managoro mundboro.'   Tho het ine mahtig Crist
gangan imu tegegnes.   He uuarð garu sano,
2940 stop *af* themu stamne   endi stridiun geng
forð te is froian.   *Thiu* flod anthabde
thene man thurh maht godes,   antat he *imu* an is mode bigan
andraden diap uuater,   tho he driben gisah
thene uueg mid uuindu: uundun ina uðeon,
2945 ho strom umbihring.   Reht so he tho an is hugi tuehode,
so uuek imu that uuater under,   endi he an thene uuag innan,

Zu XLIV A] XXXV. 2909 sunno *C*.   2910 neslu *C*.   2914 ahaban *C*.   2924
manno *fehlt C*.   2925 gidruogi *C*.   2926 it *C*.   2936 Hiet *C*.   2940
fan *C*.   2941 the *C*.   2942 imu *fehlt C*.

sank an thene seostrom,　　endi *he* hriop san aftar thiu
gahon te themu godes sunie　　endi gerno bad,
that he ine tho generidi,　　tho he an nodiun uuas,
2950 thegan an gethuinge.　Thiodo drohtin
antfeng ine *mid* is faðmun　　endi fragode sana,
te hui he *tho* getuehodi:　　'huat, thu *mahtes* getruoian uuel,
uuiten that te uuarun,　　that thi uuatares *craft*
an themu see innen　　thines siðes ni mahte,
2955 lagustrom *gilettien*,　　so lango so thu *habdes* gelobon te mi
an thinumu hugi hardo.　　Nu uuilliu ik thi an helpun uuesen,
nerien thi an thesaru nodi'.　　Tho nam ine alomahtig,
helag bi handun:　　tho uuarð imu eft hlutter *uuater*
fast under fotun,　　endi sie an faði samad
2960 bedea gengun,　　antat sie obar bord skipes
stopun *fan* themu strome,　　*endi* an themu stamne gesat
allaro barno bezt.　　Tho *uuarð* bred uuater,
stromos gestillid,　　endi sie te staðe quamun,
laguliðandea　　an land *samen*
2965 thurh *thes* uuateres geuuin,　　*sagdun* uualdande thanc,
diurdun *iro* drohtin　　dadiun endi uuordun,
fellun imu te fotun　　endi filu sprakun
uuisaro uuordo,　　quaðun that sie uuissin garo,
that he uuari selbo　　sunu drohtines
2970 uuar an thesaru uueroldi　　endi geuuald habdi
obar middilgard,　　endi that he mahti allaro manno gihues
ferahe giformon,　　al so he im an themu flode dede
uuið thes uuatares geuuin.

B. Aus der Genesis.

I.

'Uuela, that thu nu, Eua, habas', quað Adam, 'ubilo gimarakot
unkaro selbaro sið.　　Nu maht thu sean thia suarton hell
ginon gradaga;　　nu thu sia grimman maht
hinana gihorean,　　nis hebanriki
5 gelihc sulicaro lognun:　　thit uuas alloro lando sconiust,
that uuit hier thuruh unkas herran thank　　hebbian muostun,
thar thu them ni hordis　　thie unk thesan haram giried,
that uuit uualdandas　　uuord farbrakun,
hebankuningas.　　Nu uuit hriuuig mugun
10 sorogon for them siða,　　uuand he hunk selbo gibood,
that uuit hunk sulic uuiti　　uuardon scoldin,
haramo mestan.　　Nu thuingit mi giu hungar endi *thurst*,
bitter balouuerek,　　thero uuaron uuit er beðero tuom.

Zu XLIV A] XXXV. 2951 thou mid *C*.　　2952 tho *fehlt C*. maht is *C*.　　2955 gilestian *C*. hab is *C*.　　2956 Niman *C*. thi *fehlt C*.　　2961 for *C*. endi *fehlt C*. 2962 uuaht *C*.　　2964 samad *C*.　　2965 thes *fehlt C*. sagun thuo *C*.　　2966 usan *C*.　　*Zu* XLIV, B] 12 mi] mn *oder* mir *Hs*.　　thrust *Hs*.

Hu sculun uuit nu libbian,   efto hu sculun uuit an thesum liahta uuesan,
15 nu hier huuilum uuind kumit   uuestan efto ostan,
suðan efto norðan?   gisuuerek upp dribit
– kumit haglas skion   himile bitengi –,
ferid forð an gimang   (that is firinum kald):
huilum thanne fan himile   heto skinit,
20 blikit thiu berahto sunna: uuit hier thus bara standat,
unuuerid mid giuuadi: nis unk hier uuiht biuoran
ni te skadoua ni te scura,   unk nis hier *scattas* uuiht
te meti gimarcot: uuit *hebbiat* unk giduan mahtigna god,
uualdand uuredan.   Te hui sculun uuit uuerðan nu?
25 Nu mag mi that hreuuan,   that ik is io bad hebanrikean god,
uualdand th . . . .

[ALTENGLISCHE GENESIS 790–820

790 Adam ӡemælde   and to Euan spræc:
Hwæt, þu Eue, hæfst   yfele ӡemearcod
uncer sylfra sið.   ӡesyhst þu nu þa sweartan helle
ӡrædiӡe and ӡifre.   nu þu hie ӡrimman meaht
heonane ӡehyran.   nis heofonrice
795 ӡelic þam liӡe,   ac þis is landa betst,
þæt wit þurh uncres hearran þanc   habban moston,
þær þu þam ne hierde   þe unc þisne hearm ӡeræd,
þæt wit waldendes   word forbræcon,
heofoncyninges.   nu wit hreowiӡe maӡon
800 sorӡian for þis siðe.   forþon he unc self bebead
þæt wit unc wite   warian sceoldon,
hearma mæstne.   nu slit me hunӡer and þurst
bitre on breostum,   þæs wit beӡra ær
wæron orsorӡe   on ealle tid.
805 hu sculon wit nu libban   oððe on þys lande wesan,
ӡif her wind cymð,   westan oððe eastan,
suðan oððe norðan?   ӡesweorc up færeð,
cymeð hæӡles scur   hefone ӡetenӡe,
færeð forst on ӡemanӡ,   se byð fyrnum ceald.
810 hwilum on heofnum   hate scineð,
blicð þeos beorhte sunne,   and wit her baru standað,
unwerede wædo.   nys unc wuht beforan
to scursceade,   ne sceattes wiht
to mete ӡemearcod,   ac unc is mihtiӡ ӡod,
815 waldend wraðmod.   to hwon sculon wit weorðan nu?
nu me mæӡ hreowan   þæt ic bæd heofnes ӡod,
waldend þone ӡodan,   þæt he þe her worhte to me
of liðum minum,   nu þu me forlæred hæfst
on mines herran hete.   swa me nu hreowan mæӡ
820 æfre to aldre   þæt ic þe minum eaӡum ӡeseah.]

II.

325   Thuo habdun hiro firindadi
all Sodomothiod   sero antgoldan,
botan that thar iro enna   ut entledde
uualdand an is uuillian   endi thiu uuif mid im,

Zu XLIV, B]   22 *ni te skadoua ni* te scura *erg. Holthausen, ZDA 39, 52; vgl.*
ZDP 28, 138; ni te skerema ni erg. Schmidt, ZDA 40, 128, Wilhelm, Münch. Mus.
1, 214.   23 ebbiat *Hs.*

thriu mið them thegna.   Tho gihordun sea thero thiodo qualm,
330 burugi brinnan.   Tho thar under bac bisach
        idis aðalboren   – siu ni uuelde thera engilo
        lera lestian;   that uuas Lohthas brud,
        than lang the siu an them landa   libbian muosta –
        thuo siu an them berega gistuod   endi under bak bisach,
335 thuo ɥuarð siu te stene,   thar siu standan scal
        mannum te marðu   obar middilgard
        after *te euandage*,   so lango so thius erða lebot.

LITERARISCHE NACHWEISUNGEN

Abkürzungen für öfter angeführte Werke.

AhdWb. = Althochdeutsches Wörterbuch, auf Grund der von Elias v. Steinmeyer hinterlassenen Sammlungen im Auftrage der sächsischen Akademie der Wissenschaften zu Leipzig bearbeitet und herausgegeben von Elisabeth Karg-Gasterstädt und Theodor Frings. Berlin 1952 ff.

Anz. = Anzeiger für deutsches Altertum; s. ZDA.

Archiv = Archiv für das Studium der neueren Sprachen und Literaturen ('Herrigs Archiv'). Bde 1 ff. Braunschweig 1846 ff.

Baechtold Lit. = Geschichte der Deutschen Literatur in der Schweiz. Frauenfeld 1887–92. (Anm. = Anmerkungen dazu.)

Baes. = G. Baesecke, Lichtdrucke nach ahd. Handschriften. Halle 1926.

Baesecke, Abrog. = G. B., Der deutsche Abrogans und die Herkunft des deutschen Schrifttums. Halle 1930. – **Baesecke, KR.** = G. B., Die Karlingische Renaissance und das deutsche Schrifttum. Deutsche Vierteljahrsschrift 23 (1949), S. 143–216. – **Baesecke, Voc.** = G. B., Der Vocabularius Sti. Galli in der angelsächsischen Mission. Halle 1933. – **Baesecke, Vorgesch.** = G. B., Vor- und Frühgeschichte des deutschen Schrifttums I, Halle 1940; II, Halle 1950 ff. – **Baesecke, Hl.** = Baesecke, Das Hildebrandlied. Halle 1945.

Bischoff = Bernhard Bischoff, Die Südostdeutschen Schreibschulen und Bibliotheken in der Karolingerzeit. Teil 1: Die Bayrischen Diözesen. 2. Aufl. Wiesbaden 1960.

de Boor = Helmut de Boor, Die deutsche Literatur von Karl dem Großen bis zum Beginn der höfischen Dichtung 770–1170, München 1949 (= H. de Boor und R. Newald, Geschichte der deutschen Literatur von den Anfängen bis zur Gegenwart, Band 1).

Bostock = J. Knight Bostock, A Handbook on Old High German Literature. Second edidtion revised by K.C. King & D.R. McLintock. Oxford 1976.

BSb. = Sitzungsberichte der (kgl.) preußischen Akademie der Wissenschaften (seit 1945: der deutschen Akademie der Wiss.), phil.-hist. Klasse. Berlin.

Chrust = Anton Chrust, Monumenta Palaeographica. Denkmäler der Schreibkunst des Mittelalters. München 1902 ff.

Diut. = Diutisca. Denkmäler deutscher Sprache und Literatur aus alten Handschriften von E. G. Graff. Bd. I –III Stuttgart u. Tübingen 1826–29.

DLZ = Deutsche Literaturzeitung. Bde 1 ff., Berlin 1880 ff.

DU = Der Deutschunterricht. Stuttgart 1949 ff.

Eccard = E., Commentarii de rebus Franciae orientalis I. II. Wirceburgi 1729.

Ehrismann = Gust. Ehrismann, Geschichte der deutschen Literatur bis zum Ausgang des Mittelalters (= Handbuch des deutschen Unterrichts, Bd. VI): I. Die ahd. Literatur. II. Die mhd. Literatur, 1. frühmhd. Zeit. München 1914–1932 (Neudruck München 1954). (Zitate ohne Bandzahl beziehen sich auf die 2. Aufl. des ersten Teiles, 1932.) Dazu: Baesecke, Sokrates 8 (1920), 167–175.

Ennecc. = Die ältesten deutschen Sprach-Denkmäler in Lichtdrucken, hrsg. von M. Enneccerus. Frankfurt a. M. 1897. Dazu: A. Schönbach, Österr. Literaturblatt 7 (1899), 11 f.

Fs. = Festschrift.

Fundgr. = Fundgruben für Geschichte der deutschen Sprache und Literatur, hrsg. von H. Hoffmann. Bd. 1. 2. Breslau 1830–1837.

Germ. = Germania. Vierteljahrsschrift für deutsche Altertumskunde. Bd. 1–37 (Bde 13 ff. = Neue Folge 1 ff.), Wien 1856–92.

GGA. = Göttingische gelehrte Anzeigen unter der Aufsicht der Gesellschaft der Wissenschaften zu Göttingen. Göttingen 1738 ff.

Gl. = Die ahd. Glossen, gesammelt u. bearbeitet von Elias Steinmeyer und Eduard Sievers. Bd. I–V. Berlin 1879–1922. Dazu: Steinmeyer (Bethge) 205 ff.

GLL = German Life and Letters. Oxford 1936 ff.

GR = The Germanic Review. Bde 1 ff. Columbia Univ. Press, New York 1926 ff.

GRM = Germanisch-Romanische Monatsschrift. Bde 1 ff. Heidelberg 1909 ff.

Habermann = Paul Habermann, Die Metrik der kleineren ahd. Reimgedichte. Halle 1909. Dazu: Baesecke, Anz. 34, 222–232; Kauffmann, ZDP 42, 364–66.

Hatt. = H. Hattemer, Denkmahle des Mittelalters (St. Gallens altteutsche Sprachschätze). Bd. I–III. St. Gallen 1844–49.

Heusler = Andr. Heusler, Deutsche Versgeschichte (Grundriß der germ. Philologie, Bd. 8, 1–3). Berlin u. Leipzig 1923–29 (Neudruck Berlin 1956).

Hövelmann = W. Hövelmann. Die Eingangsformel in germanischer Dichtung. Diss. Bonn 1936.

Jb. = Jahresbericht über die Erscheinungen auf dem Gebiete der germanischen Philologie. Jahrgang 1–42 (1879–1920); Jahrgang 43 ff. = NF. 1 ff. (bis 1936); NF. 16 ff. (1954 ff.).

JEGP = The Journal of (*seit 1903*: English and) Germanic Philology. The University of Illinois Press, Urbana, Ill., 1897 ff.

IF = Indogermanische Forschungen. Bde 1 ff. Straßburg (*später* Berlin) 1892 ff.

IFAnz. = Anzeiger für indogermanische Sprach- und Altertumskunde. Bde 1–37, Straßburg 1891–1917; Bde 38 ff., Berlin 1917 ff.

Ittenbach = M. Ittenbach. Deutsche Dichtungen der salischen Kaiserzeit und verwandte Denkmäler (Bonner Beiträge zur Deutschen Philologie 2), 1937.

Kelle = J. Kelle, Geschichte der deutschen Literatur von der ältesten Zeit bis zur Mitte des 11. Jahrhunderts. Berlin 1892. Dazu: Heinzel, Kleine Schriften 414 ff.

Kock = Ernst A. Kock, Kontinentalgermanische Streifzüge (Lund Univ. Årsskrift N. F. Afd. 1, Bd. 15, nr. 3). Lund 1919.

Kögel Gr. = R. Kögel, Althoch- und altniederdeutsche Literatur. (Grundriß der germ. Philologie II, 1, 159–244.) Straßburg 1889. Zweite Aufl., auch separat, Straßburg 1901, von R. K. und W. Bruckner, Bd. 2, 29–160. Dazu: Jb. 1901, 64 f. Die Zitate beziehen sich, außer wo anderes angegeben ist, auf die 2. Auflage.

Kögel Lit. = R. Kögel, Geschichte der deutschen Literatur bis zum Ausgang des Mittelalters. Bd. I, 1 (mit Ergänzungsheft: die as. Genesis). 2. Straßburg 1894. 95. 97. Dazu: Kraus, Zföster. Gymnas. 1896, 306–49; Siebs, ZDP. 29, 394 ff.; Heusler, Anz. 22, 241 ff., Litbl. 20 (1899), 1 ff.

Könnecke = Gustav Könnecke, Bilderatlas zur Geschichte der deutschen Nationalliteratur. Marburg 1895.

Litbl. = Literaturblatt für germanische und romanische Philologie. Jahrg. 1–66. Leipzig 1880–1944.

Massmann = H. F. Massmann, Die deutschen Abschwörungs-, Glaubens-, Beicht- und Betformeln vom achten bis zum zwölften Jahrhundert. Quedlinburg 1839.

Menhardt = Hermann Menhardt, Verzeichnis der altdeutschen Handschriften der österreichischen Nationalbibliothek. Bd. 1. (Deutsche Akademie der Wissenschaften zu Berlin. Veröffentlichungen des Instituts für deutsche Sprache u. Literatur, Heft 13) Berlin 1960. *(Zitiert nach Seiten.)*

MLN = Modern Language Notes. Bde 1 ff. Johns Hopkins Univ., Baltimore 1886 ff.

MLR = Modern Language Review. Bde 1 ff. Cambridge 1906 ff.

MSD = ('Müllenhoff und Scherers Denkmäler'). Denkmäler Deutscher Poesie und Prosa aus dem VIII.–XII. Jh., hrsg. von K. Müllenhoff u. W. Scherer, 3. Ausgabe von E. Steinmeyer. 1. Band: Text; 2. Band: Anmerkungen. Berlin 1892. (Neudruck Berlin-Zürich 1964). (Römische Ziffern weisen auf die Nummern der Textstücke im 1. Bd., arabische auf die Seiten im 2. Bd.) Dazu: C. Kraus, Zföster. Gymnas. 1894, 128–142; Wilmanns, GGA. 1893, 529–39.

Mulot = Arno Mulot, Frühdeutsches Christentum. Stuttgart 1935.

Naumann = Frühgermanentum. Heldenlieder und Sprüche. Übersetzt und eingeleitet von H. Naumann. Mit 45 Abbildungen. München 1926.

ÖNB = Österreichische Nationalbibliothek, Wien.

PBB = ('Paul und Braunes Beiträge'). Beiträge zur Geschichte der deutschen Sprache und Literatur. (hrsg von Hermann Paul und Wilhelm Braune). Bde 1 bis 76, Halle 1874–1954. Ab 1955: Bde 77 ff. hrsg. v. Th. Frings, Halle 1955 ff.;

Bde 77 ff. hrsg. von H. de Boor u. I. Schröbler, Tübingen 1955 ff. (diese im folg. durch (T) hinter der Bandzahl bezeichnet).

Piper N. = Nachträge zur älteren deutschen Litteratur von Kürschners deutscher Nationallitteratur. Hrsg. von P. Piper (= Deutsche Nationalliteratur, Bd. 162). Stuttgart 1898. Vgl. Jb. 1898, 67 ff.

Pretzel = Ulr. Pretzel, Frühgeschichte des deutschen Reimes. (= Palaestra 220. Bd. I, 1. Leipzig 1941.)

Sagv. = E. Sievers, Deutsche Sagversdichtungen (Germanische Bibliothek, II. Abt., Bd. 16). Heidelberg 1924. Dazu: Helm, Litbl. 49 (1928), 98 ff.

Schilter = J. Schilter, Thesaurus antiquitatum teutonicarum, I-III. Ulmae 1726-28.

Schrifttafeln = E. Petzet und O. Glauning, Deutsche Schrifttafeln des IX. bis XVI. Jahrhunderts aus Hss. der Hof- und Staatsbibliothek in München I (Ahd. Schriftdenkmäler des IX.-XI. Jhs.). München 1910. Dazu: F. Wilhelm, Berl. philol. Wochenschrift 1911, 78-87.

Sprachdenkm. = Die kleineren ahd. Sprachdenkmäler, hrsg. von Elias v. Steinmeyer. Berlin 1916 (Neudruck Berlin-Zürich 1963). Dazu: Seemüller, GGA. 1918, 41-62; Ehrismann, Anz. 39, 21-45.

ST = Hanns Fischer, Schrifttafeln zum Althochdeutschen Lesebuch. Tübingen 1966.

Steinmeyer (Bethge) = E. Steinmeyer, Deutsche Literatur, Ahd. Periode.; in R. Bethge: Ergebnisse und Fortschritte der germanistischen Wissenschaft im letzten Vierteljahrhundert (Leipzig 1902), 201-327.

Unw.-Siebs = W. von Unwerth und Th. Siebs, Geschichte der deutschen Literatur bis zur Mitte des XI. Jahrhunderts (= Grundriß der deutschen Literaturgeschichte, Bd. 1). Berlin u. Leipzig 1920. Dazu: E. Steinmeyer, Anz. 49, 35-39.

Verf.-Lex. = Verfasser-Lexikon des deutschen Mittelalters, Bd. 1-5. Berlin (und Leipzig) 1933-1955

Wilhelm = Friedrich Wilhelm, Denkmäler deutscher Prosa des 11. und 12. Jhs. A: Text; B: Kommentar. (Münchener Texte, Heft VIII). München 1916-18. (Neudruck: München 1960. = Germanistische Bücherei, Band 3.)

WSB = Sitzungsberichte der Akademie der Wissenschaften in Wien, Phil. Klasse.

WuS = Wörter und Sachen. Bd. 1-18 und N. F. 1-5, 1. Heidelberg 1909-1943.

WW = Wirkendes Wort. Düsseldorf 1950 ff.

ZDA = Zeitschrift für deutsches Altert(h)um (*ab Bd. 19*: und deutsche Literatur). Bde 1 ff. Berlin 1841 ff. - Ab Bd. 19 damit verbunden 'Anzeiger für deutsches Altertum' (Anz.), Bde 1 ff.

ZDP = Zeitschrift für deutsche Philologie. Bde 1 ff. Halle (*später* Berlin) 1869 ff.

ZDW = Zeitschrift für deutsche Wortforschung. Bd. 1-15. Straßburg 1907-1915; 16 ff. (= NF. 1 ff.), Berlin 1960 ff.

Erste Abteilung: Prosa.

I. Alte Glossen. Unw.-Siebs 195-198; Ehrismann 251-266; Baesecke, Reallexikon I, 448 ff.; H. Thoma Reallexikon I[2] (1958); 579 ff. u. die dort angeführte Lit.; de Boor 14 ff. 38; Bostock 90 ff. Ausgabe: Die althochdeutschen Glossen, gesammelt und bearbeitet von El. Steinmeyer und Ed. Sievers, Fünf Bände, Berlin 1879-1922 (dazu Baesecke, Anz. 43, 109-113). T. Starck u. J. C. Wells, Althochdeutsches Glossenwörterbuch (Heidelberg 1972 ff.). R. Bergmann, Verzeichnis der ahd. u. as. Glossenhandschriften, 1973.

1. Aus dem Abrogans. Sammlung alphabetisch geordneter Glossen aus dem 8. Jh. Drei Handschriften, Pa, K, Ra, im Text nach Baeseckes Vorgang mit a, b, c bezeichnet; alemannische Um- und Abschriften eines bairischen Originals. 1. Pa (a) = Cod. Parisinus 7640, Paris, wohl aus Murbach, um 810 (Faksimile Baes.). 2. K (b), das sogenannte Keronische Glossar = Cod. Sti Galli 911, St. Gallen (aus Murbach?) gegen 800 (Faksimile Baes.); sprachlich in zwei scharf geschiedene Teile b_1 und b_2 zerfallend. 3. Ra (c) = Cod. Carolsruh. Aug. CXI, Karlsruhe, aus Reichenau, zwischen 802 und 817 (Baesecke). - Unw.-Siebs 196 f.; Ehrismann 254 ff.; Baesecke, Der deutsche Abrogans, Halle 1930; Baesecke, PBB 55, 321-376; 67, 75 ff.; J. Splett, Abrogans-Studien, 1976; W. Betz, Der Einfluß des Lateinischen auf den ahd. Sprachschatz: I. Der Abrogans, Altdeutsches Wort und Wortkunstwerk (Halle 1941), 123-137. - Druck: Gl. I, 1-270; Baesecke, Der deutsche Abrogans Text *ab_1, Halle 1931.

Eine kürzende Bearbeitung des Abrogans geben die (Pseudo-) Hrabanischen

Glossen (Hs. R) = Cod. Vindob. 162, zu Wien aus Ambras, 9. Jh. Faksimile: Umbrae Codicum Occidentalium, Bd. II, Amsterdam 1960. – Ehrismann 256 ff.; Baesecke, PBB 46, 456 ff. – Druck: Gl. I, 1 ff. Paralleldruck zum Abrogans.

Unser Text gibt die den drei Hss. des Abrogans zugrunde liegenden lateinischen Wörter, dann die deutschen mit Angabe der Hss. Stück A gehört zum Text ab_1, B zum Text ab_2. Unter dem Text die entsprechenden Stücke von R.

2. Aus dem Vocabularius Scti Galli. Cod. Sti Galli 913 (8. Jh.) zu St. Gallen. Sachlich geordnetes Glossar. Faksimile Baesecke, Voc. Tafel 1, 2. – Ehrismann 258 f.; Baesecke, Der Vocabularius Sti Galli in der angelsächsischen Mission, Halle 1933. – Druck: Gl. III, 1–8.

3. Aus den Kasseler Glossen. Cod. Cassell. theol. 4º 24 zu Kassel, aus Fulda, 9. Jh. Inhalt: Bll. 13^b–15^a Exhortatio (s. X), Bll. 15^b–17^a Glossen, sachlich geordnet und zum Teil mit dem Vocabularius Sti Galli übereinstimmend, in ihnen einige Gesprächssätze (s. V, 1). – Ehrismann 259 f. – Druck: Gl. III, 9–13; vgl. auch W. Grimm, Kleine Schriften 3, 381–425.

Die Glossen sind auch für die romanische Sprachgeschichte wichtig; s. ZRP 26, 101 ff. 521 ff.; 39, 723 ff.; Jb. 1902, 62 f.

4 Walahfrids Körperteilglossen. In vier Hss. erhalten: a 10 Jh., Clm. 14754; b, 11/12 Jh. Clm. 14689; c, 15 Jh., Fulda C 11; d, 10 Jh., Berlin, Philipp 1817. Überschrift in a b c die Hexameter: *Sic homo consistit, sic corporis illius artus, Expositos Mauro Strabus monstrante tenebo.* – Abdruck Migne, Patr. lat. 112, 1575. Gl. III, 432 f., darnach unser Text in der Weise vereinfacht, daß zunächst die Lesart von a gegeben wird (außer bei *male* und *ir*), die Lesarten der anderen Hss., soweit wesentlich, in Klammern. H. Hobeck, Glossae latino-barbaricae de partibus humani corporis. Diss. München 1945.

5. Aus den St. Pauler Glossen. Zwei Bll. einer lat. Evangelienhs. (Unciale des späteren 6. Jhs. aus Italien) mit teils interlinearen, teils marginalen alem. Glossen von einer Hand des 8./9. Jhs. Cod. XXV^a/1, Stiftsbibliothek St. Paul. Unser Text möglichst genau nach der Hs. Die ältere Literatur weitgehend überholt durch L. Voetz, Die St. Pauler Lukasglossen (Göttingen 1985), mit photogr. facsimile und vollst. Sammlung der älteren Lit.

Lat. u. ahd. Text nach der Hs., Ergänzungen in beiden Texten kursiv (im ahd. nach ZDA 3, 460 ff. außer *arbeit*ente, vgl. MLN 80, 481), Mehrfachglossierungen in ( ).

6. Aus den Glossen Rb. Cod. Carlsruh. Aug. IC (9. Jh.) zu Karlsruhe aus Reichenau, alemannisch. – Ehrismann 260 f. – Ausgabe Graff, Diutiska I, 491–533; Gl. I. II auf verschiedene Stellen verteilt, unser Stück steht Gl. I, 410, 60–412, 18.

II. Urkunden.

1. Aus der Schenkung des Adalbert und der Irminswind und 2. Aus der Schenkung des Odagrus. Über beider Urkunden Überlieferung, Datierung und alles Weitere s. Urkundenbuch des Klosters Fulda, hrsg. von E. Stengel, I, 1, Marburg 1913, worauf unsere Auszüge beruhen. – Zur Sprachform (für II, 2) vgl. H. Kletschke, Die Sprache der Mainzer Kanzlei nach den Namen der Fuldaer Urkunden, Halle 1933.

3. Hamelburger Markbeschreibung. Urkunde aus Fulda im Reichsarchiv zu München, erste Hälfte des 9. Jhs. Monum. Germ., Diplomata Karolinorum I, 162. 564. Faks. bei Chroust (s. unten 4) Lief. 5, Tafel 7; bei Tangl. Arndts Schrifttafeln³, Taf. 73. – Unw.-Siebs 212; Ehrismann 349; Bostock 113; ferner Baesecke, Voc. 113. 150. – Druck: MSD LXIII; Sprachdenkm. Nr. 12

4. Würzburger Markbeschreibungen. In eine Würzburger Hs. nach alter Vorlage nach 955 eingetragen; einige Akzente. Faksimile von B bei A. Chroust, Monumenta palaeographica Lief. 5, Tafel 10. – Unw.-Siebs 212; Ehrismann 350 ff; Bostock 114 f; Baesecke, Voc. 113; ferner H. Kip, GR 195–198. – Druck: MSD LXIV; Sprachdenkm. Nr. 24

Unser Text nach Sprachdenkm., doch mit Kip GR 10, 1, 195 ff. Z. 64: *Heibiscesbiunta* (14); die wenigen Akzente nach der Hs.

III. Aus Einhards Vita Karoli Magni Kap. 29. Hrsg. von Holder-Egger, Scriptores rerum Germanicarum, 5. Ausg. 1905. – Ehrismann 85.

In den Fußnoten bemerkenswerte Varianten aus Cod. Cotton A 5 (10. Jh.), Cod. Paris C I (10. Jh.) und einigen anderen Hss., über die die Einleitung der genannten Ausgabe zu vergleichen ist. Reichste Variantensammlung in der Aus-

gabe von Pertz, Monum. German. Scriptores II, 458 ff. – Literatur zur Erklärung
bei Ehrismann 85, Anm. 1. 2; dazu Braune, PBB 14, 370; J. Werner, Anz. 15, 377 f.
IV. Inschriften.
1. Inschrift aus Köln (wohl für eine Domschule). 9. Jh., verloren; Wortlaut
z. T. erhalten auf Mercators Stadtplan von Köln (1571), Mittelfränkisch. – Frenken,
ZDA 71, 118–122; 72, 256; R. Bergmann, Rhein. Vierteljahrsbll. 30 (1965), 66 ff. –
Ergänzungen (kursiv) von Frenken, doch dem Dialekt entspr. *-lof.*
2. Grabinschrift aus Bingen. Bruchstücke eines Steindenkmals aus dem
Ende des 10. Jh.s. Gefunden 1900 in Bingen a. Rhein, jetzt im Altertumsmuseum
in Mainz ('Dietrich-Stein') Reste von zwei Figuren und der Inschrift. Abbildung,
Beschreibung u. Lit. bei Körber, Neue Inschriften des Mainzer Museums (Mainz
1905), 67 ff.; Abb. auch bei S. Feist, Die deutsche Sprache², 1933, Tafel I. – Ehrismann 363; Sprachdenkm. Nr. 85; dazu noch v. Grienberger, PBB 47, 450. – Die
Ergänzung *sone]s* ist sicher, während *Go]defrides* nur eine mögliche Ergänzung
des Namens darstellt.
V. Gespräche.
1. Aus den Kasseler Glossen. Über die Handschrift s. I, 3. Bairisch. –
Ehrismann 259 f. – Die lateinischen Wörter sind für den ersten und zweiten Teil
weggelassen.
2. Aus Paris und Rom. Ms. lat. 7641 (10. Jh.), Nationalbibliothek Paris,
ein Blatt (mit den Nummern 1–42) Bibl. Vat. Christ 566. Sprachbüchlein für einen
reisenden Franzosen, Abschrift. Verfasser und Schreiber waren Romanen, was sich
in Sprachform und Orthographie zeigt. – Ehrismann 264–66. – Abdrucke und Er-
klärungsversuche: W. Grimm, Kleine Schriften III, 472–515 (WGr.); Weinhold,
WSB 71, 767–806 (W); Martin, ZDA 39, 9–19 (M); Steinmeyer, Gl. V, 517–524 (St.);
Huisman, Rhein. Vierteljahrsbll. 33, 272 ff.; Haubrichs, ZDA 101, 86 ff.
Unserem Abdruck ist St.s Text zugrunde gelegt. Dabei ist der deutsche Text
nicht, wie bei W. und M. geschah, normalisiert, sondern möglichst nach der Hs.
gegeben, um so das Bild, wie es der Schreiber in seiner unbeholfenen Weise geben
wollte, unverfälscht zu erhalten. Doch sind offenbare Fehler der Hs. verbessert,
alle eindeutigen Abkürzungen aufgelöst, übergeschriebene Korrekturen in den Text
aufgenommen. Abweichungen von der Hs., Unsicheres und Unerklärtes ist kursiv
gesetzt. – Die Numerierung der Sätze von W. Grimm ist beibehalten, die Anordnung jedoch nach St. getroffen.
VI. St. Galler Paternoster und Credo. Hs 911 des 8. Jh.s zu St. Gallen;
unser Text (alem.) auf Bll. 319–22. Faksimile: Ennecc. Taf. 18–20; (ST 2). – Unw.-
Siebs 201 f.; Ehrismann 306; Bostock 111; Baesecke, PBB 69, 361–365; W. Betz,
PBB 82 (1961, Sonderbd.), 153 ff.; ders., Fs. Starck (1964), 102 ff.; A. Masser, PBB
85 (T 1964), 35 ff.; Must, Akten d. V. Intern. Germanistenkonkresses Cambridge
(1975), 5, 2, 396 ff. – Druck: MSD LVII; Sprachdenkm. Nr. 5.
VII. Interlinearversion der Benedictinerregel (B), früher dem Kero
(Ehrismann 255, Anm. 2) zugeschrieben. Cod. Sti Galli 916 (8./9. Jh.) zu St. Gallen,
alemannisch. Faksimile bei Piper N.; Vogt u. Koch, Lit.-Geschichte I³, 31; bei
Baesecke, Abrog. Tafel III–V; ST 3. – Unw.-Siebs 206 ff.; Ehrismann 266 f.; de Boor
20; Daab, Hermaea 24; W. Betz, PBB 65, 182–185; Baesecke, PBB 69, 372–384.
W. Betz, Die Lehnbildungen der ahd. Benediktinerregel, Bonn 1949; (*dazu* Fleisch-
hauer Anz. 67, 98–103); F. L. Woods, Nominal Compounds of the OHG. Benedictine
Rule. JEGP 56, 42–58. – H. Ibach, Zu Wortschatz u. Begriffswelt... PBB 78, 3 ff.;
79, 106 ff.; 80, 191 ff.; 81, 124 ff.; 82, 372 ff.; U. Daab, PBB 80 (T 1958), 379 ff.; G.
Köbler, Verz. d. Übersetzungsgleichungen d. ahd. Benediktinerregel, 1970. Druck:
Sprachdenkm. Nr. 36 (darnach unser Text revidiert). Die ahd. Benediktinerregel
des Cod. Sang 916, hrg. v. U. Daab. Tübingen 1959 (rez. DLZ 81, 643–6; JEGP 60,
124–6).
Zum lateinischen Original: L. Traube, Abhandlungen der Münchener Akad.
histor. Kl. 21 (1898), 3; 25 (1910) 2. Ausgabe von C. Butler, Sancti Benedicti regula
monachorum, Freiburg 1912.
VIII. Isidor (Is.) Bruchstück einer Übersetzung von des Isidorus Hispalensis
(† 636) Schrift *De fide catholica contra Judaeos* (s. Ebert, Gesch. der Litteratur des
Mittelalters I², 597). Hss.: P = Cod. 2326, Nationalbibliothek Paris (Ende 8., Anf.
9. Jh.). Faks. ST 4. M = Bruchstück in Cod. 3093, ÖNB, s. Menhardt 2, 877 ff.
Heimat nicht sicher bestimmt, schwerlich Murbach, auch Tours ist fraglich; vgl.
B. Kirschstein, Untersuchungen z. Herkunft d. ahd. Isidorübersetzung, PBB 84
(T 1962), 5 ff. W. Mitzka, Die mfränk. Denkm. in d. ahd. Lit., ZMF 30 (1963), 31 ff.

Faksimile-Ausgabe von G.A.Hench 'Der ahd Isidor' mit krit. Text, Grammatik und Glossar. Straßburg 1893. Neuausg.: H.Eggers, Der ahd. Isidor nach der Pariser Handschrift u. den Monseer Fragmenten. Tübingen 1964 (rec. ADA 76, 97 ff.; JEGP 65, 367 ff.). Dazu: H. Eggers, Vollständiges Lateinisch-Althochdeutsches Wörterbuch zur althochd. Isidor-Übersetzung. Berlin 1960 (rec. ADA 73, 48 ff.); Köbler, Verz. d. Übersetzungsgleichungen der ahd. Isidorgruppe, 1970. –
Unw.-Siebs 213 ff.; Ehrismann 273–280; de Boor 29 ff.; ferner Leitzmann, PBB 40, 341 ff.; Sievers, PBB 52, 171–208; Brauer, Verf.-Lex. 2, 558–60; Bostock 118 ff.; Baesecke, Abrog. 4 u.ö.; Ders., Voc. 29 u.ö.; W. Bruckner, Zur Orthographie der ahd. Isidorübersetzung, Festschr. für G. Binz 69–83; Hermann, Nachr. der Ges. d. Wissenschaften zu Göttingen, Gruppe IV, Bd. III, 39; W. Schröder, PBB 77 (1955), 1 ff., H. Rupp, PBB 78 (1952), 265 ff.; H. Penzl, Konsonantenphoneme und Orthographie im Ahd. Isidor, Mélanges...F. Mossé, 354–61; Baesecke, PBB 69, 367–372; J. Fourquet, L'orde des éléments de la phrase en germanique ancien (Paris 1938), S. 124–156, R. Kienast, Zur frühesten deut. Kunstprosa: Der Prosarhythmus d. ahd. Isidorübers., Fs. Stammler (1953), 11 ff. Nordmeyer, On the OHG. Isidor and its Significance of Early German Prose Writing PMLA 73, 23–35; Ders., Syntax Analysis of the OHG. Isidor. Festschr. f. Hermann J. Weigand, 29–38; S. Blum, Zur Übersetzungsweise des ahd. Isidor, PBB 84 (1962), 438 ff.; K. Matzel, Zur ahd. Isidorübersetzung, PBB 85 (T 1963), 18 ff., 88 (T 1965), 28 ff.; ders. ZDW 19 (1963), 153 ff.; ders., Ein ahd. Grammatiker, Die Sprache 12 (1966), 144 ff.; K. Ostberg, Fs. Sehrt (1968), 123 ff.; K. Matzel, Untersuchungen zu Verfasserschaft, Sprache u. Herkunft d. ahd. Übersetzungen d. Isidor-Sippe, 1970; H. Pollak, PBB 97 (T 1975),1 ff., J. Lippert, Beiträge zu Technik u. Syntax ahd. Übersetzungen, 1974. – Unser Text nach Hench.

    IX. **Monsee-Wiener Fragmente**, *Fragmenta theotisca* (M.) Bruchstücke einer Hs. vom Anfang des 9. Jhs., aus Bucheinbänden abgelöst; 39 Stücke = Cod. 3093, ÖNB (s.o. VIII), zwei in Hannover, bairische Abschrift eines nichtbairischen Originals. Gesamtausgabe von G. A. Hench, The Monsee Fragments, Straßburg 1891 (dort Faksimile eines der Hannoveraner Blätter). – Unw.-Siebs 213–219; Ehrismann 280–86; MSD 350 ff.; Sievers, PBB 52, 171–188; Baesecke, Abrog. 51 ff.; Ders., Voc. 29.
    Inhalt in wahrscheinlich ursprünglicher Reihenfolge: a) Bruchstücke einer Matthäus-Übersetzung. Hench Nr. I–XXV. – R. Sonnleithner, Die M.-Bruchstücke der ältesten hd. Evangelienübersetzung. Fs. der Nationalbibl. in Wien (1927), 795–804; K. Matzel, Der lat. Text des Matthäus-Evangeliums der Monseer Fragmente, PBB 87 (T 1965), 289 ff. – b) Bruchstücke der Homilie *De vocatione gentium*. Hench Nr. XXVI bis XXXI; MSD LIX, – c) Bruchstück eines unbekannten Stückes. Hench Nr. XLI. – d) Bruchstück aus Augustins Sermo 76. Hench Nr. XXXVII–XL; MSD LX – e) Bruchstücke aus Isidor (s. VIII). Hench Nr. XXXII bis XXXVI und Isidor, ed. Hench S. 45 ff. – H. R. Plant, Syntaktische Studien zu den Monseer Fragmenten. Diss. Univ. of Cincinnati (Chincinnati, Ohio, 1964).
    Aus e) sind Teile unter VIII S. 20 ff. in Paralleldruck zur Pariser Hs. abgedruckt. – Bei den Teilen aus a) und b) sind die in der Hs. befindlichen Lücken in Kursivdruck ergänzt. – Zu a, 2–4 sind die entsprechenden Teile aus Tatian (s. XX) zur Vergleichung gegeben. – Der danebenstehende lat. Text ist gleichfalls dem Tatian entnommen; abweichende Lesarten von M stehen in runden, überschießende Wörter in eckigen Klammern. Unser Text nach Hench, Akzente zugesetzt.
    X. **Exhortatio ad plebem christianam.** Bairisch. Zwei Hss.: A = Bll. 13ᵇ bis 15ᵃ des Cod. Cassell. theol. 4º 24 in Kassel (aus Fulda; 9. Jh., vgl. oben I, 3); B = Bll. 144ᵇ–146ᵃ des Clm. 6244 (in München), der lat. Text 144ᵇ, 145ᵇ, der deutsche Text 145ᵃ, 146ᵃ; vgl. Bischoff 137, 263. Die Hs. B etwas jünger als A. Faksim. von A: in W. Grimms Ausgabe, Abh. d. Berliner Akad. 1846, 425–511 (= Kl. Schriften 3, 367 ff.) Faksim. von B: Ennec. 32. 33; Schrifttafeln II. – Unw.-Siebs 205; Ehrismann 301–3; Braune Fs. (1920), 157 ff.; Bostock 110 f.; Baesecke Abrog. 62. – Ausgg. MSD LIV; Sprachdenkm. Nr. 9 (Paralleldruck von A u. B) – Unser Text nach A und B.
    XI. **Murbacher Hymnen** (H). Alemannische Interlinearversion von 27 Ambrosianischen Hymnen. Hs. aus dem Anfang des 9. Jhs. aus Murbach zu Oxford (Cod. Junius 25, Bodleian Library; enthält auch die sogenannten Juniusglossen). Faksimile in der Ausgabe der Hymnen von Sievers (1874; Nachdr. m. einer Ein-

führung von E. Scherabon Firchow, 1972); U. Daab, Drei Reichenauer Denkmäler der altalemannischen Frühzeit (1963), 29–76; Baesecke, Lichtdrucke Taf. 31–33; ST 6. – Unw.-Siebs 207 f.; Ehrismann 267–69; Bostock 106 f.; Baesecke, PBB 51, 213; Sievers, PBB 52, 184 ff.; Baesecke, Abrog. 62; Bulst, ZDA 80. 157–162; MLN 80 (1965), 486; Köbler, Verz. d. Übersetzungsgleichungen d. Murbacher Hymnen, 1970.

Die zwischenzeilige Überlieferung ist hier durch Paralleldruck des lat. und deutschen Textes ersetzt. Unser Text nach Sievers, Akzente zugesetzt.

XII. Freisinger Paternoster. Zwei Hss.: A = Bll. 70^v–71^r des Clm. 6330 (9. Jh.), München (aus Freising); Faksimile; Ennecc. 29. 30. – B = Bll. 78^r–79^r des Clm. 14510 (9. Jh.), München (aus St. Emmeram), jüngere Bearbeitung. Faksimile des Anfangs von A und B: Schrifttaf. III. – Bischoff 145 f., 248 f. – Unw.-Siebs 202; Ehrismann 304; Baesecke, PBB 69, 361–365; MSD LV (Ausgabe nach beiden Hss.); Sprachdenkm. Nr. 8 (Paralleldruck beider Hss.); Helm, ZDA 78, 120. – A. Masser, PBB 85 (T 1963), 35 ff. – Unser Text nach A, Akzente zugesetzt.

XIII. Weißenburger Katechismus (Wk), rheinfränk. Hs.: Bll. 149^b–150^b, 152^b–155^b des Cod. Weissenb. 91, Bibliothek in Wolfenbüttel (aus Weißenburg, 9. Jh.); Faksimile: Ennec. 21–28. – Unw.-Siebs 200 f.; Ehrismann 306–09 und Anz. 39, 25 ff.; Baesecke, PBB 69, 361–367; Bostock 112 f.; Heffner, JEGP 40, 545–554. 41, 194–200. de Smet, Mediaevalia litteraria, Fs ... de Boor (1971), 39 ff. – MSD LVI; Sprachdenkm. Nr. 6. Unser Text nach Sprachd., Akzente zugesetzt.

XIV. Fränkisches Gebet bairisch nach rhfr. Vorlage. Hs.: Bl. 110^a des Cod. Lat. Monac. 14468 vom Jahre 821 (s. Bl. 1^a), in München. Faksimile: Ennec. 31; Schrifttafeln IV. – Unw.-Siebs 202; Ehrismann 336 f.; MSD LVIII; Sprachdenkm. Nr. 11 (dort auch der in der Hs. unmittelbar folgende lat. Text.) Orthographie der Hs.

XV. Carmen ad deum, bairisch. Hs.: Ss. 39–41 des Cod. Lat. Monac. 19410 (aus Tegernsee, nach 864). Interlineare Übertragung ist in der Hs. so aufgelöst, daß das Deutsche in Abschnitten zwischen den lat. Versen, in Zeile 1–3 zwischen den Halbversen (in 22, 1 das Deutsche nur nach dem 1. Halbvers, der Rest mit 23 zusammen nach lat. 23) steht. Faksimile; Schrifttafeln V (Z. 1–10). – Unw.-Siebs 209 f.; Ehrismann 269 f.; de Boor 38; MSD LXI; Wilhelm, Münch. Texte 8 B, S. 67; Sprachdenkm. Nr. 37; Bulst, ZDA 80, 157 ff.; Baesecke, PBB 51, 214; Ders., Abrog. 36; Ders., Das lat.-ahd. Reimgebet (Carmen ad Deum) und das Rätsel vom Vogel federlos, Berlin 1948; I. Schröbler, Anz. 65, 88–94; G. Eis, Forsch. u. Fortschr. 30 (1956), 18 ff.

Der beigegebene lat. Text folgt der kritischen Ausgabe des lat. Hymnus von Blume (Sprachdenkm., S. 292), ist aber, unter Anlehnung an die Tegernseer Hs., der Übersetzung angepaßt. Die Fußnoten geben die nicht aufgenommenen Lesarten des krit. Textes bzw. die Abweichungen der Tegernseer Hs.

XVI. Taufgelöbnisse. 1. Das fränkische Taufgelöbnis. Hss.: A = Bl. 16^a (des 1. Teils) der Hs. 58 (9./10. Jh.). Domkapitel Merseburg (vgl. XXXI, 1); B = Abschrift des Dr. jur. Dionysius Campius aus einer verlorenen Hs. in Speyer. Die Abschrift auf S. 174 des von seinem Bruder 1607 erworbenen Exemplars von Goldasts Alemannicarum rer. scr. II. Dies Exemplar in der Bay. Staatsbibl. München (Signatur L. impr. c. n. mss. 58). Faksimile von A Ennec. Taf. 6; ST 8. – Unw.-Siebs 203 f.; Ehrismann 298 ff.; MSD LIX; Sprachdenkm. Nr. 4; Krogmann, ZDP 54, 269 f.; Baesecke, Voc. 112 f. 160; Baesecke, Nachr. der Gesellschaft der Wissenschaften, Göttingen, Phil.-hist. Klasse 1944, Nr. 3; Forschungen u. Fortschritte 21–23 (1947), 266 ff.

2. Niederdeutsche Taufgelöbnisse.

I. Hs. verloren. Aufzeichnung von Professor A. Broelmann († 1622), erhalten in zwei Abschriften A und B. – Frenken, ZDA 71, 120. 125–127 (mit Abdruck).

II. Hs.: Bll. 6^b–7^a des Cod. Palat. Lat. 577, Biblioteca Vaticana. Faksimile bei Koennecke, S. 8. – Unw.-Siebs 204 f.; Ehrismann 296–298; MSD LI; Sprachdenkm. Nr. 3; Wadstein Nr. 1; Baesecke, Voc. 111 f. 160 (dazu Brinkmann, Anz. 56, 8); Lasch, Neuphil. Mitt. 36, 92–133; W. Foerste, Untersuchungen zur westfäl. Sprache des 9. Jh.s (1950), S. 90 ff.

XVII. Psalmenübersetzungen. Cantica. 1. Aus den Bruchstücken einer alemannischen Interlinearversion des Psalters. Bruchstücke einer Hs. des 9. Jh.s: Ein Doppelblatt, Lyzealbibliothek zu Dillingen, zwei Einzelbll. = Cgm. 5248, 1, München. Faksimilia: Baesecke, Abrog. Tafel VI. VII. – Ehrismann 270 f.; Sprachdenkm. Nr. 38 (darnach unser Text); U. Daab, Drei Reichenauer Denkmäler der altalemannischen Frühzeit (Tübingen 1963), 77–92; Baesecke,

Abrog. 9ff. 62; Baesecke, PBB 69, 398–409; U. Daab, PBB 83 (T 1961), 281ff.
    2. 3. Aus einer um 1600 in Leiden nachweisbaren, später verlorenen Hs.
(Wachtendoncks Hs., 9. Jh.? s. Tijdschr. voor Nederl. Taal en Letterk. 15, 137ff.),
einer Übersetzung der Psalmen u. Cantica sind in jungen Abschriften (16. u. 17.Jh.)
Bruchstücke erhalten. Der Dialekt der Stücke ist nicht einheitlich. Das erste
Bruchstück (Ps. 1–3, 5) zeigt altsüdmittelfränkische Merkmale, das zweite
Stück (Ps. 18 [19]), sowie das dritte (Ps. 53–73) ist altostniederfränkisch (mit
mittelfrk. Spuren?). – Ausgaben: Heyne, Kl. altniederd. Denkmäler[2], 1–40;
van Helten, Die altostniederfränk. Psalmenfragmente ..., Teil I, 13–57, 90–94
(Nachdruck 1969); dazu IFAnz. 16, 26ff.; Anz. 29, 53ff.; PBB 29, 470ff.; H. K. J.
Cowan, De Oudnederlandse (Oudnederfrankischen) Psalmenfragmenten, Leiden
1957; R. L. Kyes, The Old Low Franconian Psalms and Glosses, 1969. – Ehrismann
272 (dort weitere Lit.); C. Minis, Bibliographie z. d. altmittel- u. altniederfr.
Psalmen u. Glossen, 1971; A. Quak, Wortkonkordanz zu d. altmittel- u. altniederfr.
Psalmen u. Glossen, 1975; ders., Studien zu d. altmittel- u. altniederfr. Psalmen
u. Glossen, 1973. – Unser Text meist mit v(an) H(elten) enger an die Hs. anschlie-
ßend und von H(eyne) abweichend.
    4. Aus der frühmittelhochdeutschen Interlinearversion des Psal-
ters. Hs.: Cod. Pal. Vind. 2682, ÖNB (aus dem Benediktinerstift Millstatt, Ende
12. Jh.); Menhardt 108f. Unser Stück Bll. 4ᵛ–5ʳ. – Ausgabe: Cod. Pal. Vind. 2682.
I. II. III. von N. Törnqvist (Lunder German. Forsch. 3. 7. 26). Grundlegende
Untersuchung ebb. I, III–CXXI. – Unser Text nach Törnqvist.
    5. Bruchstücke einer Interlinearversion der Cantica. Zwei Per-
gamentblätter des 10./11. Jhs. zu Paris, rheinfränkisch. – Ehrismann 271; Sprach-
denkm. Nr. 39; G. Huet, Bibliothèque de l'école des chartes 46, 496–502; Steppat
(S.), PBB 27, 504–541; Franck, Altfränk. Gramm. 5. – Text nach Steppat und
Sprachdenkm. – Zu vergleichen sind die entsprechenden Stücke Notkers: Hatt.
II, 503ᵇ–507ᵃ. 515ᵃ–518ᵃ, Piper II, 612–616. 624–626.
    XVIII. Lex Salica. Einige Kapitelüberschriften und Text von Buch I, 1. 2.
Hs.: Doppelblatt des 9. Jh.s zu Trier, ostfränk.: Faksimile bei Könnecke 9. –
Unw.-Siebs 211f.; Ehrismann 352ff.; MSD LXV (darnach unser lat. Text); Sprach-
denkm. Nr. 10; ferner E. Schwentner, GRM 28, 230; Baesecke, Voc. 120. 149ff. –
Vgl. auch J. Grimms Vorrede zu Merkels Ausgabe der Lex Salica (jetzt Kl. Schrif-
ten 8, 228–302) und seinen Text bei Merkel S. 104–107, dazu den verbesserten
Text S. 109–111. – R. Schmidt-Wiegand in Fs. A. Hofmeister (Halle 1955), 233ff.;
S. Sonderegger in Fs. W. Jungandreas (1964), 113ff.
    XIX. Trierer Capitulare. Interlineare Übersetzung von Kap. IV der Capi-
tula legibus addenda Ludwigs des Frommen und Lothars von 818 (Boretius,
Capitula 1, 378ff.). Nach jetzt verlorener Trierer Hs. als Sprachprobe abgedruckt
von Brower, Antiquitates Trevirenses (1626), Parascève Kap. X, moselfränkisch.
– Unw.-Siebs 233; Ehrismann 353f.; J. Grimm, Kl. Schriften 6, 420–22; Piper,
Die älteste deutsche Literatur 126; MSD LXVI; Sprachdenkm. Nr. 40.
    Text nach Brower aber mit Regelung der Orthographie; Längebezeichnung
ist bei Endsilben unterblieben. In den Fußnoten die Abweichungen von Brower.
    XX. Tatian (T). Übersetzung einer lat. Evangelienharmonie (hrsg. von
E. Ranke, 1868), die auf eine ursprünglich syrische Evangelienharmonie zurück-
geht, die ein syrischer Christ, Tatian, im 2. Jh. verfaßte. Das Werk wird allgemein
das Diatessarōn des Tatian genannt (von gr. [τὸ]διὰ τεσσάρων [εὐαγγέλιον]), obschon
außer den 4 kanonischen auch das Hebräerevangelium als fünfte Quelle mitbenutzt
wurde. Über das Original und die Überlieferungsgeschichte grundlegend: C. Peters,
Das Diatessaron Tatians, seine Überlieferung und sein Nachwirken im Morgen-
und Abendland sowie der heutige Stand seiner Erforschung (= Orientalia Chri-
stiana Analecta, Bd. 123), Rom 1939. – Überlieferung des ahd. Textes: Cod.
56 der Stiftsbibliothek St. Gallen (9. Jh.) = G. Über weitere verlorene Hss. und
einzelne Sätze in einer Pariser Hs. s. Sievers (s.u.), Ss. XI–XVIII; Ehrismann
286f. – Ausgabe: Tatian, Lateinisch und Althochdeutsch... hrsg. von E. Sievers,
1872, ²1892 (davon unveränderter Nachdruck 1960 [recte 1961]). F. Köhler, Latei-
nisch-ahd. Glossar zur Tatianübersetzung, 1914 (Neudruck 1962); Köbler, Verz. d.
Übersetzungsgleichungen d. ahd. Tatian, 1971. – Unw.-Siebs 220–23; Ehrismann 286–90; de Boor 42; Bostock 136–41; Schröter, Walahfrids deutsche Glos-
sierung zu den biblischen Büchern ... und der ahd. Tatian (Halle 1926), 140ff.;
Sievers PBB 50, 416–29 (Abdruck eines Stückes in 'Sagversen'); Frings PBB

53, 458–60; Hermann (s. oben VIII), 37f., 45f.; Taylor Starck, Der Wortschatz des ahd. Tatian und die Übersetzerfrage, Collitz Fs., 190–202; Baesecke, Die Überlieferung des ahd. Tatian, Halle 1948; B. Bischoff, Eine Sammelhandschrift Walahfrid Strabos (Cod. Sang. 878), Zentralbl. f. Bibliothekswesen, Beiheft 75 (1950), 30ff.; W. Wissmann, Zum ahd. Tatian, Fs. Krause (1960), 248ff.; H. Mettke, Ndd. Jb. 84 (1961), 35ff.; A. Baumstark, Die Vorlage d. ahd. Tatian (hrsg. v. J. Rathofer), Köln 1964; Rathofer, Zur Heimatfrage d. ahd. Tatian, Annali, Sezione Germanica 14 (1970), 7ff.; ders., Literatur u. Sprache im europ. Mittelalter, Fs. f. Karl Langosch (1973), 256ff.; M. Schmidt, Zum ahd. Tatian. Forschungslage. Colloquia Germanica 2 (1972), 1ff.; J. Lippert, Beiträge zu Technik u. Syntax ahd. Übersetzungen, 1974. – E. Feist, Der religiöse Wortschatz der ahd. Tatianübersetzung in seiner Abhängigkeit vom Latein der Vorlage (Diss. Freiburg 1953); R. H. Lawson JEGP 57, 64–71; 58, 457–64; J. Rohrer, Otfrid und Tatian... (Diss. Tübingen 1955). R. Neumann, Der bestimmte Artikel *ther* u. *thie*... im ahd. Tatian, Giessen 1967.

Unser Text nach Sievers[2]. Die vereinzelten Akzentzeichen der Hs. sind weggelassen; statt ihrer ist die übliche Längenbezeichnung durchgeführt. Unter dem Text, mit vorgesetztem :, die Formen, die in der Hs. durch nachträgliche Korrektur an Stelle der in den Text aufgenommenen ursprünglichen gesetzt wurden. – Weitere Stücke aus T s. bei den Monseer Fragmenten IX, 2–4.

XXI. Eidformeln. 1. Die Straßburger Eide vom 14. Februar 842 aus Nidharts Geschichtswerk, hrsg. von E. Müller, Scriptores rerum Germanicarum 1907, S. 35ff. Hs.: Cod. Lat. 9768, Nationabibliothek Paris (Bll. 12[b2]–13[b1]), rheinfränkisch. Faksimile: Ennec. 34–36. – Unw.-Siebs 231f.; Ehrismann 354f.; MSD LXVII; Sprachdenkm. Nr. 15; Sagv. Nr. 2; ferner Frenken, ZDA 71, 124; A. Ewert, The Strassburg Oaths. Transactions of the Philological Society (London 1935), 16–35 mit Bibliographie S. 31ff. M. Roques, Les serments de Strasbourg. Med. Aev. 5 (1936), 157–172; del Pezzo, Annali, Sezione Germanica 13 (1970), 125ff. – Zur Form auch Sagv. Nr. 2.

Über die Sprache der französischen Eide s. Ehrismann 354. Anm. 2; ferner Ewert (s. o.); Tabachovitz, Etude sur la langue de la version française des serments de Strasbourg, 1937; Lot, Romania 65 (258), 145–63; Phil. A. Becker, Zffranz. Sprache u. Lit. 64; Lg. 34, 367ff.

2. Der Priestereid. Hss.: A = Bl. 100[v] des Cod. Monac. Lat. 6241 (München, aus Freising, frühes 9. Jh.); B = Bl. 91[v] des Cod. Monac. Lat. 27246 (München, aus Freising, frühes 9. Jh.). – Ausgg.: MSD LXVIII; Sprachdenkm. Nr. 13. – Kelle Lit I, 132f.; Massmann, Abschwörungsformeln, 59–61; Ehrismann 355ff.; J. A. Jungmann, Das Gehorsamsversprechen nach der Priesterweihe u. d. ahd. Priestereid, Fs. A. Stohr (1960), 430ff. – Unser Text nach A mit den Abweichungen von B; Orthographie und Interpunktion der Hs., Zeilenbrechung angegeben.

XXII. Beichten. Allgemeine Ehrismann 309–13 und die dort genannte Literatur; Baesecke, Reallex. 1, 125–127; H. Eggers, Die altdeutschen Beichten I–III, PBB 77 (1955), 89ff.; PBB 80 (1958), 372ff.; PBB 81 (1959), 78ff.; ders., ZFM 22 (1954), 129ff.; dagegen I. Reiffenstein, Das Althochdeutsche und die irische Mission im oberd. Raum (Innsbruck 1958); H. Eggers 'Beichtformel' in Reallex. I[2] (1958).

1. Erste bairische Beichte und St. Emmeramer Gebet.
a) Beichte. Hs. Nr. 184 des 9. Jh.s aus St. Fleury Stadtbibliothek Orléans. – Unw.-Siebs 277; Ehrismann 321; MSD LXXVIII A; Sprachdenkm. Nr. 41; Sagv. Nr. 36.
b) St. Emm. Gebet (auch altbayrisches Gebet). Zwei Hss.: A = Cod. ψ VI 132, Bll. 182–86, Tepl (aus Oberaltaich, 9. Jh.). – B = Cod. Lat. Mon. 14345, Bl. 117[r] (aus St. Emmeram, 11. Jh.), München. – Unw.-Siebs 227; Ehrismann 337; Baesecke, PBB 69, 361–365; MSD LXXVIII B; Sprachdenkm. Nr. 42; Sagv. Nr. 31.

Unser Text des Gebetes nach A, dabei in B Fehlendes in Petit gesetzt. Die Fußnoten geben sonstige Abweichungen in B; dabei das zur Beichte stimmende gesperrt. (Längezeichen in a) und b) zugesetzt.) – Altslav. Übersetzung des Gebets im Archiv für slav. Philologie 16, 118ff. (dazu E. Fabian, ZDP 64, 155–160), deutsch (von Bernecker) Sprachdenkm. S. 313.

Über das Verhältnis von a und b: Ehrismann 337ff.; Sprachdenkm. S. 312: Seemüller, GGA 1918, 58f.

2. Lorscher Beichte. Hss.: Bll. 2[b]–3[b] des Cod. Pal. 485 (9. Jh., nach 882(?) aus Lorsch) Biblioteca Vaticana. – Unw.-Siebs 229f.; Ehrismann 314; MSD LXXII[b];

Sprachdenkm. Nr. 46; Baesecke, Voc. 119f.

3. **Mainzer Beichte.** Hs.: Bll. 33ᵃ–34ᵃ des Cod. 1888, ÖNB (um 950). Menhardt 60f. – MSD LXXIVᵃ; Sprachdenkm. Nr. 49. Ehrismann 316f. – Unser Text in Orthographie und Interpunktion genau nach der Hs.; Zeilenbrechung angegeben.

4. **Zweite bairische Beichte,** erhalten in Seb. Münsters Cosmographei, Basel 1561, z. T. Erweiterung der ersten bairischen Beichte (Nr. XXII, 1); bairisch des 10./11. Jhs. (Verfall der Endungen und das nur bairische *lichnamo*). – Unw.-Siebs 227; Ehrismann 322f.; MSD LXXVII; Sprachdenkm. Nr. 43 (darnach unser Text).

5. **Altsächsische Beichte.** (Westfälische Beichte, Foerste). Hs.: Bll. 204ᵃ bis 205ᵃ des Cod. D 2, Landesbibliothek Düsseldorf (aus Essen, 10. Jh.). – Heyne, Kl. altniederd. Denkmäler 86f.; Gallée, As. Sprachdenkmäler 120ff.; Wadstein, Kl. as. Sprachdenkmäler 16f. 123ff.; MSD LXXII; Sprachdenkm. Nr. 45; Foerste, Untersuchungen zur westfälischen Sprache des 9. Jahrhunderts (1950), 9–89.

XXIII. Notker III. Labeo, Teutonicus, Lehrer der Klosterschule St. Gallen, † 29. Juni 1022. Die unter seinem Namen gehenden Werke sind von ihm allein verfaßt, nicht, wie Wackernagel annahm, Arbeiten seiner Schüler. – Bibliographie: E. S. Coleman, Bibliographie zu Notker III. von St. Gallen, Fs. Sehrt (1968), 61 ff.; fortgesetzt: Bibliographie zu Notker III. von St. Gallen. Zweiter Teil in Spectrum Medii Aevi. Essays in Early German Literature in Honor of G.F. Jones (ed. W.C. McDonald, Göppingen 1983), 91–110.

Ausgaben: Hattemer (H.), Denkmahle II. III; P. Piper (P.), Die Schriften Notkers und seiner Schule I–III, Freiburg 1882f.; E. H. Sehrt u. T. Starck (S.-St.), N.'s des Deutschen Werke, (I, 1–5, II. III. Halle 1933–1955, unvollendet, doch siehe unten) dazu Behaghel, Litbl. 54, 90; Sehrt u. Starck, JEGP 35, 331–36; ZDA 71, 259–264; Jellinek, ZDA 72, 109–112. Neue Ausgabe: Notker der Deutsche: Die Werke, begonnen von E. H. Sehrt u. T. Starck, fortges. von J. C. King u. P. W. Tax, im Erscheinen, Tübingen, 1972ff.; Ausgabe des Computus bei Piper N. 312ff. – Literatur: Bächtold 58–75; Kelle 232ff.; Kögel, Lit. 2, 598ff.; Unw.-Siebs 234–52; Ehrismann 416–458; de Boor 104ff. 125; Bostock 245–54; Schröbler ZDA 82, 32–64; ferner: Behaghel, ZfvglSpr. 57, 52f.; W. F. Twadell, GR 5, 288–93; W. Schulze, ZfvglSpr. 58, 128; H. Lohmeyer, Vergil im deutschen Geistesleben bis auf Notker (German. Studien 96) 1930; Singer, Neophil. 18, 21f.; Luginbühl, Studien zu N.'s Übersetzungskunst, Diss. Zürich 1933 (Nachdruck 1970); Sehrt, MLN 54, 1–8; X. v. Ertzdorff, Archiv 202 (1965) 401ff. (Weiteres bei den einzelnen Werken); K. O. Sauerbeck, Das Naturbild des Mittelalters im Spiegel der spätahd. Sprache. Diss. Tüb. 1954; Sonderegger, Die Frage nach Notkers des Deutschen Ausgangspunkt, Mediaevalia litteraria, Fs. ... de Boor (1971), 119ff.; Wiesner, ZDP 90 (1971), 16ff. – Über N.'s Akzentsystem s. Ehrismann 420; E. Sievers, Braune Fs. 153f.; Bruckner, PBB 50, 130f.: Sehrt u. Starck, MLN 51, 81–86; Notker-Ausgabe I, S.VIII–XX; E. Gabriel, ZMF 30 (1962), 320ff. Zum Wortschatz: Notker-Wortschatz. Das gesamte Material zusammengetragen von E. H. Sehrt und T. Starck. Bearbeitet und herausgegeben von E. H. Sehrt und W. Legner, Halle 1955. P. Klopsch. Der Wortschatz N.'s auf dem Gebiet des Fühlens, Diss. Köln 1955. E. Sehrt, Notker-Glossar, 1962; N. Morcinic, PBB 81 (1959), 263ff.; A. L. Lloyd, GR 34 (1961), 245 ff.; H. Kirschner, The beginning of the German scientific vocabulary in Notker. Glossar, 1962; Köbler, Verz. d. normalisierten Übersetzungsgleichungen der Werke Notkers von St. Gallen, 1971; N. Morcinic, PBB 81 (1959), 263ff.; A. L. Lloyd, GR 34 (1961), 245ff.; H. Kirschner, The beginning of the German scientific vocabulary in Notker. New York 1963; E. S. Coleman, Die Lehnbildungen in Notkers Übersetzungen, Fs. Starck (1964), 106ff. – K. Ostberg, PBB 81 (T 1959), 16ff.; R. Giuffrida, AION, sez. ling. 2 (1960), 107. – H. Penzl, ZDA 86 (1955), 196ff. (N.'s Anlautgesetz); A. L. Lloyd, Vowel shortening and stress in the Old High German of Notker Labeo, JEGP 60 (1961), 79ff.; D. Furrer, Modusprobleme bei Notker, 1971; E. Bolli, Die verbale Klammer bei Notker, 1975.

Zu den Texten: Orthographie und Akzente sind ohne die von Sehrt-Starck vorgenommene Regelung der Akzente genau nach den Handschriften wiedergegeben.

1. **Übersetzung von Boethius De consolatione Philosophiae.** Cod. 825 (11. Jh.), Stiftsbibliothek St. Gallen, = B; ein Fragment, D, = Hs. Nr. 121, Stadtbibliothek Zürich (ST 11 a). – Hattemer III, 7–255; Piper I, 1–363; Sehrt u. Starck I, 1–403. – Literatur: Ehrismann 426–430; ferner W. Schulze, ZfvglSpr. 56, 105; Twadell,

JEGP 31, 403–406; Jellinek, ZDA 69, 143; W. Bach, Die ahd. Boethiusglossen und Notkers Übersetzung der Consolatio, Diss. Halle 1934; A. Baur, Das Adjektiv in N.'s Boethius, Diss. Zürich 1940; I. Schröbler, Hermaea N.F. 2 (1953 rec. Euphor. 51, 485ff.); Dieselbe ZDA 53, 40–57; A.K. Dolch, Notkerstudien I. (Borna 1928), 2. 3. (New York 1951–53); E. Schwentner, GRM 36 (1955), 77ff.; K. Ostberg, GLL 16 (1961), 256ff.; D. Handschuh, Konjunktionen in Notkers Boethius-Übersetzung, 1964; A.K. Dolch, Fs. Sehrt (1968), 77ff. – Zum lat. Boethius: J.Schwarz, Diss. Wien (1955).

2. **Übersetzung von Martianus Capella De nuptiis Mercurii et Philologiae.** Cod. 872 (11. Jh.), Stiftsbibl. St. Gallen (ST 11b). – Hattemer III, 157–372; Piper I, 685–847; Sehrt u. Starck II, 1–221. – Literatur: Ehrismann 432–434; J.M.Tisch, Sydney Univ. Medieval Group Newsletter no. 5 (Sydney 1965), 29ff.

3. **Aus dem Kommentar zu den Kategorien des Aristoteles. Zwei Hss.: A =** Cod. 818 (11. Jh.), Stiftsbibl. St. Gallen; B = Cod. 825 (Ss. 275–338, auf die Boethiusübersetzung folgend, s.o. 1), Stiftsbibl. St. Gallen. – Hattemer III, 373 bis 526; Piper I, 365–585. – Literatur: Ehrismann 434f.

4. **Übersetzung und Erläuterung der Psalmen. Hss.: R =** Cod. 21 (12. Jh.), Stiftsbibl. St. Gallen, Psalm 1–150, lyrische alt- und neutestamentliche und katechetische Stücke enthaltend. Über weitere Hss. (alle Bruchstücke) Ehrismann 436ff. Unser Stück 13 aus W¹ = Doppelblatt (Anfang 11. Jh.), Universitätsbibl. Basel. – Hattemer II, 10–532; Piper II, 1–606; Sehrt-Starck III. – Literatur: Ehrismann 436–447; dazu W. Schulze, ZfvglSpr. 58, 128; H. Vollmer, Die Psalmenverdeutschung von den ersten Anfängen bis Luther (= Bibel und Kultur II. III) 1932f.; F. Leimbach, Die Sprache N.'s und Willirams, dargelegt an N.'s Psalmen und W.'s Hohen Lied. Diss. Göttingen 1934; A.L.Lloyd, The manuscripts and fragments of Notker's psalter, Giessen 1958 (rec. PBB 81 (T 1959), 395ff.; P.G.Völker, Ein neues Bruchstück d. Notkerschen Psalmenparaphrase, PBB 83 (T 1961), 63ff.; P. Tax, Notkers Psalmenerklärung u. Hieronymus, Fs. Starck (1964), 148ff.; Sonderegger, Notkers des Deutschen Psalmenübersetzung, Sprachspiegel 31 (1975), 99ff.; P. Kleiber, Lat.-ahd. Glossar zum Psalter Notkers III, 1962.

Bairische Bearbeitung von Psalm 1–50, 101–150 nebst den lyrischen und katechetischen Stücken und Predigtfragmenten, sogen.Wiener Notker in Hs. 2681 ÖNB, vgl. Menhardt 104ff. – Ausgaben: Heinzel und Scherer, Straßburg 1876; Piper III, 1–386.

5. **Katechetische Stücke.** Erhalten in den Psalmenhss. zu St. Gallen und Wien (s. Nr. 4). – Hattemer II, 500–532; Piper II, 607–44; III, 376ff. – Literatur: Ehrismann 447f.

6. **Sprichwörter.** Nr. 1–9 aus Notkers Abhandlung De partibus logicae. Hs. des 11. Jhs. zu Zürich. Hattemer III, 537. 540; Piper I, 591–95. – Nr. 8ª mit Zusatz 10 aus einer St. Galler Hs. des 11. Jhs.; Hattemer I, 410ᵇ; MSD XXVII, 1; Sprachdenkm. Nr. 86. – Literatur: Ehrismann 388. 450; Helm, Hess. Blätter f. Volkskde 38, 131; Baesecke, Vor- u. Frühgeschichte, S. 372ff.; S. Singer, Sprichwörter des Mittelalters I, 59f.

7. **Der sogenannte Brief Ruodperts.** Kein Brief, sondern eine Schulübung. Hss.: A = Cod. 556, Ss. 400–01 (11. Jh.), Stiftsbibl. St. Gallen; B = Bl. 96ᵇ der Hs. C 129/453, Stadtbibl. Zürich (nur die Zeilen 6 u. 7). – Ehrismann 451f.; MSD LXXX; Sprachdenkm. Nr. 26.

8. **Rhetorik** s. Nr. XL.

XXIV. Williram (W.), Abt von Ebersberg, † 1085. Paraphrase des Hohen Liedes. Zahlreiche Hss. und Bruchstücke, am wichtigsten A (Leiden, 11. Jh.: W. Sanders, Willeramus Eberspergensis Abbas, Die Leidener Hs. neu herausgegeben, 1971), B (Breslau, 11.Jh.), C (Ebersberg-München, 11.Jh.; Faksim. Schrifttaf. XV.). – Kritische Ausgabe nach C von Seemüller, Straßburg 1878; Ausgabe in Sagversion von Sievers, Sagv. Nr. 42; Neuausg. m. vollst. lat. Text: E.H.Bartelmez, The 'Expositio in Cantica Canticorum' of Williram Abbot of Ebersberg, Philadelphia 1967. – Literatur: Ehrismann II, 1, 18–29; de Boor 114ff.; dazu noch Kleczkowski, Archivium Neophil. I, 127–49; F.Hohmann, W.'s von Ebersberg Auslegung des Hohen Liedes, Halle 1930; M. Dittrich, ZDA 82, 47–93; dies. ZDA 84 (1952), 179ff. F. Leimbach s. XXIII, 4 und Landgraf (s. unten); H. Eggers, Verf.-Lex. 4 (1953), 985ff. – W.'s lat. Werke hrsg. von M. Dittrich, ZDA 76, 45–63 (vgl. noch ZDA 83 (1951), 57ff.). – Köbler, Verz. d. Übersetzungsgleichungen v. Willirams Paraphrase d. Hohen Liedes, 1971.

Unser Text: 1 in Paralleldruck von B und A nach Hoffmanns altem Druck von 1827; 2 und 3 (dieses ohne die Auslegungen) nach B (Übersetzung des Bibeltextes in Sperrdruck).

Auf W.'s Text fußt stark das dem 12. Jh. angehörende sog. St. Trudperter Hohe Lied. Ehrismann II, 1. 29–39; dazu die neue Ausgabe von H. Menhardt (= Rheinische Beiträge zur german. Philologie u. Volkskunde 21. 22), Halle 1934; Marg. Landgraf, Das St. Trudperter Hohe Lied, sein theolog. Gedankengehalt und seine geschichtliche Stellung, besonders im Vergleich zu W. von Ebersberg, 1935; Leitzmann, PBB 61, 378–402; Maschek, ZDA 75, 27f.; F. Ohly, Hohelied-Studien, Wiesbaden 1958. Über eine mhd. Bearbeitung des 15. Jh.s s. Ernst Panten, Der Maihinger Williram, Diss. Greifswald 1908.

XXV. Physiologus. Hs. 223 ONB. 11 Jh. Menhardt 36 f. – Ehrismann II, 1, 224–230; MSD LXXXII; Sprachdenkm. Nr. 27; Wilhelm A. Nr. II, mit Paralleldruck des jüngeren Physiologus (III), Kommentar und kritische Ausgabe der lateinischen Texte; Sagv. Nr. 41; H. Menhardt, ZDA 74, 37 f..

Orthographie, Akzente und Interpunktion genau nach der Handschrift.

XXVI. Otlohs Gebet. Hs.: Bll. 61ᵛ–63ᵛ des Clm. 14490 (11. Jh., aus St. Emmeram), in München. Faksimile (Z. 1–31) Schrifttafeln XIII. – Ehrismann 341–45; de Boor 102 f.; Bostock 300 f.; Schröbler, PBB 79 (T.), 355 ff. MSD LXXXIII; Sprachdenkm. Nr. 35; Wilhelm A. Nr. I; Sagv. Nr. 33. 34; Ittenbach 6 f., Vgl. auch G. Misch, Studien zur Geschichte d. Autobiographie I (Nachr. d. Akad. d. Wiss. Göttingen 1954, phil.-hist. Kl. 5.)

XXVII. Wessobrunner Predigt. Hs.: Bll. 232ʳᵇ–234ᵛᵃ des Cod. 2681, ÖNB (Hs. des Wiener Notker), Menhardt 107. – Ehrismann 345–48; MSD LXXXVI, B 2; Sprachdenkm. Nr. 32. 2. – In unserem Text Orthographie der Hs., doch Abbreviaturen unbezeichnet aufgelöst. Akzente der Hs.

Zweite Abteilung: Poetische Denkmäler.

XXVIII. Das Hildebrandslied (Hl.). Hs.: Bll. 1ᵃ und 76ᵇ der Hs. Theol. fol. 54, Bibliothek Kassel (8./9. Jh.). (Beide Bll. waren nach 1945 verloren, doch ist Bl. II inzwischen wieder aufgetaucht und in die Bibliothek zurückgekehrt.) – Reproduktionen der Hs. häufig, zuletzt photographisches Faksimile bei Baesecke, Das Hildebrandlied, Halle 1945; ST 12 f. – Erste Ausgabe: Johannes G. ab Eckhardt, Commentarii De Rebvs Franciae Orientalis I (1729), 864 ff. – Diplomatischer Abdruck: Müllenhoff, Altdeutsche Sprachproben 10 ff.; Baesecke, Das Hl. 10 f. – Zahlreiche Ausgg., u. a. MSD II; Sprachdenkm. Nr. 1; Baesecke, Das Hl. 36 ff. (m. Übers.). – Die äußerst umfangreiche Literatur ist mit großer Vollständigkeit (doch unter Fortlassung völlig wertloser Titel) zusammengestellt in den früheren Auflagen dieses Buches an gleicher Stelle. Hier sei nur genannt: Ehrismann 121 ff.; Unw.-Siebs 62 ff.; de Boor 62 ff.; Bostock 33 ff., wo weitere Lit.angaben. Grundlegender Kommentar von Karl Lachmann, Über das Hl. (Abh. d. Berliner Akademie 1833 (1835) 123 ff. = Kl. Schriften 1, 407 ff. –

Zum Text: Die Versordnung habe ich unverändert übernommen wie sie Braune zuletzt in der 8. Auflage gegeben und Helm bis zur 13. beibehalten hatten. Im Wortlaut habe ich an einer Stelle (v. 23ᵃ) die Lesung der Handschrift der Emendierung vorgezogen: 23ᵃ des oder det, wie schon von Grein akzeptiert.

XXIX. Wessobrunner Hymnus u. Gebet, bairisch. Hs.: Bl. 65ᵛ–66ʳ des Clm. 22053 aus Wessobrunn, um 814) in München, vgl. Bischoff 18 ff. u. Frühmittelalterliche Studien 5, 116. Randnotiz: *Kazungali* (Deneke, ZfBücherfreunde 6, 19 ff.). Faksim.: Ennec. Taf. 9. 10; Schrifttaf. I; ST 14 (über weiteres s. Sprachdenkm. S. 18; Ehrismann 138). Weiter, Sprachdenkm. Nr. 2 u. S. 18; Ehrismann 137–147; Unw.-Siebs 148 ff.; de Boor 53; Bostock 126–135; D. Kartschoke, Altdeutsche Bibeldichtung (1975) 21 f.; Sagv. Nr. 30; Baesecke, Abrog. 99, Voc. 120 ff. u. öfter, Vorgesch. 73 f., 381; Schwab, Die Sternrune im 'Wessobrunner Gebet' (1973). Neophil. 59 (1975), 390.

XXX. Muspilli. Hs.: auf den ursprünglich leeren Seiten 61ᵃˡ, 120ᵇ, 121ᵃᵇ und den freien Rändern der Seiten 119ᵇ, 120ᵃ des Clm. 14098 von einer wenig geübten Hand des 9. Jh.s eingetragen. Clm. 14098, Bll. 61–120 ursprünglich selbständig ist von dem Salzburger Erzbischof Adelram († 836) an den späteren König Ludwig den Deutschen geschenkt worden (Dedikationsverse S.120ᵃ), sicher vor

826. Schmeller nahm an, der König selbst habe das Gedicht in die Hs. eingetragen, doch weist die Schrift auf eine spätere Zeit; Ehrismann 148 f.; Steinmeyer, Sprachdenkm. 78 f.; Bischoff, Frühmittelalterliche Studien 5 (1971), 122; Delden, Die sprachliche Gestalt des Musp. und ihre Vorgeschichte, PBB 65, 303–323. Bairisch, Abschrift eines wohl um 830 entstandenen Originals. – Faksim.: Ennec. Taf. 11–16; Schrifttaf. VI (nur V. 19–27); ST 15.

Ausgaben: Die erste von Schmeller, der dem Gedicht den Namen gab, München 1832; MSD III; Sprachdenkm. Nr. 14; Sagv. Nr. 29, u. ö. In unserem Text ist einiges schwer Lesbare, so wie es Braune noch zu erkennen glaubte, aufgenommen und durch Kursivsatz gekennzeichnet, ebenso einiges nur Erschlossene. Abweichungen von der Hs. sind in den Fußnoten vermerkt.

Literatur: Ehrismann 147–156; Unw.-Siebs 152–157; de Boor 56–57; Bostock 135–154; D. Kartschoke, Altdeutsche Bibledichtung (1975) 24 ff. Zusammenstellungen älterer Literatur bei F. Vetter, Zum Muspilli (Wien 1872, IX f., und bei Grau, Quellen und Verwandtschaften der älteren germanischen Darstellungen des Jüngsten Gerichts (Halle 1904). 280 ff. Ferner Sprachdenkm., S. 73 ff.; Baesecke, Voc, passim; Baesecke, ZDA 82, 199–239; Braune, PBB 40, 425–445; Helm, Jb. 1915, VI, 16; S. Singer, PMLA 62 (1947), 862. – Zur Metrik: Ehrismann 155 und Anm. 1. Zur Quelle: Ehrismann 151 f. – Zur Erklärung: Bartsch, Germ. 3, 7 ff.; Müllenhoff, ZDA 11, 381 ff.; Zarncke, Über das ahd. Gedicht vom Muspilli, Berichte der sächs. Gesellschaft d. Wissenschaften 18 (1866), 191 ff.; Edzardi, PBB 8, 490 ff.; Zacher, ZDP 19, 196; H. Möller, Zur ahd. Alliterationspoesie, Kiel 1888; Kelle Lit. 139 ff., 358 ff.; Kögel Gr¹. 210 ff., Lit. 317 ff.; Gr.² 109 ff.; Wilmanns, GGA 1893, 532 f.; Heinzel, Zfösterr. Gymnas. 1892, 748 (= Kl. Schriften 425 f.); Kraus, ebendort 1894, 131 f.; 1896, 342–348; Joseph, Die Komposition des Musp., ZDA 42, 172 ff.; Selma Dorff, Archiv 110, 1 ff.; v. Grienberger, IF 16, 47 ff.; Selma Skutsch-Dorff, Archiv 118, 124 ff. und Basler ZfGesch. u. Altertumskunde 9, 168 ff.; Ehrismann, PBB 32, 266 f.; Strecker, ZDA 51, 231 f.; Gebhardt, Zfdeutsche Mundarten 1908, 373 f.; Helm, PBB 35, 319 ff.; Francis A. Wood, Mod. Philology 12 (1915), 171 ff.; Steinmeyer, Sprachdenkm. 73 ff.; G. Baesecke, Muspilli, BSB 1918, 414–429; G. Neckel, Studien zu d. german. Dichtungen vom Weltuntergang (Sitzungsber. d. Heidelb. Akad. 1918); Sievers, PBB 44, 502 f.; Roethe, Anz. 39, 174; Baesecke, PBB 46, 450 ff., 493; Perrett, MLR 19, 220; Krause, Zur Metrik des M., ein Beitrag zur zeitl. Einordnung des Gedichts u. zur Lösung der Verfasserfrage, Diss. 1925; Patzig, ZfvglSpr. 53, 86–89; Löwenthal, WuS. 9, 193; Kohlschmidt, ZDA 64, 294–298; Krogmann, GRM 17, 231–238; Ders., WuS. 14, 68; Ders., Mudspelli auf Island, Wismar 1933; Baesecke, Voc. 124–138 (dazu Brinkmann, Anz. 56, 9 f.); Hövelmann 26 ff.; Schneider, ZDA 73, 1–32; Boertzler, Niederd. ZfVk. 13, 179–185; Peuckert, Arch. f. Rel.-wiss. 32, 1–37; Krogmann, Ein altsächs. Lied v. Ende der Welt in hochdeutscher Übersetzung, Berlin 1937 (betrifft die Verse 37–60); Klaeber, ZDA 75, 189–191; G. Müller, PBB 79 (1957, Sonderbd.), 308 ff. (zu stuatago); I. Reiffenstein, Südoststdt. Archiv 1 (1958), 88 ff.; A.C. Dunstan, GLL 11 (1958), 270 ff.; Krogmann, Korr.-bl. d. Ver. f. nddt. Sprachf. 66 (1959), 59 ff.; G. Manganella, AION, sez. germ. 3 (1960), 17 ff.; J.G. Kunstmann, Annuale Mediaevale 1 (Duquesne Univ. 1960), 5 ff.; H. Kolb, ZDW 18 (1962), 88 ff.; H.W. Sommer, Monatsh. 55 (1963), 107 ff.; Krogmann, ZDS 20 (1964), 98 ff.; H. Kolb, ZDP 83 (1964), 2 ff.; G. Mazzuoli Porru, Rivista di Letterature Moderne e Comparate 17 (1965), 187 ff.; C. Minis, Handschr., Form u. Sprache d. Muspilli, Berlin 1966 (rec. ADA 79, 5 ff.; vgl. Reiffenstein, Handb. z. bayer. Gesch. I (1967), 516); Krogmann, Leuvense Bijdragen 56 (1967), 126 ff.; I. Reiffenstein, Rechtsfragen in d. deut. Dichtung d. Mittelalt., Salzburger Univ.-reden 12 (1966), pass.; Bergmann, Frühmittelalterl. Studien 5 (1971), 304 ff.; Barrack, Folia Linguistica 8 (1975), 255 ff. – Für die Frage nach der Einheitlichkeit des Gedichtes und damit z.T. zusammenhängend nach seiner religionsgeschichtlichen Bedeutung sind, außer älteren Erörterungen, von den obengenannten Arbeiten besonders zu beachten: Steinmeyer (Sprachdenkm. S. 73 ff.); Baesecke (Voc. und ZDA 82, 199–239), Neckel, Kohlschmidt, Schneider und Krogmann 1937. Zum Wortschatz: I. Reiffenstein, Das Ahd. u. die irische Mission im obd. Raum, 23 ff.

Zur Deutung des Wortes *muspilli*. Belegte Formen: a) Ahd. D. Sg. *muspille* (V. 57); b) alts. Hel. N. Sg. *mutspelli* MC 4358, G. Sg. *mutspelles* C, *mudspelles* M 2591; c) altn. *Muspell* (*Muspellr?*) N. Pr. (Mask.): in der Liederedda nur G. Sg. *Muspellz lýþir* Vsp. 48, *Muspellz synir* Ls. 41, in der Snorra-Edda auch

Muspellz megir, Muspellz heimr und N. Sg. *Muspell*, D. Sg. *Muspelli*. Zum nordischen Wort vgl. PBB 40, 437 ff.; Neckel, a. a. O. 23 ff. Die (besonders im Norden als lang angesetzte) Quantität des *u* ist unsicher, vgl. PBB 41, 192.

Deutungen: A) als heidnisches, altgermanisches Wort. Kompositum, dessen zweiter Teil zu an. *spell* n. 'Bruch; Schaden', sw. V. an. *spilla*, ae. *spildan, spillan*, as. *spildian*, ahd. *spilden* (Graff 6, 336 f.) 'zerstören, verderben' gehört. – I. J. Grimm, D. Mtyhol.⁴ 500, 674 f.: Poetische Umschreibung des Feuers, erster Teil *mud, mu* dunkel (Erde? Holz? also 'Landverderb' oder 'das Holzverzehrende'). – 2. Müllenhoff, DAK 5, 66 ff.: altheidnisches Wort für 'Feuer', Etymologie dunkel (entlehnt aus dem Keltischen?). – 3. Woeste, ZDP 9, 219: der erste Teil mnd. *mund* 'Haufen', as. *mũth- materies, vgl. Kögel Gr. 111. – 4. Kögel Gr. (¹212) ²111: *mũspilli* 'Erdzerstörer' zu ahd. *mũ = Erde (in *mũ-werf* Maulwurf), daraus as. *mutspelli* durch Angleichung an *mut, mott* 'torfartige Erde'; *-spilli* < *spildi (vgl. mhd. *spidel* Splitter) zu ae. *spillan*, ahd. *spilden*. Dazu vgl. Golther, Germ. Mythologie 539 Anm. – 5. Martin, ZDA 38, 186 ff.; Grundform as. *mudspelli* (vor *sp* Schwund des Dentals im Ahd. und An.) zu *mud, mott* Rasen, also 'Rasenzerstörer', 'Feuer'. – 6. Kauffmann, ZDP 33, 5 ff. trennt as. *mutspelli* von dem altheidnischen ahd. *mũspilli*, an. *Mũspell*: dieses aus *mũ* (ae. *mũʒa, mũwa*, Kluge, Et. Wb.⁶: *Maulwurf*), 'Erdhaufen, Hügel' und an. *spell* (*n*-Ableitung zur Wurzel *spel* in *spalten*): 'Erdspaltung', poetisch für 'Feuer'. – Ähnlich v. Grienberger, IF 16, 40 ff.: erster Teil ae. *mũʒa* (ne. *mow*) 'Haufen', an. *mũgi* und *mũgr* 'Haufen, Menschenhaufen, Volksmenge', der zweite Teil an. *spell* 'Verderben'; also *mũgspell, *mũgspilli > an. *mũspell*, ahd. *mũspilli* 'interitus populi, Verderben der Volksmenge' (ahd. *mũwerf* 'Haufenwerfer' < *mũgwerf;* an. *mũtspelli* < *mũhdspelli*, zu einer Ableitung *mũgiƀa 'Anhäufung'). – 7. T. E. Karsten, Germanisch-finnische Lehnwortstudien (Acta societ. scientiarum Fennicae 45, 1915), S. 58 ff. geht aus von einem ahd. *mũh (an. *mõr*) 'Erde' und deutet 'Erdvernichtung'; as. *mutspelli* junge Umbildung des altgermanischen Wortes; nord. *Mũspell* Entlehnung aus Niederdeutschland. – 8. Holthausen, PBB 44, 339 geht von einem as. *mũt 'Feuchtigkeit' aus und erklärt as. *mũtspelli*, ahd. *mũz-spilli als 'Feuchtigkeitszerstörer'. Dagegen Sievers, PBB 44, 502. – 9. Patzig. ZfvglSpr. 53, 86 ff.: *mund* Verbalabstraktum zu nord. *mono* = Zeit (für ein Vorhaben), Absicht; *muspilli* = Vernichtung der Zeit, Verderben der Absichten für kommende Zeit, also Vernichtung der Zukunft. – 10. J. Loewenthal, WuS. 9, 193 f. *mud zu ir. *mõthar* wie *gart*, geflochtener Zaun, Hegung; und wie got. *midjungards* 'Welt', so *muspilli* 'Weltende durch Feuer'. – B) Als christliches Wort, im as. (ae.?) entstanden, von Norddeutschland nach Süddeutschland und nach Skandinavien als Lehnwort eingewandert. 1. Der zweite Teil des Wortes ist *spell* 'Rede'. – a) Erster Teil lat. *mundus*: S. Bugge, Studien zur Entstehung der nord. Götter- und Heldensagen (München 1889) 447 ff.: as. *mũdspelli* (aus *mundspelli* umgebildet) 'was vom *mundus*, d. i. von *mundi consummatio*, dem Weltende, verkündigt, geweissagt ist.' – Ebenso Golther, Germ. Mythol. 539 ff. und 660, wo neben *mundus* auch Einfluß von *mũ*- oder *mut* (oben A, 4. 5) zugegeben wird. Dagegen Kauffmann, Anz. 23, 241. – b) Erster Teil nhd. *mund* (got. *munþs*, as. *mũd*). Älteste Erklärung des alt. *mutspelli*: so schon 1807 Docen. Miscell. 2, 18: *Mutspelli* ein poetischer Ausdruck, buchstäblich 'Mundwort' hier 'Schicksal, Verhängnis' unter Hinweis auf lat. *fatum* zu *fari;* danach v. d. Hagen (s. Edda,, ed. Heinzel-Detter 2, 66 und dazu Roediger, ZfVk. 1903, 461, 476, vgl. auch J. Grimm, D. Myth.⁴ 674, Anm. 3). Demgegenüber wollte J. Grimm 1821 an ein as. *mũton (ahd. *mũzzõn* Graff 2, 910) 'mutare' anknüpfen (D. Gr. 1², 207) 'actus mutationis' oder 1826 (D. Gr. 2, 525) 'nuncius mutationis'; nach Bekanntwerden des ahd. Gedichts ging er 1835, D. Myth.¹ 466 ff. (= ⁴674 ff.) unter Verknüpfung mit an. *Muspell* (dies schon 1832 Schmeller, der danach ahd. *Muspilli* als N. Pr. faßte) zu der Erklärung A, 1 über; in der zweiten Aufl. (1844) wies er in einer Anm. S. 769*** (= ⁴675, Anm. 2) Docens und seine eigenen früheren Deutungen zurück. – Erst seit 1896 wurde Docens alte nur für das as. Wort gemeinte Deutung von neuem aufgestellt und auch auf die ahd. und an. Formen ausgedehnt: 1. Detter, PBB 21, 107: ae. *mudspille, as. *mũd-spilli (daraus entlehnt altn. *munnspell* < *mũspell*, ahd. *mũspilli*), also mündliche Verkündigung, Prophezeiung κατ᾽ ἐξοχήν 'Weltende'. – 2. Selma Dorff, Archiv 110, 1 ff.: as. *mũd-spelli* ursprünglich in der Rechtssprache 'Mundspruch' des Richters, judicium, Urteil. In die christliche Redeweise übertragen als Variation zu *stũatago* 'Urteil, Jüngstes Gericht, Verdammnis, Verderben'. In letzterer Bedeutung: 'Verderben am Ende der Welt' unter dem Einflusse des Christentums in die Poesie des Nordens gedrungen. Dieser Erklärung schließt sich

Grau a.a.O. 240 ff. an, nur mit der Modifikation, daß *mûspilli* 'Urteilsspruch des Richters' überhaupt (nicht bloß des verdammenden Richters) heiße. – 3. S. N. Hagen, Mod. Phil. 1 (1904), 397 ff.: as. *mûdspelli* 'oris eloquium' ist gelehrt-etymologische Übersetzung des lat. Wortes *oraculum*, in Anknüpfung an ein Oraculum Sibyllae über das Weltende. (Dagegen Martin, Anz. 31, 57 ff.) – II. Der zweite Bestandteil gehört, wie bei A, zur Wurzel **speld* 'vernichten', der erste ist nhd. *Mund*. So Krogmann. Er sieht darnach a) Anfangs, GRM 17, 236 ff. in *Muspilli* ein Nomen actionis 'Mundverderben', d.h. 'Verderben durch den Mund, Verdammungsurteil', später b) Mudspelli auf Island, S. 12 ff. führt er *spilli* auf ein Nomen agentis **spelþjaz* zurück (ebenso Teuthonista 10, 138–155) und deutet 'Mundverderber', d.h. 'der durch den Mund (den Urteilsspruch) verdirbt'. – III. H. Sperber (Språk-vetenskapliga sällskapets i Uppsala förhandlingar 1906–1912) faßt den ersten Teil des Wortes ebenfalls als *Mund*, den zweiten als *bill* 'Schwert' und erschließt ein ae. *mûdesbill* 'Mundschwert', 'Urteil beim Jüngsten Gericht'; dazu Helm, Jb. 1909, VI, 35.

Von den beiden entgegengesetzten Auffassungen des Wortes *muspilli* war die jüngere (B) in neuerer Zeit im Vordringen begriffen und schien allgemein herrschend zu werden. Demgegenüber sprach Braune sich in der 7. Auflage dieses Buches (S. 191) dahin aus, daß er sie für prinzipiell falsch halte, ohne deshalb eine der Deutungen unter A) als sicher zu erklären. In seiner Abhandlung 'Zum Muspilli', PBB 40, 425–445 (1915) hat er des weiteren ausgeführt, daß *muspilli* ein altheidnisches Wort ist, dessen Bedeutung als 'Weltende durch Feuer' gesichert, dessen Etymologie aber dunkel ist. Diese Auffassung scheint jetzt überwiegend angenommen zu sein; vgl. Sprachdenkm. S. 69, Baesecke 422, Neckel a.a.O.; Helm, Jb. 1915, VI, 16.

S. Singer, PMLA 62 (1947), 862 rechnet mit der Möglichkeit, daß das rätselhafte Wort *muspilli*, das allen Deutungen bisher widerstanden hat, sich 'schließlich als einer osteuropäischen oder westasiatischen Sprache zugehörig entpuppt'.

XXXI. Segensformeln. Zu den ahd. Segensformeln im allgemeinen vgl. MSD IV. XLVII (nebst 42 ff., 272 ff.): Kögel Lit. 77 ff., 259 ff., 2, 152 ff.; Bostock 26–42; M. Müller, Über die Stilform der altdeutschen Zaubersprüche bis 1300, Kieler Diss. 1901; O. Ebermann, Blut- und Wundsegen in ihrer Entwicklung dargestellt (Palaestra 24), Berlin 1903 (vgl. rec. Reuschel, ZfVk. 14, 353 ff.); Marie Brie, Der germanische, insbes. der englische Zauberspruch (Mitteilungen der schles. Gesellsch. f. Volkskunde Heft XVI, Breslau 1906); Fr. Hälsig, Der Zauberspruch bei den Germanen bis um die Mitte des XVI. Jahrh. (Diss.), Leipzig 1910; R. M. Meyer, Trier und Merseburg, ZDA 52, 390 ff., V. J. Mansikka, Über russische Zauberformeln, Helsingsfors 1909; K. Krohn, GGA 1912, 213 ff.; gegen Mansikka, Krohn u.a. Steinmeyer, Sprachdenkm. 368 ff.; S. Feist, Runen und Zauberwesen im germ. Altertum, ANF 35, 243 ff.; de Boor, Merker Stammler, Reallex. 3, 511–516; Genzmer, Germ. Zaubersprüche, GRM 32 (1950), 21 ff.; I. Bacon, MLN 67 (1952), 224 ff.; A. Schirokauer, ZDP 73 (1954), 353 ff.; G. Eis, Altdeutsche Zaubersprüche, Berlin 1964.

1. Die Merseburger Zaubersprüche. Hs.: Bl. 85ᵃ, Cod. 136 des Domkapitels Merseburg, zuerst hrsg. von J. Grimm, Abhandl. d. Berliner Akad. 1842 (= Kl. Schriften II, 1 ff.); MSD IV, 1. 2; Sprachdenkm. Nr. 62; Sagv. Nr. 6. 21; auch sonst vielfach gedruckt. – Faksim. Ennec. Taf. 5, Könnecke, Bilderatlas, S. 5, ST 16a; von Weddig, Merseburg 1930.

Vgl. zu beiden Sprüchen: Zacher, ZDP 4, 464ff.; v. Grienberger, ZDP 27, 433ff.; Kögel Lit. 85ff., Gr. 63f.; M. Müller, Stilform (s.o.); G. Roethe, Zu den altdeutschen Zaubersprüchen, BSB 1915, 278ff.; Unw.-Siebs 47; Kluge, Hildebrandslied, Ludwigsl. u. Merseb. Zauberspr. (Leipzig 1910); v. Grienberger, PBB 45, 231ff.; F. Wrede, BSB 1923, 85ff. (Heimatbestimmung nach dem Sprachatlas. Zur Deutung von *birenkit* s. Jb. 1923, 94); I. Lindquist, Galdrar, De gamla germanska trollsångernas stil (Göteborg 1923), 14–60; W. H. Vogt, ZDA 65, 97–130; Ehrismann 100–104; Ohrt, Danska Studier 35.; G. Rody, Die Merseb. Zaubersprüche (1940); Baesecke KR, 190–206; Genzmer GRM NF. 1, 21ff. Sieg, PBB 82, 364ff.; B. Schlerath, Innsbrucker Btr. z. Kulturwissenschaft, Sonderheft 15 (1962), 139ff.; L. Wolff, Fs. Maurer (1963), 305ff.

Zum ersten Spruch: Tobler, Germ. 30, 63ff.; Kögel, PBB 16, 502ff. (vgl. Jostes, IF 2, 197f.), Anz. 21, 324; Mogk, Pauls Grdr.² 3, 270; Wallner, ZDA. 50, 214ff.; Helm, PBB 35, 312ff.; ders., Altgerm. Rel.-Gesch. 1, S. 107, 2, S. 147ff.; E. Brate, Disen, ZDW 13, 143ff.; G. Neckel, Walhall (1913) 83; J. Schwietering,

ZDA 55, 148ff.; v. d. Leyen, Bayer. Hefte f. Volkskunde 1, 270ff.; Kluge, PBB 43, 145f.; W. Bruckner, ZDA 57, 282ff.; Meißner, *cuoni widi*, Festgabe f. Fr. Bezold (1921), 126–141; Kultische Fessel des zum Opfertod Bestimmten; v. Grienberger, PBB 45, 231f.; Heinertz, ZDA 62, 104; Krogmann, PBB 59, 102–143; ZDA 83, 122ff.; Kroes GRM 34 (1953), 75f.; Eis, Forsch. u. Fortschr. 32, 27–9, abgewiesen von Kroes GRM 40 (1959), 204; F. Keintzel-Schön, Forsch. u. Fortschr. 36 (1962), 151.

    Zum zweiten Spruch: S. Bugge, Studien z. Entstehung d. nord. Götter- u. Heldensagen (1899), 296ff.; Kauffmann, PBB 15, 207ff.; Behaghel, PBB 15, 570; Martin, GGA 1893, 128f.; R. M. Meyer, Anz. 19, 209ff.; Erdmann, Gering, Kauffmann, ZDP 26, 115f. 145ff.; Kögel Lit. 2, 536; v. Grienberger, ZDP 31, 139; Niedner (Mythus des 2. M. Spr.), ZDA 43, 101ff.; Mogk, Pauls Grundr. 3, 324; Chr. Bang, Norske Hexeformularer (Skrifter udg. af Videnskabselsk. Christiania 1901) I: Odin og Folebenet; Kauffmann, Balder (Straßburg 1902) 221; Ebermann (Palaestra 24) 1ff.; Ehrismann ZDP 42, 359; K. Krohn, GGA 1912, 217ff.; R. Th. Christiansen, Die finn. u. nord. Varianten des 2. Merseb. Spruches, Hamina 1912 (dazu v. Unwerth, Litbl. 38, 9ff.); R. Naumann, Memnon VI (1913), 220ff. Ed. Schröder, GGA 1917, 379ff.; v. d. Leyen, Bayer. Hefte f. Volkskunde 6, 243ff.; Ohrt, Danske Studier 13, 189ff.; Schwietering, ZDP 49, 254ff.; E. Brate, Arkiv f. nord. filol. 35, 287ff.; E. Sievers, Metr. Studien IV, 73–131; Neckel, Die Überlieferung vom Gotte Balder (1920), S. 242; Ohrt, Trylleord fremmede og danske, 1922; ders., De danske besvaergelser mod vrid og blod, 1922 (dazu Mogk, Anz. 43, 37f.); Preusler, Beitr. z. Deutschkunde (Siebs-Festschr.) 39ff.; Hoffmann-Krayer, ZDA 61, 178; E. Schröder, ZDA 63, 174; (dagegen) Naumann, ZDP 51, 477; Philippson, Archiv 150, 228ff.; Steller, ZfVk. 40 (NF. 2), 61–71; Heyck, Der Wächter 12, 118–122. 137–141; Kriß, ObdZfVk. 6, 114-119; Ohrt, HessBlfVk. 32, 100ff.; Warnatsch, ZfVkde. 45 (NF. 7), 156f.; Schahl, Archiv f. Rel.-Wiss. 35, 174 bis 178; Ohrt, Volkskundl. Ernte (Gießener Beiträge z. dt. Phil. 60), 180–183; Warnatsch, ZDP 64, 148–155; Wadstein, Studia Neophilologica 12, 205–209; Specht, ZfvglSpr. 67, 128; Helm, PBB 67, 216–222; Gutenbrunner, ZDA 80, 1–5; Schirokauer (Corona 1941), Festschrift für S. Singer, S. 117–141; Genzmer, ANF 63, 55–72; derselbe, Arv 5, 37–68; Kroes, Neophil. 35, 201–13; derselbe, GRM NF. 3, 75f.; Bostock, Arkiv (1949), 245; H. Kuhn, Erbe der Vergangenheit, 37–45; Helm, Altgerm. Rel. Geschichte II, S. 273ff.; de Vries, Altgerm. Rel. Geschichte II², 451. 476ff.; Krogmann, ZDP 71, 152–162; Schirokauer, ZDP 71, 183–186; F. R. Schröder, GRM NF. 3, 161–183; L. Forster, Archiv 192 (1956), 150ff.; K. Northcott, MLR 55 (1959), 45ff.; W. Betz, Rhein. Vierteljahrsbll. 21 (1956), 11ff.; ders. in Hommages à G. Dumézil (1960), 54ff.; J. Erben, Fs. Baetke (1966), 118ff.; H. Tiefenbach, Gelimida, Frühmittelalterl. Studien 4 (1970), 395ff.; A. Masser, PBB 94 (T 1972), 19ff.; Rosenfeld, PBB 95 (T 1973), 1ff.

    2. Der Wiener Hundesegen. Bl. 107ʳ, Cod. 552 ÖNB (10. Jh.); s. Menhardt 42. – Karajan, WSB. 25, 308ff. (Erstausgabe, dazu Stark, Germ. 3, 123ff.), Faks. Ennec. Taf. 7, ST 16b. – Ehrismann 104f.; MSD IV 3; Sprachdenkm. Nr. 76; Sagv. Nr. 20; Heusler, Versgesch. 2, 7; Pretzel 95.

    3. Lorscher Bienensegen. Hs.: Auf dem unteren Rand von Bl. 58ᵃ des Cod. Pal. 220, Biblioteca Vaticana (10. Jh.). Pfeiffer, WSB. 52 (1866); Unw.-Siebs 52f.; Ehrismann 111ff. (und ZDW 7, 196f.); MSD XVI; Sprachdenkm. Nr. 77; Sagv. Nr. 19; A. Schirokauer, MLN 1942, 62–64; Kroes, GRM 41 (1960), 86f.

    4. Pro Nessia. Hs.: Bl. 203ᵛ, Clm. 18524, 2 (9. Jh., aus Tegernsee), vgl. Gl. IV, 564, Faks.: Ennec. 8. – Ehrismann 106f.; MSD IV, 5 B; Sprachdenkm. Nr. 67 B; Sagv. Nr. 15 B; M. Höfler, Deutsches Krankheitsnamenbuch (1899) 442; Eis F. u. F. 30, 105f.

    4a. Contra vermes. Hs.: Bl. 188ᵛ, Cod. 751 ÖNB (10. Jh.), Menhardt 44f. – Ehrismann 106f.; MSD IV, 5 A; Sprachdenkm. 67 A; Wadstein Nr. 5.

    5. Ad signandum domum. Hs.: Bl. 154ᵃ, Cod. C 176, Zürich (10. Jh.). – Ehrismann 116; MSD 305; Sprachdenkm. Nr. 75; Sagv. Nr. 18; Harmjanz, ZDP 62, 124–127; Helm PBB 69, 358–361. - Früher, wegen irriger Lesung des Schlußwortes als *chuospinci*, als Spruch gegen Verzauberung der Kühe gedeutet. – Über das hier anklingende Rumpelstilzchenmotiv vgl. Bolte-Polivka, Anmerkungen zu den Kinder- und Hausmärchen I, 490ff.

    6. Straßburger Blutsegen. Drei (Kögel, Detter: zwei) Segen aus einer im Jahre 1870 verbrannten Straßburger Hs. – J. Grimm, Abhandlungen der Berl. Akademie 1842, 26ff. (= Kl. Schriften II, 29) und 1847, 457ff. (Über Marcellus

Budigalensis = Kl. Schriften II, 147 ff.) – Ehrismann 107 ff.; MSD IV, 6; Sprachdenkm. Nr. 68; Sagv. Nr. 9; Helm, HessBlfVk. 8, 131 ff.; Heusler, Versgeschichte 2, 6 f.
   6a. Bamberger Blutsegen. Hs.: Bl. 139ʳ, Cod. L III 9, Bibliothek Bamberg (13. Jh.). – Wilhelm A XVIII, B. 127 ff.; Ehrismann 107 ff. – Unser Text in Orthographie und Interpunktion genau nach der Hs., doch sind die Zeilen 7–12 hier nach Versen abgesetzt u. die Abkürzungen aufgelöst.
   7. Ad equum errẹhet. Hs.: S. 251, Cod. Nouv. acq. Lat. 229, Nationalbibl. Paris (12. Jh.). – Ehrismann 114 f.; Morel-Fatio, ZDA 23, 437; MSD 303; Sprachdenkm. Nr. 66, 2; Sagv. Nr. 25; Höfler (s. 4), 489 f.
   8. Gegen Fallsucht. Hss.: P = XXXI, 7; M = Bl. 88ᵇ, Clm. 14763 (11. Jh.. aus St. Emmeram), München. – Ehrismann 113 f.; Sprachdenkm. Nr. 70; Sagv. Nr. 11; Krogmann, Archiv 173, 1–11; Baesecke, PBB 62, 456–460; die drei Letztgenannten versuchen Herstellung des ursprünglichen Textes. – Unser Text nach Sprachdenkm.
   9. Niederdeutsche Formeln.
   A. Aus Wien. Hs.: = XXXI, 4a. – Ehrismann 105 f.; MSD IV, 4; Sprachdenkm. Nr. 65; Wadstein Nr. 5; G. Eis, Niederdt. Mitteil. 15 (1959), 16 ff.
   B. 1. Ad catarrum dic. Hs.: Bl. 19ᵇ, Hs. 40, Stadtbibliothek Trier (10. Jh.). – ZDA 52, 169 ff., 390 ff., 396. Sprachdenkm. Nr. 69. Unw.-Siebs 49 ff.; Ehrismann 109. Hermann NGWG, Gruppe IV, NF. 3, 39. Pretzel 97.
   2. Incantatio contra equorum egritudinem. Hs.: Unterer Rand der Bll. 36ᵇ–37ᵇ, Hs. 40, Stadtbibliothek Trier (10. Jh.). Sprachdenkm. Nr. 63. Ehrismann 106.
   XXXII. Otfrid, Mönch in Weißenburg im Elsaß, † gegen 870.
   Über die Überlieferung seines Evangelienbuches *(Liber euangeliorum)* s. Ehrismann 178–182 und die Ausgaben. Erhalten sind die drei vollständigen Hss. zu Wien (V, 9.Jh.; O.'s eigenhändige und auch von ihm selbst durchkorrigierte Niederschrift. O.v.W.: Evangelienharmonie. Vollst. Faksimile-Ausgabe d. cod. Vindob. 2687, 1972.), Heidelberg (P, 9. Jh., Abschrift aus V) und München (F = Codex Frisingensis, bald nach 900 aus V abgeschrieben; dazu noch Jellinek, ZDA 63, 271), sowie Bruchstücke einer vierten Hs. in Berlin, Bonn und Wolfenbüttel (D = Codex discissus; dazu noch Mezenthin, Studies in Philology 28, 161–180; Herbst, Zfd-Geistesgesch. 2, 131–152 und ZDA 74, 117–125; Hempel, ZDA 74, 125–130). – Faks. von V: St. 18, von V und P: Erdmann, Abhandl. d. Berliner Akad. 1879 und Könnecke, Bilderatlas 12 f., von F: Ennec. Taf. 44; Schrifttaf. VIII. – Über Piper, Otfrid und die übrigen Weißenburger Schreiber des 9.Jhs. Mit 30 Faksimiletafeln... und 12 Faksimileautotypien, Frankfurt 1899 vgl. Steinmeyer, Anz. 25, 147 ff., Seemüller, GGA 1900, 795–805.
   Ausgaben (außer den alten nur historisch zu bewertenden von Flacius 1571 und Graff 1831): Joh. Kelle, 3 Bde (Text nach V, Grammatik u. Glossar), Regensburg 1856–1881 (Nachdruck: Aalen 1963). P. Piper, 2 Bde (Text nach P), Paderborn, Freiburg 1878. 1884; dazu Erdmann, ZDP 11, 80–126 und Abhandlungen der Berliner Akad. 1879 (s.o.); 2. Aufl. 1882. 1887. Osk. Erdmann, Germanistische Handbibliothek V (Text nach V, ausführl. Kommentar), Halle 1882. – Kleine Textabdrucke von Piper 1882. 1884; von Erdmann 1882, in 2. Aufl. von Ed. Schröder auf Grund eines Chromsilber-Lichtdruckes der Hs. V revidiert (1934), die folg. Aufl. davon besorgt L. Wolff: ³1957, ⁶1973.
   Unsere aus Otfrid entnommenen Stücke geben den Text der Wiener Hs. (V) nach den Ausgaben von Kelle und Erdmann, unter Vergleichung der Piperschen Varianten; einige Stellen sind im Anschluß an die genannte Ausgabe von Erdmann-Schröder geändert worden. Einige sichere Fehler in der Überlieferung sind verbessert.
Literatur: Bibliographie bis 1878 in Pipers Ausgabe I, 269–292, in der zweiten Auflage bis 1882 fortgesetzt; J. Belkin u. J. Meier, Bibliographie zu O.v.W. u. zur as. Bibeldichtung, 1974. Auswahl der Wichtigsten Ehrismann 178–203; de Boor, 71 ff. 88; Bostock 190 ff. D. Kartschoke, Altdeutsche Bibeldichtung (1975), 60 ff.; vgl. weiterhin C. Soeteman, Otfrid-Forschung seit 1939, Neophil. 58 (1974), 248 ff.
   a) Allgemeines (außer den Einleitungen der Ausgaben: Lachmann, Otfrid, 1833, in Ersch und Grubers Encyklopädie (= Kl. Schriften I, 449–490); Schönbach, Otfrid-Studien, ZDA 38, 209–217. 336–361; 39, 57–124. 369–423; 40, 103–123; Steinmeyer, Realencyklopädie f. Theol. 14, 519; Schnatmeyer, Otfrid u. seines

Evangelienbuches persönl. Eigenart, Diss. 1908; Bork, Chronologische Studien zu O.'s Evangelienbuch (= Palaestra 157), Leipzig 1927, DtVj. 10, 210–216; Fromme, ZfdDkde. 43, 192–197; ZfKG. 52, 165–198; C. Soeteman, Untersuchungen zur Übersetzungstechnik O.'s von W., Acad. Proefschrift, Groningen 1939; D. A. McKenzie, O. von Weissenburg narrator or commentator. Stanford Univ. Publications VI (1946); derselbe, Otfridiana Md Q IX, 131–34, derselbe, Otfridiana P Q XXVII, 281–284; H. Rupp, Leid und Sünde im Heliand und in Otfrids Evangelienbuch. Diss. Freib 1949 (= PBB 78 (1956), 421 ff.. 79 (1957), 336 ff.; H. Swinburne, MLR 53 (1958), 92 ff.; MLR 61 (1966), 434 f.; K. Schulz, Art u. Herkunft des variierenden Stils in Otfr.s Evangelien Dichtung, 1968. W. Foerste, O's literar. Verhältnis z. Heliand, Nddt. Jb. 71–73 (1948/50), 40 ff.; F. P. Pickering, ZDA 85 (1954), 262 ff.; Krogmann, Nddt. Jb. 79 (1956), 1 ff.; ders. Nddt. Jb. 82 (1959), 39 ff. – J. Rathofer, Zum Bauplan von O's Evangelienbuch, ZDA 94 (1965), 21 ff.; G. Gürich, ZDA 95 (1966), 267 ff.; R. Schmidt, Neue Quellen zu O's Evangelienbuch, ZDA 96 (1967), 31 ff. W. Kleiber, Otfrid von Weissenburg, 1971 (dazu PBB 96 (T), 59 ff.).

b) Metrik, Rhythmik, Poetik: Lachmann, Über ahd. Betonung und Verskunst, 1831–1834 (= Kl. Schriften 1, 358–460); Sievers, Die Entstehung des deutschen Reimverses I, PBB 13, 121–166; Wilmanns, Der altdeutsche Reimvers (Beitr. z. Gesch. d. ält. deutschen Literatur 3), Bonn 1887 (dazu Kauffmann, ZDP 21, 346 ff.; Heusler, Anz. 17, 10 ff.); Wolff, ZDA 60, 265–283; Heusler, Versgesch. II, passim; Verrier, Le vers français (Paris 1931) III, 148 ff. (dazu Heusler, Anz. 52, 130 ff.); ders., ZDP 61, 1–4; Hörmann, Untersuchungen zur Verslehre Otfrids, Diss. Freiburg 1939; K. Schacks in Fs. Pretzel (1963), 72 ff.; Pretzel 1–9 u.ö.; dazu Wolff, Anz. 61, 67; F. Maurer in Fs. E. Ochs (Lahr 1951), 31 ff.; H. Brinkmann, WW 2 (1951) 1 ff.; S. Gutenbrunner, Archiv 192 (1955), 159 ff.; E. Jammers, Heidelb. Jbb. 1 (1957), 31 ff.; H. Rupp, WW 7 (1956), 334 ff.; F. Neumann, PBB 79 (1957, Sonderbd.), 249 ff.; F. Maurer, DU 11, 2 (1959), 5 ff.; H. Brinkmann, Der Reim im frühen Mittelalter (1960), 62 ff.; P. v. Polenz in Fs. Wolff (1962), 121 ff.; C. Petzsch, O's cantus lectionis, Euphor. 56 (1962), 397 ff.; G. Schweikle, ZDA 96 (1967), 165 ff.; Wisniewski, PBB 95 (T 1971, Sonderh.), 694 ff.; Haubrichs, Ordo als Form, 1969; Klingenberg, ZDA 99, 35 ff. u. 101, 229 ff.; Bertau, Etudes germaniques 20, 9 ff.; R. Patzlaff, O. v. W. u. d. mittelalterliche versus-Tradition, 1975; U. Ernst, Der Liber Evangeliorum O.s v. W., 1975. (Vgl. auch die Zusammenstellungen bei Unw.-Siebs 187 ff. und Ehrismann 191 ff.).

c) Sprache (außer den bekannten Grammatiken des Althochdeutschen): Osk. Erdmann, Untersuchungen über die Syntax der Sprache Otfrids (I Verbum, II Nomen), Halle 1874. 1877; D. Wunder, Der Nebensatz bei Otfrid. (1965); Wilmanns ZDA 16, 113–131; Ingenbleek, Über den Einfluß des Reims auf die Sprache Otfrids besonders in bezug auf Laut- und Formenlehre. Mit einem Reimlexikon zu Otfrid (= OF. 37), Straßburg 1880; R. Kappe, Hiatus und Synaloephe bei O., ZDP 41, 138–208. 320–359. 470–508. 42, 15–60. 189–233; dagegen Baesecke, PBB 36, 374 bis 381; Helm, Sprechpausen in der älteren deutschen Sprache (Festschr. f. Behagel 1924) 125–131; de Boor, Untersuchungen zur Sprachbehandlung O.s, Hiatus und Synaloephe (Germanist. Abh. 60), Breslau 1928 (gegen Kappe). O. Springer, O.v.W., Barbarismus et Soloecismus, Studies in the Medieval Theory and Practice of Translation. Sympos. 1 (1947), 54 ff., W. Nemizt, PBB 84 (T 1962), 358 ff.; H. Vogt, „Sagen und Sprechen" ein verbales Wortfeld des AHd. Diss. Hamburg 1953; J. Rohrer, O. und T. Beiträge zur Frage einer ahd. Schrift- und Kirchensprache. Diss. Tüb. 1955.; MLR 70 (1947), 97 ff.; S. Gutenbrunner, Otfrid über Poesie und Prosa, ZDA 96 (1967), 69 ff.; Siebert, Zum Verhältnis von Erbgut und Lehngut im Wortschatz O.s v.W., 1971; Köbler, Verz. d. Übersetzungsgleichungen O.s v. W., 1971; A.C. Schwarz, Der Sprachbegriff in O.s Evangelienbuch, 1975; R. Hartmann, Allegorisches Wörterbuch zu O.s eigenen grammatischen Bemerkungen in der Zuschrift ad Liutbertum: Zwierzina, ZDA 31, 292 ff.; Baesecke, PBB 36,374 ff.; Jellinek, Festgabe für Zwierzina (Graz 1924) 7 f.; ZDA 63, 271; Saran, O.s Zuschrift an Liutbert, Festgabe der phil. Fakultät Erlangen zur Philologenversammlung 1925, 52 ff.; de Boor (s.o.) 132 ff., H.-G. Richert, ZDA 94 (1965), 21 ff.; K. D. Goebel, ZDA 96 (1967), 206 ff.

d) Zum Anhang s. Helm, PBB 66, 134–145.

XXXII. Petruslied. Hs.: Bl. 158ᵇ, Clm. 6260 (9. Jh., aus Freising) mit übergeschriebenen Neumen (Musiknoten; vgl. Ehrismann 206 anm. 1). Faksimile Maßmann 64; Ennec. Taf. 39; Schrifttaf. IX. – Unw.-Siebs 173 ff.; Ehrismann 203–207; Bostock 213 f.; MSD IX; Sprachdenkm. Nr. 21; ferner Mulot 136 ff.; Ed. Schröder, Anz. 54, 207; Pretzel 94; O. Ursprung, Das Freisinger Petruslied, Die Musikforschung 5 (1952), 17 ff. (behandelt mit Neumen); L. Stavenhagen, Das Petruslied. Sein Alter u. seine Herkunft, WW 17 (1967), 21 ff.; K. Gamber, Fs. Ferd. Haberl zum 70. Geburtstag (Regensburg 1977), 107 ff.

Verhältnis zu Otfrid I, 7, 25–28: Ehrismann 204, Anm. 1. Musikalische Entzifferung bei J. Müller-Blattau, ZfMusikwissensch. 17, 140 f. (mit weiterer Literatur).

XXXIV. Christus und die Samaritierin. Hs.: Bl. 5ʳ, Cod. 515 (mit einer nachgetragenen Ergänzung auf Bl.4ᵛ) ÖNB (10. Jh.), s. Menhardt 41 f.; alemannisch-fränkische Sprach- und Orthographiemischung (Reichenau?). Ehrismann 207 mit Anm. 4; 208 mit Anm. 1. 2. Faksimile Ennec. Taf. 38. – Unw.-Siebs 177 f. 198 f.; Ehrismann 207–211; de Boor 71 f.; Bostock 214 ff.; MSD X; Sprachdenkm. Nr. 17; Mulot 136 ff.; Pretzel 92; Maurer, ZDP 54, 175 f.; del Pezzo, Annali, Sezione Germanica 14 (1977), 105 ff.; 607 f.

XXXV. Georgslied. Von einer Hand des 10. Jhs. in die Otfridhs. P, Blatt 200ᵇ–201ᵇ eingetragen in unbeholfener Orthographie; alemannisch. Faksimile (nur V. 1–16): Ennec. Taf. 37. – Unw. Siebs 183 ff.; Ehrismann 220–228; Bostock 222 ff.; MSD XVII; Sprachdenkm. Nr. 19; Ferner Brauer, Verf.-Lex. II, 21 ff.; ders., ZDP 55, 261–268; E. Schröder, ZDA 71, 265; Mulot 136 ff.; Pretzel 90 f.; Sievers, PBB 52, 211–216; Gillam, Med. Aev. 7, 76–78. – Herstellungsversuche: Zarncke, Berichte d. sächs. Gesellsch. d. Wissensch., phil.-hist. Kl. 1874. 1–40: Kögel Lit. I, 2, 95–108 (darnach mit wenigen Änderungen Sprachdenkm. Nr. 19). – Zur Orthographie J.K. Bostock, Med. Aev. 5, 189–198 und F. Tirsch, Wisolf. PBB 73, 387 ff., zur Strophik F. Maurer in Fs. Frings 338 ff. – de Boor, Eine unerklärte Stelle des ahd. Georgsliedes nebst Bemerkungen zu seiner Orthographie u. Heimat, Fs. Quint, 69 ff.; F. Tirsch, Der hl. Georg als figura Christi, Fs. de Boor, 1 ff.

Text: Links nach Zarncke, jedoch mit Steinmeyer V. 42 *wāc* statt *wāho*, mit Haupt V. 28. 35. 43 *gisante* statt *giscanta*, mit de Boor (Fs. J. Quint, 69 ff.) V. 46 *do segita er 'Jobel hiez ih bit namon, giloubet iz'* statt *do segit er gibet heiz, ih betamo giloubet iz.* Text rechts nach Kögel.

Die handschriftliche Überlieferung (unter dem Text) ist zuletzt von Helm erneut nachgeprüft worden; die Stellung der übergeschriebenen kleinen Buchstaben ist im Druck kaum genau wiederzugeben. – Literatur zur Legende Ehrismann 227.

XXXVI. Ludwigslied, auf den Sieg Ludwigs III. über die Normannen bei Saucourt (3. Aug. 881) noch vor Ludwigs Tod (5. Aug. 882) gedichtet. Hs.: Bl. 141ᵇ bis 143ᵃ, Cod. 150, Bibliothek Valenciennes (9. Jh.); rheinfränk.; R. Combridge, ZDA 97 (1968), 33 ff. Faksimile Ennec. Taf. 40–43; ST 22. – Über die älteste Forschung s. P. Lefrancq, 'Rhytmus Teutonicus' ou 'Ludwigslied'? De la découverte de Mabillon à celle d'Hoffmann von Fallersleben. Paris 1945. – Unw.-Siebs 183 ff.; Ehrismann 228–236; de Boor 90 f.; Bostock 235 ff.; MSD XI; Sprachdenkm. Nr. 16; ferner W. Hövelmann 10 ff.; Ittenbach 19–27 ff.; Pretzel 91.

Über das Verhältnis zu Otfrid: Ehrismann 232 f. – Ferner: Heinr. Naumann, Das Ludwigsl. u. d. verwandten lat. Gedichte, (Diss.) Halle 1932; dazu F. Willems, Der parataktische Satzstil im Ludwigsl., ZDA 85 (1954/55), 18 ff.; W. Schwarz, The 'Ludwigslied', A ninth-century poem, MLR 42 (1947), 467 ff.; F. Maurer, Hildebrandsl. u. Ludwigsl., DU 9, 2 (1957), 5 ff.; T. Melicher, Die Rechtsaltert. im Ludwigsl., Anz. öster. Ak. d. Wiss. phil.-hist. Kl. 91 (1954), 254 ff.; H. Eggers, Der goldene Schnitt im Aufbau alt- und mittelhochd. Epen, WW 10 (1960), 193 ff.; E. Berg, Das Ludwigsl. u. d. Schlacht bei Saucourt, Rhein. Vierteljahrsbll. 29 (1964), 175 ff. (m. reich. Lit.-angaben); Schützeichel, ibid. 31, 291 ff.; Delbouille, Interlinguistica, Fs. Mario Wandruszka (1971), 26 ff.; Schützeichel, PBB 94 (T 1972, Sonderh.), 369 ff.; Homann, Tradition and Transmission, Studies in Honor of H. Jantz (1972), 17 ff.; E. Urmoneit, D. Wortschatz des Ludwigsl. im Umkreis d. ahd. Literatur, 1973.; Beck, ZDA 103 (1974), 37 ff.; Neophil. 56 (1972), 12 ff. (zu 49). – Zur Textänderung in Vers 13 s. T. Schumacher, PBB 85 (T), 57 ff.

XXXVII. Gebete. 1. Hs.: Bl. 1ᵃ, Clm. 3851 (aus Augsburg); 9./10. (10./11. Steinmeyer) Jh., rheinfränkisch. Faksimile Schrifttafeln X. – Unw.-Siebs 181; Ehrismann 215; MSD XIV; Sprachdenkm. Nr. 18; Pretzel 95; Bostock 213 f.

2. Zwei Gebete am Schlusse des Freising-Münchener Otfridhs., doch nicht

von deren Schreiber (vgl. Bischoff 129f.), mit Unterschrift: *Uualdo episcopus istut euangelium fieri iussit. Ego Sigihardus indignus presbyter scripsi.* Bairisch. Faksimile Ennec. Taf. 44; Schrifttafeln VIII. – Unw.-Siebs 181. 194; Ehrismann 216; MSD XV; Sprachdenkm. Nr. 20.

XXXVIII. Psalm 138. Hs.: Bl. 69ʳ⁺ᵛ, Cod. 1609 ÖNB (10. Jh.), s. Menhardt 51. Nachdichtung des Psalms; bairisch: Regensburg (Baesecke) oder Freisung Menhardt, ZDA 77, 71–84 m. Photographie). – Unw.-Siebs 177 ff.; Ehrismann 211–215; MSD XIII; Sprachdenkm. Nr. 22; Pretzel 11 f. 93; de Boor 81 f., Bostock 218 ff.

Obwohl nicht feststeht, daß die Reihenfolge der Verse und Strophen in der Hs. ganz richtig ist, wurde sie beibehalten, da volle Sicherheit für andere ursprüngliche Ordnung nicht zu gewinnen ist; doch zeigen die kleinen Zahlen am Rande die auch von Ehrismann und Menhardt angenommene Anordnung Scherers in den Denkmälern. Vgl. zur Ordnung noch Kögel Lit. 2, 117ff.; K. Korn, Die ahd. Bearbeitung des Psalms 138, Progr. Radautz 1909 (dazu Helm, Jb. 1909, S. 90); Pongs, Das Hildebrandslied 154ff.; Sprachdenkm. S. 108; Ehrismann 212 mit Anm. 3; Menhardt ZDA 77, 71ff.; F. Willems, Ps. 138 u. ahd. Stil, DVjs. 29 (1955), 429ff.; E. Ochs, Ps. 138, Neuphil. Mitt. 59 (1958), 220f.; O.Ludwig, Der ahd. u. der biblische Ps. 138, Euphor. 56 (1963), 402ff.; Penzl, Zur Phonologie d. ahd. Psalm 138, Studies for Einar Haugen (The Hague, 1972), 460ff.

Unterschrift nach der Lesung Menhardts:

f......... hēricus......... ere
dinen ginadun gihalt
.... scriptū

XXXIX. De Heinrico. Hs.: Bl. 437ᵃ²–437ᵇ¹ des Cod. Gg. 5. 35 (11. Jh.) der Universitätsbibliothek Cambridge, md. (nordrheinfränkisch oder, nach Unwerth, PBB 41, 312 ff., thüringisch). Faksimile von V. 9–27 in Vogt und Koch, Lit.-Gesch. 1³, 56. – Unw.-Siebs 111 ff.; Ehrismann 236–241; de Boor, 100 f.; Bostock 252 ff.; MSD XVIII; Sprachdenkm. Nr. 23; ferner Ph.A. Becker Histror. Jahrb. d. Görresgesellsch. 51, 339 f.; Brauer, Verf.-Lex. II, 369 f.; Ittenbach 45–48; Pretzel 97; Ochs, ZDP 66; J. Meier, Eine Stileigenart u. ihr Auftreten im Heinr. liede. Arch. f. Lit. I, 104–113; M.L. Dittrich, ZDS 84, 272–309 (darin S. 291 f. Rekonstruktion in der „mutmaßlichen ursprünglichen bair. Form"); M. Uhlirz, Der Modus 'de Heinrico' u.s. geschichtlicher Inhalt, DVjs. 26 (1952), 153 ff.

Literatur zu den Cambridger Liedern Ehrismann 237, Anm. 1. – Zusammenstellung der Deutungen bei K. Strecker, Die Cambridger Lieder (Mon. German. histor. 1926) 116 und Ehrismann 239.

XL. Aus Notkers Rhetorik. Die Verse stehen als Beispiele für Klang- und Sinnfiguren in der lateinischen Rhetorik Notkers. Hss. in Zürich (darnach unser Text), München und Brüssel. – Unw.-Siebs 180; Ehrismann 245f.; MSD XXVI; Franz, Forschungen u. Fortschritte 15, 353f.; Pretzel 95. Vgl. auch die Notkerausgaben: Hattemer, Denkmahle des Mittelalters 3, 577f.; Piper 1, 673f. (und ZDP 13, 464 Abdruck nach Z und M).

XLI. Merigarto. Bruchstück einer Erdbeschreibung, Titel von H. Hoffmann. Hs. A. iii. 57 des 11./12.Jh.s der Fürstl. Fürstenbergischen Bibliothek in Donaueschingen, bairisch mit einzelnen ostfränkischen Merkmalen. – Vogt, Gesch. d. mhd. Lit. 1, 71f.; Ehrismann II, 1, 231–234; MSD XXXII (nach Lesung Kelles) F. Maurer, Die religiösen Dichtungen des 11. u. 12. Jh.s, I, 65ff. (m. Lit.-angaben); M.Walleser, WuS. 14, 161–163; E. Schröder, ZDA 72, 282f.; T. D.Jones, MLR 31, 556; Pretzel 236–242; G. Eis, PBB 82 (T 1960), 70ff.; J.A.Huisman, PBB 87 (T 1965), 379ff. Zu den Versen b, c, 23 vgl. JEGP 64 (1965), 232f.

XLII. Memento mori. Hs.: S. 154ᵇ–155ᵃ des Cod. Germ. 278 (11. Jh.), Landesbibliothek Straßburg (aus Ochsenhausen); alemannisch, fortlaufend, aber mit Bezeichnung der Strophenanfänge durch Großbuchstaben, geschrieben. Faksimile bei Barack, Ezzos Gesang... und Memento mori in phototyp. Faksimile der Straßburger Hs. (1879). – Ehrismann II, 1, 184ff.; de Boor 148f.; MSD XXXᵇ; ferner M. Dittrich, ZDA 72, 57–80; E. Schröder, ZDA 72, 80; K. Helm, ZDA 60, 428f.; Ittenbach 10; Pretzel 100–103; Menhardt, ZDA 80, 7f.; R. Schützeichel, Das alem. Memento Mori, Tübingen 1962; F. Maurer, Die religiösen Dichtungen des 11. u. 12. Jh.s I (1964), 249–259.

Unser Text nach der Hs., aber mit Richtigstellung der falschen bzw. nicht bezeichneten Strophenanfänge V. 47 und 91, Angabe der in der Hs. nicht bezeichneten Lücke zwischen V. 60 und 61, sowie (mit Scherer) Bezeichnung der Zusätze in Strophe 17.

Verf. nicht Notker Labeo (vgl. Ehrismann 184, Anm. 4), doch wahrscheinlich Notker, erster Abt von Zwiefalten, † 1095 (Dittrich).

XLIII. **Ezzos Cantilena de miraculis Christi.** Hss.: 1. S (auch B) = Bl. 74ᵛ der Hs. des Memento Mori (s. o. XLII); enthält 7 Strophen, alem. 2. V (auch A) Bll. 128ʳᵇ–129ᵛᵇ des Cod. 276, Chorherrenstift Vorau, bair. Faksimile von S: s. XLII; von V: Die deutschen Gedichte der Vorauer Handschrift, Kodex 276, II. Teil, Graz 1958, S. 128ʳᵇ–129ᵛᵇ. – F. Vogt, Gesch. d. mhd. Lit. 1, 27 ff.; Ehrismann II, 1, 40–53; de Boor 138 ff. 150; MSD XXXI (mit ausführlichem Kommentar); Waag, Kleine deutsche Gedichte des 11. und 12. Jhs.² XI ff. 1 ff.; ferner W. Krogmann, Neuphil. Mitteil. 28, 16–31; H. de Boor, ZDP 51, 244–274; H. Schneider, ZDA 68, 1–16; H. de Boor, ZDA 68, 226–232; H. Steinger, Verf.-Lex. 1, 591 f.; R. Kienast, Anz. 53, 235 f.; Arth. Hübner, Anz. 53, 236; C. Erdmann, ZDA 73, 87–98; Müller-Blattau, ZfMusikwiss. 17, 143; M. Ittenbach 8–10 u. ö. (dazu Glogner, Anz. 57, 158); Pretzel 226–236; Mergell, PBB 76, 199–216; G. Schweikle, Ezzos Gesang u. Memento Mori (Diss.) Tübingen 1956; H. Rupp, Deut. relig. Dichtungen, 26 ff.; R. Schützeichel, Ezzos Cantilena de miraculis Christi, Euphor. 54 (1960), 121 ff.; weitere Lit.-angaben in der Neuausgabe von F. Maurer, Die relig. Dichtungen d. 11. u. 12. Jh.s, I, 269 ff.

Unser Text abgesehen von den im Apparat vermerkten Änderungen genau nach den Hss.

XLIV. **Altsächsische Bibeldichtung.**

A. **Heliand.** Hss.: M(onacensis) = Cgm. 25 (9. Jh.), München (mit einigen Lücken); C(ottonianus) = Cod. Cott. Caligula A VII, Britisches Museum, London (ohne Lücken, doch mit Auslassungen im Text); P = Ein Quartblatt (Verse 958 bis 1106), früher Universitätsbibliothek Prag, jetzt Museum f. deut. Geschichte, Berlin; V = Cod. Pal. Lat. 1447, Biblioteca Vaticana (enthält Verse 1279–1358), s. u. B. Vgl. Ehrismann 157 f. sowie die Ausgg.: Schmeller, Heliand... 1830, Bd 2 (Glossar) 1840 (erste Ausg.); Heyne³, 1883; Sievers (Paralleldruck von M und C), 1878, ²1935; Behaghel, 1882; ⁷bearbeitet von W. Mitzka, 1958. – Literatur s. unter B.

B. **Genesis.** Nur Bruchstücke erhalten: V = dieselbe Hs. wie oben unter A, enthält 337 Verse aus verschiedenen Partien der Genesis. – Die ersten 26 Verse liegen auch in altenglischer Übersetzung vor: die Verse 835–51 der ae. Genesis sind ein Einschub in das ae. Werk, übersetzt aus dem As. (inhaltlich gleich den Versen 790–817 des ae. Werkes). – Ausgg.: K. Zangemeister u. W. Braune, Neue Heidelberger Jbb. IV, 1894, 205–94; F. Vetter, 1895; s. Ehrismann 174. –

Gesamtausgaben von Heliand und Genesis: Piper, Die as. Bibeldichtung, 1897; ferner die unter A genannten Ausgg. des Hel. Heyne⁴, 1905; Sievers, 1935; Behaghel-Mitzka, 1958.

Literatur zur as. Bibeldichtung: J. Belkin u. J. Meier, Bibliographie zu Otfrid v. Weissenburg u. zur altsächsischen Bibeldichtung, 1975; Unw.-Siebs 114 ff.; Ehrismann 157 ff.; de Boor 55 ff.; Bostock 302 ff.; Verf.-Lex. 2, 374 ff., 5, 252. 370; ferner in Behagel-Mitzka, Ss. X–XXXV.

[Ausg. der ae. Genesis: The Anglo-Saxon Poetic Records, vol. I = The Junius Manuscript, ed. by George Ph. Krapp, 1931, 1–87 (danach unser ae. Text); Bibliographie ebd., Ss. XLV–LVIII.]

WÖRTERBUCH

Das Wörterbuch ist nach dem ostfränk. Lautstande, wie er im Tatian vorliegt und der rezipierten mhd. Schreibung entspricht, angeordnet. Man suche daher z. B. oberdeutsch këba *unter* gëba, calaupa *unter* (gi-)louba; *südrheinfränk.* (Otfrid) druabi *unter* truobi, giaʒan *unter* gioʒʒan; *as.* rökfat *unter* rouh-faz: *frühere Laute wie* au, eo *unter den späteren gemeinahd.* ou, io. *Vgl. hierzu Ahd. Gr. § 11 ff. und § 89. – Eine Ausnahme ist gemacht bei den alten anlautenden Verbindungen* hl-, hn-, hr-, hw-; *diese sind, obwohl bei Tatian das* h *hier nicht mehr erhalten ist, im Wörterbuch beibehalten worden. Dagegen sind die alten anlautenden Verbindungen* wl- *und* wr- *aufgegeben; hierher gehörende Wörter sind also unter* l *und* r *eingereiht.*

hh *und* ch, *auslautend* h (= *got.* k) *suche man unter* k; h (= *got.* h) *dagegen an seiner alphabetischen Stelle: es folgt also* lîh (= *got* leik) *erst nach* lîhan *und* lîhti. – *Die Doppelspiranten* ʒʒ *und* ff *sind als dem einfachen* ʒ *und* f *gleichwertig behandelt worden.* – v *ist durchaus an der Stelle des* f *zu suchen.* – dh, th *sind durchaus dem* d *gleichgeordnet.*

Unter den Verbalzusammensetzungen sind die mit gi- *nicht besonders angeführt, da das* gi- *meist nur die imperfektive Aktionsart des Simplex in die perfektive umwandelt; nur wo die Zusammensetzung mit* gi- *eine eigentümliche, vom einfachen Worte abweichende Bedeutung entwickelt hat, ist sie als selbständiges Wort aufgeführt.*

Abkürzungen. Es bedeutet m., f., n., *ein Substantivum generis masculini, femini, neutrius; ein dahinter stehendes* (a), (ō), (i), (u), (n) *bezeichnet die Deklinationsklasse, der das Substantivum angehört.*

    st. V. = *starkes ablautendes Verbum.*

    red. V. = *starkes reduplizierendes Verbum.*

    sw. V. = *schwaches Verbum* (I. = -jan, II. = -ōn, III. = -ēn).

Die Texte sind im allgemeinen mit ihrer Nummer im Lesebuch (aber unter Verwendung arabischer Ziffern) nebst Zeilen- bzw. Verszahl zitiert. Nur für die größten und wichtigsten sind Abkürzungen gebraucht. Dabei ist Gen. = as. *Genesis;* Hel. = *Heliand;* Hl. = *Hildebrandslied* (XXVIII); Is. = *Isidor* (VIII); M. = *Monsee-Wiener Fragmente* (IX); Musp. = *Muspilli* (XXX); N. – *Notker* (XXIII); O. = *Otfrid* (XXXII); T. = *Tatian* (XX); W. = *Williram* (XXIV). *Innerhalb der Texte sind die Teilstücke folgendermaßen angegeben: bei Otfrid Buch und Abschnitt seines Werkes, bei Tatian die Abschnitte der Ausgabe von Sievers, bei Isidor und den Monseer Fragmenten die Seite der Ausgaben von Hench. Die bei* T., Is. *und* M. *in Klammer beigefügte Zahl bezeichnet die Zeile, auf der das Wort im entsprechenden Stück im Lesebuch steht.*

Die Ziffern mit § *verweisen auf Braunes Ahd. Grammatik, deren wesentlicher Wortinhalt in das Wörterbuch aufgenommen ist.* 'Got. Gr.' *mit* § *verweist auf Braunes Gotische Grammatik. Sonstige Abkürzungen s. S. 159ff.*

* *bedeutet, daß das betreffende Wort nur an der angeführten Stelle belegt ist.*

A

ā- 1. *Nominalpräfix* (= *ae.* ǣ-) § 34;
2. *Präfix selten für* ar- (= *as. ae.* ā-).
aba, abo *Adv. ab, weg; bei Verben z. B.*
aba snīdan *abschneiden; Präp. m. Dat.*
aba, abe, ab, *herab, von, weg von* (*got.*
af).
abahōn *sw. V. verabscheuen, verschmä-*
hen (*zu* abuh).
āband, ābant, ābend, *as.* āband *m.*
Abend (*ae.* ǣfen, *ne.* even, eve; *vgl.*
an. aptann).
āband-muos *n. Abendmahlzeit, coena.*
ab-anst *f.* (i) *Mißgunst, Neid.*
ab-anstīg, apanstīg *Adj. mißgünstig.*
ab-got *m. und n.* (a) § 194 A. 3.
§ 197;
ab-guti, abgudi *n.* § 32: *Abgott.*
ab-grunti § 198 A. 7 *u.* abgrunt *n. Ab-*
grund.
ab-lā ʒ *m. Ablaß, Vergebung.*
abo *Adv., s.* aba.
abo *Adv. Konj. (W.) s.* avar.
abuh, aboh *Adj. verkehrt, schlecht, böse;*
Subst. n. das Böse, die Bosheit, Schlech-
tigkeit; in abuh *Adv. verkehrt, falsch.*
O. IV, 15, 30 (*as.* abuh).
ā-bulgi *n.,* ābulgī *f.* § 201 A. 1, āpulgi
Zorn, Neid (*vgl.* -bēlgan; *as.* ā-bol-
ganhēd).
ā-bulgi *und* ā-bulgīg, āpulgīg *Adj.*
neidisch.
ab-unst (*as.* avunst) *f.* (i) *und m.* (i)
Neid, Mißgunst (*vgl.* abanst; *zu* unnan).
abur *Adv. Konj., s.* avar.
ab-wërt *Adj. abwesend.*
adal-boran (*as.*) *Adj.-Part. von edlem*
Geschlecht.
adal-erbi *n. Geschlechtserbgut.*
adal-kunni *n. edeles Geschlecht.*
adal-ordfrumo (*as.*) *m. der hehre*
Schöpfer (*zu* ort-frumo *Urheber; vgl.*
ort).
adhal-sangheri *m. Sänger aus edelem*
Geschlechte. Is.
ādhmōn *sw. V., s.* ātumōn.
ādara, ādra *f.* (n) *Ader, Sehne.*
ado, atha, athe, *Konj., s.* ëddo.
ādum *n.,* ātum.
ae *in* aer, aerdha *usw. s. unter* e.
ǣnon *Hl.* 2 (§ 44 A. 4) *s.* ein.
avar, afar, auuar (*M.*) avur, afur, abur
(*T.*), avor, avir, aver *und abgekürzt*
ava, abo (*W.*) *Adv. und Konj.* § 139
A. 5. 6: *wieder, wiederum, abermals;*
dagegen, aber, also, doch.
avar-boran *Adj.* § 323 A. 3: *wieder-*
geboren.
avaro (*as.*) *m. Nachkomme* (*ae.* eafora).
avarōn *sw. V. wiederholen, erneuern.*

*ā-fermī *f. Unreinigkeit, Squalor* (*Gl.* I,
177, 17).
affin *f.* (jō) § 211: *Äffin.*
affoltra *f.* § 132 A. 4: *Apfelbaum.*
avo *Konj., s.* ibu.
aftaro *Adj. Kompar.* § 266: *der Nach-*
folgende, Zweite, Hintere; Superl.
aftristo § 65 A. 3: *der Letzte.*
after, aefter (*Is.*), *Niederd.* ahter
(ather) *Adv. hinten, zurück, späterhin;*
nach. dār after, hear after *darnach,*
hiernach. – Präp. m. Dat. räuml. nach,
hinter – her, entlang (after wege); *zeitl.*
nach; kausal nach, gemäß; m. Instr.
Neutr. (§ 192 e A. 2) *zeitl. in den Ver-*
bindungen after thiu *danach, nachdem,*
after thisu. – (*got.* aftra, *ae.* ǣfter).
after-chumft *f.* (i) *Nachkommenschaft.*
afur, avur *s.* avar.
gi-agalei ʒen [agaleizjan] *sw. V. eifrig*
betreiben, erstreben.
agalei ʒi *Adj. emsig, schnell, Adv.* aga-
leiʒo.
agalei ʒī *f. und* agalei ʒi *n. Emsigkeit,*
Eifer (*got.* agláitei *f. Unschicklichkeit*).
ah *Interj. ach!*
aha *f.* (ō) *Fluß* (*got.* aha, *ae.* ēa § 109
A. 2).
ahir, ahar *n.* § 27 A. 2, c. § 197 A. 1:
Ähre (*got.* ahs. *ae.* ēar).
ahsala (hassala 1, 4, 14) *f.* (ō) *Achsel*
(*ae.* eaxl).
ahta *f.* (ō) *Meinung, Gesinnung, Nach-*
denken, Erwägung, Wertschätzung.
āhtāri, āhtāre *m. Verfolger, Feind.*
āhten (*as.* āhtian, *ae.* ēhtan) *sw. V.*
§ 33. § 128 A. 1. § 356: *verfolgen m.*
Gen. (*und Akk.*) *d. Pers.* (āhta *f. Acht,*
ags. ōht).
dureh-āhten *verfolgen* 25, 69.
ahter *Präp., s.* after.
ahto *Num.* § 271: *acht* (*got.* ahtáu).
ahtodo, ahtudo *Num.* § 278: *der Achte.*
ahtōn (*ae.* eahtian) *sw. V. beachten,*
überlegen, erwägen (*zu* ahta).
ahto-zëhan § 272; ahto-zo, -zug
§ 273b, -zugōsto § 278.
ai *in* ainac *usw. s. unter* ei.
ac (*as.*) *Konj., s.* oh.
ackar, accar, akar, acchar *m.* (a) § 96,
b. § 194 A. 4: *Acker, Feld* (*got.* akrs).
ackus *f.* (i) § 96 A. 4. § 109 A. 4. § 240
A. 2: *Axt* (*got.* aqizi, *ae.* æx).
ā-kust, āchust *f.* (i) *Schlechtigkeit, La-*
ster, Fehler.
al *Adj.* (*flekt.* allēr) § 247 A. 1. § 248
A. 6: *all, ganz, jeder; adv. Gen.* § 269:
alles *durchaus,* – (*got.* alls).
al-, ala-, alo- *Adv. ganz und gar; ver-*
stärkend vor Adjekt., Partiz. und Adv.,
z. B. algiuuis *ganz gewiß O.* II, 2, 19;
alauualtendi *allherrschend O.* I, 5, 23;
alazioro *sehr schön O.* IV, 15, 48.

ala-thrātī *f.*; in alathrātī *Adv. vehementissime O. an Hartm.*, 27; *vgl.* thrātī.

ala-garo *Adv. vollständig.*

ala-gruoni, alegruoni *f. völlige Grünheit.*

alah *(as.) m. Tempel (ae.* ealh, got. alhs *f.).*

ala-halbōn, in alahalbōn *(Dat. Pl. zu* alahalba) *O. allenthalben, überall.*

alamuosa *st. sw. f. und* alamuosan, alamuasan, almusan *n. Almosen (aus gr.-lat.* eleemosyne).

ala-namo, alenamo *m.* (n) *Hauptname,*

ala-niuwi *Adj. ganz neu.*

ala-nōt, in alanōt *Adv. accuratissime O.* II, 3, 21.

ala-wār *und* ala-wāri *Adj. ganz wahr.* in alawār *und* in alawāri *fürwahr! O.*

albūn *f. pl.* (n) § 226: *Alpen.*

alde *Konj. oder (N.).*

aller-ērist *Adv. zu allererst.*

alles, ellies, elles *Adv.* § 27 A. 6. § 295a A. 2: *anders (zu got.* aljis). – (alles *s. auch unter* al).

alles-wār, alleswā *Adv. anderswo (zu* hwār).

alles-wio *Adv. anderswie (zu* hwio).

al-līh, allīch *Adj. allgemein, catholicus.*

al-mahtīg, ala-mahtīg, alemahtig *Adj. allmächtig.*

al-mahtīgin *f. majestas M. Hench. XIX.*

al-ōd *m. allodium, freier Besitz* 18, 1.

along *Adj. ganz, integer (as.* alung).

al-samo *Adv. ganz ebenso.*

alt, ald *Adj.* § 163 A. 6. § 249. § 261 A. 1: *alt (got.* alþeis, *ae.* eald).

alt-ano *m. Vorfahr, Urahn.*

altar, alter, altir *n. das Alter; Lebensalter, Leben (as.* aldar, *ae.* ealdor). – zi altere *Adv. immer, für immer,* eonaltre (= eo in altere) *Adv. jemals.* nio in altare *niemals (vgl.* § 163 A. 6).

altāri, alteri *m.* § 200: *Altar (lat.* altare).

altēn, aldēn *sw. V.* § 369: *alt werden, altern.*

alt-fater *m.* § 235 A. 1. *Urahn.*

alt-fiant *m. der alte Feind, Erbfeind, Teufel.*

alt-fordoro *m. Vorfahr.*

altī, eltī *f. Alter.*

altinōn *sw. V.* § 319 A. 2: *aufschieben, differe; dissimulare.*

alt-quëna *f.* (n) *alte Gattin.*

[gi-altrōt], gialdrod *(as.) Adj. (Part.). gealtert, alt.*

alt-tuom, altduam *m. n.* (a) *senectus.*

alt-wiggi *n. alter (aufgegebener) Weg.*

alt-worolt *f.* (i) *alte Welt, alte Zeit.*

al-walto *sw. Adj. allherrschend T.* V, 3

(= *Augustus); as. Subst.* alowaldo *Allherrscher.*

ambaht *m.* (a) *Diener (got.* andbahts; *aus keltisch-lat.* ambactus).

ambaht *und* ambahti *n. Dienst, Amt (got.* andbahti).

ambahten [ambahtjan], ambahtan, ambehten, *sw. V. dienen, darreichen W.* 2, 55 *(got.* andbahtjan).

untar-ambahten *subministrare.*

āmer-līh *Adj. N.* § 116 A 4, *s.* jāmarlīh.

amphang-līh *s.* antfanglīh.

ana *Adv. an, zu, auf (got.* ana).

ana, anan, annen (25, 80), ane, an *Präp. m. Dat. Akk. (Instr.) an, auf, in.*

āna *Präp., s.* āno.

ana-brëchōn *sw. V. losfahren, losbrechen gegen jem. (Akk.).*

ana-ëban-līh *und* ana-ëban-chi-līh *Adj. gleichartig, aequalis Is.*

ana-fang *m. Anfang; Anfassen; Berührung* 22, 2, 21 (*zu* fāhan).

ana-gengi, anakengi, an(e)genge *n. Anfang (zu* gangan).

ana-genni *n. Anfang (vgl.* anagin).

*ana-gift *f.* (i) *das Hervorbringen *O.* II, 1, 7 (*zu* gëban).

ana-gilīh *Adj. gleichartig (ae.* onlīc).

ana-gin, anakin *(G.* -ginnes) *n. Anfang.*

ana-līchī *f. Ähnlichkeit.*

ana-lust *f.* (i) *Wohlgefallen.*

ana-rāti *n. Anschlag, Verrat.*

ana-siht *f.* (i) *Antlitz, Miene.*

ana-walg *Adj. ganz, integer.*

ana-waltida *f.* (ō) *judicium* 1, 6, 1 (*hs.* indicium), *vgl. Graff* 1, 815.

ana-wāni *Adj. der Erwartung gemäß, erwartet. O.* I, 4, 48; V, 23, 62 (*zu* wān).

[anan-uuert], anneuuert *Adj. zu etwas hingewendet.* sih anneuuert tuon *sich beeilen *34, 23 (*vgl. Kögel Lit.* 2, 114, *Sprachdenkm.* S. 90, *AhdWb.* 1, 439).

ana-uuert *Adj. (N) lok.: vorwärts, hinweg; temp.: fortan, von nun an, hinfort.*

anazen *sw. V.* § 356; *antreiben.*

ande *Konj. und* (W. *Hs. A*), *s.* anti.

ander, andar, anther *Num.* § 64. § 65 A. 3. § 248 A. 6. § 277. § 295a A. 2: *der Zweite; Adj. der andere; as.* ōðar, dazu ōdre *Hl.; as.* ōdarlīc = andarlīh. – (*got.* anþar, *ae.* ōðer, *an.* annarr).

anderēst *Adv.* § 281 A. 2.

anderes-wār *Adv. anderswo (zu* hwār).

andar-līh *Adv. anders beschaffen.*

andar-wīs *Adv., s.* wīs.

āne *Präp., s.* āno.

ge-an-erbo, geanervo, *m. Erbe, haeres, cohaeres* 19, 14 u. ö.

angegin *(as.) Präp. entgegen.*

angil *m., s.* engil.

ango *Adv. (zu Adj.* engi) *enge, beengt, ängstlich O.* IV, 12, 13 (*vgl. Kelle O.* II, 245).

ango *m. Stachel (ae.* anga, *dt.* Angel).
angust *f.* (i) *Angst (zu* engi).
angusten [angustjan] *sw. V.* § 356:
ängstigen, sich ängstigen.
angust-līhho *Adv. ängstlich, besorgt.*
anca (ancha 1, 4, 1) *f. Hinterhaupt.*
ancala (anchala, anachla, ancli 1, 4,
23) *f.* (ō) *Fußknöchel, Enkel.*
anluzzi *n., s.* antlutti.
anne-wĕrt *Adv. s.* ananwert.
annuzzi, annuzi *n., s.* antlutti.
āno, āna, āne *Präp. m. Akkus. ohne,*
außer; m. Genet. O. V, 24, 13; *N.* 8, 10.
– *Konj. außer, als, nur (nach nega-*
tivem Satze). – as. āno, *an.* ōn, ān;
vgl. got. inu).
anst *f.* (i) § 218: *Gnade, Gunst (got.*
ansts, *ae.* ēst).
antat *(as.)* = and that *Konj. bis.*
[ant-bāri] *as.* andbāri *n. Aussehen.*
ant-fangī *f. und* ant-fangida *f.* (ō)
Annahme, Erhöhung (zu fāhan).
ant-fang-līh, amphangelīh, *Adj. ac-*
ceptabilis, angenehm, aufnahmebereit.
ant-frāgon *sw. V. um Rat fragen.*
ant-heiȝȝa *f.* (n) *Gelübde, Verspre-*
chen.
*ant-hruoft *m.* (a) *aemulationes.* 13, 36
(zu hruofan).
anti, ande; enti, endi; indi, inti, inde,
inte, int, in; unti, unte, unta, un *Konj.*
§ 50 A. 4: *und; auch (as.* endi, *ae.* and).
ant-lā ȝ *m.* (a) *Erlaß, Vergebung, venia.*
ant-lāȝida *f.* (ō) *Vergebung, indulgentia.*
antlingen [antlingjan] *sw. V. antworten*
(T.). Vgl. ahd. antlengi *n. Entgegnung,*
zu Adj. *antlang *(as.* andlang) *ent-*
gegengerichtet (Sievers, Festgruß für
Boehtlingk 1888 *S.* 110ff.; *PBB* 39,
64. 265. 577).
antlingōn *sw. V. antworten (T.).*
ant-lutti, antluzzi (T.), anluzzi, annuzzi, annuzi, antlitze *n.* § 99: *Antlitz,*
Gesicht (vgl. einerseits got. wlits *m.,*
andawleizn *n.* dass., *ae.* wlītan *st. V.*
blicken und andererseits got. ludja *f.*
Angesicht.).
anto *m. Eifer, Zorn; Strafe O.* IV, 22,
11 *(as.* ando).
ant-reita *f.* (ō) *Ordnung.*
antrōn, antarōn, anterōn *sw. V.* § 161
A. 2: *nachahmen (vgl. PBB* 40, 467ff.).
ant-sāȝīg *Adj. furchtbar (zu* intsizzen).
ant-seida *f.* (ō) *älter* antsegida § 149.
A. 5a: *Verteidigung (N.). Dazu* ant-
seidōn *sw. V. verteidigen (Akk. d.*
Pers., Gen. rei) N. 4, 5.
ant-sibunta *as. Num., s.* sibunzo.
ant-wart *und* ant-wĕrt *Adj. gegen-*
wärtig (got. andwaírþs, *as.* andward).
ant-wurten [antwurtjan], antwurden,
sw. V. antworten, sich verantworten
(got. antwaúrdjan).

ant-wurti *n.* § 201 A. 1: *Antwort (got.*
andwaúrdi).
antwurti, antwurtīn *f. Gegenwart.*
aod-līhho *Adv., s.* ōdlīhho.
aphul, apfel *m.* § 27 A. 4. § 96 A. 4.
§ 216: *Apfel; Augapfel, Pupille (so*
*17, 5, 66 aphilon *zu* aphilo *sw. M.?*).
– *(ae.* æppel, *an.* epli).
ar *Präp., s.* ur.
aran-mānōth *m. Erntemonat (s.* arn).
arawingūn, arowingūn *Adv.* = arwūn.
arbeit, arabeit *f.* (i) *Mühsal, Plage, Not*
(got. arbáiþs, *as.* arbed).
arbeiten [arbeitjan], arabeiten *sw. V.*
intr. Mühsal erdulden, sich bemühen,
arbeiten; trans. anstrengen, bedrängen,
plagen (got. arbáidjan).
arbeitōn *sw. V. Mühsal erdulden, ar-*
beiten.
arbeitsam *Adj. an Mühe gewohnt.*
arbi *n., s.* erbi.
arg, arc *Adj. böse, gottlos, feig, geizig*
(ae. earȝ, *an.* argr *feige).*
arg, arc *n. das Böse, Bosheit.*
argī *f. Bosheit, Sündhaftigkeit.*
arca, archa *f.* (ō) *Kasten, Arche (lat.*
arca).
arm *m.* (a) *brachium (got.* arms, *ae.*
earm).
arm, aram, arem *Adj. arm, gering, elend*
(got. arms, *ae.* earm).
arma-līh, armilīh *Adj. unglücklich,*
elend.
arm-hĕrzi *Adj.* § 251: *barmherzig. Vgl.*
PBB 35, 148.
arm-hĕrzī, armhaerzīn *f. Barmherzig-*
keit.
armida *f.* (ō) *Armut.*
armuotī, armōtī, aramōtī *f.* § 38 A. 2:
Armut (auch als Adj. armōti *arm).*
arn *m.* (i) § 216 A. 1: *Adler (ae.* earn).
arn, aran *f.* § 219: *Ernte (got.* asans).
arngrihtī (31, 7, 4) *s.* ēregrēhtī.
arnōn *sw. V. ernten.*
aro *m. Adler (got.* ara) *vgl.* arn.
ars *m.* (i) *Arsch (ae.* ears).
arsbellī, -pellī *f.* (n) 1, 4, 20: nates.
artōn, ardōn *sw. V. das Land bauen,*
wohnen (art m. Ackerland, Art; zu
erren).
ārunti, ārundi *n.* § 201: *Botschaft (as.*
ārunti, *ae.* ǣrende; *dagegen got.* airus,
as. ēr, *ae.* ār *Bote). Vgl.* § 34 A. 3;
PBB 43, 393[2].
arwūn *Adv.* § 269, 3: *vergebens (vgl. got.*
arwjō).
gi-arzenōn *sw. V. als Arzt behandeln,*
heilen.
ask *m.* (i) *Esche; eschene Lanze (ae.*
æsc); *vgl. PBB* 36, 372.
aska *f.* § 225 A. 1: *Asche (vgl. got* azgō).
asni *m.* § 199 A. 1: *Lohnarbeiter; vgl.*
PBB 43, 367.

ast *m.* (i) § 216: *Ast (got.* asts).
ā-swīh *m.* (a *und* i), *n. scandalum, fraus; Abfall (zu* swīchan); *ae.* ǣswīc.
at *(as.) Präp., s.* aʒ.
atahaft, atehaft *Adj. fortwährend, beständig.*
ā-teilo, ādeilo *m. Nichtteilnehmer, nicht teilhaftig. O.* I, 1, 115 *(Sing. beim Plur. verbi), vgl.* § 255 A. 3.
ātum, ādum *m.* (a) § 163 A. 6; athmo *m.* (n): *Atem; spiritus, Geist.* uuīho ātum *der heilige Geist (ae.* ǣðm), *vgl. PBB* 43, 404ff.; *unreiner a. böser Geist, Dämon.*
[ātumōn], ādhmōn *(Is.) sw. V.* § 38 A. 2. § 163 A. 6: *atmen, flare (ae.* ǣðmian).
au *in* au, auga, auh *usw. s. unter* ou.
auuar *Konj. (M.) s.* avar.
auui *f. Pl.* 1, 3, 6: *s.* ou.
ā-wiggi *Adj.* § 30, a: *weglos.*
aʒ, azs, iʒ; *alts.* at *(Hl.) Präp. m. Dat.* § 74: *zu. Vor Adv. z. B.* aʒ jungist § 268 A. 3. – *(got.* at, *ae.* æt).

B

bābes *m. Papst (as.* pāvos).
bad, pad *n. Bad (ae.* bæþ).
badōn *sw. V. baden.*
bāen *sw. V.* § 359 A. 3: *bähen.*
bāga, pāga *f.* (ō) *Zank, Streit; Adv. ohne Widerrede, bestimmt, zuverlässig. – (Vgl. mhd.* bāc, *as.* bāg, *an.* bāgr *m. Streit).*
bāgan, pāgan *red. V.* § 351 A. 1: *streiten.*
bah *m.* (i) § 216: *Bach (as.* beki).
bac *(as.) m.* (a) *Rücken; undar* bac *as. Gen.* 330 *zurück.*
bachan, bahhan, bacchan *st. V.* § 346 A. 4: *backen (ae.* bacan).
backo, bahho *m.* § 96 A. 4: *Backe.*
bald, pald *Adj kühn, schnell (got.* *balþs, *ags.* beald).
baldēn, paldēn *sw. V.* § 369 A. 2: *Mut fassen; gutes Muts sein, mutig sein.*
ir-baldēn *sich einer Sache erkühnen.*
balder *m.* (31, 1, 6) *Herr (ae.* bealdor).
baldī *f., s.* beldī.
bald-līcho *Adv. kühn, furchtlos.*
balg *m.* (i) § 215 A. 3. § 216: *Balg (got.* balgs).
balo *m. u. n. (O.* IV, 12, 20. 30) § 205: *Bosheit, Verderben (got.* balwa, *ae.* bealu).
balo-rāt, balarāt *m.* (i) § 62 A. 1: *Bosheit.*
balo-wërk *(as.) Übeltat, Übel.*
balwīg, palwīg *Adj. verderblich.*
ban, pan *m.* (a) *Gebot unter Strafandrohung, Bann, Acht (ae.* bann).

bannan, pannan *red. V.* § 350 A. 2. 6: *vorladen, einen Gerichtstag festsetzen.*
bano *m. Tod, Verderben; – Mörder, Hl.* 54. *(ae.* bana, *an.* bani).
bant, pant *n.* § 197: *Band, Fessel.*
bar *Adj. bloß, bar (ags.* bær).
gi-bāren *sw. V. sich benehmen.*
gi-bāri *Adj. beschaffen, passend.*
barm, parm *m. Schoß (got.* barms).
ir-barmēn, erbarmēn § 77 A. 3: *sw. V. Erbarmen haben; jem. erbarmen machen, zum Mitleid bewegen, m. Akk. – Vgl. PBB* 35, 149.
barn *n.* § 196: *Kind;* barn *Pl. Menschenkinder Musp.* 33. bi barne *(O.* I, 5, 8.; 6, 15) *wie bi* manne *(viritim) Mann für Mann. (got.* barn, *ae.* bearn).
barno, parno *m. Krippe.*
er-barōn *sw. V. entblößen, renudare.*
bart *m. Bart (ae.* beard).
barta, barda (n) *Beil (z. Vor.)*
bartohti *Adj.* § 251: *bärtig.*
bar-wirðig *(as.) adj. sehr würdig.*
baʒ *Adv.* § 268 A. 1: *besser, mehr,* hara baʒ *weiter hierher N.* 5, 25 *(as., ae.* bet).
be *Präp., s,* bi.
bēde, beide, peide *Num.* § 270 A. 3: *beide (as.* bēðie, *ae.* bēʒen).
bëh *n., s.* pëh.
beidōn *sw. V., s.* beitōn.
[Beigirā], Peigirā 5, 1, 10 *die Baiern; vgl. Kralik, N. Archiv der Ges. f. ältere dtsch. Geschichtskunde* 38, 22 ff.
bein, pein, bēn (31, 1, 12) *n. Knochen; Bein* 1, 4, 22. *(ags.* bān).
gi-beini *n.* § 198 A. 5. § 201: *Gebeine, Knochen, Beine.*
[beinrenkī], bēnrenkī (31, 1, 10) *f. Knochenverrenkung.*
beiten [beitjan], gibeiten *sw. V. antreiben, drängen, jemanden wozu (Gen.) nötigen, zwingen (as.* bēdian, *ags.* bǣdan).
beitōn beidōn *sw. V. warten, jem. (Gen.) erwarten.*
er-beitōn (erbeidunt 17, 5, 3) *erwarten.*
bei ʒen [beiʒjan] *und* beizen *sw. V.* § 160 A. 4: *beißen lassen, (beizen!) den Zaum anlegen, infrenare (zu* bīʒan; *ae.* bǣtan *zäumen).*
ir beiʒen *sw. V. (den Zaum abnehmen), vom Pferde steigen. ZDP* 15, 544f.
bëhhāri *m.* § 31 A. 1: *Becher.*
bekīn, pecchī *n.* § 196 A. 3: *Becken (mlat.* baccīnus).
beldī, baldī *f. und* beldida *f.* (ō) § 208: *Kühnheit, Dreistigkeit (zu* bald; *got.* balþei).
bëlgan *st. V.* § 337 A. 1: *zürnen (as. ae.* bëlgan).
ar-bëlgan *refl. zornig werden, zürnen. – Partiz.* arbolgan, erbolgan (rebolgan 5, 2, 63), *zornig.*

bëllan *st. V.* § 337 A. 1: *bellen, brüllen* (*ae.* bëllan).

er-bëllōn *sw. V. brüllen* 25, 48.

bën *n., s.* bein.

gi-benkeo *(as.) m. Bankgenosse.*

*gi-bennen [bannjan] *sw. V. gebieten* (*zu* ban) 22, 2, 26.

gi-benti *n. die Bande, Gefangenschaft.*

bëraht, bërht *Adj.* § 249: *hell, glänzend* (*got.* baírhts, *ae.* beorht).

bërahtī, përehtī, përhtī, *f. Klarheit, Glanz* (*got.* baírhtei).

bërahtnessī *f. claritas.*

gi-bërahtōn *sw. V. clarificare, verherrlichen.*

bëran, përan *st. V.* § 340 A. 1: *tragen, hervorbringen, gebären* (*got.* baíran).

gi-bëran, kipëran *gebären.*

er-bëran *gebären.*

fir-bëran *sich enthalten, etwas unterlassen, vermeiden.*

bërd *n. Abkömmling* (*zu* bëran).

bër *m. Eber* (*ae.* bār).

bëreht-līco *(as.) Adv. zu* bëraht.

bër-farh, paerfarh *n. Eber.*

bërg, përag, përeg, përg *m.* § 194: *Berg* (*ae.* beorʒ, *vgl. got.* baírgahei, *f. Gebirge*).

ga-bërg, kapërag *n. das Versteckte, Schatz M. Hench* X, 5; *das Versteck.*

bërgan, kipërkan, chibërgan *st. V.* § 337 A. 1: *bergen, verbergen O.* V, 19, 39 (*got.* baírgan, *ae.* beorʒan).

bi-bërgan, pipërkan 1, 1, 31 *evitare.*

fer-bërgan *verbergen.*

bërhtī *f., s.* bërahtī.

beri *n.* § 202: *Beere* (*got.* basi).

bëro *m.* § 222: *Bär* (*ae.* bëra).

bësemo, bësmo *m.* § 69 A. 3. § 222: *Besen* (*ae.* bësma).

gi-bët, gapët, kapët, gebët *n. Gebet.*

bëta, pëta *f.* § 208: *Bitte* (*zu* bitten).

bëta-hūs, bëtohus *n.* § 62 A. 1: *Bethaus.*

bëtāri, bëtāre *u.* bëteri *m.* § 200 A. 1: *Beter, Anbeter.*

bëto-man *m. Anbeter.*

bëtōn, pëtōn, gibëtōn (bëttōn T. 87, 53. 57, § 164 A. 3) *sw. V. beten; anbeten, bitten.*

ana-bëtōn *sw. V. anbeten.*

betti *n.* § 201: *Bett* (*vgl. PBB* 23, 250); *as.* bed, *dazu* gibeddeo *m. Bettgenosse* (*got.* badi, *ae.* bedd).

betti-sioh *Adj.* § 62 A. 1: *bettlägerig.*

beuuen, bouuen *sw. V.* § 358 A. 3: *drücken.*

bezʒiro, pezʒiro, beʒiro *Komparat.* (*zu* guot) § 265. § 268 A. 1: *besser* (*as.* betara); *Superl.* bezʒisto, pezʒisto *optimus* (*as. ae.* betst). – bezeren *N.* 4, 7 *nicht Adverb, sondern Genetiv abhängig von* wān *bzw.* muoten. *Adv. s.* baʒ.

bī, pī *Adv. bei, dabei.*

bi, be, *auch* bī, *Präp. m. Dat. Akk. (Instr.)* § 77: *loc. bei, neben, an, auf, zu; tempor. um, binnen, in, zu, bei; kausal u. modal wegen, durch, um – willen z. B.* opphorōn bi die sīno sunta *O.* 1, 4, 12, nist iʒ bi unsēn frēhtin *O.* I, 1, 68; biuuaʒ *warum?* 34, 7; *vor, z. B.* bī gifehen sīnes *prae gaudio illius T.; an, in Beziehung auf, nach, gemäß; bei den Verben des Schwörens z. B.* suerit bi temple *M. Hench* XVII, 1; *in adverbialen Ausdrücken wie* be unrehte *unrechtmäßigerweise,* bi nōti *notwendigerweise. Die Verbindungen* bidiu, bihwiu, bihiu *s. unter* thër, hwër. – (*got.* bi).

bibēn, pipēn *sw. V. beben, zittern, daʒ* bibint altir *senectus* 27, 43 (*ae.* bifian).

ir-bibinōn *sw. V. erbeben.*

bi-bot, pibot *n. Befehl, Vorschrift.*

bi-derbi, bidarbi, piderbi *Adj.* § 102. § 251: *nützlich, brauchbar* (*zu* durfan).

bi-derbī, piderbii *f. Nutzen.*

bidhiu, bithiu, bidiu *s.* thër.

biegēn, *sw. V., s.* biogēn.

bieʒʒa, *f.* (ō) § 36: *Rübe, Mangold.*

bi-gengiri, *m.* § 200 A. 1: *Pfleger.*

bi-giht, bijiht *f.* (i) § 116 A. 1: *Beichte; Dat. sg.* bigihto 26, 45.

bi-gihto *m. Beichte* (*zu* jëhan).

bi-gihtīg, pigihtīc, bigihdīc *Adj. beichtend, bekennend.* big. werdan *m. Dat. d. Pers., Gen. rei: einem etwas bekennen.*

bigonōto (bi-ginōto) *Adv. O.* V, 19, 12: *durchaus.*

bihiu, bihwiu *s.* hwër.

bilarn, bilorn *m.* (a) *Zahnfleisch.*

billi, *n. Schwert. Instr.* billiu *Hl.* 54 (*as.* bil, *ae.* bill).

[bi-libi], pilipi *n. Nahrung* (*vgl. ae.* bīleofa *m.; zu* līb) *Graff* 2, 47.

bilidi, pilidi, pilde *n.* § 198 A. 6: *Form, Gestalt, Bild, Vorbild, Beispiel, Gleichnis* (*as.* bilidi).

biliden [bilidjan], kepilidan, gibiliden *sw. V. gestalten, bilden, nachbilden.*

ir-biliden *einen bildlich darstellen; jemanden nachbilden, ihm (Akkus.) gleich sein. O.* II, 3, 10.

bilidōn, bildōn *sw. V. gestalten, formen, bilden, nachbilden; als Vorbild dienen, vorbilden.*

billīhho *Adv. passend.*

bīna *f.* (ō *oder* n) *Biene* (*ahd.* bīa *ae.* bēo *f. dass.*).

bī-namo, pīnamo *m. Beiname.*

bini *n.* § 202 A. 1: *Biene.*

binta, *f.* (n) *Binde, vitta.*

bintan, pintan, kapintan *st. V.* § 336: *binden, fesseln* (*got. as. ae.* bindan).

fir-bintan *verbinden* 31, 8, 15.
int-pintan, inpintan, *losbinden, lösen.*
biogan, piogan, piugan *st. V.* § 333
A. 1: *biegen, beugen (got.* biugan, *ae.*
būʒan).
biogēn *sw. V. gebogen sein, sich krümmen, sich ärgern .*O.* V, 25, 61.
biotan, beodan, beotan, peotan *st. V.*
§ 334: *bieten, darreichen, zeigen (got.*
biudan, *ae.* bēodan).
gi-biotan, kapeotan, gabeotan, chibeotan *befehlen, gebieten.*
far-biotan, firbiotan, verbiotan *verbieten.*
in-biotan *entbieten, empfehlen.*
ir-biotan *erbieten, erweisen.*
gi-birgi *n.* § 201: *Gebirge.*
birīg, pirīg *Adj. fruchtbar (zu* bëran).
biscof, piscof, piscoph *m.* § 194: *sacerdos, episcopus (as. ae.* biscop). *Vgl.*
PBB 43, 428.
biscof-heit *m. sacerdotium.*
piscoph-tuom *n. parochia.*
bismarōn, bismëron *und* pismërēn *sw.*
V. spotten, verspotten. ni bismërōt *non*
irritatur. M. Hench XXIX, 11 (*ae.*
bismerian).
bismarunga *f.* (ō) *blasphemia.*
bismër, pismër *n. Spott (ae.* bismer).
bi-smiʒ *m.* (?) *Befleckung (zu* smiʒan).
bi-sprācha, pispräha *f.* (ō) *Verleumdung (zu* sprëhhan). *as.* bispräki *n.*
bi-sprāchida *f.* (ō) *dass.*
bi-swīh, piswich *m. Betrug (zu* swīchan).
bit *Präp., s.* mit.
bita *f.* (ō) § 30 A. 1: *Anbetung* 34, 31;
O. II, 14, 58 (*vgl. PBB* 32, 153 f.).
bīta *f.* § 208 A. 2: *das Warten.*
bītan, pitan, bīdan *st. V.* § 330 A. 1:
warten, erwarten, warten auf (Gen.)
(*got.* beidan, *as. ae.* bīdan).
ir-bītan *erwarten, aushalten.*
bittar, bitter *Adj.* § 96, b § 249 A. 1:
bitter (got. baitrs, *as. ae.* bitter; *zu*
bīʒʒan).
bitten [bitjan], pittan, piten *st. V.*
§ 344: *bitten, beten, wünschen; jemanden um etwas bitten, etwas erbitten*
(*Gen.), fordern (got.* bidjan, *as.* biddian, *ae.* biddan).
biugo *m. sinus, Krümmung.*
biunta *f. eingehegter Acker, Privatgrundstück (im Gegensatz* almeinde
**Gl.* 3, 407, 15 = *Gemeinweide).*
bi-ūʒʒan, biūʒan; buuzssan (§ 77 A. 3)
Präp. m. Dat. u. Akk. außer, ohne (as.
ae. būtan); – būtan (botan *As. Gen.*
327) that (*as.) Conj. außer.*
bi-wort *n. und* bī-wurti, pīwurti *n.*
Gleichnis, parabola.
biʒ, biz *m.* (i) § 160 A. 4. § 216 A. 2.
§ 217: *der Biß.*

bīʒʒan, pīʒʒan, bīʒan *st. V.* § 330 A. 1:
beißen, schneiden (vom Schwerte): mit
bīʒentēn suerton *O.* I, 19, 10 (*got.* beitan, *as. ae.* bītan).
abe-bīʒʒen *abbeißen.*
dureh-bīʒʒen *durchbeißen.*
in-bīʒʒan *essen, genießen; Mahlzeit*
halten (as. anbītan, *vgl.* Imbiß).
za-blāen [blājan], zapläen *sw. V.* § 117.
§ 351 A. 3. § 359 A. 3: *aufblähen, aufblasen (ae.* blāwan red. *V.*).
ge-blahmālōt *Part. Adj. gestickt, bezeichnet W.* 2, 60 (*zu* blah-māl *schwarzes Mal, schwarzer Fleck: Gl.* 1, 330,
50 ff. plahmale *für* plumario „*Stikkerei,“ vgl. PBB* 36, 430).
blantan *red. V.* § 350 A. 1: *(mischen),*
anstiften (got. blandan).
in-blantan *lästig, beschwerlich machen*
auferlegen (etwas Beschwerliches).
blāo, plāo (*fl.* blāwēr) *Adj.* § 254: *blau,*
bläulich (ae. blāw).
blāsan, plāsan *red. V.* § 351 A. 1: *blasen (got.* blēsan).
in-blāsan *einblasen, inspirare.*
blāst, plāst *m.* (i) *flatus.*
blat *n.* § 197: *Blatt (ae.* blæd).
blat(a)ra *f.* (n) *Harnblase.*
bleih, pleich *Adj. bleich, blaß (ae.* blāc,
an. bleikr).
bleichēn *sw. V. bleich werden.*
ir-bleichēn *bleich werden, erblassen.*
blëh *n.* § 31 A. 1: *Blech (zu* blīchan).
blecken, blechen, plecchen *sw. V. I.*
blitzen, glänzen, hervorleuchten (s. blic).
ar-blesten *sw. V. I. erumpere (Graff*
3, 238).
blīden [blīdjan] *sw. V.* § 356: *erfreuen;*
refl. sich freuen, fröhlich sein (got.
bleiþjan).
blīdēn *sw. V. fröhlich sein, m. Genet.*
O. II, 6, 58. *as.* blīthon *dass.*
blīdi *Adj.* § 251: *gütig, freundlich, heiter, fröhlich (got.* bleiþs, *as.* blīdi).
blīdida *f.* (ō) *Fröhlichkeit, exultatio.*
blīd-līcho *Adv. zu* blīdi.
blīg *m., s.* blic.
blic, plich, blig (*Gen.* blicches) *m. Blitz.*
blīhhan *st. V.* § 330 A. 1: *glänzen.* –
as. blīkan.
er-blīchen *erglänzen.*
bi-blicken [blikkjan], piplicchen *sw.*
V. glänzen.
blic-fiur, bligfiur *n. Blitzfeuer.*
blint, plint *Adj.* § 248. § 255: *blind*
(*got.* blinds).
blīo *n.* § 204: *Blei (vgl. PBB* 24, 195).
bliuwan, pliuwan *st. V.* § 30 A. 2. § 333
A. 4: *schlagen, bläuen (got.* bliggwan).
uuidar-bliuwan *zurückschlagen.*
blōden *sw. V.* § 363 A. 4, b: *in Furcht*
setzen (zu blōdi *Adj. furchtsam).*
blōmo *m., s.* bluomo.

blüen *sw. V., s.* bluoen.

blūgisōn, blūchisōn *(Is.) sw. V. dubitare.*

blūgnissa, blūcnissa *f.* (ō) *Zaghaftigkeit.*

blūgo *Adv. zaghaft, schüchtern (Adj. mhd.* blūc, bliuc, *an.* bljūgr).

bluhhen *sw. V. I.* § 154 A. 7: *brennen.*

bluoen [bluojan], blüen, blȳen *(O.) sw. V.* § 39 A. 8. § 40 A. 4. § 117. § 359 A. 4: *blühen (ae.* blōwan *red. V.*).

bluomo *m. u.* bluoma *f.* § 225: *Blume, Blüte (got.* blōma).

bluostar, blōstar *n. Opfer* (zu bluozan).

bluot, bluat *f.* § 219: *das Blühen, Blüte.*

bluot, bluat, pluat, bluod *n. Blut (got.* blōþ, *as. ae.* blōd).

bluot-faro, pluotvara *Adj. blutfarbig.*

bluot-renkī *f. Blutverrenkung* 31,1,10.

bluozan *red. V.* § 353 *u.* A. 4. § 354 A. 3: *opfern (got. ae.* blōtan. *Vgl. PBB* 43, 416).

blȳen *sw. V., s.* bluoen.

bodam, bodem *m.* (a) *Boden, Grund (vgl. ae.* botm).

bogo, pogo *m. Bogen (ae.* boʒa).

bockilīn, pochilī *n.* § 32 *u.* A. 2: *Dimin. zu* boc *m. Bock (as.* buc, *ae.* bucca).

ā-bolgan-hēd *f. (as.)* = ābulgi.

ir-bolgono *Adv. (Partiz. zu* irbëlgan) *erzürnt.*

bolōn *sw. V. wälzen, werfen.*

ir-bonth *O.* II, 5, 10 *Prät. zu* ir-bunnan, *s.* -unnan.

bōm *m., s.* boum.

bora-drāto *Adv. gar sehr.*

bora-lang, burolang, porlang *Adj.* § 32 A. 3: *sehr lang.*

borawirdīc *(as.* barw.-) *sehr würdig.*

borgēn, porgēn, porakēn *sw. V., sich vorsehen, sich hüten vor etwas (Gen.); einem Sicherheit gewähren, ihn (Dat.) schonen.* – pi-porgēn *dass. (ae.* borʒian).

bort *m.* (a) *Schiffsbord.*

bōsa *f.* (ō) *Schlechtigkeit.*

bōsi *Adj. gering, schlecht.*

gi-bot, gabot, chibot, kipot *n. Gebot, Befehl, edictum* (zu gibiotan).

boto, bodo, poto *m.* § 222: *Bote, nuntius, apostolus, angelus (as.* bodo, *ae.* boda).

boto-līh, potolīh *Adj. apostolicus.*

boto-scaf, botascaf *f.* § 62 A. 1: *Botschaft (as.* bodskepi *m.*).

gi-bod-scip *(as.) n. Gebot.*

boug *m.* (a) *Ring (ae.* bēaʒ); *zu* biogan.

bouhhan, bauhhan, pouchan, pauchan *n. Zeichen, Vorbild (as.* bōcan, *ae.* bēacen).

bouhnen [bauhhanjan], bauhnen *sw. V.* § 356: *bezeichnen, significare, innuere.*

bouhnunga, bauhnunga *f.* (ō) *und* bauhnung *m. significatio.*

boum, baum, poum, paum, bōm *m.* (a) *Baum (got.* bagms, *as.* bōm, *ae.* bēam).

boum-garto, bōmgarto *m. Baumgarten.*

bōzan *red. V.* § 353 A. 1a: *stoßen.*

brāch-mānōth *m.* (3, 8f.) *Juni (vgl. mhd.* brāche *f. Umbrechen des Bodens).*

brātan *red. V.* § 351 A. 1: *braten (ae.* brǣdan *sw. V.*).

brāwa *f.* (ō) § 208 A. 5: *Augenbraue, Augenlid (ae.* brǣw, *an.* brā *Augenlid; vgl. an.* brūn *f. Augenbraue).*

brediga *f. und* bredigōn *sw. V., s.* pred-.

breit, preit *Adj. breit (got.* braiþs, *ae.* brād, *as.* brēd).

breitī, preitī *f. Breite.*

breiten [breitjan], preiten *sw. V. breit machen, ausbreiten.* – *eminere* (breitēn?). I. 1, 38 *(got.* braidjan, *ae.* brǣdan).

brëhhan, prëchan *st. V.* § 341: *brechen, zerbrechen, zerreißen (got.* brikan, *as. ae.* brëcan).

fir-brëhhan, forbrëhhan *(as.* farbrëkan) *zerbrechen, brechen, verletzen (ein Gebot, einen Eid).*

ir-brëhhan *erumpere.*

zi-brëhhan *zerbrechen, zerstören, vernichten.*

ana-brëchōn *sw. V., s.* ana-brëchōn.

brëman *st. V.* § 340 A. 1: *brummen.*

brengen *st. V.* § 336 A. 4: *bringen (as.* brengian).

brennen [brannjan], prennen *sw. V.* § 356: *brennen machen, anbrennen, verbrennen (got.* brannjan, *as.* brennian; *vgl.* brinnan).

bi-brennen *verbrennen (trans.).*

far-brennen *dass.*

brëstan, prëstan § 338 *u.* A. 1: *brechen, bersten; mangeln, gebrechen, impers.* m. *Dat. pers. et Gen. rei, z. B.* ni breste imo thes *daran fehle es ihm nicht O. ad Ludow.* 82 *(ae.* bërstan).

ver-brëstan *zerbrechen.*

brët *n.* § 197: *Brett (ae.* brëd).

gi-brët, ke-brët *n. Balken.*

*brëtōn *sw. V. niederstrecken, schlagen, Hl.* 54 *(ae.* breodwian).

brëttan *st. V.* § 99. § 338: *rasch ziehen, zücken (das Schwert) (ae.* brëgdan).

briaf, brief *m.* (i) § 36, c: *Brief.*

brieven [brēvjan] *sw. V. aufschreiben, zählen (vlat.* brēviare).

bringan, prinkan, pringan *st. V.* § 323 A. 1. § 336 A. 4. § 364. § 365 A. 4: *bringen, hervorbringen, darbringen (got.* briggan, *ae.* brinʒan); *vgl.* brengen.

ana-pringan *inferre* 11, 1, 3, 3.

bi-bringan *herzubringen, etwas bis wo-*

hin bringen, zu Ende bringen, voll-bringen.
durah-bringan *hindurch bringen.*
fram-bringan *hervorbringen, vorwärts bringen; vorbringen, verkünden.*
volle-bringan *vollständig bringen, voll-bringen.*
brinnan, prinnan *st. V.* § 336 A. 1: *intr. brennen, ardere (got. as.* brinnan).
far-brinnan *intrans. verbrennen, durch Feuer verzehrt werden.*
in-brinnan *Feuer fangen, entbren-nen.*
brōdemī *f.* *42, 1, 3 = brōdī. *Vgl.* ZDA 24, 446.
brōdi *Adj. gebrechlich, schwach.*
brōdī *f. Gebrechlichkeit, Schwachheit.*
brōichen *sw. V., s.* brouchen.
brocko *m.* § 96 A. 4: *Brocken.*
brōs(a)ma *f.* (n) § 69 A. 3: *Brotkrume.*
brōt, prōt *n. Brot (ae.* brēad, *an.* brauð).
brouchen [brouchjan] *sw. V. biegen, krümmen, Part.* gebrōihta *flexas W.* 2, 59.
bruh *m. Bruch.*
brucca *f.* § 210: *Brücke (ae.* brycʒ).
brūhhan, prūhhan, brūchen (brûochen *N.,* § 41 A. 2) *st. V.* § 333 A. 3: *ge-nießen, gebrauchen (m.Genet. u. Akk.),* kaprūche *secundet Hymn.* III, 4. – (*as. ae.* brūcan *st. V., vgl. got.* brūkjan, *got. Gr.* § 209); *s. auch* ëbanbrūchen.
brunia, brunna *f.* § 118 A. 4. § 210 *und* A. 2. 3: *Brustharnisch (got.* brunjō, *ae.* byrne).
brunno, prunno *m. Quell, Brunnen (got.* brunna, *ae.* burna).
brunst *f.* § 219: *Brand (zu* brinnan, § 336 A. 1).
bruoder, prōder, bruather, bruodher, pruader, brother (brothro 5, 2, 17) *m.* § 233. § 235: *Bruder, Ordensbruder (got.* brōþar, *ae.* brōðor).
bruoder-scaf, bruaderscaf, brüder-scaft (26, 61) *f.* (i) § 219: *das Leben als Brüder, Brüderschaft, fraternitas.* ·
bruoh *f.* § 242: *Hose (ae.* brōc, *lat.* brāca).
brust, prust *f.* § 243: *Brust (got.* brusts). *Vgl. as.* briost; *ae.* brēost *n.*
brūt, prūt *f.* (i) *junge Frau, sponsa (got.* brūþs, *as.* brūd, *ae.* brȳd). *Vgl. PBB* 32, 30 ff.; 35, 306 ff.
brūt-hlouft, brūthlauft, brūtlouft *m. u. f.* (i) *Hochzeit, nuptiae (zu* hlouffan).
brūt-hlouftīg, brūt-hlauftīg *Adj. nup-tialis, hochzeitlich.*
brūt-hlouft-līh, brūtlouftlīh *Adj. dass.*
brūt-līh *Adj. hochzeitlich.*
brūti-gomo, prūtigomo *m. sponsus.*
brutten *sw. V. I. trans. erschrecken.*

bū, pū (*Gen.* būwes) *m.* § 204: *Ackerbau, bebautes Land, Wohnsitz, Wohnung.*
būan, pūwan, pūen, būen *sw. V. I.* § 353 A. 3. § 354 A. 3: *Landbau treiben, wohnen; trans. bewohnen (got.* bauan, *as. ae.* būan).
buhil *m.* § 194: *Hügel.*
būh, būch *m. Bauch (as. ae.* būk).
ir-bunnan *V. Prät.-präs., s.* -unnan.
buog *m.* § 216 A. 1: *Bug (ags.* bōʒ, bōh).
buoh, bōh, buah, puoh (*Dat.* būhche 25, 11) *f. n. m.* § 242: *Buch (as.* bōk, buok).
buocha *f.* (n) *Buche (ae.* bēce).
buohhāri, buachāri *und* buohheri, buocheri *m.* §200 *u.* A.1: *scriba, Schrift-gelehrter (got.* bōkareis, *ae.* bōcere).
buoʒ *f.* § 207 A. 2: *Besserung, Abhilfe (zum Folg.).*
buoʒʒa, puaʒʒa, buoʒa, buaʒa *f.* (ō) *Besserung, Buße, Strafe (got. as.* bōta, *ae.* bōt).
buoʒʒen, buozʒan, puaʒan buoʒen *sw. V. I. gut machen, verbessern, durch Buße gutmachen, losmachen (mit Akk. d. Pers. u.Gen. d. Sache z. B.* er gibuoʒta sih thes 36, 18); *heilen (m. Dat. d. Pers. u. Acc. d. Sache* 31, 9, B 2) (*got.* bōtjan, *as.* bōtian, *ags.* bētan).
būr, pūr *m. Wohnung, Haus (ae.* būr).
gi-būr, kipūr *m.* (a) *neben* gi-būro *m.* § 222 A. 2: *Mitbewohner, Nachbar, Bauer; vgl. WuS* 2, 28 ff.
burdin, burdī *f.* § 211 A. 3: *Bürde, Last (zu* bëran).
burdinōn *sw. V. belasten mit (Gen.).*
burg, purc, puruc *f.* § 243: *Stadt, Burg (got.* baúrgs, *ae.* burʒ).
burgio, purgeo, burigo, burgo *m.* § 223 A. 2. 3: *Bürge (ae.* byrʒea).
burg-līh, purglīh *Adj. civilis.*
burg-liuti *Plur. m.* (i) *Stadtbewohner.*
burigo *m., s.* burgio.
ge-būr-līh *Adj. civilis (zu* gibūr).
gi-būro *m., s.* gi-būr.
buro-lang *Adj. s.* boralang.
burren [burjan], burien, purren, buren *sw. V. heben, in die Höhe heben.* ūf purrenti *sustollens (an.* byrja).
er-burren *erheben.*
gi-burren *zustoßen, geschehen, zukom-men, gebühren; refl. sich ereignen.*
burst *m.* (i) *Borste (ae.* byrst).
burt *f.* (i) § 219: *Geburt (zu* bëran).
gi-burt, chiburt, capurt *f.* (i) *Geburt, Gebären, Abkunft, Ursprung, Herkunft, das geborene Kind (got.* gabaúrþs).
burtīg *Adj. gebürtig.*
butil *m.* § 194: *Gerichtsbote, Büttel (ae.* bydel).
butin *f.* § 211 A. 3: *Bütte (lat.* butina).
buzza *f., s.* puzza.
būʒʒan *Präp., s.* biūʒʒan.

C *vor* a, o, u *siehe unter* K. – C *vor* e,
i *siehe unter* Z. – Ch *siehe unter* K.

D · Th · Dh

d *anlautend bei Is. O. usw. s. t.*
thagēn, dagēn, githagēn *sw.* V. § 369:
  schweigen (got. þahan, *as.* thagon).
fir-dagēn *verschweigen.*
dāha *f.* § 33: *Lehm, Ton (got.* þāhō).
gi-thāht, gidāht *f.* (i) *und* gi-thāhtī
  das Denken, die Gedanken.
fir-damnōn *sw.* V. *verdammen (lat.*
  damnare).
than *Konj., s.* thanne.
thana, dhana, dana *Adv. von dannen,*
  weg, inde.
thanān, dhanān, danān, dannān *und*
  thanana, danana, danne *Adv. loc.*
  inde, von dem Orte weg, von da, von
  dannen; temp. von der Zeit an, von
  da an; – Konj. daher, deshalb; unde,
  woher, weshalb – (*ae.* þanon, þonan).
thank, danc *m. das Gedenken, Gedanke,*
  Erinnerung, Dank, Wille (got. þagks,
  ae. þanc).
gi-thank, gidanc, gadanch *m.* (a) *das*
  Denken, der Gedanke.
thank-līh, thanglīh *Adj. gratus.*
thankōn, danchōn *sw.* V. § 367: *dan-*
  ken, jem. für etwas (Gen.) danken (ae.
  þancian, *an.* þakka).
danna *Adv., s.* thanne.
dannan 42, 130 = danne noh.
dannān *s.* thanān.
thanne, dhanne, danne, thanna, danna,
  than (34, 15) *und* denne (*vgl. ZDA*
  82, 240f.) *Adv. zu der Zeit, damals,*
  dann, da, wenn; – Konj. daher, des-
  halb; wann, weil, da; nach Kompara-
  tiv: als (as. than *und* thanna).
dannah = danne noh 42, 130 (*hs.* dannan).
dansunga *f.* (ō) *verleumderisches Durch-*
  ziehen, Schmähung (zu dinsan).
thanta, danta *Konj. weil.*
thār, dhār, dār, dā *und* dhar, dar (dare
  5, 2, 104) *Adv.* § 120 A. 2 *da, dort;*
  wo (*as.* thâr, *ae.* þǣr). – *Zur An-*
  zeigung des Relativverhältnisses dem
  Pronomen enklitisch nachgesetzt und
  gewöhnlich geschwächt zu ther, der,
  dir, de: ther thâr, diu der, dū der,
  dār der, daz der *usw.; vgl.* § 287 A. 3.
  In Verbindung mit Adverbien: thār-
  ana *daran, dabei, darauf;* thār-bi *da-*
  bei; dār-inne *darin;* thār miti *und*
  thār-mit *damit, dabei;* dār-oba *dar-*
  über; dār-ubari *darüber;* thar-ūze *da*
  draußen u. a.
thara, dara, dare *Adv. Konj. dorthin,*
  dahin, hin, hinweg; wohin. – In Ver-

bindung mit Adverbien: thara-in *da*
  hinein; thara ingegin *dagegen;* dara-
  nāb *darnach;* thara-uuidiri *dawider.*
  dagegen; thara-zua *dazu.*
thara-sun *Adv. dorthin.*
thāre, dāre *Adv.* (= thār) *da, dort.*
darba *f.* (ō) *Entbehrung, Mangel; Ver-*
  lust (PBB 67, 387ff.) (*got.* þarba, *ae.*
  þearf, *as.* tharf); *zu* durfan.
tharbēn, githarbēn, darbēn, *sw.* V.
  § 102. § 369: *Mangel haben, entbehren*
  etwas (Gen.) (*as.* tharbon, *ae.* þear-
  fian).
darm, tharam *m.* (a) *Darm.*
tharōt *Adv. dorthin* (*as.* tharod).
thaz, daz *Konj. daß (Neutrum des Pro-*
  nomens thër).
the, de *Relativpartikel* § 287 A. 3.
thëgan, dëgan *m.* (a) § 194 A. 4: *Knabe,*
  Dienstmann, Krieger (*ae.* þeȝn).
thëgan-heit *f.* (i) § 219: *Mannhaftig-*
  keit, Tapferkeit.
thëgan-līcho *Adv. tapfer, kühn.*
thëh-ein, dëhein, dëhhein, thëgein,
  dichein, thohhein *und* thëh-einīg,
  thiheinīg *Adj.-Pron.* § 29 A. 3. § 154
  A. 7 § 295, e; *irgendein (mit Nega-*
  tion), kein; s. auch kein.
ki-dëht *Adj. devotus. Vgl. PBB* 44,
  319ff.
theih = thaz ih *O* (§ 287 A. 2).
deismo *m.* § 154 A. 5: *Hefe, Sauerteig.*
thecken [thakjan], dhecchen, dehhen,
  dechen, decken, thecken *sw.* V. § 356.
  § 362 A. 1: *decken, bedecken (ae.* þec-
  can, *an.* þekja).
bi-thecken, bitheken *bedecken.*
[gi-decki], getheke *n. Decke, Hülle.*
[decki], dechi *angenehm, lieb; nur Su-*
  perl. dechisto **Hl.* 26, § 143 A. 2 (*an.*
  þekkr) *PBB* 22, 432.
dhëmar *n. Dämmerung, crepusculum.*
demphen *sw.* V. § 356: *dämpfen.*
thenken [thankjan], denchan, denchen
  sw. V. (*Prät.* thāhta) § 364. § 365 A.
  4: *denken, gedenken, erwägen, im Sinne*
  haben, trachten (got. þagkjan, *as.* then-
  kian, *ae.* þencan, *an.* þekkja).
ana-denchen *an etwas denken, erwä-*
  gen.
bi-thenken, pidenchen *bedenken (et-*
  was), für etwas besorgt sein, besorgen;
  refl. sich bedenken, nachdenken.
ir-thenken *erdenken, ausdenken.*
missi-thenken *Unrechtes denken.*
wola-thenken *gut gesinnt sein.*
denne *s.* thanne.
thennen [thanjan], thenen, denen *sw.*
  V. § 356: *ausstrecken, ausspannen (got.*
  þanjan, *as.* thennian, *ae.* þennan,
  þenian).
deo- *in* deota, deonōn *usw. s.* dio-.
thër, dhër, dër (thie *T.*) *Pron. demonstr.*

§ 287: *der; Relat. welcher* (*as.* thē, thie).

Der Instrumentalis thiu, dhiu, diu *in Verbindung mit Präpos.* (*demonstr. u. relat.*) § 192, e A. 2: a) *after* dhiu, *darauf, darnach; nachdem.* – b) bithiu, bidiu, bediu, *deshalb, daher, also; weil, quia, quoniam.* bithiu uuanta *s.* hwanta. – c) fone diu *deshalb, daher.* – d) in thiu *darin, dazu; Konj. m. Konjunkt., temp. in dem Zeitpunkt wann* (*O.* I, 20, 32); *kondit. in dem Falle daß, unter der Bedingung daß, wenn* (*O.* I, 1, 103; 1, 7, 12; IV, 8, 24); *fin. in der Absicht daß, daß* (*O.* I, 1, 85). – e) innan thiu *unterdessen, während.* – f) mit thiu *als, da, während, obgleich, da, weil.* – g) nāh tiu *nachdem* (*N.* 4, 30). – h) untar diu *unterdessen.* – i) zi thiu *dazu, in der Absicht, zu dem Zwecke.*

ther, der *nach Relat., s.* thār.

thērēr, *Pron., s.* thēse.

dēsde = dēs diu (§ 287 A. 1 c) *desto W.* (*PBB* 42, 288).

thēse, dhēse, dēse; thēsēr, dēsēr, thērēr, disēr *Pron. demonstr.* § 288: *dieser.*

deu-muoti *Adj., s.* diom-.

dewēder *Pron.* § 295 A. 2.

deuuen, douuen *sw. V.* § 358 A. 3: *verdauen.*

dēcemo *m. der Zehnte* (*as.* dēgmo).

dēzemōn *sw. V.* § 163 A. 8: *den Zehnten geben, verzehnten, decimare, vgl.* tēhmōn.

thiarna, thierna *f., s.* thiorna.

dieb *m., s.* thiob.

diehsamo *m., s.* dīhsmo.

diemuot *f., s.* diom-.

gi-thig *n. O.* 1. *Gedeihen, Erfolg* (*zu* thīhan); 2. *Flehen, Bitten* (*zu* thiggen), *vgl. Kelle, Glossar s. v., Kock* 5.

diga *f.* = digī.

thuruh-thigan *Adj. Part. perfectus.*

gi-thigan, kadigan *Adj. Part. erwachsen, gediegen, ernst, keusch* (*zu* thīhan).

ka-diganī *f.* § 227 ff.: *pudor.*

thiggen [thiggjan], dikkan, dicken, thichen, digen *sw. V. bitten, flehen um etwas* (*Genet.*), *z. B. O.* V, 23, 72 (*oder Akk. O.* I, 17, 62); *jemand bitten, anflehen* (zi: *O.* I, 4, 13). – ae. þiccgian 1. *bitten,* 2. *empfangen;* ae. þic3an, an. þiggja *nehmen, empfangen.*

ir-thiggen, irdiggen *erbitten, durch bitten erlangen.*

digī *f. Bitte, Gebet* (*zu* thiggen).

gi-thigini *n. Gefolge* (*zu* thēgan).

thīhan, dīhan, gidihan *st. V.* § 128 A. 1. § 331 A. 1: *zunehmen, gedeihen, vorwärts kommen,* (*got* þeihan, *ae.* þēon).

bi-thīhan *wonach trachten, etwas unternehmen, zuwege bringen* (*m. Genet.*) *O.* I. 7, 27.

fram-dīhan *vorwärts gedeihen, guten Fortgang haben.*

in-thīhan *etwas* (*Genet.*) *unternehmen.*

dichein, thiheinig *s.* thēhein.

dīhsmo, dīhsamo, tiehsamo (*N.* 11, 17) *m.* § 69 A. 3: *das Gedeihen, Erfolg* (*zu* dīhan).

dihta *f., s.* tihta.

dicki, dichi *Adj. dick, dicht* (*as.* thikki).

thicco, dicco *Adv.* (*z. Vor.*) *oft.*

dictōn, thictōn *sw. V. dictare, diktieren, abfassen, vgl.* tihtōn.

dilli *m., s.* tilli.

thīn, dhīn, dīn *Pron. poss.* § 284 f.: *dein.*

thīng, ding *n. Ding, Sache, Angelegenheit, Ursache, Rechtssache; Gerichtsversammlung, Gericht, Versammlung, concilium.* fone dien dingen *deshalb N.* 2, 15 (*as.* thing. *ae.* þin3).

gi-ding *a f.* (n) *Übereinkunft, Bedingung.*

thingen [thingjan], dingen, githingen *sw. V. hoffen, glauben m. Gen. Akk. oder Präp. z. B.* zi himilrīche thingent *O.* V, 23, 162, gidingant in dih 26, 2; – *auf etwas bedacht sein z. B. O.* I, 17, 50.

thing-hūs, thinchūs, dhinchūs *n. praetorium, Synagoge.*

gi-thingi, gedinge *n. Gerichtsversammlung, Beratung, Verhandlung; Fürsprache, Hoffnung.*

ding-līcho *Adv. gerichtlich, auf dem Rechtswege.*

gi-dingo *m. Hoffnung, Zuversicht;* – *Bedingung* (*N.* 16, b, 11).

thingōn *sw. V. verhandeln, unterhandeln;* – *hoffen* (*O.* V. 23, 237) (*ae.* þin3ian).

thinkil *m. Dinkel* (*Getreideart*).

thinsan, dinsan *st. V.* § 336 A. 1: *ziehen* (*got.* þinsan).

ar-dinsan *herausziehen, wegziehen.* ūʒ ardunsan *eductus M. Hench* X, 12.

dinstar *Adj. dunkel;* dinstrī *f. Dunkelheit.*

thiob, deob, diob, diub, diup, dieb *m.* (a) *Dieb* (*got.* þiufs, *ae.* þēof).

thioh, dioh, dich *n.* (a) *Schenkel* 1, 4, 22; *Hüfte* 1, 4, 20.

dio-līhho (*as.* thiulīco) *Adv. demütig.*

thiomuoten [thiomuotjan], diomuoten *sw. V. demütigen.*

thio-muoti, deomuati, thiomuati, diomuoti, diemuote, deumuote (§ 49 A. 4) *Adj. demütig, herablassend, humilis. Vgl. PBB* 43, 395 ff.

thio-muotī, deomuatī, deomuotī, diemuotī, diemuot *f. Demut, Herablassung.*

thionōn, dheonōn, deonōn, dionōn, dienōn *sw. V.* § 367: *dienen* (*as.* theonon).

gi-thionōn *mit Akk. verdienen z. B. O.* IV, 9, 28.

ir-thionōn *verdienen.*

thionōst, theonōst, deonōst, dionōst *n.; Dienst, Dienstleistung.* – deonōstī *f. dienender Stand.*

thionōst-man *m. Dienstmann, Diener.*

thiorna, thiarna, deorna, dīorna, dierna, dirna *f.* (n) § 48 A. 5. § 225 A. 1: *Dienerin, Mädchen, Jungfrau* (as. thiorna).

thiot, deot, diot, thiet *n. m. und* thiota, dheoda, deota, diota *f.* (ō *und* n) §208 A. 4: *Volk* (got. þiuda, ags. þēod). – *Steigerndes* diet- *in Adjektiven:* dietēwig, diet-mahtig 31, 8, 6.

thiodan *(as.) m. König* (got. þiudans).

diot-wëg, diot-wig (§ 29 A. 2) *m. via publica.*

dioʒan *st. V.* § 334 A. 1: *tosen* (ae. þēotan).

dirna *f., s.* thiorna.

disco *m. discipulus* (*vgl. Sprachdenkm. S.* 287¹).

thiu, diu (*Gen.* thiuwi) *f.* § 210 A. 4: *Magd, ancilla* (*vgl.* got. þiwi, *Gen.* þiujōs).

diub *m., s.* thiob.

thiub-heit *f.* (i) *furtum.*

dhiubia, điuba, điuva, diuba *f.* (jō) § 139 A. 5. § 210: *Diebstahl.*

(thiudīg) dutic *Adj.* 31, 8, 6: *gnädig?* (= got. þiupeigs).

diufal *m., s.* tiufal.

diuri, diuren *usw., s.* tiur.

diutisk *Adj.* § 249: (*zum Volke gehörig, s.* diot), *deutsch* (*PBB* 43, 436 ff.; 45, 145).

gi-thiuto *Adv. O. angemessen, gut, herrlich* (as. githiudo, *zu* got. þiuþ). *Vgl. PBB* 43, 444.

thiu-wideru *s.* hwëdar.

thō, dō, dhuo, duo *Adv. Konj. temporal* § 38 A. 1: *demonstr. da, darauf, also, daher, aber, denn;* – *relat. als, da, indem, während* (as. thō).

dodo *m.* (n) 5, 2, 18: *patrinus?*

thoh, dhoh, doh *Adv. Konj. doch, dennoch, aber, auch; mit Konjunktiv obgleich* (ae. þēah, got. þáuh).

thohhein *Adj., s.* thëhein.

tholēn, dolēn *und* tholōn *sw. V.* § 369 A. 2: *leiden, dulden* (got. þulan, ae. þolian).

far-dolēn *ertragen, erdulden, sustinere.*

thonar *m. Donner; as.* Thunaer 16, 2, II, 7 (ae. þunor).

thorf *s.* thorph.

thorn, dorn *m.* (a) § 220 b A. 1: *Dorn, Stachel, Dornbusch* (got. þaúrnus, ae. an. þorn).

thorot, dorot *Adv. dort.*

thorph, thorf, dorf (durf 5, 2, 103) *n.*

§ 131 A. 5. § 193 A. 8: *Dorf, vicus* (got. þaúrp, ae. þorp).

thorrēn, dorrēn *sw. V. dürr werden, dürr sein.* – ar-dorrēn *dass.* (*vgl.* durri).

drāen *sw. V. I.* § 359 A. 3: *drehen* (ae. þrāwan red. V.).

drāho *Adv. duftig, Kompar.* drāhor W.

dracho *m. draco, Drache.*

thrāti, drāti, drāte *Adj.* § 250 A. 3: *schnell. Zu* drāen.

thrātī, drātī *f. Schnelligkeit, Heftigkeit,* in thrātī *Adv. gar sehr.*

thrāto, drāto *Adv. schnell, heftig, sehr.*

thrawa, drowa *und* drōa *f.* (ō) § 45 A. 3. § 208 A. 5: *Drohung* (ae. þrēa).

drawen *sw. V., s.* threwen.

gi-threngi *n. das Gedränge* (*zu* thringan).

thrëskan, drëskan *st. V.* § 338: *dreschen* (got. þriskan, ae. þërscan).

far-thrëskan *zerdreschen.*

threwen [thrawjan], drewen, drauwen, drouwen *sw. V.* § 49 A. 4. § 358 A. 3: *drohen* (ae. þrēan).

thrī, dhrī, drī *Num.* § 270, 3: *drei* (got. þreis, ae. þrī).

dhri-falt, drifalt *Adj.* § 270 A. 4. § 280: *dreifältig, trinus.*

dri-līh *Adj.* § 270 A. 4. § 280 A. 2: *dreidrähtig* (lat. trīlīx).

thringan *st. V.* § 336 A. 1: *dringen, drängen* (got. þreihan, ae. þrinʒan).

dhrīnissa, drīnissa, driunissa *f.* (ō), dhrīnissi *n. und* dhrīnissī *f.,* § 201. A. 1 § 270 A. 4: *trinitas.*

drīo-elnīg *Adj.* § 270 A. 4: *drei Ellen lang.*

ir-drioʒan *st. V.* § 334 A. 1: *verdrießen.*

driror *Adv.* § 281: *dreimal.*

driski *Adj.* § 279: *dreifach; Pl. je* drei.

dri-scōʒ *Adj.* § 270 A. 4: *dreieckig.*

driscūfli *n.* § 166 A. 1: *Schwelle* (ae. þerscold, ne. threshold).

dhrittio, dhritto, thritto, dritto *Num. ordin.* § 278: *tertius* (got. þridja).

dri-zëhan *Num.* § 272: *dreizehn.*

drīʒʒug § 273 A. 2: *dreißig;* -ōsto § 278.

drōa *f., s.* thrawa.

drouwen *sw. V., s.* threwen.

drūbo *m.* § 167 A. 8: *Traube.*

drucken [thrukkjan], drucchen, truchen *sw. V. drücken, bedrängen* (ae. þryccan).

druoen *sw. V. I.* § 359 A. 4: *leiden.*

thū, dhū, dhu, dū, du *Pron. II. Pers.* § 41 A. 1. § 282: *du* (got. þu).

be-dūhen *sw. V.* § 128 A. 1: *drücken (W.).*

thult *f.* (i) *und* thultī *f. Geduld, das Ausharren, patientia.*

gi-thuld, gidult, kidult *f.* (i) *dasselbe.*

thulten [thultjan], dulten *sw. V. dulden, ertragen, pati.*

dultīg, dultic *Adj. patiens.*
thunken [thunkjan], dunken, dunchen
sw. V. (Prät. thũhta, dũhta, tûohta
N.) § 364. § 365 A. 4: *dünken, scheinen,
dafürhalten; – meist unpersönl. mit
Dat. oder Akk. (got.* þugkjan, *ae.* þyn-
can).
thunkida, thungida *f. instar, similitudo
(z. Vor.).*
thunni, dhunni, dunni *Adj.* § 251:
dünn.
dun-(thun-, tuni-) wengi *n.* (ja) 1, 4,
3f: *Schläfe.*
dhuo, duo *Adv., s.* thō.
duoder? *31, 1, 1 *villeicht Adv. in der
Bedeutung 'dorthin'.*
durah *Präp., s.* thuruh.
thurfan, durfan *V. Prät.-präs.* § 139
A. 3. 5. § 373: *Mangel haben, entbehren, bedürfen, nötig haben (got.* þaúr-
ban, *ae.* þurfan).
bi-thurfan, bidurfan *bedürfen, nötig
haben etwas: Genet. (oder Akk.).*
thurft, durft, duruft *f.* § 219: *Bedürf-
nis, Bedürftigkeit, Not (got.* þaúrfts).
durft *Verbaladj.* § 323 A. 3. § 370 A. 2:
nötig.
thurftīg, durftīg, thurphthīg *Adj.*
§ 323 A. 3: *bedürftig, arm.*
durh, thurh *Präp., s.* thuruh.
durh-naht, durnoht *Adj., s.* duruh-
noht.
bi-thurnen [thurnjan] *sw. V. mit Dornen versehen (zu* thorn).
thurnīn *Adj.* § 249: *dornen, von Dornen (got.* þaúrneins, *ae.* þyrnen).
thurri, durri *Adj. dürr, trocken (got.*
þaúrsus, *ae.* þyrre).
thurst, durst *m. Durst (as.* thurst, *ae.*
þurst; *vgl. got.* þaurstei *f.*).
thurstag, durstag, thurstig *Adj. dur-
stig.*
thursten [thurstjan], dursten *sw. V.*
§ 356: *dürsten.*
durstesāri, turstesāre *m. ein Dürsten-
der, sititor.*
duruft *s.* thurft.
thuruh, dhurah, duruh, durah, durh
Präp. m. Akk. § 154 A. 4: *durch,
wegen, um – willen; thuruh thaz deshalb (as.* thuruh, *ae.* þurh; *vgl. got.*
þaírh).
duruh-heitar *Adj. sehr hell, praeclarus.*
duruh-noht, durhnaht, durnoht *Adj.*
§ 32 A. 6: *vollkommen, tüchtig (zu ahd.*
gi-nah, ginuog).
duruh-noht-līchen, durhnahtlīchen
Adv. vollständig.
duruh-tān *Adj. Part. perfectus.*
duruh-wëg *m.* (a) *Durchweg, transitus.*
thus *Adv. afrk., as.* so. (*ne.* thus, *vgl.
ahd.* sus).
thũsunt, dũsent *Num.* § 167 . A. 8.

§ 275: *tausend (got.* þũsundi), *alem.*
tũsinc 42, 106.
dutig *Adj. s.* thiudig.
thwahan, dwahan *st. V.* § 107 A. 1.
§ 167 A. 8. § 346 A. 2: *waschen (got.*
þwahan, *ae.* þwēan. *an.* þvā).
dwëran *st. V.* § 167 A. 8. § 340 A. 1:
umrühren (ae. þwëran).
dwërh (twër *N.* 11, 32) *Adj.* § 167 A. 8:
quer.
thwesben [thwasbjan] *sw. V.* § 133
A. 2: *vertilgen, vernichten (O.) PBB*
39, 563.
ir-thwesben *dasselbe.*
gi-thwing *m. n.* (a) *Bedrängnis.*
thwingan, dwingan, gidwingan, chi-
dhwingan *st. V.* § 107 A. 1. § 167 A. 8.
§ 336 A. 1. 5: *zusammendrücken, ein-
engen, zwingen, drängen, bedrängen,
bezwingen, überwältigen, jemand wozu
(Genet.) nötigen (as.* thwingan, *ae.*
þvinga).
bi-thwingan, bidwingan *bedrängen,
bezwingen, unterdrücken. – Part.* bi-
thuungan, pidungan, bethungen (§ 336
A. 5): *unterdrückt, bekümmert, traurig.*

E

e- (i-) *nach romanischer Weise einer anlautenden s-Verbindung vorgesetzt: esconæ, isnel 5, 2, 34. 35. (Gl. 5, 518[1]).
ē 1. *Adv. Konj., s.* ēr. 2. ē, ēa *f., s.* ēwa.
ëban *Adj.* § 249: *gleich, gleichmäßig,
eben (got.* ibns, *as.* ëban, *ae.* ëfn).
ëbanāri *m. Gleichmacher.*
ëban-brũchen *st. V. Umgang haben,
couti T.* LXXXVII, 2.
ëban-ēwīg *Adj. coaeternus.*
ëban-faro *Adj. gleichfarbig, ebenfare-
uuez N.* 11, 4.
ëban-filu, ëbenfilo *Adv. gleichviel.*
ëban-gilīh *Adj. coaequalis.*
ëban-gilīhnissa, ëbanchiliihnissa *f.*
(ō) *aequalitas.*
ëban-hōh *Adj. gleich hoch.*
ëbani, ëbini *n. Ebenmaß, Gleichmaß.*
ëbanī, ëbene *f. Gleichheit, Ebene.*
ëban-lang, ëbinlang *Adj. gleich lang.*
ëban-līh *Adj. ëbanlīhho, Adv. gleichmäßig, gleichartig.*
ëban-māʒ̣ʒ̣ōn, ëbenmāʒ̣ʒ̣ōn *sw. V. vergleichen.*
ëban-michel *Adj. gleich groß.*
ëbano *Adv.* (zu ëban) *gleich, gleichmäßig, mit Gleichmut M.* Hench
XXIX, 13 (*as.* ëfno).
ëban-reiti *Adj. gleichgeordnet.*
ëban-uuërc *n.* (a) *Is. cooperatio.*
ëben-, ëbin- *s.* ëban-.
ëbena *f.* (ō) *Ebenholz (lat.* ebenus).
ëbur, ëber, hëber *m.* § 30, c: *Eber,
aper (ae.* eofor).

ëddes-, ëthes-, ëttes-; ëtte-, ëte-: § 167 A. 10.

ëddes-hwanne, ëtheshwanne *Adv. irgend einmal, zuweilen.*

ëddes-hwelīh, ëddeswelīh, ëtteshwelīh *Pron.* § 295, d: *irgendein, aliquis.*

ëddes-hwër, ëtheswër, ëtewër *Pron.* § 295, d: *jemand. – Neutr.* ëddeshwaz, ëtheswaz, ëtewaz, *etwas, ein wenig.*

eddes-hwio *Adv. irgendwie.*

ëddes-līh, ëtheslīh, ëttelīh *Pron. indef.* § 295, d: *jemand.*

ëddo, ëdho, ëtho, ëdo; ërdho, ërdo *und* odho, odo, oda, ado (10), athe (19), atha (31, 9 B); odar, oder, order *Konj.* § 29 A. 3. § 167 A. 11: *oder (got.* aíþþáu, *as.* ëftho, ëfto, *ae.* oðöe); *vgl. PBB* 12, 211; *Kögel Lit.* 2, 539.

ëthes- *s.* ëddes.

edil-thëgan *m. ein Mann von edlem Geschlecht, ein Krieger.*

edil-Franko *m. Edelfranke O. Ad Ludow.* 13.

edili *Adj.* § 251: *von edlem Geschlecht, edel, herrlich (ae.* æðele), *vgl.* adal-, edil- *in Kompos. Vgl. PBB* 41, 385ff.

edili, edhili *n. Geschlecht, edles Geschlecht.*

gi-edili, geedele *n. nobilitas.*

edili-giburd *(as.) edle Herkunft (vgl. PBB* 41, 393).

ediling, edelinc *m.* § 194: *Edeling, aus edlem Geschlechte Stammender.*

edil-zunga *f.* (n) *edle, gebildete Sprache.*

ëdho, ëdo *Konj., s.* ëddo.

evangelio *m. Evangelium.*

evangelisc, evangelisg *Adj. evangelicus.*

eft *(as.) Adv. wieder, wiederum (ae.* eft).

ëftho, ëfto *(as.) s.* ëddo.

ēg, ēgan *(as.) s.* eigan.

ëgal-sēo *m. Egelsee (*ëgal *Blutegel).*

egetier *n.* (a) *schreckliches Tier.*

egga, ecka *f.* (ō) *Ecke (as.* eggia *ae.* ecʒ).

ëggo *Interj. ecce (*ecco *altniederfränk.*). *Vgl. ZfvglSpr.* 45, 341.

egī, eckī *f. disciplina (zu got.* agis, ōgan).

egisa *f.* (ō) *Schrecken (z. Vor.).*

egis-līh *Adj. schrecklich.*

egiso, ekiso *m. Schrecken (as.* egiso).

ēht *f.* (i) *Eigentum, Besitz, Sache (got.* áihts, *ae.* ǣht, *zu* eigan).

ei *n.* § 43 A. 3. § 117. § 197, *Ei (ae.* ǣʒ).

eid, eidh, eit (heit) *m.* (a) *Eid (got.* aiþs, *as.* ēth, *ae.* āð).

eid-burt *f.* (i) *Eid (zu* bëran).

eidum, eidim *m. Schwiegersohn, Eidam (ae.* āðum).

eivar, aipar, eiver *Adj.* § 139 A. 5: *herb, bitter (ae.* āfor).

eigan, eigen (heigan § 152, a *u.* A. 1) *V. Prät.-präs.* § 301 A. 3. § 371: *besitzen, haben.* s'ēg ih guot (= sō eigi

ih guot) *Beteuerungsformel: 'so habe ich Gutes, so wahr es mir gut gehen möge'* 35, 9. – (got. áihan, *as.* ēgan, *ae.* āʒan).

eigan, eikan, eigen *Part. Adj. (z. Vor.) eigen; Subst. n. Eigentum, Besitz.*

eigan-haft, eigenhaf (§ 161 A. 6) *Adj. eigentümlich.*

eih *f.* § 219 A. 1: *Eiche (ae.* āc, *an.* eik).

eichahi *n.* § 201: *Eichenwald.*

eichan *red. V.* § 352 A. 3: *zusprechen (got.* aikan).

eichōn *sw. V.* § 352 A. 3: *vindicare.*

ein (ēn) *Numer. und Pron. indef.* § 270, a. § 295, b: *unus, allein, einzig: irgendein, ein; in der Bedeutung 'allein' meist schwach flekt.* – einero *(G. Pl.)* gi-huuelīh *unusquisque T. (got.* ains, *ae.* ān, *as.* ēn, *Hl.* aen, ēn).

einag, ainac, einac, eineg, einig *Adj. einzig, allein (as.* ēnag).

einazēm, einezēm *Adv. Dat. Plur.* § 279 A. 1: *einzeln (Grimm Gr.* 3, 10. 11).

ein-boran *Adj.* § 323 A. 3: *unigenitus (zu* bëran).

eineg *Adj., s.* einag.

eines, einis *(andfrk.) und* einēst *(N.),* einist *Adv.* § 281: *einmal (ae.* ǣnes, *afries.* ēnes).

ein-falt, einfolt (§ 25 A. 1) *Adj.* § 280: *einfach, rein, einfältig (got.* ainfalþs).

einfalt-līh *Adj.* § 280 A. 1: *einfach.*

ein-hurno *m. Einhorn.*

ein-hwelīh *Pron.* § 295 A. 1: *irgendein.*

ein-hwëdar, einwëder *Pron. indef.* § 295 A. 2: *einer von beiden.*

einīg (ēnīg) *und* eining *Pron.* § 295, b: *irgendein, aliquis, ullus (ae.* ǣniʒ).

einist *s.* eines.

ein-kunni *Adj. ein und demselben Geschlechte angehörig.* *O.* I, 4, 4.

ein-līh *Adj.* § 280 A. 2: *einfach, einzig.* einlīh–einlīh *alius–alius* 7, 125.

ein-lif *Num.* § 139 A. 3. § 271: *elf (got.* áinlif). einlifto § 278.

ein-luzzi, ainluzzi *Adv.* § 279: *einzeln, allein. Adv.* einluzzo *unverheiratet O.* I, 5, 40 (*zu* hlioʒʒan).

einmuoti *Adj.* § 251: *einmütig.*

einnissa *f.* (ō) *Einheit, unitas.*

einnissi *n. und* einnissī *f. dasselbe.*

eino *Adv.* § 270 A. 1: *allein (zu* ein).

einōn *sw. V. einigen, vereinigen,* uuir birun gieinōt *wir stimmen überein O.* I, 17, 26.

einōti, einōte, einōdi *n. Einöde, Wüste (as.* ēnōdi, *ae.* ānad).

ein-wëder *Pron. s.* ein-hwëdar.

ein-wërch *gemeinsames Handeln, co-operatio.*

ein-wīgi *n.* § 198 A. 3: *Einzelkampf, Zweikampf. O.* IV, 12, 62.

ein-willīg *Adj. obstinatus, eigenwillig.*
eiris 31, 1, 1 *verschrieben für* ēnes, ēnis *s.* eines *(Wrede).*
eiscōn, eisgōn *sw. V. forschen, fordern, fragen, erfragen, hören (as.* ēscon, *ae.* āscian).
gi-eiscōn *erforschen, kennen lernen, erfahren.*
ir-eiscōn *erforschen, ausforschen.*
eittar, eiter (heitar) *n.* § 96 A. 4: *Gift. (ae.* āttor, *an.* eitr).
eittar-gëbo *m. Giftmischer.*
ëchert *Adv., s.* ëckorōdo.
ekī *f., s.* egī.
ëckorōdo, ëckrōdo, ëkordo, ëkordi, ëkard, ëchert, okkeret *Adv.* § 29 A. 3: *nur, bloß. Vgl. Grimm Gr.* 3, 113.
eli-thioda *(as.) f. anderes Volk.*
elichōr *Adv. weiter, ferner, mehr.*
eli-lenti, ellenti, ellende *n.* § 98. § 201. § 295a A. 2: *anderes Land, Ausland, Fremde, Verbannung (vgl. got.* aljis *und* land).
eli-lenti *Adj. fremd, verbannt;* elelendun *egenum* 17, 5, 25.
ellen, ellian, ellin *n. Eifer, Mut, Kraft, Tapferkeit (got.* aljan, *as.* ellian).
ellenti *n., s.* elilenti.
ellentuom *n. Verbannung (z. Vor.).*
ellian-līcho *Adv. mutig (zu* ellen).
ellian-ruof *(as.) Adj. kraftberühmt.*
ellian-dād *(as.) f. Krafttat.*
ellies *Adv., s.* alles.
ëlm *m. Ulme (ae.* ëlm, *an.* almr).
ëlo *Adj.* § 253: *gelb.*
elten [altjan] *sw. V. alt machen, alt werden; aufschieben, zögern.*
eltī *f. das Alter; vgl.* altī *(as.* eldi).
eltiron *Pl.* § 163 A. 6. § 261 A. 1. 3: *parentes (ae.* yldran).
emaʒʒīg, emeʒʒīg, emiʒʒīg, emeʒīc, emmiʒīg *Adj. beständig, fortwährend, beharrlich, 'emsig'. Dat. Plur.* emmiʒīgēn *(O.). Adv. fortwährend, immer.*
emiʒ, emmiʒ *Adj. fortwährend. Dat. Plur.* emmiʒēn *Adv.* § 269: *immer (O.).*
endī, endi, ende *und* endin *n.* § 196 A. 3: *Stirn, frons (an.* enni).
endi *m. n. finis, s.* enti.
endi *Konj. und, s.* anti.
endiōn *sw. V. s.* entōn.
ge-endido *m. defunctus (Part. zu* *entian *beenden)* 19, 21.
endōn *sw. V., s.* entōn.
enēr *Pron. Adj., s.* jenēr.
engen [angjan] *sw. V. enge machen, beengen, ängstigen.*
engi, enge *Adj.* § 251: *enge, angustus (ae.* enʒe, *got.* aggwus). *Adv.* ango.
engil, angil *m. Engel (< lat.* angelus).
engil-lih, engilīh *angelicus (z. Vor.).*
ēnīg *Adj., s.* einīg.

ëno, ëno-nū, ëno-ni *Part. interr. numquid, nonne (vgl.* inu).
enōnt, ennōnt *Adv. u. Präp. m. Dat. jenseits (zu* enēr).
enstīg *Adj.* § 249: *günstig, wohlwollend (got.* ansteigs; *zu* anst).
enstīg-heit ensticheit *f.* (i) *Gunst, Wohlwollen.*
enteri *n.? die Vorzeit, antiquitas* *O. 1, 3, 7 (zu* enti).
enti, endi, ende *n. (selten m.)* § 198 A. 3. § 199 A. 2. § 201: *Ende (got.* andeis, *ae.* ende *m.*).
enti *Adv.* § 266 A. 3: *früher.*
enti *Konj. und, s.* anti.
entōn, enteōn, endiōn, endōn *sw. V.* § 367 A. 1: *intr. ein Ende nehmen, endigen; trans. beendigen, finire, consummare.*
entrisk (hentrisk) *Adj. antiquus (zu* enteri).
entrōsto *Superl.* § 266 A. 3: *der Letzte.*
entunga *f.* (ō) *Ende, consummatio.*
eo, eogihwelīh, eoman *usw., s. unter* io.
ēo *f., s.* ēwa.
er *Präp. m. Dat., s.* ur.
ër, aer *(M.),* ir *(Is.);* hër *(T.),* hē; *as.* hē, hie *Pron. pers.* § 31 A. 1. § 283: *er (got.* is).
ēr *n. Erz (got.* aiz, *ae.* ār, *an.* eir).
ēr, aer *(Is.), später* ē § 120 A. 2. § 268 A.·2: 1. *Adv. früher, vorher, eher; in Verbindung mit* thanne *Konj.:* ēr thanne *bevor, ehe, bis.* 2. *Konj. bevor, ehe, bis.* 3. *Präp. m. Dat. vor (temporal), ehe. (Vgl. got.* áir).
ēra *f.* (ō) § 208. § 231 A. 2: *Ehre, Ruhm, Ansehen, Ehrerbietung (ae.* ār).
ēracar, ērachar *Adj.* § 109 A. 4: *früh wach (aus* ēr-wakar). *an.* ārvakr.
ēraft-līh *s.* ērhaftlīh.
erbi, arbi, ervi (19, 23), heribi (17,5, 63) *n.* § 201: *haereditas, Erbe, ererbtes Besitztum, Grundbesitz, Eigentum (got.* arbi, *ae.* yrfe).
erbi-ward *(as.) m. Erbwart, Erbe.*
erbo, arbeo *m.* § 223 A. 2: *der Erbe.*
ërda, aerda, ërtha, aerdhǻ (haerda, hërda § 152) *f.* (ō, *seltener* n) § 208: *Erde (got.* aírþa, *ae.* eorðe).
ërd-burg *f. Erdburg (Ortsname?)* 2, 4, 22.
ërd-gi-ruornessi *n. Erdbeben (zu* hruoren).
ërd-līh, aerdlīh *Adj. terrenus.*
ërdo, ërdho § 167 A. 11: *Konj. s.* ëddo.
ërd-rāt *m. Vorrat, den die Erde hervorbringt, ubertas.*
ërd-rīhhi, aerdhriihhi *(Is.),* ërdrīchi *n. Erdreich, Reich dieser Welt, Erde.*
ërd-ring *m. Erdkreis (s.* hring).
ërd-sāmo *m. Erdsame.*

ërd-waso, aerdhwaso *(Is.) m. moles terrae.*

ërd-wuocher *m. Frucht der Erde.*

ëre-grëhtī, ërgrëhtī, arngrihtī (31, 7, 4) *f. Barmherzigkeit, Gnade O. u.* 36, 59 *(zu* ëra *und* gi-rëht).

ërēn, ëran *(ae.* ārian*) sw. V. ehren, Ehre erweisen, verehren, ehrenvoll behandeln; lieben (vgl. Kock, S.* 10 *f.*).

gi-ērēn *sw. V. honorificare, s.* gi-heren.

ervi *n., s.* erbi.

ervetha *f.* (ō) *das Erbe.* 19, 21.

ër-grëhtī *s.* ēregrëhtī.

ër-haft *Adj. ehrwürdig, ehrenhaft.*

ër-haftī *f. Ehrwürdigkeit, Milde.*

ër-haftlīh, ēraftlich *Adj. venerabilis.*

ër-hina *Adv. früher, vormals. Hl.*

erien, erren *red. V.* § 350 A. 5: *ackern, pflügen (got.* arjan, *ae.* erian *sw. V.*).

ērīn *Adj. ehern (zu* ēr).

erio *m.* § 223 A. 3: *arator (zu* erien).

ēriro, ērero, ērro *Adj. Kompar.* § 266 *u.* A. 4: *früher, prior (zu* ēr: *got.* áiriza). – ēristo *Superlat.* § 277: *der Erste, primus. – Adv.* ērist § 281 A. 2: *primum, zuerst.* zi ērist, zērist § 268 A. 3: *zuerst.*

ērist-boran *Adj. -Part.* § 323 A. 3: *erstgeboren.*

ērist-poranī *f.* § 229: *Erstgeburt.*

ërkan, ërchan *Adj. egregius.*

ërl *(as.) m. Mann (ae.* eorl).

ër-līh *Adj. herrlich, ehrenvoll, ehrfurchtsvoll. Adv.* ērlīhho, ērlīcho.

erlin *Adj. von Erlenholz, erlen. Zu* erila, elira *f. Erle (ae.* alor *m.*).

ër-lōs, aerlōs *(Is.) Adj. ehrlos, impius.*

ërnust *m. u. f.* (i) § 30, c: *Ernst, Beharrlichkeit (ae.* eornost).

ërnust-haft, ërnesthaft *Adj. mit Ernst, ernstlich, eifrig.*

ërnust-līh, ërnestlīh *Adj. ernstlich, wahrhaft.*

ero (29, 2) *Erde. Doch nicht in* fatereres *Hl.* 24. (*Anders, zu griech.* ἔρα *ZDA* 31, 205 ff.). *Vielleicht hier nur fehlerhaft für* ërda. –*Vgl. Alemannia* 31, 165.

ërpf *Adj.* § 131 A. 5: *braun (an.* jarpr).

erren *s.* erien.

ērro *Kompar., s.* ēriro.

ër-wirdīg *Adj. ehrwürdig.*

erzinen *sw. V. (gewöhnlicher* arzenōn; *zu* arzāt *Arzt) heilen.*

esil *m.* (a) *Esel (got.* asilus, *ae.* esol).

esilin *f.* § 211: *Eselin.*

esconæ 5, 2, 34 *s.* skōni.

ëte-, ëttes- *s.* ëddes-.

ēwa, ēa, ēo, ē *f.* (ō) § 210 *u.* A. 2: *Ewigkeit, ewige Ordnung, Gesetz, Testament (got.* aiws, *ae.* ǣ, ǣw).

ēwan *(as.) Adj. ewig.*

ēwandag *(as.) m. Ewigkeit.*

ē-wart *m.* (a) *und* ēwarto *m. Priester (zu*

ēwa *u.* wartēn: *Wächter des Gesetzes*).

ēwart-tuom-līh *Adj. priesterlich.*

ēwa-scaffin, ēwasceffin *m.* (a) *judex, scriba* (scaffin *Schöffe, scabinus; zu* skephen).

ēwī, ēwīn *f. und* ēwidha, ēwida *f.* (ō) *Ewigkeit, vgl.* ēwa.

ēwīg *Adj. ewig (as.* ēwig).

ēwīn *Adj.* § 249: *ewig (got.* aiweins).

ēwinīg *Adj. ewig.*

ewit *n. Schafherde (got.* awēþi, *vgl. Got. Gr.* § 17 A. 1); *zu* ou.

ēwo *m. Ewigkeit (Is.).*

ëʒʒan, ëʒan *st. V.* § 343 A. 5: *essen.* – *Infin. Substant.* ëʒʒan *n. das Essen, Mahlzeit (got.* itan, *as. ae.* ëtan).

eʒʒih *m. Essig (vgl. as.* ekid, *got.* akeit: *lat.* acetum).

F · V

fâði *(as.) m. pl. das Gehen, nur in* an fâði, an fâðion *zu Fuß.*

fagar *Adj. schön (got.* fagrs, *ae.* fæʒer).

fagarī *f. Schönheit (PBB* 43, 369).

fāhan, fāen (phāen); gifāhan, *red. V.* § 33. § 350 A. 4. 7: *fassen, fangen, ergreifen, gefangen nehmen, nehmen, empfangen; – intrans. eine Richtung annehmen, geraten, z. B.* hintorort gifiang *machte Rückschritte, kam zurück O. Ad Hartm.* 31; fāhan zi *m. Dat. etwas angreifen, anfangen, beginnen (got. as.* fāhan, *ae.* fōn).

ana-fāhan *anfangen.*

ant-fāhan, intfāhan, entfāhan, in-fāhan, imphāhan § 138 A. 2: *an sich nehmen, annehmen, aufnehmen, empfangen; anfassen, befallen, 'verfangen' (von einer Pferdekrankheit)* 31, 9, B. 2, *vgl. ZDA* 53, 157; *ZDP* 47, 372 ff.

bi-fāhan, pifāhan *umfassen, umfangen, ergreifen, angreifen, in Besitz nehmen.*

fir-fāhan *vorwärts schaffen, fördern, ausrichten.*

missi-fāhan *fehlgreifen, etwas (Genet.) verfehlen.*

in-fāhāri *m. susceptor.*

fahs, vahs *n.* (a, *aber* 5, 2, 2 n) *Haupthaar (ae.* feax).

vahs-strëno *m. Haarbündel, Streifen geflochtenes Haar.*

faccala, fakala, facchela *f.* (ō) *Fackel (ae.* fæcele; *aus lat.* facula).

faclen *sw. V. I zum Vor.? –* *M. Hench* V, 29 rōrea gafaclita *arundinem quassatam, vgl. Graff* 3, 446.

fal (*Gen.* falles) *m.* (i *u.* a) § 216 A. 3: *Fall, Sturz, Untergang, (räuberischer) Anfall O. ad Ludow.* 78 (*ae.* fiell, fyll).

faldan *red. V.* § 350 A. 3: *falten (got.* falþan, *ae.* fealdan).

falenza *f.* (ō) *s.* phal-.
fallan *red. V.* § 350 A. 2: *fallen, stürzen, umkommen* (*ae.* feallan).
ana-fallan *darauf fallen, irruere; anfallen, überfallen.*
bi-fallan *fallen, hinfallen; refl.* 43, S 53, V 109(?).
gi-fallan *passen; ebenso* zuo gifallan, int-fallen § 138 A. 2: *entfallen, wegfallen.*
nithar-fallan, nidarvallan *niederfallen, sich niederlassen.*
untar-fallan *dazwischen fallen, dazwischen treten.*
falo (*fl.* falawēr) *Adj.* § 253: *fahl, bleich* (*ae.* fealo).
faltōn *sw. V. zusammenfalten, -schlagen (wie ein Buch).*
fana *Präp., s.* fona.
gi-fang *n. Bekleidung.*
ke-fangida *f.* (ō) *Gefangenschaft.*
ir-vangida *f.* (ō) *repetitio.*
fao *Adj., s.* fō.
far *m.* (i, *Plur.* farri *u.* ferri) *taurus* (*ae.* fearr).
fara *Adj., s.* faro.
fāra, vāra *u.* fārī *f.* § 208 A. 2. 3: *Nachstellung, Gefahr, Versuchung; das Bestreben* (*ae.* fǣr).
farah *n., s.* farh.
faran, varen *st. V.* § 304. § 346: *einen Weg zurücklegen, gehen, ziehen, reisen, wandern, sich begeben, weggehen, vergehen (T.* 146, 3: farent *transibunt*); *impers. es geht, es verhält sich (N.* 4, 39; 12, 46) (*got. as. ae.* faran).
ar-faran, irfaran, ervaren *ausgehen, hervorgehen, weggehen; trans. einholen, erreichen, erlangen, erfahren.*
durah-faran *durchgehen, durchdringen, durchforschen.*
folle-faran *einen Weg vollständig zurücklegen, zum Ziele kommen, vollenden.*
fora-faran *vorausgehen, vorhergehen.*
fur-faran, vorfaran, virvaran *vorübergehen, vergehen, zugrunde gehen, sterben.*
furi-faran *intrans. vorbeigehen, vorübergehen; trans. jemandem (Akk.) vorausgehen (N.* 7, 2).
in-varan § 138 A. 2: *entgehen, entkommen.*
nider-varan *hinabgehen, descendere.*
ūȝ-faran *ausgehen, herausgehen, egredi.*
za-faran, zefaran *zerfahren, vergehen.*
ze-farantlīh *Adj. vergänglich.*
fārāri, fāreri, fāriri *m.* § 200 *u.* A. 1: *Nachsteller, Versucher* (zu fāra).
farāwa *f.* (ō *u.* n) § 208 *u.* A. 2. 3: *Aussehen, Gestalt, Farbe.*
farawen *sw. V. I* § 363 A. 4 d: *färben.*
fārēn *sw. V.* § 368 A. 3: *nachstellen, auflauern, wonach trachten (Gen. oder Dat.)* (zu fāra).

farh, farah *n.* § 197: *porcellus, Ferkel* (*ae.* fearh); *s. auch* bērfarh.
fāri *f., s.* fāra.
fāriri *m., s.* fārāri.
faro, fara *Adj.* (*fl.* farawēr) § 253: *von einem Aussehen, farbig* (*vgl.* farawa).
fart, vart *f.* (i) § 219: *Weg, Reise, Fahrt.* thes fartes (*vgl.* thes sindes) *Adv. da, ibi.* alla fart *durchaus, immer O.* (*ae.* fierd, fyrd *Kriegszug*).
fart-muodi *Adj. wegmüde, von der Reise ermüdet.*
fasta *f.* (n *u.* ō) § 225: *Fasten, Fastenzeit* (*vgl. got.* fastubni, *ae.* fæsten). Zu festi.
fastēn *sw. V.* § 369 A. 2: *fasten* (*got.* fastan).
fasti *Adj., s.* festi.
fast-līcho *Adv. firmiter.*
fast-muoti *Adj. festen Sinnes, beständig.*
fasto *Adv.* (zu fasti, festi) *fest, sehr.*
fater *m.* § 233. § 235: *Vater* (*got.* fadar).
fater-līh *Adj. väterlich.*
fater-lōs *Adj. vaterlos.*
gi-vatero *m.* (n) *Gevatter.*
faȝ, vaȝ *n. Gefäß* (*as.* fat. *ae.* fæt).
faȝȝa, vaȝȝa *f.* (ō) *Last, Bürde, Bündel.*
faȝȝōn *sw. V. beladen, ausrüsten.*
fëddāh, fëthdhāh *(Is.),* fëttāh *m.* (a) *u.* vëtecho *m.* (17 5, 69) § 167 A. 10: *Fittich, Flügel. – Dazu* fëttahhōn *sw. V. (N.): mit Fittichen versehen.*
fedel-gold *n. dünn geschlagenes Gold, Blattgold, bractea.*
ge-fedelgoldōt *Adj. Part. mit fedelgold verziert, bracteatus.*
fëdera, fëthera *f.* (ō) *Feder, Fittich; Flosse,* (*ae.* fëðer).
fëh *Adj. bunt, gescheckt.*
gi-fëh *Adj. in Feindschaft befindlich, feindlich* (*ae.* fāh). – fēhen *sw. V. hassen.*
gi-fëhan *st. V.* § 343 A. 4: *sich freuen* (*ae.* ȝefēon; *vgl. got.* faginōn; *dazu PBB* 43, 367).
fëhen [fëhjan] *sw. V. bunt machen, Part.* gefëht *buntfarbig N.* 7, 12 (*zum Adj.* fëh *bunt, ae.* fāh).
fëho *n., s.* fihu.
gi-fëho *m. gaudium* (zu gi-fëhan).
fëhōn, gifëhōn *sw. V. verzehren, essen* 22, 2, 15; *O.* IV, 20, 6 (*vgl. PBB* 12, 396).
gi-fëht *n. Gefecht, Kampf, Krieg.*
fëhta *f.* (ō) § 208: *Kampf.*
fëhtan *st. V.* § 338: *kämpfen, fechten* (*ae.* feohtan).
feim *m.* (a) *Schaum* (*ae.* fām).
feiȝȝit, feiȝit *Adj. fett. aniederfr.* feit, feitit; *dazu* feit *n. das Fett.*
fël (*G.* fëlles) *n.* § 196: *Haut* (*ae.* fell).
fëlahan *st. V. s.,* fëlhan.

fëlaho m. conditor, Gründer (zu fëlhan).

fëld, vëlt n. § 197: Feld, Fläche, Ebene (as. ae. fëld; vgl. as. folda, ae. folde f. Erdboden).

felgen [falgjan] sw. V. beilegen; für sich (Dat.) etwas beanspruchen (as. felgian).

fëlhan st. V. § 69. § 337 A. 4: bergen, zusammenfügen, gründen (got. filhan).

bi-fëlhan, pifëlahan, bevëlehen, bifëlan st. V. bergen, begraben; übergeben, anvertrauen, anempfehlen (ae. befēolan).

felis m. § 194: Fels (as. felis).

fellen [falljan] sw. V. zu Falle bringen, fällen (as. fellian). vellin 40, 4 vielleicht Nebenform zu vallin (fallen), welches die Münchener Hs. bietet; vgl. MSD 130.

bi-fellen fällen.

fenni, fenne n. Sumpf (got. fani).

feor Num., s. fior.

fër Adv. fern, lange (ae. feor).

fërah n. Seele, Geist, Leben (got. faírhus, ae. feorh).

fëraht (as.) Adj. weise; fëreht-līco Adv. dasselbe (zum Vor.).

fēra-tag s. fīra.

fergo m. § 223 A. 3: Schiffer, Fährmann (zu ferien).

fërgōn sw. V. fordern, erbitten; jemand bitten.

ferien [farjan], ferren sw. V. fahren, schiffen (got. farjan).

fërnerīg Adj. vorjährig.

fërrenān Adv. von ferne.

fërro Adv. weit fern, in der Ferne, von ferne; Superl. fërrōst am entferntesten (got. faírra).

fërron Adv. Akk. fern, weit.

fërs, vërs m.. n. versus, Vers.

ge-verta f. (n) Gefährtin (zu fart).

gi-verti, geverthe n. Fahrt, Weg.

gi-ferto m. § 222 A. 2: Gefährte.

fësa f. (n) § 31 A. 1: Spreu.

fesel und feselīg Adj. fruchtbar (von Tieren): zu fasal (ae. fæsl) n. foetus.

feselen sw. V. (*N. 9, 35) fruchtbar sein, vgl. Graff 3, 374.

gi-festen sw. V. I. § 356: anheften. banun gifasta Hl. 52 ('zufügen').

festi, fasti Adj. § 251: firmus, fest. − Subst. n. festi Festigkeit (as. fast, ae. fæst).

festī und festīn f. Festigkeit, firmitas. in festī Adv. sicher, gewiß.

festin f. § 211 A. 3: Schutzwehr.

festinōn sw. V. fest machen, festigen.

festnissa f. (ō) firmitas.

fetiro m. § 223 A. 2: Vetter.

fëttäh m.. s. fëddäh.

fewen, fouuen sw. V. I. § 358 A. 3: sieben.

gi-fëʒʒan st. V. § 343 A. 1: hinfallen.

fīant, fījant, vīgand, fīend m. § 117. § 236f.: Feind (got. fijands, as. fiund, ae. fēond), zu fīēn.

fīant-scaf, vīginscapht f. (i) Feindschaft.

fiar Num., s. fior.

fiara f. (ō) § 36, a: Seite (got. fēra).

fiaren, fieren sw. V. I.·eine Richtung geben, wenden, wozu bringen (z. Vor.).

ge-fideret Part. beflügelt (zu fëdera).

fidula f. (n) Fiedel, Geige (ae. fiðele).

fiebar n. § 36: Fieber.

fīēn sw. V. hassen (got. fijan, ae. fēoʒan).

fieo n., s. fihu.

fier Num., s. fior.

fieren sw. V., s. fiaren.

fīga f. (n) Feige (aus lat. ficus).

vīgand m., s. fīant.

fig-boum, ficbaum (M.) m. Feigenbaum.

vīgin-scapht f. (i), s. fīantscaf.

fihu, vihu, fëho, fieo n. § 30. c. § 220 e: Vieh (got. faíhu Geld, ae. feoh).

filla f. (n) verber, Geißelung.

fillen [filljan] sw. V. die Haut abziehen, schinden, geißeln, schlagen (zu fël n.).

bi-fillen, bifillan sw. V. schinden, geißeln, schlagen.

filleol, fillol m. (a) filiolus (Patenkind).

filu, vilu, filo, fila, vili unfl. n. § 220 e A. 2: m. Genet. vieles, viel; Adv. viel, sehr (got. filu, ae. feolu, fëla).

filz-hūs n. Filzhaus, Zelt.

fimf, finf Num. § 271: fünf (got. fimf, as. ae. fīf).

fimf-falt Adj. § 280: fünffach.

fimfhunt Num. § 274: fünfhundert.

fimfto, finfto Num. § 278: quintus.

fimf-zëhan Num. § 272.

fimf-zug § 273: fünfzig. -ōsto § 278.

findan st. V. § 323 A. 1. § 336 A. 2: finden, erfinden, aussinnen; wahrnehmen, erfahren (got. finþan, as. fīdan, ae. findan).

bi-findan finden, auffinden, erfahren.

in-findan invenire (17, 5, 64); vgl. PBB 27, 511.

ir-findan erfinden, auffinden, ausfindig machen.

finf Num., s. fimf.

fingar, finger m. (a) § 194 A. 4: Finger (got. figgrs, ae. finʒer).

finstar Adj. § 249 A. 1: finster (vgl. dinstar).

finstar, finster n. Finsternis.

finstarnessi, vinisternissi (17,5, 31) n. § 201: Finsternis.

finstren [finstarjan] sw. V. finster machen, verfinstern, verdunkeln.

bi-finstren dasselbe.

finstrī f. § 229: Finsternis.

fior, feor, fiar, fier Num. § 48 A. 5.

§ 271: vier (got. fidwōr, as. fiuwar, ae. fēower).

fiordo, fierdo Num. § 278: quartus.

fiordung m. § 280a: Viertel.

fior-falt § 280. feoriske § 279.

fior-teil m. n. § 280a A. 2: Viertel.

fior-zëhan § 272: vierzehn.

fior-zuc, feorzuc, vierzeg §273: vierzig.

fior-zugōsto, fiarzegusto Num. § 278: der Vierzigste.

fīra, firra f. (ō) § 37: Ruhetag. Festtag, Sabbat (lat. feria). – fīra-tag, vīratag, fēratag m. dasselbe.

firahia, firiha, fira m. (ja) Plur. nur in Alliterationsdichtung belegt: firahim 29, 1, fireo Hl. 10 Menschen (zu ferah; as. firihos, ae. fīras).

firina, virina f. (ō) Verbrechen, Schandtat as. Dat. Pl. firinum (ae. fyrnum), Adv. sehr (got. faírina).

fīringa f. (n) Feier.

virin-līh Adj. grauenvoll.

firin-lust f. (i) verbrecherische Lust.

firin-tāt f. Freveltat.

firin-wërk n. Freveltat.

fīriōn sw. V. feiern (zu fīra).

virist f., s. frist.

firi-wiz oder firiwizzi n. portentum, Wunder (29, 1); Neugierde, Wißbegierde (as. firiwit, ae. fyrwet). Vgl. ZfvglSpr. 26, 25.

fīrlīc Adj. feierlich, festlich.

firni Adj. alt (got. faírneis, ae. fyrn).

ar-firren [firrjan], irfirren sw. V. entfernen (zu fër).

first m. First, Gipfel (eines Berges).

fisc m. (a) § 194: Fisch (got. fisks, as. ae. fisc).

fiskāri m. § 200: Fischer.

fisk-chunni n. genus piscium.

fiur, fyur u. älter fuir, vuir n. § 49 A. 3. § 196: Feuer (ae. fȳr). Vgl. PBB 41, 272ff.

fiurīn Adj. feurig.

fizus Adj. § 160 A. 4: schlau, listig.

fizus-heit f. (i) Schlauheit, List, Verschlagenheit.

flahs, flas m. § 154 A. 5: Flachs (ae. fleax).

flāzzan red. V., s. lāzzan.

flēha, flēga f. (ō) Schmeicheln, dringendes Bitten, Flehen. Dazu flēhōn sw. V. § 166 A. 1: flehen (got. þláihan, Got. Gr. § 71, A. 2).

flëhtan st. V. § 338: flechten.

fleisk, fleisg (fles 5, 2, 98) n. Fleisch (ae. flæsc).

fleisc-līh, fleislīh Adj. carnalis, fleischlich.

fleiscnissi n. (13, 76), s. infleiscnissa.

flewen, flouuen sw. V. § 358 A. 3: spülen.

flezzi, as. flet (Gen. fletties) n. Fußboden, Haus.

fliedima flebotomus, Aderlaßeisen.

fliogan, fleogan, fliugan, fliukan, fliagan, flūigan, flūgan, vlion (ze vlione 17, 5, 68, vgl. PBB 27, 512) st. V. § 333 A. 1: fliegen (ags. flēogan).

fliohan, fleohan, fliahan, flūhen, fliehen, flīhen, flīen st. V. § 166 A. 2. § 334 A. 2: fliehen (got. þliuhan, ae. flēon).

int-fliohan entfliehen, entrinnen.

bi-fliohan, pifleohan refugire.

fliosan st. V. liosan

fliozzan, fliazzan, fliozan, fliezzen st. V. § 334 A. 1: fließen, schwimmen (as. fliotan, ae. flēotan).

ūz-fliozzan, ūzfliazan herausfließen.

fliz m. Streit (13, 37), Anstrengung, Eifer, Fleiß.

flizzan, flīzan, giflīzan st. V. § 330 A. 1: sich bemühen, eifrig erstreben, sich einer Sache befleißigen (m. Gen.) ae. flītan.

flizzig, flīzig Adj. beflissen, eifrig.

fluht f. (i) § 219: Flucht.

gi-fluhti n. (ja) Geflecht, Kranz.

fluoh, fluah m. Fluch, Verfluchung.

fluohhōn sw. V. und fluachan red. V. § 353 u. A. 1: fluchen (got. as. flōkan).

fluot f. (i) § 219 A. 1: Flut (got. flōdus, as. flōd).

fluz m. (i) Fluß.

fnēhan st. V. § 343 A. 4: atmen.

fō (älter fao) und fōh Adj. § 114. § 254 u. A. 2: paucus, wenig; D. fōhēm Hl. (got. *faus, Pl. fawai, ae. fēa).

fogal, vogel, fugal (T.) m. (a) § 32 A. 3. § 194 A. 4: Vogel (got. fugls, as. fugal, ae. fuзol).

foget m. (a) Schutzherr, Rechtsbeistand (lat. vocatus).

fol (fl. follēr) Adj. voll (got. fulls, as. ae. full); in Kompositis folla- (§ 323 A. 3).

folgēn sw. V. § 369: folgen, nachfolgen, verfolgen; gehorchen (m. Gen. Dat. Akk.). (as. folgon, ae. fylзian).

gi-folgēn verfolgen, einholen.

ge-volgīg Adj. folgsam (m. Genet.).

volgōn sw. V. = folgēn (vgl. § 369 A. 1. 2).

folk, folch n. § 196 A. 1: Volk, Volksmenge, Kriegsvolk, Dienstvolk (as. ae. folc).

folleist, fulleist, follust, vollist f. (i) § 63 A. 2: Vervollständigung, Hilfe, Unterstützung, Ergötzung, as. fullēsti m. 31, 9, B 2.

fol-licho Adv. völlig, in vollem Maße (zu fol).

follo, folle Adv. vollständig (zu fol).

follon u. follūn Adv. Akk. § 269: vollständig, in vollem Maße, sehr, genügend.

follust *f., s.* folleist.
folma *f.* (ō) *palma, Handfläche, Hand*
(*ae.* folm *f., as.* folmos *m. Pl.*).
folo, volo *m.* § 221 A. 3: *Fohlen, junges*
Pferd (*got.* fula, *ae.* fola, *mhd.* vole
junges Pferd, Streitroß).
fona, vone, fana, fon, von *Präp. m.*
Dat. (Instrum.) § 25 A. 1: *lokal und*
tempor, den Ausgang bezeichnend: von,
von – her, seit. – *kausal-modal: von,*
durch, aus, über (*lat.* de). *as.* fan, fon.
fora *Präp. m. Dat. (Akk.)* *vor (lokal,*
tempor. und kausal); – *Adv. (lokal*
u. temp.) vor, vorn, voran (fora wesan
praeesse); *vorher, zuvor* (*got.* faúr,
faúra; *as.* for, fora). *s. auch* furiro.
bi-fora *Adv. lok. u. temp. vorn vorher,*
zuvor. – bifora lāᴢu ih iᴢ al *ich lasse*
es vorn, stelle es in den Vordergrund
O. I, 1, 52 (*as.* biforan, *ae.* beforan).
fora-botōn *sw. V. prophezeien* = chi-
fora-bodōt *Part. Is.* (*von* foraboto
Prophet).
forahta *f.* forahten *sw. V. s.* forht-.
fora-saga *f.* § 225 *und* **fora-sagin** *f.*
§ 211: *Prophetin,* fora-sago, foro-
sago *m.* § 222: *Prophet.*
forth (*as.*) *Adv. vorwärts, hervor, fort.*
fordaro, fordro *und* ford(a)rōro *Kom-*
parat. § 266 *u.* A. 1: *vorder, voran-*
stehend, früher forthora (*sc.* hant) *die*
rechte Hand. *Superl.* forderōsto *pri-*
mus, summus; Adv. ze forderōst *zuvor-*
derst, ganz vorn.
fordaro, fordoro, fordero, vordro *m.*
Vorgesetzter; Vorfahr, Vater (z. Vor.).
fordarōn, forderōn *sw. V. fordern, her-*
ausfordern, vorladen, anklagen.
ana-forderōn *verklagen (mit doppelt.*
Akk.) N. 4, 24.
gi-forderōn *sw. V. fördern O.* V. 19,
54.
fordwardes (*as.*) *Adv. vorwärts.*
forht, foroht *Adj. in Furcht.*
forhta, forahta *f.* (ō *u.* n) *Furcht,*
Schrecken (*got.* faúrhtei, *ae.* fyrhto).
forhten, forahten *sw. V., s.* furhten.
forht-līh, forahtlīh *Adj. furchtbar,*
tremendus.
forht-līhho, forahtlīcho *Adj. in Furcht.*
formōn (*as.*) *sw. V. helfen schützen.*
forn *Adv. temp. früher, ehemals, einst.*
forna *Adv. lok. vorn, vorher (O.).*
fōrren *sw. V., s.* fuoren.
forscōn *sw. V. forschen, fragen nach*
etwas (Gen.).
forspōn **O.* IV, 12, 16 *(VP)* = forscōn *(F.).*
forst *m. Forst (mlat.* forestis).
for-ūᴢan *s.* ūᴢᴢan.
fra-bald *Adj.* § 76 A. 5: *frech.*
fra-vildi *n.* § 76 A. 5: *campestria* 1, 6,
31 (*zu* fëld).

fravili *Adj. kühn, stolz, verwegen, frech.*
Adv. fravilo (*ae.* fræfele).
fravilī *f. Kühnheit, Verwegenheit,*
Frechheit.
frāga *f.* (ō *u.* n) § 208 A. 2: *Frage.*
frāgēn, frāghēn *sw. V.* § 369: *intr. u.*
trans. fragen, nachforschen, befragen
(*as.* frāgon).
ir-frāgēn *ausfragen, inquirere.*
fram *Adv. vorwärts, fort, weiter, weit,*
sō fram sō *so weit wie,* zi fram *zu weit,*
zu weitgehend (*ae.* from, *got.* fram
Präp.).
framadi *Adj. s.* fremidi.
fram-bringunga *f.* (ō) *Hervorbrin-*
gung.
fram-gang *m.* § 215 A. 2: *processus.*
fram-hald *Adj. vorwärtsgeneigt, vor-*
wärts.
frammort, framort *und* **frammërt**
(*aus* fram-wërt); *u. Gen.* frammortes,
frammordes *Adv.* § 99. § 109 A. 4.
§ 269: *vorwärts, ferner.*
frāno *s.* frōno.
frao *Adj.* (fl. frawēr), *s.* frō.
fra-sëᴢ *n.* § 76 A. 5: *Rost.*
fra-tāt *f.* § 76 A. 5: *Verbrechen.*
frawa-līcho *Adv., s.* frōlīh.
fra-wāᴢ *n.* § 76 A. 5: *Fluch, anathema*
(*zu* hwāᴢᴢan).
frauuen, frauwen *sw.* V *I., s.* frewen.
frawi-lōs *Adj. unbesonnen.*
frauuōn, frauwōn, frouwōn, frōōn *sw.*
V. froh sein, laetari.
ga-frëgnan *as.* - *ae.* ᴣefriᴣnan § 343
A. 7: *st. V. erfragen, erforschen, er-*
fahren. Dazu Prät. gafregin ih = *ae.*
ᴣefræᴣn ic (29, 1, *vgl. Alem.* 31, 163f.;
PBB 43. 378[1]).
frëht *f.* (i) *Verdienst* (*zu* ēht, eigan).
gi-frëhtōn, kafrëhton *sw. V. verdienen.*
freisa *f.* (ō *u.* n) § 208 A. 2: *Schreck,*
Gefahr (*as.* frēsa, *vgl. got.* fraisan *ver-*
suchen).
fremidi, framadi, fremede *Adj.* § 251:
fremd, wunderbar, seltsam (*got.* fra-
maþs, *as.* fremidi, *ae.* fremðe, fremde).
fremmen [framjan], fremen, gifremen
sw. V. vorwärts bringen, ausführen, zu
etwas machen, vollbringen (*zu* fram).
as. fremmian, *ae.* fremman.
thuruh-fremen *vollbringen.*
frenkisc *Adj.* § 249: *fränkisch.*
frewen [frawjan], frauuen, frauwen,
frouwen, freuwen *sw. V.* § 49 A. 4.
§ 114 *u.* A. 1. 2. 3. § 356. § 358 A. 3:
froh machen, erfreuen; refl. sich freuen.
Vgl. PBB 43, 367.
ir-frewen, irfreuwen, ervrouwen *er-*
freuen; refl. sich freuen.
frewī *f.* § 229: *Freude.*
frewida, freuwidha *f.* (ō) *Freude.*
frī *Adj.* § 117: *frei, los* (*got.* freis, *ae.*

frīo, frēo).
frigezeden? 31, 8, 16.
frīje-tag m. Freitag (ae. frīʒedæg).
fridōn sw. V. schonen (got. friþōn).
fridu, frithu, fridhu, frido m. § 220, c:
Friede (as. fridu m., ae. freoðu f.).
fridu-sam, fridosam Adj. friedlich.
friosan st. V. § 334 A. 1: frieren (ae.
frēosan, an. frjósa).
frist, virist (N. 19, 2) f., m. § 219 A. 2:
Frist, Aufschub, bestimmte Zeit, Zeitpunkt. frist gëban (m. Dat.) jem. ver-
schonen (O. V, 23, 135). ae. first.
frist-frang m. oder franga f.? *O. IV.
19, 63 Einengung in einen bestimmten
Zeitraum, Nötigung sich binnen kurzer
Zeit zu erklären (Schade).
frīt-hof m. eingefriedigter Raum, Vor-
hof.
friu f., s. fruoī.
friunt m. § 49 A. 3. § 236f.: Freund,
Verwandter, Geliebter, (got. frijōnds, as.
friunt, ae. frēond).
friuntin, frūintin, friunden f. (ō) § 211:
Freundin, Geliebte.
friunt-līcho Adv. freundlich.
friunt-lōs, friuntlaos Adj. ohne
Freunde, ohne Verwandte.
frō, frao, frou (fl. frawēr, frōēr, frouwēr)
Adj. § 45 A. 3. § 114. § 254 A. 2: froh
(as. fraho, frō). Vgl. PBB 43, 367².
frō m. (n) § 222 A. 4: Herr; ahd. nur
noch in der Anrede, frō mīn, vorkom-
mend (as. frōho, frōja, frao, frō, ae.
frēa Herr; vgl. got. frauja). Vgl.
ZDW 7, 179ff.
frōfra (as.) f. (ō) Trost.
frō-līh, frawalīh Adj. fröhlich.
frōnisc, frōnisg Adj. herrlich, glänzend,
heilig ZDW 7, 198.
frōno, fraono, frāno Adj. indecl. (eigent-
lich Gen. Plur. zu frō) § 247 A. 3: dem
Herrn, Gott angehörig, herrlich, göttlich,
heilig. in frōno Adv. herrlich, edel; vgl.
Jb. 1903, 75; ZDW 7, 195ff.
frōōn sw. V. laetari, s. frauuon.
frost m. Frost, Kälte (ae. forst; zu
friosan).
frōt Adj., s. fruot.
frouua, frauwa f. (n) § 114. § 226 u.
A. 1: Herrin, Frau (as. frūa, an.
Freyja).
frouuen, frouwen sw. V., s. freuuen.
frouuōn, frouwōn sw. V., s. frauuōn.
fruht f. (i) Frucht (lat. fructus).
fruintin f. (W.), s. friuntin.
fruma f. (ō) § 32 A. 3: Nutzen, Vorteil,
Ertrag.
fruma-sam Adj. benignus.
frumi-scaft f. (i) primordium.
frummen [frumjan], frumman, gifrum-
men, chifrummen, gafrummen sw. V.
§ 356: vorwärts bringen, befördern, aus-

führen, vollbringen, machen, tun (as.
frummian).
fruo, frua Adv. § 267: des Morgens früh,
bald.
fruoī f. die Frühe.
fruot, frōt, fruat Adj. verständig, klug,
weise; alt (got. frōþs; as. frōd, dazu
gefrōdod, Part. alt).
fuelen sw. V., s. fuolen.
ge-vūgida f., s. fuogida.
fuhs, niedd. vus (vusso) m. Fuchs (ae.
fox; vgl. got. faúhō f.).
fūht und fūhti Adj. feucht (ae. fūht).
fuir n., s. fiur.
fūl Adj. faul, verfault (got. fūls; ae. fūl).
fūlēn (fūlon 41, 44) sw. V. § 369: faulen,
verfaulen.
fulihha f. (n) weibliches Füllen (zu
folo).
fulleist f., s. folleist.
fullen [fulljan], gifullen sw. V. anfüllen,
voll machen, vollenden, erfüllen (got.
fulljan, as. fullian, ae. fyllan).
ir-fullen, arfullan, erfullan anfüllen,
vollenden, erfüllen.
fullida f. (ō) Füllung, Erfüllung.
funs Adj. strebend, bereit, willig, abwärts
geneigt (as. ae. fūs). Vgl. ZDA 82,
245ff.
funt n., s. pfunt.
fuoder-māʒi Adj. wie ein Fuder groß,
fudermäßig.
fuogen [fōgjan], foagen, fuagen, gi-
fuagen sw. V. fügen, hinzufügen, zusammenfügen, verbinden, vereinigen,
passend machen (ae. fēʒan).
fuogī f. das Hinzufügen, Verbindung.
gi-fuogida, gevūgida f. (ō) Verbindung,
conjunctio (Redeteil).
fuolen [fōljan], fōlen, fualen, fuelen
sw. V. fühlen, empfinden (as. fōlian,
ae. fēlan).
fuora, fuara f. (ō) Fahrt, Weg, Gefolge.
fuoren [fōrjan], fōrren, fuaren sw. V.
in Bewegung bringen, führen, bringen,
vorbringen, hervorbringen (zu faran).
as. fōrian (ae. fēran gehen).
fram-fuoren vorführen, hervorbringen.
hëra-fuoren herbeiführen, refl. herbeikommen.
int-fuoren wegführen, entziehen, befreien.
gi-fuori, gifuari Adj. § 251 passend, bequem. – Subst. n. passende Gelegenheit,
Annehmlichkeit, Nutzen, Bequemlichkeit; Wohnung (zu faran).
fuotar, fūter n. Nahrung, Futter (got.
fōdr, ae. fōdor, fōddor).
fuotar-eidī, fōtareidī f. § 231 A. 4:
Nährmutter, nutrix (got. aiþei) 15, 24.
fuoten, as. fōdean (ae. fēdan) sw. V.
nähren, aufziehen, gebären; ā-fōdid
(as.) geboren.

fuoӡ, fuaӡ, fuozs *m.* § 216 A. 1. § 220 b
A. 2. § 238: *Fuß (got.* fōtus, *as., ae.*
fōt).
fuoӡ-fallōn *sw. V. zu Füßen fallen,
adorare.*
furahtan *sw. V., s.* furhten.
furben [furbjan] *sw. V. fegen, kehren.*
yr-furben, arfurpan *rein fegen, weg-
kehren.*
furdir *Adv.* § 266: *weiter nach vorn,
fort; fortan, fürder; vgl.* fordaro *(ae.*
furðor).
furhten, furihtan, furahtan, furtin *und*
forhten, forahten *sw. V. I.* § 32 *u.*
A. 1. § 364. § 365 A. 4: *intransit.
Furcht empfinden, fürchten. Absol. oder
m. Gen. (für einen, für etwas fürchten);
m. Dat. refl. (z. B.* forhta imo *er fürch-
tete sich); – trans. m. Akk. jemanden
fürchten (got.* faúrhtjan, *ae.* forhtian).
ir-furhten, yrforahten, ervorten (17,
5, 34) *intr. u. reflex. in Schrecken geraten, sich fürchten.*
furi, fura, fure *Präp. m. Akk. vor, vor
– hin; anstatt, für; über – hinaus;
mehr als (Vorzug). – Adv. vor, vorbei,
vorwärts, fort (as.* furi).
furi-burt *f. Mäßigung, Enthaltsamkeit.*
furiro *Adj. kompra. (zu* furi, fora)
§ 266: *früher, vorzüglicher, größer,
mehr. – Neutr.* furira *Adv. mehr .O.
II, 14, 31; IV, 15, 26. Superlat.*
furisto § 277: *primus, summus (as.*
furisto, *ae.* fyresta); furisto, fu-
rosto, vursto *m.* (n) *der Fürst. –* furist, zi furist *u.* furista *(Neutr. sing.)
Adv. am weitesten vor, am bedeutend-
sten, zuvorderst, zuerst.*
furi-sezida, furesezeda *f.* (ō) *prae-
positio.*
furi-stendida *f.* (ō) *Verständnis.*
furt *m. Weg, Furt (ae.* ford) *m. zu* faran.
furten *sw. V. (N.), s.* forhten.
fuzze *f., s.* phuzza.

G

gadum *n. umschlossener Raum, Gemach.*
ge-gademe, gegathema *n. dasselbe.*
gavarōn *sw. V.* = gi-avarōn.
gagan, kagan, gagen, gegin *Präp. m.
Dat., lokal: zu, gegen, entgegen, gegenüber; tempor.: gegen, um; – gegen, im
Vergleich mit, gemäß, mit Bezug auf
(ae.* ӡēaӡn, ӡēan).
in-gagan, inkagan, ingegin *Präp. m.
Dat. gegen, entgegen; – Adv. entgegen
(as.* angegin, *ae.* onӡēan).
gaganen [gaganjan], gaginen *sw. V.
entgegenkommen, begegnen, zustoßen.*
bi-gagenen, pegagenen *begegnen.*

gagani, kagani, gegeni *Adv. entgegen.*
in-gagani, ingegini *Adv. entgegen.*
gagan-kērt *Part.-Adj. korrespondie*
rend (convertentia) N. 12, 59.
gagan-māӡӡōn, kagenmāӡӡen *sw. V.
vergleichen.*
gagen-wart, geginwart *und* gegin-
wērt *Adj. gegenwärtig.*
gagan-wartīg *und* geginwērtīg *Adj.
dasselbe.*
gagen-wērtī, geginwērtī *f. Gegenwart.*
gāhen [gāhjan], gigāhen *sw. V. eilen.*
gāhes *adv.Gen.* § 269: *plötzlich (z.Folg.).*
gāhi *Adj. schnell, rasch, eilig.*
gāhī *f. Schnelligkeit, Eile, in* gāhī, *in*
gāhe, *bi* gāhīn *Adv. schnell.*
gāhōn *sw. V.* = gāhen.
gāhūn *Adv.* § 269: *eilig, schnell, plötzlich.*
gahha *etiam M. Hench* X, 17 = jā,
§ 116 A. 2.
galan *st. V.* § 346 A. 1: *singen (bes. von
Zauberliedern). – ae.* ӡalan, *an.* gala.
bi-galan *Zaubergesang über etwas singen, besprechen.*
galgo *m. Galgen (got.* galga, *ae.* ӡealӡa).
galla *f.* (n) *Galle.*
galm *m.* (a) *Schall Lärm.*
gi-gamalod *(as.) Part. gealtert, alt (zu
ae.* ӡamol, *an.* gamall *alt).*
gaman *n. Freude, Lust, Spiel (ae.*
ӡamen).
gambar, kambar *Adj. strenuus.*
gān § 382 f., *s.* gangan.
ganervo *m., s.* ge-anerbo.
gang, ganc *m.* (a *u.* i) *das Gehen, Gang,
Weg.* sār thēn gangon *sofort.*
gangan, kangan *red. V.* § 350 A. 1. 7;
und gān, kān, gēn § 382 f. *gehen, wandeln, weggehen, sich begeben, einhergehen, kommen (got.* gaggan, *ae.* ӡan-
ӡan; ӡān).
ar-gangan, irgangan *ergehen, ausgehen,
einen Ausgang nehmen, vergehen.*
bi-gangan *begehen, ausüben, feiern, verehren.*
fer-gangan *vergehen.*
ful-gangan *(as.) jem. eifrig dienen.*
fram-gangan *vorgehen, vorwärts gehen,
hervorgehen.*
gi-gangan, gigēn *dasselbe; impers.* gigāt
zi *oder in* es geht auf, hat Beziehung zu,
ist abgesehen auf z.B. O. IV, 11. 43.
in-gangan *hineingehen, eintreten.*
int-gangan, ingangan *entgehen, entkommen.*
missi-gangan *fehlgehen, unglücklich
gehen.*
mite-gān *N.; eine Begleiterscheinung
sein: Part. Präs.;* mite gānde *Begleiterscheinung, accidens.*
ubar-gangan *über etwas hin gehen,
übergehen, übertreten.*

üf-gangan *aufgehen, heraufkommen.*
umbi-gangan *m. Akk. um etwas herum-
gehen. –* umbi-gân *intr. N. umkehrbar
sein, converti.*
untar-gangan: 1. *untergehen;* 2. *da-
zwischentreten, entziehen.*
ûȥ-gangan *herausgehen, hinausgehen.*
ûȥ-ar-gangan *exire.*
zi-gangan *zergehen, vergehen, zugrunde
gehen.*
gans *f.* (i) § 219 A. 1: *Gans* (ae. ʒōs).
ganz *Adj. integer, ganz, vollständig.*
gaot *Adj., s.* guot.
gara-lîcho *Adv.* § 267 A. 3: *vollständig,
gänzlich.*
garawen [garwjan], garwen, garawan,
karawen, gigarawen, chigarawen *sw.
V.* § 27 A. 2. § 356. § 363 A. 4, d: *fertig
machen, bereiten, zurüsten, ausrüsten*
(ae. ʒierwan, ʒyrwan). *Zu* garo.
garawî, garewî *f. Ausrüstung, Schmuck.*
garda, garde *f. virga, s.* gerta.
garn *n Garn, Faden* (ae. ʒearn).
garo (fl. garawēr) *Adj.* § 253: *fertig, bereit, ausgerüstet, vollständig* (ags. ʒearo).
garo *Adv.* § 267 A. 1: *gänzlich, vollständig.*
gart *m.* (a) *Gehege, Bezirk, Kreis* (got.
gards, ae. ʒeard).
gart *m.* (a) *Stachel* (got. gazds).
gart-brunno *m. Gartenbrunnen.*
garto *m.* § 222: *Garten* (got. garda, as.
gardo).
gast *m.* (i) § 215: *Fremder, Feind, Gast*
(got. gasts, ae. ʒiest).
gast-gëba *f.* (n) § 225: *hospita.*
gast-hûs *n. diversorium.*
gigat *Adj. zugehörig N.* 12, 85.
[gi-gato], gigado *(as.) Genosse.*
gaȥȥa *f.* (n) § 109 A. 2: *Gasse* (got.
gatwō).
gëba, ghëba, këba *f.* (ō) § 207: *Gabe*
(got. giba, ae. ʒifu).
geban *(as.) m.* (a) *Meer* (ae. ʒeofon).
gëban, këban, këpan *st. V.* § 343: *geben*
(got. giban, as. gëvan, ae. ʒifan). –
gimer = *gib mir* 5, 2, 51 ff.
ar-gëban, irgëban, urgëban, arkëban,
ergëven (19, 27) *herausgeben, übergeben, reddere.*
bi-gëban *hingeben, aufgeben, fahren
lassen.*
far-gëban, forgëban, furgëban, firghë-
ban *geben, leisten, schenken, erlassen,
vergeben.*
umbi-bi-gëban *(mit dopp. Acc. T.* 200,
6) *circumdare.*
gëbo, këpo *m.* § 222: *Geber* (ae. ʒifa).
gegin, ingegin, ingegini; geginwërt,
geginwërtī, geginwërtīg *s.* gagan-.
gegnungo *(as.) Adv. geradezu, in
Wahrheit.*
gëhan *st. V., s.* jëhan.

geil *Adj. ausgelassen. übermütig, fröhlich* (ae. ʒāl; *vgl. got.* gailjan).
geilī *f. superbia, Übermut.*
geinōn *sw. V. den Mund aufsperren.*
geist, gheist, keist *m.* (a) § 194: *Geist*
ae.(ʒāst, *as.* gēst). *PBB* 43, 404 ff.
geist-lîh *Adj. geistlich; von geistlicher
(mystischer) Bedeutung O.* I, 17, 68.
geist-lîcho *in geistlicher Weise, spiri-
taliter, mystice* (gēslīho 24, *vgl.* § 161
A. 6).
geiȥ *f.* (i) § 219 A. 1: *Ziege* (got. gaits,
ae. ʒāt).
gëllan *st. V.* § 337 A. 1: *tönen.*
gëlo *Adj.* § 253: *gelb* (ae. ʒeolo).
gëlph, gëlp *m.* (a) *Lärm, Lustbarkeit
(vom heidnischen Kultgebrauch)* 16,
2, I.
gëlph *Adj.* § 131 A. 5: *übermütig.*
gëlstar, ghëlstar *n. Steuer, Abgabe;
Opfer, sacrificium* (zu gëltan; *got.*
gilstr).
gëlt *n. Bezahlung, Vergeltung; Opfer.*
gëltan, ghëldan *st. V.* § 337 A. 1: *bezahlen, vergelten, zurückerstatten: opfern, Gottesdienst leisten* (got. gildan,
ae. ʒildan).
far-gëltan, firgëltan *bezahlen, vergelten.*
int-gëltan, ingëltan, antgëldan *(as.)
entgelten, Strafe für etwas zahlen, durch
etwas in Schaden kommen* (m. Genet.).
gēn § 382 f., *s.* gangan.
genēr *Pron. demonstr., s.* jenēr.
gengi *Adj. gebräuchlich.*
gi-gengi *(as.) n. Reihenfolge* (zu gang).
gensinclī, caensinclī *n. Demin. zu* gans.
gēr *m. Wurfspeer* (ae. ʒār, *an.* geirr).
gërn *Adj. begehrend; Adv.* gërno, kërno
(gerra 5, 2, 67) *begierig, eifrig, bereit-
willig, freiwillig;* gern(i)lícho *Adv.*
§ 267 A. 3: *dasselbe, T.* (got. gaírns,
ae. ʒeorn).
gërnī *f. das Begehren, Streben, diligentia.*
gëro (gēr *N.*) *Adj.* § 255 A. 3: *begehrend,
verlangend.*
gërōn, *seltener* gërēn, *sw. V. begehren,
verlangen* (m. Genet.).
gerta, gardea, garda, garde, kerta *f.* (ō)
§ 209 A. 3. § 210: *Gerte, Rute* (ae.
ʒierd).
gërunga, gëruna (25, 61) *f.* (ō) *Begierde.*
gēs-lího *Adv., s.* geistlícho.
gesterēn (gistra 5, 2, 89) *Adv. gestern.*
gewi *und* gouwi *n.* § 201 A. 2: *Gau,
pagus* (got. gawi).
gewi-mëȥ *n. Gaubezirk.*
gëwōn *sw. V.* § 31 A. 1. § 114: *gähnen.*
fir-gëȥȥan, vergëȥȥan *st. V.* § 343 A. 1:
vergessen m. Genet. (ae. forʒietan; *zu*
ʒietan, beʒietan, *got.* bigitan *erlangen*).
ir-gëȥȥan *dasselbe; vgl. PBB* 43, 368.

gi, ge *(as.) Konj. und;* gi ōk *und auch* (31, 9, B, 1; *vgl. PBB* 36, 554).
gī *niederd. Pron. II. Pers.* = ir.
giba *f.* § 30 A. 1 = gëba.
gibithig *(as.) Adj. verliehen, gegeben.*
be-gien *st. V.* (17, 5, 2) *s.* -jëhan.
gift, kift *f.* (i) § 219: *Gabe (zu* gëban).
gīgant *m. Riese, gigas.*
gilsi, gilse *n. Gehirn N.* 8, 23.
gimma *f.* (ō *u.* n) *Edelstein, gemma.*
ginēn, *as.* ginon *sw. V. gähnen (vgl. ae.* ʒinan *st. V. klaffen).*
gingēn *sw. V. verfolgen, wonach streben.*
gingo *m. Begehr, Sehnsucht.*
bi-ginnan *st. V.* § 336 A. 1. 3: *beginnen m. Gen. und m. Akk. (ae.* be-ʒinnan, *vgl. got.* du-ginnan).
in-ginnan *aufschneiden, öffnen, beginnen.*
gioʒʒan, kioʒan, giaʒan *st. V.* § 334: *gießen, vergießen (got.* giutan, *as.* giotan, *ae.* ʒēotan).
bi-gioʒʒan, bigiaʒan *begießen.*
in-gioʒʒan *eingießen.*
ūʒ-gioʒʒan *ausgießen.*
giri *Adj. gierig, ambitiosus, avidus.*
gira *f.* (ō) *Begierde.*
girī *f. Gier, Begier (vgl.* gër).
girida, kirida *f.* (ō) *dasselbe.*
girnean *(as.) sw. V. begehren;* gi-girnan *erlangen (zu* gërn).
girren *sw. V., s. irren.*
giū *Adv., s.* jū.
glanz *Adj. glänzend.*
glat *Adj. glänzend, glatt (ags.* ʒlæd).
glau (fl. glauwēr), glou *Adj.* § 254 A. 3: *klug, einsichtig,* glaulīcho *Adv.* § 267 A. 3 *(ae.* ʒlēaw, *got. Adv.* glaggwuba).
glīz, clīz, *m. Glanz (an.* glit *n.).*
glīʒʒan, glīʒen § 330 A. 1: *glänzen (as.* glītan).
glīʒemo *m.* § 69 A. 3: *Glanz.*
gloccūn-joh *n. Glockenjoch N.* 8, 10.
glou *Adj., s.* glau.
gloubī *f., s.* loubī.
gluoen [glōjan], gluon *sw. V.* § 359 A. 4: *glühen; glühend machen (ae.* ʒlōwan).
ir-gluoen *erglühen, glühend werden.*
gn- *vgl.* n-, *z. B.* gnāda *s.* (gi)-nāda.
gnagan *st. V.* § 346 A. 1: *nagen (ae.* ʒnaʒan, *an.* gnaga).
bi-gnagan *st. V. benagen.*
gnītan *st. V.* § 330 A. 1: *reiben (ae.* ʒnīdan).
far-gnītan, farcnītan *delere.*
gold, golt *(mfr.* guld 4, 1, 2) *n. Gold (got.* gulþ, *ae.* ʒold).
gold-faro *Adj. goldfarbig.*
gold-ketena *f.* (n) *Goldkette.*
gold-rōt *auro rutilátus, mit Gold besetzt N.* 10, 10.

goma-heit *f.* (i) § 219: *persona (Wk.), Persönlichkeit, Wesen; humanitas, Menschenfreundlichkeit O. Ad. Sal.* 15.
gom-man, comman, commen *m.* § 63 A. 2. § 239 A. 5: *Mann, Ehemann (ae.* ʒumman, *vgl.* wīf-man > woman).
gomo, como *m.* § 222: *Mann (got.* guma, *as.* gumo, *ae.* ʒuma).
gōringī *f. Elend, Not (zu got.* gáurs; *ahd.* gōrag *Elend).*
got, kot *m.* (a) § 195 A. 1: *deus (got.* *guþ, *as.* god, *ae.* ʒod). *– Beteuerung:* begott, begotta 5, 2, 81. 90.
gōt, cōt *Adj., s.* guot.
gota-webbi *n. kostbares Gewebe, purpura (ae.* ʒodwebb *n., an.* guðvefr *m.*); *JEGP* 58, 442 ff.
gotawebbīn *Adj. purpureus.*
gote-wuoto *m. Wüterich gegen Gott.*
got-heit *f.* (i) *Gottheit, göttliche Natur.*
got-kund, cotchund *Adj.* § 167 A. 4: *göttlich, divinus (as. ae.* godcund).
got-kundī, gotchundī *f. divinitas.*
got-cundnissi *n. dasselbe.*
got-līh *Adj. divinus.*
gōt-līh *Adj., s.* guotlīh.
got-līhhīn *f. divinitas (Is.).*
got-man *m. Diener Gottes.*
got-nissa *f.* (ō) *deitas.*
got-spël *n. Evangelium (as. ae.* gōdspëll); *vgl.* guotspëllōn *und PBB* 40, 432; 43, 393.
gougarōn, caugarōn *sw. V. vagari* 1, 6, 29.
gougulāri, goukelāri *m. Zauberer, Gaukler, Taschenspieler.*
gouh *m. Kuckuck (ae.* ʒēac).
gouma, gauma *f.* (ō *selten* n) § 46 A. 4: *Schmaus, convivium, coena, Wohlleben, Glück; prüfendes Wahrnehmen, cura; in der Verbindung* guoma nëman, gaumūn nëman *(Is.) und verkürzt* goum nëman (38, 7) *wahrnehmen, beachten.*
goumen [goumjan] *sw. V. schmausen; acht haben, wonach trachten, m. Genet. (got.* gaumjan, *as.* gōmian).
vora-goumen (17, 5, 67) *provocare, vgl. PBB* 27, 512; *verwechselt mit 'procurare' Sprachdenkm.* 303, 12.
fur-goumo-lōsōn *sw. V. negligere.*
grab, grap *n.* § 197: *Grab, sepulcrum (as.* graf, *ae.* ʒræf).
graban *st. V.* § 346 A. 1: *graben (got.* graban, *ae.* ʒrafan).
bi-graban, picrapan *begraben.*
grabe-hūs, grapehūs *n. sepulcrum.*
grāvo, grāfo, grābo, garabo *m.* § 223 A. 2: *Vorsitzender, Vorsteher, Graf.*
grāo *Adj.* § 254: *grau (ae.* ʒrǣʒ).
gras *n. Gras, gramen (got.* gras, *ae.* ʒærs).
grase-gruoni *Adj. grasgrün.*

gräscaf *(für* gräfscaf*) f.* (i) *Grafschaft*
19, 5.
grätag *Adj. hungrig, gierig (got.* grē-
dags, *as.* grädag, *ae.* ʒrǣdiʒ).
gräwēn *sw. V. grau werden, altern.*
gräwī *f. die graue Farbe (zu* gräo).
gremmen [gramjan], kacremmen *sw.*
V. reizen (zu Adj. gram *erzürnt).*
grieʒ *s.* grioʒ.
grif *m.* § 216 A. 2: *der Griff.*
grīffan, grīfan *st. V.* § 330 A. 1: *greifen,*
fassen (got. greipan, *as. ae.* grīpan).
bi-grīfan *ergreifen, erfassen, einnehmen.*
missi-grīfan *fehl greifen.*
griffel, grifel *m.* (a) *Griffel.*
grim, crim, chrim *und* grimmi *Adj.*
grimm, wild, dirus (as. ae. grimm).
ga-grim *n. (oder m.?) Knirschen.* zano
gagrim *stridor dentium M.* Hench X,
16.
grimman *st. V. (as.) wüten.*
grimmī, crimmii *f. Wut, Grimm, Un-*
freundlichkeit.
grīnan *st. V.* § 330 A. 1: *greinen.*
grintil, grindil *m.* (a) *Riegel (ae.* ʒrindel).
grioʒ, grieʒ *m. n. Sand, Meeresstrand*
(as. griot, *ae.* ʒrēot).
fir-grioʒan *st. V.* § 334 A. 1: *zerreiben.*
gripfen, kriffen *sw. V. I. rapere,* kecriftiu *erepta* 17 1. 14.
grisel *Adj. grau.*
grōʒ *Adj. groß, dick, mächtig (as.* grōt,
ae. ʒrēat).
grozdarm, -darmi *m. Dickdarm.*
grūba *f., s.* gruoba.
grubilōn *sw. V. graben, grübeln.*
grüen, crüen *s.* gruoen.
grun *m. f.* (i) § 216 A. 4: *Jammer.*
grunzen [grunzjan] *sw. V. grunzen,*
murren über etwas (Genet.).
gruoba, grūba, grōpa *f.* (ō) *Grube.*
gruoen [grōjan], grōen, crüen *sw. V.*
§ 359 A. 4: *grünen, virescere (ae.* ʒrō-
wan).
gruoni *Adj. grün (as.* grōni, *ae.* ʒrēne);
substantiviertes Neutr. N. 9, 4.
gruonī *f. die grüne Farbe.*
gruoʒʒen [gruozjan], gruoʒen, grua-
ʒen *sw. V. nennen, rufen, anreden,*
grüßen (as. grōtian, *ae.* ʒrētan).
gruri *as. (ae.* ʒryre) *m.* (i) *Schrecken.*
gu- = w- 5, 2, 11. 15 *u. ö.*
gūdea, gūd-hamo *Hl., s.* gund-.
guita *f., s.* guotī.
guccōn *sw. V. Kuckuck rufen.*
guldīn *Adj.* § 249: *golden.*
gumiski, gumisgi *n.* § 201: *die Gesamt-*
heit der Männer (zu gomo).
[gundea], gund- *(nur in Kompos.) f.*
(ō) *Kampf, Krieg. Hierzu* gūdea *(aus*
gundea) Hl. 60 *(ae.* ʒūð *f. Kampf).*
gund-fano *m. Kriegsfahne.*
[gund-] gūd-hamo *m. Kampfgewand.*

gungida *f.* (ō) *cunctatio.*
gungiro *M.* Hench IV, 3, gunste 27,
34 *s.* jung.
guollīh *Adj.*, guollīchī *f., s.* guotlīh.
guomo (giumo 1, 4, 8) *m.* § 46 A. 4:
Gaumen.
guot, gaot, gōt, cōt, guod, guat *Adj.*
§ 249. § 265. § 267 A. 2: *gut (got.*
gōþs, *G.* gōdis, *ae.* ʒōd). *Subst. neutr.*
guot *bonum, Gutes; das Gut, Vermögen,*
Glück.
guoten [guotjan], guaten *sw. V. gut*
machen; refl. sich als gut beweisen.
guotī, guatī (guita § 40 A. 3) *f. Güte.*
guot-līh, gōtlīh, cootlīh; guallīh, guollīh *Adj.* § 99: *gut, freundlich, herrlich,*
gloriosus. – Adv. guotlīcho, guallīcho
(nach Graff 4, 183, *Anz.* 19, 243 guollīh
zu guol *in* urguol *Adj. insignis*).
guot-līhhī, guotliihhīn, guatlīchī;
guallīchī, guollīchī, guolīche (17, 5, 28)
f. Herrlichkeit, gloria.
guot-līchōn, *sw. V. glorificare.*
guot-spëllōn, cuatspëllōn *sw. V.* (1, 5,
30) *evangelizare; vgl.* gotspëll.
gurt, curt *m.* (i) *Gurt.*
gurten [gurtjan], curten *sw. V. gürten*
cingere (ae. ʒyrdan).
umbi-gurten *umgürten.*
gurtil *m.* § 194: *Gürtel (ae.* ʒyrdel).
gutin *f.* § 32. § 211 *u.* A. 2: *Göttin (ae.*
ʒyden).
guʒ *m.* § 216 A. 3: *Guß (ae.* ʒyte).

H

ar-habanī *f. assumptio, Erhebung.*
habēn, hapēn, haban, havan (19),
hafon (39, 20), hān (§ 368 *u.* A. 1–4)
sw. V., seltener Formen nach Art der
sw. V. I., wie hebis, hebit, hebitōs
usw. § 304. § 368 A. 2, *Prät.* hata (17,
5, 19): *haben, sich befinden, besitzen,*
halten, festhalten, ergreifen; für etwas
halten. – Hilfsverb, s. § 301 A. 3 *(got.*
haban, *as.* hebbian, *ae.* habban).
ant-habēn, inthabēn *zurückhalten, auf-*
rechterhalten, ertragen.
bi-habēn, behaban *halten, behalten,*
festhalten, behaupten.
haerda *f. (M.), s.* ërda.
hafon *sw. V.* = habēn 39, 20, 25.
haft *n. Fessel,* hapt 31, 1, 2 (§ 139 A. 7).
haft *Adj.* § 323 A. 3: *gehalten, occupa-*
tus, gefangen, gefesselt (got. hafts, *as.*
haft).
haft *m. der Gefangene (ae.* hæft).
[haft-band], haptband *n. Fesselband,*
Fessel. 31, 1, 4 (§ 139 A. 7).
haftēn *sw. V. haften, festhängen;* h. ze
mit etwas zusammenhängen N. 4, 17.

hagal *m. Hagel* (*ae.* hæʒel).
haganīn *Adj. aus Dornen, mit Dornen bewachsen* (hagan *m. Dornenstrauch*).
hāhan *red. V.* § 33. § 350 A. 4. 7: *hängen, aufhängen, crucifigere* (*got.* hāhan, *ae.* hōn).
ar-hāhan *aufhängen, suspendere.*
hahil, hail 1, 4, 1 *occipitium.*
halb, halp *Adj.* § 280a *u.* A. 1: *halb* (*got.* halbs, *as.* half, *ae.* healf).
halba *f.* (ō) § 208 A. 2. § 280a A. 1: *Seite;* halb *Adv.* (§ 207 A. 2): *auf Seiten* (*got.* halba, *ae.* healf).
halb-līh *n.* § 280a A. 1: *Hälfte.*
hald *Adj. vorwärts geneigt* (*ae.* heald).
haldo *Adv. sofort, schnell* 37, 1.4.
halftanōd *m.* § 280a A. 1: *Hälfte.*
hālingon *Adv. heimlich* (*zu* hēlan).
halla *f.* (ō) *Halle, templum* (*ae.* heall).
halm *m.* (a) *Halm* (*ae.* healm).
halōn *und* holōn, holēn *sw. V.* § 25 A. 1 § 369 A. 2: *holen, herbeiholen, herzuführen, rufen, einladen* (*as.* halon). *Vgl. PBB* 33, 547 ff.
hals *m.* (a) § 194: *Hals* (*got.* hals, *ae.* heals).
hals-slagōn *sw. V.* § 323: *ohrfeigen.*
hals-ziereda *f.* (ō) *Halsschmuck.*
halt *Adv.* § 268 A. 2: *mehr, potius,* thiu halt *desto mehr* (*got.* haldis, *as.* hald).
haltan *red. V.* § 350: *halten, festhalten, behüten, beschützen, erhalten, erretten* (*got.* haldan, *ae.* healdan).
bi-haltan, gihaltan *dasselbe.*
haltāri *m. Erhalter, Heiland.*
gi-haltida *f.* (ō) *custodia, Schutz.*
gi-haltnissī *f. salus, Heil, Errettung.*
halz *Adj. lahm* (*got.* halts, *ae.* healt).
hamal-stat *f.* (i) *calvariae locus* (*zu* hamal *Adj. verstümmelt*).
hangēn *sw. V.* § 369b: *intr. pendere, hangen* (*got.* hāhan *sw. V., ae.* hanʒian).
hano *m.* § 221: *Hahn* (got. hana).
hansa *f.* (ō) *Schar* (*got.* hansa, *ae.* hōs).
hanst *f., s.* anst.
hant, hand (an 5, 2, 8) *f.* § 220d: *Hand, Herrscherhand, Gewalt, Besitz* (*got.* handus, *as. ae.* hand).
hant-grif *m. Faust, pugillus Is.* Hench XIX, 9.
hant-heiʒʒa *f., s.* antheiʒʒa.
hantolōn *sw. V. mit der Hand berühren, behandeln* (*ae.* handlian).
hant-reihhen *sw. V. I. Handschlag geben, sich verschwören.*
hant-skuoh (ansco 5, 2, 9. 55) *m. Handschuh.*
hant-zugiling *m. porcellus tertussus* 18, 26. *Wird erklärt mit 'qui domo nutritur' oder mit 'castratus'. Vgl. MSD* 362.

hapt *s.* haft.
hār *n.* § 197: *Haar* (*ae.* hǣr).
hara *Adv., s.* hēra.
haranscara *f., s.* harmskara.
harēn (herēn 17, 1, 17) *sw. V.* § 369: *rufen* (*vgl. got.* hazjan, *ae.* herian). *Vgl. PBB* 40, 470.
ana-harēn *anrufen.*
harm, haram (44) *m. Beschimpfung, Schmach, Leid, Schmerz* (*ae.* hearm).
harm-līhho, *niederd.* harmlīcco *Adv. leidvoll, grimmig Hl.* 66.
harm-quiti *m. Schmährede.*
harm-scara haranscara (§ 69 A. 4. § 123 A. 2) *f.* (ō) *schmerzliche Strafe, Züchtigung, Schmerz* (*ae.* hearmscearu *nur in as. Gen. B!*). *Vgl. PBB* 33, 471; 35, 383.
haro *m.* § 205: *Flachs.*
harpha *f.* (n) § 131 A. 5: *Harfe* (*ae.* hearpe).
hart *und* herti *Adj.* § 251 A. 1: *hart* (*got.* hardus, *ae.* heard).
hartēn *sw. V. hart werden, hart sein.*
hartin, hartī *f.* § 211 A. 3: *Schulterblatt.*
hartnissa *f.* (ō) *Härte.*
harto *Adv. hart, heftig; sehr.*
haso *m.* § 222: *Hase* (*ae.* hara).
haubit *n., s.* houbit.
hauwan *red. V., s.* houwan.
haʒ *m.* (i) *Haß* (*as.* heti, *ae.* hete; *vgl. got.* hatis *n*).
haʒʒēn *und* haʒʒōn, *sw. V. hassen* (*got.* hatan, hatjan, *as.* haton).
hear *Adv., s.* hiar.
hëban, hëvan *(as.) Himmel* (*ae.* heofon); *as.* hëban-cuning *Himmelskönig;* hëban-rīki *n. Himmelreich; Adj. den Himmel beherrschend;* hëbanwang *m.* (a) *Himmelsau, Paradies.*
hëber *m., s.* ëbur.
hebīg *Adj., s.* hevīg.
heffen, hepfan, hevan, heven *st. V.* § 139 A. 4. § 347 A. 1: *heben, erheben* (*got.* hafjan, *as.* hebbian, *ae.* hebban).
af-heffen (*as.* afhebbian) *beginnen.*
ant-heffen, ant-hebbian *(as.) aufrecht halten.*
ar-heffen, arhefan, irhefen *st. V. erheben, in die Höhe heben* (*as.* āhebbean).
ūf-heffen, ūfhevan, ūfheben (17, 5, 12) *aufheben, in die Höhe heben.*
hevī *f., elatio, Ausdehnung N.* 11, 8.
hefīg, hevīg, hebīg *Adj.* § 139 A. 5: *gewichtig, bedeutsam, wichtig; drükkend, beschwerlich, schwer.*
hefihanna *f.* § 152 A. 5: *Hebamme.*
heften [haftjan] *sw. V.* § 356: *heften, binden befestigen.* heptidun 31, 1, 2 § 139 A. 7 (*got.* haftjan, *ae.* hǣftan). *Vgl.* haft.

pi-heften *festheften, fesseln* (mit: 27, 53).

heida *f.* (ō) *Heide* (*got.* haiþi, *ae.* hǣþ). *Vgl. PBB* 43, 430². 433. 555.

heidan, heidhen, heithin, heidin, heiden, hēthin *ethnicus. gentilis, paganus, Adj. heidnisch z. B.* 36, 11; 16, 2, I, 7. 8: *meist Subst. Heide* (*ae.* hǣðen, *got.* haiþnō *f. vgl. PBB* 43, 428 ff., *J. Hoops, Aufsätze zur Sprach- u. Lit.-Gesch.* (1920) 27 ff.). – *Dazu as.* hēthinnussia *f. Paganismus* 16, 2. I, 5.

heidan-līh *Adj. profanus (Is.).*

heigan *v. Prät.-präs., s.* eigan.

heil *Adj.* § 249: *gesund, unverletzt, gerettet, salvus.* in heilēn hant (*Erdmann, Synt.* II, § 2, *Anm.; vgl. Erdm. Ausgabe z. Stelle, wo er in* heila hant *emendiert*) *O.* IV. 24, 6 *unversehrt* (*got.* hails, *as.* hēl, *ae.* hāl).

heil *n. salus, Glück, Gesundheit, Errettung, Erlösung; Dat.* heili 17, 5, 15 *(z. Vor.).*

heilag, heilac, heileg, hēlig *Adj.* § 249: *heilig, sanctus. – as.* hēlag (hālog 16, 2, II). *ae.* hāliȝ. – *Dazu* heilag-mānōth (3, 10) *Dezember. – Vgl. PBB* 43, 398 ff.; 45, 102 ff.

heilagnessi *n. sanctitas.*

heilacnissa *f.* (ō) *sanctificatio, sanctitas.*

heilagōn, heiligōn, heiligen *sw. V. sanctificare* (*ae.* hālȝian).

heilant *m.* § 236 A. 1 *und* heilanto *m. Heiland* (*as.* hēliand, *ae.* hǣlend).

heilantī *f. salutare; das Heil.*

heilāri *m. Heiland.*

heilazen [heilazjan], heilezen *sw. V.* § 356: *begrüßen* (*ae.* hālettan).

heilazunga *f.* (ō) *Begrüßung.*

heilesōd *m. glückliche Vorbedeutung (omen, augurium).*

heilen [heiljan] *sw. V. gesund machen, heilen, erretten, salvare* (*got.* hailjan, *ae.* hǣlan).

folle-heilen *sw. V. vollständig heilen* (*N.* 4, 26).

heilī, hēlī, heila *f. salus* (*ae.* hǣlu).

heilida *f.* (ō) *dasselbe* (*ae.* hǣlþ).

heiligōn *sw. V., s.* heilagōn.

heilic-duom *(as.) n. sanctuarium.*

heim *m. oder n. Haus, Heimat. – Dat.* heime (hēme) *Adv. zu Hause; Akk.* heim, *Adv. nach Hause, in die Heimat* (*got.* haims, *as.* hēm, *ae.* hām).

heimina *Adv. von Hause weg, von Hause.*

heimingi *n.* § 198 A. 6. § 201 *u.* A. 1: *Vaterland;* in heimingum *in plateis M, Hench V,* 28.

heimort [heim-wart]; heimortes, heimwartes; heimort-sun *Adv.* § 109 A. 4; *heimwärts, nach Hause* (*ae.* hāmweard).

heimuoti, heimōti *n.* § 38 A. 2: *Heimat.*

heim-wist *f.* (i) *Aufenthalt in der Heimat* (*zu* wēsan).

hein *Pron. indef., s.* kein.

heis *Adj. heiser* (*ae.* hās).

heit *m., s.* eid.

heit *m. f.* (i) § 216 A. 1. 3. 4: *persona, sexus; Wesen, Weise, Rang; ordo, clerus* (*got.* haidus, *ae.* hād).

heitar *Adj. heiter, hell* (*ags.* hādor).

heitar *n.,* eitar.

heitaren, haitren *sw. V. hell machen.*

heitarī, heiterī *f. serenitas, Helligkeit.*

heitarnissa *f.* (ō) *dasselbe.*

heit-haft *Adj. zum Priesterstand gehörig.*

heiz *Adj. heiß, beängstigend, dringend, angelegen* (*O.* IV, 21, 25). *Adv.* heizzo, heizo *heiß, angelegentlich* (*as.* hēt, *ae.* hāt.)

ca-heiz *n. Gelöbnis.*

heizzan, heizan, heizen (*hierzu* heittu, hætti *Hl.*) *red. V.* § 352: *intrans. genannt werden, heißen; trans. nennen, heißen, befehlen,* (*got.* haitan, *as.* hētan, *ae.* hātan).

bi-heizzan, biheizan, *heißen, geloben; refl. m. Gen. etwas geloben, hoch und teuer versprechen, sich vermessen.*

gi-heizzan, caheizan, geheizen 1. = heizzan, 2. *geloben, versprechen.*

heizzen, [heizjan] *sw. V. heizen* (§ 160 A. 4).

heizzī, heizī *f. Hitze.*

[heiz-muot], heitmuot *(anfrk.) m. Zorn.*

heiz-muotī *f. und* heizmuati *n. Wut, Zorn.*

hēlan *st. V.* § 340 A. 1: *verhehlen, verbergen.* fir-hēlan *dasselbe* (*ae.* hēlan).

helden [haldjan] *sw. V. neigen* (*zu* hald *Adj.).*

nidar-helden *neigen, beugen.*

hēlfa, hilfa *f.* (ō) § 30 A. 1: *Hilfe* (*as.* hēlpa).

hēlfan, hēlphan, hēlpan *(Is.) st. V.* § 131 A. 5. § 337 A. 1: *helfen* (*got.* hilpan, *as. ae.* hēlpan).

hēlfant, hēlphant *m.* § 236 A. 1: *Helfer.*

hēlfant, hēlpfant *m.* § 152 A. 1: *Elephant.*

hēlfāri (§ 200) *und* hēlfo *m. Helfer.*

hēlī *f., s.* heilī.

helid, helith *m.* (a) *Held, Mann* (*ae.* hæleð); helidos *Hl.* 6 *as.* NPl.

hēlig *Adj., s.* heilag.

helina (= elina) 1, 4, 13, *cubitum, Ellbogen.*

hella [halja], hellia *f.* (ō) § 210: *Unterwelt, Hölle;* ze helon *ad inferos* 17, 5, 22 (*got.* halja, *as.* hellia, hell, *ae.* hell). *Vgl. PBB* 43, 434 f.

hella-hunt, hellehunt *m. der Höllenhund, Teufel.*

hella-līh, hellolīh *Adj. höllisch.*

hëllan *st. V.* § 337 A. 6: *ertönen, hallen.*

misse-hëllan *nicht übereinstimmen, diferre.*

hella-wĭʒʒi, helliwīʒʒi *n.* § 62 A. 1: *Höllenstrafe, Hölle (ae.* hellewite).

bi-hellen [haljan] *sw. V. verbergen, verdecken (zu* hëlan).

hëlm *m.* § 194: *Helm (got.* hilms, ae. hëlm).

hëlm-gitrōsteo *(as.) m. behelmter Krieger (as.* gitrōst *n. Schar).*

hëlpan, hëlphan *s.* hëlfan.

helsian *(as.) sw. V. umfangen (zu* hals).

helzen *sw. V. I. lähmen (zu* halz).

hemidi *n.* § 27 A. 4: *Hemd.*

hengen [hangjan] *sw. V.* § 356: *hangen machen, nachgeben, gestatten, übereinstimmen, consentire, sentire* 13, 74.

gi-hengen *gestatten, erlauben.*

kahengig *Adj.* (21, 2, 4) *consentiens.*

hengist *m. equus (ae.* henʒest).

gi-henti *Adv. zur Hand befindlich.*

hentrisk *Adj. s.* entrisk.

hepten *sw. V. s.* heften.

hër, hē *Pron.* § 283 A. 1, a = ër.

hër *Adv., s.* hiar.

hër *Adj., grau, alt (Hl. vgl. PBB* 8, 480ff.); *hehr, erhaben, herrlich, vornehm (ae.* hār *grau). Komp.* hērōro, hëriro; – *substantivisch* hëriro, hërero, hërro, hëro *m.* § 98. § 261 A. 3: *Herr;* – *Superl.* hërōsto, hëristo *m. der Vornehmste, Vorsteher, Fürst. Vgl. ZDW* 7, 173ff.

hëra, hara *(N.) Adv. hierher, huc.* hara baʒ *weiter hierher.*

hëra-sun *Adv. hierher.*

herbist *m. Herbst (ae.* hærfest). – *Dazu* herbist-mānōth (3, 10) *November.*

hërda *f., s.* ërda.

herën *sw. V., s.* harēn.

gi-hēren *(?)* T. 139, 4 gi:éret *(h radiert; Schreiberform durch* hēr *beeinflußt?) honorificare.*

heri (hera 39, 7) *n.* § 199 A. 2. § 202: *Volksmenge, Schar, Heer (got.* harjis, ae. here).

heri-bërga *f.* (ō) *Feldlager, hospitium, Herberge.*

herid *f.* (?) *2, 4, 54, vgl. MSD* 360; *zu* hertī *oder* hart *'steinichter Boden' ? Schmeller.*

heriōn, herrōn *sw. V.* § 367 A. 1: *verheeren (ae.* herʒian).

heri-scaf *f.* (i) *Volksmenge, Haufe, Heer (as.* heriscipi *n.).*

heri-zogin, herzogin *f.* § 211: *Herzogin.*

heri-zogo *und* -zoho *m.* § 102. § 154 A. 9. § 222: *Herzog (as.* heritogo).

hërlih, hirlih *Adj. kostbar.*

hër-līcho *Adv. herrlich.*

hermesal *n. aerumna (zu* harm).

hermida *f.* (ō) *Harm, Leid.*

hërot, as. hërod *Adv. hierher.*

gi-hërod *(as.) Part. alt, vornehm* (hēr).

hërōti *n. Herrschaft, Obrigkeit, senatus (zu* hēr). *Vgl. Kock* 5f.

hërro *m., s.* hër *Adj.*

hers *n., s.* hros.

hërta *f.* (ō) *Wechsel. Dat. Plur.* bī hërtōn *weehselweise, in Wechselrede (O.* I, 27, 14).

herten [hartjan] *sw. V. hart machen, härten (ae.* hierdan, hyrdan).

herti *Adj., s.* hart.

hertī *f.* § 231 A. 2 *und* hertida *f.* § 208: *Härte.*

hërtuom, hërduam, hërdōm *m. u. n. Erhabenheit, Würde, Herrschaft, principatus; collect. die Gesamtheit der principes, magistratus, senatus.*

hërza *n.* (n) § 221. § 224 A. 1: *Herz (got.* haírtō, as. hërta, ae. heorte *f.*).

herz-blīdī *f. Herzensfreude.*

hewi *und* houwi *n.* § 201 A. 2: *Heu (got.* hawi, *G.* haujis; -ae. hieʒ, hīʒ). – *Dazu* heuui-mānōth (3, 9) *Juli.*

hia *Adv., s.* hiar.

hīa *f.,* hīwo.

hiar, hër, hear, hier, hia *Adv.* § 36. § 120 A. 2: *hier. In Verbindung mit Präp.:* hiar fora *hier vorn.* hiar untar *hier unten usw. (got. as. ae.* hēr). *O. auch* hiare *dasselbe.*

hiar-wist *f.* (i) *das Hiersein, Leben auf dieser Erde (zu* wësan).

hīen *sw. V., s.* hīwen.

hier *Adv., s.* hiar.

hī-got *m. Ehegott (zu* hīwen).

hilfa *f.* (ō) *s.,* hëlfa.

hiltia *f.* (ō) *Kampf. Hl.* (ae. hild).

hildi-scalc *(as.) m. Krieger.*

himil *m.* § 126 A. 3. § 194: *Himmel. (got.* himins, as. himil, *vgl.* hëban).

himilisc, himilisg *Adj.* § 249: *himmlisch.*

himil-rīhhi, himilrīchi, himilrīh (27) *n. Himmelreich.*

himil-zungal *n. das Himmelsgestirn (got.* tuggl *Gestirn).*

hina *Adv. von hier fort, hinweg, hin.* dannān hina *von da an.*

hī-naht *Adv. diese Nacht.*

hina-vart *f.* (i) *Abreise, Hinfahrt, Tod.*

hinān, hinana *Adv. von hier weg, von hinnen, von hier,* fon hinān *von hier, von jetzt an (ae.* heonan).

hinkan *st. V.* § 336 A. 1: *hinken.*

hintar, hintir, hindir *Präp. m. Dat.*

und Akk. hinter (got. hindar, *ae.* hinder) § 266.

hintarort, hintorort *Adv. rückwärts,* hintarort *giv*āhan *zurückgehen (aus* hintarwart; *ae.* hinderweard).

hintir-sprācha *f.* (ō *u.* n) *Verleumdung,* hindir-sprāchōn *sw. V. II. verleumden* (*N.* 15, 25; *Acc. Plur. Kock S.* 12).

hirmen *sw. V. I.,* gehirmōn *sw. V. II. ruhen.*

hirsi *m.* § 199: *Hirse.*

hirti *m.* § 198: *Hirte* (*got.* haírdeis, *as.* hirdi, *ae.* hierde, hyrde).

hiruʒ, hireʒ; hirz *m.* § 160 A.5: *Hirsch* (*ae.* heorot, heort).

hiu 1. s. hwër; 2. = iu, § 152a.

hiufan *st. V.* § 139 A. 5. § 333 A. 2: *klagen.*

hiuffila, hūffela *f.* (n) *Wange.*

hiutu, hiuto, hiuta (5, 2, 80 ff.: iuda) *Adv.* § 49 A. 3: *heute.*

hiuwilōn *sw. V. (eig. schreien wie eine Eule:* hiuwila) *jauchzen; mhd.* hiulen, *nhd.* heulen.

hīwen [hīwjan], hīen, gehīen *sw. V.* § 110 A. 3. § 356. § 363 A. 4, d: *coire, heiraten* (ʒe). *as.* hīwian (*vgl. ae.* hīwian).

hīwiski, hīwischi *n.* § 201: *Familie* (*as.* hīwiski, *ae.* hīwisc).

hīwo *m.,* hīwa, hīa *f.* (n) *conjux. – Plur.* hīwun *n.* § 224: *Mann und Frau, Ehegatten, familia* (*ae.* hīwan *Pl. Diener*).

hizza *f.* (ō) *Hitze.*

hladan, ladan *st. V.* § 346 A. 3: *laden, aufladen, beladen* (*got.* hlaþan, *ae.* hladan).

hlahhen *st. V.,* lachēn *sw. V.* § 154 A. 7. § 347 A. 5: *lachen* (*got.* hlahjan, *ae.* hliehhan *st. V.*).

hlamōn *sw. V. rauschen (as.).*

hlanca, lancha *f.* (ō) lanchi (1, 4, 19) *Lende, Weiche, Seite* (*ae.* hlanc *Adj. dünn*).

hlast, last *f.* (i) § 219: *Last* (*zu* hladan).

hleib, leib *m.* § 194: *Brot* (*got.* hlaifs, *ae.* hlāf).

hlēo, lēo, lēu (*Gen.* lēwes) *m.* (a) § 203. § 204 A. 1. 4: *Grabhügel* (*got.* hlaiw, *as.* hlēo, *ae.* hlāw, hlǣw).

hlīban, līban *st. V.* § 330 A. 1: *schonen m. Dat. (dazu got.* hleibjan *sw. V.*).

hlimman *st. V.* § 336 A. 1: *brüllen.*

hlinēn, linēn *sw. V. lehnen* (*ae.* hleonian).

ana-hlinēn *incumbere, etwas eifrig betreiben: zur Last fallen* (7, 21 f.).

hlioʒʒan, lioʒan, liaʒʒen, lieʒen *st. V.* § 334 A. 1: *losen, erlosen, durchs Los erlangen,* sih hiar io tharaliezent '*die*

sich hier immer dieses Los erwählen' *O.* V, 23, 8 (*ae.* hlēotan).

hlīta, līta *f.* (n) *Bergabhang, Leite.* [hlītan], bi-hlīdan *(as.) st. V. bedecken.*

hliumunt, liument *m. Ruf, Gerücht, Leumund (vgl. got.* hliuma *m. Gehör*).

ga-hlos, gilos *Adj. hörend.*

hlosēn *sw. V. hören, aufmerken, lauschen (vgl. ae.* hlosnian).

hlouffan, lauffan, louffan, loufan, louphen, lōfon *(W.) red. V.* § 353 f.: *laufen* (*got.* hlaupan, *ae.* hlēapan).

fir-hlouffan, firloufan *weglaufen, verlaufen.*

gagan-hlouffan, kakanlaufan, inkaganlauffan *occurrere.*

hlouft, lauft *m. cursus.*

hloupfo *m.* § 96 A. 1.: *Läufer.*

hlōʒ, lōʒ *n. sors. Los (zu* hlioʒʒan).

gi-hlōʒʒo, chilōthzsso *m.* § 160 A. 2. § 222 A. 2: *consors. Is.* Hench IV, 21 (III, 7).

hluoen *sw. V. I.* § 359 A. 4: *brüllen.*

hlūt, hlūd, lūt *Adj. helltönend, laut, deutlich,* ubarlūt *Adv. laut, deutlich, bestimmt, öffentlich; vgl. PBB* 27, 40 f. (*as. ae.* hlūd).

hlūten [hlūtjan], lūten *sw. V. intr. einen Ton von sich geben, tönen; trans. ertönen lassen* (*ae.* blȳdan).

hlūtida, lūtida *f.* (ō) *das Tönen, Getön.*

hlūttar, lūttar, hlūtar, lūtar *Adj.* § 96 A. 4: *hell, lauter, rein* (*ags.* hlūttor).

hlūttar-līh, lūtarlīh *Adj. lauter;* hlūtarlīko *(as.) Adv.*

hneigen [hneigjan], neigen *sw. V. (trans.) neigen, beugen* (*got.* hnaiwjan, *ae.* hnǣgan).

hnīgan, nīgan *st. V.* § 330 A. 1: *sich neigen, sich verneigen, adorare, sich wohin neigen, sich wenden* (*got.* hneiwan, *ae.* hnīʒan).

[hniosan], niosan *st. V.* § 334 A. 2: *niesen* (*an.* hnjōsa).

(h)nios-wurz *f.* § 334 A. 2: *Nieswurz, helleborus.*

[-hniotan], pihneotan *st. V.* § 334 A. 1: *befestiʒen.*

hnol, nol *m.* (a) *u.* nollo *m. Spitze, Gipfel, Hügel, Berg* (*ae.* hnoll *Scheitel*). *– Dazu wohl* nuila 1, 4, 1: *Scheitel.*

[hnuʒ], nuʒ *f.* § 219 A. 1: *Nuß* (*ae.* hnutu).

hō *Adj. Adv.,* s. hōh.

hōdo *m.* (a) *Hode.*

hof *m.* (a) *Hof, ländliches Besitztum, Wohnsitz, Fürstensitz* (*as. ae.* hof).

hove-stat *f.* (i) *Aufenthaltsort.*

hogazzen *sw. V. denken* 5, 1, 12.

gi-hogt-līh *Adj.,* s. hugt-līh.

hōh, haoh, hō *Adj. hoch, groß, erhaben,*

vornehm. Adv. hōho *u.* hō (*got.* háuhs, *as.* hōh, *ags.* hēah).

höhen [hōhjan] *sw. V. hoch machen, erhöhen, erheben* (*got.* háuhjan).

ir-hōhen, erhōen (17, 5, 38) *erhöhen.*

hōhī *f.* § 228: *Höhe* (*got.* háuhei).

hōhida *f.* (ō) *dasselbe* (*got.* háuhiþa).

hōh-muotī *f. Hochmut.*

hōh-sëdal *n. Hochsitz, thronus.*

hol *Adj. hohl; Subst. n.* § 197: *Höhle.*

hold, holt *Adj.* § 249: *geneigt, gnädig, ergeben, treu* (*got.* hulþs, *as. ae.* hold).

holën, holōn *sw. V., s.* halōn.

chi-holono *Adv.* § 267 A. 4: *verborgen.* (*zu* hëlan).

holz *n.* § 197: *Holz, Gehölz, Wald* (*as. ae., an.* holt).

holzīn *und* hulzīn *Adj.* § 32 A. 2: *hölzern.*

holzohti *Adj.* § 251: *waldig.*

hōn, hōnchlī *s.* huon.

hōna *f.* (ō) *Verhöhnung, Spott.*

honag, honig *n.* § 196: *Honig* (*ae.* hune3).

hōnen [hōnjan] *sw. V. höhnen, verhöhnen, schmähen* (*got.* haunjan, *ae.* hīenan)'

hōnida *f.* (ō) *Schmach, Schande, Hohn.*

hōn-līh *Adj. Schande bringend, schmählich.*

hōren [hōrjan], hōrran, hōran *sw. V.* § 356: *hören, anhören* m. *Akk.; auf jemand hören, Gehör schenken; willfahren. gehorchen m. Dat.* (*got.* hausjan, *as.* hōrean, *ae.* hīeran, hȳran).

gi-hōren 1. = hōren, 2. *erhören, exaudire, m. Akk.*

gi-hōrida *f. das Hören, Gehör.*

gi-hōrīg, chihōrīg, kahorich (21, 2, 4) *Adj. gehorsam, obediens.*

horn, horin (25, 21) *n. cornu, Horn; Blasinstrument* (*got.* haúrn).

horn-gibruoder *m.* § 235 A. 1: *leprosus.*

hornung *m.* (3, 7) *Februar.*

horo (*Gen.* horawes, horwes) *n.* § 203. § 205: *Schmutz, Kot* (*ae.* horu).

hōrsam *und* gi-hōrsam *Adj. gehorsam.*

hōrsamī *und* gi-hōrsamī *f. oboedientia.*

horsk *Adj. schnell, rasch* (*ae.* horsc).

horsko *Adv. rasch, zuversichtlich.*

hort *n. Schatz, thesaurus* (*got.* huzd, *as. ae.* hord).

hōtmūdigōn 17, 5, 24 *s.* ōtmuotīg.

houbit, haubit, houpit, houbet (*obethe* 5, 2, 1) *n.* § 196: *caput* (*got.* haubiþ, *as.* hōbid, *ae.* hēafod).

houbitaht *Adj. mit einem Haupt versehen.*

houbit-gëlt, haupitgëlt *n. capitale, Kopfgeld, Kapital.*

houbit-lōs *Adj. ohne Haupt.*

houbit-skīmo, houbetskīmo *m. Glanz des Hauptes.*

houf *m. Haufe, cumulus, caterva* (*as.* hōp, *ae.* hēap).

houg (hōg 2, 3, 20, § 46 A. 3) *n. Hügel* (*an.* haugr *m.*).

houwan, hauwan *red. V.* § 353f.: *hauen, schlagen* (*ae.* hēawan, *an.* hoggva).

hraban, raban, ram *m.* § 125 A. 1: *Rabe* (*ae.* hræfn).

hrad, rad *und* redi *Adj.* § 118 A. 4. § 250 A. 1: *schnell. Adv.* rado *und* girado (*ae.* hræd, hræð).

hrahho, racho *m.* (n) *Rachen.*

hrëf, rëf (*Gen.* hrëves) *n. Leib, Mutterleib* (*ae.* hrif); – *in* haerda hreuue *in corde terrae M. Hench* VII, 18 (§ 139 A. 6).

hregil *n. Gewand, spolium* (*ae.* hræʒel). *Hierzu in* hregil, krekil *inpubes* *Gl. I, 176, 6.*

hreini, reini *Adj.* § 250 A. 3. § 251: *rein.* – *Adv.* reino (*got.* hrains, *as.* hrēni).

hreinī, reinī *f.* § 229 *und* reinida *f.* § 208: *Reinheit, Schönheit.*

hreinen [hreinjan], reinnan, reinen *sw. V. reinmachen, reinigen* (*got.* hrainjan).

hreinnissa *f.* (ō) *munditia, Reinheit.*

hreinōn, reinōn *sw. V. reinigen.*

ir-reinōn *dasselbe.*

hrēo, rēo, rē (*Gen.* hrēwes) *n.* § 204 *und* A. 1. 4: *Leiche, cadaver, funus* (*ae.* hrāw, *got.* hraiw-). – hreuue *M. Hench* VII, 18.

hrëspan *st. V.* § 338: *rupfen.*

[hretten] *sw. V., s.* retten.

hrëuua, hreuwa *f., s.* hriuwa.

hrīffo, rīfo *m. Reif, Frost* (*as.* hrīpo).

hrīnan, rīnan *st. V.* § 330 A. 1: *berühren.*

bi-hrīnan, birīnan *dasselbe* (*ae.* hrīnan).

hrind *n.* § 197: *Rind* (*ae.* hrīðer).

hrindirāri *m.* § 198 A. 4: *Rinderhirt.*

hring, ring *m.* (a) § 194: *Ring, Reif, Panzerring, Kranz, Kreis, Versammlung* (*as. ae.* hring).

hringen [hringjan], ringen *sw. V. ringförmig, kreisförmig machen.*

hrīs, rīs *n.* § 197: *Zweig* (*ae.* hrīs).

hriuva *f.* § 139 A. 5: *pestis.*

hriuwa, hreuwa, riuwa *f.* (wō, *auch* n) § 30 A. 2. § 208: *Traurigkeit, Schmerz, Kummer* (*ae.* hrēow).

hriuwag, riuwec *Adj. traurig* (*as.* hriuwig, *ae.* hrēowiʒ).

hriuwan, riuwan *st. V.* § 30 A. 2. § 333. A. 4: *intr. Schmerz empfinden, betrübt sein: trans. Traurigkeit verursachen, betrübt machen, betrüben* (*as.* hreuuan, *ae.* hrēowan).

hrō, rō *Adj.* § 114a. § 254 A. 2: *roh.*

hrōren *sw. V., s.* hruoren.

hros, rus *n. Roß (as.* hros, hers; *ae.* hors, *an.* hross).

hrucki, rucki, ruggi (rugi 5, 2, 66) *m.* § 199: *Rücken,* zi rugge *rückwärts (as.* hruggi, *ae.* hryc3).

hrucki-beini *n.* § 201: *Rückgrat.*

hruoffan, hrōfan, ruofan, ruafen *red. V.* § 353f.: *schreien, rufen (as. ae.* hrōpan).

ana-ruophōn (17, 5, 54, *Steppat,* S.532) *anrufen.*

ar-hruoffan, arruofan *ausrufen.*

hruoffen, ruofen *sw. V. I.* § 353 A. 2: *rufen (got.* hrōpjan).

hruom, ruom, ruam *m. Lob, Ruhm, das Rühmen, Prahlerei (as.* hrōm).

hruomag *Adj. gloriosus.*

hruomen, hruamen *sw. V. I. rühmen, loben.*

hruom-gërnī, ruomgërnī *f. Prahlerei.*

hruoren [hruorjan], hrōrran, ruoren, ruaren *sw. V. berühren, rühren, bewegen. Komp.* ar-hrōren *fortbewegen;* bi-ruaren *O. berühren (as.* hrōrian, *ae.* hrēran).

hrust *f.* (i) *Rüstung (ae.* hyrst).

hrusten [hrustjan], rusten *sw. V. ausrüsten, zurecht machen, schmücken.*

gi-hrusti, girusti *n. Zurüstung, Einrichtung, Maschine, Gerät, Waffenrüstung.*

hrūʒan, rūʒʒan *st. V.* § 333 A. 3: *schnarchen.*

hūe *Dat. zu* huoh. *O.* IV, 22, 25.

huf *f.* (i) § 219: *Hüfte (got.* hups, *ae.* hype).

hūffela *f., s.* hiuffela.

ge-hūfōn *sw. V. häufen.*

huggen, huckan, gihukken, gihuggen, hugen *sw. V. I.* § 362 A. 4. § 368 A. 3: *denken, gedenken, sich erinnern m. Gen. (got.* hugjan, *as.* huggian, *ae.* hyc3an).

ir-huggen, erhugen *gedenken, sich erinnern; erdenken, ausdenken, vollständig zu Ende denken (O. V.* 23, 21) *m. Gen.*

far-huggen, farhuckan *verachten.*

ge-hugeg *Adj. memor.*

huge-līh *Adj. erfreulich.*

hugt, huct *f.* (i) *Gedächtnis.*

gi-hugt, cahuct, kihuct *f.* (i) *Gedächtnis, Erinnerung (got.* gahugds).

gi-hugtīg, kehuctīg, gehugtīg, gehugdig *Adj. memor.*

bi-hugtīg. pihuctīg *Adj. sollicitus.*

gi-hugt-līh, gihogtlīh, gihuctlīh *Adj. memor woran, denkend; Adv* cahuctlihho *memoriter, im Gedächtnisse* 10, 3.

hugu *m.* § 220c: *Sinn, Geist (as.* hugi).

ge-huhtīg *Adj., s.* hugtīg.

huckan *sw. V., s.* huggen.

huct, ki-huct, ki-huctīg, pi-huctīg, gi-huct-līh *s.* hugt-.

huldī, huldīn *f. Gunst, gratia, Huld; Ergebenheit, Treue (ae.* hyldo). *(Zu* hold.)

[hulfāri], hulpere *m. Helfer.*

huliwa, hulia, hulwa *f.* (ō) *Sumpf, Lache (Graff* 4, 881, *Schmeller*[2] 1, 1084). *Dat.* huliu *(für* huliuu?) 2, 4, 46.

hullen *sw. V. I.* § 362 A. 3: *hüllen.*

hungar *m.* § 220b A. 1: *Hunger (got.* hūhrus, *ae.* hun3or).

hung(a)rag *Adj. hungrig (ae.* hun3ri3).

hungaren [hungarjan], hungiren, hungeren *sw. V. hungern.*

hunt, hund (und 5, 2, 42) *m.* (a) *Hund (got.* hunds, *ae.* hund).

hunt *n.* § 274: *centum, in zusammengesetzten Zahlen (got. ae.* hund).

hunteri *m.* § 274 A. 2: *centurio.*

huof *m.* § 139: *Huf (as. ae.* hōf).

huoh, huah *(Dat.* hūe *O.* § 40 A. 1) *m. Spott, Hohn.*

huohōn *und* pi-hōhōn, pihuahōn *sw. V. verhöhnen.*

huon, hōn, huan *n.* § 197: *Huhn (as.* hōn). – *Deminut.* hōnchlī.

huor, hōr, huar *n. Ehebruch, Hurerei (ae., an.* hōr).

huora *f.* (ō) *dasselbe.*

huorra, huora *f.* (n) § 226 *u.* A. 1 *Hure.*

huorāri *m. Hurer (vgl. got.* hōrs).

huor-lust *und* huor-gi-lust *f.* (i) *unkeusche Begierde.*

huor-kunni *n. Hurengeschlecht, spurius.*

huosto, huasto *m.* § 107 A. 1: *Husten (ae.* hwōsta).

huotāri *m. Hüter.*

huoten [huotjan], huaten *sw. V. hüten, bewachen m. Gen. (ae.* hēdan).

be-huoten *behüten m. Akk.*

hurnidskip *(as.) geschnäbeltes Schiff.*

hurolob *n.. s.* urlub.

hursken [hurskjan], hursgen *sw. V.* § 363 A. 5: *exercere, eifrig machen, anfeuern, anspornen (zu* horsk).

hurskida, hursgida *f.* (ō) *rasche Tätigkeit, Eifer.*

hurwa, huriwa *f.* (n) *Gaumen.*

hurwīn *Adj.* § 32 *u.* A. 2: *kotig, sumpfig (zu* horo).

hūs (ūs 5, 2, 16) *n.* § 193 A. 8. § 197: *Haus (got.* hūs).

hūs-hērro, huoshērro (27) *m. Hausherr.*

hūt (uht 5, 2, 66) *f.* § 218 A. 1. § 219: *Haut, Fell (as.* hūd, *ae.* hȳd).

hutta *f.* § 210 *u.* A. 3: *Hütte.*

hūwo *m.* § 152 A. 1: *Uhu.*

hūʒʒe, hūcze *Adv., s.* ūʒʒe.

hwal, wal *m. Walfisch (ae.* hwæl).

hwanna, wanna, wanne *Adv. woher.*
hwanān, wanān *und* hwanana, wanana *Adv. interrog. woher; weshalb,
warum. Adv. indef. irgendwoher (as.*
hwanan).
hwanda, hwand *Konj., s.* hwanta.
hwanne, wanne; hwenne, wenne *Adv.
interr. wann, quando; indef. aliquando;
irgendwann.* – sō wanna sō, *später*
swanne sō, swenne *Konj. wann nur
immer, quandocunque, wann irgend,
wann, cum (as.* hwan; hwan ēr *wie
bald, wannehr).*
hwanta, hwanda, wanta, wanda, wande *interrog. warum, weshalb, quare;* –
*Konj. weil, denn, quia, quod, quoniam,
nam; zur Einführung eines Satzes in
direkter Rede z. B. T.* II, 64, — bithiu
huuanda, bithiu uuanta, bidiu
huuanta, *daß quia, eo quod, quoniam
(as.* hwanda).
hwār, wār, wā (§ 120 A. 2) *Adv. interr.
wo, ubi; indef. irgendwo.* sō hwār sō,
sō wār sō, *später* swā *Konj. wo immer,
wo irgend, wo auch (as.* hwār, *ae.*
hwǣr).
hwara, wara *Adv. interr. wohin, quo;
indef. irgendwohin.* sō wara sō, sō
wara, se wara *wohin irgend, wohin
auch.*
hwaraban *sw. V., s.* hwerben.
hwarb, warb, werf *m. Drehung; Ge-
werbe, Geschäft* 41, 1, 30.
hwarba, warba, werba *f.* (ō) § 208 A. 2:
Drehung, Wendung, Dat. Plur. thēn
warbōn *da, dann.* – *Zahladverb:* vier
werba *viermal,* sibun warb *(T.);* § 281
A. 3 (*zu* hwērban).
gi-hwarban (7, 67) *converti.*
hwarbelōn, warbelōn *sw. V. sich drehen.*
hwarōt, warot. *Adv. wohin (as.* hwa-
rod).
hwas, was *Adj.* § 170 A. 1: *scharf; Adv.*
wasso (*ae.* hwæs, *got.* hvassaba).
hwassida, wassida *und* wassī *f.
Schärfe (got.* hvassei).
far-hwāʒʒan, farwāʒan *red. V.* § 351
A. 1: *verfluchen (as.* forhwātan).
hwē *Adv., s.* hweo.
hwēdar, hwēdhar (hwērdar *Hl.* § 167
A. 11), wēdar, wēder, *Pron. interr.*
§ 292f. § 296 A. 1: *wer von beiden,
uter;* – *Neutr.* hwēdhar – odho, wēder
– alde *ob* – *oder (Doppelfrage),* newēdir
keins von beiden 25, 45. newēder – noh
weder – *noch.* sō hwēdar sō, sō wēdar
sō *welcher von zweien immer.* – dhoh
dhiu huuēdheru *(Is.),* thiwideru (13,
83) *licet, tamen, dennoch.* – (*got.* hvaþar,
as. hwēdar).
ga-hwēdar, giwēder *Pron.* § 300 A. 2:
jeder von beiden, uterque.

hweijōn *sw. V.* § 117 A. 1: *wiehern.*
hweiʒi, weizi *m.* § 160 A. 4. § 199:
Weizen (got. hvaiteis, *ae.* hwǣte).
hwēlf, wēlf *m. n.* § 131 A. 5. § 194 A. 3.
§ 197: *junger Hund, Junges von wilden
Tieren (ae.* hwēlp, *an.* hvelpr).
hwelīh, welīh, weleh, *bei N.* welēr.
Pron. § 292f. § 300, 2: *interr. wie beschaffen, welch, wer; indef. irgendein,
jemand; m. Gen. jeder, z. B.* allero
manno uuelīhemo (*Musp.* 18). – sō
hwelīh sō, sō welīh, sō welēr *welcher
nur immer, quicunque (vgl. got.* hvileiks,
as. hwilīc, *ae.* hwilc).
ga-hwelīh, giwelīh § 300, 2: *jeder,
omnis.*
hwenne *s.* hwanne.
hweo, weo, *s.* hwio.
hweolīh *s.* hwiolīh.
hwēr, wēr (*as.* hwē, hwie) *Pron.* § 291.
§ 293: *interr. wer, quis; indef. irgendwer, irgend jemand.* – sō hwēr sō, sō
wēr sō, swēr *wer immer, quisquis,
wenn irgend jemand, si quis (as.* gihwē
jeder). Instrum. hwiu, wiu, hiu, *mit
Präp.* § 192 e A. 2 bihwiu, bihiu, bi-
wiu, bewie *weshalb, warum;* mit wiu
womit, zi uuiu, ziu *wozu, weshalb,
warum (got.* hvas, *ae.* hwā).
gihwē *(as.) jeder.*
hwērban, hwērfan, wērvan, wērban
st. V. § 139 A. 3. 5. § 337 A. 3: *intr.
sich wenden, umkehren, zurückkehren,
umgehen mit jemand, gehen, worauf
ausgehen, tätig sein (got.* hvaírban, *ae.*
hweorfan).
bi-hwērban, biwērban *trans. m. Akk.
um etwas tätig sein, erwerben, verdienen, vollbringen (as.* bihwēreban).
umbi-hwērban, umbiwērban *intr. sich
umdrehen.*
widar-wērban *zurückkehren.*
hwerben [hwarbjan], hwaraban, werfen, werben *sw. V. (Kausat. z. Vor.)
drehen, wenden, convertere, inritare (as.*
hwerbian).
gi-hwerbitha *f.* (ō) *das Umwenden,
Verwandlung, conversio.*
[hwērbo], wērbo *m. Drehung, Wirbel;
Wendepunkt, cardo* 17, 5, 29, *vgl. PBB*
28, 269 (*ae.* hweorfa).
hwērdar *Pron.* = hwēdar.
hwergin, wergin *Adv. irgendwo (as.*
hwargin, hwergin, *ae.* hwerʒen).
hwīla, wīla (*und* hwīl § 207 A. 2) *f.*
(ō) *Zeit, Zeitraum, Zeitdauer, bestimmte Zeit, Stunde.* – *Adverbial:* in
thia wīla, sār thēn wīlōn *eo tempore;*
wīle 41, 1, 65 *einst; Dat. Pl.* wīlōn,
wīlon, wīlen (*as.* hwīlum) *Adv. bisweilen;* wīlōn – wīlōn, eina wīla –
andera wīla *nunc* – *nunc (got.* hveila,
ae. hwīl).

hwio, hweo, weo, wio, hwē, wē, wi, wie:
Adv. § 43 A. 6. § 48 A. 4. § 109 A. 3.
§ 291 A. 1: *interrog. wie, quomodo,
quam, aus welchem Grunde, warum;
indef. irgendwie; – Konj. wie, sowie,
wie wenn. – sō wio sō, sō wio, swiesō
Konj. wie auch immer, wenn irgend.
– (got.* ƕaiwa).
hwio-līh, hweolīh, wiolīh, wielīh, *Pron.*
§ 292: *wie beschaffen, qualis.*
hwio-līhhī, hwialīhhī, wiolīchī, wī-
līchī *f.* § 229 *qualitas (z. Vor.).*
hwīʒ, wīʒ, *Adj. weiß, glänzend (got.*
ƕeits).
[hwuo], wuo (*T. = as.* hwō) *Adv. wie.*
– *Vgl. ae. afries. (as.)* hū *und ahd.*
hwio. *PBB* 39, 254.

I

ia-mēr, ia-uuiht *usw., s.* io-.
iba *f.* (ō) *Zweifel. Vgl.* ibu.
ibilo *Adv.* (41, 62), *s.* ubil.
ibu, ipu; upi, ubi, ube, oba, avo (19)
Konj. § 31 A. 4: 1. *wenn, si;* – 2. *in
indirekten Fragen: ob (Dat. zu* iba =
got. ibai). *as.* ef, of, *ae.* ʒif.
īdal *Adj., s.* ītal.
idis *f., s.* itis.
ieglīch; iegelīch *s.* iogilīh.
ie-gwēdar *s.* io-gi-hwēdar.
ieth *s.* iowiht.
ih (hiich 5, 2, 97 f.; e 5, 2, 18 *u. ö.) Pron.*
§ 282: *ich (got.* ik, *as.* ik, ëc, *ae.* ic). –
ihh-ā § 282 A. 2: *egomet* 1, 11.
īla *f.* (ō) *Eile, festinatio.*
īlen [īljan], īllan *sw. V. eilen, sich be-
eifern (as.* īlian).
īlōnto *Adv. Part. Präs.* § 267 A. 4:
eilig.
īlunga *f.* (ō) *festinatio.*
imbi *m. Bienenschwarm (ae.* imbe).
im-bīʒ *n.* § 126: *s.* inbīʒ.
im-bot *n. Auftrag, Gebot.*
in *Präp. m. Dat. Akk. (Instrum.) in, an,
auf, unter, zwischen, zu, gegen, gemäß
(got. as. ae.* in).
in *und* īn *Adv. ein, hinein, herein (got.
as. ae.* in).
in *Konj. und (T.) s.* anti.
in-bīʒ, imbīʒ, *n. Imbiß, Essen, Mahlzeit.*
in-brusti *n. Sinn, Gemüt.*
in-dës *Konj., s.* innan.
indi, inde *Konj. und, s.* anti.
in-fleiscnissa *f.* (ō) *incorporatio, in*
fleiscnisse (13, 76) *fehlerhaft für 'incarnationem'.*
in-gagan, in-gegin *s.* gagan.
in-gang *m. Eintritt, Eingang, Tür.*
in-giriuno *O.* I, 19, 9 = ingriuno (*O.*
I, 27, 35) *Adv. begierig, eifrig (vgl.*

Erdmann z. Stelle). Nach Schade, Wb.
in griuno (griuna *f. Begierde*); *nach
Grimm, Gr.* 3, 145 in giriuno (gi-riuna
Geheimnis).
in-heima *f.* (ō) *Heimat.*
in-huct *f.* (i) *sensus (zu* huggen).
in-lachenes *Adv. innen, innerhalb W.
Gr.* 2, 760 inlachen = *vestis interior.*
in-līh *Adj. internus.*
innan, inan *und* innana *Adv. innen.*
– *Präp. m. Gen. Dat. Akk. innerhalb,
in.* innan dhiu *s.* thër; innan thës,
indës *indessen, solange als* (41, 1, 35).
– *got.* innana, *as. ae.* innan.
inne, inni *Adv. intus, darin, innerhalb.*
– *Präp. m. Gen. Dat. innerhalb. –
Dazu Komp. Adj.* innaro, *Sup.* inna-
rōsto: § 266 (*got.* inna, *as.* inne).
innene-wendiun *Adv.* § 148 A. 1:
mit Gen. innerhalb 19, 5.
innida *f.* (ō) *Eingeweide* *1, 3, 1 (*Graff*
1, 298).
inouwa *f.* § 207 A. 7: *Wohnung.*
innuovilu *n. Plur.* (innouili, inuueli,
hinuovili 1, 4, 15) *Eingeweide,* innuovilu miltida = *viscera misericordiae,
die innigste Barmherzigkeit T.* 5, 52
(*as.* innōdli).
inti *Konj.* § 70 A. 2: *und, s.* anti.
intrātan *red. V., s.* trātan.
inu *Konj. denn, nam, ergo;* – *Interjekt.
ecce.* – *fragend: numquid? num? etwa?,*
inu-nu *dasselbe (vgl.* ëno).
in-wërt *Adj. innen befindlich;* inwërt-
līhho *Adv. intus (ae.* inweard).
inwitti *n. List, Betrug; as.* inwid, inwit *Hl.* 41.
io, eo (hio), ie *Adv.* § 43 A. 6. § 48 A. 4.
§ 109 A. 3: *immer; irgendeinmal, jemals (got.* aiw, *as.* gio, eo, io, *ae.* ā).
io-gi-hwanne, eogawanne *Adv. immer
irgendwann, immer.*
io-gi-hwār, eogihwār, iogiwār *Adv.
überall.*
io-gi-hwëdar, iagiwëdar *Pron.* § 300
A. 2: *jeder von beiden, uterque.* – iogi-
wëdrehalp, iowëderhalb *Adv. auf beiden Seiten* 23, 5, 18; 38, 22.
io-gi-hwelīh, eogahwelīh, eogihwelīh,
eocowelīh, iogiwelīh *Pron.* § 300:
jeder, omnis, unusquisque.
io-gi-līh, eocalīh, eogalīh, iegelīch,
ieglīch *Pron. Adj.* § 300: *jeglicher,
jeder.*
io-gi-līcho *Adv. (zum Vor.) immer in
gleicher Weise, stets, immer.*
io-gi-tago, eo gatago *omnibus diebus
s.* -tago.
io-gi-wār *Adv., s.* iogihwār.
io-gi-wëdar *Pron., s.* iogihwëdar.
io-gi-welīh *Pron., s.* iogihwelīh.
io-hwanne, iowanne *Adv.* = iogi-
hwanne.

io-hwëdar, iowëder *Pron.* = iogihwëdar.
io-hwelīh, iowelīh *Pron.* = iogihwelīh.
io-līh *Adj.* *O. I, 17, 47 *statt* iogilīh
(P.).
io-man, eoman, iaman, *Pronominalsubst.* § 239 A. 6. § 298: *irgendeiner,
jemand.*
io-mēr, iamēr *Adv. immer.*
io-n-altre, eonaltere *Adv. unquam*
(vgl. altar).
ionēr, eonēr, ionar *Adv. irgendwo, irgend.*
io-wanne *Adv., s.* iohwanne.
io-wëder *Pron., s.* iohwëder.
io-wëdar-halb *Adv., s.* iogihwëdar.
io-welīh *Pron., s.* iohwelīh.
io-wiht, eowiht, iawiht, ieweht, ieht,
ieht, iet *Pronominalsubst.* § 299: *irgendein Ding, irgend etwas, etwas (as.*
eowiht, giowiht, *ae.* āwuht).
io-wist, eouuist *f. substantia* 13, 52 *(zu*
eo wësan *Graff* 1, 1059, *vgl. MSD*
338f.).
ipu *Konj., s.* ibu.
ir, yr *Präp., s.* ur.
ir *Pron. III. Pers. (Is.) s.* ër.
ir (5, 2, 17. 22. 89 *u. ö.:* ge, ger, cher)
Pron. § 282: *ihr (got.* jus, *as.* gī, *ae.*
ʒie).
irdīn *Adj.* § 30 A. 1. § 249: *irden.*
irdisc, irthisg *Adj. irdisch (zu* ërda).
irmin– *(ags.* eormen-) *in verallgemeinernder Bedeutung vorgesetzt in* irmin-
man *m. (Mensch),* irmin-deot *n.*
(Menschenvolk), irmingot *(deus uni-
versalis) Hl., s. PBB* 21, 1ff.
irri *Adj. irre, umherschweifend; erzürnt*
(ae. eorre) *Hl.* 25ː *(got.* aírzeis).
irren [irrjan], giirren, girren *sw. V. irre
machen, vom rechten Wege ableiten, in
die Irre führen (got.* aírzian, *as.* irrian).
irren *sw. V. O.* I, 4, 37 = irrōn.
irrōn, giirōn, girrōn *sw. V.* § 367 A. 1:
*irre gehen, irren, nicht Bescheid wissen
(mit Gen.: in bezug auf etwas).*
īs *n. Eis, glacies (ae.* īs).
īsan, īsarn *n.* § 196: *ferrum (got.* eisarn,
as. īsarn, *ae.* īsern, īren). *Vgl. PBB*
43, 516f.
īsīn *Adj. aus Eis;* īsīne steina *(O.* I,
1, 70) *Eissteine, Quarzkristalle. Vgl.
jedoch Paul, PBB* 12, 551, *der* īsīn
(< *īsrīn) *als 'ferreus' faßt.*
isnel 5, 2, 35 *s.* snël.
īsnīn, īsarnīn *Adj. ferreus (got.* eisar-
neins).
ītal *Adj. leer, nichtig, eitel, inanis, ver-
geblich (as.* īdal, *ae.* īdel).
ar-ītalen [ītaljan] *sw. V. nichtig machen.*
ītalingūn *Adv.* § 269: *vacuum, frustra.*

ītal-nissa *f.* (ō) *desolatio, vanitas (ae.*
īdelness).
ita-wīʒ, *m. Vorwurf, Schmähung, oppro-
brium (got.* idweit, *ae.* edwīt).
ita-wīʒʒōn, itawīʒōn *sw. V. m. Dat.
Vorwürfe machen, beschimpfen, expro-
brare.*
itis, idis *f.* § 240 A. 1: *Frau, Weib (as.*
idis, *ae.* ides); *ZDW* 13, 143ff.
it-lōn *m. oder n. retributio, praemium*
(ae. edlēan *n*).
it-māli *Adj. festus, solemnis.*
iuwēr, iuwar, iuēr *(O.),* or (5, 2, 81)
Pron. poss. § 284ff.: *euer (as.* iuwa,
ae. ēower).
iʒ *Präp. m. Dat., s.* aʒ.

J

j *in den Hss. nicht vom* i *geschieden.*
jā 1. *Affirmativpartikel: ja, in Wahrheit,
fürwahr (z. B. O.* I, 2, 1). 2. *Konj.
auch, und* (22, 1, 22); *mit Zusetzung
von* auh: jā auh (10, 20), jauh (10, 50 A)
jouh (26, 2) *und auch, und (got.* ja,
ae. ʒēa).
jagāri, jageri, iagere *m. Jäger.*
jagōn *sw. V. jagen, verfolgen.*
fir-jagōn *sw. V. verjagen, verfolgen.*
jāmar, āmer *(N.) m. n.* § 116 A. 4.
§ 194 A. 3: *Jammer, Herzeleid,
schmerzliches Verlangen O.* I, 18, 32
(ae. ʒeōmor).
jāmarag *Adj.* § 249: *mit Jammer behaftet.*
jāmar-līh, āmerlīh *(N.* § 116 A. 4) *Adj.
Jammer verursachend, bejammerns-
wert, lacrimabilis.*
jār *n.* § 196: *annus;* ubar jār *Jahr für
Jahr, immer fort O. Ad Ludow.* 60
(got. jēr, *ae.* ʒēar).
jārīg *Adj. ein Jahr alt, jährig.*
jāro-gelīches *Adv. Genet. alljährlich,
vgl.* gilīh.
jëhan, gëhan, jëhen (1. *p. Präs.* gihu,
as. giuhu) *st. V.* § 116 A. 1. § 343 A. 4:
*aussagen, erklären, eine Erklärung ab-
geben, gestehen, zugestehen, eingestehen,
bekennen, beichten, confiteri (m. Dat.
d. Pers., Gen. rei).*
bi-jëhan, pigëhan, begien (17, 5, 2) *bekennen, beichten.*
jenēr, genēr, enēr *(N.)* (hener, *Gen.*
henens 5, 2, 91) *Pron.* § 116 A. 4.
§ 289: *jener (got.* jains, *ae.* ʒeon).
jësan, gësan *st. V.* § 343 A. 2: *gähren.*
jëtan, gëtan *st. V.* § 343 A. 1: *jäten.*
joh *Konj.* § 25 A. 1: *etiam, sogar, auch,
und.* joh – joh *et – et (got.* jah).
joh *n. Joch (got.* juk, *ae.* ʒeoc).
jouh *Konj.* = jā ouh *s.* jā.
jū, giū *(N.* íu) *Adv.* § 41 A. 1. § 116

A. 3: *jam, schon, bereits, einst, einstmals,* jū ni, ni – jū *non jam, nicht mehr (got.* ju, *as.* giu, ju).
Judeo *m.* § 223 A. 4: *Judaeus.*
judiisk *Adj. jüdisch.*
jugethen *sw. V.* = jungen (*W.* 1, B, 23).
jugund, jugundh, jugend, jugent *f.* (i) § 219: *Jugend, juventus (as.* jugud; *dazu* jugud-hēd *f. dasselbe; ae.* ʒeoʒud).
jugund-līh *Adj. jugendlich.*
jūh *n.* § 116 A. 3: *Joch Landes, jugerum,* 41, 2, 9.
jung *Adj.* § 249: *jung, neu, frisch (got.* juggs, *ae.* ʒeonʒ), *Subst.* junga *n. das Junge. – Kompar.* § 261 A. 3: jungiro, jungero, jungoro, gungiro (§ 116 A. 2) 1. *Adj. jünger.* 2. *Substant. m. Diener, Jünger, junior, discipulus; vgl. ZDP* 32, 250 ff., *PBB* 43, 372². (*as.* jungro, jungaro; *dazu as.* jungerscipi *m. Jüngerschaft), Superlat.* jungisto *der Jüngste, der Letzte, novissimus. – Adv.* § 268 A. 3: aʒ jungist *zuletzt, endlich, demum, tandem;* zi jungisten, zi jungisti, zi gunste (§ 116 A. 2), zi jungist *dasselbe.*
jungeling *m.* (a) *Jüngling (ae.* ʒeonʒlinʒ).
jungen [jungjan] *sw. V. jung machen, verjüngen.*
jungend *f.* (i) 27, 45 = jugund.
jung-frouwa, juncfrouwa *f.* (n) *adolescentula (W.).*
jungidi, jungide *n.* § 201: *das Junge von Tieren.*
jung-līh, junchlīh *Adj. jugendlich.*

K . C (vor a, o, u). Ch . Q

kalb, chalp *n.* § 197 *u.* A. 1: *Kalb (ae.* cealf; *vgl. got.* kalbō *f.*).
kalo *Adj.* § 253: *kahl (lat.* calvus).
kalt *Adj. kalt (got.* kalds, *ae.* ceald).
kamara *f.* (ō) *Kammer* (lat. camera).
gi-kamari *n. das 'Gekämmer', Komplex von Kammern.*
kamph, kamf *m. Kampf (ae.* comp); *aus lat.* campus. *Kompos.* chamfheit (i) *militia.*
kar *n.* § 197: *Gefäß (got.* kas).
chara-sang *n. trauriger Gesang, Klagelied (zu* chara *Wehklage* = *got.* kara).
karitas *f. lat.* caritas; *a. Pl.* karitati *O.* I, 18, 38.
karkāri, charchāri *m.* § 200: *Kerker, Gefängnis (lat.* carcer).
karl, charl *m.* (a) *Mann, Ehemann (an.* karl; *vgl. ae.* ceorl).
karpho *m.* § 131 A. 5: *Karpfen.*
kāsi, chāsi *m.* § 199: *Käse (lat.* caseus).
chēden *st. V. N., s.* quēdan.

kevia *f.* § 118 A. 4. § 226: *Käfig.*
kein; chein (cheinna 26, 52), hein *Pron. indef. (abgekürzt aus* dehein) *irgendein.*
keisur, keisor, cheiser *m.* (a) *Kaiser (got.* kaisar, *as.* kēsur, *ae.* cāsere, *lat.* Caesar).
cheisuring *m. Kaisermünze, Goldmünze (ae.* cāserinʒ) *Hl.*
kēc-prunno *s.* quēcbrunno.
chēla *f.* (n) *Kehle, Hals (ae.* ceole).
chēlīg *Adj., s.* quēlig.
kelih, khelih *m. Kelch (lat.* calix).
kempfo, kempho, khenfo *m.* § 223 A. 2: *Kämpfer, Krieger, miles; s.* kamph.
chēna *f.* (ō *u.* n), *s.* quēna.
kenfo, khenfo *m., s.* kempfo.
kennen *sw. V. (got.* kannjan) *kundtun.*
ir-kennen, archennan, erchennen *vollständig kennen, kennen, verstehen, erkennen.*
bi-kennen, pichennan, bichennen *erkennen, kennen, wissen.*
cheol *m., s.* kiol.
kēren [kērjan], chēren, gikēren *sw. V. wenden, umwenden, kehren; sich wenden (N.* 13, 16).
bi-kēren, pi-chēren, bechēren *umwenden, umkehren, umwandeln, bekehren. Refl. sich bekehren.*
ir-kēren *anwenden, umwenden, bekehren.*
missi-kēren *falsch wenden, verkehren.*
kērran *st. V.* § 337 A. 1: *knarren.*
kerren [karjan], cherren (gacherit *M. Hench* VII, 27) *sw. V. kehren, fegen.*
kerza, cherize (5, 2, 98) (ō) *Kerze.*
ketin *f.* § 221 A. 3, c: *Kette (lat.* catena).
kien, kēn *m.* § 36: *Kien (ae.* cēn).
kīnan *st. V.* § 330 A. 1: *keimen (as.* kīnan).
er-chihen *sw. V., s.* quicken.
kind, kinth, chind *n.* § 163 A. 6: *Kind, Sohn, Knabe (as.* kind).
kindilīn, chindelīn, chindlīn *und* chindilī *n.* § 196 A. 3: *Kindlein, filiolus,*
kindisk, chindisk *Adj. kindlich, jugendlich.*
kindiskī, kindisgī, chindiska (27, 40) *f. Kindheit, Kindesalter; Jugend.*
kind-jung (*as.) Adj.* jung.
kindōn, chindan (41, 2, 76) *sw. V. Kinder erzeugen, gebären.*
kinni *n. Kinn.*
kinnizan *m. Backenzahn.*
kiol, cheol *m.* (a) *Schiff (ae.* cēol).
kiosan, kiasan, cheosan, chiesen *st. V.* § 322 A. 2. § 334: *prüfen, erforschen, wahrnehmen, wählen, auswählen, erwählen (got.* kiusan, *ae.* cēosan).
ar-kiosan, irkiasan, erkiosan *prüfen, erwählen, auswählen (as.* ākiosan).

far-kiosan, ferchiosan *etwas aufgeben, verwerfen, darauf verzichten;* farchoranēr *verworfen, reprobus.*

kirihha, chirihha, chirichaf. (n) § 120 A 1. § 225 A. 1: *Kirche, ecclesia (as.* kirika, *ags.* cirice; *aus. gr. κυριακόν, vgl. PBB* 43, 424ff.).

chirih-sahha *f.* (ō) *Kirchengut, vgl. ZDW* 7, 194f.

Kirst = Krist 31, 3, 1 (§ 120 A. 4).

ge-chist *Adj. opulentus *N.* 11, 6 (*Graff* 4, 531).

kitzilōn *sw. V.* § 96 A. 4: *kitzeln.*

kiulla, chiulla *f.* (ō *u.* n) *Ranzen, Tasche (ae.* cylle; *aus lat.* culeus).

kiuskī f. (n) *Reinheit.*

kiuwan (*Prät.* kou) *st. V.* § 30 A. 2. § 333 A. 4: *kauen (ae.* cēowan).

clafunga f. (ō) *stridor.*

klaga, chlaga f. (ō) *Klage.*

klagōn, chlagōn *und* klagēn, chlagēn *sw. V.* § 369 A. 2: *klagen, beklagen; refl. sich beklagen. Vgl. PBB* 43, 366. 372[1].

klāwa *und* clōa *f.* § 45 A. 3. § 208 A. 5: *Klaue.*

klēbēn, chlēbēn *sw. V.* § 31 A. 1. § 369: *kleben, haften (zu* klīban). *as.* klibon.

klēdda, klētta f. § 167 A. 10: *Klette.*

kleiben [kleibjan] *sw. V. befestigen (Kausat. zu* klīban).

bi-kleiben, gi-kl. *sw. V. befestigen.*

kleini, cleini, chleini *Adj.* § 250 A. 3: *fein, zierlich, rein, sauber, sorgfältig, klein, gering. – Adv.* kleino *dasselbe (ae.* clǣne *rein).*

kleinī f. *Feinheit, feiner Sinn, Zierlichkeit, Genauigkeit. Kunst.*

klēnan *st. V.* § 340 A. 2: *schmieren.*

klēo m. § 204: *Klee.*

klīban *st. V.* § 330 A. 1: *m. Dat. festhängen, an etwas anhaften (as.* biklīban).

chlimban *st. V.* § 336 A. 1: *klimmen, scandere (ae.* climban).

klingan *st. V.* § 336 A. 1: *klingen.*

klingo *m., und* klinga f. *Gießbach.*

klioban, chliuban *st. V.* § 333; *trans. spalten; intr. sich spalten (as.* klioban, *ae.* clēofan).

in-clioban *losspalten, losreißen.*

kliuwa *f.* § 30 A. 2: *Kugel (ae.* clēowen *n.*).

clōa f., *s.* klāwa.

cloccōn, clochōn *sw. V. klopfen, pochen.*

clūbōn *sw. V. pflücken, zerpflücken, klauben (zu* klioban).

bi-knāen, bichnāan, bicnaen *sw. V. I.* § 359 A. 3: *kennen, erkennen. – Refl. zur Selbsterkenntnis kommen, Vernunft annehmen (ae.* cnāwan *red. V.*).

ir-knāen, irknāan, irknāhen *erkennen* (*Prät.* irknuatīt **O.* IV, 15, 23 VP).

knēht, chnēht (canet 5, 2, 34f. *vasallus) m. Knabe, Diener, Mann (ae.* cniht).

knētan *st. V.* § 343 A. 1: *kneten.*

gi-knihti *n. Dienerschaft, Gefolgschaft.*

knio, chneo, kniu *n. (Gen.* kniwes) § 30 A. 2. § 48 A. 5. § 114, b. § 204 *u.* A. 3: *Knie (got.* kniu, *as.* kneo, knio, *ae.* cnēo).

chnisten [knistjan] *sw. V. anstoßen, allidere (vgl.* knussen).

fer-chnisten *zerstoßen.*

chnospinci (31, 5, 4): *Zerschmetterung? (vgl. Sprachdenkm. S.* 389).

cnuosal, chnōsal, cnōsal *n.* § 196: *Geschlecht, genus (zu* knāen), *as.* knōsal, *ae.* cnōsal.

knuot, cnuat *f.* (i) *substantia* 13, 80 (*got.* *knōþs *Geschlecht*).

chnupfen *sw. V. I.* § 356 *knüpfen.*

knussen [knusjan] *sw. V.* § 356: *zerstoßen (ae.* cnyssan).

fir-chnussen *zermalmen.*

ir-koborōn *sw. V. erlangen, erreichen (ags.* ā-cofrian *sich erholen*).

kohhari *m. Köcher.*

choden *st. V., s.* quēdan.

kolbo *m. Kolben (vgl. an.* kōlfr).

chomen *st. V., s.* quēman.

chōni *Adj., s.* kuoni.

copf, chopf *m.* (a) *Trinkgefäß, Becher (mlat.* cuppa? *vgl. ZfvglSpr.* 44, 136ff.).

korn, chorn *n. Korn, Getreide (got.* kaúrn, *as. ae.* corn).

corōn, chorōn, gachorōn, gikorōn *sw. V.* § 102, 4. § 367: *m. Gen. (seltener m. Akk.) kosten, prüfen, versuchen (zu* kiosan).

corōna f. (ō) *Kranz, corona.*

cortar, chortar, corter *n.* § 196 A. 2 *und* cortare *m. (W.) Herde (ae.* corðor).

corunga, chorunga, khorunka *f.* (ō) *Versuchung.*

cos *m., s.* cus.

kōsa *f.* (ō) *Streitpunkt; Erzählung, Gespräch (ags.* cēas, *lat.* causa).

gi-kōsi, gichōsi, gekōse *n. Gespräch.*

kōsōn, cōsan *sw. V. reden, sprechen, plaudern (lat.* causari).

kostōn *sw. V. prüfen (ae.* costian).

costunga *f.* (ō) *Versuchung, temptatio.*

couf, cauf *m. Handel, Kauf (ae.* cēap).

couffen [coufjan], coufen, gachaufen, *auch* coufōn *sw. V. kaufen, verkaufen (ae.* cīepan, *got.* kaupōn); *zu lat.* caupo.

ar-couffen, archaufen *erkaufen, loskaufen.*

far-couffen, forchaufen *verkaufen.*

craft, chraft f. (i) Kraft, Macht; Heeres-
macht (as. kraft m. f., ae. cræft m.).
chrafte-lōs Adj. kraftlos, schwach.
kraft-līh Adj. kraftvoll, stark.
krāen, krāhen sw. V. I. § 359 A. 3:
krähen. Komp. ir-krāen krähen (ae.
crāwan).
in-crëbōn sw. V. (T.) increpare.
kreftīg, kreftīc Adj. kraftvoll, kräftig,
mächtig.
krësan st. V. § 343 A. 2: kriechen.
Kriah m. (i) § 36: Grieche (got. Krēks).
krimman st. V. § 336 A. 1: kratzen.
chrimmi Adj., s. grimmi.
krimphan st. V. § 336 A. 1: zusammenziehen.
kriochan st. V. § 333 A. 1: kriechen.
crippea, chrippia, crippa f. § 135 A. 1.
§ 208 A. 2. § 210 u. A. 3: Krippe (as.
cribbia, ae. cribb).
chrismo m. (Is.) Salbe, chrisma.
christalla f. (n) Kristall.
christān-heit, christinheit f. (i) Chri-
stenheit, Christentum, Taufgelübde,
Taufe.
christāni, christiāni, cristāni Adj.
christlich. Subst. christāno der Christ
(ae. cristen).
krumb Adj. krumm (ae. crumb).
krumben [krumbjan], chrumben sw.
V. § 356: krumm machen, krümmen.
kruog m. § 216 A. 3: Krug (ags. crōȝ).
krūt n. § 197: Kraut (as. krūd).
crūci, chrūci, krūci n. § 201: Kreuz
(lat. crux).
crūci-traht f. das Kreuztragen *22, 2,
27 (ZDP 15, 245).
crūzōn sw. V. kreuzigen.
chūd Adj., s. kund.
kuelēn sw. V., s. kuolēn.
kūme Adv., s. kūmo.
kumft, chumft, kunft, cuonft W. 1
(cuomst W. A.) f. (i) das Kommen,
die Ankunft (zu quëman).
cumftīg, chwumftīc (6, 10), chumftīg
Adj. kommend, venturus.
-kumi, -quimi m. § 217: das Kommen.
chūmīg Adj. schwach, kraftlos.
cumin n. § 126 A. 3: Kümmel (lat.
cuminum).
kūmo, kūme Adv. mit Mühe, kaum,
nicht; zu [kūmi] Adj. schwach (vgl.
ae. cȳme zierlich).
kund, chunt (as. ae. cūd; chūd Hl.)
Adj. § 323 A. 3: bekannt, kund; ver-
wandt T. IV, 10 (5, 4).
kunden [kundjan], khunthen, chun-
dan, chunden sw. V. § 356: künden,
verkünden, anzeigen, zeigen (as. cū-
thian).
ar-kunden, archundan kund tun, demonstrare (ae. ācȳðan).

bifora-chunden vorherverkündigen,
weissagen.
dhurah-chunden declarare.
chundida f. (ō) indicium, Kenntnis
(10, 6).
chundo m. Verkündiger, angelus.
kunft f., s. kumft.
cuning, chuninc, chuning, cunig m. (a)
§ 128 A. 2. § 194: König (ae. cyninȝ).
kuningin f. § 209: Königin.
kuning-līh, kuniglīh Adj. königlich.
kuning-rīhhi, chunincrīchi n. König-
reich.
chunna f. (ō) scientia.
kunnan, chunnan V. Prät.-präs. § 32
A. 1. § 373: verstehen, wissen (got.
kunnan). Vgl. PBB 43, 374 f.
fir-kunnan § 373 A. 3: verzweifeln.
kunnēn sw. V. § 373 A. 4: erforschen,
kennenlernen, lernen (as. kunnon, ae.
cunnian).
kunni, chunni, chunne n. § 198: Geschlecht, genus, gens, cognatio (got.
kuni, ae. cynn).
ge-kunni Adj. angestammt *36, 51.
chunniling, chunling m. (a) Verwandter.
chunst f. (i) das Wissen, Verständnis,
Geschicklichkeit, Weisheit (as. kunst).
chunt Adj., s. kund.
ki-kunt? natura *1, 1, 50 (ae. ȝecynd
f. natura).
kuo, chō f. § 219 A. 1. § 240 A. 1: Kuh
(niederd. kō, ae. cū, an. kȳr).
kuolen [kuoljan], kualen sw. V. kühlen,
erfrischen.
kuolēn, kuelēn sw. V. kühl werden (as.
kōlon).
kuoli, kuali Adj. kühl (ae. cōl).
cuomst f., s. kumft.
kuonft f., s. kumft.
kuoni, chōni, chuani, kuani Adj. § 250
A. 3: kühn, tapfer (ae. cēne).
kuonheit, chuanheit, kuanheit f. (i)
Kühnheit, Tapferkeit, Pl. kühne Taten.
cuonio-widi (d. i. kūnawidi, Merseb.
1) f. Plur. (i) § 41 A. 2: Fessel (khuna-
uuithi catena Gl. I, 204, 32. 38, got.
kunawida Fessel. Vgl. PBB 82, 365 ff.).
kuphar, chupfer n. § 96, b: Kupfer,
(ae. copor, lat. cuprum).
kuri f. § 102. § 220: Wahl (ae. cyre).
curi, Plur. churīt, curīt und curet Im-
perat. mit Negat.: ni curi noli. § 322
A. 2.
curs m. cursus, geistliche Übungen.
kurt und churz Adj. § 159 A. 1: kurz
(lat. curtus).
kurti und churtnassī f. brevitas.
cus, cos m. Kuß (ae. coss).
kŭski, kŭsgi Adj. § 251: ehrbar. sitt-
sam. – Adv. kŭsgo O. dasselbe (as.
kŭsko).

chūskī, chūske *f. Sittsamkeit, Keusch-heit.*
kussen [kussjan], cussan *sw. V.* § 356: *küssen (as.* kussian, *ae.* cyssan).
kussīn, chussīn *n.* § 196 A. 3: *Kissen,*
kust *f.* (i) § 102: *Auswahl, Wertschät-zung, Tüchtigkeit, Rechtschaffenheit.*
chustīg *Adj. tüchtig, bonus.*
quāla *f.* (ō) *Qual, Marter (as.* quāla).
qualm *m.* (a) *Vernichtung, gewaltsamer Tod (zu* quëlan). *as.* qualm.
bi-quāmi *Adj. passend.*
quëdan, quhëdhan, chwëdan, qhuëdan, chëden *(N.)* choden, *st. V.* § 107 A. 2. § 343 A. 3 (*contr.* 2 *Sg. Präs.* quīs, 3 quīt, chwīt, § 306 A. 2) *sagen, sprechen, nennen, meinen, bedeuten (got.* qiþan).
undar-quëdan *untersagen, verbieten.*
wëla-quëdan *benediccre*
quëc, chuëch, quëk (*fl.* quëkkēr, quëgkēr, quëcchēr, quëkhēr) *Adj.* § 31 A. 1. § 145 A. 6: *lebendig; frisch, munter (got.* qius; *as.* quik, *ae.* cwicu).
quëc-brunno, këcprunno *m. lebendiges Wasser. Quelle (Quickborn).*
quëlan *st. V.* § 340 A. 1: *sich quälen.*
quelīg, chelīg *(N.) Adj. saevus, grau-sam.*
quëllan *st. V.* § 337 A. 1: *quellen.*
quellen [qualjan], quelen *sw. V. mar-tern. quälen, töten (as.* quellian).
quëman, quhëman, qhuëman, chwë-man, chomen, coman *st. V.* § 323 A. 1. § 340 A. 3: *kommen, ankommen, gehen (got.* qiman, *as. ae.* cuman).
ana-quëman *m. Akk. an jemand heran-kommen.*
az-quëman *advenire.*
bi-quëman *herbeikommen, herankom-men, kommen, herkommen, vorwärts-kommen, zu sich kommen, sich erholen; begegnen, zuteil werden.*
durh-quëman *hindurchkommen.*
fram-quëman *hervorgehen, ausgehen.*
volla-quëman *zu Ende kommen, per-venire.*
hintar-quëman *zurückfahren, erschrek-ken (m. Gen.).*
in-quëman *hineinkommen, intrare.*
ir-quëman *intr. erschrecken.*
nidar-quëman *herabkommen, descen-dere.*
ūz-quëman *herauskommen.*
quëna, cwëna, chëna *f.* (n, *auch* ō) § 107 A. 2 § 225: *Eheweib, uxor (got.* qinō, *as.* quëna, *ae.* cwëne).
quënala *f.* § 107 A. 2: *Quendel.*
quëran *st. V.* § 340 A. 1: *seufzen.*
quërca, quërechëla *f. Gurgel* (1, 4, 10).
quicken [quikjan], quihhan, chwic-chan *sw. V. lebendig machen (zu* quëc).
ir-quicken, archuicchan, ercwiken (er-

chihit 25, 14) *zum Leben bringen, le-bendig machen, beleben, erfrischen.*
ke-chwit *n. edictum (zu* quëdan).
quiti, quhidi *(Is.) m.* § 217: *Ausspruch.*
quiti *m.* § 217 A. 3: *vulva.*
quist *f.* (i) *Vernichtung (vgl. got.* qistjan).
chwumftīg *Adj., s.* cumftīg.

L

laba *f.* (ō) *Erquickung, Rettung.*
labōn, laben *sw. V. laben (ae.* ʒelafian).
ladan *st. V., s.* hladan.
ladōn *und* ladēn *sw. V. einladen, rufen, berufen (got.* laþōn, *ae.* laðian).
ladunga, ladhunga *f.* (ō) *Ladung, evo-catio; ecclesia* 13, 46 (*ae.* laðunʒ).
-lāen *sw. V. I., s.* -lāwen.
laffan *st. V.* § 346 A. 1: *lecken.*
lāgōn *sw. V. auflauern, nachstellen (zu* lāga *f. Hinterhalt).*
lagulīdandi *(as.) m. Part. Seefahrer.*
lagustrōm *(as.) m.* (a) *See.*
lahan *st. V.* § 346 A. 2: *tadeln, verbieten.*
bi-lahan *verhindern (ae.* lēan).
lachēn *sw. V., s.* hlahhen.
lahhan, lachan *n. Tuch (as.* lacan).
lāchanarra *f.* § 226: *Ärztin.*
lāchi *m.* § 199 A. 1: *Arzt (got.* lēkeis. *ae.* lǣce).
lamb, lamp *n.* § 197: *Lamm (got.* lamb).
landeri *m.* § 200 A. 1: *Räuber (ae.* hlōðere). *Vgl. PBB* 43, 365.
ge-lando *m., s.* lanto.
lang *Adj. longus;* than lang *(as.) Konj. so lange als. – Adv.* lango *lange (got.* laggs).
bi-lang *(as.) Adj. verbunden.*
langēn *sw. V. lang werden, lang sein; verlangen (Impers.).*
lang-līh *Adj. lang.*
gi-langōn *sw. V. erreichen.*
lancha *f., s.* hlanca.
lant *n. Land, terra, regio (got.* land).
lant-būant *m.* § 236 A. 1: *Landes-bewohner.*
lant-thiot *n. das Volk des Landes, das im Lande ansässige Volk.*
lantfrida *f.* (ō) *lampreta, muraena.*
lant-liut *m. Volk im Lande, Landesvolk.*
gi-lanto, gelando *m. Landesgenosse.*
lant-scaf *f.* § 219: *regio, Landesbezirk.*
lant-sidilo *m. Bewohner des Landes, Pl. Landsleute.*
lāo *Adj.* § 254: *lau.*
laos *Adj., s.* lōs.
gi-lāri *n. Gemach, Gelaß, Wohnung. Vgl. Neues Archiv der Ges. für ältere dtsch. Geschichtskunde* 38, 422; *Z. f. dtsch. Mundarten* 1914, 279f.
last *f., s.* hlast.
lastar *n.* § 154 A. 5: *Schande, Tadel,*

Vorwurf (zu lahan). *as.* lastar, *ae.* leahtor.
lastrōn *sw. V. tadeln, schmähen (ae.* leahtrian).
ga-lauban, chi-laupnissa *usw. s. unter* loub-.
gi-lāwen *sw. V. I.* § 363 A. 4. d: *verraten (got.* lēwjan, *ae.* lǣwan). – firlāwen *dasselbe.*
laʒ *Adj.* § 265 A. 2: *träge (as.* lat, *ae.* læt).
ka-lāʒ *n. Zusammenfügung.* calāʒ dero wego *exitus viarum M. Hench* XV, 12.
lāʒʒan, lāʒan, lāʒen red. *V.* § 351 A. 1. 2: *lassen, entlassen, zurücklassen, verlassen, im Stiche lassen, unterlassen, überlassen, geschehen lassen, zulassen.* – lāz *O.* IV, 24, 6 *für* lāzis? § 306 A. 2, *vgl. Erdm. z. Stelle. (got.* lētan, *ae.* lǣtan).
ar-lāʒʒan *(as.* ālātan, *ae.* ālǣtan) *erlassen, freilassen.*
bi-lāʒʒan, pilāʒan *erlassen, vergeben verzeihen.*
far-lāʒʒan, furlāʒʒan, forlāʒan, firlāʒān, verlāʒen, flāʒʒan (§ 76 A. 3) *lassen, verlassen, sich abwenden von, zurücklassen, überlassen, übergeben, unterlassen, zulassen; loslassen, entlassen, erlassen, vergeben.* Vgl. sėlpfarlāʒan.
int-lāʒʒan *loslassen, vergeben.*
nidar-lāʒʒan *herablassen.*
ob-lāʒʒan *erlassen, vergeben.*
laʒʒēn *sw. V. tardare, zu* laʒ; *T.* II. 10 (3, 55).
for-lāʒnessi *n. Vergebung.*
lėbara, lėpara *f.* (ō) § 31 A. 1: *Leber (ae.* lifer).
lėbēn, lėpēn, lėven (19, 10.) *sw. V.* § 31 A. 1. § 368 A. 2: *leben, vivere (got.* liban, *as.* libbian, *ae.* libban).
gi-lėbēn *leben, erleben.*
misse-lėbēn *übel leben, ein schlechtes Leben führen.*
lėbentīg, lėbendig *Adj. vivens.*
lėbir-meri *n. das geronnene Meer (vgl. MSD* 190f.).
lėbōn *s.* leibēn.
lėder *n. Leder (ags.* lėðer).
leffil *m.* § 194: *Löffel.*
lėffur *m. Lippe (z. Folg.).*
lėfs *m.* (a) *Lippe (vgl. ags.* lippa *m.*).
lėgar *n. das Liegen, das Lagern, das Lager, Lager; concubitus (got.* ligrs *m.; as.* lėgar, *ae.* lėʒer *n. Krankenlager, Krankheit).*
leggen, legen, lecgen *(M.) sw. V. I.* § 356 *liegen machen, legen, hinlegen, ponere, mittere, imponere (got.* lagjan, *as.* leggian, *ae.* lecʒan).
leiba *f.* (ō) *Überbleibsel,* zi leibu wėrdan *übrigbleiben (zu* -līban). *as.* lēba, *ae.* lāf.
leibēn *(as.* lēbon) *sw. V. übrigbleiben, bestehenbleiben.*

fir-leiben [leibjan] *sw. V. übriglassen, unterlassen m. Gen.* 42, 107; *O.* II, 6, 30 *(zu* līban). *as.* far-lēbian, *ae.* lǣfan.
leid *Adj. betrübend, leid, widerwärtig, verhaßt O. Ad Ludow.* 39. – *Kompar.* leidōr, leidhōr *Interj. ach! leider! (as.* lēd).
leid *n. Leid, Schmerz (as.* lēd, *ae.* lāð).
leidāri *m.* § 200 A. 1. 2: *accusator, Ankläger.*
leiden [leidjan] *sw. V. leid machen, verleiden.* – ir-leiden *dasselbe (as.* ālēdian).
leidēn *sw. V. intrans. zuwider werden, leid werden, leid sein (as.* lēdon, *ae.* lāðian).
leideg, leidig *Adj. betrübt, traurig, betrübend, leidig, verhaßt.*
leidōn *sw. V. anschuldigen, accusare.*
leidit *m., s.* leitid.
leid-lust *f.* (i) *Schmerz.*
leido-gilīh *s.* gi-līh.
leidōr *s.* leid.
leid-sam, leitsam *Adj. traurig.*
leidunt *f.* § 240 A. 1: *Anklage, Schuld *O.* IV, 24, 26.
leigo *m. Laie, laicus.*
leih *m.* (a) *Spiel, Musikstück (got.* laiks).
leimo, laimo *m. Lehm, argilla (ae.* lām *n.*).
leisten [leistjan] *sw. V. leisten, vollbringen, halten (einen Eid)* 21, 27. *(got.* laistjan, *as.* lēstean, *ae.* lǣstan).
leiten [leitjan] leittan, leiden; gileiten *sw. V.* § 102. § 356: *führen, leiten, herbeiführen, hineinführen, geleiten (as.* lēdian, *ae.* lǣdan).
int-leiten *hinausführen.*
fir-leiten, farlaiten *verführen.*
umbi-leiten *herumführen.*
ur-leiten, irleiden *führen, wegführen.*
widar-leiten, -leiden *zurückführen.*
leitid, leidit *(M.) m.* (a) *Führer.*
leitido. *m. dasselbe.*
leitiri *und* leitāri *m.* § 200 A. 1: *dasselbe.*
leit-sam *Adj., s.* leidsam.
lėchan *st. V.* § 341 A. 1: *vor Hitze rissig werden.*
lecken [lakkjan] *sw. V.* § 362 A. 1 *benetzen T. (ae.* leccean).
lėccōn, lėchōn, lėchen *sw. V.* § 31 A. 1: *lecken (ae.* liccian).
lėcza, lėccia *f.* (n, *auch* ō) § 226: *lectio, Lesung.*
bi-lemmen [lamjan] *sw. V. lahm machen, lähmen (z. Adj.* lam; *ae.* lama).
lengen *sw. V. I. lang machen.*
lengī, lenga (41, 2, 8) *f. Länge.*
lenti-brāto *m. Lendenstück.*
lentin, lentī *f.* § 211 A. 3b: *Niere, Lende (ae.* lenden).
lenzo *m.* § 99 A. 3: *Lenz, Frühling (aus*

*lengzo, *vgl. ae.* lenȝten). – *Dazu*
lenzinmānōth *März* (3, 8).
lenzesc *Adj. vernalis.*
leob, leop *Adj., s.* liob.
leoht, leot, leotkar *s.* lioht.
leohten *sw. V., s.* liuhten.
gi-lepphen [lapfjan] *sw. V. schlürfen,*
trinken.
lēra *f.* (ō) § 208: *Lehre (ae.* lār).
lērāri *m.* § 198 A. 4. § 200: *Lehrer.*
lēren [lērjan], lērran, lēran *sw. V. lehren*
(*got.* laisjan, *as.* lērian, *ae.* lǣran).
lērnēn *und* lirnēn *sw. V.* § 31 A. 2.
§ 369: *lernen (ae.* leornian, *as.* līnon).
lēs *Interj., s.* lēwes.
lësan *st. V.* § 343 A. 2: *lesen, sammeln,*
auswählen; lesen, legere, vorlesen (got.
lisan).
ar-lësan *eligere, colligere.*
ir-lëskan *st. V.* § 338: *intr. erlöschen.*
lesken [laskjan], leschen *sw. V. trans.*
löschen, auslöschen.
ar-lesken, irlesgen *auslöschen, ver-*
nichten (as. āleskian).
lēu, lēo *m., s.* hlēo.
lēwes, lēs *Interj. heu! leider! (Grimm,*
Gr. 3, 128).
lewin *f.* (ō) *Löwin.*
lewinchelīn *n. das Junge des Löwen.*
lewinna *f.* (n) *torrens, Gießbach* (17, 1,
12).
lewo *m.* § 114 A. 4: *Löwe (lat.* leo).
lezȝisto, lezȝesto *(auch* lecisto, lez-
zisto) *Superlat.* § 160 A. 4. § 265 A. 2.
§ 268: *der Letzte; zi* lezȝist *am spä-*
testen, zuletzt (zu laȝ).
lezzen [lazjan] *sw. V. hemmen, auf-*
halten, verhindern (m. Genet. rei). – zu
laȝ; *got.* latjan, *as.* lettian.
lezzi *Adj.* § 265 A. 2: *schlecht.*
līb, līp *m. u. n. Leben, vita (as. ae.* līf).
bi-līban, pilīpan *st. V.* § 330 A. 1: *blei-*
ben, remanere; unterbleiben, aufhören
M. Hench XIX, 13 (*got.* bileifan, *as.*
biliban, *ae.* belīfan).
līban *st. V., s.* hlīban.
libbian *(as.) sw. V. vivere, s.* lëbēn.
libel *m. Buch (lat. libellus). Is.* Hench
IV, 4 *(vgl.* livol).
liberōn *sw. V. gerinnen (von Flüssig-*
keiten); Part. giliberot *geronnen (kleb-*
rig? WuS 14, 161 ff.) 41, 37. *Vgl.*
lëbirmeri.
līb-haft, līphaft *Adj. mit Leben behaf-*
tet, lebendig.
lībhaftīgōn, gelīfhaftigōn (17, 5, 21)
sw. V. lebendig machen.
līb-leita *f.* (ō) *Lebensunterhalt, Nah-*
rung (zu leiten).
lid *m.* (i), *seltener n.* § 197. § 216 A. 1.
§ 220 c A. 1: *Glied (got.* liþus, *ae.* lið).
ge-lid *m.* (i) *u. n. dasselbe.*
līd *n. Obstwein, sicera (got.* leiþu, *as.* līd).

līd *n., s.* liod.
līdan *st. V.* § 330 A. 1: *gehen, fahren*
36, 11. *cedere* 15, 17. *Part. kalitan*
vergangen 12, 32. sēolīdante 28, 42.
zuolīdan 1, 1, 6 (*got.* leiþan, *ae.* līðan).
līdan, ir-līdan *st. V.* § 330 A. 1: *leiden,*
erdulden (vgl. Anz. 21, 305).
lidi-renkī *f. Gliederverrenkung.*
lido-līh *Adj., s.* gi-līh.
lidōn *sw. V. zerteilen; in demo galidōn-*
tin enti uueralti **M.* Hench X, 14:
am Ende der Welt, in consummatione
seculi (quasi seculum a secare? Maß-
mann). an. liða *zerteilen.*
livol *m.* (a u. i) *libellus, Buch (vgl.* libel).
liggen [ligjan], likkan, licken, ligan,
ligen *st. V.* § 344: *liegen. Part. pt.*
gilëgan *proximus, propinquus, cogna-*
tus 19, 4; *N.* 7, 13; dés ín gelégenen
liehtes *N.* 7, 11 '*des ihnen verwandten*
Lichtes' (got. ligan, *as.* liggian, *ae.*
licȝan).
ana-liggen *incumbere, drängen, bedrän-*
gen m. Akk.
er-liggen *schwach werden, deficere.*
fur-liggen, -ligan *moechari; Part.* fur-
lëgan *ehebrecherisch (T.).*
for-ligiri *n. stuprum.*
līhan *st. V.* § 109 A. 2. § 331 A. 2:
leihen, verleihen (got. leiƕan, *ae.* lēon).
fir-līhan *verleihen.*
in-līheri *m. foenerator, Gläubiger.*
līhtī *Adj. leicht (got.* leihts, *ae.* lēoht).
gi-līhten [lihtjan] *sw. V. leicht machen*
(*ae.* līhtan).
līh, līch *f.* (i) *u. n. Leib, corpus, caro*
(*got.* leik, *as.* līk, *ae.* līc).
gi-līh, chilīh, calīh, galīh, gelīh *Adj.*
§ 249: *von derselben Gestalt, ähnlich,*
gleich, der mīn gilīcho *meines gleichen*
O. V, 25, 56. – *Hinter dem Gen. Plur.*
eines Subst. 'jeder' (s. § 300,1), *oft unter*
Vorsetzung von allero, *z. B.* leidogilīh
leid jeder Art O. V, 23, 218: allero
manno calīh *Jedermann* 10, 46. – *Häu-*
fig tritt Ausfall der Vorsilbe gi *unter*
enger Anlehnung des līh *an das Subst.*
ein, *z. B.* mannolīh; lidolīh *jedes*
Glied O. I, 18, 5 (§ 300 A. 1). – (*got.*
galeiks, *as.* gilīk, *ae.* ȝelīc.) *Adv.* gilīcho
in gleicher Weise, gleich, ähnlich, pari-
ter, similiter.
līh-hamo, līchamo (*as.* līk-hamo *ags.*
līc-homa); *später, und zwar zuerst im*
bair. Dialekt līchinamo, līchnamo (*s.*
oben S. 167 *zu* 22, 4) *m.* § 222: *Leib,*
Körper. Vgl. O. Gröger, *Die ahd. Kom-*
positionsfuge 205. 381 f.
līhham-haftīg *Adj. leiblich, fleischlich.*
līchamisk, līcmisk *Adj. leiblich.*
līkkan *st. V., s.* liggen.
līhhazāri, līchezeri *m. Heuchler (ae.*
līcettere).

līhhazen [līhhazjan], līchezen *sw. V.*
heucheln (*ae.* līcettan).
līhhēn, līchēn, chilīhhēn, gilīchēn, ga-
līhhēn *sw. V. gefallen, genehm sein, oft.*
impers. Vgl. Is. Hench XVIII, 18.
M. Hench V, 26 (*got.* leikan, *as.* līcon,
ae. līcian).
misse-līchēn *mißfallen.*
ge-līchī *f. Gleichheit.*
ca-līhhida *f. Ähnlichkeit, Ebenbild.*
līchinamo, līchnamo *m., s.* līhhamo.
līchisōd *m. Heuchelei.*
līcmisk *Adj., s.* līchamisk.
chi-līhnissa, kilīhnissa *f.* (ō) *Gleichheit, similitudo, imago* (*ae.* ʒelīcness).
gi-līhnessi *n. dasselbe; Gleichnis, parabola* (*as.* gilīknissi).
gi-līhho *Adv., s.* gilīh.
ga-līhsam *Adj., similis.*
lilia *f.* (ō *u.* n) *Lilie* (*lat.* lilium).
līmen [līmjan] *sw. V. leimen, zusam-
menleimen* (*zu* līm, *ae.* līm *m. Leim*).
limbel *n. Stückchen Leder, Lederstreif*
(*lat.* limbus).
ge-līmida *f. Verbindung.*
gi-limphan, gilimpfan, gilimfan *st. V.*
§ 131 A. 2. § 336 A. 1: *geziemen, zu-
kommen; meist impers. m. Dat. oportet,
decet* (*ae.* ʒelimpan).
gi-limphlīh *Adj.,* -līhho, *Adv. passend.*
lindi *und* lind *Adj. lind, mild, angenehm. Adv.* lindo *auf zarte, sanfte
Art; leise* (*as.* līdi, *ae.* līðe).
linēn *sw. V., s.* hlinēn.
gi-lingan *st. V.* § 336 A. 1: *gelingen,
glücken; impers. m. Dat. pers., Genet.
rei.*
bi-linnan *st. V.* § 336 A. 1: *weichen;
nachlassen, ablassen* (*got.* af-linnan,
ae. linnan).
linsin *f.* § 211 A. 3: *Linse.*
linta *f.* (n) *Linde; Lindenschild* (*ae.*
lind).
lintīn *Adj. aus Linde, mit Linden bewachsen* (*ae.* linden).
liob, leop, liub, lieb, *Adj lieb, geliebt,
angenehm* (*got.* liufs, *as.* liof, *ae.* lēof).
liob, liab *n. das Liebe, das Erfreuliche,
der (die) Geliebte* (*as.* liof).
liob-līh, liuplīh § 47 A. 4: *angenehm,
schön, liebevoll. Adv.* lioblicho.
liod, lioth, lied, līd (25, 37) *n. Lied,
carmen* (*ags.* lēoð; *vgl. got.* liuþōn).
liogan *st. V.* § 333 *lügen* (*got.* liugan).
ar-liogan, arliugan *st. V. erlügen, er-
dichten* (*ae.* ālēoʒan).
bi-liogan *verleumden.*
lioht, leoht (leot, lioht *O.* I, 18, 9) lieht
(lieth) *n. Licht* (*got.* liuhaþ, *ae.* lēoht).
lioht *Adj. hell* (*ae.* lēoht).
lioht-faʒ, liotfaʒ *n. Leuchter, Lampe.*
lioht-kar, leohtchar, leotkar *n. Licht-
gefäß, Leuchter.*

lioht-samo, leohtsamo *Adv. evidenter.*
liochan *st. V.* § 333 A. 1: *reißen.*
fur-liosan, forleosan, firliasan (fīllo-
rinu *O.* I, 20, 6), ferliesen, fliosen
(§ 76 A. 3) *st. V.* § 334 A. 1: *verlieren,
verderben, zugrunde richten* (*got.* fra-
liusan, *as.* farleosan, *ae.* forlēosan).
ar-liotan, -leotan *st. V.* § 334 A. 1:
hervorwachsen (*got.* liudan, *ae.* lēodan).
lioth (lieth), liotfaʒ *s.* lioht-.
liozʒan *st. V., s.* hliozʒan.
līp *n. m., s.* līb.
līra *f.* (n) § 225: *Leier, Lyra.*
lirnēn *sw. V., s.* lērnēn.
ge-lirnig *Adj. gelehrig.*
list *m. f.* (i) § 216 A. 4: *Klugheit, Wissenschaft, Kunst; Schlauheit* (*got.* lists,
zu lais *ich weiß*).
listīg *Adj. klug, schlau.*
līta *f.* (n) *s.* hlīta.
liub *Adj., s* liob.
liubī *f. Freude, Lust, Vergnügen, das
Liebsein.*
liuben [liubjan] *sw. V. lieb machen,
jem. etwas Liebes, Angenehmes erweisen (m. Dat.).*
liugan *st. V., s.* liogan.
liuhten [liuhtjan], leohtan *sw. V. leuchten* (*got.* liuhtjan, *as.* liohtean, *ae.*
līhtan).
pi-liuhten *hervorleuchten.*
in-liuhten *leuchten, erleuchten, illu-
minare.*
liument-haftīgī *f.* § 229 (*zu* hliumunt).
liut *m.* (i) n. (*f. O.* II, 14, 21) § 216 *u.*
A. 4: *Volk, Plur.* liuti, liudi, lûite
(W.) m. Menschen, Leute (*as.* liudi,
ae. lēode pl.).
liud-scepi (*as.) n. Volk.*
liut-stam *m.* (a) *Volksstamm, Volk.*
liuzil *Adj., s.* luzzil.
liwen *sw. V.* (?) *das Verdienst oder die
Verantwortlichkeit einer Sache (Gen.)
tragen* (Erdm. II, 178). *O. Ad Sal.* 28
liuuit *V,* leuuet *P.* (*Nur noch O.* III,
20, 92 leuuen. *Vgl.* Kelle, *Glossar.*)
lob, lop *n. Lob, Ruhm* (*as. ae.* lof; *Adj.
as.* lofsālig *mit Lob beglückt*).
ke-lob, kelop *Adj. gelobt, berühmt* *34,
15.
lobōn *und* lobēn *sw. V. loben, preisen,
geloben* (*as.* lovon, *ae.* lofian).
lōfen *red. V. (W.) s.* hlouffan.
lōh *m. niedriges Holz, Gebüsch* (*ae.* lēah).
loh *n.* § 197: *Loch* (*ae.* loc).
loc *m.* (a) *Haar, Haarsträhne* (*ae.* locc).
locherohti *Adj. durchlöchert* (*zu* loh).
lockōn, lokōn *sw. V. streicheln, schmeicheln, ergötzen, locken* (*an.* lokka).
lōn *n. m.* § 196 A. 1: *Lohn* (*got.* laun,
ae. lēan).
lōnāri *m. remunerator, Lohner.*

lōnōn, *sw. V. lohnen (Dat. d. Pers.*,
Genet. rei; aber imo'z 36, 40). *ae.*
lēanian.
for-lornissa *f* (ō) *perditio.*
for-lōren *sw. V. I. perdere (zu* furliosan).
gi-los *Adj., s.* hlos.
lōs, laos *Adj. frei, beraubt (m. Genet.),*
los, zuchtlos (got. laus, *ae.* lēas).
lōs *n. das lose, zuchtlose Wesen.*
lōsen, lōssan *sw. V. I.* § 356: *los ma-*
chen, lösen. erlösen, befreien (got. laus-
jan, *as.* lōsjan, *ae.* līesan).
ar-lōsen, irlōsen *lösen, befreien, erlösen.*
bi-lōsen, bilōsian *berauben.*
zi-lōsen *lösen, auflösen, zerstören.*
lōsī *f. levitas, Leichtfertigkeit.*
er-lōsida *f.* (ō) *redemptio, Erlösung.*
lōson *sw. V.* = lōsen (41, 1, 47).
lōsunga *f.* (ō) *Erlösung.*
chi-lōthzsso *(Is.) s.* hlōȥȥo.
loub *n.* (m. 35, 20) § 197: *Laub, Blatt*
(got. laufs, *as.* lōf, *ae.* lēaf).
gi-louba, calaupa, kalauba *f.* (ō, *auch*
n) § 208 A. 2: *fides, Glaube.*
gi-louben [galaubjan], galauppen, ka-
laupan, chilauban, kilauben, gelôiban
(W.), gelouban *sw. V.* § 356: *glauben,*
refl. m. Genet. sich einer Sache ent-
schlagen, sich frei machen von etwas
(got. galaubjan, *as.* gilōvian, *ae.* ȝelīe-
fan, -lȳfan).
gi-loubi *Adj.* § 255 A. 3: *gläubig.* gi-
loubo *sw. m. der Glaubende, Gläubige*
(*unflekt.: O.* IV, 13, 28).
gi-loubī, gloubī *und* kalaubīn, chi-
laubīn *f. Glaube* (got. galaubeins).
gi-loubīg, kalaubīg *Adj.* § 249: *gläu-*
big.
ge-loub-līh *Adj. glaubhaft.*
gi-loubnissa, chilaupnissa, galaub-
nissa *f.* (ō) *fides.*
gi-loubo *m. fides* (as. gilōvo, *ae.* ȝe-
lēafa). *Vgl. PBB* 39, 250.
louffan, loufan *red. V., s.* hlouffan.
loug, lauc *m.* § 216 A. 2: *Flamme, Lohe*
(ags. līeȥ, līȥ).
lougen *m. das Leugnen.*
lougīn, laugīn *Adj. flammeus.*
lougna *f.* (ō) *das Leugnen.*
[lougna], *as.* lōgna *f. Flamme.*
lougnen [louganjan], louginen *sw. V.*
leugnen, in Abrede stellen m. Genet.
(got. laugnjan, *as.* lōgnian, *ae.* lȳȝnan).
fir-lougnen *verleugnen, in Abrede stel-*
len (m. Gen. u. Ak.); versagen, ab-
lehnen O. V. 25, 13. firlougnēti *O.* IV,
13, 48.
loupfo *m., s.* hloupfo.
lōȥ *n., s.* hlōȥ.
luft *f.* (i) *u. m. Luft* (got. luftus, *ae.*
lyft).
luggi *Adj. (as.) s.* lucki.

lugī, lukī *f. Lüge (vgl.* lugin).
lugi-līcho *Adv. auf lügnerische Art und*
Weise.
lugin, lugun *und* lugī *f.* § 211 A. 3:
Lüge (ae. lyȝe *m.,* lyȝen *f.*).
lugināri *m.* § 200: *Lügner.*
in-luihten *sw. V.* = in-liuhten.
lûit *m. (W.)* = liut.
lūhhan, lūchan *st. V.* § 333 A. 3: *schlie-*
ßen (got. lūkan, *ae.* lūcan).
ant-lūhhan, intlūchan, inlūchan *auf-*
schließen (as. ant-lūkan).
bi-lūhhan *zuschließen* (as. bilūkan).
lucka, lucha *f.* (n) *Lücke.*
lucki, luggi *Adj. lügnerisch, falsch.*
luggu *O.* IV, 19, 24 *Neutr. zum Mask.*
konstruiert (vgl. Erdmann, Anz. 7,
220).
gi-lumpf-līh, gilumphlīh *Adj.* § 131
A. 2: *ziemend, passend (zu* limpfan).
lungun *f.* § 211 A. 3 (lungina 1, 4, 16):
Lunge (ae. lunȝen).
luog *n.* § 197: *Lager, Höhle* (ae. lōȥ).
luogēn, lōkēn *sw. V. aus einem Ver-*
steck hervorsehen, nach etwas (ze) *sehen,*
lugen (as. lōkon, *ae.* lōcian).
lūs *f.* § 219 A. 1: *Laus* (ae. lūs).
lust *f.* (i) *u. m.* § 219 A. 1: *Lust, Ver-*
langen, Begierde (got. lustus).
gi-lust *f.* (i) *Verlangen, Begierde, Freude,*
Befriedigung, Ergötzung.
for-lust *f.* (i) *perditio (zu* furliosan).
lusten [lustjan], gilusten *sw. V. impers.*
m. Genet. verlangen, gelüsten, ergötzen
(as. lustean, *ae.* lystan).
lustidōn *sw. V. begehren.*
lustigōn *sw. V. ergötzen.*
gi-lust-līh *Adj. angenehm, fröhlich.*
lust-sam *Adj. dasselbe.*
lustsamī *f.* § 228 A. 3: *Freude, Ver-*
lockung.
[lūt], *as.* lūd *f. Gestalt. Vgl. got.* ludja
(*zu* liotan).
lūt; lūttar, lūtar; lūten *sw. V.; lūtida*
f.: siehe unter hl- (hlūt *usw.*).
luttil *Adj., s.* luzzil.
lūȥȥēn *sw. V. latere, verborgen sein.*
luzzīg, luzīg, luzīc *Adj. klein; Adv.*
Dat. luzīgēm § 269, 5. (as. luttic).
luzzil, luzzel; liuzil; lyuzil *(Is.) Adj.*
§ 32 A. 5. § 96 A. 5. § 159 A. 3. § 265:
klein, wenig, gering (as. luttil, *ae.*
lytel).
luzzilī, luzzelī *f.* § 228 A. 1: *Kleinheit,*
parvitas (zum Vor.).

M

māen *sw. V. I.* § 359 A. 3: *mähen.*
maer *s.* mēr.
māg, māk *m.* (a) *Verwandter, cognatus*
(got. mēgs, *as.* māg, *ae.* mǣȥ).
magad, macad, maged *f.* (i) § 27 A. 4.

§ 219 A. 1: *Jungfrau (got.* magaþs, *as.* magad, *ae.* mæʒþ, mæʒeþ).
magad-burt *f. das Gebären einer Jungfrau.*
magan, **makan** *und* **mugan** *V. Prät.-präs.* § 25 A. 1. § 375: *vermögen, können; – m. Dat. jemand gewachsen sein, hinreichen (got.* magan, *as.* mugan).
furi-magan *praevalere, die Oberhand haben* 7, 38 *(vgl.* furist megi 7, 101 f.); furimegi *Musp.* 97 *überwinden.*
magan, **makan**, **mageʀ** *und* **megin**, **meghin** *n. virtus, Kraft, Macht, Tüchtigkeit (as.* megin-craft *dasselbe).*
magan-nōt-durft, **makannōtduruft** *f.* (i) *dringendes Bedürfnis.*
magatīn, **magetīn** *n.* § 27 A. 4. § 196 A. 3: *Mägdlein.*
maga-zogo, **magaczogo** m. § 102: *Erzieher (zu* ziohan *u.* magu).
maga-zoha *f.* (n) *nutrix (zum Vor.).*
māgin *f.* (jō) *Verwandte (zu* māg).
mago *m. Magen (ae.* maʒa).
magu *(as.) m. Sohn (got.* magus).
mahal *n.* § 166 A. 2: *Gericht, Gerichtssitzung (got.* maþl, *ae.* mæðel).
ge-mahala, gemahela *f.* (n) *desponsata, Verlobte.*
mahalen [mahaljan] *sw. V.* § 356: *sprechen (Hl.; as.); versprechen, verloben, desponsare (as.* mahlian, *got.* maþljan, *ae.* maðelian, mæðlan *und* mǣlan).
mahalōn, **mālōn** *(N.) sw. V. vor Gericht laden, anklagen.*
mahal-stat *f.* (i) *Gerichtsstätte.*
maistar *m., s.* meistar.
maht *f.* (i) *Macht, Kraft (got.* mahts, *ae.* miht).
ge-maht *f.* (i) *genitalia, Gemächt.*
mahtīg *Adj.* § 249: *mächtig (got.* mahteigs, *ae.* mihtiʒ).
gi-mah, gemah *Adj. womit verbunden, zugehörig, entsprechend (N.* 9, 26), *passend, bequem (an.* makr).
gi-mah *n. das Zugehörige, Verbindung, Bequemlichkeit, Annehmlichkeit.*
gi-macha *f.* (ō) *Angelegenheit, Sache O.*
gi-mahha *f.* (n) *conjux (zu* gi-mah).
machâri, machâre *m. Macher, Bewirker.*
ki-machida *f.* (ō) *Verbindung, Zusammenfügung; contubernium* (11, 24, 4); *elementum (zu* gi-mah).
ka-mahho *m. socius (zu* gi-mah).
mahhōn, **machōn**, **gimachōn** *sw. V.* § 367: *zusammenfügen, verbinden, passend machen; bereiten, ausführen, tun (as.* makon, *ae.* macian). *Zu* gimah; *vgl. PBB* 43, 376 f.
malan *st. V.* § 346 A. 1: *mahlen (got.* malan).

mālēn *und* **mālōn** *sw. V. malen, zeichnen (got.* mēljan).
mālōn *sw. V. (N.), s.* mahalōn.
mammenti *Adj., s.* mammunti.
mammentsam, **manmentsam** *(N.) Adj. lenis, blandus.*
mammunti [mandmunti], **mammenti** *Adj.* § 99: *sanft, sanftmütig, freundlich, mild, angenehm, lieblich,* **mammonto** *Adv. dasselbe (as.* mādmundi).
mammunti *n. mansuetudo, Freundlichkeit, Sanftmut, Annehmlichkeit, Seligkeit.*
man *m.* § 239: *Mensch, Mann, Kriegsmann, Gefolgsmann, Dienstmann.* bi manne *viritim O.* I, 7, 8; II, 14, 93; *vgl.* bi barne. – *Pron. indef.* § 297: *man.* – *(got.* manna, *ae.* mon).
manag, **manac**, **manig**, **menig** *Adj. viel, multus (got.* manags, *ae.* moniʒ).
manag-falt *Adj. vielfältig.*
manag-falten [managfaltjan] *sw. V. multiplicare.*
manag-faltōn *sw. V.* § 367: *dasselbe.*
managī *f., s.* menigī.
manag-slahtīg *Adj. vielartig, vielfach.*
mana-(mano-)houbit *n. Leibeigener.*
mandag *Adj. freudig (zu* menden).
mandāt *n. Fußwaschung (lat.* mandatum, *vgl. O. ed Kelle* 2, 169).
mandragora *f. Alraun, eine betäubende Pflanze (gr.* μανδραγόρας).
maneghīn *f., s.* menigī.
far-manēn *und* **for-monēn** *(O.) sw. V.* § 25 A. 1: *verachten, zurückweisen (vgl.* manōn).
gi-mang *n. (as.) Haufen, Schar.*
mangēn *sw. V.* (manga 41, 2, 7). *ermangeln, vgl.* mengen *(N.) Graff* 2, 807.
mangolōn *sw. V. ermangeln, entbehren m. Genet.*
manig *Adj., s.* manag.
man-kunni, **manchunni** *n. Menschengeschlecht, generatio.*
manment-sam *Adj., s.* mammentsam.
mannaschīn *Adj., s.* menniskīn.
manniclīh *Adj., jedermann, aus* mannogilīh, *vgl.* gi-līh.
mannilīh *Adj., jedermann, aus* mannolīh; *vgl.* gi-līh.
mannisgīn *Adj., s.* menniskīn.
manniscnissa *f.* (ō) *humanitas, menschliche Natur (Is.), vgl.* menniskī.
mannisco *m., s.* mennisco.
manno-(gi-)līh, **manniclīh** *Adj., s.* gi-līh.
māno *m. Mond (as.* mēna, *ae.* mōna).
mānōd, **mānōth**, **mānōt** *m.* (a) *Monat (got.* mēnōþs, *ae.* mōnaþ).
fir-manōd *m. Verachtung (s.* farmanēn).
manōn *sw. V. mahnen, ermahnen; zuomanōn admonere* (7, 96). *ae.* manian.
man-slago *m. Mörder.*

man-slaht *f.* (i) manslahta *f.* (ō) *Mord.*
man-slecko, manslecco *m. Mörder.*
manunga *f.* (ō) § 207 A. 8 § 208:
monitio.
marg *n. Mark, medulla* (*ae.* mearʒ).
marha *f., s.* marca.
marhe *f.* (1, 3, 4), *s.* merha.
mǟren [mārjan], mārran *sw. V. bekannt
machen, verkündigen* (*got.* mērjan, *as.*
mārian, *ae.* mǣran).
māri *Adj.* § 250 *u.* A. 3: *berühmt, bekannt, herrlich* (*got.* -mērs, *ae.* mǣre).
māri *n. Nachricht, Erzählung, Bericht.*
Maria *Eigenname.* § 225 A. 2.
māritha *f.* (ō) *Kunde, Ruhm, rühmliche
Tat.*
mari-greoʒ *m., s.* merigrioʒ.
marca, marcha *f.* (ō) *Grenze, Grenzland,
Bezirk, Provinz, Land* (*ae.* mearc).
in-marken *sw. V. inolescere (?) Gl. I,*
176, 27.
marc-houg *n. Grenzhügel.*
marcōn *sw. V. abgrenzen, begrenzen, bestimmen, festsetzen* (*ae.* mearcian).
mārlīh *Adj. herrlich.*
maro *Adj.* § 253 *u.* A. 1: *mürbe* (*ae.*
mearu).
marren [marrjan] *sw. V., s.* merren.
martyr *m.* § 194: *Märtyrer.*
martyra, martra *f.* (ō) *Marter, passio.*
martyrōn, martrōn, martolōn *sw. V.*
§ 120 A. 1: *martern.*
māsa *f.* (n) *Wundmal, Narbe.*
maʒ *n. das Essen, Speise, Mahlzeit* (*vgl.
got.* mats, *as.* meti, *ae.* mete m.).
gi-maʒʒo *m.* § 222 A. 2: *Tischgenosse.*
megin, meghin *n., s.* magan.
meghinīg *Adj. stark, mächtig.*
meila *f.* (ō) *und* meil *n. Fleck, Mal*
(*got.* *mail, *ae.* māl).
mein *Adj. falsch. Adv.* meino *auf falsche,
böse Weise. Interj.* io meino! *O.*
mein (*as.* mēn, *ae.* mān) *n. Falschheit,
Betrug, Verbrechen.* meinnes *Adv. Gen.
falsch* (41, 2, 117).
meina *f.* (ō) *Meinung, Sinn. Akk.* thia
meina; bi thia meina *wahrhaftig (häu-
figes Flickwort bei O.).*
mein-eid, meineit *m.* (a) *Meineid.*
meinen [meinjan], meinan *sw. V. meinen, im Sinne haben, bezeichnen, bedeuten: eine Meinung aussprechen, sagen, erklären* (*as.* mēnian, *ae.* mǣnan).
gi-meinen [meinjan] *sw. V.* 1. = *d.
Vor.* 2. *zu* gimeini: *gemeinschaftlich
machen, vereinigen* (*O.* I, 6, 14), *mitteilen, darstellen* (*O.* I, 1, 4), *zuteilen*
(*O.* I, 5, 57), *tatsächlich hinstellen,
hervorbringen* (*Erdm. über O.* II, 1,
1–38). (*as.* gimēnian *kundtun*).
fir-meinen *sw. V. schänden, widerwärtig machen* (*O.* I, 1, 82) *zu* mein: *vgl.
Anz.* 9, 4.

gi-meini *Adj.* § 251: *gemeinsam, zu-
sammengehörig, gemeinschaftlich, allgemein* (*got.* gamáins, *ae.* ʒemǣne).
gi-meinida, kemeinitha, gimeinidha *f.*
(ō) § 208 (*Nom.* chimeinidh *Is.;* § 207
A. 2) *Gemeinschaft, communio.*
meino *Adv. zu* mein *Adj.*
gi-meino, gameino *Adv. zu* gimeini *gemeinsam, zusammen.*
ge-meinsamī *f. communio.*
mein-swart *m.* (i) *Meineid.*
mein-tāt, meindāt *f.* (i) *Verbrechen,
Übeltat.*
meist *Adv.* § 268 A. 1. 4: *am meisten,
zumeist* (*zu* meisto), *as.* mēst.
meistar, maistar *m.* (a) § 65 A. 3:
Meister (*lat.* magister). *as.* mēstar.
meistara *f. Meisterin.*
meistīg *Adv. (Adj.) zumeist, besonders.*
meisto *Adj. Superl.* § 265: *der Größte*
(*got.* maists, *as.* mēsto, *ae.* mǣsta).
meistrin *f.* (ō) *Meisterin.*
gi-meit *Adj. stultus* (*got.* gamaiþs). *Vgl.
ZDA* 56, 125 ff.
gi-meitī *f. Torheit, Verkehrtheit.*
meiʒan *red. V.* § 352 A. 1: *schneiden*
(*got.* maitan).
mēldōn *sw. V. verraten* (*ae.* mēldian).
mëlkan *st. V.* § 337 A. 1: *melken.*
mëlo (*Gen.* mël[a]wes) *n.* § 205: *Mehl*
(*ae.* mëlu).
menden, [manthjan] menthen, menden (17, 5, 41) *sw. V.* § 163 A. 6:
*sich freuen, sich freuen über (Genet.,
selten Akk. Is. Hench* XX, 11) *as.*
mendian.
mendī, mendīn *f.* § 230: *Freude.*
mendisli *n. Freude.*
menī *f. Vorladung* (18, 6).
menigī, managī *und (Is.)* maneghīn,
maneghiu (*Hench* 16, 9; 17, 7) *f.* § 27
A. 4. § 228 A. 1. § 229: *große Zahl,
Menge, Volksmenge, Schar* (*got.* mana-
gei, *ae.* meniʒeo).
mennen [manjan], gimenen *sw. V. vorladen mannire* (18).
menniskī, mennisgī *f.* § 229: *humanitas, Menschheit, menschliche Natur;
Mannheit, Mannesalter.*
menniskīn, mannaschīn, mannisgīn
Adj. menschlich, humanus.
mennisco, mannisco, mennisgo *m.
Mensch. Zu Adj.* mennisc (*ahd. as.
ae.*) *menschlich.*
mēr (maer *M.*) *unfl. Neutr. u. Adv.
Komparat.* § 268 A. 1. 4: *mehr, plus,
magis, amplius; diu maer ni – danne
nihilo magis quam M. Hench* XXX, 2
(*got.* mais).
mere *mare, nebst Kompos. s.* meri.
mērēn *sw. V. größer sein oder werden;
exstare* 1, 1, 37 (*zu* mēro).
merha, meriha, marhe *f.* (n) § 226 *u.*

A. 1: *Stute* (*ags.* mīere, mȳre; *zu ahd.*
marh, marah, *ags.* mearh *m. Roß*).
mēr-huora *f.* (ō) *adulterium* (*wie* ubar-
huor).
meri, mere *n. u. m.* § 202 A. 1. § 214
A. 1: *Meer* (*got.* marei, *as.* meri *f.*,
ae. mere *m.*).
meri-garto *m. das vom Meer umgebene
Land, die Erde, Welt.*
meri-grioʒ, marigreoʒ *m.* (a) *Perle*
(*got.* marikreitus, *aus gr.* μαργαρίτης).
meri-manni *n.* § 198 A. 5: *Meer-
weib.*
mēriro, mērōro § 265 A. 1 = mēro.
meri-salz, meresalz *n. Meersalz.*
meri-strōm (*as.*) *m. Meeresflut.*
meri-wāg, merewāc *m. Meeresflut.*
ge-merchi *n. Grenze* (*zu* marca).
mēro *Adj. Komp.* § 265: *major, größer.
Neutr.* mēra *Adv.* § 268 A. 4: *mehr,
plus* (*got.* maiza, *ae.* māra). *Vgl.* mēr.
mērōn *sw. V. mehren, vermehren.*
merren [marrjan], marren, gimerren
sw. V. § 356: *hindern, hemmen, stören*
(*got.* marzjan, *as.* merrian, *ae.* mier-
ran).
fir-merren *dasselbe.*
far-merrida *und* fir-merridi *f.* (?) *irri-
tum* *Gl.* I, 175, 38 (*zum Vor.*).
merzo *m. März* (*lat.* Martius).
mētalōsto *Adj. Superl. der mittelste.*
mētar *n.* (*O.*) *Metrum, Versmaß.*
mētemo *Adj.* § 164 A. 2: (*nur schwach*)
mediocris (*got.* miduma).
mētil-scaft *f.* (i) *Mitte.*
mettina *f. hora matutina, Mette* (5, 2,
24 *u. ö.*).
mētu, mēto *m.* § 30. § 220 c: *Met* (*ae.*
medu, *an.* mjǫðr).
mēʒ *n. Maß. – In adverbialen Wendungen. Z. B. Gen.* des mezʒes *in dem
Maße* 12, 15; *Instr.* theheino mezʒo
in irgendeiner Weise O. IV. 12, 46;
einu mezʒo solummodo 7, 78.
mēʒʒan, mēzssan, mēʒen *st. V.* § 343:
messen, abmessen, abwägen (*got.* mitan,
as. ae. mētan).
ver-mēʒʒan *refl. m. Gen.: etwas kühn-
lich behaupten.*
mēʒ-hafto *Adj. maßvoll.*
mezʒi-sahs, mezʒiras, mezers *n.* § 168
A. 3 (matzer 5, 2, 57): *Messer* (*ae.*
meteseax), *vgl.* maʒ.
mēʒ-samōn *sw. V. temperare.*
mēʒ-wort *n. gemäßigte Rede.*
mezzo *m. Steinmetz.*
mētod *as.* (*vgl. got.* mitōn *denken; ahd.*
mēzʒōt?) *m. Gott* (*ae.* meotud).
mias, meas § 36: *Tisch* (*got.* mēs).
miata, mieta *f.* (ō *u.* n) § 36: *Lohn,
Bezahlung, Bestechung* (*as.* mēda, *got.*
mizdō, *ae.* mēd *und* meord).
mīdan *st. V.* § 330 A. 1: *meiden, ver-*

*meiden, unterlassen. Refl. m. Gen. etwas
unterlassen* O. IV, 19, 72 (*ae.* mīðan).
bi-mīdan *vermeiden; verheimlichen.*
fir-mīdan *vermeiden.*
mithont *Adv.* § 167 A. 10: *eben, gerade,
jetzt.*
mieren [miarjan] *sw. V. anlanden.* *O.
V, 25, 2. Vgl. ZfvglSpr.* 37, 126 f.
mieta *f., s.* miata.
mihhil, michel *Adj.* § 249. § 265: *groß*
(*got.* mikils, *as.* mikil, *ae.* micel).
mihhilēn *sw. V. groß sein.*
mihhilī, michelī *f. Größe* (*got.* mikilei).
michil-līchī *f. magnificentia.*
michel-līcho *Adv. exaggerative.*
michel-līchōn *sw. V. magnificare.*
mihhilosōn *sw. V.* § 367: *magnificare.*
milda *f., s.* miltī.
milti *Adj.* § 251: *mild, freundlich, gnädig, freigebig* (*got.* mildeis, *ae.* milde).
miltī *f. und* milta, milda *f.* (ō) *Güte,
Barmherzigkeit, Gnade. Vgl. PBB* 43,
394.
miltida *f.* (ō) *misericordia* (*got.* mil-
diþa).
milt-līhho *Adv. largiter.*
miluh, miloh *f.* § 219 A. 1: *Milch* (*got.*
miluks).
milzi *n.* (ja) *Milz.*
min *Komparat. Adv.* § 268 A. 1. 4:
*weniger, minder, minus; – Konj. ne,
damit nicht* (*got.* mins).
mīn *Pron. poss.* § 284 f.; *mein* (*got.*
meins).
minna, minnia *f.* (ō) *vnd* minnī *f.*
§ 210 *u.* A. 2: *Liebe, amor, caritas,
dilectio; Gedächtnis, Erinnerung* 5, 2,
106 (*vgl. ae.* minni *n. Erinnerung*).
minna-sam, minnesam *Adj. lieblich.*
chi-minni *Adj. dilectus.*
minnig *n. Mennig, minium.*
minniro, minnero *Adj.* § 265: *Komp.
minor, kleiner* (*got.* minniza). *Adv.*
minnera § 268 A. 4.
minnirōn, chiminnerōn *sw. V. kleiner
machen, verkleinern, vermindern* (*vgl.
as.* minson, *ae.* minsian).
minnisto, minnesto *Adj. Superl.* § 265:
der kleinste (*got.* minnists).
minnōn, minniōn § 367 A. 1: *sw. V.
lieben.*
minza *f.* (n) § 30: *Minze* (*lat.* menta).
mirra *f.* (n) *Myrrhe.*
mirre-berg *m. Myrrhenberg* (*W.*).
gi-mirrōt *Adj. Part. mit Myrrhen versehen, murratus.*
misken, misgen *sw. V. I.* § 363 A. 5:
mischen (*ae.* miscian). *Vgl. PBB* 45,
132.
gi-miscnissī *f. Mischung, confusio.*
missa *f.* (ō) *Messe, Feiertag.*
missen [missjan] *sw. V.* § 363 A. 6:

missen, entbehren, vermissen, m. Gen.
(ae. missan).
missi *Adj. verschieden, verschiedenartig*
*O. V, 25, 80 *(vgl. got.* missō *Adv.).*
missi-līh *Adj.* § 31 A. 3: *verschieden-*
artig, ungleich, entstellt O. Ad. Hartm.
58 *(got.* missa-leiks), *as. ae.* mislīc.
missi-skiht, misseskiht *f.* (i) *Miß-*
geschick.
missi-tāt, missatāt *f.* (i) *Missetat,*
Übeltat (got. missadēþs).
missi-zumft, *as.* mistumpft *f.* (i) § 31
A. 3: *Zwist, Uneinigkeit (zu* zëman).
mist *m.* § 154 A. 5: *Mist (got.* maíh-
stus).
mistun, mistunnea *f.* § 211 A. 3: *Mist-*
haufen.
mit (bit. 19, *s.* § 123 A. 3) *Präp. m.*
Dat. u. Instr. mit, zugleich mit, bei. –
Seltener m. Akk.: bei, apud (got. miþ).
mit-allu, mitallo, mitalla *Adv.* § 192e
A. 2: *durchaus, gänzlich.*
miti, mite *Adv.* (miti *auch Präpos.* =
mit *Hl.) mit.*
miti-wāri *Adj. sanft, mitis.*
miti-wārī, mitewāre *f. Sanftmut,*
Milde.
miti-wist, mitewist *f.* (i) *Zusammen-*
sein, Zusammenwohnen.
mitta, mitda (n) *Mitte (as.* middea).
mittamo, mittemo *m.* § 164 A. 2; *nur*
im Dat.: in mittemen *in der Mitte,*
vgl. mëtemo *Adj.*
mitti *Adj.* § 250 A. 3; *medius (got.*
midjis, *as.* middi, *ae.* midd).
mitti-gart, mittingart *m. Welt, Erd-*
kreis (got. midjungards, *ae.* middan-
ȝeard).
mittila-gart, mittilgart *m. dasselbe*
(as. middilgard, *und* middilgarda *sw.*
f.).
mittilōdi *n. Mitte; Adv. eminus (?)*
*1, 1, 45.
mittilōsto, mittelōsto *Superl. der mit-*
telste (zu Adj. mittil, *ae.* middel).
mitti-morgen *m. Vormittag.*
mitti-tag, mittetac *m. Mittag.*
mittulli *n. liciatorium, Weberbaum.*
molta *f.* (ō) *Staub, Erde (got.* mulda,
ae. molde).
for-monēn *sw. V. O., s.* manen.
mord *n. u. m. Mord (as. ae.* morð;
vgl. got. maúrþr, *ae.* morðor).
morgan, morgen *m.* (a) *Morgen, Vor-*
mittag; der morgende Tag. – in morgan
Adv. des morgens, früh, mane; am
morgenden Tage (got. maúrgins, *ae.*
morȝen).
morgan-līh *Adj. matutinus.*
mornēn *sw. V.* § 369: *sich bekümmern,*
trauern (got. maúrnan, *as.* mornon).
mōt *m.;* mōter, *f., s.* muot, muoter.
mūen *sw. V., s.* muoen.

mugan V. *Prät.-präs., s.* magan.
mucca, mugga *f.* (n) § 226 *u.* A. 1:
Mücke (as. muggia, *ae.* mycȝ).
mūl *n. u.* mūla *f.* (ō) *Maul (altn.* mūli
m.).
mulin, mulī *f.* § 211 A. 3, c: *Mühle (lat.*
molīna).
mullen [muljan], muillen (§ 32 A. 5)
sw. V. § 362 A. 3: *zermalmen, conterere.*
far-mullen, vermullen *dasselbe.*
mund, munth *m.* (a) *Mund, os. (got.*
munþs, *as.* mūd, mūd *ae.* ṁūd, mūð). –
Dazu als Pl. munda bucca 5, 2, 5?
(oder ein Fem Sg. Backe?).
munechen *sw. V. zum Mönche ma-*
chen.
bi-munigōn *sw. V. beschwören *O* IV,
19, 47 (bimuniun § 149 A. 5a. § 305
A. 5).
munistri, munusturi *n. monasterium.*
munt *f.* (i) *Hand, Schutz (vgl. ae.*
mund).
gi-munt *f.* (i) *memoria (got.* gamunds).
Vgl. PBB 43, 367.
munt-boro *m.* (n) *Schützer.*
munt-burt *f. Schutz* 22, 2, 35.
gi-muntīgōn *sw. V. mit Gen. memo-*
rari, eingedenk sein.
muntōn *und* gimuntōn *sw. V. m.*
Dat. schützen (ae. mundian).
munusturi *n., s.* munistri.
muodi, muadi *Adj.* § 251: *müde, ab-*
gemattet, schwach, elend; muodo *m.*
der Schwache, Schwächling O. I, 7, 17
(as. mōdi, *ae.* mēðe).
muoen [muojan], muoan, muaen, mūen
sw. V. § 356. § 359 A. 4: *Mühe machen,*
bemühen, beunruhigen, bedrängen (hier-
her muotin *Hl.* 2, *vgl. unter* muoȝȝen);
– Refl. sich abmühen, sich bemühen.
ir-muoen *abmühen, ermüden.*
muor *n. Sumpf, Moor (ae.* mōr).
muos, muas, mōs *n.* § 170 A. 1: *Speise,*
das Essen, Mahlzeit (ae. mōs).
muot, mōt, muat *m.* (a) *u. n.* § 194
A. 3: *Sinn, Geist, Gemüt, mens, ani-*
mus (got. mōþs, *ae.* mōd).
muoten [muotjan] *sw. V. V. etwas be-*
gehren, verlangen (ze von jemandem)
N. 4, 7.
muoter, mōter, mōder *f.* § 233ff.: *Mut-*
ter (as. mōdar, *ae.* mōdor).
muot-fagōn *sw. V. willfahren.*
gi-muoti, gimuato *Adj.* § 251: *mit dem*
Sinne, dem Gemüte übereinstimmend,
lieb, angenehm, erwünscht. – Adv.
gimuato, gimyato § 39 A. 8 *(O.) in*
einer dem Sinne zusagenden Weise;
angenehm, freundlich.
gi-muoti, gimuati *n. Verlangen,*
Wunsch, Annehmlichkeit, Wohlgefal-
len. Vgl. PBB 43, 358.
(muot-) mōðsebo *(as.) Ḫerz.*

muot-tāt, muatdāt *f.* (i) *Tat, die man im Sinne hat, beabsichtigte Tat.*

muot-willo. muatwillo *m. freier Wille, Willkür, Wille, Sinn, Geist (M.Hench* XXIX, 7 *corda).*

muozza, muozze *f.* (ō) *facultas, Möglichkeit, Muße, freie Zeit.*

muozzan, muozan, muazan *V. Prät.-präs.* § 95 A. 1. § 376: *Raum haben; die Gelegenheit, Freiheit, Veranlassung wozu haben; dürfen, mögen, können, müssen. – as. ae.* mōtan *dasselbe;* hierher mōtti, muotti *Hl.* 60. 61 (*got.* *mōtan *Raum finden).*

[muozzen] *ahd. unbelegt; as.* mōtian, *ae.* mētan *sw. V. begegnen (got.* mōtjan). *Hierher setzen viele* muotin *Hl.* 2. *Vgl.* muoen, *für welches das einfache* t *spricht.*

muozzīg, muozīc *Adj. müßig.*

muozzīc-līcho, muazzīclīho *Adv. müßig.*

mūr-beri *n.* § 41: *Maulbeere.*

murdreo *m. Mörder* (*zu* mord).

murmilōn *sw. V.* § 120 A. 1: *murmeln, murren* (*lat.* murmurare).

pi-murmilōn *etwas bemurmeln, über etwas murren.*

murmulōd *m. Gemurmel.*

muruwi, murwi *Adj.* § 253 A. 1: *zart, mürbe* (*s.* maro).

mūs *f.* § 219 A. 1: *Maus* (*ae., an.* mūs).

muspilli (*as.* mudspëlli) *m. (?) n. Weltbrand, Weltende durch Feuer; vgl. oben S.* 170 f.

mutti *n.* § 201: *modius.*

mūzzunga *f. mutatio* (mūzzōn *sw. V. mutare). Hierher* mūzzunga *immunitas* 19, 26?

gi-myato *Adv., s.* qimuoti.

N

na *Fragepartikel am Ende negativer Sätze: nicht wahr? Grimm, Gramm.* 3, 731 ff.

nabulo, napulo, nabilo *m.* § 222: *Nabel* (*ae.* nafela).

gi-nāda, ganāda, genātha, gnāda *f.* (ō). *Wohlwollen,Gunst,Gnade* (*as.* ginātha).

gi-nādēn *sw. V., s.* ginādōn.

gi-nādīg, gināthīc, genāthih, kenādīg *Adj. gütig, barmherzig, gnädig.*

ginād-līh *Adj. gnädig, Adv.* ginādlīcho.

gi-nādōn, ginādhōn *und* gi-nādēn, gnādan (26, 47), genāden (kenādit 17, 1, 5) *sw. V. gnädig sein, sich erbarmen über jemanden (Dativ, auch Genet.).*

nāen *sw. V. I.* § 359 A. 3: *nähen.*

nāgal *m.* § 27 A. 4. § 216 A. 1: *Nagel* (*ae.* næzel).

bi-nagalen, binagilen *sw. V. I.* § 27

A. 4: *festnageln, befestigen (got.* nagljan).

bi-, gi-nagan *st. V., s.* -gnagan.

gi-nah *V. Prät.-präs.* § 374: *es genügt*

nāh *Adj. nahe; Adv.* nāho (*as.* nāh, *ae.* nēah).

nāh *Adv.* § 109 A. 2: *nahe, beinahe, prope. –* dara nāh *s.* dara. *Kompar.* nāhōr *näher (got.* nēƕ, nēƕa).

nāh *Präp. m. Dat. u. Instr. nach, nahe, bei, neben.*

nāhen [nāhjan] *sw. V.* § 154 A. 7: *intrans. u. refl. nahen, sich nähern, nahe kommen (got.* nēƕjan, *as.* nāhian).

nāhisto *m.* (*Superl. zu* nāh) *der Nächste, proximus; Nachbar* (*ae.* nīehsta).

naht *f.* § 241: *Nachts* (*got.* nahts, *as.* naht, *ae.* niht). – *Adv.* thes nahtes *nachts;* (5, 2, 15. 24: inats = hinahtes *heute nacht?*).

naht-līh *Adj. nocturnus.*

naht-scato *m.* (a) *nächtlicher Schatten.*

naht-timberī *f. nächtliche Finsternis.*

naht-wahta *f.* (ō) *vigilia.*

nāh-wist *f.* (i) *das Nahesein.*

nackot, nachot, naked *Adj.* § 96 A. 4. § 109 A. 4. § 145 A. 6: *nackt, nudus* (*got.* naqaþs, *ae.* nacod).

nalles, nales, nalas, nals *Adv.* § 25 A. 1. § 269: *durchaus nicht, nicht* (= ni alles).

namo *m.* § 222: *Name, persona (Is.)* (*as.* namo, *ae.* noma, nama *m., got.* namō *n.*).

chi-namno *m. der Gleichnamige (Is.).*

namōn, namon *sw. V. Namen geben, nennen, bei Namen anrufen* (25, 3; 39, 5).

nara *f.* (ō) *salus* (*zu* nerren).

narro (narra 5, 2, 65. 67) *m.* (n) *Tor.*

nartha *f.* (ō) *narda.*

nasa *f.* (ō *u.* n) *Nase.*

nātara, nātera, nādera, nātra *f.* (n) *Natter* (*ae.* nādre; *vgl. got.* nadrs *m.*).

natūr-līh *Adj. naturalis.*

nazzēn *sw. V.* § 369: *naß werden.*

nëbol, nëbul *m. Nebel* (*as.* nëbal).

nëbol-vinstar *Adj. durch Nebel finster.*

nëvan (*as.*) *Konj. nur, außer* (*vgl.* nibo *u.* niwan).

nëf-gēr *Adj. avarus.*

nëvo *m. Enkel, Verwandter* (*ae.* nëfa).

nehein, nechein *Pron. Adj., s.* nihein.

neigen *sw. V., s.* hneigen.

nein, nain 5, 2, 29: *nein.*

nejein *Pron. Adj.* (19, 14), *s.* nihein.

nëman *st. V.* § 304. § 340 A. 1: *nehmen, annehmen, fassen, erfassen, hinnehmen, gewaltsam nehmen, hinwegraffen, überwältigen (got. as. ae.* niman).

bi-nëman *wegnehmen, entreißen, entziehen, verhindern.*

fir-nëman *wegnehmen, dahinraffen; er-*

fassen, wahrnehmen, einsehen, verstehen.
samant-nëman *zusammennehmen, zusammenrufen, adhibere.*
uber-nëman *übernehmen, wegnehmen.*
under-nëman *dazwischen wegnehmen, unternehmen N.* 5, 42.
ūʒ-nëman *herausnehmen, educere, herausziehen.*
zuo-nëman *zu sich nehmen, assumere* (17, 5, 70).
nemnen, nemnan, nemmen, nennen *sw. V. I.* § 99: *nennen, nominare, vocare, invocare* (got. namnjan, as. nemnian, ae. nemnan).
nen = nihein 5, 2, 90.
nenden [nandjan], nendan *sw. V. wagen* (got. nanþjan, as. nāthian, ae. nēðan).
ge-nennida *f.* (ō) *persona.*
neo, neoman, neowiht *s.* nio-.
nerren [narjan], nerran, nerian, nerien, neren *sw. V.* § 102. § 118 A. 3. § 304, § 356: *am Leben erhalten, gesund machen; nähren: – retten, erretten, befreien, selig machen* (got. nasjan, ae. neriʒan).
neriendo *(as.) Part. heilend und Substant.: Heiland* (vgl. got. nasjands).
ga-nësan, canësan, ginësan, genësan *st. V.* § 343 A. 2: *am Leben bleiben, davonkommen, errettet werden, selig werden* (got. ganisan, ae. ʒenësan).
nësso *m. Wurm; vgl. Sprachdenkm. S.* 375. – nessinchilīn *n.;* 31, 4 a nëssiklīn *(as.) Demin.*
nëst *n. Nahrung, Nahrungsmittel* (zu ga-nësan).
gi-nëstidi *n.* § 198 A. 5. § 201: *Nestgenossen.*
ne-wëder *s.* hwëdar.
nezzen [nazjan] *sw. V. benetzen, naß machen* (zu naʒ *Adj.;* got. natjan).
nezzi *n.* § 201: *Netz* (got. nati, as. netti, net, ae. net).
ni, ne *Negationspart.* § 70 A. 3: *nicht; in Konditionalsätzen: nisi, außer; formelhaft in* ni sī, ni sī thaʒ, *es sei denn, daß, außer; – Konj. nach negativen Verben und Sätzen: quominus, quin, daß nicht* (got. ni, as. ni, ne, ae. ne).
nia-wiht *s.* niowiht.
nibu, nibi; nube, nupe, noba, navo (17, 2, 2) § 31 A. 4: *Konj. wenn nicht, nisi, außer daß, daß nicht, nur; sed, sondern, aber (aus* ni ibu; *got.* nibai, *as.* nebu).
nibulnissi *n.* (ja) *Finsternis.*
nīd, nīdh, nīth *m.* (a) § 194: *Haß, Zorn, Neid* (got. neiþ, as. nīd, ae. nīð).
nīdan *st. V.* § 330 A. 2: *beneiden.*
nidar, nidhar, nithar, nider, *bei O. auch* nidare, nidere, nidiri, *Adv.* § 266 A. 2: *nieder, herunter, hinunter* (ae. niðer).

nidaren [nidarjan], nidarren, nidiren *sw. V.* § 356: *niedrig machen, erniedrigen, damnare.*
fur-nidaren *damnare, condemnare.*
nidari, nidiri, nidere *Adj.* § 266 A. 2: *niedrig, unten befindlich.*
nidarī, nidirī *f. Niedrigkeit.*
nidarunga *f.* (ō) *damnatio (T.).*
nīdīg *Adj. mit Haß, Neid erfüllt, gehässig.*
nīdōn *sw. V. hassen.*
nieht, nieth *s.* niowiht.
nieman *s.* nioman.
niene *Adv. nicht* (= nio ni).
nīgan *st. V., s.* hnīgan.
nigun *Num. (as.)* = niun.
nih-ein, nihhein, nehein (nen 5, 2, 90), nechein, nejein (19, 14); nohein, nohhein *und* niheinīg, nihheinīg; nohheinīg *Adj. Pron.* § 29 A. 3. § 154 A. 7. § 296: *keiner, nullus.*
gi-nindan *st. V.* § 336 A. 2: *m. Gen. wozu Mut zeigen, etwas unternehmen *O.* I, 2, 12 (sonst stets sw. V.: nenden).
nio, neo, nie *Adv. nie, niemals; verstärkt* nio in altare (vgl. altar) *durchaus nicht* (as. neo, nio, ae. nā, got. ni aiw).
nio-man, neaman, nieman, niman *m.* § 239 A. 6. § 298; *nemo, niemand.*
nio-mēr *Adv. nimmer, niemals.*
niosan *st. V.,* nios-wurz *f., s.* hn-.
niot *m. Verlangen* (as. niud, ae. nēod).
nio-wanna, niewanne *Adv. nunquam* (zu hwanne).
nio-wiht, neowiht, neoweht, niawiht, niewit, niwit, nieht, niet, niht, nih *Pronominalsubst.* § 299: *nihil, nichts; Adv. nicht (m. Genet.), vgl.* niwiht (ags. nāwiht).
nioʒʒan, nioʒan, niaʒan; giniaʒan, gnioʒʒan *st. V.* § 334 A. 1: *m. Akk. etwas benutzen, gebrauchen, genießen, an etwas teilhaben; m. Gen. etwas genießen, Genuß oder Nutzen von etwas haben, für etwas belohnt werden* (got. niutan, ae. nēotan).
ga-nist *f.* (i) *Errettung, salus* (s. -nësan).
niun (niwan O. II, 4, 3) *Num.* § 271: *neun* (got. niun, as. nigun, ae. niʒon).
niunto *Num. Ord.* § 278: *nonus.*
niun-zëhan § 272; niun-zug § 273, -ōsto § 278.
niusen [niusjan] *sw. V.* § 154 A. 5: *versuchen. Hl.* 60 (got. niuhsjan, as. niusian, ae. nēosan).
niuwan *st. V.* § 333. A. 5: *zerstoßen.*
niwan *Num., s.* niun.
ni-wan, niwani, niwana *Konj. nichts als, außer, nur* (as. newan).
niuwi, niuui *Adj.* § 30 A. 2. § 114. § 251. § 323 A. 3: *neu, novus* (got. niujis, ae. nīwe).

ni-wiht, niuwiht, niweht *Pronominalsubst.* § 299; *nichts; vgl.* niowiht.
niuwōn, giniuuōn *sw. V. erneuern.*
no *in* sihno, sēno *usw., s.* nū.
noh *Adv. noch, adhuc; ferner, außerdem;* – *mit der Negation* ni *nondum, noch nicht.* – *(got.* naúh.)
noh *Konj.* § 29 A. 3: *neque, und nicht, auch nicht, und auch nicht; noch.* noh – noh *weder* – *noch; fragend:* numquid? – *(got.* nih).
noh-thanne, nohdanne, nohthan *Adv. adhuc; mit Negat. nondum.*
noh-ein, nohhein *und* nohheinīg *Adj. Pron., s.* nih-ein.
noh-wennon *Adv. noch irgendwann.*
nol *und* nollo *s.* hnol.
chi-nōmidi *(würde bei* T. [ginuomiti] *sein) n.* § 198 A. 7: *persona* *Is. Hench XVII, 7.
nōna *f.* (ō) *die neunte Stunde, nachmittags drei Uhr.*
nord *n. Norden (ae.* norð *m.*).
nordenān *Adv. von Norden her (as.* nordan).
nordert *Adv. nordwärts.*
nord-halb *Adv. m. Gen. auf der nördlichen Seite, nördlich.*
nord-ōstrōni *Adj. nordöstlich.*
nordrōni *Adj. nördlich (ae.* norðerne, *an.* norrǣnn).
nord-westrōni *Adj. nordwestlich.*
nord-wint, nortwint *m. Nordwind.*
nōt *f.* (i) *bei* O. *auch m.* § 219 A. 2: *Not, Bedrängnis, Drangsal, Mühe, Gefahr; Gewalt, Zwang, Notwendigkeit.* – *In adverbial. Redensarten, die besonders bei* O. *oft als Flickwörter erscheinen. Dat.* nōti, nōte *mit Mühe, kaum, notwendigerweise, ach! heu!* (O. I, 18, 13. *N.* 2, 2); bi nōti, bi nōtin; in nōti, in nōte, in nōt; thuruh nōt; zi nōti, zi nōte *notwendigerweise, notgedrungen, in gehöriger Weise, genau, wirklich, gar sehr,* von thero nōti = *eo quod, deshalb, weil (got.* nauþs, *as.* nōd, *ae.* nīed, nȳd.)
nōtag, nōteg *Adj. bedrängt, in Not.*
nōt-thurft *f.* (i) *das notwendige Bedürfnis.*
nōten [nōtjan], nōttan, naotan, nōtan *sw. V. Gewalt antun, bedrängen, nötigen, zwingen (got.* nauþjan, *as.* nōdian, *ae.* nȳdan).
nōt-haft *Adj. durch Not gefesselt, in Not befindlich. Dazu* ge-nōthaftōt *Part. Adj.* gen. ward *passus est (N.).*
gi-nōti *Adj. bedrängend; beengt. Superlat.* gnōtesto *äußerst, extremis, summus* ze demo gnōtesten *endlisch, was die Hauptsache ist. N.* 4, 12.
nōti-gi-stallo, nōtgistallo, nōtstallo

m. Gefährte in der Not, Leidensgenosse, Kriegsgefährte (ae. nȳdჳestealla).
nōt-līh *Adj. mit Not verbunden, gefahrvoll, mühevoll.*
nōt-numft, nōtnunft *f.* (i) *Raub, Gewalt, fraus.*
nōto *und* *O. IV, 19, 3 *im Reim* nōton *Adv. notgedrungen, notwendigerweise.*
gi-nōto *Adv. beengt, genau, eifrig, dringlich, heftig, sehr.*
nōt-stallo *m., s.* nōtigistallo.
gi-nōჳ, kanōჳ, gnōჳ (*as.* genōt) *m.* (a) § 238 A. 2 *und* gi-nōჳჳo, ginōჳo *m.* § 222 A. 2: *Genosse, Gefährte* (*zu* nioჳჳan). *ae.* ჳenēat.
nū, nu *Adv.* § 41 A. 1: *nun, jetzt, jetzt eben; im Nachsatze zur Fortführung der Rede: nunc autem, autem, enim, ergo, igitur; in Fragen: num, numquid; als Interjektion, besonders in Zusammensetzungen* sēnu, sēno nū, sihno, wolne *usw. (got. as. ae.* nū, nu).
nūā *Adv., verstärktes* nū.
nube *Konj., s.* nibu.
gi-nuht *f.* (i) *und* ginuhtī *f. Genüge, Überfluß (ae.* ჳenyht).
ga-nuhtsam *Adj. copiosus, abundans.*
nuila *s.* hnol.
numft, nunft *f.* (i) § 219: *Wegnahme, assumptio (zu* nëman).
gi-nuog, ginuag, gnuoc *und* gi-nuogi, ginuagi *Adj.* § 249 A. 2: *genug, ausreichend.* – *Adv.* ginuog § 269, ginuagi (O. *Ad. Hartm.* 101. IV, 8, 11), gonego *und* gonoi 5, 2, 69. 74: *hinreichend, genug (got.* ganōhs, *as.* ginōg, *ae.* ჳenōჳ).
gi-nuogī, ginuagī *f. Genüge, Fülle, Überfluß.*
nuჳ *f., s.* hnuჳ.
nuz *m.* (i) *Gebrauch, Nutzen, Ertrag.*
nuzzi, nuzze *Adj.* § 250 A. 3: *nützlich, brauchbar (ae.* nytt, *got.* un-nuts).
nuzzī *f. Nutzen, Benutzung, Gebrauch, Ertrag.*
nuzzōn *sw. V. benutzen, genießen (ae.* nyttian). *Vgl.* nioჳჳan.

O

ob- *Präfix* § 25 A. 1: *ab, weg.*
oba, opa, obe *Adv.* § 266: *oben; thār oba, hiar oba.* – *Präp. m. Dat. auf, über, oberhalb.*
oba, obe *Konj., s.* ibu.
obana, obena *und* obenān *Adv. von oben her, oben (as.* obana, *ae.* ufan).
obanahtīg, obenahtīg *Adj. summus.*
obanenti, *n. das Oberste, Gipfel.*
obanentīg *Adj. oberst, summus.*
obanentīgī *f. das Oberste.*
obar *Präp., s.* ubar.

obaro, oboro, obero *Adj. Komp.* § 266: *superior, oberer.*

obasa *f.* § 109 A. 2: *Halle* (got. ubizwa).

obenān *Adv., s.* ohana.

obaʒ, obez, obiʒ (ouetz 5, 2, 94) *n. Obst* (*ae.* ofet).

ōth, ōd *Subst. (nur bei O.) O.* IV, 19, 35; V, 6, 10. *propensio, Neigung, Streben (Zarncke); leichte Möglichkeit (Erdm). – Zu* ōdi *Adj. leicht.*

ōda *Adv., s.* ōdo.

ōdag *Adj., s.* ōtag.

oder, odar *Konj., s.* ëddo.

ōđer, ōther, ōđar *as.* = ander.

ōd-hwīla *Adv., s.* ōdohwīla.

ōdi *Adj. leicht, facilis* (*an.* ōđi, *ae.* īeđe, ȳđe, ēađe).

ōdi, ōdhi *Adj. öde, leer, vastus* (got. auþs; *vielleicht identisch mit dem Vorigen*).

ōd-līhho, aodlīhho. *Adv. faciliter. Hl.* 55; *vgl.* ōdi (*ae.* īeđe-līce).

ōd-muoti *s.* ōtmuoti.

odo, odho, oda *Konj., s.* ëddo.

ōdo, ōda *Adv. etwa, vielleicht (zu* ōdi *facilis). Vgl. Kögel, Lit.* 2, 539.

ōdo-hwīla, ōdhwīla, ōdowīla *Adv. forte.*

ōdo-wān *Adv. vielleicht.*

ofan, ovan *m. Ofen* (got. aúhns, *ae.* ofen).

offan *Adj. offen, offenbar, deutlich, Adv.* offano; offono (*as.* opan, *ae.* open).

offan-līh *Adj. offen, deutlich, gewiß.*

offanōn, ofonōn, offenen *sw. V.* § 367. *öffnen, eröffnen, kund tun, zeigen, erklären* (*ae.* openian).

offerunc *(Is.)* § 133 A. 1: *Opfer.*

ofto *Adv. oft, saepe* (got. ufta).

oh *Konj.* § 25 A. 1: *aber, dennoch, sondern* (got. *as.* ak).

ohso *m. bos, Ochse* (got. aúhsa, *ae.* oxa).

ôiga *n., s.* ouga.

okkeret *Adv., s.* ëckorōdo.

olbanta, olbenta *f.* (n) *camelus* (got. ulbandus).

oli, ole, oley *n.* § 202 A. 1: *oleum.*

opfar, offar, opher *n.* § 133 A. 1: *Opfer.*

opphorōn *sw. V.* § 133 A. 1: *opfern* (*lat.* operari); *as.* offron, *ae.* offrian (*lat.* offere); *vgl. PBB* 43, 394.

ōra *n.* (n) § 224: *Ohr* (got. ausō, *ags.* ēare); *Pl.* auren 5, 2, 3.

order *Konj., s.* ëddo § 167 A. 11.

ordinōn *sw. V. ordnen, anordnen, ordinare.*

organa *f.* (n) *Orgel* (*lat.* organum).

ōrcholchīn *Adj. aus Messing (aurichalcum).*

ort *m. n. Ecke, Spitze; Anfang, Ende* (*as. ae.* ord, *an.* oddr).

ort-hwasse, ortwasse *f.* (n) *Stachel* (*zu* hwas).

ōstana *Adv. von Osten* (*as.* ōstan, *ae.* ēastan).

ōstar *Adv. nach Osten hin, im Osten; – Adj. östlich* (2, 4, 42).

ōstar-liuti *m. Plur. Ostleute, Leute im Osten wohnend. Hl.* 58.

ōstar-mānōth *n. April* (*ae.* ēastermōnaþ).

ōstar-rīchi *Reich im Osten; Deutschland O. Ad Ludow.* 2.

ōstar-tag, ōstertag *m. Ostern.*

ōstarūn *und* ōstoron *(O.)* ōstrūn *f., m. Plur.* (n) *Ostern* (*ae.* ēastor *n.*). *Vgl. PBB* 43, 409ff.

ōstert *Adv. nach Osten hin.*

ōst-nordrōni *Adj. ostnördlich.*

ōstrōni *Adj. östlich* (*ae.* ēasterne, *an.* austrœnn).

ōst-sundrōni *Adj. ostsüdlich.*

ōtag, ōdac, ōdeg *Adj.* § 249: *reich, glücklich* (got. audags, *ae.* ēadiʒ).

[ōtan], *as.* ōdan *Part. verliehen.*

ōt-mahali, ōtmahli *n. Reichtum, bonum. Vgl. Prager deutsche Studien* 8, 162f.

ōtmuoten, ōdhmuodan *sw. V. I. demütigen. Is.* (*ags.* ēadmēdan).

ōt-muotī, ōdmuotī, ōtmuodī, ōtmuatī *f. humilitas, Demut (zu* ōdi *leicht; vgl. as.* ōdmōdi, *ae.* ēađmēdu, ēadmēdu). *Vgl. PBB* 43, 395ff.

ōt-muotīg, ōdmuodīg, ōtmuatīg *Adj. humilis, demütig, Superl.* ōdhmuodīgōsto *Is.* (*vgl. as.* ōdmōdi, *ae.* ēađmēde).

ōtmuotīgōn (hotmūdigon 17, 5, 24) = ōtmuoten.

ou, au *f.* (i) § 219 A. 3: *weibliches Schaf.*

ouga, auga, ôige *(W.) n.* (n) § 224: *Auge* (got. augō, *as.* ōga, *ae.* ēaʒe).

ougbrāa *f.* (ō) § 208 A. 5: *palpebra, Augenlid* (1, 4, 5).

ougen [augjan], aucken, augan *sw. V.* § 356: *zeigen, vorbringen* (got. augjan, *as.* ōgian, *ae.* īewan, ȳwan).

ar-ougen, araugan, yrougen *zeigen, ostendere, demonstrare, manifestare.*

ar-ougnessī *f. ostensio, Erscheinung.*

ouh, auh *Konj. etiam, quoque, enim, autem, vero, sed* (got. auk, *as.* ōk, *ae.* ēac).

ouhhan, auhhan *red. V. und* ouhhōn, auhhōn *sw. V.* § 353 A. 1: *hinzufügen, mehren* (*vgl. as.* ōkian, *ae.* īecan *sw. V.; got.* aukan *red. V.*).

ouhhunga, auhhunga *f.* (ō) *augmentatio.*

ouwa, auwia *f.* (ō) § 102. § 112: *Aue.*

P · Ph · Pf

pfad, pad *m.* (i) *Weg, Pfad* (*ags.* pæð).

phāen *red. V., s.* fāhan.

phaffo *m. Geistlicher* (*gr.* παπᾶς). *Vgl. PBB* 35, 126ff.; 43, 423f.

phalanza, palinza, falenza, palice (19,
8) *f.* (ō) *Palast, Pfalz (ae.* palent, *lat.*
palatium).
palinz-hūs *n. (zum Vor.) palatium.*
in-phangan *s.* fāhan.
paradīs *und* paradīsi, pardīsi *n. Paradies (lat.* paradisus).
pardo *m. Parder, Panther (lat.* pardus).
paston *m. Plur.* (n) *altilia, Mastvieh
(lat.* pastus).
pëh, bëh *n.* § 31 A. 1. § 133 A. 3:
Pech, Höllenfeuer (as. pik, *ae.* pic,
lat. pix).
phending, penting, fending, phenning
m. (a) § 99. § 128 A. 2: *denarius,
Pfennig (as.* penning, *ae.* penninȝ,
pendinȝ; *vgl.* phant *n. das Pfand).
ZfvglSpr.* 48, 241 ff.
pilcrīm *m.* § 120 A. 1: *peregrinus.*
pimenta *f.* (n) *Würze, pigmentum.*
pīna *f.* (ō) *Pein, Strafe, Qual (lat.* poena).
pīnōn, phīnōn *sw. V.* § 133 A. 1: *pei-
nigen.*
phlanza *f.* § 225 A. 1 : *planta (ae.* plant).
phlanzōn *sw. V. pflanzen (lat.* plan-
tare).
phlastar *n.* § 133 A. 1: *Pflaster.*
pflëgan, plëgan, flëgan *st. V.* § 343
A. 1: *sorgen für etwas (Gen.), pflegen
(as.* plëgan). *Vgl. ZDP* 47, 155 ff.
pfluog, pluag *m.* (i) *Pflug (as.* plōh).
porta *f.* (n) § 133 A. 1: *porta, Pforte.*
prediga, brediga *f.* (ō) *Predigt.*
predigāri *m. Prediger.*
predigōn, bredigōn *sw. V.* § 133 A. 3:
predigen (lat. praedicare).
predigunga *f.* (ō) *Predigt, praedicatio.*
prëssa, frëssa *f.* § 133 A. 1: *Presse.*
priesd *m.* (a) 22, 2, 28, *vgl. MSD
S.* 382; *gewöhnl.* priester, prēstar *m.*
§ 36, c: *Priester* (presbyter); *as.* prēstar, *ae.* prēost. *Vgl. Archiv* 138, 62 f.,
Engl. Stud. 54, 71[7].
prōsa *f.* (n) *Prosa.*
phruonta, pruanta *f.* (ō) *Lebensunterhalt, Nahrung (mlat.* provenda *aus*
praebenda).
phruontōn, pruantōn *sw. V. Unterhalt
gewähren, Nahrung geben.*
psalmo *m.* § 133 A. 1: *Psalm, vgl.* salm.
pulver *n. Staub (lat.* pulvis).
phunt, fund *n. Pfund (lat.* pondus).
purpura *f.* (n) *Purpur.*
purpurīn *Adj. purpureus. Subst. n.*
purpurīn *Purpur O.* IV, 22, 24.
phuzza, putza, buzza, fuzza *f.* (ō) *und*
puzzi *m.* § 133 A. 1. § 199: *Brunnen
(ae.* pytt *m., lat.* puteus).

Q

siehe unter Kw.

R

rad *n.* § 197: *Rad, rota (altfries.* reth).
radia *f., s.* redia, reda.
rado, girado *Adv., s.* hrad.
rafsunga *f.* (ō) *castigatio (zu* refsen).
bi-rahanen *sw. V. I. rauben, erbeuten.
Hl.* 57 *(an.* rǣna).
ir-rāhhen *sw. V. steif machen; thaȝ
irreheta die Steifheit.*
rahha, racha *f.* (ō) *Rede, Rechenschaft;
Sache, Angelegenheit (as.* raka, *ae.*
racu).
rāhha *f.* (ō) *Strafe, Rache (as.* wrāca,
ae. wrǣc; *zu* rëhhan).
rahhōn, kirahhōn *sw. V. erzählen,
sagen.*
er-rahhōn *enarrare, erzählen.*
rāmēn *sw. V. II.* § 368 A. 3 : *nach etwas
trachten, streben, zielen m. Genet. oder
Präpos. (vgl. as.* rōmon).
rant-boug, rantbouc *m.* (a) *Schildbuckel, umbo (zu* rant *m. Schildbuckel,
Schild). ae.* randbēaȝ.
rask, rosk *Adj.* § 25 A. 1: *schnell.*
rāt *m.* (a) *Rat, consilium, Beratung, Rat-
schlag, Entschluß; Abhilfe, Vorrat; ob
hiu rāt thūhti wenn es euch rätlich,
ersprießlich schiene* 36, 34 *(as.* rād).
rātan, rādan, rāten *red. V.* § 304. § 351;
*raten, beraten, helfen; ratschlagen, nach
etwas trachten (N.* 1, 19). *as.* rādan,
ae. rǣdan, *got.* garēdan.
rād-burd *f. (as.) Herrschaft (zu* bëran).
gi-rāti, garāti, gerēde (17, 2, 8) *n.
Rat, Beirat, Beratung, Überlegung, Be-
schluß.*
rātissa *f.* (ō) *Gleichnis, parabola.*
rauba *f., s.* roub.
rāwēn *sw. V. ruhen; vgl.* ruowēn.
rē *n., s.* hrēo.
rëbe-kunni *n. das Geschlecht der Reben.*
rëbe-meȝers *n. Messer zum Reben-
schneiden, falx (s.* meȝȝisahs).
rëdan *st. V.* § 343 A. 3: *sieben, sichten
O.* IV, 13, 16.
redi *Adj., s.* hrad.
redia, radia, redea, redha, reda *f.* (ō,
seltener n) § 118 A. 4. § 210 *und* A. 2.
3: *Rechenschaft, ratio, Rede, Erzählung (got.* raþjō, *as.* redia).
redi-haft, redhihaft *Adj. rationalis,
vernünftig.*
redina *f.* (ō) § 207 A. 7: *ratiocinium,
ratio, Rechenschaft, vernünftige Überlegung; Erzählung, Rede. Bei O. häufig
in adverbialen Redensarten:* mit redinu
mit Grund, mit Recht (Ad Hartm. 20.
II, 6, 57); *in thia redina, in thesa redina, bi thesa redina aus dem Grunde,
demzufolge, somit, auf diese Art.*
redinōn *sw. V. reden, erzählen.*
bi-redinōn *anschuldigen, überführen.*

redōn, rediōn *sw. V.* § 118 A. 4. § 367
A. 1: *reden* (*as.* redion).

rēf *n., s.* hrēf.

refsen [rafsjan] *sw. V.* § 356: *mit Worten strafen, ausschelten* (*ae.* ræfsan).

rēgan *m.* (a) § 194 A. 4: *Regen* (*got.* rign).

rēganōn, rēgonōn, rēgenōn *sw. V. regnen* (*vgl. got.* rignjan, *ae.* riʒnan).

rēgula *f.* (ō) *Regel* (*ae.* rēʒol, *lat.* regula).

rēh *n.* (*ags.* rāh-dēor) *Reh; vgl.* rēja. – *Dazu* rēh-pochchilī *n.* § 32 A. 2: *Rehböcklein N.* 18, 14.

rēht *Adj. gerade, recht, gerecht, justus, rectus* (*got.* raíhts, *ae.* riht).

rēht *n. das was recht ist, Recht; Pflicht* (*ae.* riht).

rēhtemo *m. was recht ist.* bī rēhtemen *Adv. jure* (*Gr.* 2, 152. 3, 629).

rēhte-geloubīg *Adj. rechtgläubig.*

rēht-festī *f. justificatio.*

rēht-festīgōn *sw. V. justificare.* girēhfestīgōt *T.* (§ 323).

rēht-gērn, rēhtkērn *Adj. rechtliebend, gerecht.*

rēht-līh, rēhlīh *Adj. justus.*

rēhtnissa *f.* (ō) *aequitas.*

ga-rēht-samōn *sw. V. justificari M. Hench* VI, 11.

rēht-sculdīg *Adj.* (*ZDP* 18, 346) *genau und notwendig entsprechend* (*N.*12, 14); *das Gegenteil:* unsculdīg (*N.* 12, 15).

rēht-wīsīg *Adj. das Recht wissend, gerecht, justus* (*ae.* rihtwīs).

rēja *f.* (n) *Reh, caprea W.* (*sonst* rēh *n.*).

reid *Adj. kraus, lockig* (*as.* wrēd, *ae.* wrāð *zornig*); *zu* rīdan.

ir-reimen *sw. V. I. zuteil werden* *O. II, 14, 120 (*vgl.* gi-rīman).

reini *Adj.* reinida, reinōn *usw., s.* hrein-.

reisa *f. Kriegszug, Fahrt.*

reisōn *sw. V. zurüsten; vorbereiten.*

reita *f.* (ō) *Wagen* (*zu* rītan).

reit-gesinde *n. equitatus.*

reit-wagen *m.* (a) *Wagen, Kriegswagen.*

reiʒen *sw. V. I.* § 160 A. 4: *reizen.*

rēchan *st. V.* § 341 A. 1: *zusammenscharren* (*got.* rikan).

rēchan *st. V.* § 341: *gegen jem. gewaltsam auftreten, ihn bekämpfen, verfolgen, strafen, rächen, Rache nehmen; vgl. Erdmann zu O.* II, 5, 6. – (*got.* wrikan, *as. ae.* wrēcan.)

ir-rēchan *refl. sich rächen.*

reccheo *m.* § 223 A. 2: *Vertriebener, exul, Recke* (*as.* wrekkio, *ae.* wrecca) *zu* rēhhan; *vgl. Adj.* wrēh *(Is.) verbannt.*

gi-recho *Adv. passend, richtig.*

recken [rajkan], recchan, rehhan, rechen, reken *sw. V.* § 362 A. 1: 1. *strecken, ausstrecken, darreichen, wo-*

nach trachten, 2. sagen, erzählen; vgl. rahha. – (*as.* reckean, *ae.* reccan, *got.* uf-rakjan).

ir-recken, arrecken, irrechen, irreken 1. *ausstrecken, aufrichten,* 2. *auserzählen, erklären, interpretari.*

ka-rechida *f.* (ō) *Erzählung.*

bi-renken [wrankjan] *sw. V. verrenken* (*ae.* wrencan) *zu* ringan.

rentōn *sw. V. aufzählen, verantworten O.* IV, 19. 9.

reoʒʒan *st. V., s.* rioʒʒan.

int-rerteda *f.* (ō) *Unordnung, intemperies* (rarta *f. Ordnung; got.* razda).

resten [rastjan] *sw. V. ruhen, rasten* (*as.* restian, *ae.* restan).

restī *f.* § 228 A. 2. § 230. § 231 A. 2: *Ruhe.*

resti-tac *m. Ruhetag, Sabbat.*

retten [hratjan] *sw. V.* § 356: *entziehen, entreißen, retten* (*ae.* hreddan).

ir-retten *sw. V. erretten.*

rēu *n., s.* hrēo.

rīban *sw. V.* § 330 A. 1: *reiben.*

rīdan *st. V.* § 330 A. 2: *drehen* (*ae.* wrīðan).

rīdōn *sw. V. zittern.*

rīfēn *sw. V.* § 369: *reif werden.*

rīhan *st. V.* § 331 A. 1: *aufreihen, flechten.*

int-rīhhen *st. V.* § 154 A. 7. § 331 A. 4: *enthüllen.*

rihten [rihtjan], rihtan *sw. V. gerade machen, recht machen, richten, aufrichten, lenken; Richter sein, richten, regieren, herrschen; einrichten, zurichten; einem über eine Sache (Gen.) berichten O.* IV, 19, 11. – *zu* rēht (*as.* rihtian, *ae.* rihtan).

ar-rihten *aufrichten, erigere.*

ūf-rihten *aufrichten.*

rihtāri *m. Richter.*

rihtī *f. gerade Richtung, Richtschnur, regula.* in rihtī, in rihte *Adv. in gerader Richtung, in einem fort, geradeaus, gerade.*

gi-rihtī *f. gerade Richtung.* in girihtī *Adv. in gerader Richtung, geradeaus, gerade, recht; auf der Stelle, alsbald, sogleich (oft bei O.).*

rihtida *st. f. Richtschnur.*

rihtunga *f.* (ō) *judicium* (*ae.* rihtunʒ).

rīchan *st. V.* § 330 A. 1: *beherrschen, in Besitz nehmen.*

rīhhi, rīchi *Adj. mächtig, reich, herrlich* (*got.* reiks, *as.* rīki, *ae.* rīce).

rīhhi, rīchi *n.* § 201: *das Reich, Herrschaft, Obrigkeit: das Reichsoberhaupt Musp.* 35 (*got.* reiki, *as.* rīki, *ae.* rīce).

rīhhisōn, rīchisōn, rīcheson *sw. V.* § 367: *herrschen, regnare; – reich machen, ditare,* 17, 5, 23 (*ae.* rīcsian).

rīchi-tuom, rīchiduam, rīhtuom *m.*

(a) *Macht, Reichtum* (*as.* rīkidōm).
rīm *m. Zahl, Reihenfolge* (*ae.* rīm). *Vgl.*
    Braune, Reim u. Vers (*Heidelberger*
    Sitzungsberichte 1916), 35 f.
gi-rīman *st. V.* § 330 A. 1: *zu etwas*
    werden, O. I, 3, 17 (*O.* IV, 2, 13 *m.*
    Dat.: zuteil werden), *vgl.* ir-reimen.
rimphan *st. V.* § 336 A. 1: *rümpfen.*
rīnan *st. V., s.* hrīnan.
ring *m., s.* hring.
ringan *st. V.* § 336 A. 1: *ringen, kämp-*
    fen (*ae.* wrinȝan).
ringi *Adj. leicht;* giringo *Adv. leicht,*
    zierlich.
rinc *(as.) m.* (a) *Mann.*
rinnan *st. V.* § 336: *laufen, fließen, rin-*
    nen (*got. as.* rinnan, *ae.* irnan).
gi-rinnan *zusammenfließen, gerinnen.*
    Impers. ni girinnit mih thero worto
    es strömt mir nicht (genügender Vorrat)
    an Worten zu O. I, 18, 4.
durh-rinnan *durchlaufen.*
furi-rinnan *vorüberlaufen.*
int-rinnan *entlaufen, entfliehen. Vgl.*
    auch in-trinnan.
riohhan, riuhhan *st. V.* § 333 A. 1:
    rauchen, dampfen; riechen (*ae.* rēo-
    can).
riozzan, reozzan, riozan, riazan *st. V.*
    § 334 A. 1: *weinen, beweinen* (*ae.* rēo-
    tan).
rippi *n. Rippe* (*ae.* ribb).
rīsan *st. V.* § 330: *(Bewegung nach oben*
    oder unten) steigen, fallen (*got.* reisan).
ar-rīsan *aufstehen, exsurgere.*
ze-rīsan *zerfallen.*
gi-rīsan *st. V.?* § 330 A. 4, *Graff* 2, 538
    (*Prät. sw.* girista) *ziemen, zukommen,*
    oportere; meist impers. decet, convenit
    12, 2.
risi *m.* § 217: *Riese* (*as.* wrisi).
rītan *st. V.* § 330: *reiten* (*ae.* rīdan).
umbi-rītan *umreiten (schützend um-*
    geben) O. I, 1, 104.
riuwa, riuua *f., s.* hriuwa.
riuwan *st. V., s.* hriuwan.
rīzan *st. V.* § 330 A. 1: *reißen* (*ae.*
    wrītan).
rō *Adj., s.* hrō.
rōa *f., s.* ruowa.
rod *n. neugerodetes Land* (*an.* ruð).
rōhhen *sw. V., s.* ruohhen.
rōmisk *Adj. römisch.*
rōr *n. Rohr* (*got.* raus *n., an.* reyrr *m.*).
rōra, rōrea *f.* (ō *und* n) § 209 A. 3.
    § 210 A. 3: *Rohr, arundo, Röhre.*
rōrahi *n.* § 201: *Röhricht.*
rōrīn *Adj. mit Rohr bewachsen.*
rōsa *f.* (a) *Rose* (*ae.* rōse, *lat.* rosa).
rōs-faro *Adj. rosenfarbig.*
rōt *Adj. rot* (*got.* rauþs, -dis, *ags.* rēad).
rotta *f.* (n) *ein keltisches Saiteninstru-*
    ment (*mlat.* chrotta: *vgl. ne.* crowd).

roub, raub *m. Raub, Beute* (*ae.* rēaf
    n.). *Dazu* raubā *a. pl. spolia, exuviae*
    Hl. 57 (*oder Sing. eines Fem.* rauba?,
    vgl. provenz. rauba, *franz.* robe, *ital.*
    roba; *Neues Archiv d. Ges. f. ältere*
    dtsch. Geschichtskunde 38, 616 f.).
roubāri *m. Räuber.*
roubōn *sw. V. rauben* (*ae.* rēafian).
bi-roubōn, biraubōn *sw. V. berauben,*
    exspoliare (*got.* biraubōn).
rouffen, raufen, roufen *sw. V. I.* § 356:
    raufen, rupfen. thana roufen *ausraufen*
    O. I, 20, 11. – (*got.* raupjan, *ae.* rīepan,
    rȳpan.)
rouh *m. Rauch* (*as.* rōk, *ae.* rēc).
rouhhen [rouhhjan] *sw. V. räuchern.*
rouh-faz (*as.* rōkfat) *n. Räuchergefäß.*
rōzzag, rōzag *Adj. weinend, jammervoll*
    (*ae.* rēotiȝ). *zu* riozzan.
ruggi *m., s.* hrucki.
Rūma *Ortsname* § 41: *Rom.*
rūmana *Adv. aus der Ferne.*
rūmen [rūmjan] *sw. V. Raum machen,*
    räumen, etwas verlassen (N. 4, 30); *refl.*
    m. Genet. etwas im Stich lassen *Hl.* 61?
    (*as.* rūmian, *ae.* rȳman.)
rūmo *Adv. weit, fern (Adj. ahd. ae.* rūm,
    got. rūms *geräumig*).
rūnēn *sw. V. flüstern.*
chi-rūni, gerūne *n. Geheimnis* (*got.*
    garūni).
ruodar, ruadar *n. Ruder* (*ae.* rōðor).
ruodarōn *sw. V. rudern.*
ruodar-skif *n. Ruderschiff.*
ruova *f.* (ō) § 139 A. 5: *Zahl, Zählung.*
ruofan *red. V., s.* hruoffan.
ruogen [ruogjan], ruegen *sw. V. an-*
    klagen (*got.* wrōhjan, *as.* wrōgian, *ae.*
    wrēȝan).
ruog-stab, ruagstab *m. u. n.* (*O.* IV,
    20, 10) *Anklage. Vgl. PBB* 39, 259;
    Neues Archiv d. Ges. f. ältere dtsch.
    Geschichtskunde 38, 594.
ruoh, ruah *m. Acht, Aufmerksamkeit,*
    Bedacht, Rücksicht.
ruohha, ruahcha, ruacha *f.* (ō *und* n)
    dasselbe.
ruohha-lōs *Adv. unachtsam, nachläs-*
    sig; Adv. ruoholōso (*ae.* rēcelēas).
vir-ruochelōsōn *sw. V. vernachlässi-*
    gen, mißachten.
ruohhen [ruohjan], rōhhan, ruachen
    sw. V. Rücksicht nehmen, bedacht sein,
    wonach streben (m. Gen. mit bi 5, 2,
    47) *as.* rōkian, *ae.* rēcan.)
bi-ruohhen *auf etwas bedacht sein; mit*
    refl. Akk. O. I, 18, 2.
ruom, ruam *m., s.* hruom.
ruom-gërnī *f., s.* hruom-.
ruoren, ruaren *sw. V., s.* hruoren.
ruowa, rūa *f.* (ō) *Ruhe* (*ae.* rōw).
ruowēn, ruowan, rūin (42, 118) *sw. V.*
    ruhen. – vgl. rāwēn.

gi-rusti *n.*, *s*. hrusti.
rusten *sw. V.*, *s*. hrusten.
rūta *f.* (n) *Raute* (*lat.* ruta).

S

sā *Adv.*, *s*. sār.
saban *m.* (a) *Leinentuch* (*got.* saban, *griech.* σάββαυον).
sāen, sāwen, sāhen, sājen *sw. V. I.* § 117. § 356. § 359 A. 3: *säen* (*got.* saian. *ae.* sāwan *red. V., as.* sāian *sw. u. red. V.*).
saga *f.* (ō *und* n) *Erzählung* (*ae.* saʒu).
sagēn, saghēn sakēn *sw. V. III., seltener Formen nach Art der sw. V. I.* (*z. B.* segist 34, 25. § 368 A. 2): *sagen, verkündigen, erzählen* (*as.* seggian, *Hl.* seggen; *ae.* secʒan).
fir-sagēn, *versagen, verneinen, absagen, zurückweisen, verweigern.*
fora-sagēn *vorhersagen, praedicere.*
hina-sagēn *sw. V. assignare, eine Aussage machen* (*N.* 12, 15).
ir-sagēn *aussagen, zu Ende erzählen.*
sājo *m.* § 117: *sator* (*zu* sāen).
sahha *f.* (ō) *causa, Rechtssache, Ursache, Grund, Sache* (*as.* saca, *ae.* sacu *auch:* '*Verbrechen*').
sahhan *st. V.* § 346 A. 1: *zanken, streiten, beschuldigen, anfahren, zurechtweisen;* suntīgan dih gasahhis *condemnaberis M. Hench* VI, 12. – (*got. ae. as.* sakan).
for-sahhan *m. Dat. u. Akk. zurückweisen, absagen, verleugnen* (*s. PBB* 18, 152).
sala *f.* (ō) *traditio* (*zu* sellen).
salawen *sw. V. I.* § 363 A. 4, d: *trüben* (*zu* salo).
salb *n. Salbe, unguentum.*
salba *f.* (n *und* ō) § 208 A. 2: *dasselbe.*
salbara *f.* (n) § 226: *Salberin.*
salb-faʒ *n. Salbengefäß, alabastrum.*
salbidha *f.* (ō) *unctio, Salbung.*
salbōn *sw. V.* § 304: *salben* (*got.* salbōn, *as.* salbon, *ae.* sealfian).
sālida, sālidha, sālda *f.* (ō) *Glück, Heil, Segen, Seligkeit* (*vgl. got.* sēlei).
sālīg *glücklich, gesegnet, selig* (*ae.* sǣliʒ; *zu got.* sēls). sālīg-līco (*as.*) *Adv.*
sālīg-heit, sālighēd (19, 3) *f.* (i) *Seligkeit.*
sālīgōn *sw. V. beglücken, selig preisen.*
salm *m.* (i) *und* salmo *m.* § 133 A. 1: *Psalm* (*ae.* sealm). *Vgl.* psalmo.
salo (*Fl.* salwēr, salawēr) *Adj.* § 253: *dunkelfarbig, schmutzig* (*ae.* salu).
salteri *m. Psalter, psalterium* (*vgl.* salm).
salunga *f.* (ō) *traditio* (*vgl.* sala).
salz *n. Salz* (*got. as.* salt, *ae.* sealt).
salzan *red. V.* § 350 A. 1: *salzen* (*got.* saltan).

in-salzan *entsalzen *O.* V, 23, 141.
sama, samo *Adv. ebenso, gleicherweise, ähnlich; – verstärkt* sō sama *dasselbe.* – sama sō, samosō, samsō *und* sō sama sō *Konj. sicut, tamquam, quasi.* – (*got.* sama *derselbe*). *Vgl.* samo.
sama-hafti *Adj. verbunden, conjunctus.*
sama-līh *Adj. von gleicher Beschaffenheit, idem, ganz gleich*, mit sō samalīche (*Subst. Dat.*) *auf ebensolche Weise, O. Ad. Ludow.* 57.
saman, samon (*as.* samad) *Adv. zugleich, zusammen, simul; verstärkt* al saman (*got.* samana). – zisamane, zesamine (to samane *Hl.*) *Adv. zusammen* (*as.* te samna *u.* at s.; *ae.* tō samne *u.* æt s.).
gi-samani *n. Schar, Menge, Versammlung.*
samanōn, samnōn, samenōn *sw. V.* § 367: *sammeln, vereinigen, versammeln, sich versammeln, congregare* (*ae.* samnian).
samant, sament, samit *zugleich, zusammen; – Präp. m. Dat. zugleich mit, zusammen mit* (*got.* samaþ, *ae.* samod). – zi samande *Is.* = zi samane.
samanunga, samununga, samenunga *f.* (ō, *selten* n) *und* samnung *m.* (a) § 207 A. 2. § 208: *Versammlung, congregatio, concio, ecclesia* (*ae.* samnunʒ *f.*).
saman-wist *f.* (i) *das Zusammensein; substantia. Vgl. Kock, S.* 10.
samasō *Konj., s.* sama.
sambaʒ-tag *m.* (a) *Sabbattag. Vgl. PBB* 35, 137 ff.
sament-haftī *f.* § 229: *Verbindung.*
sāmi- *in Komp. Adj.* § 34. § 280 a A. 1: *halb-.*
samit *Präp., s.* samant.
samnunc *m., s.* samanunga.
samo *Pron.* § 290 A. 1: *derselbe* (*got.* sama).
samo *Adv., s.* sama.
sāmo *m.* § 222: *Same* (*zu* sāen).
samonunga *f.* samunga *f.* (16, 2, I, 15) *s.* samanunga.
sān (*md. u. as.*), sāna, sāno = sār *Adv. sogleich.*
sand *m. *O.* II, 4, 16 *Zweck, Absicht zu* sind, sinnan). *Oder* '*Wahrheit*', *zu as. ags.* sōð? *Holtzmann, Altd. Gr.* 288), *s.* sōd.
sang *n. Gesang, Hymnus.*
sangheri *m.* § 200 A. 1: *Sänger, psalmista.*
sant *m. Sand* (*as. ae.* sand).
sār, *später* sā (§ 120 A. 2), *auf der Stelle, sogleich, sofort; – Konj.* sār *und* sār sō *sobald als.*
sāre *Adv. dasselbe* (*nur O. u. Georg.*).

sarfī, scarfe *und* scarphe *f. Schärfe.*
sär-io *Adv. verstärktes* sär *(vgl.* io).
saro *n.* § 205: *Rüstung *Hl.* 4 (ae.* searu;
got. sarwa *Plur.*).
sarph, sarf *und* scarp *(Hl.) Adj.* § 131
A. 5. § 146 A. 4: *scharf (as.* scarp, *ae.*
scearp).
sat *Adj.* satt, *überdrüssig (got.* saþs, -dis,
as. sad, *ae.* sæd).
sāt *f.* (i) § 219: *Saat (zu* sāen). *as.* sād.
gi-satilen *sw. V. satteln.*
sāwen *sw. V., s.* sāen.
gi-sāʒʒi, gisāʒi *n. Sitz, Ruheplatz; Sie-
delung (vgl. Kock, S.* 7).
sē *m., s.* sēo.
sē, see *Interj.* § 43 A. 3: *ecce, verstärkt*
sēgi *(Is.),* sēnu, sēnu nū, sēno nū. –
(got. sai).
sebo *m.* (n) *Herz.*
sēdal, sēdhal *n. Sitz, Sessel (as.* sēdal).
int-seffen *(Prät.* insuab *O.) st. V.* § 347
A. 2: *merken (as.* af-sebbian).
sēgal *m.* (a) *Segel (ae.* sēʒel).
sēgan, sēgen *m.* (a *u.* i?) *Segen, Segens-
spruch (lat.* signum). *Vgl.* seginī.
sēganōn, sēgenōn *sw. V. segnen.*
fir-sēganen *sw. V. segnend, heilen.*
seggen, seggian *(as.) sw. V.* = sagēn.
sē-gi *Interj., s.* sē.
segina *f.* (ō *u.* n) *Fischnetz (lat.* sagena).
seginī *n. oder* segin *f. Aussage. Vgl.
Kock, S.* 7f.
sēha *f.* (n) *pupilla.*
sēhan, gasēhan, gesīan *st. V.* § 109
A. 2. § 154 A: 7. § 343 A. 4: *sehen,
erblicken, besehen, ansehen;* – sēhan zi
sich beziehen auf, hinzielen auf; thara
zuo sehente thaz *mit Rücksicht darauf,
daß.* – *etwas beaufsichtigen (m. Genet.) O.* IV, 18, 6. – kesah in got
42, 83. *N.* 13, 14 *beatus, vgl. Graff* 4,
148, *ZDA* 24, 448. – *(got.* saíhvan, *ae.*
sēon).
ana-sēhan *ansehen.*
bi-sēhan *besehen, ausschauen, besorgen.*
fir-sēhan, *fersēhen verachten;* sih fir-
sēhan zi *hoffen, sich versehen, O.* V,
23, 150 *(as.* forsēhan *erblicken).*
hinder-sēhan *refl. hinter sich sehen, sich
umsehen.*
seher *n.* (17, 1. 3), *s.* sēr.
sēhs *Num.* § 271: *sechs (got.* saíhs, *ae.*
siex).
sēhsfalt *Adj.* § 280: *sechsfach*
sēhsto *Num. ord.* § 278 *u.* A. 1: *sextus.*
sēhs-zēhan *Num.* § 272: *sechzehn.*
sēhs-zug *(as.* sēhstic *Hl.) Num.* § 273:
sechzig. -ōsto § 278 *u.* A. 1.
seid *n. Strick, Fallstrick (vgl.* seito).
seil *n. Seil, Strick (as.* sēl, *ae.* sāl).
seileclīn *n. funiculus* (17 5, 63).
seito *m. Strick, Saite (ae.* sāda).
secchia *f.* (ō) § 209 A. 3: *Streit (zu*

sahhan).
seckil, sehhil, sekil *m.* (a) § 145 A. 6:
Säckel, Geldbeutel (lat. saccellus).
sekilāri *m. Säckelmeister.*
sēla, *älter* sēula *(Is.) f.* (ō) § 108 A. 1.
§ 109 A. 3. § 110 A. 1: *Seele, anima
(got.* saiwala, *as.* sēola, *ae.* sāwol).
sēlb, sēlp *und* sēlbo *Pron.* § 290: *ipse,
selbst, der schon genannte, jener;* der
selbo, desēr selbo *eben derselbe, derselbe, der schon genannte.* – *Unflek-
tiert* selb *bisweilen vor Subst. O. Ad*
Ludow. 64; *öfter bei O. vor* druhtīn
(Kompos. selb-druhtin?), *z. B.* zi selb
druhtīne *O.* I, 5, 71, selb druhtīnes
O. II, 4, 76. – *mit* sō *als Konj.* sō selb,
selb sō, sō selb sō *sicut, gleichwie,
sowie;* sō selp (sō selp sō) – sō sama
sicut – *ita* 13, 65. – *(got.* silba, *as.*
sēlf, *ae.* sēlf, sylf).
sēlp-far-lāʒan *st. V. verlieren (Graff*
2, 312).
sēlb-wala *f.* (ō) *freie Wahl.*
sēlb-willo *m. der freie Wille, arbitrium.*
selida *f.* (ō), seletha (n) *Wohnung, Herberge (got.* saliþwa, *vgl.* § 109 A. 2).
seli-hūs *n.* § 62 A. 1: *aula.*
sellen [saljan], sellan, selen *sw. V.*
§ 362 A. 3: *tradere, übergeben, über-
antworten, verraten; überliefern, berichten (got.* saljan, *as.* sellian, *ae.*
sellan).
fir-sellen, *versellen überliefern, verkaufen.*
umbi-sellen *circumdare.*
gi-sellio, gisello *m.* § 222 A. 2. § 223
A. 2: *Hausgenosse, Freund, Gefährte
(zu* sal *Saal).*
gi-selli-scaft *f.* (i) *Gemeinschaft, Gesellschaft.*
sēlt-sāni *Adj. selten, fremdartig, wunderbar,* nhd. *seltsam (ags.* sēld-sīene).
sēlt-sāni *f. und* sēltsānī *f. wunder-
same Sache, miraculum.*
sēmala *f.* (n) *feines Weizenmehl, Sem-
mel (lat.* simila).
semergot 5, 2, 48: *Beteuerung* (= sam
mir got [helfe]).
semfti *Adj.* § 251: *sanft (as.* sāfti).
gi-sēmōn *sw. V. sich sammeln* (?) *O.*
IV, 20, 6.
senken [sankjan], senchan *sw. V. sinken machen, senken, versenken (got.*
sagqjan, *as.* senkian).
fir-senken, *varsenkan versenken, vernichten.*
senten [sandjan], sendan *sw. V.* § 102:
senden, schicken, mittere, werfen (got.
sandjan, *as.* sendean, *ae.* sendan).
sē-nu *Interj., s.* sē.
sēnwa, sēnawa *f.* § 69 A. 2: *Sehne.*
sēo, sēu *(Gen.* sēwes) *m.* § 204. § 216
A. 5: *See, Meer (got.* saiws, *as.* sēo,

ae. sǣ).

sēo-līdanti *Adj. Part.* § 236 A. 1: *See-fahrer. Hl.* 42; *s.* līdan.

sēo-līh, siolīh*Adj.* §43 A. 6: *maritimus.*

sēo-strōm *m. Flut.*

sēr *Adj. schmerzlich O.* V. 23, 91. *– Adv.* sēro *schmerzlich, mit Schmerzen O. Ad Hartm.* 133 *(nhd.* sehr).

sēr (seher 17, A. 3, sēre *Akk. Pl.* 41, 1, 52) *n. Schmerz,* ah ze sēre- *eheu! N.* (got. sáir, *ae.* sār).

sērag *Adj. mit Schmerz behaftet, verletzt, traurig (ae.* sāriʒ).

sēren [sērjan] *sw.* V. *verletzen, versehren.*

sērezzen *sw.* V. I. *schmerzen.*

sērten *st.* V.; serten *sw.* V. (5, 2, 67. 101): *Geschlechtsverkehr ausüben.*

sēs-spilo, sēspilo *(as. Beichte) m. naenia, zu* sisa *naenia Graff* 6, 281; *Kögel, Lit.* 51 ff.).

setī *f.* § 229: *Sattheit.*

sēu *m., s.* sēo.

sēula *f., s.* sēla.

se-wēr *Pron., s.* sih-wēr.

sēʒ *n. Sitz, thronus (as.* sēt).

sezzen [sazjan], setzan, seczen *sw.* V. § 356: *setzen, legen, stellen; einsetzen, festsetzen, instituere, constituere (got.* satjan, *as.* settian, *ae.* settan).

furi-sezzen, forasezzen *vorsetzen, vorlegen, proponere; zum Vorsteher machen, praeponere.*

nidar-sezzen *heruntersetzen, absetzen.*

zi-setzen *destituere;* zasacit *Gl.* I, 106, 2.

ke-sezzida, casacida *f.* (ō) *Fortsetzung, Einrichtung.*

gi-sēʒʒo *m.* § 222 A. 2: *Sitzgenosse, Tischnachbar.*

sib *n. Sieb (ae.* sife).

sibba, sipbea, sippa *f.* (ō) § 210: *Blutsverwandtschaft; Friede, Bündnis (got.* sibja, *as.* sibbia, *ae.* sibb). *Vgl. PBB* 43, 395.

gi-sibba *f.* (n) *die Verwandte.*

gi-sibbeo, gisippo *m.* § 222 A. 2: *Verwandter.*

sibbi, sippi *Adj. blutsverwandt; friedlich (got.* sibjis).

sibun, siben *Num.* § 30, c. § 271: *septem (as.* sibun, *ags.* seofon).

sibun-falt § 280. sibunto § 278.

sibun-stirni, sibenstirne *n. Siebengestirn (ae.* seofonstirre).

sibun-zo, -zug *Num.* § 273: *siebenzig (alts.* ant-sibunta).

sīd *Adv.* § 268 A. 2: *seitdem, darauf, später. – Konj. seitdem, nachdem da, weil. – Präp. m. Dat. seit (as.* sīd *u. Komp.* sīdor).

gi-sidalen [sidaljan] *sw.* V. *einen Wohnsitz geben, ansiedeln (zu* sēdal).

sīdero *Kompar.* 266 A. 3: *der Spätere.*

gi-sidili *n. die Sitze (Kollekt. zu* sēdal).

sieh *Adj., s.* sioh.

siet (27, 34) = sīd.

sīgan *st.* V. § 330 A. 1: *sinken.*

be-sigelen *sw.* V. I. *versiegeln.*

sigi-haft, sigihaf *Adj. siegreich.*

sigi-kamf *m. siegreicher Kampf.*

sigi-lob *n. Siegesruhm* 4, 1, 4.

sigi-lōs *Adj. sieglos, besiegt.*

sigi-numft *f.* (i) *Sieg (zu* nēman).

sigi-numft-līh, sicnumphlīh *Adj. triumphalis.*

sigu, sigo *m.* § 220c: *Sieg (got.* sigis *n., vgl. Got. Gr.* § 106 A. 3; *ae.* siʒor, siʒe *m.*).

sīhan *st.* V. § 331 A. 2: *seihen, durchseihen, excolare (ae.* sēon).

ūʒ-sīhan *excolare.*

sih-no *Interj. ecce, vgl.* sēnu *(zu* sēhan).

gi-siht *f.* (i) *das Sehen, visus; Anblick, Gesicht, visio, facies, das Aussehen.*

sih-welīh *Pron.* § 295 A. 1: *irgendein.*

sih-wēr, sewēr (seuuemo 19, 4). *Pron.* § 295 A. 1: *irgendwer.*

sich, sih *Pron. reflex. Akk. (ganz vereinzelt auch schon Dat.?* § 282 A. 1; *Sprachdenkm. S.* 67).

sichūr, sichor *und* sichūre *Adj.* § 30, c: *sicher, unbesorgt (lat.* securus), *ae.* sicor.

silabar, silber *n. Silber (got.* silubr, *as.* silubar, *ae.* siolufr, seolfor).

sillaba *f. Silbe.*

simbles *Adv. und* simbulum, simb(o)lon, simplum, simplun *Adv. semper. Gr.* 3, 128, 136; *Archiv* 119, 180.

sin *(Gen. sinnes) m.* (a) *Geist, Verstand, Sinn, Weisheit, Klugheit. Vgl.* sinnan.

sīn *Pron. reflex. Genet.* § 282; sīnes *T.*

sīn *Pron. poss.* § 284 f.: *suus.*

sīn *V.* § 378 f.: *esse, sein (vgl.* wēsan).

sind, sinth *m.* (a) *Weg, Richtung. In adverb. Redensarten:* thes sindes, bi themo sinde, in demo sinde *in eo loco, da;* sīnes sindes *fort: O.* V. 19, 60; sārio thes sinthes *sofort (got.* sinþs). *as.* sīd, *ae.* sīð, *auch 'Los, Schicksal'.*

ca-sind (*as.* gisīd, *ae.* ʒesīð) *m.* (a) = gi-sindo.

gi-sindi *n.* § 201: *(Weggenossenschaft), Gefolge, Begleitung (as.* gisīthi).

gi-sindo *m. Begleiter, Gefolgsmann, Diener (got.* gasinþja, miþ-gasinþa).

sindōn *sw.* V. *reisen (as.* sīdon).

sinen *st.* V. 25, 36 = singan.

singan *st.* V. § 109 A. 2. § 336 A. 1: *singen; hersagen, episch erzählen, berichten O.* I, 17, 28. I, 19, 19 *(got.* siggwan; *an.* syngva, *as. ae.* singan).

sinkan *st.* V. § 336 A. 1: *sinken (got.* sigqan).

sinlīf *(as.) ewiges Leben.*

sinnan *st. V.* § 336 A. 1: *eine Richtung nehmen, gehen, reisen; streben nach etwas m. Gen. (zu* sind).
sin-welbi, sinwelbe *Adj. rund.*
siodan *st. V.* § 334: *sieden O.* V. 23, 149 *(Hs. V.); ae.* sēoðan.
sioh, siuh, sieh *Adj.* § 249: *krank, aegrotus (got.* siuks, *as.* siok, siak, *ae.* seoc).
ir-siohhēn, irsiachēn, irsiechēn *sw. V. krank sein, krank werden.*
sipbea *f., s.* sibba.
sippi *Adj., s.* sibbi.
sīta *f.* (ō *u.* n) *Seite, latus (as.* sīda, *ae.* sīde).
sitōn, gisitōn, gisidōn (*O.* I, 2, 49) *sw. V. machinari, im Sinne haben, planen, machen (got.* sidōn *üben).*
situ, sito *m.* § 30. § 220c: *Sitte (got.* sidus, *as. ae.* sidu).
siuh *Adj., s.* sioh.
siuchī *f. Krankheit (got.* siukei).
siun *(as.) das Sehen, Auge (got.* siuns).
gi-siuni, chisiuni, gesūne *n. Sehen, Sehvermögen, Anblick, Gesicht, Erscheinung, visio (as.* gisiuni).
siuwen *sw. V. I.* § 114, b. § 358 A. 3: *nähen.*
sizzen [sizjan], siczen, sitzen, sizen; gisizzen *st. V.* § 344: *sitzen, wohnen; sich setzen, sich niederlassen. Impers.* mir sizzit, mir s. wola *es ist mir dienlich, heilsam O.* IV, 12, 28; imo ubilo iȥ gisäȥi *es würde ihm übel bekommen O.* II, 6, 7 *(got.* sitan, *as.* sittian, *ae.* sittan).
bi-sizzen *besitzen, bewohnen.*
furi-sizzen *versitzen, durch Sitzen versäumen.*
int-sizzen *vom Sitze kommen, in Furcht geraten, sich entsetzen, fürchten etwas (Akk.);* sinsaȥ *O.* IV, 21, 3 = si insaȥ.
of-sittien *(as.) in Besitz nehmen.*
skaban *st. V.* § 346 A. 1: *schaben.*
scado, scadho *m.* § 222: *Schaden, Nachteil (ae.* skaði; *vgl. got.* skaþis).
skadōn, schadōn *sw. V. schaden, schmähen, verdammen (ae.* sceaðian; *vgl. got.* skaþjan).
scāf, skāp *n. Schaf (ae.* scēap).
ki-scaf, cascaf *f. editio; vgl.* giscaft.
skaffan *st. V., s.* skephen.
skaffe-lōs *Adj. informis.*
skaffōn, scafōn; kascaffōn *sw. V. formen, gestalten, bilden, schaffen.*
scaft *m.* (i) § 216: *Schaft, Speer, Pfeil (ae.* sceaft).
gi-scaft, kiscaft, cascaft *f.* (i) *und* chiscafti *n. (Is.) Geschöpf (zu* skephen; *Übersetzungsfehler* 6, *Zeile* 5.
scāh *m. Raub, Beute (afries.* skāk).
skāchāri, schāheri *m. Räuber (ae.*

scēacere).
skalk, scalch, scalh *m.* (a) § 194: *Knecht, Diener (got.* skalks, *ae.* scealc).
scalta *f. Schaltbaum zum Fortbewegen eines Schiffes.*
scaltan *red. V.* § 350 A. 1: *stoßen.*
scalt-skif *n. Schiff, das durch eine* scalta *fortbewegt wird.*
scama *f.* (ō) *Scham (ae.* sceamu).
scamēn *sw. V. Refl. sich schämen (got.* skaman).
scant *Adj.* § 323 A. 3: *geschändet, beschämt.*
scanta *f.* (ō) *Schande (ae.* sceand).
scant-līh *Adj. schmachvoll, schändlich.*
skara *f.* (ō) *Schar.*
scarfe, scarphe *f., s.* sarfī.
scarp *Adj., s.* sarf.
skart *Adj.* § 323 A. 3: *verletzt.*
scato *(Gen.* scatwes, scatawes) *m.* § 69 A. 2. § 205: *Schatten (got.* skadus, *as.* skado, *ae.* sceadu).
bi-scatwen [skatwjan], biskatawen *sw. V.* § 27 A. 2: *beschatten (got.* skadwjan).
scauwōn *sw. V., s.* scouwōn.
scaz *m.* (a) *Geld, Vermögen, Schatz (got.* skatts, *as.* scatt, *ae.* sceatt). *Vgl. PBB* 35, 272; *ZfvglSpr.* 48, 266 ff.
scaz-lōs *Adj. ohne Besitz, unvermögend.*
skëf, skif *n.* § 31 A. 2: *Schiff (got. as.* skip).
skeffen *st. V., s.* skephen.
scheffo *m., s.* skepphio.
skefti *n. Geschoß* *38, 23 *(zu* skaft).
skëhan *st. V. (Hl.* 49), *gewöhnl.* gis-këhan, geskëhan § 343 A. 4: *zuteil werden, zustoßen jemandem (Dat.); geschehen.*
gi-skeid *n. Scheidung, Teilung, Entscheidung, Ende.*
skeidan, sceithan *red. V.* § 163 A. 6. § 352 A. 1. 2: *trans. trennen, teilen, scheiden, unterscheiden, aussondern, entscheiden; – intrans. sich trennen, scheiden (as.* skēthan, *ae.* scēadan, *got.* skaidan).
ar-skeidan, arscheidan *trennen, separare.*
za-sceidan *trennen.*
skeinen [skeinjan] *sw. V. scheinen machen, sichtbar machen, zeigen, beweisen (zu* skīnan).
er-skeinen *erleuchten, zeigen.*
skeitila *f.* (n) *Scheitel (vgl. ae.* scēada *m.).*
skëllan, skëllen *st. V.* § 337 A. 1: *schallen, tönen (an.* skialla).
er-skëllan *tonare* 17, 5, 36.
skëltan *st. V.* § 337 A. 1: *schmähen, beschimpfen (afries.* skelda).
bi-skëltan *beschimpfen.*
skenken [skankjan] *sw. V. einschenken,*

jem. zu trinken geben (ae. scencan).

s c e n t a n, ke-scentan *sw. V. I. schänden (ae.* scendan); *zu* skanta.

s c e o t a n *Hl., s.* skioʒʒan.

s k e p f a n t *Partizip. Subst. m.* § 236 A. 1: *Schöpfer, creator.*

s k e p h e n [skaphjan], scepphen, skephan, skepfen, skeffen *st. V., auch mit neugebildetem Präs.* s c a f f a n *(aber nur in der Bedeutung* 1!) § 347 A. 3. § 362 A. 2: 1. *schaffen, erschaffen, gestalten, bilden, einrichten; Partiz. f.* sō scaffaniu *schwanger T.* § 323 A. 3. – 2. *schöpfen, haurire, – (got.* skapjan, *ae.* scieppan, scyppan *schaffen, as.* skeppian *schaffen und schöpfen). Vgl. PBB* 44, 515.

e r - s k e p f e n *ausschöpfen, exinanire (N.).*

s c e p h e r i *m. Schöpfer, creator.*

s c e p p h i o, skepho, sceffo *m.* § 223 A. 2: *Schöpfer.*

s k ë r a n *st. V.* § 340 A. 1: *scheren (ags.* scëran); giscoran fahs (1, 4, 2) *cesaries (Tonsur?).*

s c e r i o, scario *m.* § 223 A. 3: *Scherge.*

s k ë r m, skërem *s.* skirm.

s c ë r n *m.* ᶠa) *und n. Scherz, Possen.*

s k ë r r a n *st. V.* § 337 A. 1: *kratzen, schaben.* thana scerran *(O.) abschaben.*

s k e r r e n [skarjan], skerian, skerien *sw. V. in eine Schar einordnen, zuteilen, bestimmen (zu* scara). *as.* skerian *Vgl. PBB* 33, 470.

s k e r t e n [skartjan] *sw. V. verstümmeln, abschneiden (zu* skart *Adj.).*

s c ë s s o *m.* § 31 A. 1: *Fels.*

s k i a r o, skioro *Adv.* § 36, a: *schnell, sofort.*

s k i a r e n [skiarjan] *sw. V.* § 36, a: *rasch fertigmachen, rasch ausführen.*

s k i d ō n *sw. V, trennen, scheiden.*

u n d e r - s k i d ō n *unterscheiden.*

s k i l l i n g *m.* (a) *solidus, eine Münze (got.* skilliggs, *ae.* scillinʒ). *Vgl. Zfvgl-Spr.* 48, 254 ff.

s k i l t, skild, schelt *m.* (i *u.* a) § 216 A. 1. 3: *Schild (got.* skildus, *ae.* scyld).

s k i l t - r i e m o *m. Schildriemen.*

s k ī m o *m. Schein, Glanz, splendor; radius, Strahl (got.* skeima, *ae.* scīma).

s k ī n *Adj. glänzend, deutlich, offenbar.*

s k ī n *m. Glanz, Schein, Helligkeit, Deutlichkeit.* skīn wëgan *s.* wëgan.

s k ī n a n, schīnan *st. V.* § 330 A. 1: *glänzen, sich zeigen, deutlich sein (got.* skeinan, *as. ae.* scīnan).

i r - s k ī n a n *erglänzen, scheinen.*

b i - s k ī n a n *bescheinen, circumfulgere.*

s k ī n - b ā r i § 251 *und* - b ā r ī g *Adj. glänzend.*

s k ī n b ā r ī *f. Glanz.*

s k ī n - h a f t *Adj. glänzend, sichtbar.*

s k i o b a n, skiupan *st. V.* § 333 A. 1: *schieben, stoßen (got.* skiuban, *ae.* scūfan).

ū f - s k i o b a n *aufschieben.*

s k i o n *m.* (a) *Wolkendecke.*

s k i o r o *Adv., s.* skiaro.

s k i o ʒ ʒ a n, sceoʒan *st. V.* § 334 A. 1: *schießen. Zu Gen. Pl. Part.* sceotantero *(Hl.* 51) *vgl.* § 236 A. 1 *(ae.* scēotan).

f i r - s k i o ʒ ʒ a n *st. V. verwunden.*

s k ī r *(as.) Adj. klar.*

s k i r m, skërm *m.* § 31 A. 2: *Schutzwehr, Schild, Schutz.*

s k i r m ä r i *m. Beschützer.*

s k i r m e n [skirmjan] *sw. V. als Schutzwehr dienen, jem. (Dat.) schützen, verteidigen (m. Akk.).*

b i - s k i r m e n *beschützen jem., vor etwas (Gen.).*

s c i r m o *m.* § 223 A. 2: *Verteidiger.*

k i - s c i r r i *n. Geschirr, Gefäß.*

s k ī t *n. Holzscheit (ae.* scīd).

s k ī t ō n, -ēn *sw. V. spalten* (31, 8, 9).

s k i u h e n [skiuhjan] *sw. V.* § 49 A. 5: *scheu machen, erschrecken (trans. u. intr.).*

i r - s k i u h e n *erschrecken (m. Gen.).*

s c ī ʒ a n *st. V.* § 330 A. 1: *cacare.*

s c l a h a n *st. V., s.* slahan.

s c l a h d a *f., s.* slahta. ⎫ *vgl.* § 169

s c l ā p h *m., s.* slāf. ⎰ A. 3.

s c o f, scopf *m.* § 132 A. 4: *poeta (ags.* scop).

s c o f f i z e n *sw. V. I. Possen treiben, Ausflüchte machen (MSD* 134).

s c o l ä r i *m., Schuldner.*

s c o l o *m.* § 222: *einer der etwas schuldig ist, Schuldner (got.* skula, *ae.* scola).

s c ō n e n [skōnjan] *sw. V. schön machen, schmücken.*

s k ō n i (eskōnæ 5, 2, 34, *vgl. Gl.* 5, 518¹ *Adj.* § 250 A. 3. § 251: *glänzend, hell, herrlich, schön. Adv.* scōno *(got.* skauns, *as.* scōni, *ae.* sciene).

s c ō n i *n. Glanz, Schönheit.*

s k ō n ī, skōne *und* scuonīn *(Is.* § 45 A. 5) *f. Glanz, Klarheit, Schmuck, Zierde, Schönheit (got.* skaunei).

s c o u w ō n *sw. V. schauen, ansehen, betrachten, etwas beachten; Rücksicht nehmen, respicere T.* II, 11 (3, 65 f.) *(ae.* scēawian).

b i - s c o u w ō n *beschauen.*

i r - s c o u w ō n *erschauen, erblicken.*

u m b i - s c o u w ō n *circumspicere, sich umsehen.*

s c o u w u n g a *f.* (ō) § 207 A. 2: *Betrachtung.*

s c ō ʒ ʒ i l, scōʒil *m.* (a) *Geschoß (zu* skioʒʒan).

s c r a n k *m.* (i) *Schranke, Hintergehung.*

scranchelīg *Adj. schwankend.*

bi-scrankolōn *sw. V. wanken, schwanken.*

skrenken [skrankjan], screnchan *sw. V. verschränken, hintergehen, supplantare.*

bi-skrenken *hintergehen, überlisten.*

for-skrenken, forscrenchen *impedire.*

skrīan *st. V.* § 117. § 330 A. 3: *schreien.*

ir-skrīan *aufschreien, ausrufen.*

scrib, scrip *n. Schrift.*

gi-scrib, gascrip *n. scriptura, Schrift (besonders die Heilige Schrift); descriptio, census T.* V, 11 (6, 5).

scrīban *st. V.* § 330 A. 1: *schreiben, aufschreiben (as.* skrīban, *lat.* scribere).

scrībāri *und* scrīberi *m.* § 200: *Schreiber, Schriftgelehrter.*

scrīb-sahs *n. Schreibzeug, Griffel.*

skrift *und* gescrift *f.* (i) *Schrift, Heilige Schrift.*

scricken [skrikjan], scricchen *sw. V.* § 341 A. 2: *springen, aufspringen.*

ar-scricken, yrscricken *aufspringen.* ūfyrscrikta *O.* IV, 19, 43.

nidar-skricken *sw. V. herabspringen.*

scrintan *st. V.* § 336 A. 1: *bersten.*

scrit *m.* § 216: *Schritt.*

scrītan *st. V.* § 330 A. 1: *dahingleiten, schreiten (as.* skrīdan, *ae.* scrīðan). *Vgl. ZDA* 42, 122 ff.

ir-scrītan *ausschreiten, vollenden.*

scrōtan *red. V.* § 353 f.: *schneiden.*

scuha *N., s.* scuoh.

sculan, skolan, sulen *V. Prät.-präs.* § 25 A. 1. § 146 A. 4. § 374: *debere, schulden (jemandem etwas); schuldig sein, verpflichtet sein, müssen, sollen, zur Umschreibung des Futurs als Hilfsverb:* § 301 A. 2 (*got.* skulan, *ae.* sculan).

sculd, sculdh *f.* (i) § 163 A. 6: *das was jemand schuldig ist, Schuld, Verschuldung, Sünde, Vergehen (ae.* scyld).

sculd *Adj.* § 323 A. 3: *schuldig.*

sculd-heizo *m.* § 223 A. 2: *Schultheiß.*

sculdīg, sculdīc *Adj.* § 323 A. 3: *schuldig, zur Zahlung verpflichtet* (sculdīc eid *ein verpflichtender, bindender Eid M. Hench* XVII, 6); *schuldbeladen, schuldig, reus; übertragen: das genau Entsprechende N.* 12, 62; (*wie* rëht-sculdîg *N.* 12, 14).

sculdīgōn *sw. V. beschuldigen.*

scultra *f.* (ō *u.* n) *Schulter (ae.* sculdor *m.*).

scunten [scuntjan], scunden *sw. V. antreiben (as.* scundian, *ae.* scyndan).

scuoh *m.* (a) *Schuh (got.* skōhs, *ae.* scōh).

scūr *m.* (i) *Schauer, Wetter, Unwetter; Kampf (ags.* scūr *m., got.* skūra *f.*).

skūr *m. Obdach, Schutz (ahd. u. as.*).

skūra [scūria] *f.* (ō) *Scheuer (z. Vor.).*

skurgen [skurgjan], scurgan *sw. V. stoßen, schieben.*

fer-skurgen *wegstoßen, repellere.*

skutten *sw. V.* § 356. § 362: *schütteln, erschüttern.*

scutzo *m.* § 223 A. 3: *Schütze.*

scūwo *m. Schatten (ae.* scuwa).

scuʒ *m.* § 216 A. 3: *Schuß.*

scuʒʒeling *m.* (a) *Schößling.*

slāf, sclāph *m.* § 169 A. 3. § 194: *Schlaf (got.* slēps, *ae.* slǣp).

slāffan, slāfan *red. V.* § 351 A. 1: *schlafen (got.* slēpan, *as.* slāpan, *ae.* slǣpan).

int-slāffan, inslāfen *einschlafen.*

slaf-heit *f.* (i) *Schlaffheit.*

slāf-machīg *Adj. somnificus.*

slag *m.* (i) § 216 f.: *Schlag (got.* slahs).

slahan, sclahan § 169 A. 3 (11, I, 4; 36, 52) *st. V.* § 346 A. 2: *schlagen, erschlagen, töten (got.* slahan, *ae.* slēan).

ar-slahan, irslahan *erschlagen, töten.*

bi-slahan *anschlagen, fehlschlagen.*

thana-slahan *abschlagen, abhauen.*

thuruh-slahan *durchschlagen.*

nidar-slahan *niederschlagen.*

ubar-slahan *übertreffen, überragen.*

widar-slahan *zurückschlagen; blenden.*

slahta, sclahda § 169 A. 3 (25, 64) *f.* (ō) § 208: *Schlachtung, Tötung; Geschlecht, Gattung, Art. – In adverb. Redensarten wie* allero slahta, *aller-*slahto *von jeder Art;* manegero slahto *mancherlei (zu* slahan).

gi-slahti, kislahte *n. Geschlecht, Stamm.*

slah, slach *Adj. schlaff (as.* slac, *ags.* slæc).

ge-slāpfa *f.* § 96 A. 1: *Schlafgenossin.*

slēffar *Adj. schlüpfrig, lubricus.*

slëht *Adj. gerade, eben; schlicht, einfach, ruhig, freundlich, blandus* (slēhtiu blandimenta 7, 89) (*got.* slaíhts, *an.* slēttr).

slēhti *und* slëhtida *f.* (ō) § 30 A. 1: *Ebene, planities; Schmeichelei, blandimentum.*

sleipfa *f.* § 96 A. 1: *Schleife, Schlitten.*

slekkian *(as.) sw. V. stumpf machen (zu as.* slac, *ahd.* slah *schlaff*).

slēo *Adj.* § 254: *stumpf (ags.* slāw).

sliemo *Adv., s.* sliumo.

slīffan, slīfen *st. V.* § 330 A. 1: *gleiten (ae.* slīpan).

slihtī *f. Geradheit, Einfachheit.*

slīhhan *st. V.* § 330 A. 1: *schleichen.*

in-slīhhan *entschlüpfen.*

slingan *st. V.* § 336 A 1: *schlingen, winden; sich schlängeln, kriechen (ae.* slinʒan; *an.* slyngva *werfen*).

zuo-gi-slingan *herankommen, zuteil werden N.* 2, 12.

slintan, slinden *st. V.* § 336 A. 1: *ver-*

schlingen (got. slindan).
fir-slintan, verslinden *verschlingen.*
slintāri, slindāre *m. vorax; Fresser.*
slioffan *st. V.* § 333 A. 1: *schlüpfen*
(got. sliupan, ae. slūpan).
ar-slioffan *herausschlüpfen.*
slioȥȥan *st. V.* § 334 A. 1: *schließen,*
verschließen (afries. slūta).
slipf (*Dat.* slippe 17, 1, 8) *m. das Ausgleiten, lapsus* (zu slīffan).
sliumo, sliemo *Adv.* § 49 A. 5. § 126
A. 3: *schnell, schleunig, plötzlich, sogleich,* – sō sliumo sō *sobald als* (vgl.
sniumo u. got. sniumjan).
slīȥȥan, slīȥan *st. V.* § 330 A. 1: *reißen,*
zerreißen, wüten (ae. slītan).
zi-slīȥȥan, zislīȥan *zerreißen.*
slōȥ-haft *Adj. verschließbar, verschlossen.*
in-slupfen [slupfjan] *sw. V. entschlüpfen* (zu slioffan).
sluȥȥil *m.* § 194: *Schlüssel* (as. slutil).
ir-smāhēn *sw. V. gering werden; geringfügig erscheinen, m. Akk. O.* I, 1, 9.
smāhi *Adj. niedrig, gering* (an. smār
klein).
smāhī *f. Niedrigkeit.*
smale-nōȥ *n. Schmalvieh, Schaf* (nōȥ,
ae. nēat *Nutzvieh*).
smëckar, smëchar *Adj.* § 31 A. 1:
elegans (ae. smicre).
smëckrī, smëchrī *f. elegantia.*
smëlzan *st. V.* § 337 A. 1: *schmelzen*
as. smëltan (vgl. ae. mëltan).
smëro *n.* § 205: *Fett, Schmeer* (ae.
smeoro).
smërza *f.* § 208 A. 2: *Schmerz.*
smërzan *st. V.* § 337 A. 1: *schmerzen,*
wehe tun (ae. smeortan).
smidda, smitta *f.* (ō) § 167 A. 10:
Schmiede.
smīde-ziereda *f.* (ō) *Geschmeide, monilia.*
bi-smīȥan *st. V.* § 330 A. 1: *beschmeißen, beflecken* (got. bismeitan *bestreichen*).
snachan *st. V.* § 346 A. 1: *kriechen.*
snël (isnel 5, 2, 35, *vgl. Gl.* 5, 518-) *Adj.*
§ 249: *kräftig, tapfer, eifrig, behende*
(as. ae. snël).
snël-heit *f.* (i) *velocitas.*
snëllī *f.* § 30 A. 1: *Tapferkeit, Schnelligkeit.*
snēo (snio § 43 A. 6) *m.* § 204: *Schnee*
(got. snaiws, ae. snäw).
snërfan *st. V.* § 337 A. 1: *zusammenziehen.*
snërkan *st. V.* § 337 A. 1: *knüpfen.*
snīdan *st. V.* § 330: *schneiden* (got.
sneiþan, ae. snīðan).
aba-snīdan *abschneiden, amputare.*
bi-snīdan *circumcidere.*
thana-snīdan *abschneiden.*

fer-snīdan *wegschneiden, zerschneiden.*
snit *m.* § 216 A. 3: *Schnitt.*
snita *f.* (n) *eine Schnitte Brot.*
sniumo *Adv.* = sliumo.
snottar *Adj.* § 96, b: *klug* (got. snutrs,
ae. snottor).
sō *Adv.* § 45 A. 6. § 107 A. 1: *so, tam,*
sic, ita. – *Konj. wie, sowie, sicut,*
gleichwie, wie wenn; als, da, sobald als;
eo sō *sicut, sowie;* – *Korrelat.* sō – sō
so – *wie, wie* – *so, bei Komparativen:*
je – *desto.* – *Bei interrogativen Wörtern mit verallgemeinernder Kraft:* sō
hwer sō *quisquis,* sō hwär sō *ubicunque*
usw. (as. sō; got. swa, ae. swä).
sōđ *und* sōđ-līc (as.) *Adj. wahr* (ae. sōð,
an. sannr). *Vgl. ahd.* sand (?).
sōhhen *sw. V., s.* suohhen.
sol *n. Lache, Tümpel.*
solāri *m. Söller* (lat. solarium).
solīh, sulīh, solech, solh, solêr (N.)
Pron. Adj. § 145 A. 7. § 292: *solch,*
talis. – solīh sō *qualis* (got. swaleiks,
as. sulīk).
sōnen *sw. V., s.* suonen.
sorga, soraga *u.* sworga (suorga) *f.* (ō
u. n) § 107 A. 1. § 208 A. 2: *Bekümmernis, Sorge* (got. saúrga, ae. sorh,
as. sorga).
sorgēn *und* sworgēn § 369: *m. Gen.*
sorgen (as. sorgon, ae. sorȥian).
bi-sorgēn, bisworgēn *m. Akk. für jem.*
sorgen (O. I, 19, 2), *etwas besorgen* (O.
IV, 9, 12).
sorgsam *Adj. Sorge bringend, sorglich.*
sōsō, sōso, sōsa, sōse, sōs *Konj. wie,*
so wie, als ob, quasi, als, da, sobald als;
– *korrelat.* sōsō – sō *wie* – *so.*
sou *n.* § 204: *Saft* (ae. sēaw).
bi-souffen [soufjan], bisoufen *sw. V.*
ersäufen (zu sūffan).
sougen [sougjan] *sw. V. säugen* (zu
sūgan).
soum, saum *m. Saum* (ae. sēam).
sozzon = skiozzan? (31, 6, 1).
spada *das zweischneidige Langschwert*
(5, 2, 53).
spāhi *Adj. klug, weise, schlau.*
spāhī *und* spāhida *f.* (ō) § 208: *sapientia.*
spāh-word (as.) *n. kluges Wort.*
spaltan *red. V.* § 350 A. 1: *spalten.*
spanan *st. V.* § 346 A. 1: *locken, verlocken, antreiben, einen wozu* (Genet.)
O. IV, 24, 8. *Musp.* 19 (as. ae. spanan).
ir-spanan *verleiten.*
spannan *red. V.* § 350 A. 2: *spannen.*
spanst *f.* (i) *Lockung* (zu spanan).
gi-spanst, kaspanst *f.* (i) *Verlockung,*
Betrug.
sparēn *und* sparōn *sw. V. erhalten,*

schonen, sparen (ae. sparian).
sparo *m. Sperling (got.* sparwa, *ae.*
spearwa).
spāti *Adj.* § 250 A. 3: *spät, serus, Adv.*
spāto *spät. (got.* spēþs, -dis).
spātīn *f. tarditas.*
spëhāri, spiohāri *m.* § 29 A. 5:
Späher, Kundschafter.
spëhōn, spiohōn *sw. V.* § 29 A. 5:
spähen.
speicha *f.* (n) *Radspeiche (ae.* spāce).
spëc *m.* § 31 A. 1: *Speck (ae.* spic).
spël *n. Erzählung, Rede.* forasagōno
spel *prophetiae Is.* (got. spill, ae. spëll).
ZDA 37, 241 ff. – *Vgl.* gotspël.
spëntōn *sw. V. spenden, austeilen (aus*
lat. expendere).
spër (spëra 5, 2, 53) *n. Speer (as.*
spër).
zi spërī *Adv. freilich, doch, ferner, ja,*
fürwahr (zu Subst. spërī *Sparsam-*
keit?, vgl. Grimm, Gramm. 3, 146;
PBB 19, 556 f.).
bi-sperren [sparrjan] *sw. V. versperren,*
verhindern.
in-sperren *aufsperren, auftun.*
spīan *st. V., s.* spīwan.
spiegel *m.* (a) § 36. § 64 A. 1: *speculum.*
spīgen *st. V., s.* spīwan.
spil *n. Scherz, Vergnügung, Spiel, Wett-*
kampf (as. spil). *Vgl. ZDP* 47, 155 ff.
spilo-gërn *pronus in petulantiam.*
spilōn *sw. V. sich munter bewegen,*
scherzen, hüpfen, spielen (ae. spilian).
spinnan *st. V.* § 336 A. 1: *spinnen.*
spiohōn *s.* spëhōn.
spīr-boum *m. sorbus.*
fir-spirnan *st. V., s.* spurnen.
spīunga *f.* (ō) *das Speien; Lästerung.*
Vgl. Kock S. 11.
spīwan, spīan, spīgen *st. V.* § 331 *u.*
A. 3: *speien, ausspeien (got.* speiwan,
as. ae. spīwan).
ūʒ-spīwan *ausspeien.*
spizza *f.* (n) *Spitze, Gipfel.*
spor *n. Spur (vgl.* spurnen).
spot *m.* (a) § 167 A. 10: *Spott, Hohn.*
sprāhha, sprācha *f.* (ō) *das Redever-*
mögen, Sprache, Rede, Unterredung,
Beratung, Ratsversammlung, Gericht.
(e)sprächen *sw. V. sprechen* (5, 2, 43).
sprāh-hūs *n. das Beratungshaus, Rat-*
haus.
ga-sprāhhi, gesbräche, gesprëchi (17,
5, 51) *n. Unterredung, Gespräch.*
ge-sprāchī *f. Beredsamkeit.*
sprangōn *sw. V. springen, aufspringen.*
sprëhhan, sprëchan *st. V.* § 341, spë-
chan § 120 A. 5: *sprechen (as.* sprëkan,
ae. sprëcan *u.* spëcan).
fir-sprëhhan *versagen, verbieten, hin-*
dern, zurückhalten; für jem. sprechen,
verteidigen.

missi-sprëhhan *Unrechtes sprechen.*
zuo-sprëhhan *m. Dat. zu jemandem*
sprechen, ihn anreden.
ir-sprëchilēn *sw. V. sprenklig, fleckig*
werden.
sprëhho *m.* § 222: *Sprecher.*
spreiten [spreitjan], spreiden *sw. V.*
ausbreiten (ae. sprǣdan).
zi-spreiten *zerstreuen, ausbreiten. Part.*
zesprēt 17, 5, 13.
sprengen [sprangjan] *sw. V. sprengen,*
ausstreuen (z. Folg.).
springan (sprinen 25, 28) *st. V.* § 336
A. 1: *springen (ae. as.* springan).
ar-springan *oriri.*
in-springan *entspringen.*
ūf-springan *aufspringen, salire.*
spriu *n.* § 204 *u.* A. 4: *Spreu.*
ar-spriuʒʒen [spriuzjan] *sw. V. stützen,*
fulcire.
sprungezen *sw. V. exultare.*
spunga *f.* (ō) *spongia, Schwamm.*
spunne *m. Plur.* (i) *Brüste (W.).*
spūnōn *sw. V. auslegen* (exponere).
spuoen [spuojan], spuon *sw. V.* § 359
A. 4: *impers. vonstatten gehen, gelin-*
gen, m. Gen. N. 4, 24 (*ae.* spōwan
red. V.).
spuot *f.* (i) *Erfolg, Gelingen; substantia*
Is. (ae. spēd).
spuotīg *Adj. erfolgreich, rasch, schnell.*
spuri-halz *Adj. (spurlahm), lahm.*
Dazu as. spuri-helti *f. Lahmheit (vgl.*
spor).
spurilōn *sw. V. aufspüren.*
fir-spurnan *und* fir-spirnan *st. (sw.)*
V. § 32 A. 5. § 337 A. 5: *mit dem Fuße*
anstoßen, anstoßen (ae. spurnan).
spurren [spurjan] *sw. V. nachspüren,*
investigare (zu spor).
spurt *m.* § 216 A. 1. § 281 A. 3: *Renn-*
bahn.
stab *m.* (a) *Stab.*
stad *m.* (a) § 216 A. 4: *Ufer, Gestade*
(*got.* *staþs, *Dat.* staþa, *as.* stad, *ae.*
stæþ).
stadal *m.* (a) *das Stehen, Stand.*
staffal, stafful *m. Stufe, Staffel (ae.*
stapol *Stütze).*
ge-stat *N.* 17, 11 *nach Graff* 6, 613
Partiz, zu staben *sw. V. starr werden,*
obrigescere. Kock S. 12 *ändert in ge-*
staht *fixus.*
staim bortcludun *Hl.* 65?
stal *m. Ort, Stelle; persona (ae.* steall).
stamn *(as.) m.* (a) *Steven.*
stān *V.* § 382, *s.* stantan.
stanga *f.* (n) *Stange (ae.* stong).
stank *m. odor, Duft (ae.* stenc).
stancmachunga *f. Duft (N.* 11, 39).
stanc-wurz *f.* (i) *wohlriechendes Kraut,*
aroma.
ver-stannussida *f., s.* -stantnissida.

stantan, standan *st. V.* § 346 A. 5 *und*
stān, stēn *V.* § 382f.: *stehen still-
stehen, sich stellen, treten; m. Inf. beginnen N.* 1, 6. *N.* 7, 9 (*got.* standan,
as. standan, stān, *ae.* stondan).

gi-stantan *stehenbleiben, feststehen,
standhalten, sustinere* (17, 1, 19); *auferstehen* (16, 2, 1, 17); *sich stellen, eine
Stelle einnehmen, eintreten* (*O.* IV, 9,
1. *Hl.* 23) *beginnen m. Inf. z. B. O.*
I, 20, 5; II, 6, 35 *u. oft*).

ar-stantan, irstēn, erstān *aufstehen,
surgere, auferstehen, resurgere.*

az-stantan *adstare, assistere.*

far-stantan, verstēn *verstehen, einsehen, begreifen. – As.* forstuond (31,
9, B 1, 2) '*blieb stehen', hörte auf zu
fließen.*

int-stantan, instandan *verstehen, intellegere.*

ūf-stantan *aufstehen; auferstehen* (*O.*
V, 19, 26).

ūf-ar-stantan, ūf-ir-stān *auferstehen.*

umbi-stantan, umbestān *circumstare,
umstehen.*

widar-stantan *widerstehen, Widerstand
leisten.*

ir-stantanī *f.* § 229: *resurrectio.*

far-stantant-līh *Adj. intelligibilis.*

far-stantida *f.* (ō) *intelligentia.*

ar-, ir-stantnissi *n. Auferstehung.*

fir-stantnissi *n.* § 201: *Verständnis,
Verstand.*

ver-standnissida, verstannussida *f.*
(ō) *Verstand.*

er-stantununga *f.* (ō) *Auferstehung.*

starc, starch, starh *Adj. kräftig, stark*
(*ae.* stearc). *Dazu* stirker 17, 5, 17 (*zu
Adj.* stirki?).

starchen, starkan *sw. V.: s.* sterken.

starch-līcho *Adv. fortiter.*

stat *f.* (i) § 220: *locus, Ort, Stelle, Platz*
(*got.* staþs, *Gen.* stadis *m.; as.* stedi
m.).

stāten [stātjan] *sw. V. stehend machen,
aufstellen, befestigen.*

stāti, stāte *Adj. feststehend, beständig.*

stātīg *Adj. beständig.*

stedi *n., s.* stad.

stēg *m.* (a) § 31 A. 1: *Steg.*

stēga *f.* (n) § 31 A. 1: *Treppe.*

stehic (§ 152 A. 4) *s.* stīgan.

stein *m.* (a) § 194: *lapis, Stein, Fels*
(*got.* stains, *as.* stēn, *ae.* stān).

steinahti § 251: *steinicht.*

stein-geiz *f.* (i) *Steinbock.*

steinin *Adj. steinern.*

steinna *f.* § 226 *u.* A. 2: *Steintopf.*

stēchal *Adj. steil, abschüssig.*

stēhhan, stēchan *st. V.* § 341: *stechen,
erstechen* (*as.* stēkan).

ana-stēhhan *transfigere, durchstechen.*

thuruh-stēhhan *dasselbe.*

stēcko, stēhho *m.* § 96 A. 5: *Stock* (*ae.*
sticca).

stēhhōn *sw. V. stechen, anstacheln.*

stēhhunga *f. Stachel.*

stēlan *st. V.* § 340: *stehlen* (*got.* stilan,
ae. stēlan).

for-stēlan *stehlen.*

stellen [stalljan] *sw. V.* § 356: *stellen,
aufstellen* (*as.* stellian, *ae.* stellan).

bi-stellen *bestellen, besetzen, schmücken.*

gi-stelli, gestelle *n. Aufstellung, Ge-
stell, Maschine* (*vgl.* ZDA 82, 247ff.).

stēmna *f.* (ō) *s.* stimma.

stēn *m., s.* stein.

stēn *st. V., s.* stantan.

stepfen *sw. V.* § 356 (*früher st. V.* § 347
A. 6: *stepfen, *stuof, vgl. ae.* stæp-
pan, stōp, *as.* *steppian, stōp): *gehen,
schreiten. Dazu* stapf *und* stapfo *m.
Tritt, Fußstapfe. – Hierher von vielen
stōpun Hl.* 65 (*statt* stōptun *der Hs.*),
s. unter stuoffen.

stērban *st. V.* § 337 A. 1: *sterben* (*as.*
stērban, *ae.* steorfan).

ar-stērban *sterben.*

er-sterben *sw. V. töten* (*N.* 15, 19).

stērbo *m. pestis N.* 14, 9.

sterken [starkjan], starchen, ki-star-
kan, sterchen *sw. V.* § 356: *stark
machen, stärken, befestigen* (*as.* ster-
kian).

sterkī, sterihchī, sterchī *f. Stärke.*

stērn *m.* (a) *und* stërno, stērro *m.* § 99.
§ 222: *Stern* (*got.* staírnō *f., ae.* steorra
m.).

stīga *f.* (ō) *Pfad; Stall.*

stīgan *st. V.* § 330 A. 1: *steigen* (*got.*
steigan, *ae.* stīgan).

ar-stīgan *hinaufsteigen, herabsteigen.*

in-stīgan *einsteigen.*

nidar-stīgan *herabsteigen.*

ubar-stīgan *übersteigen.*

ūf-stīgan, ūphstīgan *ascendere.*

stigilla *f.* (ō) *postitium, Zaunpförtchen,
niedrige Stelle des Zauns zum Übersteigen* (*ae.* stiʒel *f.*).

stillen [stilljan] *sw. V. stillmachen be-
sänftigen, bezähmen; – m. Dat. d.
Pers. u. Gen. rei; jemanden von etwas
ablassen machen O.* IV, 23, 3 (*as.* stil-
lian, *ae.* stillan).

stillēn *sw. V. ruhig werden, ablassen*
27, 8.

stilli *Adj. ruhig, still, nicht besprochen,
unbekannt O.* II, 3, 43 (*ae.* stille).

stillo *Adv.* (z. *Vor.) ruhig, still, geheim.*

stimna, stēmna, stimma *f.* (ō *u.* n)
und stimmī *f.* ₃ 31 A. 3. § 99. § 208
A. 2. 3: *Stimme* (*got.* stibna, *as.*
stēmna, stēmnia, *ae.* stēfn, stēmn)

stinkan, stinchen *st. V.* § 336 A. 1:
riechen, duften; trans. riechen, wittern

(ae. stincan).
ir-stinkan *st. V. riechen* (*N.* 11, 39).
stioban *st. V.* § 333 A. 1: *stieben.*
stiof-fater *m.* § 235 A. 1: *Stiefvater.*
stirki *Adj., s.* starc.
ke-stirni *n. Kollekt. die Sterne.*
gi-stirri *n. dasselbe* (s. stërn).
stiura *f.* (ō) *Unterstützung; Steuerruder*
(*ae.* stēor).
stiuren [stiurjan], stiurran, stūren *sw.*
V. stützen, steuern, lenken (*got.* stiur-
jan, *ae.* stīeran, stȳran).
bi-stophōn, bestuppon *sw. V. ver-*
stopfen (*mlat.* stuppare).
stōptun *Hl.* 65, *s.* stuoffen.
zi-stōren [stōrjan], zistōrran *sw. V.*
zerstreuen, zerstören.
stōʒʒan, staoʒʒan, stōʒan *red. V.*
§ 353 f.: *stoßen* (*got.* stautan, *as.* stōtan).
bi-stōʒʒan *wegstoßen, wegtreiben.*
fir-stōʒʒan *wegstoßen, verstoßen.*
zi-stōʒʒan *zerstoßen.*
strāla *f.* (ō) *Pfeil* (*ae.* strǣl).
strang *Adj., s.* strengi.
strāʒʒa, strāʒa *f.* (ō) *Straße, platea*
(*ae.* strǣt: *aus lat.* strāta).
strëdan *st. V.* § 343 A. 3: *sprudeln,*
kochen.
abo-streifen *sw. V. abstreifen* 25, 74.
strecken [strakjan], strechen *sw. V.*
§ 362 A. 1: *strecken, ausstrecken* (*ae.*
streccean).
strengi *und* (*Is.*) strang *Adj.* § 251
A. 1: *stark, gewaltig, tapfer* (*as.* strang,
ae. stronʒ).
strengisōn *sw. V. stark machen, kräf-*
tigen, confortare.
strewen, strouwen *sw. V. I.* § 358
A. 3: *streuen, ausstreuen, ausbreiten;*
zerstreuen, niederwerfen (*got.* straujan,
ae. strēowian).
gi-strewi, gi-strouwi *n.* § 201 A. 2:
Streu.
stridunga *f.* (ō) *fervor, stridor* (*zu* strē-
dan).
strīchan *st. V.* § 330 A. 1: *streichen;*
intr. rasch gehen, eilen (*ae.* strīcan).
bi-strīchan *bestreichen.*
in-strīchan *entfliehen.*
strīt *m. Zank, Streit, Kampf* (*as.* strīd);
dazu Adv. Dat. Pl. (*as.*) strīdiun *an-*
gestrengt, heftig.
strītan *st. V.* § 330 A. 1: *kämpfen.*
widar-strītan *kämpfen.*
gi-strīti, gistrīdi *n. Zank.*
strītīg *Adj. streitlustig, uneinig, dis-*
cors.
strītōd *m. Streit.*
strō, strao *n.* § 45 A. 3. § 114 *u.* A. 3.
§ 204 A. 5: *Stroh* (*ae.* strēaw).
struot *f.* (i) *Sumpf* 2, 4, 45.
stubbi, stuppi *n.* § 201: *Staub* (*got.*
stubjus). *Vgl.* stioban.

stūēn *sw. V. III. Strafe leiden, büßen,*
Musp. (*zu ahd.* stouwen *anklagen; vgl.*
got. stōjan). *PBB* 9, 514; 39, 73.
stūa-tago *m.* § 222 A. 3: *dies judicii,*
Tag des Gerichtes.
stūda *f.* (n) 31, 8, 12: *Staude.*
stucchi *n.* § 198 A. 5: *Stück* (*ae.* stycce).
stum *G.* stummes *Adj.* § 249: *stumm.*
ar-stummēn, erstummen *sw. V. stumm*
werden, stumm sein.
ar-stungen [stungjan], irstunken *sw.*
V. anstacheln (stung *m. punctum,* stun-
gen *stechen, vgl. ae.* stinʒan *st. V.*).
stunta, stunda *f.* (ō) *Zeitpunkt, Zeit,*
Stunde; – in adverbialem Gebrauche:
zistundōn *bisweilen; besonders zur Bil-*
dung von Zahladverbien § 281: einlif
stuntōn *elfmal, gewöhnlich in der Form*
stunt (§ 207 A. 2): andera stunt *zum*
zweitenmal, sibun stunt *siebenmal* (*as.*
stunda, *ae.* stund).
stunt-wīla *f. momentum* (*s.* hwīla).
[stuoffen, *Prät.* stuofta] *sw. V. schrei-*
ten machen, reiten. Dazu stōptun *Hl.*
65 (*as.* *stōpian, *ae.* stēpan). – *Kausa-*
tiv zu stepfen.
stuol, stual, stōl *m.* (a) § 194: *Stuhl,*
Sitz, thronus (*got.* stōls, *ae.* stōl).
ka-stuoli *n. Gesamtheit der Sitze* (*M.*
Hench XV, 24).
stupf *m. punctum.*
stuppi *n., s.* stubbi.
stūren *sw. V., s.* stiuren.
sturzen [sturzjan] *sw. V. wenden; intr.*
stürzen, fallen.
sū *f.* (i) § 219 A. 1: *Sau* (*ae.* sū, *an.*
sȳr).
sūbar *Adj. sauber, rein* (*as.* sūbri, *ae.*
sȳfre; *aus lat.* sobrius?).
sūbricheit *f.* (i) *Reinheit.*
sūffan, sūfan *st. V.* § 333 A. 3: *schlür-*
fen, trinken (*ae.* sūpan).
sūfteōn, sūftōn *sw. V.* § 367 A. 1:
seufzen.
sūgan *st. V.* § 333 A. 3: *saugen* (*ae.*
sūʒan).
suht (suft 17, 2, 2) *f.* (i) *Krankheit* (*got.*
saúhts, *an.* sōtt). *Zu* sioh.
suhtīg *Adj. krank.*
suht-stuol *m.* (a) *cathedra pestilentiae.*
sūl *f.* (i) § 219: *Säule* (*ae.* sȳl).
sū-lag *m. Saustall* 18, 17 (*vgl. ZDP*
7, 465).
sulīh (*as.* sulic) *Adj. Pron., s.* solīh.
sum *Adj. Pron.* § 295, a: *quidam, ali-*
quis; Plur. einige, manche; sume –
sume, alii – alii (*got.* sums).
suma-līh, sumilīh, sumelīh *Adj. Pron.*
§ 295, a: = sum.
sumar, sumer *m.* § 32 A. 3: *Sommer*
(*ae.* sumor).
sumar-lota *f.* § 32 A. 6: *Schößling.*
sumar-zeichan, sumerzeichan *n.*

Sternbild des Sommers N. 8, 5.
far-sūmen [sūmjan], farsūmman *sw. V. versäumen.*
sume-welīh *Adj. Pron.* § 295 A. 1: *irgendein.*
sumi-līh *s.* sumalīh.
sumirih *fürwahr: O. Ad Hartm.* 64; *O.* V, 19, 37 (*Gr.* 3, 241 = *opinor, arbitror*).
sun *m., s.* sunu.
gi-sund *Adj., s.* -sunt.
sunda, sundia *f., s.* sunta.
sundan *Adv. von Süden her. M. Hench* VII, 22 *(regina austri). as. ae.* sūdan.
sundana-wint, sundenewint *m. Südwind (ae.* sūdanwind).
sundar *n.* (?) *Süden; Adj. südlich (an.* sunnr, suðr *n.*).
sundar *Adv.,* sundarōn *sw. V. usw., s.* sunt-.
sundarīn, sundirīn *Adj. südlich.*
ge-sūne *n., s.* siuni.
sund-halb, sunthalb *Adj. südlich.*
sund-ōstrōni *Adj.* 3, 12 *südöstlich.*
sundrōni *Adj.* 3, 13 *südlich (ae.* sūðerne, *an.* suðrœnn).
sund-westrōni *Adj.* 3, 13 *südwestlich.*
sunft *m.* (i) *Sumpf *O.* V, 23, 110.
sunna *f.* (n) § 225: *Sonne (got.* sunnō, *as.* sunna, *ae.* sunne).
sunne *f.* (ō) 18, 8 *legalis necessitas (got.* sunja *Wahrheit*).
sunnūn-tag *m.* (a) *Sonntag.*
gi-sunt, gisund *Adj.gesund (ae.* ʒesund).
sunta, sundea, sundia, suntea, sunda *f.* (ō, *auch* n) § 209: *Sünde (as.* sundea, *vgl. ae.* synn).
suntar, sundar, suntir *Adv. abgesondert, einzeln, besonders; – Präp. m. Akk. außer, ohne; – Konj. dagegen, aber, sondern, sed; bei O. nach negativen Sätzen m. Konj.: daß nicht, quin (z. B. O.* I, 5, 63), *ae. sundor.*
suntarīg, sundrīc *Adj. abgesondert, privatus, proprius.*
suntaringun, suntringun *Adv.* § 128 A. 2: *abgesondert.*
suntarōn, sundarōn, sunderen *sw. V. sondern, trennen.*
suntarunga, sundrunga *f.* (ō) *Absonderung, divisio.*
ga-suntī *f. Gesundheit.*
suntīg, sundīg, suntīc *Adj.* § 249: *sündhaft, sündig.*
suntōn, sundiōn *sw. V.* § 367 A. 1: *sündigen (as.* sundion).
sunu, suno; sun, son (4, 2) *m.* § 32 A. 3. § 216 A. 1. § 220c A. 1: *filius (got.* sunus, *as. ae.* sunu).
sunu-fatarungo *Sohn u. Vater? *Hl.* 4.
suohhen, sōhhan, soahhan, suachen *sw. V.* § 304. § 356: *suchen, begehren,*

verlangen, trachten nach; forschen, untersuchen (got. sōkjan, *as.* sōkian, *ae.* sēcan).
ir-suohhen, ersuahhan, irsuachen *suchen, forschen, ausforschen, forschen nach.*
ke-suohhida *f.* (ō) *discussio.*
suona, suana *f.* (ō) *Versöhnung, Friedensschluß; Gericht, Urteil.*
suonāri *m. judex.*
suona-tag, sōnatac *und* sōna-tago, suonotako, suonetago *m.* § 222 A. 3: *Tag des Gerichts, der jüngste Tag.*
suonen [suonjan], suannan, suonnan, sōnen, suanen *sw. V. sühnen, versöhnen, Gericht halten, richten (as.* gisōnian).
suoʒʒen, suaʒen *sw. V. I. süß machen.*
suoʒʒi, suoʒi, suaʒi *und* swuoʒʒi *Adj.* § 107 A. 1: *süß, angenehm (as.* swōti, *ae.* swēte; *über got.* sutis *s. Litbl.* 1908, 328).
suoʒʒī, suoʒī, suaʒī *f.* § 229: *Süßigkeit, Annehmlichkeit, Freundlichkeit.*
suoz-līh, suazlīh *Adj. süß, angenehm.*
supphen [supfjan] *sw. V. trinken (zu* süffan).
sus *Adv. so (vgl. PBB* 12, 498 ff.).
sus-līh *Adj. Pron.* § 292: *so beschaffen, solch, talis; vgl.* solīh.
swā = sō wā, sō hwār.
swāgur *m.* § 233 A. 2: *Schwager.*
swangar *Adj. schwanger (ae.* swanʒor *schwerfällig, träge*).
swār *und* swāri *Adj.* § 249 A. 2. § 251: *schmerzlich, drückend, schwer. – Adv.* swāro *(got.* swērs, *as.* swār, *ae.* swǣr).
swarda 5, 2, 54 = swērt.
swār-līh *Adj. schmerzlich, schwer.*
swarz *Adj. schwarz (got.* swarts, *as.* swart, *ae.* sweart).
swās *Adj. eigen, zum Hause gehörig, vertraut, lieb (got.* swēs, *ae.* swǣs).
gi-swās *Adj. angehörig, vertraut, heimlich; gi-swāso Adv. im Vertrauen, heimlich.*
swëb, suëp *n.* (?) *Luft.*
int-swebban *sw. V. I.* § 356: *einschläfern (as.* answebbian; *ae.* swebban *zu* swēfan *st. V. schlafen*).
swëbēn *sw. V.* § 31 A. 1: *schweben, sich hin und her bewegen (vgl.* sweibōn).
bi-swëbēn *emicare *1, 1, 40.
swëbul *m. Schwefel (got.* swibls, *as.* swëb‘al, *ae.* swëfel).
swëgala *f.* (n) § 225 A. 1: *Flöte, Pfeife (got.* swiglōn *pfeifen*).
swëhur, swëher, swër *(N.) m.* § 233 A. 2: *socer (got.* swaíhra, *ae.* swēor).
sweibōn *sw. V. schweben, ferri.*
sweifan *red. V.* § 352 A. 1: *winden.*
sweiga *f.* (ō) *Rinderherde (PBB* 28, 266).

sweigen [sweigjan] *sw. V. (Part.* ge-sweigot *N.* 15, 23) *schweigen machen, zum Schweigen bringen (vgl.* swīgēn).
sweiz (sweihc 43, V. 42) *m. Schweiß, Blut.*
swĕchan *st. V.* § 341 A. 1: *riechen.*
swĕlgan, swĕlhan *st. V.* § 337 A. 2: *schlucken, verschlingen* (ae. swĕlȝan).
fir-swĕlgan, varswĕlhan *verschlucken, verschlingen, aufsaugen.*
swelīh *Adj. Pron.* = sō hwelīh.
swĕllan *st. V.* § 337 A. 1: *schwellen, verschmachten (vor Hunger oder Durst).* *as.* ae. swĕllan.
swenne = sō hwanne.
swĕpfar *Adj.* § 96, b: *schlau.*
swĕr = sō hwĕr.
swĕr *m. (N.), s.* swĕhur.
swĕran *st. V.* § 340 A. 1: *schmerzen.*
swĕrban *st. V.* § 337 A. 1: *abwischen, abtrocknen* (got. swaírban, ae. sweor-fan).
gi-swĕrk, giswĕrek *n. (as.) finsteres Gewölk* (ae. ȝesweorc).
swĕro *m. Schmerz, Krankheit (s.* swĕran).
swerren [swarjan], swerran, swerien, swerian, sweren *st. V.* § 107 A. 1. § 118 A. 3. § 347 A. 4: *schwören* (as. ae. swerian, got. swaran).
bi-swerren, piswerran *obsecrare, beschwören.*
far-swerren, fersweren *etwas abschwören; refl. falsch schwören.*
swĕrt *n.* § 196: *Schwert* (ae. sweord).
swĕster (suister § 29 A. 2) *f.* § 233 f.: *Schwester* (got. swistar, ae. sweostor).
swīdan *st. V.* § 330 A. 2: *brennen, schmerzen* *O.* V, 23, 149, *PF* (an. svīða; *vgl.* suuëthan *Gl.* 1, 133, 38).
swīdra *(as.) f. rechte Hand (s.* swindi).
swie = sō hwio *wie auch immer.*
swiese = sō hwio sō.
swigar, swiger *f.* § 233 A. 2: *Schwiegermutter.*
swīgēn *sw. V. schweigen* (as. swīgon).
swīchan *st. V.* § 330 A. 1: *nachlässig werden; m. Gen. etwas unterlassen* (*O.* V, 23, 156); *m. Dat. jem. im Stiche lassen, verlassen* (as. ae. swīcan).
bi-swīchan, piswīhhen *m. Akk. jem. betrügen. – clarescere* (?) 1, 1, 35; *vgl. Kock S.* 9.
pi-swichilīn *Adj. subdolus, betrügerisch.*
swilizōn *sw. V. langsam verbrennen Musp.* 53 (*zu* ae. swĕlan *st. V. V. verbrennen*).
swimman *st. V.* § 336 A. 1: *schwimmen.*
swīn *n.* § 197: *porcus* (got. swein).
swīnan *st. V.* § 330 A. 1: *schwinden, abnehmen.*
[swindi] *mhd.* swinde; *as.* swīdi, swīd

Adj. stark; Kompar. as. swīdara, swīdra *f. rechte Hand* (got. swinþs, ae. swīð).
[swindo]; swīdo *(as.) Adv. sehr.*
swingan *st. V.* § 336 A. 1: *schwingen.*
swintan *st. V.* § 336 A. 1: *schwinden, dahinschwinden, vergehen* (ae. swindan).
swister *f., s.* swĕster.
[swō], suo 22, 3, 3 = sō hwio.
sworga *f., s.* sorga.
sworgēn *sw. V., s.* sorgēn.

T

tāen *sw. V. I.* § 359 A. 3: *säugen* (got. daddjan).
tag, tak, dag *m.* (a) § 193: *Tag, bestimmter Tag, Gerichtstag,* ubar dag *Tag für Tag, täglich* (*vgl. PBB* 39, 558) *O.* (got. dags, ae. dæȝ).
taga-thing *n. Gerichtstag* (*O.* V, 19, 1).
taga-līh, dagalīh *Adj. täglich, quotidianus; Gen.* tagelīches *Adv. jeden Tag.*
taga-muos, dagamuas *n. prandium.*
taga-rōd *m. Morgenröte* (ae. dæȝrēd).
taga-stĕrn *m. und* daga-stĕrro *m. Morgenstern, Luzifer, fosforus.*
taga-wizzi *Adv.? quotidie. Hymnen* II, 9; *vgl. Kögel, Lit.* 2, 470.
gi-tago, gatago, gidago *Adv. täglich Vgl.* iogitago.
tal, dal *n.* § 196 A. 1. § 197: *Tal, vallis* (got. dal, ae. dæl).
fir-tān *Part. Adj., s.* tuon.
tan-esil *m. Waldesel, wilder Esel.*
tarnen [tarnjan], kitarnan *sw. V. verbergen* (as. dernian, ae. dyrnan).
tarni *Adj. verborgen* (as. derni).
tarōn, darōn *sw. V. beschädigen. O.* IV, 12, 62 (*zu* terren).
tasca, dasga *f.* (n) *Tasche.*
tāt, dāt *f.* (i) § 219: *Tat, Handlung; Verhalten, Benehmen* (got. gadēþs, ae. dǣd).
gi-tāt, katāt, getāt *f.* (i) *Tat, Handlung.*
tau, dau *n., s.* tou.
taufī, taufen *usw., s.* touf-.
dĕgmo *as. m., s.* dĕzemo.
tĕhmōn *sw. V.* § 163 A. 8: *verzehnten (vgl. das Vorige).*
teil, deil *m. u. n.* § 280 a: *Teil, pars* (got. dails, as. dēl, ae. dāl, dǣl).
teilen [teiljan], teillan, deilen *sw. V.* § 356: *teilen, zerteilen, austeilen, zuteilen, einen Richterspruch zuteilen, urteilen, verurteilen jemanden (Dat.)* 35, 12 (got. dailjan, ae. dǣlan).
ir-teilen, arteillan, ardeilen, irteillen, irdailen, erdeilen *(das Recht) zuteilen, urteilen, m. Dat. jemanden verurteilen, ihm das Urteil sprechen* (z. B. *O.* I,

5, 7. *O. Ad Hartm.* 44). – *m. Akk. urteilen über, beurteilen. Vgl. PBB* 43, 366.

zi-teilen, citeilen, zedeilen *zerteilen, trennen.*

teil-nëmunga *f.* (ō) *Partizipium.*

tëlban *st. V.* § 337 A. 1: *graben.*

tëmpal *n. templum.*

tenar 1, 4, 13: *flache Hand?*

derbi *(as.) Adj. frech, ruchlos* (an. djarfr).

terren [tarjan], giterian, keterran, de- rien, derren *sw. V. schaden, verletzen* (as. ae. derian).

tewen *sw. V. I., s.* touwen.

th *s. d.*

tihta, dihta *f.* (ō) *Aufzeichnung.*

tihtōn, dihtōn *sw. V. schreiben, ver- fassen (lat.* dictare), *vgl.* dictōn.

tīlēn, dīlēn *und* dīlōn *sw. V. vertilgcn, delere (vgl. ae.* dīlȝian).

ar-dīlēn, fir-dīlōn *dasselbe.*

tīlegunga *f.* (ō) *Vertilgung.*

ver-tīligōn *sw. V. vertilgen; beiseite lassen* (*N.* 12, 86).

tilli, dilli *m.* § 199: *anetum, Dill.*

tiof, teof, tiuf, diof *Adj. tief* (got. diups, *as.* diop, *ae.* dēop).

tior, tier, dier *n.* § 197: *wildes Tier* (got. dius, *ae.* dēor).

tirri *Adj. (Hl.), s.* zirri.

tisc, disk, disg *m.* (i) *Schüssel, Tisch* (*lat.* discus, *ae.* disc *Schüssel*).

titul *m. titulus.*

tiufal, diufal, tiufil, tiubil, diobol, diubil, tiefel *m.* (a) § 64 A. 1. § 194 A. 3: *diabolus, Teufel, böser Geist, Dämon* (as. diubal, *ae.* dēofol). *Vgl. PBB* 35, 134f. – as. diobol-gëld *n. Teufelsopfer* (s. gëlt).

tiuf *Adj., s.* tiof.

tiuffī, diufī *f.* § 229: *Tiefe.*

tiuren [tiurjan], diuren *sw. V. verherr- lichen, preisen* (as. diurian, *ae.* dȳran).

tiuri, diuri *Adj.* § 251: *herrlich, präch- tig, kostbar, teuer, lieb* (ae. dȳre, dēore).

tiurī, diurī *f. Herrlichkeit, Ruhm.*

tiurida, diuridha, diurida *f.* (ō) *Gloria, Herrlichkeit* (as. diurida).

tiurisōn, diurisōn *sw. V. glorificare.*

tiur-līh *Adj. pretiosus* (as. diurlīk).

tō *as. Adv.; Präp.* = zuo *Hl.*

tōd, dōdh, dōd, tōth, tōt *m.* § 163 A. 2. § 220b A. 1: *mors* (got. dauþus, *ae.* dēað).

tōdhaftīgōn, dōthaftigon (17, 5, 20f.) *sw. V. mortificare* (zu *Adj.* tōd-haft *mortalis*).

toga-līh *Adj. tüchtig, tugendhaft* (zu tugan).

doht *Adj. tüchtig, gut O.* (zu tug**an**).

doht *f.* (i) *und* dohta *f.* (ō), *auch*

dohtī *f.* (n) *Tüchtigkeit (O.).*

tohter, dohder *f.* § 233f.: *Tochter* (got. daúhtar, *ae.* dohtor).

tôife *(W.) s.* touffī.

tôigene *(W.) s.* touganī.

tol *Adj. töricht* (ae. dol, *got.* dwals).

tola-heit *f. Torheit, Dummheit.*

tōm-tag *m., s.* tuomtag.

tor, dor *n. porta, Tor* (got. daúr, *as. ae.* dor), *vgl.* turi.

tōt, dōd, dōt *Adj. Part.* § 163 A. 2. § 323 A. 3: *mortuus* (as. dōd, *ae.* dēad). *Zu* touwen.

tou, dau, tau *m. n.* § 204 *u.* A. 2: *ros, Tau* (ae. dēaw, *an.* dǫgg *f.*).

toub *Adj. taub* (got. daufs, *ae.* dēaf).

touf, douf *m. Taufe.*

touffen [toufjan], taufan, doufen *sw. V. taufen* (got. daupjan, *as.* dōpian). *Vgl. PBB* 43, 421f.

touffī, taufī, toufī, tôife, touffa, toupha *f.* § 231 *u.* A. 2: *Taufe* (got. daupeins).

touffunga, taufunga *f.* (ō) *dasselbe.*

tougalen [tougaljan], tougilen *sw. V. verbergen* (ae. dīeȝlan).

tougali *Adj. occultus. Adv.* tougalo *heimlich* (ae. dīeȝle, dēaȝol).

tougan, tougin, dougan *Adj.* § 249 A. 1: *heimlich, geheim, geheimnisvoll.* – *Adv. heimlich; mystice* (*PBB* 34, 574f.).

gi-tougan, gidougan *Adj. dasselbe.*

touganī, tôigene *(W.) f. Geheimnis.*

toumen *sw. V. duften* (*N.* 11, 39).

touwen [tawjan], touuan, douuen *und* teuuen *sw. V.* § 358 A. 3: *sterben* (as. dōian; *zu got.* diwan). *Vgl.* tōd, tōt.

tradung *m.* (a) *translatio *Is. Hench VII, 4 (*Lb.* 8, 47).

tragan, drangan *st. V.* § 346 A. 1: *tragen, ertragen, dulden; refl. eine Rich- tung nehmen, sich betragen, sich be- laufen O.* I, 20, 7 (got. as. dragan; *vgl. ae.* draȝan *ziehen*).

fram-tragan *proferre.*

fir-tragan, firdragan *ertragen.*

furi-tragan *vortragen, hervorbringen.*

far-tragantī *f.* § 229: *tolerantia.*

dragēn *und* dragōn *sw. V. refl. sich nähren, sein Leben führen, leben.*

trāgi *Adj. träge* (ae. trāȝ).

trāgī, drāgī *f. Trägheit.*

trahan, trān *m.* (i) *Träne* (as. trahni *Pl.*).

trahta, drahta *und* gi-drahta *f.* (ō) *das Trachten, Streben* (ae. traht).

gi-trahti, gidrahti *n. dasselbe.*

trahtōn, drahtōn *sw. V. erwägen, über- legen, woran denken, wonach trachten (Genet.); ae.* trahtian (*lat.* tractare).

bi-trahtōn, bidrahtōn *betrachten, über- legen.*

trān m., s. trahan.
tranc, dranch m. das Trinken, Trank.
in-trātan red. V. § 163 A. 2. § 351
A. 1: in Furcht geraten, sich fürchten
vor, erschrecken vor (Akk.) (as. ant-
drādan, andrādan, ae. on-drēdan, vgl.
Anglia Beibl. 14, 182 ff.).
trëffan, trëfen st. V. § 323 A. 1. § 341:
treffen, berühren; trëffan ze Beziehung
haben, gehören zu 41, 1, 72; N. 4, 17
(ae. drëpan).
trëhten s. truhtīn.
trëchan st. V. § 341: ziehen.
trenken [trankjan], drenken, kitren-
can sw. V. § 356: zu trinken geben,
tränken (got. dragkjan, ae. drencan).
ir-trenken (Prät. irdrangta O.) erträn-
ken.
trëso, drëso, triso (Genet. trësewes) n.
(u. m.) § 205: Schatz (as. tresur,
tresu-; aus lat. thesaurus, vgl. Gröger
s. 134).
trëso-hūs n. § 62 A. 1: Schatzhaus.
trestir n. § 197 A. 1: Trester.
trëtan, drëtan st. V. § 343 A. 1: treten,
einhergehen (got. trudan, ae. trëddian).
trettōn sw. V. treten (N.).
treuwa f., s. triuwa.
trīban, drīban st. V. § 330 A. 1: treiben; intr. bewegt sein (got. dreiban,
as. drīban, ae. drīfan).
fir-trīban vertreiben.
trinkan, trinchan, drinkan (trenchen
und Prät. trench 5, 2, 75. 99) st. V.
§ 336 A. 1: trinken; Inf. Subst. O.
IV, 10, 13 (got. drigkan, as. ae. drin-
can).
ir-trinkan ertrinken.
trinchāri m. Trinker, Säufer.
in-trinnan [int-trinnan], indrinnan st.
V. § 336 A. 1: sich absondern, sich
trennen; entlaufen, entfliehen (ver-
mischt mit int-rinnan).
trioffan, triofan, trieffen st. V. § 333
A. 1: triefen (as. driopan, ae. drëo-
pan).
triogan, triugan st. V. § 333 A. 1:
trügen, betrügen (as. driogan).
bi-triogan, bidriogan betrügen.
triso s. trëso.
bi-trittōn sw. V. betreten (31, 6, 5).
triugāri m. § 200 A. 1: hypocrita M
(zu triogan).
triu-haft Adj. fidelis.
triu-līcho Adv. sobrie. 11, I, 10.
gi-triu-līcho Adv. § 267 A. 3: fideliter.
triuwa, treuwa, driuua, drua f.(wō)
§ 30 A. 2. § 208: Treue, Zuverlässig-
keit. in triuwa (terue, minen terue 5,
2, 29 u. ö.) fürwahr (got. triggwa, ae.
trëow, as. treuwa).
gi-triuwi, gidriuui, gitrūwi Adj. § 30
A. 2. § 251: treu, getreu (as. gitriuwi).

trof, drof s. tropfo.
trohtīn, trotin s. truhtīn.
gi-troc n. Trug, Blendwerk.
trokkan Adj. trocken.
tropfo, dropho m. § 96 A. 4. § 132
A. 4: Tropfen (ae. dropa). – Dazu
(Gr. 3, 730) zur Verstärkung der Negation ni – trophen (5, 2, 48), ni – drof
(O. I, 4, 27 u. ö.).
trōst, drōst m. (a) Trost, Hilfe (an.
traust, got. trausti n.). Vgl. PBB 43,
383 ff. § 161 A. 4
trōsten [trōstjan], drōsten sw. V. trö-
sten, jem. wegen einer Sache (Gen.)
N. 2, 11. – Part. Adj. gidrōst, getrost,
zuversichtlich.
troum, droum m. (a) Traum (as.
drōm).
trūēn, trūwēn, gatrūēn, gitrūwēn sw.
V. § 110 A. 2: trauen, vertrauen, glauben, hoffen, zutrauen jem. etwas (N. 4,
40). – (got. trauan, as. truōn, trūo-
ian).
fol-trūēn ganz vertrauen. ni foltrūētun
M. Hench XXV, 3 dubitaverunt.
missi-trūēn mißtrauen.
trugida, drugidha f. (ō) Trug, Trug-
bild; hypocrisis M.
trugi-līcho Adv. auf betrügerische
Weise.
truhtīn, druhtīn, drohtīn, trohtīn, trotin (25), trehten (43) m. (a) § 32 A. 3.
§161 A. 2 §194. §195 A. 1: Herr (gewöhnlich nur von Gott und Christus). as.
drohtin, ae. dryhten (zu got. *draúhts,
ae. dryht f. Männerschar, Gefolge).
Vgl. ZDW 7, 173 ff.
ar-truknēn sw. V. austrocknen.
trumba f. (n) tuba.
truncalī, trunchalī f. ebrietas.
trunkan Adj. § 323 A. 3: trunken.
trunkanēn sw. V. § 369: trunken
werden.
trunchenī f. ebrietas (got. drugkanei).
truoben [truobjan], druaben sw. V.
trübe machen, verwirren, aufregen, betrüben, contristare; refl. sich betrüben
(got. drōbjan, ae. drēfan).
truobi, druabi, trōbi Adj. § 251:
trübe.
trūrēn, drūrēn sw. V. trauern.
trusnōn (as.) sw. V. welk werden.
trūt, drūt Adj. traut, lieb.
trūt, drūt m. (a) der Vertraute, Freund.
drūt-boto m. vertrauter Bote.
drūt-thiarna f. (n) vertraute Dienerin,
liebe Jungfrau.
trūtin, drūtin f. (ō) Vertraute, Geliebte.
drūt-līcho Adv. vertraut, als Vertrauter, liebevoll.
drūt-liut m. das geliebte Volk.
drūt-scaf f. (i) Vertraulichkeit, Eigen-
schaft als trūt.

trūwēn *sw. V., s.* trūēn.
tūba *f.* (n) § 225: *Taube (got.* dūbō).
tugan, dugan *V. Prät.-präs.* § 372: *m. Dat. tüchtig sein, taugen, nützen, geziemen (got. as. ae.* dugan).
tuged, tugid *und* tugunt, tugint, tugent *f.* (i) § 219: *Tüchtigkeit, Tugend, Schicklichkeit, Tapferkeit, Macht, Manneskraft, Mannesalter* (27, 40. 45): *Mannschaft* (36, 5). − *ae.* duʒuð.
tūht, tûiht *m. impetus W.* 3, 26.
tūchan *st. V.* § 333 A. 3: *tauchen.*
tulden *sw. V. I.* § 363 A. 4, b: *feiern (got.* dulþjan). *Zu* tuld *f. Fest (got.* dulþs).
tulisc *Adj. stultus (zu* tol).
tulli *n. Zwinge am Pfeil, Pfeilspitze* (31, 4, 3).
tumb, dumb *Adj. stumm; jugendlich unerfahren, töricht, starr, stultus, stupidus (got.* dumbs, *ae.* dumb, *stumm*).
tumb-heit, dumpheit *f.* (i) § 219: *Unerfahrenheit, Unverstand.*
tumb-muoti, dumpmuati *Adj. unverständig.*
Tumbo *m.* (n) *Subst. zu* tumb: *der Starre, stupidus* (31, 6, 6. 8).
tunihha, dunicha *f.* (n) § 225: *tunica.*
tunkal, dunkal *Adj. dunkel; unklar, schwer verständlich.*
tunkalēn, tunchelēn *sw. V. dunkel werden.*
tunchalī *f. Dunkelheit, Finsternis.*
tunker *Adj. dunkel (as.* dunkar).
tuoh, duah *n. pannus, Tuch (as.* dōk).
tuom, duam *m. u. n.* § 194 A. 3: *Gericht, Urteil (PBB* 43, 366); *rühmliche Handlung, Großtat, Ruhm (got.* dōms, *ae. as.* dōm).
tuomida *f.* (ō) *judicium.*
tuomen [tuomjan] *sw. V.* § 356: *judicare (got.* dōmjan, *ae.* dēman).
tuom-tag, tōmtag, duomesdag (16, 2, 1, 17) *m.* (a) *dies judicii (as.* dōmdag, *ags.* dōmdæʒ).
tuon, duon, duan, tōn, tuoan *V.* § 380 f.: *tun, machen, bereiten, hervorbringen, bringen, legen, setzen, ausführen, vollbringen. Part.* sō gitān *so beschaffen (as. ae.* dōn).
bi-tuon *zumachen, einschließen.*
fir-tuon *refl. sich versündigen; Part.* firtān *der sich versündigt hat (O.* I, 7, 25; 33, 8); *vgl. PBB* 56, 223 f.
in-tuon, induan *öffnen.*
missi-tuon *übel tun, böse handeln.*
wola-tuon *m. Dat. jem. wohltun, Wohltaten erweisen.*
turi, duri *f.* § 220. § 240 A. 1: *Tür. (as.* duri; *an.* dyɼ *Pl.*).
turi-wart, duriwart *m.* (a) *Türhüter.*
gi-turran, gidurran *V. Prät.-präs.* § 373: *den Mut haben, wagen (got.* ga-

daúrsan, *as.* gidurran).
turstīg *Adj., s.* thurstag.
ga-turstīg, katurstīc *Adj. audax.*
turtul-tūba *f.* (n) *Turteltaube.*
twāla, dwāla *f.* (ō *u.* n) *Verzögerung.*
twālēn, dwālēn *sw. V. zögern.*
twalm, *as.* dwalm *m. Betäubung, Hindernis.*
twēlan *st. V.* § 340 A. 1: *betäubt sein (as.* for-dwēlan *versäumen*).
twellen [twaljan], dwellen, twelen *sw. V. aufhalten, verzögern; intr. sich verzögern, säumen, zurückbleiben hinter (Akk. O.* I, 1. 58; II, 3, 16). *ae.* dwellan.
ir-twellen, irdwellen *trans. verzögern, versäumen.*
ver-twellen *dasselbe.*

U

ubar, obar *Präp.* § 32 A. 3: *m. Akk. (seltener m. Dat.) über, super; darüber hinaus (got.* ufar, *as.* obar, ovir, *ae.* ofer).
ubar-al *Adv. über alles, ganz besonders, ganz und gar, überall. Vgl. PBB* 27, 39.
ubar-āʒī *und* ubar-āzilī *f. Übermaß im Essen (as.* ovar-āt *m.*).
ubar-hlaupnissī *f. Is., d. i.* ubarhloufnissī *(zu* hlouffan) *Übertretung.*
ubar-huhtīg *Adj. stolz (zu* huggen).
ubari, ubiri, ubere, uviri (19, 15) *Adv. über, hinüber, herüber.*
uber-cobereri *m. Überwinder* 17, 5, 46 *(zu* ubar-koborōn *O. überwinden, vgl.* irkoborōn).
ubar-ligiri *n. Ehebruch (s.* lēgar).
ubar-lūt *s.* hlūt.
ubar-muoti *Adj. übermütig, superbus.*
ubar-muotī, ubarmuatī, ubermuodi *f. Übermut, Hochmut (as.* ovarmōdi *n.*).
ubar-muotīg *Adj. übermütig.*
ubar-truncanī *f.,* ubar-trunchī *f.* ubar-trunchilī *f. Übermaß im Trinken, Trunkenheit, ebrietas (vgl. as.* ovardrank *m., PBB* 39, 9).
ube, ubi, upe *Konj., s.* ibu.
ubil, upil *Adj.* § 249. § 265; *übel, böse, malus. Adv.* ubilo, ubelo, ibilo § 32 A. 5 (41, 2, 64). *(got.* ubils, *as.* ubil, *ae.* yfel).
ubil, upil, ubel *n. das Übel, malum.*
ubilī *f. Schlechtigkeit, Bosheit.*
ubiri *Adv., s.* ubari.
ūf, ūph *Adv. auf, hinauf, empor (as.* up, upp; *vgl. got.* iup).
ūffan, ūffen, ūfan, ūfin, ūfen *Präp. m. Dat. u. Akk. auf (as.* uppan).
ūffe, ūfe *Adv. auf, hinauf; Präp. m. Dat. u. Akk. auf.*
ūf-fart *f.* (i) *Auffahrt.*

ūf-gang *m. Aufgang, oriens.*
ūf-himil *m. der Himmel oben (as.* up-himil).
ūfin *Präp., s.* ūffan.
ūf-līh *Adj. oben befindlich.*
ūvo *m.* § 152 A. 1: *Uhu.*
ūhta *f.* § 109 A. 2: *Dämmerung (got.* ūhtwō, *ae.* ūhta).
umbi, umbe *Adv.* um, herum – *Präp. m. Akk.* um, um – *herum, circa, über* (= *lat.* de), *wegen, betreffs (ae.* ymb).
um-b... *s.* un-b...
umbi-faganī *f. Umfassung, Um-zäunung, corona.*
umbigang *m. Umkehrung (N.* 12, 16).
umbikēr *m. Umkehrung (N.* 12, 9).
umbi-ring [hring] *m. Umkreis; Adv.* umbiring, in umbiring *ringsum.*
umbi-wërft *m. Umdrehung, Kreis, orbis,* al these umbiwerft *universus orbis, die Welt (zu* hwërban).
umbi-wurft *f.* (i) *dasselbe* (1, 5, 2).
um-mëʒ, um-mët, um-mëʒʒīg, um-maht *s.* un-m...
un *Konj.* = unti (25, 31. 44).
un-bāri, umbāri *Adj. unfruchtbar, sterilis.*
un-bārīg, umbārīg *Adj. dasselbe.*
un-bëra *f.* (n) *sterilis.*
un-bërenti, umbërenti *Adj. Part. sterilis.*
un-bi-darbi, umbitherbi *Adj. un-brauchbar, unnütz, otiosus, unbenutzt.*
un-bi-gihtīg *Adj. ohne Beichte.*
[un-bi-libono], unpilipono *Adv.* § 267 A. 4: *unablässig (zu* bi-līban).
un-bi-ruah, umbiruah *Adj. unbeachtet, unberücksichtigt.*
un-bi-wiʒʒenti *Adj. Part. ignorans.*
un-blīdi, umblidi *Adj. unfroh, traurig.*
unda *f.* (ō *u.* n) § 208 A. 2. § 209 A. 3. § 210: *Woge, Welle (as.* ūdia, *ae.* ȳð).
undar *usw., s.* untar.
un-dara-līh, undarlīh *Adj. unansehn-lich, gering N.* 9, 15 (*vgl. Graff* 5, 198).
undenān *Adv. unten.*
un-thurft, unthurf *f.* (i) *kein Bedürf-nis.*
un-durfteōno *Adv. (Gen. Pl.) incas-sum. Gl.* I, 176, 10.
un-egihaft, unekihaft *Adj. indiscipli-natus.*
un-ēra *f.* (ō) *Unehre, Schande.*
un-fir-holan *Adj. Part. nicht ver-borgen.* thih ist unf. *du weißt wohl* (*O.* V, 25, 55).
un-fir-slagan *Adj. Part. unversperrt, ungehemmt, unbesiegt, stark.*
un-fir-traganlīh, unfardraganlīh *Adj. intolerabilis.*
un-festi *Adj. infirmus.*
un-festī *f. infirmitas.*
un-follīh, unvollanlīh *Adj. nicht voll*

zu machen (*vgl.* follīcho).
un-fridu *m.* § 220 c: *Unfriede.*
un-frō, unfrao *Adj. unfroh, betrübt.*
un-froma *f.* (ō) *detrimentum.*
un-fruot, unfruat *Adj. unverständig* (*got.* unfrōþs).
un-ga-, un-ge- *s.* un-gi-.
un-gërno *Adv. widerwillig, ungern.*
un-gi-bart, ungabart *Adj. bartlos.*
un-gi-brosten *Adj. Part. ungebrochen.*
un-gi-thult, ungeduld *f.* (i) *Ungeduld; Plur. Leidenschaften N.* 4, 14.
un-gi-dwungan *Adj. Part. unbe-zwungen.*
un-gi-fuori *Adj. unbequem, unpassend.*
un-gi-fuori *n. Feindseligkeit.*
un-gi-vuorsamitha *f.* (ō) *Hindernis.*
un-gi-gat *Adj. nicht zugehörig.*
un-gi-hiuri, ungahiuri *Adj. ungeheuer, dirus.*
un-gi-hōrsamī *f. Ungehorsam.*
un-gi-lērit *Adj. Part.* § 323 A. 4: *un-gelehrt.*
un-gi-līh, ungelīh *Adj. ungleich, un-ähnlich.*
un-gi-limphlīh, ungalimflīh *Adj. nicht passend* (*s.* gi-lumphlīh).
un-gi-lōnōt *Adj. Part. unbelohnt.*
un-gi-louba *f.* (ō) *Unglaube.*
un-gi-loubenti, unchilaubendi *Adj. Part. ungläubig (Is.).*
un-gi-loub-fol *Adj. ungläubig.*
un-gi-loubīg *Adj. ungläubig.*
un-gi-loubo, unchilaubo *m. der Un-gläubige.*
un-gi-mah *Adj. nicht passend, nicht geeignet.*
un-gi-mah *n. das Unpassende, Unge-ziemende, Unrecht, Ungemach.*
un-gimacha *f.* (ō) *unangenehme Sache, Unannehmlichkeit.*
un-gi-mëʒʒan *Adj. Part. immensus.*
un-gi-nāit *Adj. Part. ungenäht.*
un-gi-nādīc (ungenētheg; ungenēthe 17, 2, 6. 8) *Adj. impius.*
un-gi-rihti, ungrihti *n. Unrecht, Ver-brechen.*
un-gi-saro *Adj. ungerüstet.*
un-gi-scaffan *Adj. Part. increatus.*
un-gi-skeidan, ungescheiden *Adj. Part.* § 323 A. 4: *ungetrennt.*
un-gi-tān, ingidān *Adj. unausgeführt.*
un-gi-teilit, unchideilit *(Is.) Adj. Part. unteilbar, individuus.*
un-gi-wāndo *Adv. unvermutet.*
un-gi-war, unkiwar, ungawar *Adj. un-vorsichtig, schlecht, improbus* (7, 106).
un-gi-wara *f.* (ō) *Unvorsichtigkeit, Un-klugheit, Schlechtigkeit.*
un-gi-wātit *Adj. Part. investitus.*
un-gi-werit *Adj. Part. investitus, as.* unwerid (*s.* werren *bekleiden*).
un-gi-wis *Adj. ungewiß, unsicher.*

un-gi-witiri *n. Ungewitter.*
un-gi-zunft *f.* (i) *Zwietracht, Streit.*
un-hold *Adj. unhold, feindlich.*
un-holda *f.* (n) *diabolus, Götze (got.* unhulþō, *vgl. PBB* 18, 151ff.); 11, XXIV, 3; 16, 2, 1, 1. 3.
un-hōni *Adj. nicht geschändet, edel. Adv.* un-hōno *ohne Schande.*
un-hōrsam *Adj. ungehorsam.*
un-hōrsamōnti *Adj. Part. dasselbe.*
unhreini, unreine *Adj. unrein (got.* unhrains, *as.* inhrēni).
un-hreinitha *f.* (ō) *immunditia.*
un-huldī *f. Unbotmäßigkeit, Treulosigkeit (gegen den Herrn).* ae. unhyldo.
un-in-faran *Adj. Part. unentschwunden.*
unca *(as.) Pron. poss. unser beider.*
un-kraft *f.* (i) *Schwachheit.*
un-creftigōn *sw. V. schwächen; Part.* guncreftigot 17, 5, 20.
un-kund, unchunt *Adj. unbekannt (got.* unkunþs).
un-kunni *n. unehrliche Abstammung.*
un-kūskī *f. Unkeuschheit, squalor.*
un-kust, unchust *f.* (i) *Bosheit, Falschheit, Betrug (vgl.* ākust).
un-maht, ummaht *f.* (i) *Schwachheit (got.* unmahts).
un-mahtīg *Adj. infirmis, krank (got.* unmahteigs).
un-manag *Adj. nicht viel, wenig.*
un-mëʒ *n. Maßlosigkeit. Adv. unmäßig, sehr* (ummet *Hl.*). zi ummëʒʒe *übermäßig (as.* unmët).
un-mëʒʒīg *Adj. maßlos.*
un-muoʒʒig, unmuozig *Adj. beschäftigt womit (Gen.).*
unnan, gi-unnan *V. Prät.-präs.* § 32 A. 1. § 373: *gönnen, jemandem etwas (Genet.) gönnen, gewähren N.* 1, 13 *(ae.* unnan).
ir-b-unnan (irbontha *O.* II, 5, 10) § 77 A. 3. § 373 A. 1: *mißgönnen, jemandem etwas (Gen.).*
un-nōtag *Adj. nicht in Not befindlich.*
un-nōto *Adv. nicht genötigt, freiwillig.*
un-nuzzi *Adj. unvorteilhaft, unnütz (got.* *unnuts, *Got. Gr.* § 130 A. 3).
un-ōdi *Adj. impossibilis, nicht leicht.*
un-rāwa *f.* (ō) *Unruhe.*
un-redihaft *Adj. unverständig.*
un-redina *f.* (ō) *üble Rede, unverständige Rede, Widersinnigkeit.*
un-rëht *Adj. unrichtig, unrecht, ungerecht.*
un-rëht *n. Unrecht, Ungerechtigkeit.*
un-rëht-līh, unrëhlīh *Adj. unrecht, böse.*
un-reine *Adj., s.* unhreini.
un-ruocha *f.* (ō) *Sorglosigkeit, Nachlässigkeit.*
un-sage-līh *Adj. unsagbar, unsäglich.*

un-semfti *Adj. difficilis, unsanft.*
unsër *Pron. poss.* § 284f.: *noster (got.* unsar, *as.* ūse, *ae.* ūre, ūser).
un-sibbi, unsippi. *Adj. unfreundlich, feindlich (got.* unsibjis).
un-sitig *Adj. ungesittet, böse.*
un-scamanti *Adj. Part. unbeschämt.*
un-scant *Adj. ohne Schande, unbeschämt.*
un-scolo *m. der Unschuldige.*
un-scōni *Adj. unschön.*
un-scudlīg *Adj., s.* reht-sculdig.
un-stāti *Adj. unbeständig.*
un-stilli *Adj. unruhig.*
un-sūbar, unsūber *Adj. unsauber, unrein.*
un-sūbaren *sw. V. I. verunreinigen (as.* unsūvron).
un-sūbarī, unsūparī *f.; un-sūberheit *f.* (i) *Unreinigkeit, Schmutz.*
untar, undar, under *Adv.* § 266: *unten; – Präp. m. Dat. u. Akk. unter, zwischen, sub, inter.* untar in *abwechselnd, beiderseits.* untar zwein *O.* IV, 15, 25 *zweifelhaft (vgl. ambiguus:* untar zwein *Gl.* I, 16, 27). *got. as.* undar, *ae.* under.
untar-muari *Adj. *O.* I, 19, 7. *Nach Erdmann (ZDP* 6, 446; 11, 96) *zu* muor: 'unter dem Sumpfe befindlich' ('laß es nicht im Sumpfe stecken' = laß die Sache nicht im Stich, unvollendet).
untarn *m. Mittag (got.* undaúrns, *as.* undorn, *vgl. ZDA* 47, 68f.).
untaro, -ōro *Komp.* § 266: *der Untere.*
untar-skeit, undarscheit *m. Unterschied, distinctio.*
untar-tān, untertān *Adj. Part. untertan.*
untar-wërf, underwërf *m. oder n. interjectio (Redeteil).*
unt-aʒ, untazs *Präp. m. Akk. bis, bis zu; Adv. vor; Präp.: bis.* untaʒ zi, untaʒ in.
unti, unte, unta *Konj. und s.* anti.
unti *as. (Hl.)* = unzi.
un-triuwa *f.*(wō)*Untreue.*
un-trōsten *sw. V. I. des Trostes, der Hoffnung berauben.*
un-wahsan *Adj. Part. unerwachsen.*
un-wand *(as.) Adj. unwandelbar, treu.*
un-wāt-līh *Adj. häßlich.*
un-wërd *Adj. nichts wert, verachtenswert.*
un-wërd-līhho *Adv. unwillig.*
un-werid *as., s.* ungiwerit.
un-wirdī *f. Nichtswürdigkeit.*
un-wirdīg *Adj. indignus.*
un-wizʒanti *Adj. Part. unwissend; Adv.* unwizʒanto *unwissentlich.*
unwizzī *n. Torheit (Kock S.* 11).
unz *und* unzi (unti *Hl.*) *Präp. m. Akk.*

bis, usque ad: verbunden mit andern
Präp. unz anan, unz in, unz ze; –
Konj. bis, solange als, während (as.
unt).

unzan, unzin [d. i. unz an] Präp. m.
Akk. bis, usque ad; mit andern Präp.
verbunden; unzin an, unzin zi, zunzan.
– Konj. bis, solange als, während.

un-zīt f. (ō) unrechte Zeit; Adv. Dat.
Plur. unzītin zur unrechten Zeit (as.
untīd).

un-zītīg, unzīdig Adj. zu ungehöriger
Zeit.

un-zwīflo Adv. zweifellos (z. Adj. un-
zwīfal).

uobāri, uoberi m. Pfleger, Bebauer.

uoben [uobjan], uaben sw. V. ausüben,
tun, pflegen, gebrauchen (as. ōbean).

uodil, ōdhil m. Landsitz, praedium, Erb-
sitz, Heimat (as. ōdil, ae. ēðel).

uohsina, ōchasa f. (n) Achselhöhle
(1, 4, 13).

upi Konj., s. ibu.

uppīg Adj. eitel, nichtig, müßig.

ur, er, ar, ir, yr Präp. § 75: m. Dat.
aus, aus–heraus, von–weg (got. us).

urgilo Adv. heftig, sehr *O. IV, 24, 16
(ae. orȝellīce superbe. Grimm, Gr. 2,
787f.).

ur-heiȥ m. Aufforderung, Herausforde-
rung, Aufruhr (ae. ōret).

[ur-heiȥȥeo], urhētto (Hl.) m. Heraus-
forderer, Kämpfer, Krieger (ae. ōretta,
vgl. PBB 10, 488), – zum Vor.

ur-kunden [kundjan], urchundan sw.
V. bezeugen, testari (Is.).

ur-cundī, urchundīn f. und urcundi
n. Zeugnis, testimonium.

ur-cundo, urcundeo, urchundo m.
§ 223 A. 2: Zeuge, testis (as. urcundeo).

ur-lāz m. (a) remissio, Vergebung.

ur-liugi n. Krieg (vgl. urlag m. fatum;
as. orlag u. urlāgi n., ae. orlēȝe
Krieg; an. ørlǫg n. Pl. u. ørlyge n.
Schicksal, Krieg). Vgl. Neues Archiv
d. Ges. f. ältere dtsche Geschichtskunde
38, 618.

ur-liuge-fluht f. (i) Kriegsflucht.

ur-lōsī § 230: Erlösung.

ur-loub und ur-lub (hurolob 31, 3, 4)
as. orlof n. § 63 A. 2: Erlaubnis, Ur-
laub.

ur-māri Adj. hochberühmt, ausgezeich-
net, herrlich.

ur-minni Adj. § 251: nicht denkend an
(Gen.).

ur-ougi Adj. § 251: unsichtbar.

ur-restī f. resurrectio; vgl. PBB 39, 30.

ur-sach m. (oder n.) Grund, Ursache
19, 16.

ur-slaht f. cicatrix, varix: 2, 4, 50
wohl 'Einsenkung' (MSD).

ur-spring m. n. das Hervorspringen,

Quell.

ur-stentī, urstendī f. und urstendida
f. (ō) Auferstehung.

ur-stōdalī f. dasselbe.

urteil, urdeil n.; urteili n.; urteilī
(urdeila 17. 5, 56f., vgl. § 231 A. 2) f.
gerichtliche Entscheidung, Urteil, Gericht (as. urdēli, ae. ordāl, vgl. PBB
43, 366).

ur-teilida, urteilda f. (ō) judicium.

ur-triuwi Adj. treulos.

ur-trūht-licho, urtrūhlīcho Adv. § 128
A. 1. § 161 A. 6: sobrie.

ur-wāni Adj. wider die Hoffnung, un-
wahrscheinlich.

ur-wīsi Adj. ausgewiesen, vertrieben.

ūsa as. (Hl. ūser) = unsēr.

ūȥ, ūȥs (uthz, hutz 5, 2, 40. 46) Adv.
§ 266: aus, heraus; – Präp. m. Dat.
aus–heraus, weg von (got. as. ūt).

ūȥȥan, ūȥan Präp. m. Gen. außerhalb;
m. Dat. aus; m. Akk. außer, ausge-
nommen, ohne; – Konj. außer, nisi,
sed (as. ūtan). – for-ūȥȥan Präp. m.
Akk.; außer. – s. auch biūȥȥan.

ūȥȥana, ūȥana und ūȥȥan, ūȥān, ūȥen-
ān Adv. hinaus, draußen, von außen.
ūȥana gisingan auswendig singen (O.
I, 1, 108); – Präp. m. Gen. Dat.
außerhalb; m. Akk. außer, ohne (got.
ūtana, as. ūtan).

ūȥȥar, ūȥar, ūȥer Präp. m. Dat. aus,
aus–heraus (as. far-ūter m. Akk. ohne);
– Konj. nisi, sed.

ūȥȥaro, ūȥaro Komp. § 266: exterior,
außerhalb befindlich; Superl. ūȥȥa-
rōsto, ūȥerōsto der Äußerste.

ūȥ-bulza, ūȥpulza f. (ō) das Hervor-
sprudeln, Ausfluß (zu bulzjan ebullire).

ūȥȥe, ūȥe (hūcze 31, 3, 1) Adv. außen,
draußen, hinaus: Präp. = ūȥ (got. as.
ūta).

ūȥȥene-wendiun Adv. § 148 A. 1: m.
Gen. außerhalb. 19, 7.

ūȥ-fart f. Weggang.

ūȥ-gang m. Ausgang, exitus.

ūȥ-lāȥ m. (a) Ende.

ūȥ-ouh Konj. sed, sondern.

ūȥ-pflanza, ūȥflanza f. (ō) Pflanzung.

ūȥ-wērtes Adv. außerhalb, auswärts.

W

wā Adv., s. hwār.

wabar-siuni n. spectaculum.

wābnum Hl. 68, s. wäffan.

wabo m. Honigwabe.

wādal Adj. umherschweifend, bettelnd.
arm, (ae. wēdla der Arme). Vgl. PBB
39, 248; Kock S. 12f.

wado m. § 109 A. 2: Wade.

wae, uæ Interj. = lat. vae M. Hench

XVII, 6 (*oder* = wē?).

wāen, wāhen, wājen *sw. V.* § 359 A. 3:
wehen (*got.* waian, *ae.* wāwᴀn).

durch-wāen, -wājen *durchwehen.*

fer-wāen, ferwāhen *verwehen, ausein-
ander wehen.*

wāffan, wāfan *n. Waffe, Schwert* (*got.
pl.* wēpna, *as.* wāpan, *ae.* wǣpn). *Hl.*
68 wābnum *für* wᴀpnum.

wāffanen [wāffanjan], wāfanan *sw. V.
waffnen.*

wāg, wāk *m.* (i) *Meeresflut, Meer* (*got.*
wēgs, *as.* wāg, *ae.* wǣӡ).

waga *f.* (n) *Wiege.*

wāga *f.* (ō) *Wage* (*ae.* wǣӡ).

wagan, wagen *m.* (a) *Wagen* (*ae.*
wæӡn).

wāg-līdand *Subst. Part. Seefahrer
(as.).*

gi-wago *m. Erwähnung* *O. I, 3, 37 (*zu*
gi-wahanen). *Vgl. MSD S.* 246.

wagōn *sw. V. bewegt werden, wogen.*

gi-wahanen, giwahannen, giwahinen
sw. Präs. mit st. Prät. giwuog § 27
A. 4. § 346 A. 2: *gedenken, erwähnen
(m. Gen.), erzählen.*

wāhen *sw. V., s.* wāen.

wāhi *Adj. schön, fein, gut.*

wahsan (wahssen 25, 67, waschan 17, 5,
50) *st. V.* § 154 A. 5. § 346 A. 1:
wachsen, kräftig werden, zunehmen
(*got.* wahsjan).

ir-wahsan *aufwachsen, erwachsen.*

wahsmo *m.* § 69 A. 3: *Gewächs, fructus.*

ge-wahst *f.* (i) *statura.*

ge-waht-līh *Adj. memor, berühmt.*

wahta *f.* (ō) *Wacht* (*got.* wahtwō).

wahtāri *m.* § 200: *Wächter.*

wājen *sw. V., s.* wāen.

wacha *f.* (ō) *das Wachen, die Wache.*

wackar, wakar, wachar *Adj.* § 96, b:
wach, munter (*ae.* wacor).

wahhēn, wachen, wachan *sw. V. wachen, vigilare* (*as.* wakon; *got.* wakan
st. V.).

duruch-wachēn *pervigilare.*

yr-wachēn *aufwachen, erwachen.*

wal *m., s.* hwal.

wala *Adv. s.* wola.

walanū *Interj., s.* wolanu.

wald *m.* § 216 A. 3. § 220 b A. 1: *Wald,
silva* (*ae.* weald; *an.* vǫllr. *Ebene*).

Walh *m. Romanus* (*ae.* Wealh *Kelte*).

walkan *red. V.* § 350 A. 1: *walken.*

wallan *red. V.* § 350 A. 2: *wallen, kochen.*

wallōn *sw. V. umherschweifen, wandern.*

ir-wallōn *durch Wandern erreichen,
durchwandern* (*ae.* weallian).

gi-walt, gawalt, kiwalt *f.* (i) *u. m.* (a)
Gewalt, Herrschaft, Macht.

waltan, waldan *red. V.* § 350 A. 1:
beherrschen, regieren, in seiner Gewalt

haben *m. Gen.* sih baӡ giwaltan *O. V,*
25, 50 *sich besser beherrschen, kräftiger
werden* (*got. as.* waldan, *ae.* wealdan).

waltant, *as.* waldand *m.* § 236 A. 1:
Herrscher (*ae.* wealdend).

gi-waltīg, giweltīg *Adj. mit Gewalt versehen, mächtig.*

ke-waltīgo *Adv. gewaltig, mächtig.*

walzan *red. V.* § 350 A. 1: *wälzen.*

wam (*as.*) *Adj. befleckt, schändlich.*

wamba (wanbe 25, 67) *f.* (ō *u.* n) § 25
A. 1. § 208: *Bauch, Mutterleib* (*got.*
wamba, *ae.* womb).

wan *Adj. mangelnd;* wan ist *deest* (*got.*
wans, *ae.* won, wan).

wān *m.* (a) *bei O. auch* wānī *f. Meinung,
Vermutung, Erwartung, Zutrauen,
Hoffnung.* āna wān *wahrhaftig O. IV,*
10, 11; in wān *O.* I, 2, 21 (*got.* wēns,
ae. wēn).

wana-heil *Adj. debilis, schwach, krank.*

wanān, wanana, wanda, wande,
s. hw-.

wānen [wānjan], wānnan *sw. V.* § 356:
*vermuten, meinen, glauben; hoffen, m.
Genet.; (reflex. Musp.* 28). (*got.* wēn-
jan, *as.* wānian).

wang (*as.*) *Aue;* godes wang *Paradies*
(*ae.* wanӡ).

wanga *n.* (n) § 224: *Wange* (*ae.* wanӡe).

wānī *f.* = wān *O.*

wank *m.* (i) *das Wanken, Schwanken,
Umkehr, Zweifel,* āna wanc *Adv. ohne
Zaudern; immerfort.*

wankōn, wanchōn *sw. V. wanken,
schwanken, abweichen* (*an.* vakka).

bi-wankōn *m. Akk. vermeiden.*

wanne *s.* hwanna *u.* hwanne.

want *f.* (i) *Wand, Felswand, Abhang;
Grenze* (29, 6; *vgl. ZDP* 24, 228).

gi-want *n. Wendung, Ende.*

wanta *Konj., s.* hwanta.

wantalōn *sw. V. verändern, verwandeln.*

ver-wandelōn *dasselbe.*

wānum (*as.*) *Adj. glänzend.*

wār *und* wāri *Adj. wahr* (*as.* wār).

wār *n. das Wahre, Wahrheit. – in adverb. Wendungen: Akk.* wār *fürwahr,
wahrhaftig,* zi wāre, in wār, in wār
mīn (*as.* te wārun) *in Wahrheit, wahrhaftig.*

wār *Adv., s.* hwār.

gi-war *Adj. worauf (Gen.) achtend,* gi-
war wēsan *beachten;* giwar wërdan *ge-
wahr werden. – Adv.* giwaro *auf sorgfältige Weise, aufmerksam.*

wara *Adv., s.* hwara.

wara *f.* (ō) *Aufmerksamkeit,* wara tuon,
wara nëman *m. Gen. etwas beachten,
worauf achten, wahrnehmen* (*as.* wara).

wāra *f.* (ō) *Wahrheit, Treue, Huld* (*O.*
I, 17, 66. II, 21, 37). *Adv.,* in wāra, zi
wāru *in Wahrheit, wahrlich.*

gi-wāra *f.* (ō) *Wahrheit O.* IV, 19, 26.
gi-wara-līcho, giwarilīcho *Adv. auf sorgsame, sorgfältige Weise.*
warba *f.*, *s.* hwarba.
warbelōn *sw. V.*, *s.* hwarbelōn.
warg, warch *m. vertriebener Verbrecher, Übeltäter* (*ae.* wearʒ, *an.* vargr).
wār-haft *Adj. verus.*
wār-haftī *f. veritas.*
-wari *n. Pl. m.* § 200. § 217 A. 2: (*in Völkernamen*) *-bewohner.*
gi-wāri *Adj. wahrhaft, zuverlässig. Adv.*
giwāro, kewāro *fürwahr, in Wahrheit* (*s.* wār).
wārī *f. Wahrheit; nur Adv. in* wārī *wahrhaftig (O.).*
gi-wari-līcho *s.* waralīcho.
wār-līh *Adj. verus.*
wār-līhho *Adv.* (*zum Vor.*) *in Wahrheit, vere. – übersetzt die lat. Konj. vero, autem, ergo, enim.*
warnen *sw. V. I.* (*Hl.*), *s.* wernen.
wārnissa *f.* (ō), wārnissi *n. und* wārnissī *f.* § 201 *u.* A. 1. § 231 A. 1: *veritas.*
warnōn *refl. sich vorsehen, sich hüten; m. Gen. sich mit etwas versehen, ausrüsten* (*ae.* wearnian).
gi-waro *Adv.*, *s.* gi-war.
gi-wāro *Adv.*, *s.* gi-wāri.
warōn *sw. V. m. Akk. acht haben.*
be-warōn, bewaren *sw. V. bewahren, besorgen, in Obhut haben* (*ae.* warian).
warot *Adv.*, *s.* hwarot.
ar-warten *sw. V.*, *s.* werten.
wartēn *sw. V. aufmerksam anschauen, spähen, beobachten, aufmerken* (*m. Gen. oder mit* an); *mit refl. Dat.: sich in acht nehmen* (*as.* wardon, *ae.* weardian).
ana-wartēn, anawartōn (17, 1, 18) *anschauen, aufmerken, intendere.*
pi-wartēn *evitare.*
wartil *m.* § 194: *Wärtel, Wächter, Aufpasser.*
was *Adj.*, *s.* hwas.
wasal *n. feuchte Erde? Musp.* 58 (*zu* waso); *Regen? Vgl. PBB* 44, 502 f.
waska *f.* (ō) *Wäsche, Schwemme (W.).*
waskan, wasgan *st. V.* § 346 A. 1: *waschen* (*ae.* wascan).
waso *m. feuchte Erde, Rasen* (*mnd.* wrase).
wassen *st. V.*, *s.* wahsan.
wassī *und* wassida *f.*, *s.* hwassida.
wasso *Adv.*, *s.* hwas.
wāt *f.* (i) *Kleidung, Gewand* (*ae.* wǣd).
watan *st. V.* § 346 A. 1: *waten* (*ae.* wadan).
wāten [wātjan], giwāten *sw. V. bekleiden* (*as.* wādian).
int-wāten *ausziehen, exuere (mit Akk.*

d. Pers., Gen. rei).
gi-wāti *n.* § 201: *Kleidung* (*as.* giwādi.)
wāt-līh *Adj. schön.*
wāt-līchī, wātlīche *f. Schönheit.*
wātōn *sw. V. bekleiden* (*ae.* wǣdian).
far-wāʒan *red. V.*, *s.* -hwāʒan.
waʒʒar, waʒar *n. Wasser* (*as.* watar, *ae.* wæter; *vgl. got.* watō).
waʒʒar-faʒ *n. Wasserkrug.*
ūʒ-wāʒʒen *sw. V. I. herausblasen, hervorstürmen* (*MSD* 194).
wē *Interj.* § 43 A. 3: *wehe* (*got.* wai).
wē *n. Gen.* wēwes *und* wēwo *m.*, wēwa *f.* (n) § 204. § 222: *Weh, Schmerz, Trübsal* (*ae.* wāwa).
wē *Adv.* = weo, *s.* hwio.
wēban *st. V.* § 343 A. 1: *weben* (*ae.* wēfan).
wēdar, gi-wēdar *s.* hwēdar.
wēdar-wērdīg *Adj.*, *s.* widar-wērtīg.
wēg (wēh 17, 2, 9) *m.* (a) § 194: *Weg, via* (*got.* wigs, *ae.* wēʒ).
wēg = wāc *Flut (as.).*
wēgan *st. V.* § 343 A. 1: *intr. sich bewegen* (*besonders auf und ab nach Art eines Waagebalkens*), *wiegen, ein gewisses Gewicht haben; m. Dat. für jem. von Gewicht sein, ihm wichtig sein, ihn kümmern, für ihn Wert haben* (*N.* 2, 4). *– Trans. in Bewegung setzen, etwas wägen, abwägen, schätzen.* scīn wēgan *m. Gen. die Deutlichkeit von etwas abwägen, es erkennen, erfahren* (*O.* I, 18, 15. II, 6, 32), *unpers. mit* daʒ 34, 28. *Vgl. ZDP* 24, 316. – (*got.* wigan, *ae.* wēʒan).
wēge-fart *f.* (i) *iter, Reise.*
weggen [wagjan], wecken *sw. V.* (*Prät.* wegita) *bewegen, fortbewegen* (*got.* wagjan, *ae.* wecʒan).
ar-weggen *dasselbe; Part.* aruuagit.
wēgi-skīmo *m. Schimmer des Wegs.*
wēgōd *m.* (a) § 220b A. 1: *Hilfe, Beistand.*
wēgōn *sw. V. gewogen sein, zu Hilfe kommen, Beistand leisten, helfen.*
ubar-wēhan *st. V.* § 343 A. 4: *überwinden.*
wēhsal *m. n.* § 31 A. 1: *Wechsel, Tausch, Reihenfolge* (*T.* 3, 3).
zi-weiben [weibjan] *sw. V. zerteilen, zerstreuen, zerstören* (*got.* biwaibjan).
weida, weitha *f.* (ō) *Weide* (*ae.* wāð *Jagd, an.* veiðr *Jagd, Fischfang*).
weidenōn, weidenen *sw. V. weiden, jagen.*
weigen [weigjan] *sw. V. belästigen, quälen* (*as.* wēgian, *ae.* wǣʒan).
weih *O.* = waʒ ih.
weih *Adj. weich* (*as.* wēk, *ae.* wāc).
weichen [weihjan], chiweihhan, giweichen *sw. V. weich machen, liquefacere* (*Is. Hench* XV, 15), *erweichen,*

*biegsam machen, ablenken jem. von
etwas (Genet.) O.* IV, 24, 24 *(ags.*
wǣcan).
weich-muotī *f. Kleinmut.*
weinōn *sw. V. weinen (ae.* wānian;
vgl. got. quainōn, *ae.* cwānian, *an.*
kveina).
bi-weinōn *beweinen.*
weiso *m. orphanus (afries.* wēsa).
weisunt, -ont *arteriae* (1, 4, 9).
weiʒʒen [weizjan], weizen *sw. V.* § 356:
*wissen machen, zeigen, beweisen. Hier-
her vielleicht* wēttu *Hl.* 30 = weizzu
'ich rufe zum Zeugen an' (?).
wëhha *f.* (ō *u.* n) § 29 A. 4. § 31 A. 1:
Woche (got. wikō, *ae.* wucu, wicu).
Vgl. PBB 35, 145f.
wëhha-tag *m. (zum Vor.);* uuëhha-
tagum *'sabbatis' M. Hench* IV, 8.
wecken [wakjan], wecchan, wechen
sw. V. § 362 A. 1: *wecken, aufwecken,
incitare (got.* wakjan, *as.* wekkian, *ae.*
weccean).
ar-wecken *aufwecken, erwecken.*
wëla, wël *(Hl.) Adv. bene, s.* wola.
wëlaga *Interj., s.* wolago.
welen *sw. V., s.* wellen.
welēr *Pron., s.* hwelīh.
wëlf *m., s.* hwëlf.
welī *f.* § 230: *Wahl.*
welīh *Pron., s.* hwelīh.
wē-līh *Adj. unglückselig, miser.*
ir-wëlkën *sw. V. verwelken.*
wëlla *f.* (ō *u.* n) *Welle, Woge (zum
Folg.).*
wëllan *st. V.* § 337: *rollen, wälzen.*
bi-wëllan *herumwälzen, beflecken; reflex.* 22, 2, 30.
wellen, wellan *und (fränk.)* wollen
V. § 29 A. 4. § 301 A. 2. § 384f.:
wollen (got. wiljan, *as.* willian, wellian,
ae. willan).
wellen [waljan], welen *sw. V.* § 362
A. 3: *wählen (got.* waljan, *an.* velja).
ir-wellen, arwellen, irwelen *auswählen,
erwählen, beabsichtigen.*
bi-wëllida *f.* (ō) *Befleckung.*
welo *(as.) m.* (n) *Gut, Glück.*
welog 4, 1, 3: *wohl statt* welagi *Reichtum, zu* welac *Adj. reich.*
gi-weltīg *Adj., s.* gi-waltīg.
welzen, walzen *sw. V. I.* § 356: *wälzen.*
gi-wemmen *sw. V. I.* § 356: *beflecken
(ae.* wemman; *zu got. ae. as.* wamm
Fleck, Böses).
wēnag, wēnig *Adj.* § 43 A. 5: *be-
jammernswert, elend (got.* wainags).
wendīg *Adj., s.* wentig.
wēn(i)c-heit *f.* (i) *Elend (zu* wēnag).
wenken [wankjan], giwenken *sw. V.*
(Prät. wancta *und* wangta) *wanken,
weichen, wankend werden, mangeln,
fehlen; von jem. abwanken, von ihm*

abweichen, abfallen m. Dat. (O. IV,
13, 27); *m. Gen.* (O. IV, 15, 52) *as.*
wenkian; *vgl.* wank.
bi-wenken *vermeiden.*
gi-wennen *sw. V. I.* § 25 A. 1: *ge-
wöhnen.*
wenteling *m. ein Umkehrbarer, con-
vertibilis (N.* 12, 69).
wenten, wendan, wenden *sw. V. I.*
§ 356: *wenden, umwenden, umkehren,
verändern, verwandeln (got.* wandjan,
as. wendian, *ae.* wendan); *intr. sich
wenden* (31, 8, 19).
bi-wenten *abwenden, umwenden, verwandeln, convertere;* biwentet wërdan
umkehrbar sein; refl. sich bekehren.
ir-wenten, erwenden *abwenden.*
umbi-bi-wenten *convertere (Kelle, Phil.
Ausdrücke* 39).
wentī *f. Wendung; auch* wenti?, *Gen.
pl.* wenteo (29, 6).
wentīg, wendīg *Adj. rückgängig.*
wentil-meri, wentilmere *n. Weltmeer,
Ozean,* (wentil *sich windend, zu* wintan; *also: das sich um die Erde herum-
windende Meer, vgl.* wentilstein *Wen-
deltreppe).*
wentil-sēo *m. Hl.* 43 *dass.? oder =* ae.
wendelsǣ *das Mittelländische Meer.*
weo *Adv., s.* hwio.
wër *m.* § 31 A. 1: *Mann (got.* waír).
wër *Pron., s.* hwër.
gi-wër *n. (Gen.* giwërres) *Verwirrung,
Kampfgetümmel, Aufruhr (s.* wërran).
wëra-gëlt *m. n. Geldbuße für einen
Totschlag* (zuwër *Mann;* ae. wer(e)ʒild).
wëralt, wërolt, wërilt, wërlt *f. Welt s.*
worolt.
wëralt- *s.* worolt-.
werba *f., s.* hwarba.
wërban *st. V., s.* hwërban; **werben**
sw. V., s. hwerben-; wërbo *s.* hwërbo.
wërd *Adj. wert, wertvoll, teuer, edel, lieb
(got.* waírþs, *ae.* weorð, *as.* wërd).
wërd *n. pretium Preis, Wert (got.* waírþs,
m., as. wërd).
wërdan, wërthan, wërdhan *st. V.* § 306
A. 2. § 323 A. 1. § 337 A. 2: *geschehen,
werden, zu etwas werden, zuteil werden
(m. Dat. d. Pers.); wohin kommen, ge-
langen, geraten (mit Adv. oder Präpos.,
z. B. O.* IV, 19, 60); – *mit Part. Prät.
zur Umschreibung des Passivs:* § 301
A. 1 *(got.* waírþan, *ae.* weorðan).
fur-wërdan, farwërdhan *zugrunde gehen, perire.* – ir-wërdan *dasselbe.*
gi-wërdan *st. V. impers., m. Akk. d.
Pers. Gen. rei: gefallen. O.* IV, 9, 20
(zu wërd).
gi-wërdōn, kawërdōn *und* gi-wër-
dēn, gewërdēn *sw. V. für Wert halten,
dignari, die Gnade haben, geruhen (got.*
waírþon, *as.* giwërdon, *ae.* weorðian).

wërelt s. worolt.
weren sw. V., s. werren.
wërēn, giwërēn sw. V. leisten, tun, erfüllen, jemandem etwas gewähren (Akk.
d. Pers., Gen. rei). afries. wëra.
wërēn, sw. V. währen, dauern, bleiben
(zu wësan).
werf m., s. hwarb.
ge-wërf n. symbolum.
wërfan, wërpan (Is.), wërphan st. V.
§ 131 A. 2. 5. § 337: werfen (got. waírpan,
as. wërpan, ae. weorpan).
ar-wërfan, arwërpan wegwerfen. ūz
arwërfan hinauswerfen.
bi-wërfan bewerfen, verwerfen.
fir-wërfan wegwerfen, verwerfen, ver-
schleudern.
int-wërfan wegwerfen, entwerfen.
ūz-wërfan hinauswerfen, wegwerfen.
zi-wërfan zerstreuen, zerstören.
werfen sw. V., s. hwerben.
wergin Adv., s. hwergin.
werī, were f. § 230: Verteidigung,
Schutzwehr (zu werren verteidigen).
ge-wërī f. investitura, Einsetzung in
einen Besitz. 19, 13 (zu werren bekleiden).
gaweridōn sw. V. anziehen (trotz MSD,
347).
werien sw. V., s. werren.
wërilt s. worolt.
wërk, wërch n. Arbeit, Werk, Handlung
(as. wërk, ae. weorc, an. vërk; vgl. got.
waúrstw). – giwërk, cauuërch n. dasselbe.
wërk-liuti, wërhliuti m. Pl. Arbeits-
leute.
wërkōn, wërchon sw. V. wirken, tun,
bewirken (as. gi-wërkon).
wërlt f., s. worolt.
wermen [warmjan], warmen sw. V.
warm machen, wärmen (ae. wyrman).
wernen [warnjan], warnen sw. V. verweigern, m. Dat. d. Pers., Gen. rei Hl.
58 (as. wernian).
wëro-dheota f. (ō) das Menschenvolk,
Menschheit, exercitus (Is.), vgl. ZDP
45, 86 – (zu wër).
wërolt f., s. worolt.
wërod (as.) n. Volk (zu wër).
wërphan, wërpfen s. wërfan.
wërran st. V. § 337 A. 1: in Verwirrung
bringen, verwirren; intr. stören, hemmen, schädigen, m. Dat. d. Pers. (as.
wërran).
werren [warjan], werien, weren sw. V.
§ 118 A. 3: verteidigen, wehren, hindern
(got. warjan, as. ae. werian).
bi-werran, biwerien, biweren verteidigen, schützen, verhindern.
ir-werren, erweren, irwergin verteidigen, abwehren; rcfl. m. Gcn. der Sache,

Dat. der Person sich erwehren.
[werren], werien, weren sw. V. bekleiden (got. wasjan, as. ae. werian).
wërresal n. Verwirrung, Streit.
ir-werten [wartjan], arwartan sw. V.
§ 356: (Prät. irwarta) v~rletzen, verderben (trans.). as. āwerdian, ae.
āwyrdan. – far-werten dass. Vgl.
fur-wërdan.
wertisal n. corruptio (zum Vor.).
wësan st. V. § 301 A. 1. 3. § 343 A. 2.
§ 378: sein, vorhanden sein, da sein,
geschehen, sich befinden, sich aufhalten,
(got. wisan).
fir-wësan § 343 A. 2: intr. vergehen;
trans. die Stelle jemandes vertreten (vgl.
dt. verwesen u. Verweser).
untar-wësan subsistere, bestehen aus
13, 81 f.
gi-wësso Adv., s. gi-wisso.
wëstana (as. ae. wëstan, an. vestan)
Adv. von Westen.
wëstar Adv. nach Westen.
wëstar Adj. westlich.
wësterhalb Adv., m. Gen. westlich.
wësterot, wëstert Adv. westwärts, im
Westen.
wëst-nordrōni Adj. westnördlich.
wëstrōni Adj. westlich (ae. wësterne,
an. vestroenn).
wëst-sundrōni Adj. westsüdlich.
wëtan st. V. § 343 A. 1: binden.
wëttu? Hl. 30 = weizzu?, vgl. weizzen.
wëwo m., s. wē-.
wë-wurt f. (i) Wehegeschick, Unheil,
Übeltat Hl. 49 (vgl. wurt).
wiara f. § 36 a: feines Gold.
wīb n. mulier, femina (as. ae. wīf).
wid (as.) Präp. = widar.
widar m. § 216 A. 1: Widder (got.
wiþrus).
widar, widhar, withar (wirdar § 167
A. 11) Adv. gegen, zurück. Präp. m.
Dat. und Akk. gegen (freundlich und
feindlich), gegenüber, im Vergleich
mit; gegen, für (Preis). got. wiþra, as.
widar, ae. wiðer.
widar-birgi und widar-birgīg, wi-
darpirkīg Adj. § 31 A. 3: arduus.
widari, widiri, widere Adv. gegen, zurück, wiederum. thara widiri dagegen,
dafür.
widar-mëƶƶunga f. (ō) comparatio.
widar-muoti Adj. widerwärtig, zuwider (ae. wiðermēde).
widar-muotī f. Widerwärtigkeit.
widarōn, widorōn sw. V. entgegen sein,
widerstehen, jemandem feindlich sein,
jemandem in etwas (Genet.) Widerpart
halten, den Rang streitig machen O. I,
1, 60 (ae. wiðerian).
widarort, widorort Adv. § 120 A. 2:
zurück, rückwärts, widarortes § 269:

dasselbe.

widar-sahho *m. Feind, Widersacher (zu* widar *u.* sahhan; *ae.* wiðersaca).

widar-stantan *Widerstand leisten.*

widar-wërt *und* **widar-wart** *Adj. contrarius, feindlich. Subst.* widarwërto *m. Feind (ae.* wiðerweard).

widar-wërtīg, wëdarwerdīg (17, 5, 34 f.) *Adj. adversarius.*

widar-winno *m. Feind (ae.* wiðerwinna).

widar-zuomi, -zōmi *Adj. widersinnig, absurdus (Is.), feindlich, adversans (M.) (vgl.* zuomīg).

wīdīn *Adj. von Weiden bewachsen* (wīda *f. salix: vgl. ae.* wīðiȝ *m.).*

wie, wielīh *s.* hwio, hwiolīh.

wīg, wīc *m. n. Kampf, Krieg (as.* wīg).

wīgant *m.* § 236 A. 1. § 331 A. 1: *Kämpfer (ae.* wīȝend).

wīg-ge-wäffene *m. Kampfwaffen.*

wīg-hūs *n. Kriegshaus, Turm.*

wīg-stat *f. Kampfplatz.*

wīh *Adj. sanctus, heilig (got.* weihs); *vgl. PBB* 43, 398 ff.

wīh *(as.) m. Tempel (an.* vē).

wīhī *(u.* wīha? *O.* I, 5, 27) *f.* § 229. § 231 A. 2: *Heiligkeit.*

wīhan *st. V.* § 331 A. 1: *kämpfen, conficere. zugrunde richten. Part.* giwigan *Hl.* 68 *(got.* weihan).

wīhen [wīhjan] *sw. V.* § 356: *heiligen, weihen, preisen, segnen (as.* wīhian).

wīhida, wīhetha *f.* (ō) *Heiligkeit, Reliquie (got.* weihiþa).

wīhnassī *f. Heiligung.*

wīh-rouh, wīrouh, wīrōch *m.* § 154 A. 4: *Weihrauch (as.* wīhrōc); *vgl. PBB* 43, 404.

wīh-rouh-brunst *f.* (i) *incensum.*

wīh-rouh-buhel *m. Weihrauchhügel.*

wiht *n.* § 31 A. 3. § 196 A. 4. § 299: *Wesen, Geschöpf, Mensch (geringschätzig) O.* IV, 12, 48; *Name eines dämonischen Wesens* 31, 5, 1. *Ding, etwas;* ni–wiht *m. Gen. nichts (got.* waíhts, *ae.* wuht, wiht).

wīc *s.* wīg.

wīhhan, wīchen *st. V.* § 330 A. 1: *weichen (as.* wīkan, *ae.* wīcan).

wīla *f., s.* hwīla.

willīg *Adj. willig, wohlwollend; erwünscht, desideratus Is.* Hench IV, 51.

willi-cumo *m. Adj. ein erwünscht kommender, willkommener.*

willo, willeo, willio *m.* § 223: *voluntas, Wille, Wunsch, Wohlwollen (got.* wilja, *as.* willio, *ae.* willa).

willōn, willeōn *sw. V.* § 385 A. 5: *geneigt sein.*

ga-win *m. labor, Anstrengung, Erwerb, Gewinn (zu* winnan).

wīn *m. vinum (got.* wein, *as. ags.* wīn).

windan *st. V., s.* wintan.

windume-mānōth *m. Oktober (zu lat.* vindemia, *vgl. ahd.* windemōn *sw. V. Weinlese halten, Graff* 1, 899).

wīn-garto, wīnkarto *m. Weingarten.*

wini, wine *m.* (i) § 217: *Freund, Geliebter (ae.* wine, *an.* vinr).

winia, winiga *f.* (n) § 118 A. 4. § 226 *u.* A. 3: *Geliebte, Gattin (an.* vina).

winistar, winster *Adj. sinister (ae.* winster). *– Subst.* winistra, winstera *f.* (n) *die linke Hand.*

winkil *m.* (a) *Winkel (ae.* wincel).

winnan *st. V.* § 336 A. 1: *sich anstrengen, laborare, kämpfen, in Wut sein, rasen, (got. ae.* winnan).

gi-winnan, gwunnen (*N.* § 107, A. 3) *durch Anstrengung erreichen, erwerben, erobern, besiegen, gerichtlich überführen* (18, 15).

int-winnan *sich durch Anstrengung losmachen von jem. (Dat.).*

ubar-winnan *besiegen.*

winne-mānōth *m. Mai (zu* winne, *got.* winja *Weide; vgl. PBB* 14, 370).

wīn-rëba *f.* (ō) *Weinrebe.*

winster *Adj., s.* winistar.

wint *m.* (i *u.* a) § 216 A. 3: *Wind (got.* winds, *as. ae.* wind).

wintan, windan *st. V.* § 336 A. 1: *winden, drehen; intrans. sich wenden, sich umwenden, eine Richtung einschlagen O.* IV, 12, 41. – *(got. as. ae.* windan).

bi-wintan, bewinden *umwinden, umwickeln, involvere;* 42, 131 *umkehren.*

fir-wintan, ferwinden *jem. fortgehen machen, vertreiben; einwickeln, implicare.*

ir-wintan, erwinden *umkehren, sich wegwenden, von etwas loskommen O.* II, 6, 8; *aufhören mit etwas (Gen.) O.* IV, 20, 25.

ubar-wintan, uberwinden *m. Akk. überwinden, besiegen.*

wider-winden *zurückkehren.*

wintar *m.* § 161 *u.* A. 2: *Winter (got.* wintrus, *ae.* winter, *an.* vetr).

wintar-mānōth (3, 7) *Januar.*

wint-brāwa *f. Augenbraue, supercilia* (1, 4, 6).

wintesbrūt *f. Sturm, Windsbraut (O.* V, 19, 27).

wio *Adv., s.* hwio.

wio-līchī *f., s.* hwiolīhhī.

wipf *m. Schwung.* zi themo wipphe *im Augenblick O.* IV, 16, 29 (*zu* wifen *mhd. st. V. schwingen, winden).*

wir (wer 17, 1, 15, *vgl.* § 31 A. 3) *Pron.* § 282: *wir.*

wirdar *Adv., s.* widar.

wirdī *f. Wert, Ansehen.*

wirdīg, wirthīg *Adj. würdig, dignus (got.* waírþeigs, *as.* wirdig).

wirdīg-līhhen *Adv. würdig* (26, 16).
wirdria *f.* (n) § 167 A. 11. § 226: *dilatura, Aufschubgeld.* 18, 16 *u. ö.*
wirken, wirkian *sw. V., s.* wurchen.
gi-wirki *n. Werk, Tätigkeit.*
wī-rouh, wīrōch *s.* wīhrouh.
wirs *Adv. Komparat.* § 268 A. 1: *schlimmer, schlechter (got.* waírs, *ae.* wiers, wyrs).
wirsiro *Adj. Komp.* § 265: *schlechter, schlimmer; Superlat.* wirsisto *pessimus (got.* waírsiza, *as.* wirsa, *ae.* wyrsa).
wirsirōn *sw. V. verschlimmern, verschlechtern.*
wirt *m.* (i) § 216 A. 1: *Hausherr, Ehemann, Wirt (got.* waírdus, *as.* wërd).
wirtun, wirtin *f.* § 211: *Hausfrau, Wirtin.*
wīs *und* wīsi *Adj.* § 170 A. 1. § 249 A. 2: *wissend, kundig, erfahren, weise;* wīs tuon § 247 A. 1: *zu wissen tun, mitteilen;* wīs wësan *m. Gen. etwas wissen (got.* weis, *as. ae.* wīs).
wīs *f. (kürzere Form zu* wīsa) § 207 A. 2: *besonders in adverbialen Wendungen: Art und Weise, z. B.* andar wīs *aliter,* einīg wīs *ullatenus,* ze dero selbūn wīs *auf dieselbe Art,* in wurme wīs *nach Art der Schlangen.*
gi-wis *und* gi-wissi *Adj.* § 170 A. 1. § 249 A. 2: *sicher, gewiß. – Adv.* giwisso, cawisso, kewisso, gewisse, giwësso § 31 A. 3: *gewiß, sicherlich, in Wahrheit; – Konj. übersetzt das lat.: vero, autem, etiam, namque, enim, etenim, tamen, ergo, igitur, itaque, quidem, siquidem, quippe, scilicet.*
wisa *f.* (n) *Wiese.*
wīsa *f.* (ō *u.* n) § 208 A. 2: *Weise, Art und Weise, modus, Maß, mensura (M. Hench* XVIII, 13); *Melodie (as.* wīsa, *ae.* wīse).
wīsan *st. V.* § 330 A. 2: *vermeiden.*
pi-wīsan *vermeiden.*
wīsen [wīsjan], wīssan *sw. V. zeigen, weisen, führen (as.* wīsian, *ae.* wīsan).
fir-wīsen *wegweisen* (31, 8, 16).
gi-wīsen *mit Gen. hinweisen auf* (O. V, 19, 58).
ge-wis-heit, kwisheit *(N.) f.* (i) *Gewißheit.*
wīs-heit *f.* (i) *Weisheit.*
wīsı *Adj., s.* wīs.
wīs-līh *Adj. sapiens, klug.*
wīs-man *m. weiser Mann.*
wīsōn *sw. V.* § 369 A. 2: *nach etwas sehen, aufsuchen, besuchen, visitare m. Gen. oder Akk. (got.* ga-weisōn).
gi-wissi *Adj., s.* gi-wis.
gi-wissī *f. Gewißheit; Adv.* in giwissī *als gewiß, gewißlich.*
gi-wisso, kawisso *Adv. u. Konj., s.* giwis.
wist *f.* (i) *Lebensunterhalt, Nahrung* (zu

wësan).
wīs-tuom, wīstōm, wīsduam *m. n. Wissen, Verständnis, Klugheit, Weisheit.*
wīs-tuon, -duan (*O.* I, 4, 64) *bekannt machen.*
wīt *Adj. weit entfernt; Adv.* wīto (*as.* wīd, *ae.* wīd, *an.* viðr).
gi-wītan *st. V. Hl., s.* wīẓẓan.
wīteno *Adv. weithin.*
witu, wito *m.* § 220 c. § 220 e A. 2: *Holz, Brennholz (ae.* wudu, *an.* viðr).
witu-mānōth *m.* (3, 9) *September.*
wituwa *f.* § 225: *Witwe (as.* widowa, *ae.* widewe, *got.* widuwō).
wīwāri, wiāri *m.* § 200: *Weiher (lat.* vivarium).
wīẓ *Adj., s.* hwīẓ.
wīẓẓag-līh, wīẓaclīh *Adj. propheticus.*
wīẓẓago, wīẓago *m. Prophet (ae.* wītʒa).
wīẓẓagōn, wīẓagōn *sw. V. weissagen.*
wīẓẓan, wizssan, wiẓan *V. Prät.-präs.* § 371: *wissen. – as. ae.* witan; wēt *Hl.* 12 (*got.* witan).
fir-wiẓẓan *refl. verständig sein, verständig werden, sich zurecht finden.*
untar-wiẓẓan *unterscheiden, verstehen, voraus wissen* (*O.* II, 14, 92).
wīẓ(ẓ)an *st. V.* § 330 A. 1: *(den Blick auf etw. richten), verweisen, strafen (ae.* wītan *sehen, vorwerfen). Dazu Kompos. mit der Bed. 'gehen':* [giwīẓẓan] *as.* giwītan, *gehen, reisen:* giweit *Hl.* 18. – ar-wīẓẓan *weggehen (T.).*
wiẓẓant-heit *f.* (i) *conscientia.*
wiẓẓanto *Adv.ʾ Part. wissentlich.*
wiẓẓetaht, wiẓẓetallīkh *Adj., s.* wiẓẓōdhaft.
wizzī *f. und* wizzi *n. Wissen, Klugheit, Verstand.*
ga-wizzi, giwizzi, gawitzi *n. Verstand (as.* giwit).
wīẓẓi, wīẓi *n. Strafe, Qual, Höllenstrafe, Hölle (as.* wīti, *ae.* wīte). *Vgl.* wīẓan.
wiẓẓid *f., s.* wiẓẓōd.
gi-wiẓẓida, kawiẓẓida *f.* (ō) *Verstand, Weisheit.*
wīẓẓinōn *sw. V. bestrafen, punire.*
gi-wiẓnessi *n. und* gi-wiẓnessī *f. testimonium, testamentum.*
wiẓẓo *m.* § 255 A. 3: *ein Wissender, sapiens (ae.* wita).
wiẓẓōd, wiẓẓud, wiẓẓid, wiẓẓut *m. n. f.* (19, 10) *Gesetz, lex, testamentum, eucharistia, vgl. PBB* 43, 418 (*got.* witōþ).
wiẓẓōd-brōd *n. panis propositionis, Schaubrot M. Hench* IV, 6.
wiẓẓōd-haft, wiẓẓet-haht *Adj. legitimus. Dazu* wiẓẓetathia 19, 6 = wiẓẓethahtīga *und* wiẓẓethallikhen 19,

25f. = wīẓẓethahtlīchēn.
gi-wiẓ-scaf *f.* (i) *Zeugnis, testimonium*
(*as.* giwitscipi *n.*).
wōcher *n., s.* wuochar.
wola *und* wēla, wēl *(Hl.),* wala *Adv.*
§ 29 A. 4. § 267 A. 2: *bene, gut, wohl;*
– *Interj. o! ach! auf! wohlan!* (wolar
36, 57; § 120 A. 3); *wohl! (glücklich
preisend) m. Dat. u. Akk. z. B.* wola
thaẓ githigini! *O.* IV, 9, 19. – *(got.*
waíla, *as., ae.* wēl).
wolago, wolaga *und* wēlaga *Interj.
wohlan! auf! ach! o! eheu!*
wola-queti *n.* § 202 A. 1: *salutatio.*
wola-nu, walanu *(Is.),* wolne *Interj.,
durch* nū *verstärktes* wola: *age nunc!*
wola-tāt, woladāt *f.* (i) *gute Tat,
Wohltat.*
wolf *m.* (a) *Wolf (got.* wulfs, *as.* wulf).
wolcan, wolkon *n.* § 196 A. 2: *auch*
wolko *m.* (*oder* wolka *sw. f.?*) *Wolke*
(*as.* wolcan, *ae.* wolcen).
wolla *f.* (ō *u.* n) *Wolle* (*ae.* wulle).
wollen *V., s.* wellen.
gi-won, chiwon *Adj.* § 25 A. 1: *gewohnt* (*ae.* ȝewun).
gi-wona *f.* (ō) *Gewohnheit.*
gi-wona-heit *f. Gewohnheit.*
wonēn *sw. V. bleiben, verharren, sich
aufhalten, wohnen* (*as.* wonon, wunon,
ae. wunian).
thuruh-wonēn *aushalten, permanere.*
ge-wormōt *Part. Adj. coccineus, ver-
miculatus* (*zu* wurm).
worolt, wēralt, wērolt, wērilt, wērlt *f.*
§ 29 A. 4: *Lebenszeit, Leben, Menschen-
alter, Zeitalter, saeculum*; *Menschheit,
Menschen*; *Erde (als Wohnsitz der
Menschen), Welt, mundus. – Als erster
Teil von Kompositen oft (ähnlich wie
irmin) von verallgemeinernder Bedeutung, vgl.* woroltliuti, woroltmenigī,
woroltrëhtwīs *usw. – (Zu* wēr *Mann u.*
alt, *as.* wērold, *ae.* weoruld).
worolt-thing *n. Angelegenheit, Ding
dieser Welt O. Ad Hartm.* 120.
worolt-thiot *m. Volk in der Welt;
Menschengeschlecht.*
worolt-ēht, wēraltēht *f.* (i) *weltliches
Gut.*
worolt-kraft *f.* (i) *irdische Macht, ir-
disches Wesen O.* II, 1, 1. *(Erdmann.)*
worolt-līh, wēriltlīh, wērltlīh *Adj. der
Welt angehörig, weltlich.*
worolt-liuti *m. Plur. Leute in der
Welt, Menschen.*
worolt-lust *f.* (i) *weltliche Freude.*
worolt-magad *f.* (i) *Jungfrau in der
Welt, irdische Jungfrau.*
worolt-man *m. Mensch in der Welt,
Mensch.*
worolt-menigī *f. weltliche Schar, die
gesamte Menschenmenge.*

[worolt-rëht-wīs], wëroltrëhtwīs *Adj.
(Verallgemeinerung von* rëhtwīs *justus)* weroltrehtwīson *Musp.* 37 *des
weltlichen Rechts kundige (vgl.* rëhtwī-
sīg), *vgl. ZDW* 18, 88 ff.
worolt-rīchi, wēreltrihhi *n. weltliches
Reich, Reich dieser Welt.*
worolt-ring [-hring] *m. Weltkreis.*
worolt-sacha *f.* (ō) *Angelegenheit dieser Welt.*
worolt-slihtī *f. Oberfläche der Erde.*
wort *n.* § 193: *Wort;* mit wortun 33, 4
(*Erdmann zu O.* II, 7, 14. III, 12, 41),
durch seine Worte; an thēn wortun
eo quod, deshalb weil (got. waúrd, *as.
ae.* word).
wōtnissa *f., s.* wuotnissa.
wrēd *as.* (*ae.* wrāð) *Adj., s.* reid.
wrëh *Adj.* § 106 A. 1: *exul, s.* reccheo.
wulpa *f.* (n) § 96 A. 1. § 102. § 139 A. 5:
Wölfin.
wundar *n., s.* wuntar.
wunna, wunnia, wunne *f.* (ō) *und*
wunnī *f.* § 210 A. 2: *Wonne, Annehmlichkeit, Freude, jocunditas.* zala wun-
niōno 36, 8, *vgl. PBB* 14, 370 (*as.*
wunnia, *ae.* wyn).
wunni-sam, wunnosam *Adj. wonne-
voll, freudenreich* (*as.* wunsam, *ae.*
wynsum).
wunno-lībī *f. Leben in Wonne.*
wunsk *m. Wunsch; adoptio* (*an.* ósk).
wunsken [wunskjan] *sw. V.* (*Prät.* gi-
wunxti *O., Part.* gewunstēr *N.*) § 146
A. 3. 5. § 363 A. 5: *einen Wunsch aussprechen, wünschen* (*ae.* wȳscan).
wunst *f.* (?) *fulgur* *1, 2, 7 (*vgl.* unst
Graff 1, 368).
wunt *Adj. verwundet* (*got.* wunds, *as.
ae.* wund).
[gi-wunt], *as.* giwund (31, 9, B 1, 1)
verwundet.
wunta *f.* (ō *u.* n) § 208 A. 2: *Wunde*
(*as.* wunda, *ae.* wund).
wuntar, wundar *n. Staunen, Verwun-
derung, Wunder* (*as.* wundar, *ae.*
wundor).
wuntar-drāto *Adv. über die Maßen
sehr, gar sehr.*
wuntar-lieb *Adj. überaus lieb* (42, 35).
wuntar-līh, wunderlih *Adj. wunderbar.*
wuntarōn, wunt(e)ren *sw. V. sich wun-
dern; trans. etwas bewundern* (*as.*
wundron, *ae.* wundrian).
wuntar-was (-hwas] *Adj. wunderbar
scharf.*
wuntōn *sw. V. verwunden, verletzen*
(*ae.* wundian).
wuo *Adv. T., s.* hwuo.
wuoffan, wuofan, wuafan, wuofen *red.
V.* § 353: *weinen, klagen, heulen* (*as.*
wōpian, *ae.* wēpan); *trans. beklagen.*

wuoffen [wuofjan], wuofen, wuafen
sw. V. § 353 A. 2: *dasselbe (got.* wōp-
jan).
wuoft *m. fletus, das Geschrei, Klage.*
wuocher (uuōcher *W.* 3, 29) *m. n.
Frucht, Ertrag, Gewinn (got.* wōkrs).
wuocherōn *sw. V. Frucht bringen,
hervorbringen; trans. erwerben, gewinnen.*
wuosti, wuasti *Adj. wüst (as.* wōsti,
ae. wēste).
wuostī *und* wuostin *f.* § 211 A. 3:
Wüste (as. wōstun, *ae.* wēsten).
wuostio, wuastio *m. vastator.*
wuot *Adj. wütend, von Sinnen;* wuoto
sw. m. Wüterich (vgl. gote-wuoto) 35,
24 *(Kögel). – (got.* wōþs *(d), ae.* wōd).
wuoten [wuotjan] *sw. V. nicht bei Ver-
stande sein, rasen, wüten, dazu* wuoto
35, 22 *Haupt, Zarncke (as.* wōdian).
wuot-nissa, wootnissa *f.* (ō) *dementia.*
wurf *m.* § 216: *Wurf (zu* wërfan).
gi-wurht, kewuraht *f.* (i) *Handlung;
meritum* 7, 84 (*as.* giwurht *ae.* ʒe-
wyrht).
wurhto *m.* § 223 A. 2: *Arbeiter (as.*
wurhtio, *ae.* wyrhta).
wurchen [wurkjan], wurchan, giwur-
chen *und* wirken [wirkjan], wircan
sw. V. (Prät. worhta, worahta, wurh-
ta) § 32 *u.* A. 1. § 364 *u.* A. 2. § 365
A. 4: *wirken, schaffen; bewirken, ausführen, tun (got.* waúrkjan, *as.* wirkian, wërkian – warahta, *ae.* wyrcan).
furi-wurchen *versperren (PBB* 34,
571 ff.).
missi-wurchen *übel handeln.*
wurm *m.* (i) § 216: *Schlange, Wurm
(got.* waúrms, *ae.* wyrm).
wurt *f. Schicksal (zu* wërdan). (*as.*
wurd, *ae.* wyrd). *Dazu as.* wurd-gisca-
pu *(vgl.* skephen) *n. Plur. Fügung des
Schicksals. – Vgl.* wēwurt.
gi-wurt *f.* (i) *Wohlgefallen, Vergnügen,
Freude, Anmut (vgl.* gi-wërdan).
wurz *f.* (i) *Pflanze, Kraut (got.* waúrts,
as. wurt, *ae.* wyrt).
wurzala, wurzela *f.* (n) § 109 A. 4:
Wurzel (ae. wyrt-walu).
wurz-haftōr *Adv. Komp. radicitus.*

Y (§ 22) siehe I.

Z (C *vor* e, i).

za, zi, ze (*as.* te) *Präp.* § 72: *m. Dat. u.
Instr.: zu; verstärkt* zuoze *dass. –
Selten m. Akk.* 34, 2 (*vgl. PBB* 32, 5)
– Auch vor Adv.: zi fram (*s. d.*), zi
jungist § 268 A. 3. – *Vgl.* zuo.
zabal *n.* § 64 A. 1: *Würfelspiel* (< *lat.*
tabula).
zādal *m. Mangel;* zādlōn *sw. V. egere
(vgl. MSD* 442).
zagel *m. Schwanz (got.* tagl, *ae.* tæʒel).
zahar *m.* § 216: *Träne, lacrima (got.*
tagr *n., ae.* tēar *m.*).
gi-zal *Adj. leicht, schnell, behende (got.*
un-tals).
zala *f.* (ō) § 208: *Zahl (ae.* talu).
zala *f.* (ō) § 208: *Nachstellung, Gefahr,
periculum (ae.* tæl).
zālōn *und* zālēn *sw. V. rauben.*
gi-zāmi *Adj.* § 251: *geziemend, passend,
anständig.*
gi-zāmi *n. das was* gizāmi *ist, das Ge-
ziemende, die rechte Beschaffenheit;
das Förderliche, Heil.*
gi-zam-līh *Adj.* = gizāmi.
zan *und* zand *m.* (i) § 216 A. 1: *Zahn
(got.* tunþus, *as.* tand, *ags.* tōð).
zata, zota *f.* § 25 A. 1: *Zotte.*
zatara, zatira § 226: *Hure.*
gi-zawa *f.* (ō) *das Gelingen.*
zawēn *sw. V. vonstatten gehn, gelingen.
Vgl.* zouwen.
ze *Präp., s.* za.
ge-zëh *Adj. gefügt, geordnet.*
zëhan, zëhen *Num.* § 271: *zehn (got.*
taíhun, *as.* tëhan). *Ord.* zëhanto § 278.
zëhan-zo *Num.* § 273: *centum.*
zëhanzo-hërōsto *centurio.*
zëhan-zug, zëhenzug § 273 f.: *centum.*
zëhan-zugōsto, cēnzegōsto *(N.) Num.
Ord.* § 278: *centesimus.*
zëhanzug-faltīg, zënzegfaltig
(N.) Adj. § 280 A. 1: *hundertfach.*
zëhōn, kizëhōn *sw. V. anordnen, her-
stellen; färben (ae.* teohhian).
zeigōn, zeikōn *sw. V. zeigen, anzeigen,
bezeichnen.*
zeihhan, zeichen *n.* § 196 A. 2: *Zeichen,
signum, Wunderzeichen, Wunder (got.*
taikns *f.; as.* tēkan; *ags.* tācen, tācn
n.).
zeihhan-haft, zeichenhaft *Adj. ein
Zeichen habend, kenntlich.*
zeihhanen [zeihhanjan], zeihnen *sw.
V. zeichnen, bezeichnen, zeigen (got.*
taiknjan, *ae.* tæcnan).
bi-zeihhanen, bezeichenen *bezeichnen,
anzeigen, entsprechen, gleichen (Kock
8 f.).
zeihhanōn *sw. V. bezeichnen, zeigen.*
zein *m. Stab (got.* tains *Zweig, ae.*
tān).
zeina, zeinna *f.* § 226 *u.* A. 2: *Korb.*
zeinen [zeinjan] *sw. V. zeichnen, bezeichnen (zu* zein).
bi-zeinen *bezeichnen.*
zeinōn *sw. V. zeigen, bezeichnen*
zeisan *red. V.* § 352 A. 1: *pflücken.*
zeiʒ *Adj. zart, angenehm, lieb (altn.*
teitr).

zellen [zaljan], zellan, zelen *sw. V.*
§ 304. § 356. § 362 A. 3: *zählen, aufzählen, rechnen, zurechnen, zuschrei-
ben; – aufzählen, berichten, sagen. Vgl.
Braune, Reim u. Vers (Heidelberger
Sitzungsberichte 1919 S. 37[1]) (as. tel-
lian, ae. tellan).*
ana-zellan *etwas jemandem zuschrei-
ben, es auf ihn schieben, ihn dessen
beschuldigen m. Akk. d. Pers. u. Akk.
rei O. II, 6. 42. O. IV, 19, 40.*
bi-zellen *aufzählen, anschuldigen, bezichtigen.*
gi-zëlt *n. Zelt (ae.* ʒetëld *Vorhang).*
zëman, gizëman *st. V.* § 340 A. 1:
*impers. geziemen, wohl anstehen, pas-
sen. m. Dat. (got. timan).*
gi-zengi *Adj. m. Dat. nahe befindlich,
auf jem. eindringend, incumbens O.* I,
20, 10 ('*ihr Geschrei drang zum Himmel') vgl. Kelle, Glossar (ae.* ʒetenʒe,
as. bitengi).
zënzeg *(N.) s.* zëhanzug.
fer-zëran *st. V.* § 340 A. 1: *zerstören
(got.* taíran, *ae.* tëran).
zerben [zarbjan] *sw. V. wälzen, drehen.*
zërist *Adv., s.* ēriro.
zerren [zarjan] *sw. V. zerreißen, zerstören (as.* terian).
zësawa *f., s.* zëso.
zësawī *f. die rechte Seite *O.* I, 4, 22.
zëso *Adj.* § 154 A. 5. § 253: *dexter,
Subst.* zësawa, zëswa, zëswa *f.* (n)
die rechte Hand (got. taíhswō). zëso *n.*
§ 205: *rechte Seite.*
zëssa *f.* (ō) § 31 A. 1: *aestus, Brandung.*
zewēne *Num., s.* zwēne.
zi *Präp., s.* za.
ziagal *m.* § 36. § 64 A. 1: *Ziegel (vlat.*
tēgula).
ziaren [ziarjan] *sw. V. schmücken,
schön machen, verherrlichen.*
ziari, zieri *Adj.* § 36: *geschmückt, schön.
Adv.* ziaro, zioro.
ziarī *f., Schmuck, Schönheit*
ziarida, zierda *f.* (ō) *Schmuck, Zierat,
Pracht.*
ziarōn, zierōn *sw. V. schmücken, zieren.*
zīhan *st. V.* § 331: *m. Akk. d. Pers.,
Gen. rei: von jemandem etwas aussagen,
jemanden einer Sache bezichtigen, ihm
in etwas Schuld geben (got.* ga-teihan,
as. af-tīhan, *ae.* tēon).
ir-zīhan *etwas (Gen.) versagen.*
zikkīn, zikken *n. Zicklein (ae.* ticcen).
zīla *f.* (n) *Zeile, Reihe, Ordnung.*
zilōn *und* zilēn *sw. V.* § 369 A. 2:
*eilen, eifrig streben, wonach trachten,
etwas rasch besorgen m. Gen.; – mit
reflexivem Genet.: sich beeilen, sich bestreben (O. II, 14, 11. 48) (got.* tilōn,
ae. tilian). *Zu* zil *n. Ziel (got.* tils,
Adj. passend).

zilunga *f.* § 208: *Eile.*
zimbar *n. Bauholz (ae.* timber).
zimbrōn *und* zimbren [zimbarjan]
sw. V. aedificare, bauen (got. timrjan;
as. timbron *u.* timbrian, *ae.* timbrian *u.* timbran).
ir-zimbrōn *aufbauen.*
zi-zimparōn *zerstören Gl.* 1, 177, 24.
zins § 30: *m. Steuer, Abgabe (lat. census).*
zinseri *m. Rauchfaß *O.* I, 4, 20 (zu lat.
incensum *Weihrauch). Vgl. Kluge,
Stammbildung* § 77.
ziohan *st. V.* § 102. § 304. § 334: *ziehen,
schleppen, führen; aufziehen, erziehen,
nutrire. Refl. sich verhalten N.* 5, 1 (*got.*
tiuhan, *as.* tiohan, *ae.* tēon).
ar-ziohan *herausziehen, wegziehen.*
far-ziohan *wegziehen.*
ūʒ-ziohan *ausziehen, herausziehen.*
zioro *Adv., s.* ziari.
tīr *(as.) m. Ehre, Ruhm.*
[zirri], tirri **Hl.* 25, *Adj. zornig, erzürnt.*
zīt (zīdh *Is.,* § 167 A. 7) *f.* (i) *u. n. Zeit,
bestimmte Zeit, Tageszeit, Stunde; Zeit-
maß im Verse, Metrum O.* I, 1, 25
(*as.* tīd, *ae.* tīd).
gi-zīt *f.* (i) *bestimmte Zeit, Zeit, hōha
gizīt Festzeit.*
zītīgo *Adv. zur rechten Zeit.*
ziu = ze wiu, *s.* hwër.
gi-ziug *n. Stoff, Gerätschaft, Werkzeug,
Ausrüstung.*
zōha *f.* (n) *Hündin (PBB* 9, 178).
zorht, zoraht; zorft *Adj.* § 154 A. 6:
glänzend, hell (as. torht- *Adv.* toroht-
līco).
zorn *n. Zorn (ae.* torn).
zoubar, zoupar *m. n. Zauberei (an.*
taufr *n.).
zoum *m.* (a) *Zaum (altndfr.* tōm).
zouwen [zawjan] *sw. V.* § 358 A. 3:
bereiten (got. taujan). *Vgl.* zawēn.
zū *Präp., s.* zuo.
zug *m.* § 102. § 216 A. 2: *Zug.*
zugil, zuhil *m.* § 102. § 154 A. 9: *Zügel.*
zuhha *f.* § 154 A. 7: *Runzel.*
zuht *f.* (i) *Erziehung, Unterricht, Bil-
dung; Lebensunterhalt, Nahrung; Lei-
besfrucht, Nachkommenschaft, Geschlecht (ae.* tyht).
zuhtāri *m.* § 200: *Erzieher, Lehrer;
fem.* zuhtara (n) § 226 *altrix.*
zucken [zukkjan], zucchen *sw. V.*
§ 356: *rasch ziehen, wegziehen, ziehen,
zücken, an sich reißen.*
ana-zucken *refl. sich anmaßen W.* 2,
31f.
ir-zucken *entreißen.*
zūn *m.* § 216 A. 3: *Zaun, Gehege (ae.*
tūn).
zunga (zūnon 25, 41, § 128 A. 3) *f.* (n)